中国社会科学院近代史研究所·民国文献丛刊

傅秉常日记

傅锜华　张力◎校注

（1943-1945）

社会科学文献出版社
SOCIAL SCIENCES ACADEMIC PRESS (CHINA)

傅秉常（1896—1965）

最高苏维埃主席团主席加里宁（左一）会见傅秉常大使（左三）及
驻苏联大使馆人员（Historical Photographs of China 提供）

日 記

民國三十三年

南海傅秉常

Diary. 1944
Chinese Embassy.
Moscow.
U.S.S.R.

Foo Ping-sheung.

傅秉常 1944 年日记封面

十二月三十一日（星期二）

傅秉常手迹（1945年12月31日）

出版说明

1943—1945 年之《傅秉常日记》由傅锜华、张力校注，繁体字版由中研院近代史研究所于 2012—2014 年分三册出版。兹经傅秉常家属授权，由本社出版简体字版。其余各年日记，将于取得其家属授权后，陆续出版。

此次出版简体字版，（1）三册合并为一册；（2）显见错衍文字做了更正；（3）译名与今译不完全相同，前后亦有不一，维持原貌。

此系历史资料，为研究之便利，未做改动，请使用者自行判断。

社会科学文献出版社
2017 年 1 月

目　录
CONTENTS

校注说明

一、傅秉常之孙女傅锜华教授与中研院近代史研究所张力研究员负责本日记之校注。傅教授另撰"The Diaries of a Chinese Nationalist States-man：Ambassador Fu Bingchang Moscow，1943 – 1945"（《中华民国驻苏联大使傅秉常的日记（1943—1945）》），介绍傅秉常生平、事功与日记情况。

二、本书之校注原则，谨说明如下：

1. 部分原稿之段落区分并不明显，现依阅读之方便，予以分段。

2. 作者对于原稿已做基本之断句，校注者参考其断句，补入适当之标点符号。

3. 日记中时有留空情形，多为作者并未补入之人名、地名，以□□□代之。

4. 增补字以〔〕识别；改正字置【】中附原文之后；无法确认者，于脚注中注明"原文如此"。

5. 日记中重要外国人名、地名，尽可能于脚注中附加英文原名；各国驻苏外交官或政治人物，作者仅提及职衔者，校注时加列全名。

6. 错误之中、日文人名，已予改正；各国之国名、地名及人名，亦维持作者原有之翻译，前后不一处亦维持原貌。

7. 若干人名和地名或以俄文书写，或难以查询，错误在所难免，尚祈方家指正。

三、Historical Photographs of China 惠予提供有关傅秉常之高清晰照片档案，谨致谢意。

中华民国驻苏联大使傅秉常的日记（1943—1945）

傅锜华（Yee Wah Foo）撰　　张力　译

前　言

先祖父傅秉常（1896—1965）是从 1943 年 1 月到 1949 年 4 月，担任中华民国驻苏联大使，前后长达 6 年。这些出版的日记几乎完全依照原貌，留下了战时他在莫斯科的几年之间，有关生活与工作独一无二的个人记录。先祖父写下这些日记时，正值 47 岁的盛年，而且是在中国历史和世界历史上的关键时期。那一段时期出现巨大的转变和英勇的奋斗，因为有两件大事就此决定了。一是同盟国最后如何对抗轴心国，特别是以何种战略对抗日本的问题；二是国际政治关系（同盟国之间的关系）对中国的国共争夺权力造成的冲击。

傅秉常奉派使苏并非偶然。1942 年秋末，蒋中正想要派遣一位可以树立中国的正面形象、增进中苏间的相互了解、提升中国与盟国的关系的高层外交代表驻节莫斯科。[①] 他所选择的傅秉常，是一位革命记录无缺点，且和孙文关系密切的专业政治人物，因为蒋中正知道苏联领导人会把傅秉常看成苏联的友人。这一点很重要，因为此时蒋中正要和苏联建立合作的政策，会有助于他发展有利的政治和军事联盟，他需要一个能够在莫斯科和苏联人工作，并鼓舞苏联人同情中国的适当人选。傅秉常符合这样的要求，他长期支持

---

① 见 Y. W. Foo, Chiang Kaishek's Last Ambassador to Moscow: The Wartime Diaries of Fu Bingchang（New York: Palgrave Macmillan, 2011）。

国民党，民国初年他担任孙文的秘书。1920 年代在苏联顾问鲍罗廷（Michael Borodin）引导下，国共知名人士和共产国际组成精英团体，傅秉常为成员之一。他是一位有经验的外交官，以谈判才能闻名，具有和苏联及盟国官员打交道的丰富经验。他在国民政府外交委员会服务多年，也是立法委员，并担任立法院外交委员会委员长、中央执行委员会委员，又在 1941 年升任外交部政务次长。不仅如此，他曾到过苏联，面见苏联领导人，成效卓著。1937 年他跟随由孙科率领的一个争取贷款和军援的访问团到苏联，该访问团圆满达成任务，蒋中正深予肯定，这件事确保了蒋在 1938 年 3 月的台儿庄会战中赢得大胜。

傅秉常的家庭背景

1895 年 1 月 4 日，傅秉常在广东省南海县的佛山镇出生，是家里三个儿子中的长子。他是典型的南方人，他的家族在佛山一带世居超过 300 年。[①] 佛山有两间傅氏家庙，一间在隔塘大街上，一间在卫国路第三中学的校内。从照片上可以看出卫国路上的家庙是传统的中国红砖建筑，有着雕琢的木椽、屋瓦、石柱。木门的露头石刻着五个红色大字：秀岩府公祠（傅秉常的祖父名为傅秀岩）。有一段时间，家庙里藏有傅家的族谱，装在四方形的木盒之中。[②]

傅家原本富裕，后来傅秀岩遭到三次绑票，为了缴付赎金而倾家荡产。傅秀岩继承父亲在广西的房产和生意时，才二十多岁。有一天可能是因为做生意，他在往广西的路上被绑架，绑匪索取 5 万两赎金。傅家付了赎金，在那时是一大笔钱。第二年，秀岩又在同一条路上遭绑，这次傅家付了 1 万两银子赎回。第三次到广西的路上被绑时，傅家已没有钱了。经过冗长的谈判，秀岩已出嫁的姐姐筹集了 5000 两银子。这笔钱虽然够赎回秀岩，但在那几天之中，他

---

① 罗香林：《傅秉常与近代中国》，香港：中国学社，1973，"导言"。
② 照片为笔者所有，九叔之子傅栢忻告诉我其中细节。

已被绑匪折磨至死。秀岩的身后留下穷困的年轻妻子和两个幼儿傅翼鹏（庆锡）和傅庆兆（傅秉常的父亲），原先在广西的生意也被迫放弃。① 显然秀岩的家庭后来由亲戚照应，因为两个儿子都接受了教育。傅翼鹏长大后成为香港一位富有的开发商，以后支持了傅秉常的教育，而傅秉常的父亲傅庆兆，则成为一位私塾教师。②

傅秉常出身寒微，但甚有教养。从照片可以看出，傅秉常的母亲麦太夫人个子不高，缠足，仪态秀雅，面容匀称，瓜子脸，脑后低低地挽了一个发髻。③ 麦太夫人是一位有成就的艺术家，在佛山以绘画纸扇闻名。傅秉常显然遗传了母亲的艺术能力，因为他在就学期间"对于西法的铅笔画和木炭画等，也颇为擅长"。他在1929年为如夫人宋琼芳所绘的一张炭笔画，仍保留至今。他二十岁出头开始学摄影，这也成为他一生的兴趣。④ 1923年，傅秉常与两位友人组织了"景社"，这是华南最早的业余摄影社之一。社员擅长风景摄影，故得其名。他们的作品也参加摄影比赛，1926年傅秉常离开广东，到香港就任粤海关监督时，该摄影社才解散。⑤

傅秉常的教育与婚姻

傅秉常最早就读于家乡佛山的一所小学，另外也跟从两位知名的广东学者傅家治和卢湘父学习国学。10岁时，在香港经营元利建筑公司的伯父傅翼鹏注意到傅秉常的学术潜力，资助他离开佛山，

---

① 郭廷以校阅、沈云龙访问、谢文孙纪录《傅秉常先生访问纪录》，台北：中研院近代史研究所，1993，第3页。

② 吴述彭口述、袁鸿飞记录《我所知道的傅秉常》，《广东文史资料存稿选编》第5卷，广东人民出版社，2005，第74页。

③ Photograph, Fu Bingchang Collection，参见 Historical Photographs of China 网站，http：//chp. ish－lyon. cnrs. fr/.

④ 罗香林：《傅秉常与近代中国》，第117、198页。

⑤ 见 Robert Bickers ed. , Catherine Ladds, Jamie Carstairs and Yee Wah Foo, "Picturing China 1870－1950：Photographs from British Collections", Chinese Maritime Customs Project, Occasional Papers No. 1, 2007。

进入香港的圣士提反男中（St. Stephen's Boys' School）读书。这所学校的创办人之一何启（1857—1914），后来成为傅秉常的岳丈。[①]

1903 年该校创办时，以建立基督教学校为目标，为华人幼童提供机会，好让他们获取高素质的教育，一如著名的英国公学。[②] 傅秉常的父亲过世 5 年之后的 1911 年，傅翼鹏持续支持 15 岁的傅秉常，并照顾其家庭。而傅秉常的母亲也一直未改嫁。

傅秉常在圣士提反男中学的同学兼好友何永乾，就是何启的儿子。有一次傅秉常在何永乾的寝室瞄到其妹何燕芳的照片，颇为心动，便央求何永乾安排见面。傅秉常和何燕芳很快就开始约会，傅秉常自香港大学毕业后，两人就结婚。这么一来，傅秉常就进入了一个在商业和革命工作有重要联系、颇具声望的香港家族，使他能够追求攀上巅峰的政治生涯。傅秉常的人脉因而广增。何燕芳的父亲何启是晚清维新运动的死忠支持者，曾就维新运动发表多篇文章。他是一位英国培养出来的医师，曾就读伦敦亚伯丁大学（Aberdeen University）和在圣汤玛士医院（St. Thomas' Hospital）实习，[③] 自欧洲返回香港后创办西医书院，当过孙文的老师，之后和孙文保持密切联系。[④] 不仅如此，何启的姐姐还嫁给外交家及政治家伍廷芳。伍廷芳曾加入革命党，代表过南方孙文的临时政府，1917 年短暂代理国务总理。伍廷芳的儿子伍朝枢也是一位成功的外交家，娶了何启的次女，也就是何燕芳的妹妹。[⑤]1916 年傅秉常以一等荣誉成绩获得香港大学工学士学位后，自然

① 见 Y. W. Foo，"Three Revolutionaries of the Chinese Republic：Ho Kai, Sun Yatsen and Fu Bingchang,"《民国研究》总第 21 辑，社会科学文献出版社，2012。

② 香港圣士提反书院网站：http：//www. ssc. edu. hk。

③ T. C. Cheng，"Chinese Unofficial Members of the Legislative and Executive Council in Hong Kong Up to 1941," *Journal of the Royal Asiatic Society*，*Hong Kong Branch*，vol. 9（1969），p. 12.

④ C. H. Choa，*The Life and Times of Sir Kai Ho Kai*（Hong Kong：The Chinese University Press，1981），chapter 1.

⑤ 吴述彭：《我所知道的傅秉常》，第 74 页。另有伍廷芳的孙子、笔者的叔父伍竞仁先生赐告。

就被姻亲关系上的叔叔伍廷芳延揽，在上海沪杭甬铁路局担任助理工程师。①

1918 年伍廷芳到广州和其他护法领袖见面，并组织军政府，他带着傅秉常同去，指派他为军政府总务厅的印铸科长。1919 年护法军政府派伍朝枢参加巴黎和会，伍朝枢带傅秉常同去，24 岁的傅秉常因而就有机会走访法国。当时他以广州军政府代表团随员的身份参加巴黎和会，担任伍朝枢的秘书。② 这个起点引导傅秉常走向革命，成为有抱负的政治人物及成功的外交家，一生辉煌。

青年革命党人傅秉常

傅秉常当时确实前途光明。他的学业成绩优异，而后有了好的家庭关系，并表现出卓越的行政能力。他也结交身居高位的朋友，和"太子帮"中的孙科熟识。所谓"太子帮"，主要是由国民党中的粤省精英所组成的政治网络，因孙文的儿子孙科而有此名。傅秉常和孙科终其一生都维持友谊和紧密的关系。③ 傅秉常看到中国从传统的帝制过渡到新生的共和，决心在中国的革命转型中贡献一己之力，深受崇高理想和效忠国家的意识所驱使。他的同僚夏晋麟说："他真不愧为中国政府官员中之清品，更不具有一般人心目中革命党人的特色。没有人会想象到他会摇旗呐喊或抛掷炸弹。他之成为革命党人，一如旧日德国一位罗茨希尔特家人之成为银行家。他生于满清将亡，而长于北洋军阀为害最烈的时代……他是一介廉吏而仁厚可风。"④

---

① 郭廷以校阅、沈云龙访问、谢文孙纪录《傅秉常先生访问纪录》，"前言"。
② 吴述彭：《我所知道的傅秉常》，第 74 页。
③ 1949 年以后，孙科及其夫人陈淑英与傅秉常及何燕芳曾在巴黎同住 6 个月。
④ 夏晋麟：《我五度参加外交工作的回忆》，台北：传记文学出版社，1978，第 15—16 页。

傅秉常为孙文效力

1920 年春天，广东军政府派傅秉常驻在香港，以筹划财政与外交。11 月，孙文调升他为琼海关监督。[①] 傅秉常对孙文帮助甚大，以其流利的英文、[②] 和外国代表打交道的才能深获赞许。另外，他也透过自己的事业和家庭关系，以及他主管的海关业务，为孙文筹集大笔经费。他甚至筹募资金，策动了 1920 年驻扎广州附近的海军和警察的反正。[③] 军政府的外交总长伍廷芳也器重他。[④] 伍廷芳受到岑春煊和陆荣廷的排挤，处境艰难，就提取粤海关的关余款项，先汇存到孙文的基地上海。孙文需要钱作为援闽粤军回师讨伐桂系军阀的军费。[⑤] 依其计划，伍廷芳和其子伍朝枢及傅秉常到了上海。他们在上海法租界莫里哀路 29 号孙文的公馆，商量了几个星期。当岑春煊发现伍廷芳已把广东的关余款项汇存上海，大为震怒，警告伍廷芳说，若不尽速汇回，就要提出告诉。伍廷芳决定面对诉讼，于是请傅秉常担当他的诉讼交涉。经过孙文两位部属胡汉民、廖仲恺几个月的细心准备，傅秉常赢了官司，也赢得前辈的敬意。[⑥]

1922 年粤军总司令陈炯明举兵反抗孙文，并将他逐往上海。时为孙文助手及秘书的傅秉常，只得退到香港。但在 1923 年 2 月，孙文恢复原有地位，组织大元帅府，并将上海的公馆抵押 5 万元以支付平乱费用，傅秉常也就回到广东。胡汉民出任广东省省长，任命

① 《民国人物大辞典》，河北人民出版社，1991，第 1158—1159 页。

② 傅秉常经常阅读英文古典名著，一辈子研究英国文学。在南京的总统府博物馆立法院大楼中，还保存着他的一些笔记本，记满了佳句和散文。

③ 罗香林：《傅秉常与近代中国》，第 2 页。

④ 伍廷芳传记见 Pomerantz, Zhang Linda, *Wu Tingfang 1842 - 1922*: *Reform and Modernization in China's Modern History* (Hong Kong: Hong Kong University Press, 1992)。

⑤ 关于广西军阀，见 Diana Lary, *Region and Nation*: *The Kwangsi Clique in Chinese Politics 1925 - 31* (New York: Cambridge University Press, 1974)。

⑥ 吴述彭：《我所知道的傅秉常》，第 75 页。

傅秉常为广东交涉特派员和财政部粤海关监督两项职务。傅秉常自
1922 年任职到 1926 年，工作是整理粤海关，最终达到关税自主。[①]
在整理关税的过程中，傅秉常注意到不少协助外国公司申报进口税
的报关行，在关税形式上作假。他实行严罚，因此获得足够的关税，
送交孙文 6 万元，这些钱足够孙文用来赎回他在上海的公馆。[②]

傅秉常对抗帝国主义侵略

1925 年 6 月 23 日中午，香港的中国工人、学生、军校生、市民
参加了一场大规模的和平示威游行，此一以民族主义为精神的游行，
目标是反对"不平等条约"。游行队伍通过沙面对面由重兵防守的英
租界时，英国士兵开枪射击，造成五十多人死亡，一百多人受伤
（是谁开第一枪，引发了后续的争议）。外国人有一人死亡，六七人
受伤。广东省政府震惊，民众要求诉诸战争，甚至傅秉常也力主与
英绝交。不过广东省政府最后决定以经济战来对抗帝国主义，英国
货立即遭到抵制，官方和民间都支持香港工人的罢工。[③] 傅秉常在粤
海关提出并发布第 81 号命令，外国船只除非取得罢工委员会发给的
有效许可证，否则不得进入香港。[④] 香港总督司徒拔爵士（Sir
Reginald Edward Stubbs）派周寿臣及罗旭两位特使和傅秉常磋商。尽
管有人批评他忘恩负义，曾在香港受过教育，而亲人亦在香港致富，
傅秉常仍然拒绝对第 81 号命令松手。后来他告诉友人吴述彭，周寿
臣和罗旭无计可施，只能禁止他回港。[⑤] 此外，傅秉常也成功地说动
香港的米商，把米直接运往广东，而不是像过去一样运到香港，这

---

① 罗香林：《傅秉常与近代中国》，第 2 页。当时傅秉常 28 岁。

② Y. W. Foo, *Chiang Kaishek's Last Ambassador to Moscow*, p. 19.

③ C. Martin Wilbur, *The Nationalist Revolution in China*: *1923 - 8*（New York: Cambridge University Press, 1984），pp. 25 - 27.

④ 《粤海关监督傅秉常建议》《国民政府第 81 号命令申请与通过》，中国第二历史档案馆藏档：19 - 257：10、19 - 258。

⑤ 吴述彭：《我所知道的傅秉常》，第 76 页。

样可以省钱。事件爆发后，从缅甸和马来亚进口的米价格高涨，如此方式可以维持低米价，以持续支持罢工。[1] 对英国的经济抵制持续了好几个月，到 1926 年 10 月才结束。[2]

苏联在华南的影响：傅秉常与鲍罗廷

1923 年 9 月，一批外国船只驶入广东，其目的在防止孙文收取关余款项。像这样的事件，以及多次寻求西方国家的援助而未果，最终使得孙文相信自己过去"看错了路"。[3] 相对列强意兴阑珊，新诞生的苏联成了孙文希望所寄。列宁攻击资本帝国主义，斯大林致力和中共筹组"统一战线"，激发孙文建立和发展与共产国际的联盟。此一联盟代表中共党员可以以个人身份加入孙文的中国国民党，并得以保留其原属组织。这种一段时间的双重党籍，建立了两个党的知识分子（包括傅秉常在内）长久的关系。[4] 傅秉常经人介绍而认识了后来占有重要地位的中共党员，其中之一的陈独秀早在五四运动时就已是家喻户晓的人物。另一位是周恩来，曾在 1919 年参加学生抗议行动，在巴黎和德国三年之后，于 1924 年在广东任孙文的黄埔军校的政治部主任。[5] 有趣的是，1949 年中共胜利后，周恩来派遣密使到巴黎拜访傅秉常，希望傅秉常回到中国，为新的中共政

---

[1] 《1925 年 7 月 24 日古应芬致傅秉常函》《粤海关报告：每天广州米价的调查（1925 年 7—9 月）》，中国第二历史档案馆藏档：19 - 28。

[2] C. Martin Wilbur, *The Nationalist Revolution in China 1923 - 8*, p. 26.

[3] John K. Fairbank, Edwin Reischauer, and Albert Craig, *East Asia*: *Tradition and Transformation* (Boston: Houghton Mifflin, 1973), pp. 776 - 778.

[4] 2000 年 11 月 12 日访问傅仲熊先生。关于这段时期以及中国共产党的开始阶段，请见 Hans J. van de Ven, *From Friend to Comrade*: *The Founding of the Chinese Communist Party 1920 - 1927* (Berkeley: University of California Press, 1991); Tony Saich and Hans J. van de Ven eds., *New Perspectives on the Chinese Communist Revolution* (New York: M. E. Sharpe, 1995)；关于毛泽东，请见 Gregor Benton and Lin Chun ed., *Was Mao Really a Monster?* (Taylor and Francis, 2009)。

[5] "Record of Leading Personalities in China, 1944," The National Archive at Kew, F. O. 371, File 41682.

府做事。但是傅秉常拒绝了。①

苏联公使加拉罕（Leo Karakhan）将苏联顾问鲍罗廷和加伦将军（General Vasily K. Blücher）介绍给孙文。② 加伦将军出任新成立的黄埔军校参谋长，鲍罗廷则是最受孙文信任的顾问。③ 当时蒋中正为孙文的军事副手，奉派到苏联学习，苏联在华南特别是在广东的影响力越来越大。④ 鲍罗廷协助国民党草拟新党纲，并教导党员如何组织群众。⑤ 这期间，傅秉常拍了很多照片，包括鲍罗廷和他的夫人。⑥ 几年之后，如同 1943 年的日记所记载的，傅秉常和鲍罗廷在莫斯科重逢，但情况很不同了：

> 参观英战时生活影片展览，鲍罗庭 Borodin 亦在，与谈旧事。渠询陈友人状况，余告以友人最后发表主和文章。渠亦谓真令人失望。余询其夫人，彼言近来身体亦不甚好。余未敢多言，恐对渠不便。⑦

苏联在华北和东北的影响：1945 年序曲

从 1923 年到 1926 年，苏联在华北和东北的影响看似微小，但事实上甚是巨大，特别是俄国密探曾接触过的东北军阀张作霖，给予苏联若干中东铁路的特权。对此，北京政府外交总长曾向莫斯科提出正式抗议。一年以后，苏联管理人员禁止未预先购票的中国士兵登上火车，引发更多争议。蒋中正也因此陷入困境，因为张作霖

---

① 傅秉常的儿子傅仲熊先生告诉笔者。
② Blücher 在中国时，取名 Galen，这是从他的妻子之名 Galina 而来。
③ 夏晋麟：《我五度参加外交工作的回忆》，第 49—50 页。
④ Henry Wei, *China and Soviet Russia*（Princeton, N. J. : Van Nostrand, 1956），p. 55.
⑤ Fairbank, Reischauer and Craig, *East Asia*, p. 778.
⑥ 见 Historical Photographs of China 网站，http：//chp. ish - lyon. cnrs. fr/.
⑦ 《傅秉常日记》，1943 年 5 月 16 日，鲍罗廷的妻子名为 Fanya Semyonovna，昵称 Fanny。

无法及时动员军队击退对手郭松龄。当地的日本军队知道苏联支持
郭松龄，考虑自己在此区域的安全和利益，日本军队装扮成中国军
队来进行干预。之后演变成苏联与日本争夺东北的奇特战争。1925
年 3 月，苏联人宣布将自外蒙古撤军。其实苏联在外蒙古的影响力
早已存在，几乎不需要再亮出军队，此一行动是要证明苏联在当地
占有优势，即使外蒙古已经"自治"。①

1929 年以前，中国人长期痛恨苏联意图控制中东铁路。苏联
人不仅经营铁路，其影响力扩及铁路两侧地区，利用铁路机关作为
宣传和政治活动的基地。中国人还以颜色，攻击几处铁路机关，而
且不顾苏联抗议，拘捕苏联居民。凡此种种摩擦，导致了 1929 年
5 月的战争。后来在各国尤其是美国的压力下，大规模的冲突得以
避免。最后的解决方式是，1930 年订定协议，依照 1924 年之协议
将铁路的组织重整。②1935 年苏联把中东铁路售予日本，也就去除
了其在东北的特权，但依然保有在新疆和外蒙古的实质影响力。③ 到
了 1945 年中苏进行谈判时，斯大林坚持索回其在华北和东北的利
权，身为驻苏大使与代表团一员的傅秉常，就在谈判桌的另一端据
理力争。

蒋中正的新政府：傅秉常起草民法

1928 年底，国民政府已获国际承认。蒋中正所领导两年的军事
行动，使中国脱离军阀割据，国家因此统一在一个政府之下。此时，
中国的领导人力图建设现代国家，并重振国家尊严。1928 年初，胡
汉民、伍朝枢、孙科暂时辞卸新政府的职务，离开中国到英国和欧
洲旅行 8 个月。傅秉常随同前往，担任翻译，沿途为他们拍了很多

---

① Fairbank, Reischauer and Craig, *East Asia*, pp. 55 – 63.

② Henry Wei, *China and Soviet Russia*, pp. 87 – 101.

③ John W. Garver, *Chinese – Soviet Relations*, *1937 – 1945*：*The Diplomacy of Chinese Nationalism*（New York：Oxford University Press, 1988）, p. 7.

照片。① 他们在英国时，傅秉常加入了皇家摄影学会（Royal Photographic Society）。会员记录显示他是在 1928 年加入，但似乎只入会一年。1928 年会员名册上傅秉常的资料是 Foo, P. S, 8 Park Road, Hong Kong。② 他们回国后，胡汉民出任立法院院长，傅秉常则出任立法院外交委员会委员长。傅秉常的母校香港大学也于此时颁授他荣誉博士学位。③

1928 年国民政府施行孙文的五权分立制度，建立了立法院，开始起草新的民法。立法院院长胡汉民派傅秉常为起草中国民法委员会主席，负责国家基本法的拟定，并起草民法。④ 1936 年通过的宪法，后来称之为"五五宪草"。⑤

日本侵略：傅秉常寻求苏联援助

1937 年中苏两国面对日本的侵略，彼此之间的关系也有了改变。有关中苏复交的讨论一直在进行，8 月中苏签订互不侵犯条约，为外交和军事的进一步合作打下基础，也是中苏两国结盟，从西方对抗日本的主要因素。⑥ 然而 1937 年到 1939 年的结盟确实有些问题，蒋中正需要且要求大量的金钱和武器，然而他感觉苏联援助的程度达不到中国的需求，⑦ 或者我们应该说这一时期，苏联对中国的精神支持相当大。虽然苏联并未对日本禁运，但其国内的经济和商业合同大幅降低。1937 年苏联对日出口总值为 3902000 日元，一年以后跌

① 见 Historical Photographs of China 网站，http：//chp. ish－lyon. cnrs. fr/.
② 是由英国 Bradford 皇家摄影学会的 Oliver J. Moore 找到这份资料的。
③ 吴述彭：《我所知道的傅秉常》，第 75 页。
④ 起草委员会中的其他人包括司法院院长王宠惠、司法院与立法院合聘之顾问巴度（George Padoux）及夏晋麟教授。
⑤ 《五五宪草》的一份英文翻译原本，藏于英国剑桥大学图书馆。见 Susan L. Glosser, *Chinese Visions of Family and State, 1915－1953*（Berkeley：University of California Press, 2003）。
⑥ Ibid. , p. 18；Henry Wei, *China and Soviet Russia*, pp. 132－137.
⑦ John W. Garver, *Chinese－Soviet Relations*, p. 18.

至 380000 日元。① 中苏两国其他的紧张关系，则是蒋中正迫切希望苏联对日本采取直接军事行动（斯大林并未准备冒这个险），以及怀疑苏联在中共的壮大中有所介入。②

此时到苏联最成功的财政访问团，是国民政府大佬所称的"立法院秘密访苏团"。团员有 3 人来自立法院，包括孙科和傅秉常。③访问团于 1937 年离开中国，1938 年 1 月抵达莫斯科，此次任务完全秘密进行，以避免可能出现的苏日龃龉。孙科和斯大林的几次夜间会面，从午夜持续到清晨。访问团其他成员都必须整夜等待，直到疲惫的孙科醉醺醺地回来，大家再把零散的情报拼凑起来，用复杂的密码把电文发回重庆。1 亿美元信用贷款购买军事装备的协定就这样签署了，中国可向苏联购买炸弹、战机、坦克和其他装备。访问团后来到了法国和英国，虽然受到很好的接待，却没有得到任何军事贷款。④

孙科访问团获得的援助，对中国的抗战十分重要。1938 年 3 月于鲁南爆发的台儿庄会战，就是用苏联提供的枪支和 T - 26 型坦克作战，这种武器在中国抗战期间此一首次战胜日本、消灭其两个师团的战役中确有帮助。⑤ 另外，1939 年 12 月的桂南会战，15 辆来自苏联的 T - 26 型坦克也扮演了重要的防卫角色。⑥ 傅秉常协助此一访问团，使他有了在苏联的宝贵经验，并证明了中国若是无法得到其他主要国家的援助，在适当的情况下会得到苏联援助。1941 年珍珠港事变爆发后，日本加入轴心国，情况急速改变。中国官员终于可

---

① *Japan Year Book*, *1939 - 1940*, pp. 356 - 357，引自 Henry Wei, *China and Soviet Russia*, p. 137.

② John W. Garver, *Chinese Soviet Relations*, p. 15.

③ 团员包括孙文之子孙科、外交委员会委员长傅秉常、经济委员会主席吴尚鹰及立法委员与上海交通大学兼任教授夏晋麟。

④ 夏晋麟：《我五度参加外交工作的回忆》，第 32—43 页；John W. Garver, *Chinese - Soviet Relations*, p. 38.

⑤ Hans J. van de Ven, *War and Nationalism in China*, *1925 - 1945*（London：Routledge Curzon, 2003），p. 224.

⑥ 夏晋麟：《我五度参加外交工作的回忆》，第 39 页。

以越来越期待同盟国的支持。傅秉常在日记中写道："国际条件之发展对我们很有利，我们的敌国和美国之间的关系濒临破裂，因此我们的未来不会像以前那样暗淡。"一个月后，他又记道："罗斯福总统在前天的广播演说中提到，中国向美国请求援助，美国已明白表示愿意提供援助。"①

傅秉常与治外法权的交涉

1941 年 8 月，傅秉常出任外交部政务次长，负责治外法权的谈判，一如他 1928 年担任立法院外交委员会委员长以来的任务。许多年来，傅秉常和他的同仁致力于旧条约体系的废除。他在前一个职务任内起草民法时，研读法律，因而在进行谈判时，已是一名法律专家。② 也因此他曾会见并与英国知名人士共事，包括后来的英国驻苏大使卡尔（Archibald Clark Kerr）及驻华大使薛穆（Sir Horace Seymour）。蒋中正决定派他使苏，无疑就是因为他和这些杰出英国政治人物的关系，因为他到莫斯科还会遇到这些人。1943 年 1 月 11 日，中美、中英平等新约分别在华盛顿和重庆签订，标志着不平等条约的结束。傅秉常在日记中写道："我国自不平等条约之初订，至今适一百年。在此一百年中，我国所受不自由、不独立种种之痛苦……现始废除……觉甚快慰者也。"③

傅秉常大使在莫斯科工作

最初，傅秉常一点都不想接任驻苏联大使，他在 1943 年的元旦特别强调此点，指出是因战时他对国家深厚的责任感说服了他，才

---

① 《傅秉常日记》（未刊稿），1941 年 1 月 27 日、3 月 17 日。译者按：为英文撰写。
② "Meeting at the house of the Minister for Foreign Affairs on 14 December 1942," Extraterritoriality Negotiations, The National Archives at Kew, F. O. 371, File 35679.
③ 《傅秉常日记》，1943 年 1 月 11 日。

接受领袖的指派。① 他的迟疑除了是因离开挚爱的亲人和好友而难过，其实也担心远在苏联，这是一项艰难的工作。他早就知道在莫斯科推动任何工作，绝大部分要靠和李惟果领导的外交部总务司密切合作，这一点他认为自己办不到。1941 年 12 月宋子文继郭泰祺出任外交部部长，蒋中正派李惟果为总务司司长。李是蒋的智囊之一，这些智囊比外交部更能决定外交政策。李惟果曾是傅秉常的部属，但是两人的关系紧张。从 1 月 9 日的日记得知，虽然宋子文指示李惟果提供汽油给傅秉常的用车，以便晋见蒋中正，但李惟果拒绝，因此傅秉常在日记中写道："我有强烈预感，因为我无法期待外交部的支持，我在莫斯科将一事无成。"②

外交与情报搜集

傅秉常动身前往莫斯科之前，曾在 1943 年 2 月 4 日晋见蒋中正。傅秉常的日记指出，在那次会面时，蒋中正要他提升中国使馆的位阶，在接待外国宾客时，要与英美使馆举办的社交活动"等级类似"。从这里我们可以看出，蒋中正有意借由驻苏使馆的表现，恢复中国的主权完整，并建立其世界强国的地位。因此，傅秉常重整大使馆和人事管理，以及他有能力用合宜的方式，招待世界级的政治人物及其夫人，这些考虑都是蒋中正认为得以赢得外人对中国真正的尊敬和认识的必要方法。我们可以从傅秉常 1943 年的日记看出，在他的领导下，招待与社交活动，纳进大使馆的组织、功能与情报搜集之中。和盟国外交人员打成一片、建立正确的关系，对傅秉常和他的团队非常重要。组织社交活动使傅秉常更能接触专业、活跃人士。对中国关系和国际外交有特殊兴趣和影响力的宾客，以及苏联知识分子与有名的艺术家，经常受邀到中国使馆参加宴会。虽然这并不是正式的互动，但在这种场合中的政治互动很常见，且经常

---

① 《傅秉常日记》，1943 年 1 月 1 日。
② 《傅秉常日记》，1943 年 1 月 9 日。

发生影响，即使不总是像正式政治互动那样透明有系统。① 傅秉常非常清楚，和外交人员的友谊与公开对话，对中国及其盟邦都有利。②

莫斯科宣言

1943 年傅秉常参与了莫斯科宣言的签署，中国代表在莫斯科宣言上签字，正式赋予中国往后在联合国拥有否决权，且成为四强之一。傅秉常是中国在莫斯科位阶最高的代表，故而在宣言上签字。日记中有关于此事的描述，值得注意的是宣言纳入由傅秉常代表中国签字，是在签字时间截止前几分钟才决定的。傅秉常和美国国务卿赫尔（Cordell Hull）与美国驻苏大使哈里曼（W. Averell Harriman）在筹备阶段的讨论，是日记中很有趣的一段。莫斯科宣言无疑是中国重要的成功。当时美国的政策是要让中国加入战后的合作，如果这次努力失败，如果苏联拒绝对日宣战，如果中国瓦解了，那么美国对未来的构想就没有前景可言。傅秉常因为就在现场，所以他的角色重要，在他有限的位置上发挥力量，呈报他的长官，并极力主张中国对苏联和盟国采正面态度。

保有新疆

从 1944 年的傅秉常日记中可以看出，苏联控制新疆省，而蒋中正试图恢复中国失去的主权，致使中国在苏联的声望下跌。1941 年，苏联已经明确对新疆经济发展的各个领域实行控制，新疆省主席盛世才接受自己是苏联代理人的角色。但是 1941 年夏天德国入侵苏联时，新疆发生重大变化。西方向苏联提出军事需求，此举显示盛世才不能期望"受到强大压力"的苏联可以提供物资援助。斯大林无

---

① Lowell Dittmer, Haruhiro Fukui, and Peter N. S. Lee, *Informal Politics in East Asia* (London: Cambridge University Press, 2000), pp. 3 – 5.

② 《傅秉常日记》，1943 年 10 月 21 日。

法维持其在新疆的影响力，被迫调回新疆省的苏军，转派到欧洲战场。此时正是蒋中正收回新疆的机会。1942 年他靠着盛世才的协助，快速行动，而盛世才也看出，站在国民政府这一边是有利的。过去苏援经由新疆北部运抵内地，现在苏联自己的物资已不够了，蒋中正抓住这个机会取得新疆的资源。傅秉常在莫斯科处理新疆事务，最重要的是他能用和平与最小冲突的方式，努力平衡与调和中苏双方领导人的歧见。从日记中可以看出，1944 年傅秉常在莫斯科的工作并不轻松。

雅尔塔会议与中苏条约

1945 年的日记内容大多是傅秉常关注雅尔塔会议中的远东协定。在雅尔塔讨论时，美国和英国给予苏联一些在中国的特权，那是俄国在历史上有过的利益，作为苏联加入对日作战，并保证和中国签订友好同盟条约，所得到的报偿。当时蒋中正未获告知。1945 年的傅秉常日记所指出的问题是，中国在莫斯科的官员是在何时得知密约的内容？他们是如何得知的？这很重要，因为这两点可能影响到1945 年 6 月中苏条约谈判时中国的策略，也可能影响到当时和以后的中美关系。① 傅秉常对雅尔塔协定签订的察觉、角色、观点、理解，和对雅尔塔协定的解读，以及 1945 年中苏友好同盟条约的谈判，有一些相当详细的记载。中苏友好同盟条约最终未能改变中共赢得中国的结局，但很清楚的是，国民政府在条约中重新划定了我们今天所知的国界，也是中共后来能够接管和治理的国土。莫斯科宣言、恢复中国在新疆的主权，以及中苏好友好同盟条约，都是蒋中正为中国筹思的大战略的部分，傅秉常则是站在推动朝向这些目标的关键位置，尽管有很多约束和局限，但他一直在做，这些努力都显现在他的日记中。

---

① Y. W. Foo, "From Chiang Kai-shek to Mao: Fu Bingchang, Chiang Kai-shek and Yalta," *Cold War History*, vol. 9, no. 3 (August 2009), pp. 389 – 409.

傅秉常的记录

先祖父在日记中每天写些新鲜事，记录他对于人物、活动、关系与他自身感觉的思考。他使用的笔是一种很好的 Esterbrook（或是一般德国制）铁制笔尖的木质沾水笔，不是写在装订好的日记本上，而是写在 13×18 公分灰色单页厚纸上。每一张纸的右上角，以红色凸印他的英文姓名。每年年终，他就把所有记录的纸张用细绳装订，外覆以皮雕或布质封面。虽然日记中有很多内容描述了他在莫斯科的每日生活，例如他在剧院观赏歌剧、到乡间踏青，还有各种各样的琐事，其他部分则都是有关大使馆事务、全球新闻、国际外交、世界大事等的精彩记录。除了书写的记录，傅秉常也有令人惊讶的生活影像记录。他是一位天生的业余摄影家，照片中捕捉他所认识或共事的中国人和外国人。① 这些照片大约有 2500 张，大多已数字化，已收于 University of Bristol，University of Lincoln，the Institut d'Asie Orientale（法国里昂）共同合作的"中国历史照片"（Historical Photographs of China）。造访此一精彩的网站，包括傅秉常的收藏，完全免费。

附　记

1949 年春天傅秉常辞卸大使职的几周前，他预测蒋中正的政府将无法支撑，于是提前准备运送一箱物品，其中有他的日记、照片和个人物品，交给陈定公使保管。陈定过去在莫斯科是傅秉常的部属，退休以后住在巴黎郊区的 St. Cloud。令人难过的是傅秉常当时就知道他再也无法回到祖国的家乡了。他在苏联最后一天的日记这样写道：

---

① Y. W. Foo, "East looks West: a Chinese photographer in Europe", in Mecarelli, M., Flamminni, A., (2011) 'Storia Della Fotografia in Cina', Novalogos/Ortica, Aprilia, Italy.

1949 年 3 月 10 日

今日为余呈递国书任驻苏大使之六周年，正忙于捡拾行李，准备去职，往事真不堪回首记也。又接培儿函，广州小屋已落成，但恐余现已有家归未得耳。

同年夏天，他和家人定居在巴黎附近的 Sartrouville 庄园，继续记日记，直到 1957 年他决定回台湾。他在蒋中正的政府中担任"司法院"① 副院长，1965 年去世，政府为他举行"国葬"。几年之后，他的儿子傅仲熊从陈定那里取回父亲的遗物，将之存放在英国 Lincolnshire 的家中。身为他的后人，我们知道傅秉常希望他的记录能够公之于世，因为他在台湾退休之后，曾告诉女儿傅锦涂，希望他的回忆录能在"五十年后"出版。② 虽然这段时程漫长，但我们很高兴傅秉常大使的历史遗产和最后的愿望得到尊重。

---

① 引号为编者所加，此类情况下同。
② 2004 年傅锦涂在电话中告诉笔者。

民国三十二年（1943）

一月

四川巴县独石桥立法院宿舍

Friday 1st Jan. 1943（壬午年十一月二十五日）

I may say that I am having a very unhappy new year. I have to accept the Ambassadorship to Soviet Russia very much against my own wishes. Only my duty to my nation compels me to take up such a post. When I think of my 79 – year old mother with her failing health and whom I might never be able to see again, I can hardly stop the flow of my tears. Fanny is going to give birth to another child soon. I wish I had never met her, nor she had loved me so much, that my heart may not be broken so badly now. She is really an angel. Every time I leave her, our pains are insufferable. But what can one do in face of a duty to one's country? I dare not shed my tears till she is fast asleep, so as not to give her additional pain, but I really suffered terribly. Got up at 9 am. Went down to the Yuan to 团拜. Afterwards took a walk along the highway to 状元碑 with 吴一飞 & 温夫子.

Received a phone message from 陈定 saying that the "agreement" from Soviet Russia had arrived & also Kitty came to Chungking yesterday. Felt extremely bad.

独石桥　Sat. 2nd Jan. 1943

Busied the whole morning packing. Fanny must have felf very badly when she saw me doing it. 3 – 5 pm meeting with 林彬 & 楼桐孙 to discuss the work of the 涉外司法委员会. Both urged me to take the chair at the first meeting.

独石桥立法院　Sunday 3rd Jan. 1943

楼桐孙 invited to lunch in celebrate the 1st birthday of his son. Fanny felt insulted when a separate invitation was sent her. I think 楼 & his wife are going too far & I do not blame Fanny for not going to the party. Long talk with 何遂 after lunch.

独石桥立法院　Monday 4th Jan. 1943

提前祝我生日. Had a long discussion with 春生 re [garding] his work. He is a perfectly honest man. He was very uneasy when [that] 关泽光 has been discovered a rascal & send [t] Kwan's younger brother to notify Kwan not to come to our house any more.

Lonesome Stone Bridge　Tuesday 5th Jan. 1943

Sent for Miss 龙纫萃 & Miss 朱紫纹 & asked them to take care of Fanny during my absence. They gladly consented. Left 独石桥 at 1：30 pm. Fanny cried bitterly & I had to leave quickly in order to prevent myself doing the same. 龙纫萃 & Mrs. 江□□. Arrived Chungking Waichiaopu Hostel at 3：30 pm. Kitty & 兆贤 already there. Kitty wanted to go to Kuybyshev with me but I refused.

重庆外交宾馆　Wed. 6th Jan. 1943

Stayed home all day discussing with Kitty & □□ of conditions in Kweilin. Glad to learn that my son 仲熊 is doing so well in his studies, sister Yuet Choy's behavior is inexcusable.

Waichiaopu Hostel Chungking   Thur. 7th Jan. 1943

Out to Dr. Hsieh's with □ 荫 & had lunch there. Discussed with C. Y. re ［garding］ his scheme for the cigarette monopolies at Kwangsi. Had supper at Dr. C. H. Wang's. He told me how 杨耿光 had divorced his wife 徐贤乐 who wants to go with me. Kuybyshev. Yang is a brute, but I have never met Miss Hsu, and to bring her to Kuybyshev would create ［an］ endless amount of scandals. Dr. Wang said that certain quarters wanted her there but I said I would raise objections & asked Dr. Wang to try to prevent it ［this］.

Chungking   Friday 8th 1943

Called on Dr. Soong. He wants me to leave for Kuybyshev at the end of this month. As to my staff, he asked me to settle it with KY ［KC?］, but suggested to me not to take away too many good men from the Ministry.

兆贤 told me ［about］ her work during the last few years. Suppered at Pres－Sun's.

Chungking   Sat. 9th 1943

Li Wai Kuo of the General Affairs Department refused to give gasoline to ［for］ my car in spite of Minister Soong's order to let me have a car! Such is the treatment I receive from one who had worked under me for over a year! Such is the moral character of the staff of the Ministry under which I am going to work. I really do not know how they will treat me in the future. I have a very strong feeling that I shall not be able to accomplish anything since I cannot expect support from them. 葆毅 & 陈 called. They are much nicer. The older members of the Ministry are better disciplined & certainly have better moral characters. I am really sorry for the Party.

Called on Dr. H. H. Kung[①]. After hearing what I related to him

---

① 行政院副院长孔祥熙。

concerning my appointment, he confided to me that the Generalissimo had spoken to him twice about sending me to Soviet Russia, but as he knew it to be difficult work for me, he had not made any comment as he did not want to put his friend in the horns of such a dilemma. I thanked him for his friendly attitude. He promised me his help in the future. He had been extremely nice to me during my one & half years in the Ministry.

To 邓君毅's. Supper there. Met 徐贤乐. Told her frankly that I could not possibly recommend her [for] any post at the Embassy in Kuybyshev. Suggested [to] her to approach Dr. Soong to send her to Angora with her brother. Met one Miss Chan from Hong Kong. She is a very charming girl & knew my cousin Kam Shing.

Chungking Sunday. 10th Jan. 1943

1 pm. Had lunch with the Generalissimo. 邵力子 was the only other guest. 蒋纬国 there. The Generalissimo asked 邵 & me to study the Soviet problem more than & said he would give us more detail 【detailed】 instructions after he has seen Paniushkin who will arrive this afternoon from Moscow. He was of the opinion that the Japs will start their adventure against Soviet Russia sometime this spring. I expressed my opinion on the Soviet attitude & he agreed. Suggested to bring 杨云竹 with me. He consented. He asked who would take up my work at the Legislative Yuan. When I told [him] that 楼佩兰 may take up the F. R. C. & 林彬 the Civil Code Committee, he asked a great deal about them. □□ called. He told me something about the situation in Sinkiang & Chaucer Wu's recent reports. 徐乃谦、谢家骝 called. They are very nice. Read Davies' Mission to Moscow,[①] very interesting & informative.

---

① Joseph E. Davies 为前美国驻苏联大使，该书于 1941 年出版。

元月十一日（星期一）

一、卓贤来谈其烟专卖事。

二、兆贤告余陈华之私生活及其遇害经过。彼知识有限，不宜任此工作也。

三、请捷克公使①及拔佳代表 March 在宾馆午茶，介绍其与保樵、章伯钧及李卓贤谈合办鞋厂事。

四、郑震宇来与商馆人事事，渠表示甚好。

五、马星樵请晚膳。剑如谈及粤事，余主张铁老②与戴院长③商请其提出。

六、中美、中英新约于今日下午分别在华盛顿及重庆签字。我国自不平等条约之初订，至今适一百年。在此一百年中，我国所受不自由、不独立种种痛苦，吾辈办外交者尤为感觉，总理遗嘱中亦以为诰诫，现始废除，诚我国历史上重大事件。余事实上亦因参与商讨交涉，觉甚快慰者也。龙纫萃来。

元月十二日（星期二）

一、何叙甫来，言彼亦欲赴苏联考察。余亦赞成，并劝其由商启予处请示委座④。

二、楼佩兰来，欲辞不兼代外交委员会事，余劝其不可。渠言邵力子将代陈布雷事。

三、下午往外部，与吴次长国桢商决驻苏使馆职员人选事，渠甚帮忙。

四、亮翁⑤夫妇来，告以连日情形。

五、李卓贤、谢保樵请在广东酒家。

---

① 捷克驻中华民国全权公使米诺夫斯基（Stanislav Minovsky）。
② 中国国民党中央党部秘书长吴铁城。
③ 考试院院长戴传贤。
④ 国民政府军事委员会委员长蒋中正。
⑤ 国防最高委员会秘书长王宠惠，字亮畴。

元月十三日（星期三）

一、十一时，往邵力子先生处，与谈苏联政策。彼对余呈委座节略亦甚赞同，并谓苏方向对于大使馆不甚信任，以为不能守秘密，因使馆人多，且办事须经一定手续，所经人手亦较众，又须经由各该国之外交部，部内人更多，故不相信。邵遂以为苟国际情形发生变化时，必须由国内另派大员前往接洽，大使只能从中协助，所说甚有理由。至苏联与第三国际关系，及与中共间关系，邵先生亦多见告。

二、十二时，往委座官邸会报及聚餐。张忠黻【绂】主张应开始研究及注意战后对日政策，俾英、美人士不致有怪异及于我不利之主张。王芃生以为日不久即攻苏，因：（a）再拖延则英、美准备更优。（b）海军无南进攻印希望。并举下列为证：（a）去月日本杂志论调主速战。（b）汪伪向英、美宣战，系准备利用中国资源。（c）与苏有关系之股票下落，而与南洋有关者不动。（d）与日苏战争有关之机构，如关东军等，预算增加，而台湾司令部等不加。王又报告日本内部不安情况，及秩父宫大约已被杀之情形。

三、郑震宇在郭副司令①寄峤公馆（嘉陵新村六号）请午膳，二时始往。稍谈，即与何遂同往白健生先生处，谈国际及外交形势。渠谓已向宋部长②建议两次，对英关系应改善，彼以为日未必敢冒险攻苏。又谈将来外交上可能之变化甚详。

四、黄朝琴来，谈后以电话请亮翁荐其为亚东司司长。

五、萧吉珊来，谈中英新约事，告以经过情形。

正月十四日（星期四，十二月初九）

杨公达在其公馆请午饭（张家花园四号），杨司长③云竹来，谓探吴、胡两次长④口气，似不甚赞同其离部随余赴苏，故渠甚为难。

---

① 重庆卫戍副总司令。
② 外交部部长宋子文。
③ 外交部亚东司司长。
④ 外交部政务次长吴国桢，常务次长胡世泽。

余谓不宜过于勉强。彼云如我同意，彼将通知吴、胡二次长彼不随余。我答我可同意渠如此答覆。饭后，与保樵、李伯华等同乘一飞新购之小汽车 Austin 赴独石桥，五时半始到。晚上芳苓已觉肚痛，与渠详商我出国后办法，别离为人生最痛苦之事，渠直哭至天亮，余亦万分难过。苟非国难当前，余良心上觉对于党国之责任，义不容辞，则我宁在家穷死饿死，亦不离我所爱之苓妹也。余极力忍泪慰之，告以彼将来生活将较安定，彼父母将与之同住。彼亦深明大义，觉我对国家之责任不能不如此，反以此慰我。儿女情长，英雄气短，古今中外所不能异。

正月十五日（旧历十二月初十，星期五）

晨，与春生岳丈商我去国后芳苓生活，渠智识虽有限，但人尚老实，惜无主意。渠竟将其妻所赠之金戒指送余。

十时，立法院考绩会议，余主从宽。

午后一时半，涉外立法委员会，余主席，将工作范围及分工办法通过。余不得不将此事办妥，盖林佛性、楼佩兰均觉彼等资望不足以应付各委员。立法院办事向重情感，彼等坚请我办了此事始离，我亦原谅。工作共分四部：（一）法律命令之标准应有规定，俾行政机关、地方官署及军事机构知其权限所在，不致违法，使外人不易有所藉口。（二）修正法律适用条例。（三）检讨民、刑、工、商、自治、经济、财务各种法律，以适应外人内地杂居，及不平等条约取消后之新环境。（四）翻译各法典及对外宣传立法主义。

三时半，召集总理国防十年计划会议，将前数次之稿件全体通过呈院，余在立法院未了之工作，遂完全告一结束矣。

晚上，苓妹觉肚中动作更甚。余与商定于明早送其往医院检验，如系将产，即行留院。并商得赵汝昶太太之同意，由其陪住医院，俟产后改由朱紫纹小姐往陪，小妹妹则由龙小姐纫萃来代为照料，余即代苓妹捡拾衣服及应用物品。渠觉不久与余离别，即哭不成声，余亦万分难受，整晚不能睡。余极力劝慰之，并再三以因果报应之说以为劝诫，盖余系笃信此说者，故以为万事自有前定。此次与其分离，亦系注定不能免者，只能忍痛受之。以后各自勉力修德，将来定有团聚安乐之日也。余并劝其多念金刚经，彼家本亦信佛教者，故亦深悟我所解说。

正月十六日（旧十二月十一日，星期六）

早起，帮苓妹捡衣物。十时，用汽车送其往江苏医院。中午接电话，谓不久分娩，须留住医院。

九时至十二时半，院会。一时，全院委员公宴院长①，祝其就职十周年纪念，并与我饯行，由彭委员养光主席。演说后，孙院长答辞中，对我推崇备至，并言及我与渠二十余年来共同工作及友谊，殊令余感激。我作简单之答辞，追述与院长及立法院发生关系之经过，及此次奉命使苏不得已暂行分离，并盼于两年后回院。实则余确不愿离者也。

下午在家，苓妹不在，殊觉孤寂，不愿在原房住宿，免多伤感。即移出小妹妹之房，使其住余房，且便于龙小姐来与同住照料。

杨传谷、赵澄、丁蕙如、龙纫萃等在一老处请晚膳，丁小姐因煤炭火盘之气太大晕倒，幸多人在，抬至另一房间救之，始醒。炭盘危险，可想而知。

正月十七日（星期日，旧十二月十二日）

允中自北碚返，谓昨晚九时半，苓妹产生一女，重只四磅，能否生存尚未可知，但苓妹身体尚好，生时亦无甚痛苦云云。

下午二时，借一飞之黄包车往视苓妹，因一时未有房间，故暂住二等病房，赵太太相陪。苓妹精神甚佳，告余分娩经过，甚少痛苦。小孩确细，共商在医院稍为多住两、三星期，俾小孩稍长，较易打理。且我亦恐苓妹返家后多所感触，在院环境完全变迁，较为易过，渠亦同意。与谈两小时后出医院，遇韩主任，渠亦主张苓妹在院住一个月至四十天。余请其注意苓妹身体，小孩能养与否，系

---

① 立法院院长孙科。

属天命，只尽人事可矣。渠亦谓婴孩太细弱，未敢谓能生存。与天眷同往柯太太处，托其代备送苓妹所需之补养食品，渠甚帮忙。六时始返家。外交委员会同人在院长客厅请余饯行，余自立法院于民国十七年成立后，即长外委会，与同人感情之厚，直同家人，故自觉依依不舍。同人中有欲辞职他往者，余极力慰之，实则余亦觉难过也。

正月十八日（星期一，旧十二月十三日）

早起，刘芙若来谈中苏关系，渠极不满中共，彼系山西人，当然如此。小妹妹出牙，有热，频哭，呼妈妈，使我万分难堪。龙纫萃甚好，频来照料，如此朋友殊不易得也。下午一时，外交部所派之旧汽车始到，即乘往江苏医院。苓妹已迁至第二号房，即前次生小妹妹时所住者。与谈约一小时半，渠哭甚哀，余亦不能忍。爱情愈深，痛苦愈大，所谓苦乐并行。佛氏所言，有乐始有苦，乐愈大，苦愈多，我始信矣，以后种因须万分小心也。我对于余妻，因彼自结婚时，即对余无爱情，以后别离，多系其要求，故我绝不觉有若何之痛苦。至琼芳，则自始即无多大爱情于其间。及至芳苓，则完全不同，我觉渠之爱我系出至诚，会合时，我之境况不佳，渠亦因离家后备尝痛苦，相怜最易相爱。相处两年余，具见其人品爽直，识俭知悭，并能吃苦，对余由敬而生爱，故我亦爱之。大约爱情以互相敬，及互相尊重品格者，易能深刻及永久也。车返经独石桥，余不敢返家见余女，恐不能忍泪。天眷下车别时，亦似将下泪。渠自小即随余，我待之有如子弟，渠之难堪，我亦不易过。人为感情动物，我国先圣基此以为我文化政治之中心，诚超越欧西各哲学及政论家之其他一切主义也。

外交部派来之汽车，系一旧福特车，行至凤凰场，即发生障碍，勉强而行，时停时修。于七时到金刚坡下，油管已不能贯油，幸小车夫甚好，冒险以小罐转入汽油，扒【趴】在车前机上，沿途入油，停六、七次，始抵歌乐山。与张孝植、陈仰初在一小饭店用晚膳。打电话请孙院长公馆派其汽车来接，抵宾馆时，已晚上十时矣。

正月十九日（旧十二月十四，星期二）

王雪艇在中华路一二一号（参政会）请午饭，为余饯行，并示余其所藏之古画，内有唐人沈周之仕女最佳。唐人所画美人多略肥，盖受杨妃之影响。用色及衣服线条确佳，手之姿态尤妙。

六时半，白副总长健生在其公馆（李子坝八号）请晚饭饯行。饭后即赴苏联大使馆之晚宴，及观电影。我因迟到，被罚红酒三杯，已觉头痛难堪，后仍勉强赴陈策等之约于邓君毅处，陈、徐、郭等均在。十二时始返宾馆，不能安睡，余对饮酒确无办法也。

正月二十日（旧十二月十五，星期三）

上午，潘朝英偕其妻来，其妻系余同学周文治之女。回忆与文治同学时，均在少年，今已儿女成行，婚嫁成人耳。

午后四时，往照相，并赴中茶公司，与李泰初商春生事。

七时，梁龙、张谦、冯飞在宾馆设谦饯行，后往亮翁处，谈至十一时始返。渠以为吴次长或因我先与委座及宋部长商杨云竹事，故不愿渠随我赴苏。我则以为杨因地位关系，既系勉强，则余意不欲偕往，亮翁亦以为然。

正月二十一日（旧十二月十六，星期四）

上午，卜处长①道明来谈最近中苏关系，及各小案，渠见解与余甚多相同。朱骝先派李参政员永新（号鹤龄，蒙古人）来谈内外蒙古近况，多所未闻者，并及边疆党务处工作情形。余允代觅资料。

一时，许静老②在中正路二八一号陪都空袭救护委员会为余饯行。静老道德文章均足为我等后辈之模范。其待我尤佳，真有如子侄，余甚感之也。马秀中欲与余谈而不敢。

---

① 军事委员会顾问事务处处长。
② 行政院政务处参事许静芝。

五时，往范庄与孔副院长①辞行，渠受寒不适，亦勉与余相见。渠亦谓苏联外交系最难办者，劝余不宜希望太多。于稍有不如意时，勿过失望。情意殊为可感。并谓如馆员生活太苦，需补助费时，彼可帮忙。末又告余，派邵力子使苏时，亦系渠之主张。

七时，朱骝先在其家谯余饯行，本有徐悲鸿画一幅准备相赠，因题款稍差，不允见赠。余因公达见告，强索之，彼亦不允。渠两年来对我确好，其为人极其忠诚，堪为良友者也。

正月二十二日（旧十二月十七，星期五）

上午十时，林主席②在双河桥主席官邸接见。彼伤风数天，但与余谈话仍久，训示均系老前辈真诚之语。大致著余不宜急于求功，宜静候机会，盖苏联外交特别困难，更不宜因未得成就而失望，劝余采无过便是成功之态度。其爱护后进之情，殊为可感。

六时，梅心如在白象街八十八号《新蜀报》请晚膳，七时赴吴秘书长铁城之宴。

正月二十三日（旧十二月十八，星期六）

上午十时，往陶园谒于院长③右任辞行。彼向主与苏联亲善者，对余多所训示，且劝余飞至安西，即改乘汽车，俾知该公路情况。又诫余不宜希望太多，不可失望，亦系深知苏联之言。

下午四时，宋部长在军委会礼堂举行庆祝中英、中美新约签订之茶会。余告以本月底恐赶不及赴任，彼亦谓委座亦欲我改期于下月六日，俾多数天研究对苏政策。余遂决定于下月六日离渝，即请李司长④惟果代我通知毛总指挥⑤邦初准备。茶点后，即在大礼堂观剧，系宣传部戏剧研究班所演古城会，唱做尚佳。

---

① 行政院副院长孔祥熙。
② 国民政府主席林森。
③ 监察院院长。
④ 外交部总务司司长。
⑤ 空军总指挥部总指挥。

七时，蒋处长①廷黻请在行政院，苏联潘大使②亦在座。余早退，往铁老处，因粤同乡共谯我饯行，共数十人。席中铁老频呼一飞为"吴特任"。又谓立法院有两派，一以寒操为领袖，一为英语派，以余为领袖。余出国后，一飞应继云云，似系有意对一飞。保樵事后告余，谓两星期前在哲老③处，有谈及铁城亦欲出任大使者。一飞即谓铁老未曾充当特任官，料亦愿意。此语当有人传诸铁老，故铁老今晚如此报复。一飞出言不慎，应以此为戒，吾人亦应以友人之过以自警惕，出言更宜审慎也。

正月二十四日（旧十二月十九，星期日）

上午十时，港大同学在中英文化协会开会，由余主席。通过总会章程，并选余为会长。有女同学董小姐系吴兴人，一九四〇年毕业，宛如天眷所画之古美人。大学毕业生有此美人，殊不多睹也。同学并预备午餐为余饯行，英大使薛穆爵士④亦到。

下午二时，谒戴院长辞行，渠多所指示，谈二小时半。苏联情况，彼亦详悉，故亦劝我不可希望太多。关于于先生所主张经新疆公路，彼甚赞成。彼结论谓中苏关系，全在我国之内政，而不在外交。我劝其有机会到苏联一行，彼表示甚为愿意。我以为多接触系相谅解之必要条件。渠并谈及中印关系、外蒙情况，及中共各问题。末言彼以委座派我赴苏为异，询我原因。我答以我亦不自知，遂将经过告之。渠劝我效曾纪泽之办法，不即求功，只自己修信修能，使人敬重，然后与之交涉。

下午四时，往保安路十一号顺隆保樵处。一飞以哲老派盛振为接我立委之条谕见示，我亦以为然。盖余既出国，确不宜仍兼立委，故即函芳苓、天眷等，商量善后办法。B. O. Rosa 及马秀中均来参加与余饯行。马告余渠曾往独石桥，我适已来渝。渠请我代其另觅职

---

① 行政院政务处处长。
② 苏联驻中华民国大使潘友新（Alexander Panyushkin）。
③ 孙科，字哲生。
④ 英国驻中华民国大使 Sir James Horace Seymour。

业，我托渠照料苓妹，渠人本甚可爱，惜朋友不佳耳。渠对我亦有依依不舍之意。

七时，于院长右任设宴为余饯行，将所藏最好之菜，如鱿鱼、兰州百合、海参等，尽出以款待。口味全系山西式，最后之猫耳朵，黄、绿、白面，亦前所未尝者，于先生之盛意真可感也。同座有杜律【聿】明及郑、黄两军长①等。

正月二十五日（旧十二月二十，星期一）

中午，钱阶平②在宾馆为余饯行。我与渠在此一年半同事期间甚为相得，其学问渊深，办事精密，人品忠正和平，使我万分佩服。渠不久将返比大使任，外间有疑其在部欲自植势力，以部旧人为基础者，殊非知阶平之人也。

下午五时，谒宋部长。

六时，刘部长桂生③及陈庆云在广东酒家为余饯行。

正月二十六日（旧十二月二十一，星期二）

九时半，赴学田湾衡庐见陈果夫先生。渠亦知苏联外交难办，对英之印度政策多所批评，又力主多训练俄文外交人才。

下午五时，宋部长在其公馆召集苏联大使及商务参赞巴古宁④，翁部长⑤，吴、胡两次长及余商讨独山子油矿事，宋部长将我方不能不仍持原议之各点详为解说，盖系原则问题，英、美均已接受，我不便创一恶例，希望苏方谅解。潘大使谓当归与巴参赞商量。其答覆只谓与巴商，而不云向政府请示，想政府已授予全权。不过渠欲多得些小权利以为己功，仍不免有外交官之旧习，殊可惜也。我提出此案时，力持可让步者，绝不保留作为还价之地步，盖我相信办

---

① 疑第八军军长郑洞国、第五十四军军长黄维。

② 钱泰，字阶平，时已辞外交部常务次长。

③ 疑为中国国民党中央海外部部长刘维炽。

④ Commercial Representative Bakulin.

⑤ 经济部部长翁文灏。

外交应以最诚恳之态度，始于邦交有利，"聪明人"外交之时期已过矣。

七时，亮翁及一飞在王公馆谯余饯行。

又中午，复初①在陈光甫公馆谯余，余重出办理外交，全系因与渠交情关系。渠人极忠厚卒【率】直，学问经验亦富，确为吾党不可多得之人才。前年之事，余深为党痛心，私交上亦觉万分难过，我因彼事教训，私人行动更加检点也。

正月二十七日（旧十二月二十二，星期三）

俞次长②鸿钧在嘉陵宾馆请午饭，郑介民谈苏方特务工作方法甚多。我托俞次长照料惠梅。

六时，汪世铭请在外事局招待所。六时半，赴缪剑霜之约，座中何小姐、陈太太及董（？）太太均甚美而能酒。□太太并代表我打一通关，真难得也。七时半至孙院长之宴，到迟被罚酒三杯，即醉，头痛难堪。饭后与谈外交形势，渠谓近来 Prof. Nicholas John Spykman of Yale University 所著 *America's Strategy in World Politics*（N. Y. Harcourt Brace & Co., 1942）一书，引起全国社会之讨论。彼所主张以德制俄、以日制华之政策，恐美军部及外部亦有一部分人如此主张。是以苏联应付此种帝国主义之政策，只有两途：（一）亲华，（二）与日妥协。故我方为应付此种可能之劣环境起见，应与苏有一谅解云云。

正月二十八日（旧十二月二十三，星期四）

上午，与马星樵同至吴铁城处，与谈广东问题，铁允帮星樵。吴子祥谓罗、邱③在北菲会议，闻有邀请委座参加，委座未能往。

晚上潘大使请宴饯行，饭后与谈两小时。余谓国际环境变化，不可逆料，但中苏两国种种关系，非亲善不可。是以我总理及列宁④

---

① 郭泰祺。
② 财政部政务次长。
③ 美国总统罗斯福（Franklin D. Roosevelt）、英国首相丘吉尔（Winston Churchill）。
④ Nicolai Lenin.

先生有见及此，决定我两国亲善之政策。委座为总理之信徒，对于总理所定之国策，必尽力遵守，故我希望我辈办外交者，以两国之基本政策为重，间有小事不尽如意者，万勿失望。渠亦同意，但云：（一）中国政府方面，尚有一部分人士对苏不谅解者，我辈宜再努力。（二）新疆当局尚未改善其对苏态度，如最近独山子油矿之罢工事件。（三）小事亦应注意，因可影响全局。（四）两国教育上应多合作。余答：（一）中苏关系十余年来经过，潘大使亦所知悉，吾辈宜加紧努力，本人同意。（二）中央对于新疆，现正多加以指导，将来定加改善。余于吴①特派员赴任时，曾予以明确之指示，著其将新疆境内发生之外交案件，尽量移归中央，由余与潘大使直接办理。我经新时，将再与吴特派员言之。

正月二十九日（旧十二月二十四，星期五）

下午二时，各文化团体在中苏文化协会请茶会，与余饯行。于院长主席，潘大使及赵素昂均到，均有演说，余致答辞。

晚上，朱学范请宴后，余往保节院街与琼芳及锦培话别，彼等亦深为了解我之环境，故乐于返广州湾奉侍母亲。琼芳此次亦自知其离开母亲来渝之错误，培儿则更急于返近其祖母，余心稍慰。

正月三十日（旧十二月二十五，星期六）

阶平告余英代表 Lord Hartley② 在太平洋会议席上提案，完全系在战后如何帮忙日本，保留日本在我东省之权利，台湾应不归还中国，种种于我极不利之条款。虽为美代表所打消，但英政府对我政策可见一斑，是以外交前途殊为可虑。余告以哲老意见，渠亦以为然。但谓对苏外交殊不易办，又云少川③先生亦不乐观。

中午麦乃登夫妇请在国民酒家午饭，彼等亦主张芳苓仍住独石

---

① 吴泽湘，字醴泉，外交部驻新疆特派员。
② 疑为 Lord Hartley Shawcross。
③ 中华民国驻英国全权大使顾维钧。

桥，因哲老已条谕一飞每月送津贴，房屋亦用公达及凤九两委员①名义租出借我住矣。

七时，陈科长君素、陈科长玉如、瞿科长纯伯、许念曾及徐季占合请饯行。

晚上燕芳因听兆贤之言，与余大吵，出言无状，一如其母。要求我多留薪水与之，迭提我非渠之梯云哥无今日，又谓恨其母将其年岁提高两年，渠实不到四十六岁云云。我选妻时，只以貌，而不计教育及道德，不听朋友之劝告（周希年、陈敬甫曾力阻我婚事，母亲亦不赞成），至终身受苦，此系自己之错误，夫复何言，只有极端忍受之矣。

今日系父亲死忌，我一生最痛苦之纪念日。

正月三十一日（旧十二月二十六，星期日）

卓贤及惠梅来，同出胜利饭店。午膳后，与卓贤同至旧书摊购买旧书。访蔡宝源夫妇道别，在顺隆晚膳。紫罗兰由冯自由转来电报，请我带龙启昌及胡好往苏联。新旧丈夫同一注意，艺术家之思想与众不同欤。

二月

二月一日（旧壬午年十二月二十七，星期一）

黄克强之夫人徐宗汉来谈，老夫人年虽逾七旬，但精神甚好，思想亦极清楚，对于苏联外交亦多知悉。渠因兆贤及燕芳关系，对余甚为爱护。彼晚年笃信佛学，于兆贤、燕芳多良好之影响。

购得洋貂皮大衣一件，海龙领，大小与余适合，价钱只国币壹万元耳。胡次长、吴次长在宾馆请晚饭，为余饯行。

---

① 立法委员杨公达、张凤九。

二月二日（旧十二月二十九【八】，星期二）

西北公路运输局钮副局长泽全（步云）来谈西北运输情况，渠不主张余此时行新疆公路，谓无可研究，且太辛苦，而路上更有被阻可能。余事后与亮翁谈，彼亦反对，谓万一被阻，苏方以为我不欲急于赴任，不重视职务，轻视苏联，影响甚坏。所说甚有见地，我遂决定照原来计划，不再变更矣。

赴党部，向各方辞行。只狄君武在，请其转致各人。后往邵力子先生处，再谈中苏关系一小时。

下午往何总长敬之①处辞行，谈及中苏关系，彼力言中共不法行为，但谓不欲以中共事而影响中苏友谊。余劝其转劝委座对于外交上之小件，不妨对人让步，对于大事则坚持，因外交形势近将剧变，我国应付，须特别小心。彼甚以为然，并即嘱其秘书对于连日苏军胜利发表谈话，又告余委座于前数日特别召渠往，告以中英新约现既成立，中英关系宜极力改善，一改以前反英态度，实则彼个人向不反英。此种话渠当即经转军委员干部，是以余可放心出国云云。又谓蒋夫人有赴英之可能。余告以委座观察，以为日本不能听德国之失败，故不久必将攻苏。敬之云，届时彼或亦须赴苏一行。

晚上，张部长②道藩在中宣部设宴，为余饯行。吴次长表示对情报司办事不满。

二月三日（旧十二月二十九　星期三）

晨，谒宋部长，报告其与各方面谈话之经过。渠对余甚好，谓对我系最热诚之友爱，渠之为人我应知之，彼最不重形式，是以虽不每天请余食饭，但对我未尝一刻忘怀或不注意。故我可以最好之朋友待之，如有彼可办之事，著余不必客气，径行电彼，以后我两人应密切合作。又劝我往见孙夫人③，谓其姊虽稍偏于亲苏，但对苏

---

① 国民政府军事委员会参谋总长何应钦。
② 中国国民党中央宣传部部长。
③ 宋庆龄。

确有见解。

末言如日苏战事发生，渠亦或赴苏未定。渠此次返国后，共事两月，觉渠对我感情确极诚恳，我深为感激，频行赠我最新之墨水笔以为纪念。

张道行在宾馆请午饭。

二时半，马秀中来，与我送行。渠身裁确好，胸部为粤人所谓竹笋式，肉地雪白，无怪许多男子为其倾倒，惜学问根底稍差。惟渠对我及芳苓确存友爱也。

五时，访顾大使少川，与谈外交形势。彼所见与余及阶平颇同。

六时半，何总长敬之谯余饯行。冯焕章副座①也在座，彼对苏联甚好。

七时半，赴曾部长②养甫之宴。

二月四日（旧壬午年除夕，星期四）

晨，陈真如请在广东酒家早茶。

十二时，委座在黄山召见，彼已受寒数天，精神尚未复完【元】，因我出国，勉强召见。训示如下：（一）独山子油矿等案，因系在中国境内，故应在中国办理。（二）现在及战后与苏，均应交好及合作，此种方针完全不变。因我国与苏方接壤，及各种关系，均须如此。只要苏方不与我不好，我当然要与合作。（三）对于新疆问题，主权必须收回。至其他经济利便，我可与他，例如羊毛公司、伊宁铁矿问题等，只在不损失我主权范围内，在经济上可尽量与之合作。至于破坏我法律、有损主权者，则不能有丝毫让步。例如组织合作公司，我方资本应占百分之五十一等，不能变更，希望苏方能与我诚心诚意友好。（四）驻军应由新疆逐渐提出，我于有意无意之间便时亦可相机提及，中央可为新疆后盾。（五）飞机制造厂亦可由新疆提出，如先解决此案，该厂之红军守

---

① 国民政府军事委员会副委员长冯玉祥。
② 交通部部长。

卫便可撤退，于交涉哈密红军撤退便可引为先例。（六）日苏战事必不能免，苏虽胜德，日亦必攻苏。盖德崩溃，日不能独存，故余应准备一切，以为应付。届时我愿与苏合作，与订军事同盟亦可。（七）对于外蒙领土及主权，我方应收回。经济方面，可与苏合作，如在新疆一样。至我方对于外蒙，绝对取宽大主义，力求助其自主，无派兵往驻之意。我方对于边疆各民族之政策，可在最近出版之《中国之前途》①见之，绝不采从前徐树铮对外蒙之压迫方法。余（委座）见苏外长 Chicherin② 时，渠曾告余，谓外蒙人因徐树铮事，甚怕中国人之压迫。我党现采取宽大扶助主义，对边疆各民族绝对平等，不独赋予，且扶助其自治。 （八）中共问题不必提。（九）见史丹林、莫洛托夫③各人，代委座致候，并贺其最近军事上之胜利。

余报告与各方面接洽经过，及所拟行程后，委座即留共午饭。偶及馆务，渠即指示，谓以前省俭不对。盖外交上用钱，系国家体面所必需，余应立即改革，场面应与英、美大使馆相同，如须另款，可径行向彼报告领取。黑市卢布亦须禁止购买。至于在大使馆多训练对苏外交人才，甚为赞许。末并送余照片一张，又嘱余带《中国之命运》二千本交盛督办④。

二时半，离黄山。三时半至保樵处。与陈真如谈，渠送我佛经三本。江春生亦到，告以哲老手谕，及芳苓仍宜居独石桥。晚上，李君佩请在其公馆除夕。至十时，赴亮翁处。十一时半始回宾馆。

二月五日（旧历癸未年元旦，星期五）

今日为新年，余年已四十有八。余父系四十八岁终，故今早特别思忆父母。我出任党国事，不觉已有二十五年。在此期间，外人

---

① 疑为《中国之命运》。
② Georgy Chicherin，1918—1930 年任苏联外交部部长。
③ Joseph Stalin；Vyacheslav Molotov，1939—1949 年任苏联外交部部长。
④ 新疆边防督办盛世才。

均觉我极有进展，实则我自己仍万分不满。学问方面，多求而未能专。修德方面，仍不勉心为形役。对于母亲，更不能稍尽人子之道于万一。家庭中对于燕芳、琼芳，未能感化半点，致其无知无识，日甚一日。昔人谓行年五十，当知四十九年之非，我现已深知我四十七年之非矣。所幸国家前途虽有困难尚多，但已日有进步，国际上之地位日高。外交上错误虽多，全盘计算亦极有进展。余个人在外交部任事年半以来，各方批评尚佳，委座对我亦好。朋友中对我亦多认识，可为快慰者也。亮翁请余及燕芳、兆贤午膳。王夫人代郑毓秀索还彼所赠我之小收音机，将以转送徐永昌。美人恩固难消受，丑妇之惠亦不易领受也。

三时半，赴苏联大使馆与潘使辞行，谈中苏应亲善问题甚久。渠态度甚好，余自到外交部年余，与之相处甚善。渠谓与余系属好友，诚确也。

五时，惠梅自重大①赶来，与余话别。余视渠有如己出，此次渠姊妹因我之函，独自由港逃渝，我又不能留此照料，殊觉有些对渠等不起，但彼亦明白。我吻之，劝渠自立自爱，努力向学，勿交损友以堕家声，彼亦泪下，大约彼爱我敬我甚于其父也。张孝植在大三元请我及燕芳饯行，我偕惠梅侄女往，十时始返。

二月六日（旧元月初二，星期六）

十一时半，由珊瑚坝飞机场乘昆明号军用专机离渝。委座派行政院秘书长张厉生往送，亮翁、铁老亦扶病到机场，情深可感。到场者尚有李君佩、陈策、陈庆云、陈剑如、吴国桢、胡世泽、钱阶平、谢保樵、李卓贤、李伯华、邵力子、黄君璧、兆贤、燕妹及部中同人，颇极一时之盛。潘大使不适，派列、司两参事②。是早瑞雪纷纷，为重庆多年所未见，有戏谓余已将苏联天气带渝者。古人多以雪为祥兆，当不坏也。十二时三刻抵成都，换机，于四时半到兰

---

① 重庆大学。
② 疑为 First Counseller G. F. Rezanov 和 Counsellor T. F. Skvortsoff。

州。余等致夏特派员及谷主席①之电，均未到达，幸与何局长②竞武同来，由彼招待在其公馆寄寓，设备甚佳。余于 1935 年曾一度来兰，但见全市改观，马路房屋整齐清洁，有西安风，远胜陪都，无怪委座见许。适庆祝新约，街上龙灯巡行，颇似吾粤之"出会"。饭后，沈副局长圻（燮良）陪出游市上各街道及黄河铁桥，桥建于1907 年，本每年加油一次，但自抗战后，已不能油矣。连日天气之冷，亦为兰所少见，昨日已完全结冰，亦系六年来所未有。余有一部分职员住招待所，往视之，设备尚不错。返何公馆晚饭，尝"鸽子鱼"。相传鸽飞入黄河变此鱼，产于离兰三十里左右，凿冰求之，颇不易得。肉鲜甜而不实，诚美味也。又此间梨有十余种，梨树有数百年，大可二、三人围者。有所谓软梨，长时与普通梨同，但熟后变黑色，肉亦松软，以之藏于地下，以水浸之，及冬取出，外盖以冰，去此食肉，香甜有如冰淇淋。又有小梨名吊蛋者，小如鸽蛋，食似软梨，不过更软而甜矣已。饭后，谷主席来，畅谈最近外交形势及中苏关系，渠甚明白。何局长言兰州天气极佳，冬天长有太阳，故晚上最冷时可达零度下八、九度，但日中尚温暖。又谓汉回对于教律较哈萨或缠回为严。其秘书长黄兆桐系粤人，送余碑帖三种，均新出土者。又据交通银行郑行长大勇谓驼毛不贵，即托其购三斤寄芳苓。

二月七日（旧正月初三，星期日）

晨六时半，起床，函苓妹。八时半到机场，谷主席及苏联商务代表已到。九时四十五分起飞。十时半经乌矛岭，为祁连山之最低口，高七千余尺。四时半，经迪化附近天山上之湖，闻湖水碧清，风景佳胜，将来铁路达全新，交通利便，此种山湖均系名胜区域也。五时抵迪化，君默及省府民厅李英奇、建厅李溥霖、教厅程东白、财厅彭吉元、参谋长汪鸿藻、交通处长王镜楠、政训处长邱毓熊、

---

① 甘肃省政府主席谷正伦。
② 西北公路运输局局长。

盛局长世英等，均在场欢迎，即乘车至督办公署。盛督办在门迎候，并招待余等在东花园暂住，设备甚佳，食品陈列一如苏联。

晚上，盛督办在大礼堂设盛大之欢迎会，礼堂之大，为重庆所无，大约可容壹仟五百人。是晚所请之客亦有百余人，宴时奏乐亦有西方风味。席间盛致欢送欢迎辞，每人提及，亦仿苏联办法，费时较多。朱长官①代表答辞后，群请余讲话，余亦不得不再致答辞，均系言中苏应亲善，总理及总裁之政策，并及六大政策中之外交部分，与中央政策完全相同等语。苏联总领事亦起立致辞欢迎我赴苏。

饭后到朱一民长官房，详谈新省外交。余将委座指示告之，渠与醴泉均主慎重，正与余意相同。谈至晨二时半始返房睡。

二月八日（旧正月初四，星期一）

在大礼堂纪念周请余演讲，余述抗战外交政策及执行之经过，约四十分钟。下午五时，赴盛督办处与言最近外交形势及总裁之观察及指示，渠甚明了。复与讨论党义。渠曾研究马列主义，故对于三民主义之研究特别深刻，吾恐中央派来党部工作人员未必能使其折服也（我生日）。函苓妹、燕芳、一飞、保樵、万春。

二月九日（旧正月初五，星期二）

晨九时。到机场送朱长官及邵力子夫人②等返渝。

市面因系小年，店铺仍关。返寓后，与君默畅谈新省党政及外交情形，所见均同。

晚饭时，吃有五度黑鱼，身长头细鳞小，肉硬而甜，出自阿尔泰山之河，传在海生子，沿河上游，故肉有力而硬，亦此间珍品之一也。

二月十日（旧正月初六，星期三）

晨九时，送君默。渠乘大车赴南疆各地，在此冰天雪地之时，

---

① 第八战区司令长官朱绍良，字一民。
② 傅学文。

乘货车行不毛之地三、四十日，诚属苦事。君默可佩也。

九时半，盛局长世英陪同乘车往游在迪东北约十五华里之水磨沟温泉。泉原不甚大，设备亦远不如重庆之南、北温泉。余数日来未曾洗浴，故即在此洗浴。泉水之滑，远过余所经世界各泉，大约琉质特别丰富。盛局长言，泉水最去头皮，连洗三十次，便终身不出头皮，恐亦未必确也。泉旁有一火井，长年著火，我在此拍一小照，闻泉及火井之发现，已有数百年云。

离温泉后，返城，赴西公园。园颇大，内有纪晓岚之阅微草堂及杨增新之生祠。动物园则只有一熊，余无足观者。出园后，在桥上稍览乌鲁木齐河风景后，即返寓。午后三时半，往特派员公署，地方甚好，布置亦佳。四时半，拟购物，则全市商店均已闭门，盖此间营业时间甚短，由上午十时至下午四时。从后门进一最大之商店，则货物甚少，无可购者，有则价格尚低。又全市无一书店，新省文化水平之低，殊出我意料之外。故晚上盛督办来，即与商请中央派专机运文化用品及书籍来。盖非先将新省汉人之知识程度提高，不能希望其以文化力量融和各族也。

二月十一日（旧正月初七，星期四）

晨九时二十分，乘中苏航空公司之飞机离迪，新省各厅长及苏联总领事，均到场相送。十一时一刻，抵伊犁机场，站长即以电话通知行政长徐伯达，彼即偕副行政长王莲桂、公安局金局长国珍、空军教导队宁队长明阶，及苏联领事、副领事到场招待午膳。于下午二时离伊犁，三时半抵阿剌木图①。外交特派员 Zemienov、市长 Ariof、Kazak 省苏维埃主席 Yelmaganbabriov、卫戍司令、空军队长等，已在场候迎接送余等到山上之休憩所。阿市为哈萨②省会，战时人口只二十余万，现则增加至六十万矣。街道宽直整齐，房屋亦多新建，盖七年前开始改造全市后，成绩甚优，学校及官署建筑尤佳，

---

① Alma - Ata.

② The Kazakh Soviet Socialist Republic.

休憩所在城外八公里之半山上。阿市傍山，山高长年积雪，一带山湖不少，故有中东瑞士之号。

饭后，市长请往大戏院观舞剧。剧名《巴城喷池》"Bahshisaraisky Fountain"【"The Fountain of Bakhchisaray"】。共分四幕，描写十九世纪南俄故事。著者为 Pushkin[①]，音乐 Asafyev。第一幕景为波兰宫内大园，公主马利 Maria 与其青年情人基利 Girei 恋爱。其音乐及舞均为表现愉快满足。饰马利之女主角 H. B. Vikiutyeva 舞艺甚佳，此种极端快乐之情绪，以舞表现为较易之事，故此幕之舞殊佳。好境不常，南俄 Crimea 之土王引兵杀至，将少年杀害，并掳去公主。第二幕为土王宫内之景，其后及妃嫔宫人，尽态极研，以见好于王。但王已钟情于马利公主，六宫粉黛，不复有颜色矣。此幕舞主角为饰王后之 H. M. Skorulskoja，音乐及舞均欲表现媚态。惜主角身裁稍差，故表现亦只平平。第三幕为马利卧室，土王求其恋爱，马感其诚，有转爱之之意。王出后，马忆基利而向神像忏悔，表情甚好。此时王后来，初求马勿爱王，及见王衣在马床，即表现愤恨，与马不两立，此段舞情颇佳。王闻入室，后竟将马刺死，此幕乐舞均系表现忧悲愤懑，为饰王后之主角得意之作，甚佳。第四幕为土王在黑海岸边之宫殿判其后沉黑海，及无心功业、美女之情。最末写其回忆马利及王后之情，音乐颇佳，舞术表演转少矣。

十一时半，返抵休憩所。市长等已准备盛大之晚餐招待，并请：（一）唱男高音之艺员 Undedbajer 唱哈萨曲一、戏剧曲数曲。（二）Shara Shandarbekova 唱各种歌曲，中有中国《可怜的秋香》一段，表演殊不像中国人，咬音亦不尽对。但苏联人能有此，已属难得。沙小姐系国内有名剧员，故市长邀其到表演，亦可表示政府招待我之殷勤矣。（三）唱女高音之 Bisecover 唱哈萨及大戏曲数曲。（四）舞艺家 Bellerina Topolova 表演哈萨舞，托小姐本系大戏院女主角之一，今晚来此亦不易得。身裁固佳，媚眼朱唇，兼以酒窝，诚倾国

---

① Alexander Pushikin.

色也。各艺员同席谈笑甚欢，惜过于强迫饮酒，使余醉头痛不安耳。三时始散，托小姐复请跳舞。交际舞之艺术，苏联小姐远逊英、美人，更不及中国小姐矣。

二月十二日（旧正月初八，星期五）

晨，市长等来招待所共饭后，陪至机场，十二时起飞，下午二时将达他士干 Tashkent，接无线电，谓天气不佳，不能下降。故折返阿城，已四时矣。市长及外交员来机场接返招待所。

二月十三日（旧正月初九，星期六）

今日大雪。Zemienov 特派员来，谓从 Tashkent 至阿城一带大雪，为数年所未经，故飞机无法飞行。余谓改乘火车亦无不可。盖余信一行一动莫非前定，苏联专机我想不能享受矣。

全日在招待所补写日记，盖大雪已有数尺，汽车已不能行，无法出外。据特派员谓，1941 年此间一带大雪竟达七公尺，乡间房屋尽藏雪中，只见烟囱矣。

二月十四日（旧正月初十，星期日）

下午，赵副领事请在领馆晚膳，即在领馆洗浴及理发。至各商店参观，无足购者，战时统制可云彻底。领馆地位尚佳，但房屋太旧欠修，闻系华侨所送者。将来应向部请拨款，另组办公处所，及稍为修理也。

晚上外交特派员陪往一小戏院 Philharmonic Theatre for Concerts，观《伯城娜姑娘》Natalka Poltavka Musical Comedy in 3 Acts，系写乌黑兰①故事。第一幕系乌黑兰一小乡村穷户门前，女郎娜达嘉家贫，父生前嗜酒破产，随母迁此。幼时与少年巴杜 Petro 相爱，互约婚娶，但巴亦赤贫，出外谋进展，久无消息，故娜思念之。唱"汝虽贫，余仍候汝"一曲，唱工颇佳，杂以乌黑

① Ukraine.

兰舞，尚好。乡中有大地主，年老貌不扬，钟情于娜，向之求婚。娜唱："汝虽富，余等非偶。"第二幕，女家乡长受大地主之托来说女母，逼女嫁大地主，女为其母故，勉许之。唱："上帝乎，谁助我。"第三幕，与大地主结婚。乌黑兰婚礼甚趣，岳母以面包赠婿，新郎肩垂红布，媒人身挂红白带。婚礼完毕，巴杜返经此乡。巴已在大城 Kharkov 发达富有，返寻女郎，知娜已结婚，甚为失望，但娜誓死随巴。巴唱"我应早到一天"及"如不能娶汝，我不能活"两曲，男高音尚佳。大地主知不能强，自请解除婚约，使有情人终成眷属。全剧主角均非第一流人物，戏院亦平常。

二月十五日（旧正月十一，星期一）

天气仍不好，故决改乘火车。招待所之女仆谓渠适毕业高中，不日将入大学。渠年约十八、九，体格尚好，做事亦极认真。在我国，大学生绝不愿充女仆，即 B. O. Rosa 等在政府机关当雇员，尚有同学不以为然者。吾国学风及此少年此种不良之阶级观念，非大加改革不可也。下午五时半，晚饭后，即赴中国领事馆休息。赵领事登□请宵夜后赴车站，阿城市长及外交特派员均到站相送。余等系包一卧车，并附有饭车，故尚舒适。车于翌晨一时始启行，苏联政府派副官两名随车保护。

二月十六日（旧正月十二，星期二）

天气仍冷。在车上读 Davies 所著 Mission to Moscow，渠谓中国抗战之初，苏确诚意援华，与余等见解及观察完全相同。

二月十七日

车中。副官告余云，卡可夫 Kharkov 城已为苏军克复，深快也。

二月十八日

车中。车停 Tashkent 之西数十公里候军运车，不行。

二月十九日

车中。车行仍甚缓，读完 Davies 之书，渠最末劝告其馆员不可对驻在国有不好之批评，谓道德上亦不应如此，甚有道理。

二月二十日

车中。读委座所著《中国之命运》，对于战后中国之外交政策尤为卓见。其对于中共部分，愚意以为此时不必如此说法也。

二月二十一日

车中。读《新疆图志》古迹、金石、艺文各篇，甚佳。

二月二十二日

车中。读《新疆图志》礼俗篇，及左宗棠、刘锦棠之奏议。其对于用兵新疆、设置省治，及开化各族，均甚有见地，深可敬佩。图志共百余卷，袁大化抚新时所编，材料甚为丰富，盛督办不宝贵之，殊可惜也。饭车厨子年已六十余，对于职务异常尽心，每日均向尹①秘书问菜可口否。据云系 Voroshilovgrad 人，在铁路局长处当厨子多年。新近该城克复，彼亦将返乡，故甚高兴。饭车女仆招待亦周，渠貌虽平常，但胸部之隆为不多见，即闵勤较之，亦瞠乎其后矣。

二月二十三日

车中。昨晚忽作两梦。一系与父亲见面后，再见母亲及六弟等。余不梦见父亲已久，醒后甚快，复睡。再梦在某地楼上见苓妹，与之暂别，有一妙龄女郎，彷佛系侍候苓妹者，貌极美，身裁尤佳。余戏谓已届标梅，未识何郎有福消受。苓妹笑曰："渠言钟情我郎。"余亦笑，以手搂其腰曰："真聪明。"渠含笑顾余，若不胜情者。隔房客人似已久候，余遂拥其同往隔房。途中余以手按其酥胸，隆耸而软，彼即垂手玩余阳具，余已魂飞天外。醒后思之不已。襄王巫山之梦，不是过也。因记之。

---

① 疑为尹肯获。

二月二十四日（旧正月二十，星期三）

午后九时半，车抵古比雪夫①。苏联外交部派交际司司长等，及刘参事暨郭武官②使馆同人，均到站欢迎。即乘汽车至使馆，捡拾房间及行李。洗浴后，睡时已晨一时半矣。

二月二十五日

下午五时，偕刘参事往外交部见洛次长③。余贺其红军最近之胜利，及谢其沿途招待之盛意后，表示愿早赴莫斯科呈递国书，及与吴泽湘同行。渠态度甚为友善，告余渠于1927年曾赴华至广州、上海等地。电部。

二月二十六日

无线电听取之消息，谓我政府向维基政府抗议敌人占领广州湾，用此作根据地以攻粤南路各地。余心中如焚，盖母亲等在湾，下落如何。琼芳、锦培又已赴湾，失陷时未悉已到达否。秉坤全家生活，均使我坐卧不安。即电李主席④汉魂、许静老、吴铁老，及筹硕、保樵等，请其帮忙。夜不能睡，以看封神传，俾忘忧虑。直至翌晨三时半始勉强入睡。

二月二十七日

因施秘书、赵随员返国，函孙、于、孔⑤院长、刘季生、马星樵、陈策、一飞、保樵、卓贤、亮翁、庆云、朱骝先、夏晋熊⑥、杨公达、楼佩兰、张凤九、天眷、苓妹、燕芳、仲熊、母亲、秉坤、琼芬、锦培、司徒朝、俞鸿钧、惠梅等。

---

① Kuibyshev.
② 参事刘泽荣，字绍周，及武官郭德权。
③ 苏联外交部次长 Solomon Abramovich Lozovshy。
④ 广东省政府主席。
⑤ 孙科、于右任、孔祥熙。
⑥ 疑为夏晋麟。

晚上外交部请观电影，见 Admiral William Standley[1]。渠言星期一赴莫斯科，将在该处畅谈。又云曾到中国，彼对中国甚好，以后想多可帮忙。又见 Madjid Ahy（Iran Am.），Sultan Ahmed Khan（Afghanistan Am.），Prof. Rolf Andvord（Norwegian Amb.），Stanoje Sv. Simic（Yugoslavian Am.），Zdenek Fierlinger（Czech Amb.），Vilhelm Assarson（Swed Minister），Athanase G. Politis（Greece Min.），Robert van de Kerchove d'Hallebast（Belgium Min.）；Keith Officer（Counselor, Austrialia）；H. L. Baggalay（Coun. Gt. Britain）；Sigismund Zawadowski（Coun. Poland），Fatin Ruski Zorlu（Coun. Turkey），Vice Commissar S. A. Lozovski, & with A. P. Pavlov, director of the Law Department, F. F. Molochkov, dir. of Protocol Dept. & N. M. Lifanov, director of the Far Eastern Department。

三月

三月一日（旧正月二十五，星期一）[2]

连日在家研究旧案，及假道土西路运输问题。

三月二日（旧正月二十六，星期二）

英大使馆参事毕加利 H. L. Baggalay[3] 来访，谈：

（一）彼将调重庆以代 Sir Eric Teichman[4]，未赴新任前，将返国一行，但请余暂守秘密。

（二）土西路运输未开运，并非因印伊路未准备，系因美方所供给苏联用于阿剌木图至哈密一段所需运输卡车未能运到所致。该卡车本宜于去年十一月在美起运往印，而美政府以种种原因未能交付，

---

① 美国驻苏联大使。
② 2 月 28 日日记缺。以下此类情不再说明。
③ Herbert Lacy Baggalay.
④ 日记中译为台克满。

是以苏联政府谓中国物资纵运至阿剌木图，亦无法前运。是以现在须使美国之卡车早日运到，始有办法。但渠计非三个月后无法通车，又谓苏方对此事态度甚好，非有故意留难情事。

（三）如今年六月德无力作大进攻，则使团有迁回莫斯科之可能。

（四）认苏波事件为不幸，英政府居中应付，尤为困难。

渠人甚好，态度温雅，以之代台克满为最适宜，且闻渠系薛穆大使旧交，尤善。余即电吴次长。

三月五日（旧正月二十九，星期五）

晨六时乘火车离古比雪夫赴莫斯科，车上尚舒适。澳使馆参事 M. Keith Officer 及波兰使馆随员□□□同车，均来访。

三月八日（旧二月初三，星期一）

上午七时半车抵莫斯科，寓国民饭店 National Hotel。

下午六时赴 Kremlin①，谒莫洛托夫部长，渠表示欢迎之意后，余代表蒋委员长及宋部长向渠致意，并谓委座著向苏联政府贺其最近军事胜利。莫答谢，并力言德军力量尚异常雄厚，吾人不敢轻视，尚须用最大之努力，始能胜之。最近史大林先生之告民众书，亦以此点为最要，余答胜而不骄系最良善之政策。渠又言，中苏两国之亲善，彼甚愿尽力，因于两民族系需要。苏之不能多援助中国抗战，系因对付强大之德国，非不愿多帮助。余将国书副本面交后，告渠孙院长有函致渠及致史大林先生，渠即谓可代交。余表示于递国书后，欲再与详谈，渠答甚愿。谈话约二十五分钟，由 Wasilkov 翻译，莫谈话间表示态度甚佳。

三月九日（旧二月四日，星期二）

中午十二时递国书，礼节颇简单，先于十一时三刻外交部交际司司长 F. F. Molochkov 乘政府汽车来国民饭店迎接，余偕同陈参事

---

① 克里姆林宫。

定、郭武官□□①、胡商务专员世杰、陈岱础、勾增启两秘书，及刘随员□□②，分乘汽车赴克姆琳宫。宫外有特警汽车等候，交际司与之招呼。特警车先行引导至加里宁主席③办公厅，有副官在门外迎候，引余及交际司长乘电梯上三楼，其余人员则由梯步上。余俟彼等到后，由交际司引至主席办公外室。主席副官长接见后，引至客厅。客厅不大，陈设亦较莫部长者为简单。主席自其办公室出，即与余握手。余即谓："本人奉本国政府派为驻贵国大使，呈递国书，非常荣幸。谨将本国林主席之国书递上，并代林主席向加主席致候，并祝贵国国运昌隆。"即将国书面递。加主席接后，答称："余极欢迎贵大使，并谢林主席。"并将国书交外交部次长 V. G. Dekanozov④，余即介绍余同来馆员，主席亦介绍外次及主席之秘书长。

即请余进其办公室，地方亦颇宽大，颇似莫部长者，陈设亦相似。房为长方形，一旁有一会议长台，室首只有主席办公桌，桌前两梳化椅，余与外次分坐，Wasilkov 翻译另坐旁边小椅。加主席态度甚友善，先言中苏向来友善，此次余来，彼甚欢迎。询余是否初次来苏，余答以 1938 年曾来，但在此时间甚短。余谓委座著余代贺红军最近胜利。加答虽近有胜利，但德敌力量尚异常雄厚，彼等（苏联）困难尚多，故史大林先生最近再三警告国人，切不可因稍胜而自骄自怠。余谓胜而不骄为最良善之政策。加主席又谓苏联与中国均无领土野心，故宜互相亲善。余答中苏因历史、地理上种种关系，均宜友善合作，故孙总理与列宁先生定下相亲善之政策，吾辈国民党党员更视为不易之良训，蒋总裁亦遵总理遗下之政策，素主与苏友善。吾人希望不独于战争中，因均系抱反侵略主义而流血，即于战后维护世界之和平，及将来建设，均互相合作。我国抗战之初，苏联之援助实使吾人感谢不忘。加主席谓余所言渠完全同意，并谓我国之抗战目前苏联未能多所援助，非系不愿，实因对德抗战

---

① 疑为郭德权。
② 疑为刘正塿。
③ 最高苏维埃主席团主席 Mikhail Kalinin。
④ Vladimir Georiyevich Dekanozov.

力有不足耳，将来稍有余力，无不帮助，至将来合作更为需要云云。谈约半小时，即偕出会客室，照相及拍电影者均已有准备。余与加主席谈笑摄影后，余即偕馆员告辞，由交际司莫司长陪余等返旅店。余在余房准备香槟酒及饼食，招待其稍坐谈。余顺向提及大使馆房屋问题，渠谓古比雪夫另觅大使住室恐不容易，但在莫斯科另租一职员住宅尚易办云云。即电部报告。

晚上观其著名之新剧《前线》"Front"，著者为新文学家 A. Korneichuk[1]，描写上级军官之不求新知识及腐败情形。有疑为指 Voroshilov[2] 者，但在此死战中，将军队此种腐败情况写出，想真有特别用意，谓为向某军官或某部分军官作为警告，亦在情理中也。

三月十日（旧二月五日，星期三）

下午四时，往外交部晤外次 Dekanozov。余询以最近战况，渠言最近德国自西线（法国方面）调有二十五师团到苏，加入南路作战，故苏不能不放弃数要点。英、美第二战场迄未开辟，苏联单独抗德，甚为吃力。前年冬，德军在莫斯科失败时，英、美未能在西方开辟战场，致失一良好机会。此次斯大林格拉[3]德军惨败，英、美又未能开辟第二战场以为呼应，良好机会一再错过，以致德国有时间重整旗鼓再来总攻，殊为不利。而最近德国总动员收效颇大，苏方甚感情势之艰苦云云，词意间对英、美表示不满。

又见外部代理秘书长 Zakin，彼能操英语，人亦和霭。六时拜访美大使斯丹利 Admiral William Standley，谈话大致如下：

（一）关于彼近对美记者所发表谈话，谓苏联不将美之援助公布，使苏民众以为美未有援助抗战，系苏人民独力支持，殊不平允。若联【苏】不需要美之帮忙，则租借法尚在参议院讨论中，美可重新考虑其援苏政策云云。余询其何以发表此言论，彼谓并非有意，

---

① Alexander Korneichuk.

② Marshal Kliment E. Voroshilov，伏罗希洛夫元帅。

③ Stalingrad.

因有美记者数人与谈美某地捐款事，偶及于此，故一时出口，不料美记者竟将其言拍发出外，但彼亦不惧，因彼不久亦将返国，或不再来苏。余告以近来苏方似表示对于第二战场久不开辟有不满意，斯大使谓，苏一向如此，即英、美在北菲开辟战场，使德兵力西移不少，减轻其对苏之压力，众所共知，而苏方反谓因北菲已辟战场，德计英、美不能再在法国开辟，故可安然由法战线调德军往苏战场。凡此种种，均系苏联宣传对内作用，吾人不必加以注意。又如此次罗、邱会议，事前本邀请斯大林参加，嗣以斯大林不愿去，罗总统且表示渠愿自至埃及与之会晤。斯大林仍不愿往，见不允派重要参谋人员参加会商。苏联作风既不愿人来，又不愿自己去，是以与之合作办事确实困难。至德败后，渠（斯大使）个人看法以为苏联定参加对日作战，非谓其因维持正义，实因远东战争未结束之前，各国均不能复员，不能从事建设，而苏联希望复员建设较其他各国尤为迫切。余询其何时返古比雪夫，渠谓于两、三星期后当返一行，不久再来，以后将在莫斯科之时间较多。

七时一刻，往拜访英卡尔大使[①]，旧雨重逢，相见甚欢。彼首句问余："汝因何来此？"余笑答曰："我亦不知，大约亦如汝一样耳。"相与大笑。谈及德自西线调二十五师加入苏南路作战事，渠谓此系苏联对内宣传，我们不必理会。至于何时开辟第二战场，及在何地开辟，详细情形斯大林经已详悉。渠个人在此间工作甚为困难，盖欲使英国完全明了苏联，及使苏当局了解英国情况，均属难事。但迩来此项工作已大有进展。渠亦以为德败溃后，苏联一定加入对日作战，且苏联亦急于结束战事，俾可复员建设。末谓据渠个人观察，苏联对华感情实较对英、美为佳。至余拟要求住莫斯科一层，渠谓彼不允返古比雪夫，硬住莫斯科，实非苏方所愿。但自邱首相来苏后，英苏间直接应办之事，须代表邱与斯大林见面之事甚多，故苏方亦无可如何。美大使亦拟先行试验于来往古、莫之间，故渠劝余稍为忍耐，先返古，不久再来，每次来稍多住，且彼闻苏亦拟

---

① Sir Archibald Clark Kerr.

于六月间将使团迁回莫斯科矣。彼对顾少川以为在英未必甚适宜，对叶公超之办宣传亦觉未当，力主派吴德生往。

晚上观舞剧。

三月十一日（旧二月初六，星期四）

下午一时，访波兰大使 Tadeusz Romer 谈话：（一）渠谓邵大使[1]谓，日将攻苏，但渠在日多年，新自日来。渠之观察以为日现必不攻苏，渠数月前来苏时，莫洛托夫曾以此询之，渠即直答。（二）第二战场须早开辟，否则德现在各占领区征用人力问题甚为严重，且英、美军在义大利登陆亦不困难，因迩来义国对德已极不满。（三）苏、波领土及侨民国籍问题异常复杂且困难，渠现办理此事渐获谅解，大致双方不提，于战后再算。

下午五时，赴苏联对外贸易部拜访米科扬 Mikoyan[2] 部长，与胡专员偕往，由渠翻译。寒暄后，余递孙院长介绍函，谈话大致：（一）彼言中苏邦交向极亲密，对华前尽力援助，现因战事，以致减少，渠当于可能范围内继续协助。（二）假道运输事自去秋原则上决定后，进行迟缓。关键不在苏联，而在：（a）英方未能将汽车运交苏联，（b）印伊路运输力过弱，英方前许每月一万吨，乃至本年一月份只运一千吨至中国。及美国前请派员勘察苏境内运输路线之情形无此必要，盖主要为铁路，而此项铁路运力及情形，苏联政府知之甚详，无勘察之必要也。余答以我方因久未能开运，未知阻力所在，故拟调查。现贵部长既以为不必，则我自不坚持。米部长闻此以后，态度即变。余告以美方已通知先交汽车一千辆，由中苏自商分配。印度英军总司令亦于该项车辆到卡剌其[3]，可提前装配，预计车到及装配尚需时日，届时印伊路运量当可增加。米答苏方一俟汽车运来，及印伊路运量加强，

---

① 中华民国前驻苏联大使邵力子。

② Anastas I. Mikoyan.

③ Karachi.

当即开始接运。余又提出每月汽油三百吨，宜在每月运量二千吨之外。米答若运输器材充裕，当可如此办理。余又提出交货地点在伊朗之梅舒达①，或在苏境之阿舒哈巴达②。及苏方接运终点，我方欲改在哈密，而不在星星峡，因星星峡设备过少，即食水亦有困难。米答此项实际问题不难解决，可在古比雪夫与米楚金商洽。（三）余告以近年中国重工业发展情形及需要，例如我甘肃玉门油矿所需器材。米言战争在相当范围内，实含有教育意义，盖可教育人民努力及团结御外侮。中国人民众多，加以动员后增加抗战力量，而一面抗战一面建国之精神，渠甚欣佩。关于供给油矿设备事，因苏联需用油量激增，本国油矿亦须扩充，故不得已亦向美国订购油矿设备，俟战事告一段落后，当竭力协助。（四）战后中国之经济建设，因实际上与苏联建设相似之处甚多，所以苏联之经验实为吾人所应加以研究者，此层请渠协助。米答当尽量供给资料。谈话约一小时，谈时米部长态度甚好，表示极为诚恳，使余深为满意。

晚上观马戏，甚佳。

三月十二日（旧二月初七，星期五）

上午，赴旧货店购油画及水彩画各一，价共二千七百卢布，尚不算贵。本欲购常用瓷器，但一粗碟亦索二百卢布，旧玻璃小杯亦须一百卢布，故不敢购矣。日用物品之阙乏，真生平所未见。以此比较重庆，诚为天堂，即独石桥、北碚亦胜此间万倍。"无双毕竟是家乡"，更觉甚然。

中午十二时，访战斗法国代表嘉卢公使 M. Roger Garreau，渠于一九二二至一九二五年曾在北平法使馆服务，故对华甚具热情。据言，渠于法军失败后，即拟加入战斗法国，适维基政府派其为驻暹

---

① Mashhad.
② Ashgabat.

罗公使，渠遂商得戴乐高【高乐】① 将军同意，接受任命赴暹。后暹、日进兵侵越南，法、暹已处战争地位。渠个人因通暹语，且与暹要人多属朋友，故仍能行使职权，此系国际外交史上一创例。后觉无可作为，遂脱离维基加入自由法国，先在伦敦总部任事，去年奉派来苏。苏对自由法国态度极好，特准其空军自组一队，参加前方作战，虽人数只七十余人（内航空员二十三人，苏方供给地面工作人员二百余人），但可表示合作。苏方供给之战斗机均系最新式者，最为轻便，非必要之设备均不要，故速度能达每小时七百公里。机上尽量采用木材及轻便物质，每机只飞三十小时即不复用。法机师言，其灵动适用较英之 Spitfire 及美各种战斗机为优，故均满足。又言苏联军需工厂多迁乌拉区，生产量已达最高峰，应有小部分可供贵国之用，其弹克炮 Anti-tank guns 甚为见效，尤可商请其供给。又谓，渠本人以为日不敢攻苏，因苏德战争开始时，日本以为德国一定胜利，故乘机对美国作战。此项估计业经错误，此次德军进攻斯大林格拉时，日本遂迟迟不动。时至今日，日本更不敢轻举，苏联当局亦如此看法。且苏方在远东军队均未调动，故彼觉苏联政府对于日本不似已往之畏惧，唯仍采取谨慎之态度。将来德败后，苏联纵不加入对日作战，亦必尽量援助中国。至英、美之未开辟第二战场，不独苏方不满，即波兰以及其他各国均不满意。渠去年在英见波兰军队及加拿大军队驻扎英国，均急于出战，尤以波兰人因其祖国沦陷，家人戚属被压迫，表示更切。斯时已共有军队叁百余万，何以不动，殊令人不解。即此次在北菲登陆，本可一举而取得 Tunis，唯以用兵迟缓，且政治上运用之错误，欲利用亲德派，是以迟迟未能成功。若第二战场再迟不开辟，俾德国能利用占领国之壮丁，则将来局面更为严重云云。

下午四时，英卡尔大使来访，稍告以与米科扬部长商谈经过，并请其促印伊路运量之加强。渠谓可帮忙，并请余返古后与 Gofford 商。

晚上，观唱剧 Pushkin's "Queen of Spades"，遇两剧人。

---

① Charles de Gaulle.

三月十三日（旧二月初八，星期六）

下午一时，波兰大使①来访，谓苏波间除国界外，尚有国籍问题，困难甚多，但现已稍为好转。

晚上，卡尔大使请宴。

三月十五日（旧二月初十，星期一）

上午十一时，战斗法国代表嘉卢公使来访，对美国外交部深表不满，谓美国欲利用反 De Gaulle 甚至亲德派在北菲另组政府，此种政策实属错误，美一部人士对于共产主义甚为畏惧，甚至畏惧苏联胜利之心理，较诸畏德尤甚，不愿苏联将来在支配欧洲局势时力量过大，此种态度对于苏联影响恶劣。且美既恐苏联力量在法发展，而所为适迫与苏接近，更易赤化，英国对美此种政策亦不赞同，惟未敢公开批评耳。英现致力于改变美国此种政策，希望稍为好转。罗、邱在北菲会谈此问题绝无结果，戴高乐与 Giraud② 难以合作，盖 Giraud 内心实在如此难以洞悉，即彼由德逃出，在维基时与德代表频为商谈，不无可疑，且彼现用之人均系亲德份子，而对于战斗法国之爱国人士，不但加以排挤，且加以逮捕。美国军队到北菲后，战斗法军本可助其攻克 Tunis，唯美方不愿，致有北菲今日之局面。苏方对此甚为不满云云。

十二时，英军事代表团团长 Admiral Miles③ 来访。据言，护航队过去尚称顺利，但挪威沿海春季冰化后，海峡甚狭，德潜艇易于活动，且夏季白昼甚长，均为护航之困难问题。又谓苏芬现无单独媾和之可能，盖德在芬力量尚大。

三月十六日

中午，美大使 Admiral Standley 来访，询土西路运输交涉情形。

---

① Sigismund Zawadowski.

② General Henri Giraud.

③ Rear‑Admiral G. J. A. Miles.

告以与米科扬部长商谈经过，并密告以我方需此线运输之原因。渠甚满意，谓即电美政府早拨车辆。

下午美记者 Edgar Snow 偕 *London Times* 两记者来谈。

三月十七日（旧二月十二，星期三）

下午五时，乘火车离莫斯科，美国军事代表团团长□□□来车送行，并晤谈，渠不久返国。

三月二十日（旧二月十五，星期六）

下午四时半，抵古比雪夫。

接秉坤电，谓同母亲与中央银行行员安抵柳州，借用中行款国币二万元。接电极慰，即电陈科长君素代我借薪美金五百元汇交母亲。又悉锦培等已同在一处。

三月二十三日（旧二月十八日，星期二）

拜访伊朗大使 Madjid Ahy，渠系此间领袖大使，曾留学苏联，不能操英语，为伊朗新派，对华甚好。

下午一时，拜访南斯拉夫大使 S. S. Simic①。据言南国与华思想甚多相同。其岳专研究世界俗语，觉南与华相同，最多至家族观念亦异常浓厚，与中国相同。

五时拜访捷克大使 Z. Fierlinger②。

三月二十四日（旧二月十九，星期三）

美大使馆参事多门 Dooman③ 来访，据言奉命调返美外部，任研究战后问题工作。渠在日本二十余年，在远东美外交机关服务将三十年，故对于远东及苏联事素所知悉。渠个人以为，苏联对于欧亚

---

① Stanoje S. Simic.

② Zdenek Fierlinger.

③ Eugene I. Dooman.

仍抱变相之侵略政策，观其对于波兰态度可见一斑，即对于新疆及外蒙亦不怀好意。将来苏军先进欧洲，西欧各地先被占领，必将施行共产制度，各该区之政治所受影响深为可虑，此系战后重建和平最难应付之国家。又美国数十年来在远东系采取日苏均势主义，渠系执行此政策人之一，业已二十余年。现在即须变更改为与华合作政策，远东及世界和平始有希望云云。渠对华甚好，人亦爽直。

晚上，美大使馆请观电影。

三月二十五日（旧二月二十，星期四）

上午十一时，回拜多门参事。据言，美使馆在此伙食一切均由美运来，渠返美可帮忙对于余等在此所需亦照运来。

下午一时，比公使 Robert van de Kerchove d'Hallebast 来访。

四时，伊朗大使回访。

五时，澳洲公使 William Slater 来访，渠系澳国会议长，到此后觉工作进行不如意，精神上受影响，故身体不佳，间拟赴埃及就医，或不返任。

三月二十六日（旧二月廿一日，星期五）

晨十一时半，捷克大使 Zdenek Fierlinger 来访。渠言斯大林本反对在北菲辟战场，以为过于迟缓，但美国不顾最初北菲稍有成效，苏联表面上不得不赞许。但目下美在北菲更利用亲德派之达朗 Giraud 等政策上不善，固更见美当局对欧洲形势及内容绝不认识，而对于北菲战事之拖延更为失策。英国参谋本部初告捷克，谓于一九四一年便派兵在欧登陆，请捷克准备。及德对苏进攻，英遂缓进，但邱首相答应于一九四二年开辟第二战场，而至今尚无消息，不独苏联因此不满，即法国及捷克等民众亦将失望，予亲德妥协份子以力量不少，将来工作更加困难。余询以美不愿开抑英不愿。费大使言，系美不愿，美谓须待其一千二百万军队训练完备始动，与及要求目前即开始讨论战后问题（苏主先打败德国再谈）。又近来波兰向苏提出领土问题，及美国不迫芬兰单独与苏言和，听其亲德及续与苏作战，均足使人疑美国故意拖延，不欲即战。捷克所处地位困难，同盟国间稍有不调协，受害最烈，故深为焦虑云云。渠与苏政府素称接近，有此言论，亦证苏方对美或亦有不满之处。

下午，阿富汗大使 Sultan Ahmed Khan 来访。渠对战后秩序仍抱悲观，谓列强尚不觉悟，帝国主义侵略政策仍不见放弃，例如英不许印度独立，谓大西洋宪章适用于捷克，而不适用于印人，故此次战事结束后，各国仍准备第二次之战事，大约终吾人之世，未必世界便有和平康乐之时云云。

六时，往访瑞典公使阿沙森 V. Assarson①，渠言：（一）佐藤②初来时，确欲调停德苏战争，现已绝望，一度曾主中日言和，又主与美谅解，平分太平洋势力。据其自言，日本对华作战系最大错误，与德之对苏战同。（二）去岁德军部本主张向高加索进兵伊朗，以与日军连系，但希特拉主攻斯大林格拉，以包围莫斯科，现已失败。今夏德将变更策略，集中全力攻某一小点。现德已将占领区壮丁征调赴德工厂工作，将德工人调赴前方加入作战，集中力量以作最后一击。苏联本身力量无法将德击破，苟英、美不速辟第二战场，前途可虑。（三）芬不能与苏和，因德外长告芬，谓彼随时可与苏谅解对付芬兰。在瑞典之立场言，当然系欲苏芬和好。去岁瑞典各报鼓吹此事，德国大为不满，停止许可瑞船六艘往来美瑞运输粮食，并对瑞典多方压迫。惟近来瑞典军备较前充足，除重轰炸机外，其余军备俱好，故德尚未敢轻动云云。

三月二十七日（旧二月二十二，星期六）

中午，南斯拉夫大使 Stanoje S. Simic 来访。据言，南斯拉夫人口不过七百余万，此次战争死亡已逾一百五十万。现德极力压迫，反抗者多被残杀，每月为数甚多。若在此数月内不开辟第二战场，则死亡固多，且恐抗德精神尽被消灭，人民失望，或至与德妥协合

---

① Vilhelm Assarson.

② 日本驻苏联大使佐藤尚武。

作，将来影响甚大云云。

一时十五分，赴外交部访远东司司长 N. M. Lifanov[1]。各国大使须拜访外部司长，系苏联创例，且尽不回拜，于国际礼仪未免失态，但此系苏联作风，"入境问禁，入乡随俗"，不得不已。惟此种自高态度令人不快，于国何益，于事何补，其当局似过失策也。

下午五时，回访澳洲公使 W. Slater。六时至八时，赴南斯拉夫大使馆庆祝其国庆二周年。挪威武官转告谓拉次长及苏联将军□□□均言芬兰北部必当属苏，芬兰欲藉美国力量以对付苏联绝无效力，因美有何力量压迫苏联云云。

三月二十八日

吴特派员泽湘本于今晚车可赴 Tashkent，但临时苏外部谓其签证已过期，不允再签，此种事真使人不快。将来醴泉返新，对于苏联入境之签证亦将不热心协助，苏政府人办事真愚也。

三月二十九日

十一时纪念周，刘参事报告。十二时半回访比公使 d'Hallebast，渠极力反对在法、比沿岸登陆，谓该地人民不堪痛苦。此种见解仍属苟安主义，欲其不为德欺，殊不可得也。渠又言，比皇自投降后，居于皇宫不允出门。

下午，新任加拿大公使 L. D. Wilgress[2] 来访。渠于一九一八年曾到华南（其父在 C. P. R.[3] 服务，彼曾于一九一四至一九一七年任驻西比利西商务官），又曾在苏联。渠谓加政府及人士对琴五及窦小姐甚好，并言华盛顿各新机关多未有行政经验，各自为政，不受国务院指导，故与办事颇难云云。

---

[1]　Nikolay Mikhaylovich Lifanov.

[2]　L. Dana Wilgress.

[3]　Canadian Pacific Railway，加拿大太平洋铁路公司。

三月三十日

上午希腊公使 A. G. Politis① 来访。据言，希腊情形甚惨，德军异常残暴。又云，希皇已由英赴埃及，将不返英国，希海、陆、空军均在北菲作战也。

下午回访英参事 Baggalay，与刘参事、陈参事偕往。

四月

四月一日（旧二月廿七，星期四）

下午，瑞典公使②来访，余询其外传日驻德大使大岛③已来古消息，据云不确，大岛尚在柏林。但据瑞典驻柏林使馆所获消息，德国近来对于日本异常冷淡，大岛系订立日德同盟人之一，因此不久或有将经此返国报告之可能。至日苏中立协定扩大为互不侵犯协定，渠以为不可能，一则佐藤未赴莫斯科，二则佐藤告渠，日政府欲苏联政府于该协定两周年纪念日发布，表示佐藤尚未敢向苏方提出，盖恐苏联觉日本之急于得此表示，足证日本对苏恐惧。又外传日苏贸易加强消息，彼亦以为不确，因苏方急于向日索取树胶，而日因与德关系而不敢供给。渠续言苏波间仍不和洽，在苏联一般人之心理，尤其是斯大林，对于德国现虽深恶痛绝，但仍佩服德人文化之高、组织之完备，及人民之遵守纪律，较诸其佩服英人为多。是以觉此次即能将德打败，亦不能将该民族永远压下，德国将来定可恢复为欧洲强国之一。故苏联为防预其再侵计，只有将苏联西面边区各国，如波兰及巴尔干各国，均使对苏发生密切关系，虽或不致使各该国共产化，亦应使以莫斯科为中心，然后苏联国防始行稳固。是以波兰要求恢复 1939 年以前领

① Athanase G. Politis.
② Vilhelm Assarson.
③ 大岛浩。

土，殊不能使苏联接受云云。

下午回访加拿大公使 Wilgress。

四月二日

捷克记者华锡 Varshick 来访，渠曾助苏工业建设。

晚上，阿富汗大使①请宴。

接卓贤电，燕妹已赴柳州接母亲同居，稍慰。

四月四日（旧二月三十，星期日）

德广播，敌昨日炸重庆机场，市内亦有落弹。渝市已两年无轰炸，死伤恐不少，深以为念。

吴醴泉今晚始能离古比雪夫，苏联此次对其护照及居留，殊使人不快。余恐其返新后对苏仇视，昨晚特与渠再三谈论我国地位及所处环境之困难，处理新疆事务尤须慎重。吾人做事，件件须以国家利害为重，不可急于求功，亦不可畏人责难。盖成功之外交人人可办，失败忍辱之外交，则非见识坚定、具大勇大仁者，不能负荷。我劝渠遇事多移重庆办理，渠亦深知责任之重，已有恐惧之心，此甚善也。余托其带函亮翁、盛晋庸，及苓妹。

四月五日

与静尘②商，著渠通知馆中同人，如有学习俄文或其他文字者，余每月由馆费设法津贴其学费，每一科壹百卢布，以两科为限，以奖励同人于暇时求学。大约每月须用壹仟余卢布，但得同人向学，我虽稍为节俭，亦殊值得也。

下午一时，往外部访交际司司长莫洛节哥夫 F. F. Molochkov，询其使团迁返莫斯科消息。渠以为今年有希望，并请其设法在莫斯科代觅馆员住宅。

---

① Sultan Ahmed Khan.

② 陈定，字静清，又作静尘。

四时半，澳洲使馆参事 Officer 来访。澳使已赴莫斯科转乘飞机往埃及就医。

四月六日

英馆参事巴加利请午宴，与谈假道运输事。渠告余此事苟非 Gen. Stilwell[①] 告美外部，谓中国政府不热心此道运输，则美政府早已拨卡车，该路早已通运。渠主张余与苏方订明首次一千辆卡车，所运之物品均系华方之物，不能分四成与苏。余请其请印度方面调查装配卡车时间，及连车货一齐在火车运输，渠允即办。余又请其设法加强印伊路之运量，渠谓该路之设，完全系为华方运输，苟我方卡车未到，英方绝不愿自别处将卡车运来该路，专替苏方运输。因英方在伊朗代苏方所运之量，业经足额。苟华方得不到好处，英方何必牺牲自己别处运输，将车调来，以替苏联运输云云。

下午，拜访苏联对外协会副主任萨吐夫 Zotov。渠曾任芬兰公使，能法语，人甚和霭，对中特别表示好感，谈文化合作甚详。刘参事谓萨君曾充苏驻芬兰公使，与邵大使来往甚密，对华甚好。

四月七日

晚上，请同人观剧。此间大戏院设备尚佳，音乐似不及莫斯科，剧员亦多返莫。今晚系演 Pushkin 所著之 "Eugene Onegin"，系写十九世纪初帝俄时代少年生活不检风习情况，大致如次：有富家母女三人为当地之大地主，故首幕其母在家生活及其农民对渠尊崇之情况，又写农妇采浆果 berry 时须不停唱歌，盖口不能同时高唱、同时偷食浆果也。两女中，大者沉默好学，少者天真烂漫。少年兰斯基 Lenski 由远道来，欲向其少女求婚，但因女母欲长女先出阁，故兰遂偕其友安尼坚 Onegin 来介绍与长女，长女亦爱安。第二幕写女归房后，终夜思安不寐，写书告安以爱情，闺女思春情致毕现。其女

---

① Joseph W. Stilwell，史迪威。

仆爱主之情描写亦好，所唱思春曲亦佳。安得书后，约与女见，告
女渠不能接受其爱情，因亦钟情于其妹。女闻大为失望，羞愧不能
自容之情，唱做均好。第三幕女生曰，跳舞会中兰觉女妹亦似有意
于安，遂与安决斗，兰死，安亦不得不离去。第四幕在某少年侯爵
官邸，侯爵新婚，安亦参加，而新人即女，安见大为感动，此时遂
觉女之大方可爱，约与女面告以相爱，女却之，谓"身有所属，须
终身随之" Tatyana "But I became another's wife; I shall be true to him
through life"。蒲斯金 Pushkin 写此时，年只二十余，不幸其本人结局
亦系因其妻之美而未能自重，致横言四起，不得不与法人 D'Anthès①
决斗而死，亦可云谶矣。

　　早上刘参事哭告，其父在哈尔滨于去年十一月逝世，年七十岁，
子二女三均不在侧。刘参事孝思纯笃，故甚哀痛，余极慰之。乱世
人之苦殊属无涯也。

四月八日

　　晚上，请馆员观舞剧《天鹅池》②，系神话舞剧。大致系言在某
天池之天鹅受一恶魔之支配，某皇子在宫见天鹅飞过，追出射击，
至池边忽见天鹅所变之美人妙舞，对一美尤为爱悦，与之跳舞。
此幕音乐跳舞为全剧之精华，女主角色艺均佳，音乐亦好，魔来，
美均散不见。皇子返宫，其母女皇为之择配，殿前佳丽尽态极研，
求为妃后各尽其长，跳舞亦不恶。皇子以爱白鹅仙女，觉所见均
不如意。魔复现，带一黑鹅仙女来，亦绝色，舞亦极优，皇子亦
悦之，亦与共舞。将相爱时，魔忽使白鹅仙女现影，皇子见而追
之，此幕饰黑鹅仙亦系女主角之一，色艺亦佳。皇子追白鹅至郊
外，与共爱舞，而魔至，命女离去，女不离，魔怒，追击女欲杀
之，女被击扑地将死，皇子与魔斗，折其翼，魔死，女活。全剧
以音乐长。

---

① Georges d'Anthès.

② Swan Lake.

八【四】月九日

晚上复请馆员观剧，剧名《金鞋》"Gold Shoe"，为哥哥里 Gogol[①] 所著。音乐为苏联"乐圣"Tchaikovsky[②] 所作，共四幕，第一幕先写一乌黑兰乡村雪夜景，乡居一风流寡妇，能与鬼通，在门外与鬼唱和。女主角描写乌黑兰寡妇风流情致，鬼亦为其拜倒裙下，唱做均佳。第二景为少女阿珊娜 Oksana 在家对影自怜，主角为 M. F. Butenina，所唱"自怜自爱"之曲，极尽少女怀春之妙致。同村有少年铁匠白加刺 Bakyla（Teuor B. C. Didkovskogo）钟情于女，入室追求，女亦非无意，但不能不推。所谓"为郎憔悴却羞郎"，中外一理。其一推一就，唱做均佳。余以为俄人演其本国风土人情戏剧，较学西欧所唱演古典宫殿式者为优也。女父嗜酒，于白与女调情时醉归。白不知其为女父，推之出外。第二幕为寡妇在家（寡妇即白之母）与其鬼友调情，而男友继至。其藏奸情致不得不使人捧腹。最后至之情人，亦即女父。而其子白加刺忽返。诸情友藏匿之情态，及寡妇手足无措之情绪，诚最妙之滑稽幕。饰寡妇 Slova 之 A. K. Toorchina 表情确妙。此幕唱工少而表情多，音乐则甚好，盖以音乐表滑稽之意思颇不易也。第二景为乡间圣诞节，红男绿女，毕业唱跳。女见其女友中有穿新鞋者，羡之。白适至，与女言，女即谓如白能取得皇后之金鞋来，彼即嫁渠，并请诸女友为证人。白极失意，离乡。此幕白与女合唱颇佳。第三幕，白失意路上，其母之鬼友来，劝其不必灰心，并背其入宫。遇守卫，均系同乡，卫士长竟收录其为卫士之一。在女皇加蒂莲第二 Catherine II 宫中跳舞，景亦不错。舞罢，女皇阅卫队，白跪求赐金鞋，说明原委，女皇笑怜赐之。女皇去后，鬼友负白出宫返乡。第四幕，白母在家，思子悲泣，女亦思白，自悔，哭唱慰白母，独唱及合唱均好。适为星期日，村中男女毕集，女父亦在。白忽返，先带物送女父，后乃出鞋与女成眷属焉。

---

① Nikolai Vasilievich Gogol.

② Peter Illyich Tchaikovsky.

四月十日（旧三月初六，星期六）

下午一时，往拜访挪威大使 Rolf Andvord。渠表示乐观，谓所得消息，德经济困难，苟轰炸继续一、二月，即于北菲战事结束，开第二战场，德不难击溃。至于在挪威登陆作战，表示欢迎，此则与比、法代表不同之处，足证挪威民族之勇敢，确较法、比为优。渠在南美阿根廷充挪大使，故以为中国宜早与阿通好派使。又谓在阿义人虽多，但均反法斯士①，与德人之永不忘德不同。又告余挪威航业为世界第三位，现在船只供同盟国作战极多。挪威虽人口只三百万，但因天气、地理种种关系，养成其善于航海及勇敢耐劳之习惯，确为欧洲之优秀民族也。

四月十一日（旧三月初七，星期日）

中午赴郊外市场，苏制本不许私人贸易，但迩来战时社会之需求，特许此种自由贸易之小市场。古市设有两处，均在郊外，汽车约二十分钟始达。所谓市场，系在郊外空地，人之挤拥无以复加，而所售之物品均系贫人自提出来，种类多系日用所需，如鞋、旧衣及零星小物，其残破程度，欧美最贫之区域人民所不要，即中国旧货摊所陈列者，亦较好万倍，其人民之贫苦可见一斑。有一老妇携有面包三□出售，有二少年竟抢其一，老妇追及抢回，旁立众人目之，竟不加干预，绝不责骂少年半句，亦不共帮老妇将少年拿送究办，一则足见其个人主义仍在下等群众心理中，不能免除，二则贫而至抢食，众亦不深责。苏联抗战期间之辛苦，与我实亦伯仲也。

四月十二日

今早纪念周，余将部令报告，盖当局恐外交人员对于迩来同盟国要人之演说及文章于我不利者，径自发表驳斥之言论，于事无补，故告诫不可乱自发表此种命令，殊为合理。

---

① Fascism，即法西斯。

四月十三日

捷克记者华锡君之小姐介绍一俄文教员，余定聘用，而 VOKS①忽打电话，谓亦代余请得一位，余甚为难。盖余已等候 VOKS 三星期，始行自请，故请刘参事及胡小姐告以苦衷，但 VOKS 绝不原谅，俄人气量殊不宽也。

四月十四日

中午，美使馆多门 Doorman 参事来辞行，告以林语堂对于美学者所主张英美联合以对付其他各国之驳斥文章，渠不以语堂为然，以为美国人士对于此种反对意见觉无大碍，且有益，但外人参加意见，则反响不佳云云。

五时半，挪威大使②来访，渠言：（一）今日彼见洛次长，询以日苏协定两周年纪念，去岁苏有长篇言论发表，今次则无，是否苏日间不如前之亲善。拉【洛】思良久始答，无所表示即无变更矣。（二）日本大使馆某秘书传出消息，谓日政府训令佐藤向苏方提议，加强中立协定。佐藤覆电不主提议，谓恐苏政府目为日惧怕苏联云云。彼询余对日攻苏之意见，余告以非不可能及理由，渠甚感兴趣。

四月十五日

下午开小组会及学术会，静尘讲书法源流，甚佳。

四月十六日

下午，对外协会介绍之俄文教员来，报酬较昂，大约对外协会所介绍者程度稍高故耳（每小时四十卢布）。余定每星期请渠教三小时，先试一、二月再定。

---

① 苏联之 Society for Cultural Relations with Foreign Countries，于 1925 年成立，与国外进行文化交流，但部分人士视其为宣传机构。
② Rolf Andvord.

晚上，刘参事请观话剧"Blue Scarf"，描写战时致函及送物前方情况，甚滑稽。

四月十七日

澳参事 Officer 晚宴，美大使 Ad. Standley、瑞典公使 V. Assarson，及加拿大公使 L. D. Wilgress 同席。饭后详谈，美大使以为：（一）斯大林对于战事始终表示坚决与有把握，但不轻敌。（二）对北菲战场，斯本极反对，邱吉尔来苏时与商开辟战场，斯坚主在法开辟，谓英方情报对于德军在法估量过高，完全不确，是以最后在 Kremlin 招待 Churchill 时，莫洛托夫为主人，举杯庆祝均由莫为之。但斯大林忽起立举杯发言，谓关于第二战场能否在法西岸开辟，苏、英意见不一致，但历史上曾证明英军因情报不确，致应胜而反败之事实甚多，例如第一次欧战时，英海军之攻稚波罗达 Gilbraltar（莫洛托夫即更正曰"达但尼劳"Dardanelles），苟情报准确，当不致败退云云。英海军此役系邱吉尔自己负责者，故座中均极替邱氏难堪，可证苏联对北菲战场之态度。但斯氏为人尚识大体，例如英军在北菲败退亚历山大时，情势极危急，欲将美应供苏之轰炸机四十架取用。美使商请同意时，斯即毫不迟延，即为答应。（三）德军退出苏境后，苏军是否继续推进，直至柏林，美使以为苏不轻自进，先视同盟国如何始定，因一则苏方政府现在口号系逐敌出境，并不言恨德人，更不言报复，二则苏人民忍受痛苦程度已万分高涨，保卫国土自所甘受，赴外战争则须更有重大理由始能动之。而此次苏联抗战，外间只赞红军之如何英勇，实则后方人民甘受痛苦之精神，较作战者尤为可佩也。（四）德方宣传苏杀波军官一万二千余人事，美大使谓波总统斯哥士基 Sikorski[1] 来苏时，曾面请斯大林释放被苏俘虏之军官八十名，斯允查明办理，但迄无答覆。外传谓幽禁于北部某地，但新近自该处来莫斯科之红十字会要人告渠，谓未见有波军官，故大约系：（a）已杀一部分，禁一部分，故不愿即放，以免其

---

[1] Wladyslaw Sikorski.

出后宣传。或（b）真如苏方所言，禁于 Smolensk 附近，苏军退时不及同退，致被德害未定。（五）渠今早见洛次长，询以何时使团可迁回莫斯科，洛答六月间始能定。渠问是否俟德国攻势如何始定，洛即答 "You mean our offensive." 可见苏方乐观云云。瑞典公使言，德外部某司长告瑞典驻德公使，谓德待苏俘虏次于其他，盖苏待俘虏不佳。渠以此告洛次长时，洛甚欣感，盖可用以宣传。但美、瑞各使均以为苏待俘虏不如德国，美使谓彼在伊朗曾遇一波兰将军，自苏释放再出统率波军。问以被俘虏时待遇情形。该波军官愀然答，谓其所受，只上帝能知，彼将终身不忘。但此时为共同战德，故渠将不发一言。此种精神确好，但从此数语中，便可见当苏联俘虏之情况耳云云。

四月十八日（星期日）

上午，偕郭武官德权及尹秘书乘车至郊外之公园，园颇大，但因战时失修，风景尚佳。

晚上，刘参事请观舞剧《白费心》，描写一旧式妇人禁止其女与男友交，而欲其与某富有之痴儿为婚，但女仍得结交男友，情人终成眷属，系一滑稽剧，尚佳。

四月十九日

今早华锡小姐告郭武官，谓渠介绍之女教员，须先向外交部取得许可，始能来教余俄文，故请我见谅云云。

四月二十日

今早对外文化协会介绍之教员 Miss Sofia Donskaya 来，余首次习俄文，教授尚佳。

苏政府报昨日发表社论，批评波兰政府之请红十字会派员往验德方所谓在 Smolensk 附近掘出之波军官尸首为不友谊及助德之举，今日 Tass 社更发表新闻，谓此事波兰政府 Sikorski 总统部下之人，必与德国合谋云云，故苏波间关系殊可忧虑。余以为波兰在现环境之下，宜万分坚忍，其最近所提出之领土种种问题，均属不智，更见惟大智大勇始能坚忍也。

四月二十一日

华锡小姐来教余俄文。

晚上郭武官请宴美大使斯丹利及租借案代表 General Burns [1]及 Col. □□□，谈及土耳其广播苏日新谅解，苏可调三、四十师由远东至西战场事（系伊朗大使[2]告刘参事）。斯大使谓尚无所闻，但海参威美领馆报告，谓闻苏在东面军队有西移事。余询其美国拟召集之财政整理会议，苏方有表示参加否。斯大使言，此次之邀请系非经渠办，但苏方尚未闻有欲参加之表示。至土耳其参战问题，土大使告渠，谓土仍尽力维持中立，即从同盟国方面计，亦无要土参加之必要。盖土军队力量不大，参加所增力量不多。至利用机场，则苏联机场与德军队较近云云。余与渠及 Gen. Burns 谈及土西路运输事，彼等亦以为需要，但 Gen. Burns 谓，卡车须分期运印，每次不过六、七百辆，最好先行试运，我亦表示同意，请渠早运。

四月二十二日

战斗法国代表嘉卢公使来访，渠言 Giraud 与 De Gaulle 已甚接近，De Gaulle 允北菲法军将全由 Giraud 指挥，Giraud 承认组一政治统率部在伦敦。De Gaulle 不同意者，只北菲三省长之参加，盖此三人前曾与德妥协。渠又谓在北菲 Giraud 有十五万人，归美总司令指挥，De Gaulle 有四万人，归英第八军指挥。北菲法属土人均曾受军训，可召集至一百万人云云。渠前反对 Giraud 甚烈，现口气和缓，甚佳兆也。

---

① Major – General James Burns.
② Madjid Ahy.

下午捷克大使①来访。

晚上，挪威大使②请宴，所备酒菜均甚精致，肉有自美来者，酒则有南美阿根廷总统自用特制之红酒，古巴总统特制自用之雪茄烟，我更不敢在旅馆请宴矣。

四月二十三日

下午，土耳其参事 Fatin Ruski Zorlu 来访。渠已奉命调往西利亚当总领土【事】。渠年只三十余岁，但人甚温文儒雅，诚一外交人才也。

四月二十六日

余左脚脚似扭伤，昨晚痛不能睡，今日请外交部之医生□□□来看，渠谓尚未能决定为扭伤抑为关节炎，著余先用热水浸数分钟，然后敷药，日二次，并服药丸三次。

中午，捷克大使③请宴在大饭店，渠告余苏政府因波兰政府听信敌人谣言，指苏杀害波军官八千人，请万国红十字会调查，认系不友谊之举，决与波政府绝交云云。

下午五时，苏外交【次】洛梳夫斯基 Lozovski 请余至外交部，面告苏政府因波兰政府对于德国杀害波兰军官（该批军官系囚禁在斯摩兰斯④附近之小村，德军占领该区时不及撤退，故为德所害），反宣传系苏所杀害，波政府不向其同盟国苏联查询，竟目为事实，亦请红十字会调查。苏联辛苦战德，与波亦万分有利，而波政府竟帮同敌人作此反苏之举，波政府欲藉此迫苏对边界问题让步，故苏政府已决定与波政府绝交。中苏系同盟国，故奉渠政府命先行通知。余询以何时公布，渠答大约今晚或明日。末谓波兰人民当不以其政府为然，故苏政府对波兰人民仍维持友善态度。又苏波之绝交，不

---

① Zdenek Fierlinger.
② Rolf Andvord.
③ Zdenek Fierlinger.
④ Smolensk.

影响苏联作战云云。余即返报告外部。

余脚痛本系因行动少所致，乃今日最痛，而出外行动又须特别之多，策杖而行，一步一呻吟。世间事往往如此，不觉自笑也。

五月

五月一日（旧三月廿七，星期六）

今早斯大林发布命令，勉励全国军民抗战。内有赞英、美军在北菲战绩，及第二战场不久可开。德拟用和平攻势，在报纸上可看出德暗示苟苏联不与英、美合作，则可与苏言和。若英、美不与苏合作，则可与英、美和。但德人残暴无信，安能与谈和平，非将德完全击溃，无和平之可言云云。此种表示甚佳，即报告。

墨西哥之新公使①已来苏，自己一人，自携小皮夹，全墨使馆只此而已，使团引为笑柄，小国代表殊可怜也。

余卧床业已五天，由武官处之打字员早晚与余敷药，今早已可步行矣。但医生谓非足扭伤，恐系关节炎，大约系因此间食水矿质过多，而食物不调，胃不甚好，且用功太过，少运动所致。故嘱余：（一）不可多饮水，（二）每日出外步行一小时，（三）继续服药。得此病殊讨厌也。

五月三日

波兰大使②已到古贝雪夫，本定今日离此，但其兄适在此去世，故多留一、二日料理丧事。余送片吊唁，彼派参事来谢。据告刘参事，英、美现尽力调停，苏波事或有转还【圜】未定（即报部）。

连日苏报登载波人文章，攻击斯哥士其将军之左右反苏，而未

---

① Luis Quintanvilla.
② Tadeusz Romer.

及斯之本人，则波政府如能改组，则或可和缓。但波外长 Rachinski^①拉青斯基系反苏最力份子，而前财长 Matushevski 在美活动反苏力量亦不薄。虽其宣传部长 Kot^②（前任驻苏大使）及现任驻苏大使卢美 Romer，均系主张与苏求得谅解合作者，但能否令斯下大决心改组政府，殊不敢言也。余以为波兰在此时提出边界问题，殊属不智，盖自己既无力收回领土，而又向可代其收回者提出留难。大约波亡国已久，执政之人未有经验，少年冲动，且无大国之力量，而自持【恃】强国之态度，Beck^③贝克已犯此毛病，因而失国，现主政之人恐亦不能免，真可为波人痛哭也。

今早开始与郭武官德权步行一小时半，昨日郭办事员德忠返国，托其带函江、吴、孙、母亲等十余人。

五月五日

昨晚做一好梦，在苏联当大使，好梦亦不易得也。

波兰使馆全体人员今晚离此，余著刘参事代送，波馆事托英馆代办。伊朗大使^④云，于二十五晚十一时波大使接电话，请其往 Kremlin 宫见莫洛托夫部长。及至，莫即将绝交文向之宣读后，面交波使。波使谓此种文不能接受，即起立辞返。莫即将照会正式送波使馆，波使又将其退还。波使此举殊为特别也。波大使今午往见阿富汗大使^⑤（领袖大使），告以匆匆离莫，未能一二【一】向各使辞行，请其代达，阿使以电话通知，此举则殊正当。

去月，张副武官奉调返国，余自书报告托带委座，详述到此后情况及以后工作困难情形。今日委座来电云，三月廿一日函欣悉，尚望努力促进中苏关系之亲密云云。

今早与郭武官至市场，各物之贵，殊不能形容。牛肉每公斤约

① Edward Raczhinski.
② Stanislaw Kot.
③ Józef Beck.
④ Madjid Ahy.
⑤ Sultan Ahmed Khan.

五百卢布（美金四十元），鸡每只三百卢布（三十美金），牛奶约三十卢布一磅，约合国币五十元一磅。余真不敢购食也。

五月六日

晚，比国大使①晚宴新任墨西哥驻苏公使 Mr. M. L. Quintanvilla，同席，彼甚好讲话及驳论，态度十足南美人，且闻其在法留学，其好发议论更不足怪。终席与主人驳论，余等只窃笑矣。

饭后，余与英巴参事②谈波兰事，渠告余：（一）英馆只暂代波馆保管物品，以待波政府决定何国代管波务。英现尽力调停苏波事件，似不便代办其馆务。（二）波政府请红十字会调查，事前绝未与英商，英亦绝不赞成。波政府此举殊属错误。（三）苏波边界问题非波提出，系苏方逼提。史哥斯基 Sikorski 前年来苏时，在饯行招待席上，斯大林曾提出解决边界问题，史哥斯基即答，苟渠此次来苏，即签订放弃波兰领土之约，全世界将笑渠。（当史哥斯基请苏方尽予波在苏军以武器送其往伊朗，斯大林答，苟彼答应，全世界将笑之，故史以斯自己之语答之）斯遂笑而不提。嗣后各处亦系苏方逼出。巴参事又云，史哥斯基确有困难，盖苟答应苏方要求，必受波人反对，无从立足，语气间似颇帮波。渠英代表，无怪其然也。

五月七日

晨，苏外次维声斯基 Vyshinski③ 在莫斯科广播，谓：（一）苏许波军成立条件，系陆续调往苏前线作战，第一批应于一九四一年十月开拔，乃波军到时不允，诸多为难。（二）波大使馆武官、职员及派赴各处料理侨务之人，作间谍工作。（三）苏不准备另行成立波政府。*Moscow Daily News* 亦登载斯大林答英、美访员，全文内有谓苟

---

① Robert van de Kerchove d'Hallebast.
② Herbert Lacy Baggalay.
③ Andrey Janevich Vyshinski.

波人民愿意，则苏波可订立联盟，以德为共同之敌云云。

中午，加拿大公使威尔加 Wilgress 在大饭店午宴，席间谈及苏波事件。英馆新秘书 P. M. Crosthwaite① 极力为波辩，非波军不愿战，实因苏方不给器械。又谓波让步，美亦恐不允。威公使及瑞典大使② 则颇责波军之不愿开赴前线作战。威使言当波军退出苏时，适苏形势最急，确有使苏疑波不欲战。且波军官当时出言不慎，多谓苏必败溃。瑞典大使谓彼曾劝波军加入作战，且波军离苏后，又非即往前线，留伊朗及小亚细亚，至今尚无参加战斗者，难怪人批评云云。哥秘书则谓依照在英馆文件所载，则波军行动皆曾与苏详细接洽（刘参事后告余，实在斯时波军确信苏败，急欲离苏，适英方亦需兵守伊朗及小亚细亚，故英政府向苏提出波军离苏，而波军亦甚乐于离去。此事英政府既有关系，故亦不得不负责云云）。末谓史哥斯基最难应付者，系已入美籍在美享福不愿回波之波兰人七、八万人。此种人批评万分苛刻，苟史放弃领土，则其政府将受攻击至不能立足。余谓从实际上看，将来进波兰者当系苏军，苏军以东波一带系波以兵力由苏夺取，其人民亦全系苏民。现其军队力量已将此地取回，何人能将其赶出，送回波兰，英、美愿因此与苏作战否。即以该事件而论，将苏民硬归波统辖是否公道，哥氏亦以为无办法。战后此地无法不予苏联，故以为最好史哥斯基可作一宣言，谓战后波兰除自己民族以外，不欲再管辖别种民族。至此美大使秘书 L. E. Thompson 即言，苏之目的不只东波，即西波亦要，就此可见美使馆人员对苏成见甚深。加拿大威使人极明白，渠并批评英政府之在伦敦成立许多流亡政府，反为所害不少，盖赞助其独立系一事，承认其为政府又一事也，语甚有见地。

陈维城覆余电，谓向英外部探询，据答英、美现极力调解，但苏、波两方均走极端，结果如何，尚未可知云云。又谓少川赴美，本月内可返英。

---

① Ponsonby Moore Crosthwaite.
② Vilhelm Assarson.

五月九日

昨晚接吴次长国祯【桢】六日来电，谓据盛督办报告，苏联驻新总领事通知：（一）独山子油矿及飞机制造厂均完全撤退。（二）第八团及驻新苏顾问亦撤退，故吴次长奉命于六日面交潘大使照会，表示中苏正商合办独山子油矿及飞机制造厂，今忽撤退，甚为□异，但该厂机器最好能留让与我，惟苏方确自需用，亦不敢勉强。吴次长特电询余意见如何，余与刘参事、陈参事详商，觉苏此举似无十分坏意于其间，其对新当局系固十分不满，但对中央似无恶意。且最近苏与英、美同盟国间极欲表示合作，更不似有如土耳其所传消息，谓其与日妥协之事，盖与日妥协，则将引起美之极大反响。又苟对我不好，则第八团更不应撤退。故我以为近来苏联因英、美人士多谓其赤色帝国主义，有侵略之野心，而波兰方面宣传其侵华、侵波之言论更甚。苏对波事既不能让步，则对华于英、美领事馆在迪未成立前，将苏在新之足引起批评者，早为撤退，以免人有所藉口。且加里宁主席接见余时，曾谓中苏均无领土野心，似亦系一种表示。故余覆电述余意见外，并主张一方面著新疆当局小心应付，不可因小事再令人不快，一方面向苏表示希望其协助及帮忙发展西北经济，以免苏联疑我排斥其在新之经济利益。吴次长电当然系奉委座命发，故余覆特详，亦系准备其呈委座也。

苏联将成立波军，而不另组政府，果不出余所料。

五月十日 （星期一）

接云妹电，谓涂儿重病月余，留渝就医，留款已罄，以后每月需多留一百金。余即电陈科长君素照办，并覆云妹，大约新生之女必不能养，涂儿又病，云妹辛苦可想而知。渠非浪用之人，我留下款已不少，现再电请款，必有真大不了之事，故余终日忧念。白香山诗谓："早【始】知为客苦，不及在家贫"，诚非虚言。余遇云妹后，始觉真有所爱，相别时之苦，思之犹有余痛。但一则对党国责任，不得不来苏，二则亲老家贫，不来则母亲此次逃难费用无著，即云妹生产及涂儿病所需费用，亦须求人借送，精神上亦有所难堪。

但云妹处此恶劣环境，我不能在旁安慰，心中万分难过。在台上偶见云妹之唐诗三百首，即回忆在独石桥家中，涂儿将出生之前夕，我尚在床上强云妹共念熟杜甫之古诗《赠卫八处士》及《佳人》两首，直到云妹谓腹痛始止。今则云妹、涂儿有事，我远离在外，聚首合欢未知何日，不觉悲从中来，不禁泪下。杜工部谓"丈夫岂【非】无泪，不洒别离身"，我愧不能也。

下午郭武官德权在大饭店请各使团及武官暨苏政府人员茶会，各人均到，苏政府人尤多，更证苏对我国友善之意。

连日盟军在北菲大胜，该处战事已可结束矣。

魏大使伯聪覆余电，谓美政府现正与英取得联络，设法调停苏波事，希望其能恢复邦交，但尚未有确实把握。

五月十一日

苏外长莫洛托夫送来一照会，长七千余字，详述德国将占领区之苏联人民强迫送德当苦工，且拘至德将其贩卖数马克一名，所受奴役之痛苦，及如有不从即遭杀害自杀者不少。逃出之人历叙所受之痛苦，与中世纪奴隶所受无异。德共拘去为奴者已逾二百万，故苏政府先行声明，不独德官吏执行此种野蛮不道德之命令者，应受严之处分，即私人利用此制度买受人口为奴役者，亦应受处分云云，德人之野蛮一至于此。大凡尚武之国家必然野蛮，故苏联尚安能与德言和。瑞典、西班牙、土耳其各处近有和平空气消息，想系轴心国放出试探，或意图分化同盟国之阴谋矣。余即电转外部及覆莫外长，谓甚表同情。德人此种残暴罪人应受处罚，亦如日寇在华种种暴行之应受处分云云。

五月十二日

新任墨西哥驻苏公使 Mr. M. L. Quintanvilla 来访。

五月十五日

回拜墨使。

昨日余觉肚左面痛，今早医生来看，谓系肾胱管有沙石，著余饮食小心。余抵此以来，对于食用确有困难。余非寻求佳味之人，但在中国时所食之物均熟而不冷，此间所食均系冷品，面包亦系隔天的，鱼肉多生食，是以确无办法。且人到中年，抵抗力量较薄弱，将来如何，殊难逆料也。

五月十六日

英使馆及 VOKS 请参观英战时生活影片展览，鲍罗庭 Borodin[1] 亦在，与谈旧事。渠询陈友人【仁】状况，余告以友人【仁】最后发表主和文章，渠亦谓真令人失望。余询其夫人，彼答近来身体亦不甚好。余未敢与多谈，恐对渠不便。

五月十七日

今日为挪威国庆节，挪大使馆因战时不举行庆祝，但事实上余不能不往，故偕刘参事、郭武官同往贺之。

五月十八日

伊朗大使[2]请晚宴，余为主客。其夫人系俄人，其女公子亦出陪，据云与余之俄文教习认识，盖 Ahy 小姐曾在此间大学习法文也。墨西哥公使[3]及希腊公使[4]仍系说话最多者，英、美代办均笑之。

五月十九日

在大使馆宴英代办百嘉利 Baggalay，因渠于明日离古。我既未请，外交团不便先行请渠，而渠又即离任，是以不得不在使馆宴之。但邵大使在莫斯科家具全未带来，使馆无梳化一张，空空如也。不

---

[1] Mikhail M. Borodin.
[2] Madjid Ahy.
[3] Luis Quintanvilla.
[4] Athanase G. Politis.

得已，勉强利用中国国画布置一室，以作饭厅，实则余亦觉颇难为情。用人训练亦不佳，以后我国派遣外交使节，确须审慎也。今日英首相邱吉尔在美两院报告，此间由无线电听取全文，内注重对日及谓将来拟与斯大林及委座晤商，为战事以来于我最好之表示。

五月二十日

伦敦广播罗、邱在华府所商，多对付日本，宋部长亦参加会议。就此次邱首相向美国会报告原文细加研究，似有下列之趋向：

（一）因绝未提及在欧辟第二战场，只言加强空军之轰炸德国之军需工业，故可目为英、美已觉德对英、美威胁之程度已不大。

（二）专谈对日，并提议与史大林及委座会晤，似有请苏方表示对日态度之意，盖德国之威胁已不如前，则日既系英、美之敌，亦应同时为苏之敌。苟苏不欲开罪日本，则系似意图仍与日为友，将来如英、美尽其力量，在欧帮同苏联击溃德、义后，英、美仍须战日，而苏联反有余力，用以支配欧洲，当非英、美所愿。是以在此时须苏联有所表示，苟苏共同对日，固佳，否则英、美在欧只能用空军之力量攻德、义，以为苏助，将力量大部移至亚洲，击溃日本，使与德、义同时，或且较先崩溃。迩来苏联对波兰、瑞典等等之态度，似令英、美一部分人士怀疑其有欲支配欧洲之野心也。

此种演变，于我国前途关系甚大。我宜一方与英、美联合，一面极力与苏亲善，使同盟国间完全一致，于战时、战后均推诚合作，于我国及世界前途始为有利。惜苏方对于我之留莫斯科，似不愿意，顾忌日人尤甚，未敢与余多所接触，余不能多所努力为憾矣。

五月二十二日

今日中午，余在大饭店宴阿富汗大使 Ahmed Khan、挪威大使安霍 Andvord、战斗法国公使 Garreau、加拿大公使 Wilgress、美代办 Perkins[1] 等。余本拟俟莫斯科我大使馆之家具运到，始行请客，但

---

[1]　美国驻苏联大使馆一等秘书 Warwick Perkins。

业经两月尚无消息。而各使又多已请我，故不得不在饭店宴请，实则地点及食品均不佳也。

美总统代表 Davies 昨晚已见斯大林，面交罗总统之长函，谈两小时半。戴氏告人，渠完全系带信之人，不参加讨论者。斯氏阅函后，神致【智】甚佳，数日后将有答覆，由渠带返。函之内容据德方宣传，谓内有劝苏在此时不宜表示对欧洲其他各国之政治主张，以免引起无谓之困难，并举芬兰、波兰、巴尔干各国及土耳其为例，及劝其解散共产国际，以免人怀疑苏有以共产支配世界之野心。

莫斯科《真理报》今日公布共产国际（即第三国际）解散之议决，大致谓在大战未开始前，已感觉统一领导各国工运之困难。在战时，轴心国之劳工所应办之事，与同盟国劳工所负之责任又各不同，且有若干支部提议将共产国际解散，是以共产国际中央执行委员会决议："共产国际解散，各支部（即各国共产党）照章应向该国际所负担之义务一律免除"，并劝告同盟各国拥护该共产国际之人士，对于其本国政府合力打溃德国及其盟邦云云。此事极关重要，尤与我国有关，更证苏联因外间惧其欲以共产主义支配欧洲，特表示其态度。实则苏联早便应如此，现在有此表示亦甚佳也。

昨晚得一好梦，与 Mar. L. 相叙。在此生活枯寂，得一好梦，亦殊不易，故记之。大约人生少年时，总想将来老年多忆已往。我近年多思往事，想已有老态，深自悲也。

明日刘参事奉委座命返国听训，故托其带函芳苓、母亲、秉坤、秉彝、琼芳、锦培、保樵（托交美金壹千元）、一飞、天眷、佩兰、渊如、克俊、汝昶、纫萃、亮翁、哲老、庸老、敬之、健生、静老、骊先、铁城、厉生、国桢、子泽、维【惟】果、震宇诸君。

五月二十三日

刘参事绍周离古返国，胡随员济邦亦乘飞机赴伊朗。

电部报告共产国际解散情况。

五月二十四日

余在大饭店午宴伊朗大使阿希 Ahy 及其参事 Etessami[1]、瑞典公使阿沙逊 Assarson 及其秘书 C. Astrom、希腊公使波里低 Politis，及墨西哥公使 M. L. Quintanvilla 等。席间谈笑甚欢，大致希、墨两使所在，必不枯寂。闻瑞典使馆之秘书调返，系苏联谓其有不利于苏之行动，请瑞典政府调回者。其实在此殊无机会作任何不利苏之举动，苏联近来似对瑞典表示不满，大致系因瑞售钢铁与德，实则瑞典所处之地位异常困难，稍一不慎，即被德侵略。此种情况吾人平心而论应怜之，而不能恨之。苏联对之表示过于不谅人，将疑苏另有用意，殊非苏联之利也。

五月二十五日

上午十时十五分，参观古比雪夫工业大学，由对外文化协会副会长 Zotov 招待，余偕陈参事及岱础、增启同往。先由其校长说明该校历史系建于一九三一年，专为训练技术人材及工程师，设有下列各种科目，例如热力工程、化学技术工厂、装备力学、电气工程、小型机器等。十年以来，毕业学生已有数百人。入学程度系高中毕业，学期五年，每日功课六小时，并设有夜班，专为工厂工人求学之用，每晚由七时起至十一时，亦系五年毕业。学生于课余曾协助农人耕作，第三年生同时在工厂实习。在实习期间，并能代替工人及副主任之工作。战前学生男女比例大约系男占八成，女占二成，战后则男仅占二成，女占八成。政府特许三、四、五年级男生于毕业后始赴前线作战，故四、五年级男生尚多，但一、二年级则几全属女生矣。学生毕业后，即由政府派予工作。谈后，导余等（澳使馆参事 Officer 亦偕其秘书同往）先到一教室参加听讲，教授正讲理论机械，约十分钟，又至一教室，有两女生正在考试，余等坐观。女生颇有慊意，澳参事深为不安，笑谓该女生恐永不忘此日。嗣参观燃料实验室，学生正在试验炸弹爆发时热量增加之成份。继

---

[1] A. G. Etessami.

又参观其化学室。参观完毕，仍返校长室，再询其学校情形，两教授亦到，大多问题均不敢答，即学生数目、每班学生多少，亦不敢言，真可笑。有谓若问苏联人有儿女若干，彼恐亦须请示莫斯科，始能答覆也。

五月二十七日

上午十时半，参观缝纫工厂，亦系由对外文化协会副主任Zotov君偕往。陈参事静尘、陈秘书岱础及勾秘书增启同行。工厂与大使馆甚近，规模亦不大。余等先到经理室，由经理答说该厂情况。厂系设立于一九三一年，战前原系缝纫内衣及女人衣帽，战后改为制造军队上士以下士兵肩章。经理先后引余等至第一室剪裁肩章、领章样子。第二室为画样室。第三室制缝领章，兼制便帽，并由经理赠余便帽一顶。第四室缝肩章。最后参观工人食堂，菜单上所列普通工人的每餐（每日只中午一餐在此食，其余早晚茶均自己在家食）可得一汤，重量五百五十公分，价一角五分，小米粥二百四十公分，价二角五分，鱼一块四十七公分，价七角。优等工人（所谓 Stanabev 工人）可另食茶及额外面包。余询其优等工人之数量，则谓约二百余人，占全数百分之五十一。如此计算，则工人总数约四百余人（余询工人总数时，彼不允答覆，此时间接说出，殊为可笑）。余等复回经理室，与谈工人情况。据云，战前大多数为男工，战后则全系女工，工人每月工资由三百至一千卢布，以生产物品数量计算，住宿则自备，中午在厂食午饭。工作时间，战前每日八小时，现在则每日十一小时，由上午七时起至下午六时三刻止，中间用餐时休息半小时，及每两小时半休息数分钟。工人患病经医院证明者得休息，其在工厂服务一年以上者，休息期间仍发给全部薪金（以该工人三个月所得平均计算），未满一年者给薪金八成。病假以两个月为限，逾此则须再经医生检验其是否残废。残废工人分为三等，第三等仍可工作，其余由国家发给恤金。至工人住宅，每人占五平方公尺，租钱甚便宜。

今日土耳其广播，谓斯大林已将覆罗斯福函交 Davies。据柏林消息，关于美方要求用苏空军根据地轰炸日本一层，斯氏函内未有答覆云云。连日柏林及罗马广播，极言日本在远东之胜利及日本之力量，似系有意欲英、美分其力量以对付日本，以减轻自身之压力。英方则极言 Davies 使命之成功，斯氏对罗函无不悦之表现，答覆亦似甚友善云云。苏联与教庭【廷】恢复关系。凡此种种，均足见各国政治之运用。是以余在离渝时，谓世界政治之进展，在今年夏秋之间决定，苟我国外交应付上得宜，则国家之盛衰在此一举，国家前途余等有临深履薄之感也。

今日瑞典使馆秘书告陈秘书，谓前日余等参观工业大学，该校已准备一星期，学生于余等来时如何亦有训练云云。

五月二十八日

读英译 M. Sholokhov's *And Quiet Flows the Don*[1]，描写 Cossack 农民生活。所写系一九一四年间情形，但当中所写父淫其女，翁淫其媳，子弑其父，军人奸淫种种，我国重礼教者固梦想不到有此种丑行，即欧洲各国恐亦闻而掩耳。但梳氏为近代两大文豪之一，俄人对其作品极端崇拜，余诚惑焉。盖所谓文学佳作之条件，必须：（一）使人读之愉快，（二）使人觉道德思想上有所觉悟。该书两者均未有，且对于鞭挞其妻、父子相斗，更视有日常应有之事，无足为怪者，就此可见其民族习惯一斑，与我国不同之处诚多也。

晚上往看电影，设备极劣，发音亦坏。看英一九四〇片 "Lady Hamilton"。

五月二十九日

下午六时至八时，瑞典大使[2]请 Cocktail Party，地方陈设固佳，食品有自瑞典带来者，女仆训练亦好，余更觉我大使馆之寒酸。现

---

① Mikhail Sholokhov 所著，1934 年出版。

② Vilhelm Assarson.

我经到各使馆与人比较，我大使馆确不及一最小国之公使馆，邵先生真使我在此无以自容。现在家具又不能运来，食品又缺，我现束手无策，只自愧恧耳。Perkins 告余，Davies 与 Burns 将由 Alaska 径飞返美，余恐不能与晤耳。Crosthwaite 告余，蒋夫人在美语 Lord Halifax，卡尔大使调离中国固为可惜，但得薛穆亦甚满足，英政府觉甚欣慰云云。余自问在外交部过去一年半以来些小成就，系协助使委座夫妇对于英国较为认识，并知中英邦交与我国前途之重要。余因此间或使委座对我不满，然结果确使其对英稍变态度。余觉对党及对委座已尽我责任，私心引为至慰者也。

五月三十日

尹肯获①夫妇离此赴阿剌木图领事任，该馆地位重要，尹人极老实，故我荐之，但其才能否胜任，吾稍有怀疑。故渠来辞行，吾再三嘱其努力，并力劝其于暇时向求学方面注意。

五月三十一日

下午伦敦广播，谓林主席子超逝世，深为哀悼。林老先生余自一九一八年在广州非常会议时，即与认识。后在广州彼当建设部长时，稍熟。及至在立法院当副院长，余任外交委员长时，更为亲密。是以宁粤合作，黄居素、陈真如提出推其为党中年高德劭，宜为国府主席，余等均甚赞成。以道德而论，子超先生确可为吾人之模范。吾国素重道德，故有"太上立德，其次立功，其次立言"之训。盖非有大智、大仁、大勇，不能聪明坚忍。不与人争，而人莫与争，此子超先生之真不可及者也。余即电其家属吊唁，及电子杞文官长②及邓亚魂慰问。

今晚苏联外交部请看电影，即以电话辞之。

---

① 尹肯获，字承畲，中华民国驻阿拉木图领事馆领事，1943 年 6 月 6 日到任。
② 国民政府委员会文官处文官长魏怀，字子杞。

六月

六月一日（旧癸未年四月二十九日，星期二）

今日苏外交部电话，谓莫斯科某通信社似接重庆消息，否认林主席逝世。余昨晚发电吊唁时，陈参事本主张缓发，俟部电来通知，但余以为 B. B. C.[1] 未必错误，且部电往往数天后始到，未免太迟，是以照发，更证余性有时过急之错误也。即电部询问。

今日消息，我军在宜昌附近大胜，包围敌人五师。

六月三日

部覆电，林主席病，但未逝世，且有好转。

今日消息，我军确大胜，敌死伤已逾三万。

六月五日

郭武官今早见捷克大使[2]，据言，Davies 此次来苏，并无十分重要任务，大约所谈多属经济问题。下午澳洲代办 Officer 来访，亦谓在莫斯科曾与 Davies 晤谈。大约 Davies 此次来苏，系其本人愿意，罗斯福因其在民主党经济上帮忙之关系，不能不对渠敷衍。而在斯太林方面，得其一来，亦未尝不于面子上好看，故亦欢迎。是以彼（Officer）个人感想，戴氏之来最满意者，想系戴氏自己及斯太林，至于政治上之任务，当不托其洽商。余询其邱氏所谓加强远东对日之战争，戴氏适于此时来，有与苏提及之可能否。渠言绝无可能。余又言及罗、邱、斯、蒋会晤。渠亦谓即此事亦未必托戴正式提出，试探则或有之，盖此种会晤殊极困难，因斯不见得愿意离苏，而罗来又不易办。余谓邱氏又何必发表此种主张。渠谓恐因英、美一部

---

① British Broadcasting Cooperation，英国国家广播公司。

② Zdenek Fierlinger.

分人士有此主张，邱氏不得不作同样表示，以证明非彼及罗不愿，似完全系对内，非真信可能办到也。

接刘参事电，已抵迪化，第八团已撤退，油厂专家亦撤，似系一年来苏外交还【环】境变迁之结果，非苏自愿云云。苏本可藉此向我表示好感，两国邦交亦可藉此更密，但其执行方法之笨，不但不使人感激，反令生怀疑，苏联做事往往如此。从前日本人谓中国万事均不及日本，但外交家则胜日万倍。余亦觉中国近五十年来国内政治人才确不好，但外交人才自李合肥后，余等所亲见之伍秩老、唐少川，稍后之颜惠庆、王亮畴、顾少川、伍梯云、郭复初等，较之各国最有名之外交能手，有过而无不及。中国处于最困难危险之地位，能幸以自存，亦未始非诸贤之功。较诸国内执政者，如袁、黎、冯、曹、张、吴辈之学识人格，则确高出万倍，不能相比较矣。

晚上谢子敦秘书①请观马戏（在公园）。

六月六日

晚上静尘请观舞剧《红帆船》，描写一村女怀春，幻想其快婿拥有大红帆船来迎其与婚，结果终如所愿，跳舞中多水手舞。捷克友人告郭武官，谓佐藤昨早已飞莫斯科。

六月七日

今日为旧历端午节，回忆两年前今日在独石桥，余女锦涂诞生，林庚白与其算命，谓此女火太盛，命甚好，但恐其母命不够硬，受其影响。余爱苓妹，恐其于苓妹有不利，故对之平常。以近两年经过计算，则苓妹自生渠以来，确不如前之快乐。且奶妈家运亦坏，此儿之命硬，可知吾日夕祝祷者则为苓妹不受其累，我本人之好坏不必计也。我心中有无限之感触，本欲致函苓妹一询其近况，及锦涂身体已否复原，但此间寄重庆之函，非三个月不能到达，且须经中、苏两方面之检查员拆阅。以我年将半百之人，满纸乱写少年男

---

① 中华民国驻苏联大使馆三等秘书。

女恋爱肉麻之语，确自羞愧，是以未敢，苓妹想当不我谅也。

派郭武官往晤瑞典公使①，询佐藤赴莫事。据言，二日晚上十时半，洛次长以电话约佐往晤，佐于三号晨往谈甚久。并因莫洛托夫部长之约，佐藤于四日晨飞莫斯科，同行者共有馆员七人。据其所知系：（一）日海军近来扣留苏联所租用之美国商船甚多，日人谓系美船假苏名义挂苏旗，但系美船，故扣留，苏联向日提出抗议。（二）日方谓近来苏联商船常以日商船等之消息供给美国，故近来日商船被美潜水艇击沉者特多，故日本向苏联提出抗议。佐藤之赴莫斯科，想系因此两事云云。陈参事往美馆及澳馆均无特别消息。余即电部先为报告。

六月九日 （星期三）

下午，南斯拉夫大使西密 Simic 来访。渠因新升大使呈递国书完毕，不得不重新拜访各使团。渠亦以为佐藤赴莫未必有重大任务，对于 Davies 之来苏，谓无甚重要政治任务。英大使卡尔告西密，谓Davies 戴氏未到莫斯科前一日，卡大使与斯太林谈及其来，斯谓近来美国方面所来之人均系带信者，计自威尔基②起至最近之墨西哥、古巴等公使，共已有七人之多，语气似不重视其来。美公使斯丹利亦似不甚高兴，绝不愿谈及戴事云云。

晚上陈参事请看《卡门》"Carmen"，女主角 M. P. Maksakova 为苏联名角，为唱做该剧最佳之人。唱声虽不十分高，但极臻佳妙。年虽五旬，但做工确好，为余到苏以来所看戏最佳者。遇鲍罗庭，渠近来较前增加重量甚多，大腹便便，有如美国富商。与稍接谈，因知渠亦未必敢多谈，故只与言闲事耳。

六月十日

晚上在大使馆宴澳洲代办参事阿菲士 Officer，及美馆代办巴干

---

① Vilhelm Assarson.
② Wendell Willkie.

士 Perkins。两人对于佐藤赴莫斯科亦无特别消息。苏联宣布共产国际之解散，已接有三十一国共产党及共产青年国际 CY 之同意，故其解散自今日起发生效力云云。

委座电询余经费足用否，甚可感，即覆暂可维持。

六月十一日

晚上，美代办 Perkins 请宴，义属 Pantelleria Is. 已被炸而降。

六月十二日

吴次长电，谓委座甚注意佐藤于四日与莫洛托夫晤谈（日本广播），故余即派陈参事往请英馆代办哥罗斯滑 Crosthwaite 电卡尔大使请其代探查。

六月十三日

下午六时，接部转来委座联合国日致斯太林先生贺电，大致谓吾人所主持之正义世界上已增加主持者不少，斯先生领导苏人民及红军英勇抗敌成功，对于同盟国贡献极伟大，并再表示同盟国成功不远之信念。余即用余名备函斯太林先生将电转递，并即以电话约晤洛次长面交。照渠所定时间，于晚上十时往苏外交部与晤。余告以委座致斯先生电，即将内容略言，由勾秘书增启翻译后，即将余函及委座电交渠。渠表示即以电话转达斯先生。余复与谈最近德苏战况，彼言连日稍沉寂，以为准备，但苏空军尽力轰炸德军后方。复谈中国战况，余稍告之。余初本拟与商余赴莫斯科一行，后再三思维，似不妥当，盖渠拒绝，我面子上固为不佳，即许我往，我到莫则全球皆知，斯太林先生固不一定见余，即莫洛托夫部长亦或不能晤谈，盖余无重要事件以为藉口，果如此，我更难为情。是以最后仍决定持镇静大方之态度，盖时机未至强为之，反生不良之结果。且自余到任数月以来，我国与苏最难解决之问题，如中共问题，则因第三国际之解散而解决。驻新之第八团及飞机制造厂，苏已撤退，虽非由余而得，但吾人做事以成功为目的，不必定系自己之功。故我良心上亦可告无罪于党国，不必再过急于求功。季陶先生劝我效法曾纪泽，子超先生劝我勿急于求功，老成之言，良可敬佩也。

六月十四日

今日为联合国国旗日，BBC 今早广播已提及委座致罗斯福、邱吉尔及斯太林三先生电，余幸于昨晚将电送往，否则难以为情。盖电系十一日发出，英、美即日当可收到，此间则于十二日下午六时始收到，此处办事较难，于此等小事中亦可证明。

英大使馆转来阶平在英代余所购之公事皮包、药品等，英虽在战事期间，出品仍佳，价格亦不昂。余自抗战以来，数年间未见精品，得此喜极，有如小孩之获玩具，自笑亦自怜也。

六月十六日

上午回拜南斯拉夫大使 Simic（西密），渠以为德非向苏大攻原因为：（1）现德在东线军队总数只一百九十师，尚不及去年，且精锐于两年来丧失不少，新征者当不及往昔。（2）以连日苏联轰炸德军之报告可①，德军之布置系自东至西一长线，后方军队离前线甚远，故绝非准备总攻。苏方军队共有三百余师，但渠以为英、美未开辟第二阵线前，苏亦未必作总攻。至于英、美方面，彼以为只能渡英海峡，始系真与德决战，盖德国力量大部仍留在德，而英、美力量亦集中英岛，共有五百万人。若非两方主力决斗，无胜负之可言。英、美军队在法西岸登陆，绝对可能，德亦惧此。是以彼个人意见，德国不日或将攻土耳其，原因系：（一）将英、美军队分一部在土作战，此地交通于德为易，在同盟为难。（二）同盟国或须将北非军调往，则攻义大利或须稍缓。（三）义大利舰队现在地中海，不独不能运用，且受同盟国空军之威胁。若运入黑海，则不独较在地中海为安全，且可助德对苏作战。至于土耳其之抵抗力量甚微，据

---

① 原文如此。

彼所知，只有二、三十师，且配备极劣，士兵战斗力亦甚弱（与土耳其驻重庆代办所言有八十万人之说不符，渠谓计在前线者只能有人口百分之四），德军绝不因此有若何之顾忌。至于德在西班牙亦有动作之可能，因德主要目的系使同盟国集中力量，在地中海沿岸作战，后方长，海运难，于德始为有利。渠又谓，德国某要人告渠，本决定于去年便将德国力量退回集中在德后，因对苏尚有谓可击溃之希望者，故作最后之一摘，现在德年底或将退出各占领区，将粮食抢去，同盟国到欧后，粮食亦成问题云云。

英馆代办 Crosthwaite 来言，卡尔大使因余之请，查佐藤赴莫任务，现已覆电，谓佐藤确系因日扣苏船事被召赴莫。缘美国转让与苏之商船共十五艘，中有六艘被日本停止检查，结果扣留两艘，故苏向日提出抗议。此事莫洛托夫已通知美国大使斯坦利云云。卡大使如此帮忙，殊为可感。余即电吴次长，请其报告委座。

接秉坤函，悉渠同母亲各人离广州湾赴柳情形，及与琼芳、锦培同居，深慰。又接赵汝昶函，悉芳苓于二月中患乳疮，留江苏医院，约两旬治愈，旋以锦涂患痉挛，又陪往江苏医院住二、三星期，于四月初为涂儿健康起见，携其赴渝，转换环境一、二星期。至新生之女肥胖可爱云云，甚为安慰。苓妹不惯操心，渠本系最沉主意之人，其父又系如此，故遇此种不幸事件，当感困难也。

六月十七日

古巴参事 Raoul Herrera - Arango 来访。其公使 A. Concheso[1] 系驻美大使兼驻苏公使，因苏联系派其驻美大使 Litvinov[2] 兼驻古巴公使，故古巴亦派其驻美大使兼驻苏公使，由驻美兼驻古事务容易，驻美馆安能兼数千里外之驻苏联事务，亦系外交上之大笑话。大抵小国最怕人看不起，因苏不派专任公使，故亦以此为报复，应付小国更宜小心，苏联当局尚未明白处世之道，苟不与人交换使节，则

---

① Dr. Aurelio F. Concheso.

② Maxim Litvinov

已既有交换之必要而订约设使，则宜表示其重要，派遣专人，否则不如不设之为愈，盖现苏古间不特不因交换使节而增加友谊，且因此而生彼此不谅之痕迹，则何益已。

以后非半年后无人返国，故初次用普通航邮函苓妹。

六月十八日

今日苏联报刊否认瑞典某通讯社所载，谓苏德曾有秘密谈判和议，因领土问题不能解决，以致决裂云云。塔斯社谓此完全敌人做谣，不值一笑云云。余亦以为苏、德无议和之可能，盖苏此时绝不能与英、美分离，且德国力量之存在，对苏威胁较对英、美为甚，德可与苏言和，亦何尝不可与英、美和。为苏联计，绝不能取此下策，故当然系德国制造谣言无疑，即电报报告。

郭武官请在小公园晚饭，该处系由大饭店分支往办，地方甚少，往用膳之人亦不多。

此间自本月份起，食粮分配之定量再行减少，余每月只能购肉三公斤，面包亦减三分之一。余食量不大，尚可足用，但用人则极苦耳。昨晚在美大使馆外交团之人谈及此事时，澳洲使馆某秘书言，大约在苏联各国使馆，均有以粮食或其他物品与苏联人民换取应用物品，只中国使馆对于【此】最严厉，不许做此等事。美代办亦以为异，盖美馆亦如此。故外交团对余在中国大使馆内所作为尚为尊重。余以为苟不贪小便宜，稍为甘心吃苦以维持国家体面，亦即所以自己尊重自己人格。余一向以为，在国内生活稍可放纵，在国外当外交官，尤其是当馆长，私生活不能不万分检点，自责重以周，待人轻以约，吾每三复斯言。

六月二十日（星期日）

下午五时，苏外部瓦西哥夫科长来，面交外长莫洛托夫覆余之函，并附斯太林先生覆委座电，电文大意除谢委座贺意外，并言德国为敌之最，相信不久便可击溃。其文中未言日本，但义大利亦未提及，故似言而未言，所选辞句似万分斟酌，余即译转外部转呈。

六月二十一日

下午三时，赴苏外部访外次维声斯基 A. J. Vyshinski。渠似较洛次长为率直，彼谈及中苏邦交及两国民族合作，于世界前途之关系，余甚赞同。渠表示苏外交部对于中苏邦交之诚意，不独在言辞上，且在行动上亦充分表示（大约系指新疆问题亦未可定）。又云素知余系苏联之朋友，故希望余在任内更促进中苏友谊关系。余告以在渝时，亦曾与潘大使迭次谈及，此正系余之愿望，得渠如此表示，我甚欣慰。彼此又谈德苏及中日战况，至四时十分始兴辞而出。渠系以司法部长调行政院副院长，现兼外交部首席次长，大约在党及政府内有相当地位，故可多讲话。余觉其人甚明白，有才，对中苏关系似甚诚恳促进，故亦觉快慰。

六月二十二日

今日为德苏战争两周年日，苏方未举行若何纪念仪式，余查去年各使团亦未有向其有若何表示者，故我亦未有任何举动。

美国煤矿工潮仍未解决，Detroit 又发生工人暴动，闻系白种工人与红种工人相斗。美国工资间及种族界限，未悉果能受此次大战之教训而改善否。余深为世界前途忧虑，盖美国此两弱点若不除去，将为人类之污点，不因此次战争而除去，将来除去之方式或将使人类受更大之痛苦，亦未可定也。

余已习俄文两个月，每星期教员来三次，每次一小时。自习则每日逾两小时，识字约五百，但俄文变格之多，为世界文字之冠，记忆不易。余以为苟不稍为彻底改革，实为其进化之大障碍。余之教员谓，下次可开始读报纸之短篇浅近新闻。余此两月来之用功，即在香港大学时亦不过之也。

六月二十三日

昨晚十二时接委座致斯太林委员长关于苏联对德抗战两周年之贺电，内有轴心作恶，无分东西，贵我两国为反侵略战斗所负之使命，实具同一目标等语。即由勾秘书连夜译成俄文。余于今日下午二时赴外部面交维申斯基次长，彼谓即连同余附致斯太林先生之函，即转莫斯科斯先生云云。该电系由军委会径发来者，故余即电报告委座。

六月二十四日

前日《真理报》所发表苏德战争两周年纪念之政府文告，末段极言今年英、美须在欧辟第二战场之需要，故苏方仍以为今年第二战场尚未必开辟也。

研究苏联文字，当稍知其民族性。例如朋友为 Npurte，敌人为（非朋友）Henpurte。余笑告余之教员，岂"非朋友"便是"敌人"，渠极自然的答曰："然"。可见其民族中绝不尚"中庸之道"也。

六月二十五日

晚上请徐副武官及勾秘书往大戏院观《茶花女》"La Traviata"，饰 Alfred 之男主角哥士罗夫斯基 N. C. Kozrobckuu（N. S. Kozlovsky）本系最有名之男高音，惜喉坏，发音现已不能如前之高，至做工则属平平。女主角波罗夫斯嘉耶 E. M. Boplovskaya 音虽高，亦非最美，且年老貌不扬，做工亦差，故虽久传此剧如何佳妙，亦殊不足信也。

六月二十六日

昨日莫斯科《真理报》登载委座致斯太林先生贺电，系在较重要之地位，与罗斯福电相同。在别国此种系极平常之事，在此系较重要，盖证明苏政府认为重要也。即报告委座。

昨日英使馆转来英政府意，可在印度汽车先拨五百五十辆，俾中国假道苏联运输得早实行。英政府此举确漂亮也。

今日英大使馆转来阶平兄代购之风雨表、寒暑表，均甚精致。

六月二十七日

晚上，偕陈参事等往观 "Barber of Serville"，系写某皇子见女郎罗鲜娜 Rosina 而悦之，百计追求，不得其门而入。理发匠飞嘉露

Figaro 愿作红娘。女自幼而孤，其监护人为白他露医生，亦属意女郎，多方防阻皇子，竟假装音乐师进与女谈情后，卒因理发匠之力而成眷属。全剧音乐极佳，惜主角均非有名者耳。

六月二十八日

下午瑞典公使①来访郭武官，余亦与谈甚久。渠言加拿大公使 Wilgress 自莫返言：（一）莫洛托夫告美大使 Ad. Standley，佐藤到莫系为苏船被日检查扣留事。美使问是否完全因此，未有其他，莫答诚然。（二）近来苏联对英、美态度变更，极力敷衍，故在莫使团亦以为异。众测系苏对欧洲政治态度已变，不再拟"赤化"。瑞典公使又言，据瑞驻柏林之武官报告，则二月间德似已决定放弃攻苏，改取守势，但四月间又变更，仍采攻势。据日使馆消息，则德攻势约在六月以后（即下月）。瑞武官又言，德军部尚有百分之六十以为仍可守，或予苏以一打击，使和议时德方仍可获平等待遇。报告部。

接秉坤四月十四日函，卓贤电劝母亲赴桂与燕妹同居，但母亲仍欲在柳居住。余即电，如母亲欲居柳州，则宜在柳，因燕妹在桂与兆贤种种，母亲亦未必愿见者也。

六月二十九日

晚上，苏外交部请看电影。新闻片外有关于著名诗人□□□事迹之影片。彼与蒲斯金同时，亦系友好而同名，其死亦系因爱情与人决斗。吾国诗人本无以做诗为名之，原意政治功名，不得志始作诗，盖退不与人争，然后以诗酒自娱，故多消极之语。但苏联两最大诗人均因斗而死，亦足见中西文明观念不同之处也。

六月三十日

陈岱础请在"花园"晚膳，余等本要一鱼一鸡，但因冷食余等

---

① Vilhelm Assarson.

已吃一蚧，故临时便告余等谓无鸡，大约每人只能食一肉。如此对待外交官，未免过于小气，苏联到处均属如此，亦不足怪。

七月

七月一日（旧癸未年五月二十九日，星期四）

今日为加拿大国庆节，加公使威尔加 Wilgress 雇一河船，请外交团在窝尔加河①游玩，自下午四时至七时，沿途风景甚佳，大有故乡风味，惜战时不许照相为憾耳。战斗法国代表言，昨日苏报发表驳合众社关于德兵力及分配新闻，甚有意义，因合众社消息实系英政府发出，以证德在西欧及预备兵力尚强，未易即辟第二战场。而苏则谓绝非如此之多，应即开辟。据彼个人所知，美国尚有一小部分人士欲与德单独媾和者，而该部分在政治上力量亦不可侮，是以英、美政府或欲拖延不开第二战场，亦未可定。苏方不久或将公开发表要求即辟第二战场，亦未可定云云。

锦培自柳州于五月八日来函，今日亦已收到，计亦不过五十日。即覆之，并函母亲、司徒朝、芳苓、天眷。

七月二日

赵副领事来，告以新边五馆人事调动之经过。渠言自己亦甚乐于调动，因盛督办因曩日亲苏关系，命令新边五馆人员唯苏方之命是听。当地苏联外交及地方官吏有可直接与盛来往，故动辄以报告盛督办为恫吓，而盛亦无事不迁就，故五馆人员实等于苏联差役。现在中央既收回，则政策自变，是以人事亦非稍调动无法应付，盖习惯已久，不换人不足以对付当地官吏。渠表示愿将来调来大使馆任事，余极力劝勉，著其向学问方面努力用功，不独中、苏文字需佳，即英文亦须补习。

---

① Volga.

七月三日

燕妹四月十七日由渝来函，言兆贤与卓贤发生关系，同居胜利饭店，故渠不得不迁往保樵处，且定于四月十八日乘飞机先返桂林云云。燕妹、兆贤道德低落，我殊不忍言。彼早返桂林，免家丑多扬于外，则余之幸也。

七月四日

静尘请观"Eugene Onegin"，此系余第二次观此剧，男主角尚佳。

七月五日

波兰总统 Gen. Sikorski 在 Gibralta 飞机失事丧命，波兰国运殊不佳。彼死后，波与苏复交恐更困难。波兰此次失败，完全系阙乏领袖之故。

晚上，余在大使馆请赵领事①夫妇便饭，渠系新婚夫人，系苏联人。

七月六日

昨日德军已开始在中路进攻，为弹克车②战之最大者。苏方广播请【称】，昨日一日之内，德方损失弹克军【车】（内多六十吨之"老虎式"）六百辆，飞机二百余架，战争之猛烈可想而知。

郭武官与李副武官因用汽车事发生口角，余极力调解之。

七月七日

今日为我国抗战七周年纪念日，在大使馆举行纪念仪式，稍为简单。余说话后，由陈参事、郭武官报告。

BBC 广播邱首相致委座电。

---

① 原文如此。
② 即坦克车。

七月九日

加拿大公使 Wilgress 来访，谈及佐藤赴莫事。渠谓彼离莫时，日所扣苏船尚未释放，但渠离莫已三星期矣。渠又谓不相信佐藤不提及别项问题，惟亦信苏不愿与日有何更进一步之谅解。渠人甚清楚，学问亦佳，对苏联亦无成见，且常表示友善。

七月十日

英、美军今早三时在义大利之"锡时利"Sicily 岛登陆。

七月十一日

刘正埙①请观话剧"Ha Due"，描写从前贫民生活状况。

七月十四日

今日为法国国庆节，法代表②于下午七时在"花园"招待。加拿大公使及英代办③言，佐藤已由莫返古，神气似非得意云云。加使询鲍罗庭对于盟军在锡时利登陆之意见，又询何以苏联报纸对同盟国如此重要之军事举动若斯冷淡。鲍答："吾人不惯走后门者"，苏方对此不满亦可见一斑。加使以为锡岛战事约需两月，义大利本身再需两月始能解决，稍为整理军备，约计半年内即可由巴尔干或法国开始攻德。据德国被俘虏者所供，则德国军部方面似已感觉无战胜之希望。是以渠个人看法，苟半年内同盟国可将义大利征服，德内部之变动甚有可能。盖前次大战德之变动系人民欲变，而非军队觉力量不足，此次则德国人民自无讲话之余地，但军队已觉失败，则其崩溃将较迅速。是以明年三月间战事便有结束希望，不过同盟国当局自不敢以此为言，盖恐人民以为胜利在目前，作战努力自然稍懈云云。南斯拉夫大使④言，苏联自然对锡岛登陆为不足，盖德军

---

① 刘正埙，字卓群，中华民国驻苏联大使馆额外随员。
② Roger Garreau.
③ Herbert Lacy Baggalay.
④ Stanoje Simic.

主力不与英、美军接战，即不能减轻苏之负担，且自义攻德为日过长，亦非苏方所愿。法公使嘉卢神致【智】较前为佳，盖戴乐高【高乐】已执政，且由义攻德于法较为有利。鲍罗庭对余表示亲切，但绝不敢谈时事，余亦知其困难，故不与多谈。

连日此间亦热，余室内已达九十度，加使言彼室内已九十三度，幸晚上尚清凉。

七月十五日

英参事伯加利 Baggalay 昨日在莫斯科病故，渠人极和霭可亲，此次奉调赴渝，余正深庆得人。不幸在途未及到华即已病故，深为惋惜。渠在此亦极得外交团之爱戴，余即覆函 Crosthwaite，并电 Sir Archibald Clark Kerr 及外交部及请转 Sir Horace Seymour。

七月十七日

郭武官报告土耳其武官晤日本武官，日武官谓：（一）苏军在远东仍有二十五师，军官未更动，但士兵调动不少。（二）日在南太平洋作战甚困难，尤以海运为甚。海军运用不易，迩来沉船颇多，每沉船一艘，士兵竟至死亡数千者，故成重大问题。（三）美飞机在华作战者约二百架云云。又佐藤于十三日返古，翌日即往晤瑞典公使①。佐藤本系老外交官，喜怒不易表现，但此次对苏亦多表示不满：（一）谓莫斯科居住甚好，但有许多零星事件非在古与洛次长接洽不可，而洛次长人既不聪明，又无权，故各事均不易办。（二）莫斯科日大使馆修理已毕，工程不大，而苏联送往之账竟达壹拾九万卢布。（三）日代办义大利大使馆事务，今年年初苏谓须修理房屋，故著日本将家具搬出。现修理已毕，工程亦不巨，而苏联政府所开列费用为壹百万卢布，殊不近情理，惟不能不予。佐藤又谓，义大利恐不能支持，但义虽被占，德仍可以义、瑞间大山天险为守，英、美亦非易攻入云云。

---

① Vilhelm Assarson.

今日苏报载美广播，谓日本曾向苏提出和平条件。日以Sakhalin[1] 库南部及北海等让苏，劝与德妥协，否则德仍向苏进攻，苏联拖延未覆，是以德军本年之进攻稍迟（候苏联答覆）。最后苏联答覆强硬，是以德始进攻云云。苏联正式否认，谓绝无其事。余即报告外部。

七月十九日

唐学习员[2]由中国到，带来函件甚多。保樵函，卓贤与兆贤公开同居，对燕妹甚不好，此系燕妹自取。渠返桂，以免在渝再出笑话，亦甚佳也。琼芳、锦培函，总是要钱，我计寄返者应已足用矣。芳苓因锦涂病，去款过多，且彼向未经劳苦，故来函竟多不经人耳之言，虽不无可谅之处，但亦足表现学问及涵养不足之过。我以后识人更宜谨慎，古人谓行年五十，当知四十九年之非，确须行年五十，始知自己以前之错也。

七月二十一日

比国国庆节，比大使[3]请在外交花园茶点。法公使[4]言，义不久将溃，德亦乏战斗精神，故渠以为今年欧战有结束之可能。

七月二十二日

部电，谓闻日敌以德将崩溃，为挽救自己危亡，特派大帮重要人员赴苏，与苏进行密约，并著宁伪取消反共口号，任颜惠庆为外交部长，派陈友仁来苏，并与苏商日本迁都于东三省云云。余即覆，略谓日欲联苏系意中事，但尚未闻其有派人来。至佐藤向主日苏联合及德苏媾和之说，未见有何结果。近佐藤自莫返古，对某使谈话，

---

① 库页岛。

② 唐盛镐，字莲人，中华民国驻苏联大使馆随员衔甲种学习员，1943 年 7 月 19 日到差。

③ Robert van de Kerchove d'Hallebast.

④ Roger Garreau.

对苏表示多所不满，似非得意。至苏外部人员曾向余表示对陈友仁轻视，是以余个人意见以为，苏联当大敌在境，固须向日本极力敷衍，惟与英、美现在共同作战关系，未必与日有更进一步之联系云云。

又昨日苏报发表于本月十二、三在莫斯科成立自由德意志民族委员会，推定诗人凡依纳特为主席，发表宣言，主张德即停战媾和，并宣布政策，中有保障经营工商业之自由财产所有权等。即报告外部。

郭武官言，今午法武官来谈：（一）彼新自北菲返，北菲自由法军已组有步兵十二师，战【弹】克军三师，及机械化师二师，倍【配】备均系美方所予，甚好，但无飞机一架。（二）法军本要求参加攻义，或在南法登陆，英、美均不许，派其连同英第八军开拔至埃及，准备将来在巴尔干作战，渠个人意见以为目的系防苏为多。（三）攻锡岛兵力以美为主（七师），英只三师，德、义兵力亦约有七、八师。（四）美政府所派人员在伊朗多不识当地情形，办事成绩欠佳，故伊朗人对之不好，多自请退。而伊朗土匪遍地，有军运车五百辆在途中为土匪劫去，政府派兵一师往剿，竟为土匪所败，掳去官兵千余人，伊朗政府情况困难可想而知。（五）英兵对美兵之骄，多表示不满。（六）彼个人意见以为，美、苏之互相疑忌，将来欧战结束，苏自不加入攻日，以减少英、美力量，使在欧洲不致不理苏联云云。

七月二十四日

宋部长子文昨日抵伦敦。

昨日苏报发表关于东欧联邦主张之批评，目为英、美一部分之反苏派、孤立派、波兰 Peck 派等之排苏运动，语多不满。苏与英、美间近又似发生误会，深可虑也。即报告外部。

七月二十六日

墨索连尼①昨日辞职，义皇已批准，并派博德利奥②将军继任。

---

① Benito Mussolini.

② Pietro Badoglio.

据瑞士方面消息，则系此次希①、墨会晤，希主派德军至义助防，墨返义提出阁议，赞成反对参半不决。即向义皇请示，义皇不欲以意大利为德军战场，故墨不得不辞，似颇近信。义军在锡岛已无战斗精神，不战而降者两星期内已逾十万人。罗马之轰炸更使义人寒心，且前途绝无希望。此次墨辞职不久，义将投降德，将不能单独支持，不久即将继之崩溃，欧战结果之期将不在远矣。

下午回访加拿大公使②，渠亦深以苏与英、美发生误会为虑。渠又谓闻中国国民党或将改组，许共产党加入。余谓绝无所闻，本人不相信有此等事。南斯拉夫大使西密告郭武官，仍以英、美不辟第二战场为不满。对锡岛登陆，认为不足。谓义军约六十师在南斯拉夫已占半数（二十九个师），其余四份【分】之一在东战场，四份【分】之一在意大利。渠又反对英、美军在巴尔干登陆作战，以为如英、美军大量在法登陆，开辟第二战场，并在义大利本部增加压力，则德、义军队非由巴尔干退出不可。德、义退出后，南斯拉夫自己力量自可维持秩序，何须外兵。其说法似过于自私，不欲牺牲，大约苏联亦未必愿大量英、美、法、波军队在巴尔干作战，是以胜利在目，则各国均先为自己打算，余深为前途悲也。

法公使加卢言，苏对英、美确多所不满，以为英、美军事政治种种布置，无一不为防苏，是以苏不得不表示其不满意之反响，组织自由德国委员会系其一例，该委员会之实际主持人系德国俾斯墨 Bismarck 之孙 Graf von Einsiedel。至波兰所提东欧联邦，更属笑话。是以英、美若不改变其反苏政策，则苏或将与日寇成立谅解，虽不致加入日方作战，惟以物资供给日方亦属可能云云。渠亦系与苏方最接近之人，故于其言词间亦可稍窥苏方之意思。

英代办 Crosthwaite 秘书在其家请茶会，庆祝攻义胜利，苏政府人员均不在场。

---

① Adolf Hitler.
② L. Dana Wilgress.

七月二十七日

伦敦顾大使来电，通知宋部长已抵英。即电宋部长报告此间情况。

七月二十八日

苏联发表其驻英大使米斯基①调任外次，英、美使馆目为苏政府明了英国情形之人，以米氏为最，此次调返外部服务系好意。

七月二十九日

函覆芳苓，辞意和缓，冀其能悟。并函阶平、维城及汤武。阿富汗大使以电话通知，谓苏联政府已请其通知外交团，准备迁回莫斯科。

七月三十一日

昨晚十时接部电，谓政府已决定于最近将来与维基绝交，著密告苏联政府，故约见洛次长，渠定于今日下午五时往见，遂通知于他，彼谓即转达苏政府。渠对于锡岛登陆虽认为极大之助力，但对德非予以大力量之打击，不能使其崩溃，对于战事表示乐观，末言想中国方面亦所乐闻，词意亦系友善。

今日下午三时半，希腊大使②来访。渠谓英、美在法登陆不无困难，且在此英、美人士目为胜利将临，轴心国民气最弱之时，苟英、美有任何军事上之失败，影响战事前途极大，是故英、美不得不格外小心。彼又谓将来德、义崩溃以后，如苏不参加对日作战，恐远东对付暴日不易。但卡尔大使告渠，谓英、美准备在印度有兵二百万人，配有海、空军，与中国合力，不难击溃日军。彼闻此后甚为快慰，因彼在日当公使数年，深知日军力量不少，非有相当力量，不易将其击退。至日本素视苏联为其大敌，彼亦迭次向莫洛托夫部

---

① Ivan Mikhailovich Maisky.

② Athanase G. Politis.

长言之，渠个人意见以为，苟不全靠苏联力量以击溃日本，则苏无以此为要挟之具，则苏将来加入攻日更有可能云云。

五时半，瑞典公使 P. V. G. Assarson 偕其新到一等秘书海格勒夫 I. Hägglöf 来访。瑞使言彼昨见佐藤面色甚坏，似有病容，对于轴心前途甚表忧虑，但云苏联及中国当亦不愿英、美力量在远东过强，留日以制之，故日仍可有运用之余地云云。谢振叔公使①托海秘书带纪念小刀一张，甚为精致。

八月

八月一日（旧癸未年七月初一，星期日）

今日稍暇，函母亲、秉坤、琼芳、锦培、保樵、卓贤、燕芳及渊如。

八月二日

伦敦广播，林主席昨日逝世，中央开特别会议，推蒋委员长继任。此次似属实在，但经前次之错误，余不得不特别小心，俟部正式电报，始举行丧礼。此间领袖大使阿富汗 Ahmed Khan 以电话询余，余以实情告之。渠谓余接电报时，请即通知他，他当转知各使馆下半旗云云。各使馆多有送片来唁者。澳洲代办②下午亲到，并带其全馆馆员名片。渠新从莫斯科返，卡尔语彼谓佐藤赴莫，确系为日扣苏船事，结果日本将船释放，苏方亦命令船主不能将日本消息告知美方。又佐藤向莫洛托夫提议，日苏关系可作一总检讨。但莫即答称，日苏关系现在甚好，无检讨之必要，以为拒绝，故佐藤甚为失意云云。至莫斯科最近成立之德意志解放委员会，渠意二成系对付德方之组织苏联解放委员会，五成系觉德内部动摇，政治上可

---

① 中华民国驻瑞典全权公使谢维麟。
② Keith Officer.

有重大作用，三成系向英、美表示德事，苏不能不过问。《消息报》发表反对东欧联邦文章，系有助于英，盖可助于应付美国孤立及反苏派云云。余即电部报告卡尔大使所言，顺及昨日瑞典公使①所言。

今午陈参事往与李司长交涉欧亚公司飞机零件事，彼始承认已用去。

八月三日

今日下午始接部电通知，林主席于一日逝世。照前电政府决定办法，全体馆员一个月内须带黑领带及黑纱外，停止一切公私应酬。并谓中央定本月七日举行追悼，盼各地亦同时举行，并于可能范围内通知友邦人士参加。但今日下午五时，苏联政府已派外交部洛次长亲到本馆，代表向我政府致唁。加拿大公使②、英代办③等又均已亲临，若再开会，请人再来，似不方便。故再三商量，仍依照此间向例，一方面通知各使团，并定于明日由十二时起至下午六时止，余及馆员在馆接见各国使员，俾其来签名于特备之薄【簿】上。

八月四日

今日上午十二时起至下午六时，接见各国大使及其馆员之来馆吊唁者。因已来之人不再通知，故来者亦不多。此次系吾国国丧，吾人应如何哀悼，乃昨日洛次长来吊唁，余送其出门时，竟闻馆内琴音铿铿，余甚难为情。即著人禁止，始悉系陈秘书岱础之夫人所为。岱础系林主席教养出来之人，尤不应尔。此种所谓新女性，新旧道德均阙乏，识数句外国语言，竟自以为了不起，而丈夫更不敢加以约束。无怪徐叔谟④前不愿偕其赴澳洲，谓怕其夫人不识大体，今果然矣。林主席有知，不应再怪叔谟矣。

---

① Vilhelm Assarson.

② Dana L. Wilgress.

③ Ponsonby Moore Crosthwaite.

④ 徐谟，字叔谟，中华民国驻澳大利亚公使。

八月六日

苏联军队于四日夺回 Orel，五日收复 Bielgorod，故昨晚莫斯科鸣炮庆祝，德军所谓夏季攻势完全失败，红军作战能力更显。

英军亦占领 Catania，美军亦占领 Munda，佳讯频来，无怪使团中咸抱乐观也。

八月七日

上午十一时，在馆开会，公祭林主席，遵照部电，仪式简单而严肃。同人家眷亦同参加，默哀、鞠躬、献花外，陈静尘参事已预备祭文，由勾秘书读，时间共只二十分钟。

瑞典公使①亲来见郭武官，谓于四日下午因病未能亲到吊唁，只派人送片，颇觉不安。现已稍痊，故特为解释，其情深可感。彼对中国甚佳，吾人每多托其探听消息，均能详确见告。渠又言昨往问佐藤病，佐藤表示：（一）苏联兵力之强，渠已迭次报告其政府，但红军此次作战成绩所表现其力量，则渠本人亦料不到，有此德军兵力尚强，渠个人以为为德军计，宜退守 Dnieper 河一带，并将在芬兰德军撤回，尚可保持阵地。（二）苏军此次胜利，系政治、军事组织良善之结果。渠并言日本政治、军事组织均不好，是以渠万分忧虑，深恐日本国内或生变化。渠且谓渠本人年已逾六旬，为生之日无多，不过极为其子孙后代忧耳。大约佐藤本人确不以日军阀举动为然者。（三）他本以为（大约日人多如此想）美国人士享受已惯，战争两年后即便厌恶战争，届时即可与美商量共分远东权利。但现在观察，则美方绝不能忘珍珠港之事件，故此事亦无希望。（四）义大利已无希望，崩溃只系时日问题。（五）中国幸有好领袖（以佐藤语此，瑞典公使亦深为奇异）。（六）与苏交涉异常困难，俄人绝不讲情义，只顾目前利害，苟无利益与之交换，彼必不睬。渠在此与洛次长谈判各事，洛丝毫不能作主，且其本人对日又有极不好之成见，故进行尤难。但幸渠尚有商业（大致系南洋

---

① Vilhelm Assarson.

树胶、锡等）及渔业可与苏联说价者，又有 Sakhalin 岛利益，亦可为谈判之助云云。

八月八日

昨日苏报发表极长之论文，对于英、美不开第二战场公开表示不满，并谓英、美所许莫洛托夫，谓今年无论如何开辟，正月间在 Casablanca 会议，又明白答应于九个月内开辟第二战场，现已到期。若以锡岛登陆言，则绝不能认为第二战场，盖所谓第二战场者，必须能牵引德军大部之力量，自东西移，最低限度亦须使德军调六十师，其他轴心军二十师（即三分之一或四分之一兵力），始能作为第二战场。德军现在锡岛作战不过两师，与在东线二百一十师比较，何足为第二战场。其辞意对英、美指为无信义，甚为明显。余深为我同盟国前途虑也。摘要报告外交部。

八月九日

宋部长在英广播中国抗战与反侵略共同之关系，及中国战后无扩大领土企图，只求发展我国之工业、农业，提高吾人生活程度云云。余电渠报告迁回莫斯科，并言及其广播。

下午七时接委员长致史太林先生贺红军最近在 Orel 及 Bielgorod 胜利电，即由勾秘书译成俄文，于晚上十一时赴苏外交部，连同中文原文面交洛次长。渠表示感谢，并谓即转斯太林先生。继与谈及战事，渠初次表示甚为乐观，谓德国军事崩溃，为期不远。

昨、今两日收拾行李，准备迁莫，甚忙。美国人谓"三迁等于一火"，殊确也。

八月十一日（旧七月十一，星期三）

上午十一时，率同全体馆员及眷属离古比雪夫，与加拿大、南斯拉夫，及澳洲使馆同车。苏联政府在车上招待尚佳，武官处之厨子欲私带一女子同行，被苏检查员查出，据供系送车未及赶下，是以检查员只令其下车便了。但该厨子向来胆大，为前武官处失火案尚未办，故著郭武官于迁居妥当，即将其开除。

下午，加拿大威公使①来房坐谈。渠亦以英、美、苏意见不同为忧，但渠谓闻蒋夫人到美，美政府人员对蒋夫人似有不满，或系蒋夫人言论间多表示不满意于美方援华之不足云云。余答此层余无所闻，据美报所载，则蒋夫人在美备受热烈之欢迎，威使云云殊为怪异也。

八月十二日

下午六时，车抵莫斯科，余即偕陈参事等到大使馆。一部分馆员仍须暂寓国民饭店，盖余已决定，以后大使馆职员办公地方须集中整洁，眷属一律迁出，另行租屋与之居住。公私事务须划分清楚，不可复如前之杂居一处，公私不分，男女小孩混在一起，殊不成体统也。各馆员亦深明此意，亦愿将家眷迁出（大致从前有因欲省钱，故退租一屋，以致如此不顾国家体面，殊可叹也）。

八月十五日

部电，谓美联社发表苏《战争与工人阶级》②杂志发表长文，首述中国抗战经过，复述中共军之功绩，极力攻击中国政府。对于第八、第四军之"压迫"，指系政府中主和及妥协派之所为，认为于中国抗战前途甚为妨碍。部著即将原文大致电部，同时在国内之反响已甚大。张部长道藩在接见记者席上已攻击该文及声明，中国政府已无主和及妥协之人，《大公报》等亦著论驳斥，但该苏杂志文内所言之中央军队已对第八、第四两路中共军采包围之势，究竟实情如何，余在此间一无所知。果尔，则余在此工作不无影响，但当公务员者，事顺固佳，不顺亦只能听之，自己只能竭智尽忠，做事无愧良心，功罪当不能计也。

---

① Dana L. Wilgress.

② *War and the Working Class.*

八月十六日

下午五时，往访卡尔大使，渠表示：（一）英苏关系不如外传之坏，数月来好坏虽有长【涨】落，但近来尚好。苏方死伤如是之众，对于第二战场久不开辟，当所不满。故最近如能在法登陆，或再有较大规模之军事行动，此种误会即可消灭。但如久不开辟第二战场，则前途确属可虑。（二）彼意第二战场不久便可开辟。（三）罗、邱最近会晤，系商太平洋对日问题，与第二战线【场】无关。（四）英在印已有军队二百万，应可开始对日。（五）苏联政府要人迭向其表示，对日仇恨，故无与日妥协之可能。（六）渠在中国时，曾迭与委座商讨世界大势，以为非英、美、中、苏四国竭诚合作，则以后世界和平不能维持。渠到此以后，亦向此努力，现仍觉极有希望，苏方亦渐明白，苟无希望，渠本人必不留此。（七）迈斯基之调外部系好意，因苏方亟需熟识英情之人。自由德国委员会，莫洛托夫告渠完全系宣传作用。（七）【（八）】以我分共似不适宜，谓新四军事件在英、美印象不佳。（八）【（九）】邵力子先生过于消极。（九）【（十）】深以我国经济问题为虑。

上午十二时，美使馆新任公使 Max Hamilton 来访。渠系二十年前余在广州时之旧相识，后返华府，任东方司副司长及司长等职。渠对苏尚佳，尚能操华语。

八月十七日

上午十二时，访晤美大使斯坦得利。据言：（一）美、苏关系尚佳，大约系因苏军最近胜利，斯太林先生较为欣慰，是以对于第二战场未曾开辟之表示，渠（斯大使）不怪其有此不满之表示，而反以其辞意和缓为怪。（二）斯太林已再赴前方。（三）苏方以为非致德军有重大之打击者，不能作为第二阵线，自系合理。惟英、美方面亦不能不顾虑稍有失败，影响前途匪鲜。渠本人虽无确实消息，但以为不久英、美将有较大之军事行动，如此项行动有所成就，则亦可稍慰苏方之不满。惟于明年春间尚不开辟第二战场，则美、苏前途不堪设想。（四）关于战后问题，罗、邱本迭次约与斯太林先生晤面商讨，但斯太林先生以军事紧张，未能离苏，但德军如再稍退，则此项会晤或可实现。（五）斯太林曾亲与言，于战德后愿意英、美、中、苏四国之合作，辞意诚恳。（六）此次迈斯基调外次及利瓦伊诺夫奉召返国，大致系准备研究战后方案。李氏返美使任否，则尚未有所闻，证以苏在粮食会议之态度，可证其战后欲与各国合作之意。（七）苏对日仍有顾虑，是以经 Alaska 交付苏联之飞机，美方要求载乘一外交官，苏方亦不敢答应。（八）苏方对日极为憎恶，斯太林先生曾亲向渠言，日绝不可靠，且多表示日系其敌，故对德战争结束后，日本【苏联】极有加入对日作战之可能云云。渠又询新疆及中共事，稍告之。

八月十九日

偕勾秘书同出洋服店缝衣数套。

部电通知，塔斯干总领事冯祖文调部，大致系因盛督办对其不满之关系，但以主事代理，确不适宜，故电保勾秘书升补。

八月二十日

此间《战争与工人阶级》杂志第六期登载论文，谓此次罗、邱会议，苏无参加必要，现在问题系在行动，而不在讨论。苟今年不开第二战场，则可使德国之失败再展期一次，英、美人士未受领土被占领之痛苦，或不感此问题之急切云云。语意对英、美不满，甚为明显。

委座电，谓据报敌外务省特派其顾问于七月六日自沪北上，取道伪满，经西伯利亚赴苏联活动，著查报。

八月二十二日

苏调其驻美大使利瓦伊诺夫返莫，派代办 Gromyko① 继任驻美大使。虽 Ad. Standley 谓苏需要李氏及迈斯基在莫研究战后及英、美问

①　Andrei Gromyko.

题，但苏此举，余仍疑系对英、美表示不满之举。

宋部长到加参加罗、邱会议，大约卡尔大使所言，此次会议系注重远东对日作战问题。盖自美国立场而言，则前此德力强盛，欧局险恶，暂为放弃远东，注全力于抗德，尚有可说。今则德力已弱，日本力量日强，尚不许美用其力量以对付此敌，且苏对日尚持"友谊"关系，将来美将其本身力量消耗于对德，德事结束，美须单独对日，苏坐视美日之战，袖手不理，美将何如。故美国此时要求同时对日，亦未始无理由。英介于二者之间，或有难言之隐。邱老先生确不易应付此困难局面也。

八月二十三日

今早苏军克复 Kharkov，故晚上莫斯科特放炮二百二十四响以庆祝。此种礼炮颇似我国之"烟火"，惟不及吾烟火之美观耳。

八月二十五日

下午访加拿大公使 Wilgress，彼云：（一）近两星期来，苏与英、美关系恶化，卡尔大使亦深为忧虑。（二）前此苏对美不满，对英尚好。近则对英亦不满。（三）苟苏以为英、美故意拖延，不开第二战场，只图德、苏互相消耗，自保力量，以为战后制人之用。则苏将迫不得已或于德军退出苏境即不追击，让其对英、美军作战，则战事将无期延长。（四）就邱吉尔之著述观之，邱氏曾迭次批评前次大战在法境用兵过多。若稍拖长在德国其他方面进攻德势后，德力已弱，然后在法大攻，则人力之消耗必将减少。以邱氏此种论调观之，则邱氏似有赞成不在法西岸登陆，而注力于巴尔干，如此则苏必不满意。（五）美外部反苏及脑太旧之人太多，即英外部亦如是。（六）渠本人力主不必怀疑苏联，应与推诚合作，但对迩来情势转变颇觉忧虑云云。

八月二十六日

罗、邱共同宣言及罗总统在加拿大国会演说，均声言此次会议系注重远东对日作战，及如何加紧援华。

八月二十七日

下午访瑞典公使①。据言：（一）佐藤近仍现不愉快之色，美国让与苏联之船只近来益多，日方海军对之施以检查，此种检查，英国海军向来对中立国均加以施行，中立国虽有抗议，均属无效，故日本此种检查举动殊非创例。而苏方对日抗议甚力，佐藤颇不易应付。前日佐藤见莫外长亦系因此事件，佐藤似感不快。（二）日本向从瑞典购买机器用之钢球 ball bearing，战事发生后，苏联便禁止通运过境，日方迭与交涉，苏方仍未答应。但苏方欲向日购取树胶及锡，亦未有结果。（三）渠（瑞使）与英、美大使谈话所得之印象，觉苏与英、美关系前途可虑。美使更以为苏方不谅解美国情形，对美冷淡，不热心与美合作。苏方则据接近苏联之捷克大使言，对于英、美迭次爽约，不开第二战场，万分不满。盖英、美本答应莫洛托夫于去年开辟后，邱吉尔自来说明须稍展期。罗、邱在北非会晤后，答应于九个月后开辟，今又失约。难怪苏方不满云云。（四）瑞典驻德武官报告，德国方面虽不若从前之具有必胜信念，现多已谈和平，但仍信其自己力量足以固守有余。是以对其政府尚有拥护之心，内部尚不致发生政变，英、美之轰炸绝未能使德人畏惧，反增长德人对英仇恨之情绪。至其工业区机器等，均可大部迁移，生产能力未受极大之影响。德学者仍极努力于战械之新发明，粮食亦不阙乏，德人自信可支持两年。（五）芬兰内部已极端厌战，但其领袖尚未能断然求和。卡尔大使以为再迟，恐苏联不允，深为芬兰惋惜云云。

八月二十八日

上午偕陈参事、郭武官同至文化公园，参观此次对德抗战胜利品。种类太多，只能稍览大炮、弹克车、机关枪及飞机四部分，苏政府派其主任及一英文翻译详为解释。迩来武器发明殊令人惊异，所谓"老虎"式之弹克车（六十吨），及七十吨之弹克车尤为猛烈，但仍为苏联武器打倒，将全国如此有用之精神物力用诸于杀人之具，

---

① Vilhelm Assarson.

希特拉等人真不知是何居心。而发明及制造此种武器之人，终日劳心劳力于犯罪之工具而不自觉，孟子所谓执业不可不慎信乎。

我国亦承认自由法国委员会，所附条件与英国大致相同，此种附件于我国更为需要，盖以越南与我关系之故也。

八月二十九日

英方广播之军事评论家言，巴尔干冬季不宜于作战，故在该地开辟战场，今年已将过迟。想系英方因苏要求英、美在法登陆始算，不能以派兵攻巴尔干为敷衍，故不得不作此表示欤。

八月三十日

丹麦海军自行沉没，有小数逃驶瑞典。德将丹皇及丹政府人扣留，因苟安而投降之苦，不若牺牲抵抗之为愈也。连日德对瑞典攻击甚力，而苏报今日又发表对瑞不满之新闻，直指瑞典或与德订有密约，许德人及物资过境。小国介于两大之间，真难应付。在此讲力不讲理之世界，岂真"弱小便系罪恶欤"。

苏联收复南路要城 Taganrog，此间鸣炮庆祝。

八月三十一日

晚上，邱首相在加拿大广播，大致言第二战场须开辟，但何时何地不能预言，只希望不久。至与斯太林会晤，彼亦愿意，但斯须指挥作战，未能相晤，希望三国代表先行接洽。全篇均似系对苏联而言。

晚上，苏外长莫洛托夫请茶会，余因国丧服未满，不能往。

九月

九月一日（旧癸未年八月初二，星期三）

今早英广播，似全系对苏之答覆，大致如下：

（一）邱首相昨日演说，系完全对于欧洲政治而发，盖有人言：

（a）苏或可与德单独言和，此系对苏侮辱且不可信。（b）有人批评未与斯太林会商，故邱氏不能不解释。实则邱氏亦甚欲与斯氏会商，其未克实现者，系英、美、苏三国之外交机构均不健全，以致如此。就英国而论，外部本久宜改组以适应战时之需要，乃因种种政治关系而未实行耳。此种外交技术上不妥之处虽多，但政府大政方针固未尝稍变。至第二战场之开辟，邱氏曾有宣言，应完全以军事利便为主，不宜因政治关系而浪费人力、物力，此种政策吾人极端赞同云云。又言谣传美方要人过于支持反动政府，对苏反对，亦系绝无其事。至于所谓苏联军队死伤较英为多，土地被占亦较英为多，故功绩较大。则此次战争绝不能如此计算，英方土地亦何尝不被日本占领，死伤虽不如苏之大，但北菲战争轴心死伤被掳亦逾五十万。锡岛之战，轴心军队亦使用四十万，且轰炸德国本部，每次所投炸弹之效力亦较某一军团所施敌人之打击为甚。在此科学战争当中，不能单以人口土地计算云云。余听全篇广播，均系对苏种种批评逐条答覆。苏联新近对于英、美似太不留余地，致英、美有此强硬之答覆。苏联现既仍须与英、美合作，稍不如意，便不留余地，结果仍不能不合作，感情又伤，殊属无谓。余尝读《左传》、《国策》等书，觉一国之领袖能胜而不骄，始能成功，而世界领袖似明此理者不多，深为惋惜也。

晚上美大使 Admiral Standley 请 Cocktail Party。据言，彼本拟返国一行，但新近环境似不许可。渠又言，闻伪满边境昨日、苏军冲突，苏死伤数百人，海参威戒严，询余有无所闻，余答尚无报告。渠又言，艾登[1]或不来苏。

九月二日

瑞典阿公使著郭武官转余：（一）渠昨由其秘书宴日参事，探知加藤未有来苏。（二）今日彼晤佐藤，据言：日驻德大使报告，德于本年十一月以前退至 Dnieper River 一带固守，苏联力量

---

[1] 英国外相 Anthony Eden。

之强大，虽出日、德估计之外，但苏联近来损失亦甚重，将来无力将德击退出苏境，故本年冬英、美第二战场不开辟，则德可以退出苏境及波兰一部为条件与苏单独媾和。佐藤又云，在 Quebec 罗、邱会议，罗欲逼英在远东作战，惟英仍注重欧洲，故对日作战，不过系英暂时敷衍美国之手段，日军不甚以为意云云。即电覆委座。

唐盛稿【镐】返，带来哈密瓜两个。

九月三日

英、美军在意大利本部登陆，义军无甚抵抗。

九月五日

首次偕陈参事、郭武官、陈秘书夫妇、胡随员、Mr. & Mrs. Varshek，Miss Varshek，Miss Lui and the Zoya sisters 赴郊外，美使馆人员往该处者不少。该地树林风景幽胜，不亚英伦乡间也。

九月六日

下午一时，往访对外交文化协会主席 Keminov，渠为苏联著名历史专家。渠偶谈及新疆当局迩来数月间对苏极不友谊，对于苏联书籍即无关重要之科学书籍，亦一律没收，中苏文化协会亦不许活动云云。余即电部及均默酌量改善。

今日十一中全会在渝开幕，亮翁已不充政治组召集人，渠身体想确不佳也。

九月八日

七时四十五分，英广播地中海区联军司令 Eisenhower[1] 于今午与义大利签订停战协定，未附任何条件。八时，墨西哥大使[2]请宴，苏

---

① Dwight D. Eisenhower.

② Luis Quintanvilla.

外次利瓦伊诺夫亦在座，似未得此消息。李次长任外长时，余曾与
晤面，彼询及宋部长、孔院长及孙院长。

九月九日

下午瑞典公使①来访，渠言佐藤尚抱病，并言据得消息，日本少
壮军人对于日现政府不满，以为不助德国政策为不智。彼又谈及苏、
瑞关系。

七时希腊大使②来访。

九月十日

澳洲代办 Officer 请晚宴，卡尔大使、Hamilton & Harold King
在座。

九月十一日

Hamilton 请午膳，Ad. Standley 已取消其赴西比利亚之行。饭后
看电影。

胡委员今早晤对外贸易部代理司长，据言，卡车自印度不待各
问题之解决即便开来，似有意欲造成事实。又提出货价种种之问题，
似有意拖延。同时英使馆亦转来莫洛托夫外长致卡尔大使关于此事
覆函，谓与中国政府尚未获得同意，故不能接受卡车云云。如此变
化甚为怪异，卡车之来两月前已通知彼方，而彼方绝未提及不能接
收所商各问题，亦并未有提到须先解决，然后始能开运。且如货价
种种问题，彼今日始行提出。由此证之，苏方对此绝无诚意，当初
答应系欲英辟此新路，以增加运苏物资。迩来彼对日关系，恐开运
发生影响，而对英又因第二战场多所不满，国内情形又未悉如何。
凡此种种，均足影响其对此事之态度。

---

① Vilhelm Assarson.
② Athanase G. Politis.

九月十二日

上午往访卡尔大使，与商假道运输问题。渠亦以为政治上对此或有影响，但主张余晤米高扬部长。余不能不将实情报部。

晚上在馆与同人聚餐甚欢。

九月十四日

下午四时，访外次干尼触 Alexander Korneichuk，渠为苏联名作家，最近所著《前线》Front 极受民众欢迎，人亦甚温雅。渠言革命时彼尚年少在乡，见军官中有中国人充连长，乘白马作指挥，对白党作战异常英雄，故渠所得之印象，至今如在目前。该连中某华人曾赠以中文信一纸以留纪念，不幸此次家园被德占领，恐此纪念品亦已无存。又言彼曾睹梅兰芳演剧，对于其手及面部表情尤为佩服。余与谈中苏亲善，彼甚表同情，惟未敢多言。彼告余于每次大战后，彼均亲到前线，在斯太林格刺亲见某点有德坦克车四百辆狼籍各处，另有苏联坦克车一辆直穿过敌人坦克阵，走至敌指挥壕上，危然矗立其上，敌之指挥壕内之人均被压死车下，而该车官兵亦均节。① 睹此令人回想该车英勇壮士，殊令人钦佩，故渠已著随从副官转知当地司令，不可将该车移动，以存真象。而来者又告余一笑话，谓当苏军占领一小壕时，获得一手风琴，暇时玩奏。德军在对壕者摘一条子来谓，欲交换回该风琴，询以何物交换，则谓可以二十名罗马尼亚人。余询其德军在尼普尔河西岸是否可以固守，渠言西岸虽较高，但苏军地形熟识，渡河不难，且德军后方到处均有苏联游击队，故渠以为未必能守。

接部电，十一中全会通过修正国府组织法，并推委座为国府主席。

今日为中秋节，又系委座被选为国府主席，故晚上同人在馆茶会。

昨日英广播美国务卿赫尔②广播美国战后政策六点，甚佳。

德广播飞机救墨索连尼之经过。

---

① 原文如此。

② Cordell Hull.

九月十五日

宋外长在美发表谈话，谓日人迭向我提出和平条件，最近所提尤宽，但我当然不理。

自美大使馆借来 *Times Weekly Edition*，July 5th issue 载："Last June Churchill told Stalin in writing that 'while we were preparing to make a landing in 1942, we could not promise to do so.' In Moscow Amb. Standley suggested that the U. S. & Br. would appreciate same assurance from the U. S. S. R. that the war time cooperation now working to defeat Hitler will continue until Japan is defeated."

九月十八日

赴美大使馆看电影。美使斯坦利密告，渠于明早乘专机返美，商量罗、邱与史太林会晤事。余询其返任与否，渠言须返美后始能决定，语气似有不返之意。余将假道运输最近变化之情况告之，并请其见宋部长时转告。渠人甚和蔼可亲，对华极好，惜苏联应付不善，使渠对苏异常失望，深为可惜。

上午，与胡随员同往参观美术展览会，作品甚佳。

九月十九日

与陈参事等赴马场观赛马车，观众殊不多，又乏热情。

九月二十日

上午，阿富汗大使阿密亲王 Sultan Ahmed Khan 来访，畅谈中阿风俗相同甚多，尤以重"孝"。渠言数年前其母死，渠本有款项甚多存其母处，母死，其父将该款动用若干，函知于渠，并询余款应如何支配。渠接函后，不觉两泪交流，觉父亲使用子女之款项何须询问，即函责其父不应以如此不肖待其儿子，盖身体发肤均受之父母，何能谈及钱财，此种观念与中国以孝治天下完全相同。渠对交换使节异常热心，请余函渠，渠即可向阿政府极力主张。

下午英大使馆新任公使衔参事巴尔科 Balfour 来访，渠系由葡调来，谓与李锦纶兄极友善。

九月廿一日

瑞典公使①请午宴，其一等秘书□□□伯爵之夫人云，渠每日自行赴店购买粮食，须费两小时。以年青富有之伯爵夫人，每日在街上排班守候一、二小时买菜，殊为难得，然亦足见此间战时生活须吃之苦。苏联对于外交官客情未免稍薄，与我国待客须优于己之习惯相差过远矣。

今日英邱首相在议会报告（昨由美返）派 Mountbatten② 为亚南联合指挥对日作战之经过，谓委座亦表示欢迎。渠又详述义大利事件经过，谓 Badoglio 及义皇早派代表接洽。联军本拟占领罗马，惟因罗马机场忽被德军占领，故未能实行。又云北菲战事并非算第二战场，不过系其准备。至于第二战场，则完全视军事计划如何，始能实现。彼绝不能牺牲军事，迁就政治云云。语气仍系不能即辟第二战场，苏联对此想未必满意也。

晚上重庆广播，谓西班牙方面得自德国消息，德军拟退至波兰边境。

九月廿二日

上午，加拿大威使来谈，彼对英苏关系觉异常忧虑，谓近三星期来更坏，且英、美舆论对苏亦渐趋不好。德国苟将军队撤出苏联境外，则苏有不尽力攻德之可能，则德用全力西向对付英、美，局面将与现时相反，战事前途不堪设想。至于第二战场事，卡尔大使告渠，莫洛托夫在美时，罗总统只言一九四二年准备第二战场，并未答应开辟北菲。罗、邱会议后，答应九个月后军事动作，亦系明言在义大利。故罗、邱并无失信，苏报云云英、美不便公开发表反

---

① Vilhelm Assarson.

② Lord Louis Mountbatten.

驳耳云云。威使对苏向表同情，故异常焦急，余亦深为忧虑也。

英政府公布 Hess① 飞英所带希特剌条件，足见希氏等专制魔王之心理，只知有己，不知有人，此种愚笨世间少有也。

九月廿三日

上午，荷兰大使 Baron Douglas② 来访，渠本由华调来，故相叙甚欢。

今日艾登外相在议会报告，承认与苏有不同之点。至外间批评英苏应更密切一层，则谓须双方努力，不能责诸一方云云。

晚上，听重庆广播，张道藩对沦陷区民众广播，提及中共不法行为，十一中全会决定设法劝其改过云云。大约国内对于中共问题，数月来想甚紧张，在此抗战中有此，殊为痛心。

九月二十五日

上午，美国名记者 Maurice Hindus 来访，渠言美国舆论对苏已渐表示不满，即渠代表之 *New York Tribune* 向持亲苏政策，亦变更论调，因苏联迩来种种表示，均足使美国人士怀疑，深为可惜云云。渠本人曾到中国，欲再往新疆，余允助之。

中午，回拜荷使。

下午，往美馆看电影。

晚上八时半，刘参事绍周抵莫，带来委座手书云："此次夏季攻势，苏俄大捷，实最为快慰之事。惟在此重要关头，盟国忽生意见，至为不幸。我国所望于苏者，惟在远东方面之政策能共同一致，彼如能开诚洽商，吾人除国家主权与领土以外，甚愿尽量容纳，然此非单方面事，且必待适当机缘，固不可以强求者，尚望随时注意，不失机宜……"由此可证委座对此间情形知之甚详，余之工作较易也。刘参事又报告：

---

① Rudolf Hess.

② Baron Casper van Breugal Douglas.

一、国共事确紧张，第三国际解散后，各方面均多主张解决中共者，尤以何部长及军人为然。

二、各方对于苏联多表示不信任。

三、委座左右多以为日、苏即发生冲突，委座询绍周兄意见，绍兄直答以未必，并详说理由。

四、苏对新省当局绝不合作，醴泉工作较易。

五、苏军在哈密约一千，但撤退不成问题，只产业价钱索二百七十万新币，已还至二百万，想不成问题。中央军亦抵哈，独山子及飞机制造厂亦完全撤退，产业价钱在商洽中，亦不难解决，其所留之人员亦只有数人矣。

六、委座本留渠为亚西司司长，后因其自己表示不愿，余亦迭电请著其返苏，故得返苏。

七、林主席病故初，委座不允兼任主席，众拟选亮翁。

八、孔院长对苏仍似怀疑，询绍周中共及外蒙事。

九、何敬之对苏亦极怀疑，大致系因中共事。

十、吴次长在部各事均不敢作主，名虽代部，实则较余在部时不若。

十一、闻蒋夫人在美时，最后在白宫住。将返国，罗斯福总统与言美国所望于中国者，系一民治国家，而中国似日趋于法斯士，殊令人失望云云。未知确否。

十二、英国对我态度亦不甚好。

十三、委座所著（实则系陶希圣起稿）《中国之命运》，引起英国之极大不满，亮翁翻译英文后，因印度禁止入口，故不出版。

十四、取缔与外人接触之办法，余在渝两年来极力阻止，而现已实行。

十五、胡次长在部，各事知悉，发言亦自由，但吴次长不与言者，亦绝不过问，故尚能相安。

十六、部内更动甚大，各人对云松①不佳。

带来信件甚多，云妹已安居独石桥，两女亦好，故深为喜慰。

---

① 梁龙，字云松。

九月廿六日

晚上，大戏院重开，苏联外交部请余与卡尔大使同一包厢，瑞典公使与佐藤同厢，渠甚不悦，即离院。戏名：Ivan Susanin（opera）music M. I. Glinka①，共分四幕，描写波苏战争史爱国男儿。本事大致谓当波兰占领莫斯科时，各地民众群起反抗，在某乡村有老渔翁，有一女及少子，女与一男子订婚，其夫婿不俟结婚完毕，即往当兵。波皇闻莫斯科民众反抗，带兵往平。在第二幕写波兰皇宫之奢侈及大臣丑态百出，跳舞则由苏联名角数人担任（O. V. Lepeshinskaya②及 A. M. Messerer③），尤为精采。波兵至该村将渔翁拘往引路，渔翁（Ivan Susanin）由唯一有名唱低音之 M. D. Mihailoff 饰，唱工确佳。其女 Antonida 则由名角 V. V. Barsoba（Soprano）饰。此幕别离所唱之曲哀感动人。其少子 Vana 亦由名唱高音之女角 B. A. Elatogoroba 反串，唱工亦好。渔翁知必死，遂密告儿女，著儿从军，自随波军故意导其入于森林迷途，不能往救莫斯科，致令波军全部失败。波军大怒，将其用火烧死。全部布景亦佳，尤以后幕苏军成功进莫斯科 Kremlin 宫之景为伟大。

美参事告余，斯坦利无意返苏任。苟彼不返，则美政府即将派人，盖不欲外间误会斯使不返（美国），系对利瓦伊诺夫之调任不满而采之报服【复】云云。

九月廿七日

部电谓，据顾大使电，艾登将同 Harriman④ 来莫，请余注意，即派绍周兄往晤英大使（新自国来，往访不露痕迹）。据言三外长会议地点苏主莫斯科，英主伦敦，美主北菲，尚未十分决定。如在莫举行，彼将随时与余接洽，将内容告余云云。

---

① Mikhail Glinka.
② Olga Lepeshinskaya.
③ Asaf Mikhailovich Messerer.
④ W. Averell Harriman.

九月廿八日

捷克使馆一等秘书言，捷总统贝尼斯①前已定期访苏，并准备与苏签订某种条约。但英政府认为签订此种条约，系违反英苏协定，故提出反对（大约系指在大战未结束前，各同盟国不单独互订政治条约，以免蹈前次大战中互订密约之覆辙）。是以贝氏已无期来苏云云。

今午刘参事晤李司长，语气中似对新省当局不满，并言中苏友谊须双方努力，不能责诸一方云云。对于艾登来苏，似已决定。

胡世杰晤对外贸易部代理司长，据言假道运输事未定者，系技术问题，如运价、回运新疆食宿费等，并谓不日可提出具体方案，语气又似非完全拒绝。但米高扬至今已两星期，尚未定期与余晤谈，则此事有两种可能：（一）以技术问题作拖延，（二）因委座最近演说，对中共不用武力，故稍变政策。总之，苏联对外政策一日千变，苟有变更，事无大小轻重，即随之而改变，故昨卡尔大使语余，在苏办事，思想方法种种，均须完全改变。以彼年逾半百之人，忽须作此根本之改变，殊觉困难，诚非虚言也。余不得不将贸易部所言电转外交部，米高扬未见亦为叙及。

吴醴泉电，哈密营房让价已商妥，新币贰百万，不日即可签约，苏联军队即可完全撤退。据绍周言，则独山子油矿、飞机制造厂机器均已全撤，留下人员亦不过数人，商量产业转让价格，不久亦可商妥，完全退出。故苏联对新疆态度可谓始终均友善也。余即覆醴泉，并将此间情形稍为告之。

绍周又谓，在途中与苏联人谈论，觉：（一）其人民对于日本认系敌人，对华甚好，尤以我抗战表示钦佩。（二）人民对英、美之援助甚表示感激，谓苟非英、美如此大量援助，战事结果殊不敢言。（三）有迪化飞机制造厂之高级工程师告渠，于年二月间，渠尚奉召返莫斯科计划扩充该厂，后完全取消，殊为可惜。据此，则余初来时，苏确有与我亲善合作之意，至六、七月间，始为变更，深为可惜也。

---

① Edward Beneš.

九月廿九日 （旧九月初一）

刘参事绍周言，在渝委座招待各国使节时，渠当翻译。蒋夫人提及由美返国后身体困乏，重庆天气太热，莫斯科较清凉，能往一游亦佳，即表示欲来苏之意。潘友新大使即答称（毫不犹豫），现在苏联作战期间，物资阙乏，食品短少，各种招待均不方便，战后如往，必当欢迎云云。观两人所谈，则似均有准备。蒋夫人欲来苏，而苏挡驾亦甚明显。在苏联目前对日关系，确不易请蒋夫人来也。绍周又言，亮翁甚为消极，对外交仍抱悲观，对国人自高心理，尤为国家前途虑。故对绍周言："吾人以为世界事最重要系在远东，远东最重要份子系中国，中国最重要系国民党，国民党内最重要系吾辈。"此种心理充满重庆，故彼非询问，自动绝不发表意见云云。孙院长亦持消极态度。绍周谓余向其请示，彼良久不语，末叹曰："能明了苏联之人，在此不多。"重庆情形可见一斑矣。又言 Edgar Snow 本系最亲苏者，此次在云南对苏攻击甚力。

九月三十日

部电关于假道运输之训令已到，著余向米高扬所谈与余所拟相同。今日小组会由绍周兄报告，中有渠在兰州遇美国派往西藏考察之军官两人，内有一人系托尔斯泰①之孙（已入美籍）。据云：（一）西藏英人力量已甚少，（二）藏领袖采闭关政策，（三）中国对之不宜用武力，（四）中国应多派贤明有术学者多往，及在边界多设学校，以逐渐教化藏人子弟，使其自己渐渐改革，又不能不使其看见有武力，是以如能派飞机至其上空稍为恐吓亦好。至藏人痛恶边省回人军官，有事切不可由该军官等转，例如马步芳等云云，甚可研究。

郭武官言，昨日美使馆参事请午饭，谈及昨日美国共产党领袖（大约 Foster②）在 New Jersey 广播，谓同盟国不宜要求苏联于战胜

① Lev Nicholayerich Tolstoy.
② William Z. Foster，美国共产党总书记。

德国后，共同对日作战，并不应要求假用苏根据地，以轰炸日本本部，均以为奇异，疑系苏方授意，更引起美国对苏之不良误会，殊为可惜。美军事代表团团长 Gen. Deane① 又告郭武官，谓迩来苏联将美拨苏之运输车，集中于中苏边境云云。

十月

十月一日（旧癸未年九月初三，星期五）

瑞典公使阿沙苏来访，谢余送渠小铜佛。渠言美大使斯坦利离莫前，与渠谈论间表示，对苏万分不满，谓彼初到时，满抱亲热诚意，但苏政府人员绝不顾别人情况，美亦系强大之国家，安能到处受苏联之命令指挥。苟苏联继续采取此种态度，则美国将对欧洲事件灰心，再不过问云云。

英、美军已占领 Naples。

十月五日

上午，英海军武官 Admiral Fisher 来访，渠言盟军未必向巴尔干方面登陆。

郭武官上午访自由法国加卢代表，据加言：（一）美国军队训练不足，北菲之战苟非英第八军及法军救援，则经被德击破。英军一般除第八军以外，均无战斗经验，故现已调第八军军官一部返英，在各军服务，故以大体言之，英、美军作战能力并不坚强，与德军久战之师作战，恐须吃亏。（二）现在英海峡天气恶劣，故在法登陆，恐非能办。（三）英、美已集中极大力量在地中海之东南，苟向巴尔干进，恐未尝不可，迟迟不进，恐有政治原因，或系因苏军进展太速，英、美军能攻进巴尔干时，红军早到，且苏亦不愿英、美军在此进攻，（四）自由法国委员会本系英、美主张组织者，

---

① Brig. Gen. John R. Deane.

渠向苏政府提出时，Vyshinski 答覆谓苏政府赞成，并将予以承认，乃成立后，英、美之成【承】认反附有如此苛刻之条件，苏联反无故对英、美表示不满。（五）渠在北菲所遇之英、美要人，均询其是否苏军不欲在北路打击德军（不向柏林前进），而向巴尔干进兵，足见英、美人士对苏疑忌之情甚重。以自由法国之立场与中国相同，极希望英、美、苏之推诚合作。所见所闻如此，甚为忧虑云云。

下午三时半，偕刘参事绍周及胡专员世杰往对外贸易部访米科扬部长，商假道运输事。余先提及经过，及胡委员与贸易部司长所商洽各实际问题，声明迟延责任所在，并询以是否此项问题解决后，即可开始运输。渠言责任虽不全在华方，而华方亦不能不负一部之责。但现不宜研究责任问题，总之双方未曾商妥，自不能接受车辆，且在最近之过去环境不宜于实行。实际问题渠今日亦不能作具体之答覆，且各实际问题纵完全解决，亦须相当之时间以作准备。余谓现既须商实际问题，商妥后又须准备，为时太长，请其著主管人员即办，并约定相当之时间。渠谓准备之期间，彼亦不敢决定。余谓我方早作种种之准备，故亦甚欲知准备期间约需多久，盖若再需一年之久始能准备，则我方甚感困难。渠答准备期间确不能答覆，须由专门人员研究决定云云。综观谈论情形，则余前此之观察绝未错误。苏方对开路绝无诚意，现只欲用技术问题以作拖延。即向部报告，及报告宋部长。

晚上在使馆宴卡尔大使，Baron Douglas，Minister Assarson，Hamilton，Balfour，Gen. Steffen。用中餐，彼等均甚满意。将与米部长谈话情形稍告卡尔大使。

十月六日

郭武官言，迩来南斯拉夫大使[1]忽变其亲苏态度，而为亲英。向

---

[1] Stanoje S. Simic.

不敢与英大使①接近，迩来频访英使，闻渠不久且有离此之说。南斯拉夫武官近来更主张英、美军由义进攻巴尔干，与从前之态度大异，大约系因英、美军有进攻巴尔干之可能，亦未可定也。

本期《战争与劳工阶级》杂志有文章两篇，可注意者：（一）批评美国□□□之主张战争须延长四年，始能将德、日同时击溃。文章大致谓战争延长，则或将引起各国国内政变，故为英、美计，亦不可使之延长。（二）谓捷克总统贝尼斯本拟来莫与苏订约，艾登阻之，谓英、苏约定在战事期间不单独与欧洲各国订约，是以贝氏中止来苏。查艾登于莫洛托夫访英时，曾有此提议，苏原则赞同，但迭请英方提出具体办法，英未提出，故不能目苏方为违约，且艾、莫谅解系英、苏彼此未同意不与第三国订约，并非完全不订，苟两方同意，亦未尝不可。末并表示欢迎贝氏来苏。即将两文摘要报部，苏与英、美间关系确堪忧虑也。

下午，与陈参事、胡随员同往参观三作家油画展览，无特殊佳作。

十月九日

宋部长抵 New Delhi，与 Lord Louis Mountbatten 商远东战场问题。部电张道藩调海外部，桂生另有任用。

函覆惠梅及 Margery Young，并函阶平、维城二兄。

十月十日

今日为国庆节，且为委座就国府主席之日，部令著举行简单之庆祝仪式，故先于下午四时举行庆祝委座就职之仪式，于五时至七时半招待外宾。菜由国民饭店准备，发出请帖二百五十人，但预备之菜系一百五十份，食品甚为丰富，外交团各人甚为惊异。卡尔大使谓足五百人之用，苏外交部洛次长偕其夫人同来，其夫人极其和蔼，闻系著名之工程师，现仍主管某电器工程站。外交团谦会余等初次见其参加，

---

① Sir Archibald Clark Kerr.

亦为难得。洛次长告余，卡里宁主席已有电委座致贺我国庆及委座就主席职，苏新任次长□□□亦到，其余贸易部次长、国防部次长□□□，及外交、贸易、国防各部人员，暨文化协会主席卡美诺夫等，苏联方面所到人员甚多，且多偕夫人。鲍罗庭亦到，使团则全体参加，自美访俄之美军需生产部长尼尔逊 Nelson① 适抵莫斯〔科〕，亦偕同美代办到馆，殊为难得。各使均言数年来未有之盛会，因在莫系不常有之机会，故有留而不去者，且要求跳舞，余亦不得不许。直至晚上十一时始尽欢而散。彼等对于使馆中国客厅之顾绣尤为赞赏，此种系著名粤绣及湘绣，前清皇帝送与沙皇时恐路上毁坏，故备有两套，一送沙皇后，其余一套留馆，工作极为细致，颜色尤为鲜艳可爱。近来在莫斯科请宴，第一困难系准备食品，第二系得人来参加，第三始系主人能招待客人使其尽欢。吾国前辈外交家善于招待客人，使上下均感满意者，以唐少川先生为最有名。余少时对于渠每次请客均万分注意，其招呼各人之方法，主客约费多少之时间，其余客人如何，均极有斟酌，无一人不满意者，窃欲学之而未能。今晚大约宾主亦颇尽欢，余万分满意矣。

今日委座对外广播，甚佳。

十月十二日

罗斯福总统向国会提出修改限制华人入境及入美籍不平等待遇之法案，甚佳。

宋部长已返渝。

十月十三日

美使馆派秘书 Perkins 送罗斯福总统提案原文，并告知国务卿赫尔已在来莫途中。

十月十四日

义大利向德宣战，英、美、苏承认 Badoglio 政府为共同作战团

---

① Donald M. Nelson.

体，义政府宣言战事结束，将由人民选出民治政府。

瑞典阿沙逊公使请郭武官告余：（一）佐藤往访阿使，首次对德表示悲观，谓前虽估计苏联力量雄厚，但不料其如是之大，虽知德军之退，但不料其须退出 Dnieper 河以外。前据日军事专家之估计，则德可保存力量，固守 Dnieper 河西岸，但现似不能守，故军人观察殊不可靠云云。（二）佐藤所得驻柏林日使馆消息，此次德军东线之退却，完全系德国军部之要求，此点与瑞典驻德武官之报告完全相同。（三）佐藤又言，英、美飞机轰炸德国，影响甚大，使德军无斗志。（四）瑞典方面消息，美机轰炸罗马尼亚油田，使德油料失去百分之二十五。（五）佐藤对于苏联表示万分不满，尤以对洛次长为甚，谓苏联事无大小均不能与商，例如有苏籍记者无护照进满洲境，佐藤与交涉，苏方亦不答覆，故佐藤本人自觉留此无用，不久或将离苏返国未定云云。

十月十五日①

下午六时半，美大使馆茶会，招待美军事工业生产部长 Donald M. Nelson，余往参加，但早退，因晚上余在馆宴请比国大使、法国公使、加拿大公使、澳洲代办，及英商务秘书 Joy。余系用中餐，各客均甚满意。

十月十五日

阿富汗国庆节，阿大使②于下午六时至八时在使馆招待，与 Donald Nelson 谈三外长会议及苏联态度。渠询余意见，余谓苏不愿讨论苏波边界及波罗的海三国事，系当然之事。彼亦同意，且以波兰政府态度错误。至关于第二战场事，渠谓以渠所知，会议议程艾登在伦敦经与迈斯基商妥，苏方又何必今日在报上发表要求开辟第二战场之文章。余答无论如何第二战场系苏方最希望之事，不断发表要求，自

---

① 疑为 10 月 14 日记事。
② Sultan Ahmed Khan.

系人情，不足为怪。彼末言未离莫前，甚欲来访余畅谈，余表示欢迎。

胡随员报告土耳其大使 Mr. Khussein Rahib Baydur 今日已抵莫斯科，彼前在苏大使任时，曾与苏某女作家结婚。调往当驻义大利大使时，曾偕其夫人同往，后未悉何因，其夫人离义返苏，与另一苏联人结婚，已生一子。昨胡随员在莫斯科大学某教授处与之会晤，彼亦谓无难为情之处。至土使本人系土外交界最主亲苏者，此来当甚为有意味者也。与胡谈苏联情况甚久，彼能与苏联人往还，故对苏联事知之较详。

十月十六日

下午，往美使馆看电影。英卡尔大使言，艾登、赫尔不日可到，届时将约余与艾登晤谈。至议程则三国均有提出，尚未完全一致，但能得三人相聚商谈，交换意见，必有较好之效果云云。

十月十七日

与静尘、济邦及承庸同往□□□公园散步，适举行民众运动会，研究其民众化之运动，颇有趣也。

十月十八日

赫尔、艾登等于今日下午先后抵莫，苏外长莫洛托夫等往接。此次三外长会议性质重要，关系同盟前途甚巨，部亦迭电著探访消息，故余亦当发动全馆人员设法进行，由刘参事绍周往与各使馆及苏联方面接洽，郭武官与各国军事代表处及各武官接洽，胡随员济邦与各国记者联络。

晚上，宴美援华会主席 Carter、红十字会代表 Hubbell、农专家 Dr. Michael，及美馆秘书 Calder[①]。卡德言，苟英、美在法开辟第二战场，则自可要求苏方表示其对日态度，否则无从启齿。哈波留畅谈美

---

① 疑为 Patrick Calder。

国情形，谓美国政治自 Harding、Hoover① 等完全代表 Wall Street 之人执政后，美国一度经过最危险之时期，盖贫者愈贫，富者愈富。苟非罗斯福当选总统，彻底改革，则美国内部必发生革命。现危机虽过，但如威尔基②当选，美国必再走进极端私人资本主义，前途不堪设想。彼对苏联甚为明了，对我国尤佳，此种老先生力量不可轻视者也。

十月十九日

下午六时，往苏联电影委员会拜访其副主席 Andrevski，畅谈甚久，渠对中国电影亦有甚坦直之批评。观其新片《乌黑兰战祸》，完全系一写实之片，无甚情节，但足见德军之残暴及毁坏之大。导演□□□在答解时言，德军于本月八日已开始由 Kiev 撤退，但对于地方之焚毁为历史上所未曾有。苏军在附近所听闻炸毁声音之大，谓为从未所闻。该城居民只余十五万，德军选其年尚可操工作之男女约有半数，运往德及其他后方区域作苦工奴役，其余残弱之半数尽行杀灭，实在历史上未有之残酷云云。

十月二十日

上午十一时半，赴美大使馆访美国务卿赫尔，谈约半小时，彼态度甚为诚恳，并告余会议情况，余即返电委座。

刘参事晤捷克大使③，彼甚表乐观，以为就英、美本身打算，亦非即开辟第二战场不可，盖英、美初固不料德军撤退如是之速，苟苏军先入东欧，亦非英、美之愿，是以此次德军之速退，当可促成英、美于今年在西欧开辟第二战场云云。

郭武官今早晤加拿大武官，据言与英 Martel 中将④谈及会议情形，马言第二战场问题虽在会讨论，然亦仅为决定原则，将来详细计划当另派专家。据渠观察，或先在巴尔干有所动作。郭武官又接

---

① Warren G. Harding, Herbert Hoover.

② Wendell Willkie.

③ Zdenek Fierlinger.

④ 英国驻苏联军事代表团团长 Lieutenant-General Giffard LeQuesne Martel。

军令部电，将李副武官修业、徐副武官焕升均调部，另派邹□□为副武官。武官处正副武官不合作，实令使馆亦常发生困难，其间是非曲直，余自不便过问。是以余迭次告诫，余馆中同人对于武官处、商务处同人一体看待，有可予以便利之处，尽量予之，盖大使馆对于该两机构应以中国老大哥之态度对之，遇事予以指导，小事则吾人应尽量吃亏，万不可与计较。是以在大使馆内，吾人房子虽不足用，余亦另行提款另租房屋为同人住所，俾可予该两处以在馆之办公室有何开销，余亦绝不要其分摊分文。惟办公方面余则监督较严，每事须其直接向余报告，是以半年来相处尚好。中国机构最困难之工作系处理人事，即在外馆亦不能免。

十月二十一日

刘参事晤加拿大威使，据言昨日见艾登，见其会议后神气极佳，艾且告渠结果尚称满意。

刘参事又见苏外交部李司长，渠虽云会议情形未知，但表示异常乐观，足证苏方对此态度甚好。胡随员见法公使加卢，渠亦表示乐观。昨日会议由二时半起直达七时半，共四小时。英、美记者均允将稿同时送余一份。且英、美接见记者会向不允外籍记者参加，此次亦许胡随员以记者名义参加，殊足表现合作之诚意。大约余双十节请宴亦极有关系，盖外人对于此种场面感想极深，对汝一则发生尊重，一则发生感情，以后办事较易，外交酬酢不可不万分注意者也。

十月二十三日

上午十一时三刻访晤赫尔国务卿，渠将数日来会议情形详告，前途甚可乐观，余即报告委座。

余本定见赫先生亦守秘密，但美情报司长在接见美记者席上，已宣称赫先生已与余接谈两次，是以下午在美使馆看电影时，泰晤士报记者 Harold King 告余，谓各方均研究余与赫两次之会谈，余笑谓赫老先生德高望重，余特别向渠表示敬意，亦无不可，相与一笑而罢。

余对部因此亦不能不报告，但只能言访赫两次，悉会议情形甚佳，吴、胡两次长阅余电措辞，亦当明了余只能直接报告委座之苦衷也。

十月二十四日

卡尔大使请午宴，专为余与艾登外相晤谈之故，并约余稍为早到，余遂于一时先至，与艾外相谈约二十分钟。渠言赫尔已告渠，谓经将会议经过告余，渠并愿尽情相告，畅谈甚欢。有数点余提出者，彼亦详答，渠人亦坦直健谈，翩翩然一佳公子，无怪美记者谓其为莫斯科之"pin-up boy"也。即报告如下：委员长钧鉴：宋部长钧鉴：卡尔大使因职前已表示欲与艾登外相相见，特予今午邀请午餐，并于餐前介绍与艾登谈话。据言：（1）四强协定现已无大问题，俟通过时将由赫尔国务卿通知阁下。（2）第二战场之困难在英伦海峡不易渡过，从前英军从法、比撤退时，德军较目前在英之盟军为强，而不能追击者，则因海峡为之阻地。现盟军非有充分准备，未便在西欧登陆，因恐万一失败，则影响前途非浅。职问苏方对英、美此种解释是否满意。伊云尚满意。大约英、美将详细计划通知苏方后，尚能获得苏方谅解。（3）此次开会，苏方态度甚为诚恳，尤以莫洛托夫外长充分表现诚意合作之精神，故会务进行颇称顺利。职问会中尚待讨论之问题必多，将来是否不致发生阻碍困难。伊谓不致有何重大困难。（4）此会闭幕后，为英、美、苏三方接洽利便起见，拟成立一常川共同商洽之组织，此项组织或将仍设于伦敦。职傅秉常。敬。

补二十日电。委员长钧鉴：宋部长钧鉴：极密。顷晤赫尔国务卿，伊向职谈话，态度诚挚。据言：（一）苏联极注重第二战场问题，但英、美方面仅能将对此问题之计划通知苏方。（二）美方所注重者为四强合作问题，已拟有四强协定方案，并送呈委座核阅。伊此次来苏之主要目的，即系劝苏联加入该协定，并嘱我方切守秘密。（三）苏方亦极注重地中海及欧洲各政治委员会之组织，其真意如何，现尚未知，但美国态度向极明显，即欧洲各国将来应由人民选择其政府，不主有任何傀儡式之政府发现。（四）嘱职代候委座暨宋部长起居云云。职答上述各点当即转达委座暨宋部长。职又问据阁下看法，苏联对远东战事将取如何态度？伊云此事目前尚未谈到，稍迟亦拟向苏方提出等语。职表示以后会中有何进展，盼其随时告知，以便密呈委座暨宋部长。伊亦允诺，并约二、三日后再与晤谈。谨闻。职傅秉常。号。

按是日为首次晤谈，彼对苏联政策怀疑之处，似尚不少，详询余对苏意见，余极力劝其不宜怀疑苏联，并告以余个人与苏联交涉多年经验，觉苏方办事方法虽与英、美不同，致使办理外交人员甚为困难，但余深信（一）苏联人民系爱好和平之人民，其政府亦绝无侵略别国之野心，且亦知无此需要。盖自己已有如此之广大土地及资源，工业建设已有成效。余并稍告以苏联退出新疆经过，及史太林先生关于外蒙所告孙院长为证。（二）苟不与苏合作，则将来世界和平绝无维持之可能。彼甚动容，谓此种论调出自余口，渠深快慰，足使渠对于会议前途可抱极大希望。余又谢其对中国之好意，并言中国非加入此四强协定不可，力举对华、对美、对世界，将来中国均须加入此协定之理由，渠甚以为然，谓渠将尽所能。但结果如何，尚不敢言，盖或有主不宜加入中国者，其理由亦颇动听也。

补录二十三日电。委员长钧鉴：宋部长钧鉴：极密。二十日电计达钧览。今晨续晤赫尔国务卿，谈判情形如下：（一）伊密告四强协定方案前日已在会议中提出，苏联表示赞成，仅对某项条文拟稍加修改，但并非极关重要者。美方原主张实时通过，苏方主张略缓，俾可将拟修改之处再加研究。（二）伊又告苏联对于英、美在义大利之军事及政治计划极端注意，昨日会中完全讨论此事，苏方请英、美将此计划完全告知，英、美已照办。（三）职询苏方尊重英、美第二战场计划是否满意。伊答苏方颇满意，但尚有数点疑问，请英、美详告，英、美亦将予以满意之答覆。（四）伊末言英、美对于欧洲各国疆界问题不拟提出商讨，俟战事结束后再议。（五）职已与约定日内再与晤谈，伊切嘱我方对上述各节严守秘密。谨闻。职傅秉常。梗。

是日与赫尔先生谈话时，觉其对苏联之态度较前次为佳，谓莫洛托夫外长更表诚意合作，故渠对前途更为乐观。再询余意见，余仍力言苏可合作。

十月二十五日

下午，瑞典公使①来访，据言：（一）伊亦曾与艾登谈话，觉其对会议前途甚为乐观。（二）芬兰因今春错过机会，现不易得苏原谅，英、美亦不便替其向苏讲话，只能俟其本身觉悟，直接向苏求和矣。（三）据瑞典驻德大使报告，（1）军队对希特剌已甚不满，此次东欧撤退，系完全军部主张。（2）军部及人民对希已失信用，军部更有倒希，而以曼咸元帅代之运动，只以军事危急，而未实行。（3）同盟国空军轰炸德国各区，影响甚大。有一次大汉堡被轰炸，死一万六千人，而无家可归在街上露宿等候疏散者，竟达八十余万，故德人受此痛苦，对纳綷痛恨已达极点。希特剌、戈林②已不敢出外，宣传部长戈培尔③有一次赴被炸区慰问灾民，竟被民众数千包围，意欲用武，卒以市政府放假空袭警报，民众始散。是以从前瑞典军部以为轰炸不足以击溃德国，现得此报告后，已改变其原来观察云云。即报告委座及宋部长。

十月二十六日

下午七时，再晤赫尔国务卿，彼满面笑容，谓四强宣言草案顷已在会中通过，略有修正如下：

1. Art 1. Add "against their respective enemies" after "prosecuting the war."

2. Art 2. Delete the last phrase, viz "and to any occupation of enemy territory & of territory of other states held by that enemy-reason-may not be

---

① Vilhelm Assarson.

② Hermann Göring.

③ Joseph Paul Goebbels.

possible to carry out, as it may be necessary to occupy enemy territory in the process of war while to act together may not be practicable.

3. Use "Terms" instead of "requirements" in Art. 3 to give it a wider scope & use "the enemy" instead of "their present enemies."

4. Art 4. Instead of "of all nations" use "of all peace-loving states" & instead of "by all nations" use "by such states" -Reason-to exclude Germany, Japan & other such like aggressive states.

5. The last part of the sentence reads "a system of general security they will consult with one another & as occasion requires with other members of the United Nations with a view to joint action on behalf of the community of nations" instead of "of a general system of security they will consult & act jointly on behalf of the community of nations" reason-so as to avoid the fear of the small states that the 4 nations will decide in everything without this having a chance to participate on matters even relating to the M.

Art. 6, The whole article regarded as unnecessary & so deleted. It reads that: in connection with the foregoing purpose they will establish a technical commission to advise them on the military problem involved, including the composition & strength of the forces available in an emergency arising from a threat to the peace."

Naturally such a commission can easily be set up even without this article. On the other hand, if provision is made only for this commission the question of other commissions will come up & also the problem of the composition will also have to be discussed. So it is better to omit the art. now.

Art. 7, The wording of this article entirely changed to the following "That they will confer & cooperate with one another and with other members of the United Nations to bring about a practicable general agreement with respect to the regulation of armaments in the post war period." The original draft read, "That they will cooperate with each other in bringing about a practicable lightening of the burden of armaments for themselves & for the world"

reason same as Art. 5.

Art. 8. Now new Art. 6. The first phrase reads, "That after the termination of hostilities they will…" and delete the two words "and agreement" at end of article.

其修改之处均无甚重要，是以全体同意。但中国应否加入签字为最困难之问题，盖此次系三国会议，忽加入中国，于原来召集会议之意旨不符，故苏方极力主张仅由英、美、苏三国签字出名。彼极力争取加入中国，其间经过困难甚多。又有提出中国由何人代表签字者，故渠极力主张中国方面可由余代表签字，但须余即获得我政府授予全权。会议于本星期内即告结束，故余之全权苟于本星期五以前接到。中国不能于星期五或星期六签字，则彼亦无法再争，只能由三国出名，是以劝余即电重庆。又恐有误，劝余同时由华盛顿再转一电，彼亦电重庆美大使，著其即与我政府接洽。余返使馆，即照电委座及宋部长。

接委座电，谓余两电已收到，甚慰云云。

晚上，郭武官适在使馆宴 Admiral Duncan, Com. Allen 等，饭后准备电报种种，直至翌晨三时始睡，刘参事、陈参事及刘随员异常努力。

十月二十七日

下午，新任土耳其大使贝答 Baydur 来访，渠曾在苏多年，有亲苏名，人似诚实。

伊朗国庆，伊大使[①]在使馆接待。

八时半，莫洛托夫外长在红军礼堂招待看红军乐队各种音乐及跳舞表演。休息时，艾登外相告余，中国政府之全权如不能及时到此，则予人藉口反对中国加入，故劝余再电委座。渠谓渠亦极愿中国之加入者。卡尔大使亦甚焦急。余答即将再电。莫外长亦特别与余表示亲热，故前途尚可乐观。返馆后，即再电委座及宋部长。

---

① Madjid Ahy.

十月二十八日

上午，赫尔谓须于明日签字，全权非今日到不可。余计须明晚始来，故焦急万分，决定余负此责任，即分函三外长，谓余已接得签字全权。盖此事关系我国家前途及将来世界和平及合作如是之巨，虽属违法，亦当为委座所原谅，故即拟致三外长函及致电委座报告及自请处分。该电正在译时，忽接委座及宋部长电，授余全权。电文如下：

Ambassador Foo Ping-sheung. Chinese Embassy, Moscow. Please inform the Soviet American & British delegations that you are hereby appointed delegate plenipotentiary with full power to conclude & sign the Four Power declaration signed Chiang Chung Cheng, President of the National Government of China.

又电云：

The American, British & Soviet Ambassadors at Chungking have been requested to notify their respective ministers to the effect that you have been appointed delegate plenipotentiary with full power to conclude & sign the Four Powers Declaration. T. V. Soong.

委座又另电："宥电悉。中、英、美、苏四国宣言可即由该大使全权代表中国政府签字，除另由外交部电达外，特覆。中正。感。"

余等甚为欣慰，即通知赫尔先生，并约于明日早往访商各项手续。晚上准备致三外长函，至二时始睡。

十月二十九日

上午十一时，往访赫尔国务卿，示以余致三外长函，渠即与美大使哈利文及法律顾问 Green Hackworth 共商余全权字据。彼谓不欲引起莫洛托夫无谓之纷争，故须避免余参加会议之意思。是以主张修正如下："You are hereby appointed special plenipotentiary with full power to sign on behalf of China the Four Nation Declaration concluded at the Moscow Conference. " 至最末句时，余问加莫斯科会议方便否，赫尔先生答不要紧。余因自己既不在会参加，讨会①完全由渠主持，故字句宜完全由渠作主，俾渠觉系自己主张，在会上不得不完全负责，是以余对于修改辞句绝不表示争持也。修正函于下午均即发出。

十月三十日

上午接赫尔方面电话，谓签字事虽未商妥，但劝余于下午四时先到会场，在美代表处等候。余届时偕刘参事绍周先到美大使馆，由美参事 Hamilton 同到 Spirodonovka Palace 会场，赫尔先生招呼余在美代表处，谓或须久候未定。余在此等候期间颇觉难过，故告 Hamilton 确有神经战之感想，与一笑。由四时起候至六时，始由苏联副官来言会场签字礼节种种，布置已妥，请余前往。余即偕刘参事至所谓 White Marble Music Room 议场，见电影及照相各种准备均全。当余进会时，三外长即为起立欢迎，各代表亦即离会议圆桌，从新布置座位。莫外长坐主席位，赫尔国务卿坐于其右，艾登外相坐其左，余坐赫尔之右，伏洛希罗夫元帅及利瓦伊诺夫陪坐，美大使等立于坐后。签字时，莫外长先让赫尔，再让艾登，再让于余，余等当请其先签，彼遂先签。一共签有四份，一份系俄文，由俄方留存，三份英文，由英、美、中三方分存。签毕互相握手道贺，各表欣幸，情绪热烈。莫外长对余尤表好感，询余满意否，余答今日觉异常欣慰，彼遂再与余握手。又语刘参事云，阁下想亦欣慰，刘答然。斯时电影及照相者继续不停，莫外长告余，彼等尚须继续开会，故余即退席。此次幸获成功，除赫尔始终一力促成外，艾登亦极热诚赞助，莫洛托夫对我国态度亦极佳。苏联因德苏战事发生后，以环境关系，对我向避免接近，以免引起日方之反感，此次能同意邀余到会，共同签订此四国宣言，殊属难能可贵。我国自加入此次宣言后，已与英、美、苏三强平等，而居领导世界政治之地位，对

---

① 原文如此。

于击溃敌人及重建世界和平，均有莫大关系，不独为我国历史上最重要之文件，即世界和平史上亦一极大转变之文献。余得参加签名于此，实为一生最大荣幸之事，故于晚上在英大使馆招待宴会时，艾登外相笑询余："今午事如何？"余即答："为余生平最快乐之日。"彼言："不独君固应如此，我亦觉乐不可言。"其他使团之人听余两人谈话甚以为异，盖此次会议绝对秘密，内容无人知悉，即英、美记者今日发出之稿，亦只料有一三国宣言。中国之加入，为世界人士所料想不及。瑞典公使①及鲍罗庭询余何以如此欣悦，余告以今日为余最快乐之日，只于二、三日内彼等便可知悉，届时亦当向余道贺。彼等遂先与余握手致贺。

返馆后，即电详报告委座及宋部长。

十月三十一日

将会议情形稍为电告顾大使及魏大使②，又电吴、胡两次长，解释余此次因赫尔之切嘱，须直接报告委座及宋部长，以防露泄，是以未敢直接电部，此种苦衷请其及部中同人加以原谅。

十一月

十一月一日（旧癸未年十月初四，星期一）

上午十二时，访赫尔国务卿，谢其帮忙之盛意，盖苟不再访，人将疑余四国宣言成功后便不理人，于情理上不好，且亦可藉此再问其他消息也。谈话情形大致如下：（一）余表示谢意后，彼即谓渠向来对中国友善，日人曾迭次恳其勿过于干涉其在华行动，则日、美无事不可商量。即美国陆、海、空军方面亦极力阻止其开罪于日本，谓美方军事准备尚未完善，必吃大亏。彼之不与日妥协者，固

---

① Vilhelm Assarson.
② 中华民国驻美国大使魏道明。

为主持正义，亦系对华友善之所致，但凡此种种，蒋委员长未必尽为明了，或过听美方赴华人员之言，例如威尔基等等。是故委员长对于美国外交上进行之方法，多有未善，或派员与陆军部接洽，或派员与财政部长摩根索①接洽，或竟以整个中美外交与加里 Currie②等无关重要之人接洽，自然不能有所收效，辞意表示不满。余即答谓中国战争所受困苦甚大，过去需要友邦援助之切，不可言喻，故有以为可促进美方助我者，自当尽力进行，此亦环境迫成，我政府不得不已之苦衷，彼老先生深知人情世故，当为原谅。彼谓渠亦知中国处境困难，自当谅解。余谓此次四国宣言成功签字消息达到重庆，即委座诞辰，更使委座欣感。渠谓如此更佳，并请余代祝委座健康。（二）彼言此次四国宣言加入中国，已将中国地位提高，与英、美、苏同处于领导世界政治地位，于中国前途关系极大，希望中国自己知其责任之重大，更为努力。余答以委座极为明了，但余甚盼美国方面对华始终助成其为真正之大国，于战后尽力助其发展工业，提高其人民之生产能力、知识程度及生活水平。盖非如此，中国方面殊不足以履行其此次所担承之义务，而将来世界之和平亦属幻想，而无从实现。彼深以为然。（三）余问会中其他问题有困难否，彼答一切均获圆满之解决，至于第二战场问题，英、美自将详细计划及困难情形告知苏方后，虽不敢谓苏方已完全满意，但苏方态度甚好，绝未令英、美方面为难。（四）余问罗、邱、史三人会议已否决定，伊谓此次在莫斯科会议，各重要问题均获完满解决，且史太林作战甚忙，是以三人会议或将缓举行，俟史太林自行提议日期，但此层宜严守秘密，因对敌人方面有若干影响也。（五）伊又告余，渠已与史太林晤谈两次，后一次逾两句钟。史极注重世界之合作，表示极盼美国不再采取孤立政策，此意与吾辈见解完全相同，可为欣幸。伊又云史太林、莫洛托夫对中国均表示好意，绝未有只字批评中国，此可为君告慰。（六）余问其与史、莫等迭次商谈后，

① Henry Morgenthau.
② 罗斯福总统顾问 Lauchlin Currie。

觉苏联将来对日如何，伊答："余对阁下固有个人之好感，故将会议及种种情形虽不告余之助手者，亦已告阁下（且多道出余应告之范围）。但此事我已答应不告别人，故为个人道德信用计，亦不能告知阁下，请为原谅。"余即答以余甚为了解，并谢其善意。细察其语气之间，可知其经与史、莫等必曾详细讨论（因彼曾告余将提出此问题也），且必有相当结果，否则彼对与史两次谈话，绝不会表示如此高兴。但此系我个人观察，无可证明，且兹事体大，不欲稍有错误，致予委座以不确之消息，故此点于电致委座时特别删去。（七）伊又言此次四国宣言成立，英、美均将作广大宣传，其意似盼我国亦如此办理。

上午，路透社代表金氏 Harold King 来访，谓中国之加入宣言，诚为外间所不及料，特来与余道贺，并询余对此有何感想，并有谈话发表否。余答中国对此之感想应由委座及宋部长在渝发表，余不便在此发表任何谈话，请其原谅。彼亦满意。盖吾辈做事，只求于党国有利，良心上便觉莫大之安慰，自己居功，为道德上所不许，余素贱之，故余与刘、陈两参事、胡随员等谈此事成功后，吾人便应将其完全忘却，努力于其他应做之事，万不可稍存半点自恃有功之意思。且功愈大者，所受人之嫉妒愈多，故非加紧小心自谦，以避必受其祸也。

下午五时，艾登外相在英大使馆请茶，亦系余请往拜访之结果，盖余亦不欲其疑我有事成便忘人好处之意也。谈话大致如下：（一）余询卡尔大使，英、美、苏在伦敦设立顾问委员会内容。卡尔大使笑谓，此系艾登得意之作，应由其详告，余遂转请其详告。伊云义大利崩溃时，匆匆组织地中海委员会，后觉全欧政治亦须预早共商，始能免除误会。此种会商因彼与赫尔既不能常常到莫斯科，是以不能不成立一共商机构。余问只名为顾问委员会，与将来欧洲行政委员会关系如何。彼答彼希望将来欧洲行政委员会亦由此产生，故以彼语气观之，该会权限将甚广大。加拿大威使亦在座，提出加拿大加入问题。艾答所以限于三国家，系避免扩大至不能办事之程度耳。余问在地中海委员会战斗法国系占一席，此次改组为伦敦三国顾问委员会，无法国在内，是否将来法国尚有加入之可能，各事实际上与商否（余实借此探中国有加入之可能否矣）。艾笑言，与之商量与否，则视其自身举动端正与否矣"if they behave properly"。综观艾登所言，则该会将来对于欧洲事务权责异常重大，是以余即电委座令顾大使注意。余亦径电顾大使。（二）对于波兰问题，艾登答称彼曾稍为提及，但问题异常困难，波兰人多不自知其地位。威使言波政府改组，想有复交希望，艾言继任者恐不及现任之人。余谓波外长Romer①人似尚明白，艾言惜其无权。威使事后告余，艾登在将闭会时，曾提出波兰问题，但各方均不热心讨论，故彼亦不勉强。（三）余问何以会中单提奥国，艾登答系宣传作用。（四）余问经济问题似亦重要，会中有讨论否，艾登言美国原有意讨论此问题，并有提案，但会中咸以为时间未至，故先交由专家研究，不必此时在会讨论。（五）伊言此次会议成绩之佳，出乎其本人意料之外。（六）当余谢其帮忙时，彼谓莫洛托夫对中国极好，未闻其有半句批评中国之语，大约亦如赫尔之用意，不欲余等对苏有半点不满，亦系政治家应有之风度，实则余早已如此电委座及宋部长矣。

七时同人聚餐，八时已听各处广播莫京会议结果，余遂将签订四国宣言经过向馆中同人报告，并谓此事关系重要，事前不敢使同人知悉者，系为慎重起见，非不信同人，但吾辈做事只求其成功，于党国有利便应满足，不必自我成功，故苟非自己职务应知之事，则不知更好。同人对此也甚明白，异常高兴。

十一月二日

今日收听各方广播，英、美、苏、渝均极注重四国宣言，目为历史上最重要之事件。重庆方面并发表余所报告签订经过。余此次幸告成功，公私方面均最堪庆慰之事也。

下午往访洛次长，表示欲面谢莫外长此次在会帮忙之意，彼谓转达。至谈及四国宣言时，彼谓各国均自有击溃各个敌人之重责，

① 波兰外交部部长 Tadeusz Romer。

语气间表示对日作战现未能实时参加之苦衷，此亦自可原谅。彼询及在华作战缅甸方面军事情形，及日人利用波士①所组之印奸伪政府甚详。末言对德战事，不日当有再好消息见告云云。

十一月三日

新任驻苏美大使哈利门来访，谓赫尔、艾登今晨八时已离莫斯科，并带赫尔赠余之照片。赫老先生盛意可感也。哈使又言，美国舆论对四国宣言异常欢迎，并将所接电报抄送余阅。

接顾少川、金纯儒②电贺并有所询问，即答。

十一月四日

上午，回拜土耳其大使③，彼极注意第二战场何时开辟之问题，余只能直告以不知。渠谓最近之过去土、苏间确有误会，日来已冰释。又言中、土使节已升格，首任驻华大使为 Fued Bey。

下午四时半，访加拿大公使 Wilgress，畅谈会议情形。彼告余：（一）四国宣言草案于八月底业已接到，盖美政府对加拿大异常联络，加拿大所处之政治地位，诚如某美国政治家所言："星期一、二、三为大英帝国一分子，星期四、五、六系北美洲国家，星期日自由"。询余何时收到，余不便承认我政府未尝告余，故只能谓余事前亦有所知。吾人当中国外交家最辛苦之事，即政府对自己万事均不使知悉，而期望于吾辈者又异常之大。吾常谓当中国外交家必具孔子之道德、神仙之知识、幻术家之敏手，始能希望有所成就。（二）南斯拉夫政府与游击队现已合作，向来均系英与联络，此次艾登介绍同时与苏联络，苏方觉英如此合作，异常满意。苏方表示要求英、美军进攻巴尔干，亦出乎英、美意料之外，盖此亦足证明苏方对巴尔干未有政治企图也。（三）彼意苏联于击溃德国后，有共同对日之可能。

---

① Subash Chandra Bose.
② 中华民国驻荷兰大使金问泗。
③ Khussein Rahib Baydur.

十一月五日

上午十一时，回访美大使哈利门。彼询假道运输案经过，并请 Gen. S. T. Spaulding 共同讨论。余将经过详细告知，彼言 Gen. Spaulding 业经与苏对外贸易部副部长稍谈，彼亦拟向米高扬部长商请其早日开运，但请余作不知，以免苏方误会，余亦以为然。

下午五时三刻，瑞典阿公使来访。彼言赫尔请其晤谈，告以美对瑞典之友谊，至于芬兰问题，则颇抱悲观，谓芬兰对于美国表示同情芬兰之论调估量过高，致对苏不允妥协，甚至以为将来无论如何失败，亦有美国为其后盾，实则此系莫大之错误，盖无论如何，美绝不能因芬兰而影响其对苏关系也。阿使又言自由法国方面对会议甚表不满，盖彼方希望各国以强国待之，未免不自量。渠又言彼最愉快者，系赫尔国务卿语渠："中国大使系莫斯科中最好人之一。" "The Chinese Ambassador is one of the nicest men in Moscow." 云云。

晚上余在馆谯徐副武官焕升夫妇及李副武官修业夫妇，与彼等饯行，至十一时尽欢而散。

十一月六日

接委座电云："各电均悉，吾兄此次在苏对各国之洽商如此迅速圆满，殊为欣快。我国外交地位得由四国协定之签字而巩固，是即吾兄之成功，与党国历史同其悠久而远大矣。特此电祝。中正手启。支机渝。"同人睹此，均知委座对于余等办理此事深表满意，均极快慰，喜盈于色，纷纷再向余道贺者，余再勉同人益加努力，以报党国及委座之知遇。同人均极感奋。魏大使道明亦有电贺。

下午，赴美使馆看电影。

晚上，史太林在 Kremlin 宫开会报告军事状况时，提及与同盟国关系，措辞甚友好，绝无半点不满表示，与去年完全不同。即摘要报部。

十一月七日

上午，因苏联国庆节，天气又佳，故与陈参事、胡、钱两随员出外散步。街上无特别庆祝，只挂旗及标语。在国民饭店午餐。

晚上八时半，莫洛托夫外长在外宾招待所请宴，先以电话告知，如有礼服宜穿礼服，否则穿黑衣。余亦只能穿黑衣，苏方外交人员则均穿新制服。余偕全馆人员及眷属同往，先与莫外长等握手道贺后，不久便开始音乐会。节目甚佳，有：（1）提琴独奏 by Prof. Oistrakh①，（2）Baritone Solo by Ivanov②，（3）Two songs by Panova（Soprano），（4）Two songs by Spiller mezzo-sop，（5）Two songs by Reizin（bass），（6）Obraztsov 傀儡戏三套甚佳，（7）Piano solo by Safranovsky，（8）Songs by Kozlovsky（Tenor）。

音乐完毕后，即用茶点、饮酒庆祝，此次因莫斯科会议大功告成，故苏方人士欣悦之情更表热烈。佐藤情绪更觉可怜，莫外长等所在之室余本亦进，后见在室角莫外长与英、美两大使招呼，围立者甚众，相劝吃酒，佐藤及其武官、馆员等则在同室之一角站立，无人与交言者。余觉：（一）加入莫外长之处，则人或将疑余因此次四国宣言成功，故意表示我与英、美、苏三大国同等，不屑与其他接近，一改过去态度，似乎不好。（二）我怕吃酒。（三）不愿与日人同在一处，是以余另在一室。后莫外长来，远见余即大呼："傅秉常，我应敬汝一盅。"余本不能吃酒，欲以水代，彼不允，强余吃一大盅，并谓祝中苏亲善。各公使尤其日人，见此深为妒羡。李凡诺夫司长与余谈话特多，彼提及中共问题，谓苏联现在政策系完全欲中国成一强大国家，以抵抗日本，绝不会欲中国有何分裂，更不会帮助中共以反对蒋委员长，对于中国内政绝不干预云云。渠见同室有日本使馆馆员二人，及拖陈参事至彼等之旁，举杯高声祝中国打倒侵略者之敌人。又莫外长已醉，瑞典公使与言，彼即表示瑞典政府态度不好，阿使稍为解释，莫外长使高声言："苏联人无一对瑞典满意者。"阿使异常难堪，莫外长又与美海军副武官发生冲突，又莫外长出门时，有两日人同出，莫见拉山诺夫，即

---

① David Oistrakh.
② Andrii Ivanov.

问："汝从何来？"拉答："自中国返。"莫云："我亦自中国返，中国系我朋友，我亦要往中国。"特使日人闻之，苏联朝野对我国之好感可见一斑。胡随员事后报告：（一）得加诺索夫[1]次长频询余何在，并谓中苏应友好。提及新疆当局态度，表示惋惜。胡照寒操[2]来电向之解释。（二）干尼卓次长表示对中国甚好，且谓将来欲往华一游。卡尔大使事后告余，干次长是晚与其举杯恭祝共同打倒日本。

十一月八日

下午四时半，访卡尔大使，告以张总领事[3]电报告迩来在远东边界日军迭向苏守备军放枪情形，及苏方避免冲突之意。后与谈甚久，大致如下：（一）捷克欲与苏联订立互助条约事，在会议曾有讨论，已无妨碍。是以贝尼斯总统不日可到莫斯科签订此约。（二）波兰问题，艾登曾提出讨论，苏方亦表示不坏，但总之波兰政府不重新改组，将反苏派肃清，则无复交之可言。且现在之波军总司令□□□系著名反苏份子，当斯哥士基与史太林订立波苏协定时，彼即反对而辞去陆军部长职者。斯死后复任波总司令，安能使苏方满意。（三）波罗的海三国问题，无人提及，各人均觉不应提及。（四）关于土耳其问题，卡云依照英、法、土协定，则地中海苟发生战事，土有加入作战之义务。如加入作战，则英方对土以经济上之援助，法方以军械援助。当义大利加入轴心作战时，土方便应加入，但土方藉口法国崩溃，无法供给其军械为辞，英方亦未便强迫。之后英已能代法供给其军械。故土方不履行义务加入作战，不独苏方不满，即英方亦不谅解。是以在会议提出此问题，即全体一致对土不满。（五）关于苏日问题，渠谓以渠个人根据迭次与苏方要人谈话之结果，深信德苏战事结束，苏必可共同对日作战。（六）关于此次莫斯

---

① Vladimir Georiyevich Dekanozov.

② 疑为中国国民党宣传部部长梁寒操。

③ 疑为中华民国驻海参崴总领事张大田。

科会议第一日尚有未十分互相信赖之处，以后情形日佳，出乎意料之外。彼笑询余："以决议公布文如何？"余答甚佳。渠笑言："谢谢，盖系余起草者。"渠又告余，关于中国签字四国宣言事，有主张先由三国签发，中国以后加入。彼即发言，政治之效果完全不同，有谓恐中国大使未能如期接得中国政府所予之全权，赫尔先生即高声答曰："余可担保其必能如期获得"，全场均甚以为异。渠（卡尔）本人即欲与余密商即未接训令亦负责先签，但回想我亦必如此。但苟星期五晚我无消息，彼即与我言之。我笑答我亦决定如此做法，相与大笑。（七）缅甸战事彼无确实消息，只言印度已有相当准备，雨季一过，便可有举动。又言 Lord Louis Mountbatten 为其朋友，此次到重庆，闻结果甚佳。

今早余派刘参事往晤捷克大使①，请其于贝尼斯到莫时约与晤谈。捷大使忽询刘参事："中国所签秘密协定内容，可略告一二否？"刘答除宣言外，未闻有何其他协定。大约此间外交团疑余另签有共同对日之协定也。

今日在广播听希特剌昨晚在 Munich 演说，可知：（一）准备在东线最近作最后之决战，但绝无胜利之信念。（二）轰炸所受损失极②，故以恢复及对英报复以安慰民众。（三）谓国内摇动份子不多，即系承认其有，且可证甚多，否则其必不提及。总计全篇演说，均满布哀鸣之情绪，德内部必已开始动摇。苟苏军继续大胜，今年战事非无结束可能也。

又邱首相在伦敦市政府招待席上言，须准备于一九四四年作更大之牺牲，等于宣布明年开辟第二战场。

十一月十日

下午二时，苏外次利瓦伊诺夫请同盟国各使到外交部，将莫斯科会议内容除宣布者外，向之报告，俾可秘密报告其本国政府。彼

---

① Zdenek Fierlinger.
② 原文如此。

声明延迟原因系欲俟艾登、赫尔返抵本国，俾可同时报告。大致如下：（一）三方所提之议案共有十余起，均完全同意。讨论间有性质相同者，则合并讨论。（二）最重要之议案为如何缩短战期，讨论时有全体讨论者，有时只少数代表相商，因系军事秘密，自不能报告各位。但讨论此案时，对于有些中立国，例如土耳其，为缩短战期计，应否著其加入战争，亦曾有决定，请由艾登与土方接洽。（三）四国宣言为共同作战及战后共同合作维护和平之重要文件，此事三国完全一致，对于原提案只有些小不重要之修改。（四）三强对欧事合作，设立伦敦委员会，该会将研究对德国及其他将来被同盟击溃之敌国，所宜采取对付之办法等等。该会之组织将来亦有扩大之可能，至其职权虽大，但仍不妨【防】止三国间由普通外交途径之商酌。（五）义大利委员会职权较前地方【中】海委员会为大，盖不独可共同向地中海联军总司令有所建议，各代表并有权单独将意见报告其本国政府，由本国政府与各有关政府直接商洽。（六）三方尽情将义大利及巴尔干各项消息交换及商讨，苏联对于义大利之政治主张已由会完全采纳（即已公布之数项）。（七）至如何分化德国，使其弱小之问题，亦曾讨论，但莫洛托夫主张不宜于此时讨论，盖恐引起德方之反响，以为无希望，则抗【抵】抗愈强。故三外长交换意见后，完全一致将此问题交欧洲委员会研究。（八）对奥国独立之宣言，系深觉时机已至，应奖励及加强奥人反德之力量。（九）欧洲各小国联合或组成联邦 Federation or Confederation 应否奖励，亦曾讨论。莫洛托夫外长可将苏方意见完全公布如下：（a）战后各小国应完全独立及自主。（b）战后各小国始恢复其独立，内部不无许多困难，政府地位须相当时间始能隐【稳】固，人民亦需相当时间始能安定。（c）各小国与其邻国之关系，实时亦未易决定。（d）是故各大国不宜强迫小国即为联合，盖苟如此，于小国本身固属危险，即对欧洲之安全亦大有妨碍。（e）且此种联邦自须使各放弃其一部分之主权，此种放弃主权非由其人民自由决定不可。现在之流〔亡〕政府在伦敦者，或将来战事发展所至组织之政府（未完全安定前），自不能代表真正民意。（f）此种联合有使附庸于德国而侵略别人之国家，与被侵略之国因联合而处于平等地位，便可免除其战败应受之惩罚，亦不平允。（g）且有欲借此而建立妨【防】苏之 Cordon Sanitaire，苏方自然反对。基上种种理由，苏方以为讨论此问题之时期尚未届至。将来欧洲情势发展有此需要时，再行商量。英、美两方对此见解亦全同意，因对于此问题未有人提出具体方案，是以会议觉无特别作一否决此案之议决必要。（十）大国与小国各别另订同盟条约之问题亦曾讨论，盖前艾登曾与莫洛托夫提及非彼此同意不另订盟约，莫原则赞同，请艾提出具体方案，艾久未提出。后捷克向苏提议仿照英苏同盟，与苏订立捷苏同盟，苏捷间往返磋商议定约稿，但英政府仍根据艾、莫谈话而反对，但此次在会讨论后，艾登已代表英政府表示不再反对，故贝尼斯总统不日即可来莫斯科签订该约矣。（十一）关于波兰问题，莫洛托夫在会重伸【申】其对波兰欲其强大独立及与亲善之一贯政策。但现在伦敦之波兰政府态度如此，苏方无法可与亲善，此事亦可止于此耳。（十二）会中又约定，敌人无论向何方提出和平之建议，该方应即通知各方，共同商量。莫洛托夫又声明，非要求其无条件投降不止，全体亦同意。（十三）至于被敌占领将来解放之同盟国领土各问题，移交欧洲委员会讨论（比国大使[①]问包括领土问题否，李次长答不包括，只限于政治问题）。（十四）经济问题极为复杂，所关建设、粮食、运输、财政等，均非短时期在会所能决定，故议决仍由普通外交途径商洽。（十五）疆界问题并无讨论，亦无人提出。至苏联之疆界，自当由红军能自保卫也。余返馆即电部报告。

杨秘书树人今晚启程赴 Alma Ata（外交信差第二次），余寄苓妹之函及各衣物现始能带。

刘参事言，昨彼因其女在中学补习功课事，与女校长商谈时，女校长谓苏政府已通知该校，中国大使馆系友好机关，可与往还，故刘小姐请同学来往亦可，但不宜过多云云。足证苏方对余尚佳也。

---

① Robert van de Kerchove d'Hallebast.

十一月十一日

晚上，宴美大使哈利文、美军事代表团团长田中将 Gen. Maj - Gen. J. R. Deane, Brig. Gen. Sidney T. Spaulding, Brig. Gen. Hoyt S. Vandenberg (Air Gen.), Hamilton, Ch. Bohlen (As chief of Division of European Affairs) & Perkins。哈使言，彼深信德苏战事结束后，苏必加入对日作战。Gen. Deane 亦谓如此，故余以为赫尔与史太林谈话，对此必有相当结果。证诸卡尔大使所言，在会场亦有经提及之可能，故觉宜报告委座及宋部长。

十一月十二日

澳代办阿菲沙宴美大使①，邀余作陪。照外交礼节余应首座，但彼以电话约请时，言明系请美大使，故将其排在首席，余亦不能见怪，此亦请宴之新法也。阿代办谈及英国政治时，以为继任首相非艾登莫属，美哈使表示不以战斗法国人争权为然。

昨胡随员谈与一苏联医生之小孩谈话，颇有兴趣。缘美前大使斯坦得利见其门前之小公园常有小童聚玩，乃自带味咕力分赠各小孩以为乐。医生之两男孩亦受赠返家，胡随员询其美大使人如何，大者言："人甚老，不好看，我不爱他。"小者即以小棒击之曰："人好意赠汝糖果，汝尚说人不好，汝真坏人。"足见俄民族诚为一良善之民族。医生又有八岁女孩，胡询其苟美大使赠予糖果，彼将如何。彼即答："我不要。"问何以不要，答："彼将以为我苏联小孩均无糖果吃，便看我国不起。"胡言："这也未必，苟苏联驻美大使赠糖果与美国小孩，彼等亦将接受。"彼答："美国工人之生活亦较我国大使为优，彼等小孩必不受。"由此可证俄人爱国情绪及其自知自勉之教育普及。凡民族能自知其短，不甘居下流而能自勉者，必将兴起，苏联前途不可限量也。

十一月十三日

晚上宴土耳其大使 Baydur 秘多及其秘书当卑 Dambel、伯奇

---

① W. Averell Harriman.

Berkay、武官琉布 Zorlu、美记者当士 William Downs、雷尼 Madame Rene。刘参事言第一次欧战时，华工在俄约有六万人，由列宁格拉至万姆斯①之铁路即为华工所筑成。俄军失败及一九一七年革命后，有一部分华工无家可归，遂加入红军作战，为数约一万五、六千，大约多在乌黑兰一带，干尼触次长所言即系此辈。彼等作战异常英勇，故白党恨之尤深，是以白党军队每占一城，即下令尽杀华人、犹太人及拉非亚人。巴黎和会时，陆代表征祥曾托人带一密函与刘参事，请其向苏方设法将该华侨遣送返国，刘参事与托洛斯基②谈及时，托大怒谓："如君再谈此事，则余将目君为白党，将君逐出俄境"云云。故红军对此华侨加入其解放之战争所得良好之印象极深云云。

接云松转来秉坤电，谓母亲于八日发喘病，由司徒朝医，时轻时重，燕芳、秉彝曾到柳州，十妹、九嫂帮侍奉云云。深为忧念，晚上不能睡。

十一月十四日

徐焕升副武官偕其夫人及幼子，今早乘美国飞机赴伊朗，取道印度返国。

下午与刘参事赴外交商店购床包二张。

十一月十五日

昨日瑞典阿公使告郭武官，谓前日佐藤往访，言：（1）日军阀不听话，以致如此，深表可惜。（2）重庆最近会议，有军人主张与日言和，苟如此，则日本应予中国者当尽量予之。（3）日军在泰国已完成泰缅铁路线，由前莫至缅之罗口，足证日本知败求和之情绪矣。

下午美大使哈利文请茶与畅谈，渠亦深信苏联无领土之野心，彼对远东事极注意，询余对：（一）安南意见，余直告以法国殖民地

---

① Leningrad, Omsk.

② Leon Trotsky.

办理不善，对土人待遇尤苛，故余个人意见，安南应使其独立。彼询安南人有自治之能力与经验否，余谓余信其必有。（二）南洋一带意见，余谓英政府前所采之政策亦不甚开明，故希望英国友邦，尤其美国，善意劝告英国改变其政策，多以土人利益为前提，以管辖属地为义务，而非权利，渠深以为然。（三）对荷属意见，余谓与对南洋相同。（四）对高丽，余与言去岁关于承认朝鲜政府之经过，余言吾国实欲扶植其自立。彼询苏方对此有企图否，余谓想未必有领土之企图，但当然欲一友好之新朝鲜，且力量亦稍足以制日本者。（五）对香港，余谓此次战争经验，足证香港绝不能为一自固之军港，英国保持亦无甚用处。至于修理船只等，则中国自可与商，盖以后中、英、美、苏既联合以维护世界之和平，则军港之使用自可商量。例如美国将来亦须使用英军港不少，又经济上香港不能离中国以独立者，彼亦以为然。（六）关于战后中国建设所需及出产品，余尽所知以告，并言将来希望于美国甚多。渠亦谓愿尽力于此。

下午，胡来谈甚久。

十一月十七日

林主席国葬，在渝仪式简单，此间只通知苏联政府，并本馆下半旗，不举行其他仪式。昨晚土耳其广播，罗马尼亚已呈不安状态，人民多欲逃往中立国，匈牙利则朝野表示其中立之意向，芬兰政府闻德欲撤退驻芬德军，已提出向德询问。凡此种种，足证轴心附庸已离心离德，崩溃极有可能也。

今日此间各电影院于时事片中已有影莫斯科会议所摄影片，刘参事往看，谓余签字于四国宣言之影片甚佳。

上午十二时，希腊大使波利地斯来访，谓特来向余恭贺四国宣言之成功。彼本拟早来，因汽车修理，不能出门。今日始修理好，第一次出门，即来，辞意均可感。彼言：（一）利瓦伊诺夫之报告，使团均异常满意。盖可证大国于会议情形，无不可公开于各同盟国。此种坦直公开，为向来会议所未曾有。又藉此可见苏联之态度，使巴尔干各国更为安心。（二）中国加入为四强之一，共同维护战后和平，爱好和平之小国均甚满意，希腊尤为欣慰。（三）法国委员会诸人不自知其地位，表示以未加入欧洲委员会为憾，实则法国对德投降后，该委员会所能代表之法人无多，对战争贡献及牺牲且不及希腊，而欲以战前之头等大国自居，未免不自量。为彼等计，宜更自奋勉，努力帮同盟国作战，先将法国解放，并恢复民族之精神，则大国地位自然而得，非此时二、三法人与人争取所能得者也。语颇有理。（四）土耳其与希腊亦订有攻守同盟，此次背约不动，不独英、苏对其不满，希腊对之亦极不好。苟土耳其此时不加入作战，则苏联将来向土要求共管打但拿路①海峡时，英、美必表同情，土损失更不少云云。

重庆蒋主席六日拍发致卡里宁主席之贺苏国庆电，今日始收到，其中必有毛病，故电部澈查。该电即函转，并派刘参事向苏外部解释，并请其协查电报迟到之原因。

胡委员世杰报告，昨晚彼忽接不认识之俄人电话，请其到旅馆二〇六号房间一谈。彼初询管事，则云系司理之房，彼即以为错误。不久接该管事电话，系确有人请往晤谈，彼遂往。及至，则一俄人自为介绍名巴哥扶 Barkov，本在伯列②任事，因公来莫。渠对中国事甚感兴趣，且曾研究中文二、三年，能稍操华语。彼有华友刘仁寿，常提及其友胡世杰之名，今在旅馆名册见此名字，故请来晤谈。又云最后与刘仁寿见面，系二年前云云。胡即觉其言有可疑之点：（一）刘系中山大学第一期学生，与胡同学，但第二期学生互相称呼，绝无用真姓名者，故刘绝不至与其谈及胡世杰之名。（二）刘被此间拘禁，充苦役数年，抗战后始释，即返中国，家居上海。渠家本小康，又因身体不好，充当苦役数年后，身体更坏，是以绝未有离家出门。现计六年余，故所谓二年前与刘见面，亦属不确。但胡觉既来则安，故亦与稍谈，彼表示最为中国忧念者，即系中国之不统一，现尚分裂，意系指中共之事。胡即答以此种小小

---

① Dardanelles.
② Khabarovsk.

不统一，于大体不妨，即在苏过去亦有云云。胡与余研究此事，似系苏方内政部所使，其用意似系探我国对中共之意，但如此则与Litvinov 所言不附【符】，岂苏联内政部与内政部政策亦有不相同者耶。

十一月十八日

下午，澳洲代办①请看电影，多宣传品。后往澳使馆茶点。

十一月二十日（旧十月二十三，星期六）

与陈参事、胡随员同出购物，并在国民饭店用午膳后，赴美使馆观电影"Young Mr. Pitt"，片虽旧，但甚佳。晚上，梦与×共赴阳台，其肌如白雪，腰如束素，软胸丰美，有逾塞上之酥。体态轻盈，愧煞汉宫飞燕。半推半就之时，尤使痴郎魂飞天外。枕上喁喁，说不尽千种相思，万般恩爱。而好梦难长，会须有别。春意透酥胸，春色横眉黛。真可为我小×别时道。余抵此以来如居道院，襄王好梦，亦不易得，醒因记之。

十一月二十一日

晚上，陈参事请看马戏节目，尚佳。

十一月二十三日

昨晚复梦与×欢聚，快逾初夕。一个恣情的不休，一个哑声儿厮耨。醒时快不成寐。忆昔与僧妙慧谈禅，余曾谓：譬一丐者，虽日受饥寒，但夜每梦得富贵，当较富翁夜每梦受饥寒者为乐。盖丐者于受苦时，能以将得好梦为慰，而富翁于享受时，常以夜梦为忧。是则人生之苦未必为苦，人生之乐未必为乐，苦乐全在此一心 。妙慧深以为然。余连日所获好梦，便作其真，亦无不可，夫假即是真，真即是假，假假真真，在乎此心耳。

---

① Keith Officer.

午后八时，加拿大威使请宴。瑞典阿使密告余：谓闻罗斯福总统、邱吉尔首相不日到莫斯科，与史太林会晤，英卡尔大使、美哈列门大使，经已往迎接。彼最以为奇者，系罗总统能如此迁就，继赫尔而自来。余谓确来，亦不足为怪，盖罗、邱欲与史会晤，系美、英民意之要求，罗前之不欲亲来莫者，系恐美国民众对苏尚未完全明了及亲善。彼苟自来苏联，美舆论将责其过于迁就。惟此次赫尔来苏后，美民众对苏十足了解，且照赫尔与余所言，知史确于此作战期间，万机丛集于渠一身，万不能离苏。前此所言不便离苏，绝非托辞。是以罗欲自来，而美民众亦将表同情（彼又言彼绝无调加拿大之事）。返馆后，即报告委座。

与静尘兄谈，觉此事甚似，但其原因，余以为：（一）三外长之会议，本系三首长会晤之准备。（二）第二战场事，虽云苏方未表示十分不满，但诚如艾登所言，亦不能说十分满意，故不能不再向苏敷衍。（三）或因特别事故，如德国求和之类，亦有可能。

十一月二十四日

下午四时，访瑞典威【阿】公使，彼告余苏联国庆节，莫外长醉后向渠表示不满，仍系对 Lidoranko 案。渠不明莫外长因何对此无甚重要之人如此注意，亲自提出三次。余谓苏联政府用人制度与各国不同，常有以极重要之人用极低下之名义派赴国外工作，尤以特工为然。余故前劝瑞典政府对此等小事尽力迁就，自行设法（例如由司法部呈瑞典皇，谓因其人身体关系予以特赦之类），将其释放送回苏联，盖处此世界浑乱环境之下，瑞典不卷入战争已属万幸。时至今日，尚不能再忍一时，非老成谋国之道，彼深以为然。彼复言，是日莫外长虽在大宴会中予渠以难堪，但一则莫反复申言对彼个人甚好，二则亦因国家所处困难，不能不勉为忍受。忆前年欧战发生后，在柏林德政府宴会中，戈布尔当众责瑞典公使不加入轴心，瑞使即答："足下是否请仆到此听取此言？"语毕鞠躬离去，全德评论戈布尔甚久，故彼本亦可如此，只以国家利益关系忍辱矣，余深以为然。

晚上郭武官在馆宴挪威大使、法使 Garreau，Gen. Petit（Fighting French），Hamilton，Gen. Lefebvre（Canada），Col. Turne（Br.），Lt. Col. Rotzech（Yugosl），Perkins，Col. V. Hassel（Norway），Col. Okuluch（Canada）等。

十一月二十五日

上午，澳洲阿代办来访，渠言：（一）苏对日仍欲尽力敷衍，此系在情理之中，故有数交涉案关系日本者，苏均异常审慎。（二）罗斯福之来苏殊为不易，到莫斯科更为困难，盖招待亦成重大问题。

六时，美使馆秘书 Perkins and Calder 请 Cocktail Party，与红十字会代表 Hubbell 谈，渠人甚明白，极赞胡济邦工作。

晚上，梦又不成，睡又不能，岂前两宵好梦之果报乎，更证佛氏因果之说矣。大抵无乐不有苦，无苦不有乐，梦中所种之因尚属如此，人之行动更不宜自捡耶。

十一月二十六日

本星期英、美飞机继续轰炸柏林五次，规模之大，为轰史以来最烈者。瑞典公使[1]告余，瑞典使馆在柏林共有房屋四所，均被炸毁，德政府外交、宣传、军政各部亦炸坏，全城精华尽成瓦。德广播，须由柏林疏散人数约三、四百万，则英宣传轰炸所损坏似非过分。德、日军阀倡此侵略武力损人之政策，现正开始自食其果。英空军部计划将德重要城市壹百处完全炸毁，若真能继续此次炸柏林之大规模，则轰炸或亦可使德人屈服未定。美大使哈利门言，英、美与苏情形不同，盖英、美所长系物资，而非人口。故宜充分利用其物资以制胜，不必牺牲人口，轰炸想亦此意也。

胡来谈至十二时。

---

[1] Vilhelm Assarson.

十一月二十七日

晚上，勾秘书请往国立莫斯科音乐戏院 Zoc Mock Myzbicanbhbiu Teaip 听 "Gipsy Baron"（an opera in 4 acts），戏院及演员艺术均远不及大戏院。遇法公使嘉卢，彼以为罗、邱、史三领袖之会议，或系因苏对英、美发生不满之情绪，罗、邱不能不面向史解释，因彼悉苏有两事不满：（一）苏边界问题，苏方认为无讨论之余地，而赫尔报告美国会时，谓留至战后讨论。（二）邱在英国会演说，请英人准备于一九四四年作更大之牺牲，直等于明告敌人今年不开辟第二战场云云。余唯唯应之，大约迩来战斗法国方面对英、美异常不满，于苏联与英、美接近更为不愿，盖不能以彼制此而自重。是以尽力挑拨，此种手段未免太拙，于自由法国运动前途为害滋甚也。

十一月二十八日

下午二时，往参观托尔斯泰博物馆，适遇其因被轰炸后两年，今始重修开幕，其孙女 Sofia Andreivena Tolstoya 及其秘书□□□招待领观一切。据其孙女言，托氏对中国向具好感，著作中有与中国友人函（致顾【辜】鸿铭者）。托氏著作甚富，有九十五种，现已出版者只三十七种。

四时，与刘、陈参事，胡、钱两随员同至高加索饭店午餐，甚佳。

晚上，岱础请观 Don Quixote（Bolshoi Theatre），女主角 M. T. Semenova[1] 舞艺极佳，无怪其享有盛名也。遇阿富汗大使[2]，渠言近来苏阿边境苏军常有越界杀人情事，苏联正共同发表四国宣言，而做此完全相反之事，殊不可解。余谓边界之事未必系政府政策，日苏边境亦常有事，盖地方军队小有冲突，不足目为严重事件，故劝其持镇静态度。又遇希腊大使[3]，彼言，闻会议完毕内容，彼测系德内部发生变化，如前所传万咸元帅拟代希特拉事，英轰炸柏林，亦如前炸罗马以助 Badoglio 倒墨索里尼同一用意云云。

---

[1]　芭蕾舞星 Marina Timofeevna Semenova。
[2]　Sultan Ahmed Khan.
[3]　Athanase G. Politis.

十一月二十九日

上午十二时，加拿大威使来访，谈甚久。渠告余委员长确不在渝，因中、加使节升格问题，只缘中国方面未有答覆，是以未能发表（加拿大方面欲中、苏两国一同发表）。据驻渝加使报告，完全系因委员长离渝，尚须有十日始能返，是以迟延云云。证以《纽约时报》所载，则四领袖会晤不为无因。向来卡尔大使各事均通知自治领使节，此次卡尔之行绝未与渠或澳洲阿代办言之故，想系因会晤安全之故。至地点，渠以为非在埃及之卡敦，则在伊朗、里海傍之避暑小城。至会议原因，亦以为因欧局大变之故。语颇有理。与畅谈战后问题，渠以为思想方面美国较英为进步，英式守旧派恐仍占多数，邱吉尔为战时之好领袖，战后和平绝非所宜，即艾登亦系稍为守旧。加拿大方面，金氏 Mackenzie King 人甚忠厚，一如赫尔，但因年代关系，思想亦稍趋于旧，惟其较好之处，则绝无成见，尚能随时代而转变。加拿大地位为中等国家，介乎英、美之间，将来在国际上之责任异常重大也。

下午四时，接秉坤电，谓母亲于本月二十六日上午八时弃我等而长逝，痛不欲生。刘、陈、胡等向余善言安慰，余不能自已。返余卧室，自行号哭至八时始能自已。回忆我一生最大之幸福，系得最理想之双亲。余父亲为一最慈爱具有最高旧道德之人，余每与弟妹谈及，均以我等稍有成就，莫非父母之福荫。父亲不幸早故，母亲对我等爱护，尤使我等刻刻不忘。吾辈虽有不是之处，其容忍之程度，非万分爱护我辈者不能为之。忆余因玉器件失败时，彼立即将父亲遗下之房屋三间完全出售，以代我还金弟之债，直等于破产。彼反告余，得维持余之信用，彼已万分安乐，劝余不必介意。余每思此事，未尝不感激涕零也。又余与燕妹结婚，彼反对至于流涕，谓必无好结果，惜余不听，终身受无限之痛苦。但彼待燕妹有逾己出，燕妹有何过失，不独不为余言，反极力为其解释及维护。是以燕妹亦受感动，尝谓我夫妇之不离婚者，全系欲免伤母亲之心，而彼亦知我痛苦，尽力使我两人减免之。我出外任事二十余年，在家奉养之日极小，彼亦极以立身扬名斯为大孝以勉。我辈苟能相聚时，每以余等之乐为乐，无论在沪跳舞，在港游泳、看电影、吃午茶，无不乐与余等同往，视徐来、紫罗兰等如儿孙辈，而彼等亦爱之。大抵其一生最快乐之事，则与余同往百货公司或香港之永安街，购置零星小物，同时作为运动，余亦每视此为一生平最快乐之事。今则已矣，岂不痛哉。我在此十余年来，政府数次欲派我往外充使节，我均辞不就者，私意身在国内，母亲苟有变故，我亦可希望赶赴左右，奉侍汤药及亲视含殓。但此次因国难严重，我良心上觉对党国之责任，不能不出国来苏。而来时已恐有此不幸，故对燕妹、培儿、苓妹等每每言之。现果遭此大故，天实为之，谓之何哉。晚上即电请陈科长君素代汇秉坤美金贰仟元，并著秉坤，如母亲无特别遗嘱，则暂为寄厝，俟战事结束运回广州与父亲合葬。并著其买最好之棺木，不可省钱。又电部转呈委座请假回国奔丧。

十一月三十日

与刘、陈两参事商不见客四十九天。

函熊儿、培儿及苓妹。

刘参事见李司长，彼亦不否认四领袖会晤，且言委座确不在渝，故大约非虚，此真国家之福，吾虽在悲痛之中，亦藉可稍慰。

赫尔国务卿覆余电如下（由美大使馆转来）：

I deeply appreciate Your Excellency's kind message conveyed to me by Ambassador Wei on the occasion of my return from Moscow.

While I have been greatly moved by the generous sentiments expressed by you in regard to my efforts, I am profoundly conscious of the fact that the splendid achievements of the conference are attributable to the fine spirit of cooperation & determination to contribute to the success of the Conference which animated all of those who participated in it and all who contributed to the formulation of the conclusions at which it arrived.

十二月

十二月一日

晨，独坐思亲，痛哭不已。树欲静而风不息，子欲养而亲不在，诚人生最大恨事。倦极隐几而卧，复梦见外祖母，外祖母为人忠善慈厚，少时稍有受苦，而卒能享寿九十有六，亦天之报施善人也。余以后只能慎为自勉，庶不辱我先人矣。

胡来谈。

十二月二日

今日英广播，公布蒋主席在北菲与罗斯福总统及邱吉尔首相会议情形，谓自去星期一起至星期五，共会商五天。与委座同行者，除蒋夫人外，有王亮畴、商启予、周至柔、杨宣城。美、英方面军政要人更多，每方约二百人。讨论对日军事、政治问题。中国方面提出：（一）加强海、空军对日。（二）速由印进攻缅甸，打通滇缅路。（三）对华军用品及人民所需物品之接济。（四）中国战后之建设。（五）对日政治问题。故会议议决发表公布，谓全体一致决定：（1）加紧共同对日，至其无条件投降。（2）将日驱回其本土。（3）所有日本以前夺取中国之领土，例如台湾等，应归还中国。（4）朝鲜独立。（5）日本代管之岛屿应交出。（6）中、英、美均表示无利益或领土之企图。

此次会议为中国历史上所未有之举，其对中国之重要不可以言状。盖中国积弱已有百余年，今始被认为世界大强之一。英、美且表示与我合作，助我达到此地位，真算我国最大之成功。此固因我七年来血战牺牲之结果，亦为委座英明领导之成功。由此足证一国之命运系于领导者之处不少，故佐藤亦承认日本阙乏领袖，以致如此，亦系由衷之言也。我虽遭大故，无限悲痛，闻此亦稍快慰。

十二月六日

下午五时半，接美大使哈里门电话，谓今日自伊京 Teheran 返，有欲与余谈者，因在途受感冒，不便出门来访，可否请余赴彼处一谈。余即前往，自六时起谈至七时半，彼告余：（一）开罗会议与伊京会议分别举行，系不欲使史太林对日增加困难，各方商洽同意之结果，初本拟先与史会，后始与蒋会，但最后变更先蒋后史，似较为妥善，盖应付远东问题亦宜得史之意见，然后始宜发表。（二）开罗会议，罗总统与委座间异常相得，最初因讨论对缅甸进兵问题稍迟，华方似稍有误会，但以后知系因准备计划，提出稍迟，华方亦已满意。（三）关于战后对付日本之政治问题，罗主具体，而英方似提出稍有困难，盖日之取诸华方者，既将完全交还，则取诸其他国家，例如荷印等，为何不提。英国会及舆论界即将提出质问，是以渠（哈使）与亮畴先生（代表中国）及贾德干①（代表英国）商量宣言文字时，久未解决，幸邱吉尔首相聪慧，著不必规定日本交回，只规定自日本取回，便可避免此项困难。（四）开罗会议之结果，委座亦主张先送史太林参阅同意后，始为发表，尤以对朝鲜独立一层，更宜征得其同意，彼苟对此点有提出修改，亦不妨斟酌。是以彼（哈使）与卡尔大使代表开罗会议，将议决宣言先到伊京，面交莫洛托夫，莫即持往请示史太林，二小时后即回覆史君完全同意。

哈使又告以在伊京会议情形如下：（一）英、苏大使馆相背连，地点又适中，而美馆在城外，相隔太远，三领袖会晤不便，故罗决定迁寓英馆或苏馆。后因苏馆地方较宽大，是以迁寓使馆。会议一共四天，每天下午会议后，三领袖均共同晚餐，午餐则只一次共食。除三人会议外，罗、史独谈数次，谈话结果罗亦告邱。（二）哈使因史言语爽直，恐罗未必惯此，但结果罗、史之间因此坦直，互益敬仰，故成绩之佳，出彼意料之外。（三）会议及商谈要点如下：关于军事方面，较莫斯科会议更有进展，英、美将其现有海、陆、空军

---

① Sir Alexander George Montagu Cadogan.

事力量所在地点完全告史，并拟有使用该全部力量之方案数种，由史商采定，故对此史亦可称满意。史极注意如何使德国军力减弱以后，不能再事侵略之问题。彼初意恐英、美或另有计划，后与罗、邱畅谈，觉罗、邱亦与渠意见完全相同，故极放怀。史向罗表示：（1）德崩溃后，苏亦甚愿远东战事之早为结束，故罗可相信苏将用其全部力量加入。（2）战后苏甚愿有一强大之中国，故将尽力扶助中国之强大。（3）在适当时期，甚愿与委座会晤。（4）苏绝不支持各国之共产党，不干涉别国内政。（5）苏之唯一希望，系战后各国各得民众拥护之稳定政府，俾世界得各努力建设而已。（6）谈及朝鲜独立时，史表示安南不宜再交与法国，宜许其独立。（此点罗后与邱谈，邱似有疑问，但卒同意）（7）对于战后维护和平各处根据地之支配，史主张由英、美、中、苏四强会商决定。欧洲其他问题：（1）波兰问题，苏表示不能与伦敦之波政府接洽，盖彼等素持反苏态度，但苏亦愿有一强大之波兰而不反苏者，且暗示波兰宜向西发展，不宜东向。（2）芬兰问题，苏表示如芬现退出轴心，则拟维持1940年边界，但哈使言芬方尚未有退出轴心之表示，殊足为芬兰惜。（3）对法委员会，目〔前〕仍承认戴高乐为领袖，但 Lebanon 事件殊为不幸，法人有欲挑拨英、美与苏联间发生恶感以自重者，殊为不智，盖苏绝不会图利用法国以制英，并不愿因法以开罪英、美者也。

哈使对余表示谢余前告渠远东情形，故渠对罗总统可表示意见。例如此次对于越南之决定是（事后余与静尘、泽荣二兄谈及此事，彼等均笑谓将来安南独立，应为余造铜像，盖洛次长询余关于越南情况时，余曾力言越南本原有其文化可以自立，而法人统治越人极为恶劣。洛次长为苏远东专家，为史、莫所深信任，故其意见对此想极有影响）。哈使又言，彼与余一人此时能在莫斯科参加世界最重要之变迁，均应引为庆幸之事，并询余感觉苏联何时开始变更其政策。余谓并非苏联最近变更政策，系英、美变更政策，盖美方一日维持其孤立态度，英方继续其均势政策，苏联觉无希望建立世界之和平，自不能不另采应付办法，对其需用之武器，如第三国际等等，均不敢放弃。余以第三者之观察，觉美方于最近六、七月来，舆论始放弃孤立，完全立【主】张国际合作，英方则似于一年来已在舆论上可表示大多数感均势主义不能再行采用，是以所谓苏方谓变更政策，实则系于半年来知英、美政策已变，知可以合作，故可渐渐放弃其武器，并向英、美表示合作矣。哈使谓余言甚有道理。返馆即与陈、刘两参事商拟电报告委座及宋部长，直至夜深二时半。

十二月七日

午后四时半，法使嘉卢来访。彼对最近南菲总理史密 Gen. Smuts① 在英所发表谈话，谓将来法国不能视为大国一层，甚表不满。彼又告余，法委员会现已完全统一，Giraud 及其左右均已退出，故政令业经统一，法军人数约有五十万，但军备只有二十五万人所用。彼谓来访余，系道贺北菲会议我国胜利。

十二月九日

胡来谈甚久，彼对苏联经济有相当研究，余劝其作较有统系之研究，每月分期做成报告报部，但将来可汇而成书，并请刘参事随时指导，渠甚以为然，渠亦可造之材也。

梦与×妹晤，晚醒数次，晨起颇疲。

十二月十六日

余自十日起即觉右脚胫肿痛，医生谓为扭伤，三天未愈，另请医生，则定为关节炎，英文所谓 gout，吾粤所谓酒风脚。余父亦系四十八岁因此而亡故，吾现适四十八岁而患此，亦奇矣，盖此病多因饮酒过多而起，余素不饮酒，不宜有此也。胡因余呻吟床席，常来慰藉，甚可感也。

委座电覆著余不宜返国奔丧，原电云："莫斯科中国大使馆傅大

---

① General Jan Christaan Smuts.

使。令堂弃养，哀悼同深，时际非常，还希移孝作忠，夺情自重，不必回国奔丧，以利邦交，而慰先灵为盼。特电申唁。中正。尤。"即电覆。

十二月十八日

郭武官报告，昨与英军事代表团团长麦泰尔 Gen. Martel 将军谈。据云：（一）在伊京会议时，罗、邱将军事计划方案提出与史太林商，深恐其留难，但史阅读各种计划后，即言可采某某，殊为爽快。罗、邱即谓如此甚佳，可交三方军事专家研究。史即谓我三人已决定便可，何必交彼等再为研究，故即作通过，罗、邱均服其果断。又罗、邱提议商量军事问题，史即言："我此次并未带有军事人员。"而伏洛雪罗夫元帅在座，足证伏迄来在苏军事上似不若前之重要。（二）此次伊京会议，罗、邱、史争论甚少，故史戏语邱首相："可惜此次无与阁下争辩之机会。"邱亦答："此次阁下若再与仆争论，则仆将呼阁下为犹太人矣。"相与哄然。（三）第二战场约须于明年春间始能开辟，大约在地中海法国南部，亦须登陆对日大举进攻，须在明年夏秋间云云。郭武官又言，近星期苏联政府已派暗探随瑞典公使及其职员之出入，似系对瑞典政府表示不满之意。

昨晚胡随员宴各馆情报随员及报界记者，据 Cassidy 言，中央社萧①社长闻将来莫与 Tass 商洽联络未定。

十二月二十日

上午十一时，赴□□□招待所，谒见捷克斯拉夫大总统贝尼斯。余于一九三八年三月随孙院长②游捷时，曾与晤谈，余表示因母丧及足疾，未克前往迎迓之歉意。后即与畅谈至十二时半。彼表示：（一）对莫斯科、开罗及伊京会议所得之结果甚为欣悦，尤以四国宣言，奠定世界和平，表示快慰。（二）此次彼重来莫斯科订定苏捷条

---

① 萧同滋。
② 立法院院长孙科。

约以外，复与苏联讨论苏、捷间之一切问题，均获有完满之解决，故甚为满意。（三）余询其波兰是否有加入之希望，彼答议定书请波加入者，系苏、捷一种表示。以现在波兰政府人物而论、则加入之程度似不甚多。（四）苏对波兰自不愿将领土割回，除此之外，则对波兰甚好，亦甚愿有一强大之波兰。如波向西发展，则亦当愿支持，对其内政更无干预之意，绝无赤化波兰之企图。（五）波捷联邦Confederation 事在战前捷克已有此提议，盖中欧各国不有强固之联合，不足以制止德国侵略者之野心，不幸 Beck 等见不及此，反与希特剌勾结以图捷克，结果自受其害。及至德攻波兰，Sikorski 抵伦敦，贝总统本人即告以捷愿不记波兰之错误，重与商谈合作及Confident 事，但有一前题【提】，即苏亦不久将与德作战，故对苏关系亦宜商讨。Sikorski 当时以为狂忘【妄】，不久德苏果发生战事，故贝函施 Sikorski，谓波捷联邦应有三前题【提】：（a）波须与苏谅解，（b）波须采民治制度，（c）须打退敌人各返本国后，得其民众之拥护，始行签订正式协约。正商酌间，苏波断绝邦交，此事遂中止。（六）现因莫斯科会议之结果，所谓中欧、东欧一切之联邦计划，均已停止不谈。（七）关于战后欧战【洲】情况，彼以为英国根基稳固，不久即可复原，绝无大乱。法国内部困难甚多，不易恢复从前地位，德国亦将久处浑乱状态，义大利亦将缩少。凡此均有相当期间即可回复之希望。但巴尔干及东欧各国则更足悲观，盖战前各该国均为半独裁者所把持，社会、政治制度多未改革。此次大战后，其民众对其以前之政府是否拥护，诚属疑问，故各该国恐即发生内战，困难更多，即波兰亦然。（八）彼与史太林谈话时，史向渠表示对中国甚佳，谓将来世界和平非中国加入共同维持不可，且谓中苏间非尽力合作不可。（九）彼未来苏前，曾赴美与罗总统及赫尔商谈多次，对与苏合作意见均属一致。彼在美曾晤蒋夫人及宋部长，宋部〔长〕到英时，亦曾再与畅谈，尤注意战后中国复兴建设事。

贝总统人甚好，向表示对华亲善，在国联时日本代表 Matsuoka[1]

---

[1] 日本外相松冈洋右。

曾极力运动其取消反日态度，且告以日本计划分中国为华北、华中、华南三区，即英外相西门 Sir John Simon 亦怪其祖华，明询其因何持此态度，问其捷克有何力量制裁日本。彼答完全系主持正义，捷克虽不能以武力制止暴日，但亦甚愿尽其可能之力量，共同为之。盖彼向来自知捷克力量不大，但所恃系正义与道德，且深知希图以不正当之手段夺取一时之利，益或维持一时之苟安，系最有害之政策。是以希特拉迭次欲与妥协，甘言诱之，彼亦不为所动。希氏三次请其赴德会晤，彼亦不往，盖深知此种大小不平均之会晤，非与决裂，则向之叩头，二者对捷克处当时之地位均不适宜也云云。大约在欧洲政治家当中，贝氏已受全世界所认为最有远见者。大国领袖固不易得，小国领袖尤难。孔子赞子产良有以也。即电报告。

十二月二十二日

上午十一时，美 A－P 通信社代总经理 Lloyd Stratton 来访，谈谓：（一）渠于一九三四年曾来莫斯科，苏联朝野对渠虽表示怀疑，未敢多与畅谈，且对渠表示颇为冷淡，但渠绝不因此而灰心。返国后仍极力主张美、苏合作，该社多数要人仍不以其政策为然，故将渠调任行政事务三年之久，后始觉悟。（二）美国舆论最近六个月来始完全变更，主张美苏合作，但反苏者尚大有人在，力量亦不过好恶间 51 与 49 之比。苟苏方不采取行动，足使美国人士有极不良之反感者，则美舆论渐趋亲苏之途。（三）美对世界政治已改变孤立，而趋合作政策，私人资本主义观念亦日就薄弱，国家统制资本战后将仍可继续。（四）渠在开罗曾谒见委座及蒋夫人及亮畴先生，不日再往重庆，与中央社商合作办法云云。

下午五时，访瑞典公使阿沙苏 Assarson，据言苏联政府著其驻瑞典公使通知瑞典外长：（一）瑞典前虽有劝芬兰单独向苏求和之举，但仍不足，应对芬再加以压力，俾其立即派员来苏求和。（二）瑞典对德应再表示反对。（三）瑞典应准备对德作战。（四）瑞典驻苏公使（即阿使本人）及武官有以苏军事秘密予德国方面，故请调回。阿使言渠来此已四年，在此期间，竭智尽忠以图苏瑞邦交之亲善。

苏联情形最危急时，亦尽力替苏讲话，瑞典外交部每以其过于祖苏责之，不幸获此结果，殊非意想所及，故觉非常难过，数天不能成寐。余以善言慰之，谓吾人做事，但求心之所安，苟问心无愧，虽世皆非我，我亦不必介意。苟自觉有愧，则世人誉我，我反不自安。且知渠者均知非其过，不知渠者其毁誉自不必理。瑞典外部自更明白，故渠不必如此忧虑。渠表示感谢，并谈及芬兰问题，渠谓芬兰非不愿派人来苏，但须先知条件如何。余谓此层苏方亦有困难，盖英、美与义大利商和时，苏方批评甚烈，谓与同盟国所定须轴心国无条件投降之原则有违。现苏苟与芬对等谈和，当不易自完其说，惟芬兰苟能派人来苏卑辞求和，余个人揣测苏方条件或不至过苛，盖苏方正须藉此表示其对与苏毗连之东欧各国之态度。如条件使芬难堪，则罗马尼亚、布加利亚、匈牙利均生畏惧，愿决死战，绝非苏联之利。且余观苏联正欲藉此次战争以后，与东欧诸国建立友好关系，以免再被别国利用制苏。芬兰利用此形势，首先表示对苏改变亲善，实于芬兰有莫大之利，不宜失此时机。盖利用英、美力量制苏之时期业已完全过去，芬自宜明此道理。阿使亦以为然。至于瑞典问题，渠谓瑞典军备业已完成，只欠空军，德国若进攻瑞典，则非在东线抽调三十师人不可，现势不能。是以瑞典对德态度可以较前强硬，瑞典舆论因德对挪威、丹麦之暴行，对之万分反对，惟瑞典因空防尚差，自未免尚有顾虑。余谓英、美在西欧已获得制空权，苟瑞典以为需要，应请英、美帮助，自不困难。彼谓如瑞典参战，则以瑞典兵力即可收复挪威。余谓如此更佳，盖瑞典在不十分危险之范围内，亦似宜加入盟国作战，以表示瑞典真正态度，及与其兄弟联邦挪威、丹麦一致之意思。盖不如此，将来战后使人对瑞典易说闲话。彼亦以为然。余说苟余处渠之地位，必尽力作此主张，盖苏联既对渠表示怀疑，渠更如此主张，益显其无私，而使知渠者更佩其人格之伟大，彼甚感动。

十二月二十三日

下午二时，赴车站送捷克总统贝尼斯，莫洛托夫等亦到站相送，军队及军乐电影种种均备。彼作简单之演说后，与众握手道谢，即上专车开行。彼此次来苏，可算完全成功，伊朗大使、希腊大使，及加庐均到相送。英、美使馆则无一人，似近小气也。

部覆电，已派勾增启为驻塔斯干总领事。

刘参事言其小姐之同学两苏联中学生，昨来探渠时，均言苏联国歌之改变，系"英、美迫我们改的"，可见苏民众之情绪矣。

十二月二十四日

今晚为圣诞节之前夕，各处庆祝。忆在港、沪时，每与母亲及家人同聚，今则再无此乐。想及母亲，悲从中来，泪下如雨，万家欢乐一人愁，其斯之谓欤。

胡早返，来谈甚久。

十二月二十五日

上午十二时，加拿大大使威尔加斯 Wilgress 来访，渠新升任大使（最近加拿大与苏联、中国及巴西，互将公使馆升格为大使馆），畅谈甚久。渠人甚明白爽直，所谈：（一）关于捷总统贝尼斯此次来苏，威使意彼个人可算成功。至关于彼欲作苏波之调人，恐地位不及艾登，盖波兰政府多数对彼尚未十分了解者也。（二）彼又曾语威使，以为英、美应即承认戴高乐之组织为法国政府，盖不如此，则戴氏所领导之法国开明份子不得同盟国之全力支持，其反动份子必起而反抗，将来法国或将发生内战，殊非欧洲之福。威使询余意见，余以为英、美对此似有困难，盖戴氏之组织与荷、比各流亡政府不同，法律上绝无所据。苟英、美可不顾法理，随便提出某人便成立某国政府，则与轴心国之成立各傀儡政府何异。且将来人民苟不愿意斯人，起而抗之，则同盟国是否用武力压迫其人民接受其不愿接受之政府，致与大西洋宪章完全相背道而驰。抑英、美可如此做，法则创一新例，苏联自可派定其人，以组织东欧各国政府，英、美亦不能不承认之。为英、美本身计，殊为危险。至于戴氏本身，现既有军队五十万人，将来与盟军共同返法，当可维持其地位，苟如此尚不能维持，则可证明法人对渠不拥护，同盟国亦无法再予帮忙。总之，现在情况之下，全在戴本人之做法。余意先宜使内部团结，尽力于军事方面求得法国之解放，政治地位之增强，全在自己之设施，不必先向内及对外争权利，威使甚以为然。（二）【（三）】关于瑞典公使事，威使表示万分惋惜，以为完全系因瑞典判苏 Interaid 驻瑞经理十五年徒刑之报复，此系瑞典政府之最大错误，绝非阿使之过。至于芬兰方面，威使亦以为芬兰宜即派员来苏求和，瑞典亦宜及早加入同盟作战，盖瑞典地位甚优，此时加入，确可缩短战期，故渠曾劝阿使返瑞典后，努力于此两事，对个人之事不必多言。余谓余亦以此劝阿使。

下午三时，美大使哈里门约往午茶，与敦那顿①中将会晤。敦系罗斯福总统派赴重庆及莫斯科之私人代表，彼适自渝来，据言：（一）曾见委座、孔院长、何部长敬之，及戴雨农各位，商讨对日敌情报交换及合作事，渠请我在此与哈使合作。（二）彼曾到缅甸，谓印缅北路已通，陆军可由此攻缅。我远征军有两师已入缅境，但尚未与敌决战。印度粮食种种确有困难。（三）泰驻美公使表示，泰怕中国对泰有野心。余将中泰关系与之详言。

哈使询余假道运输事进行情况，余以实情告之，渠亦谓渠与米科扬部长谈及此事时，米氏言此事有"不易解决之困难"，则自指政治上对日而言，与余所得印象正复相同云云。

昨此间中立国某武官与日某副武官闲谈，谓希望于战后往游日本，日副武官答谓，战后恐无日本矣。日人悲观情绪可见一斑。

十二月二十七日

下午四时，新任哥伦比亚驻苏公使 Dr. Alfredo Michelsen 来访。渠曾任彼国驻日公使，曾到中国南北各地，李公使迪俊②有片介绍。哥伦比亚自百年前由西班牙独立后，至本世纪初叶始呈安定。巴拿

---

① William J. Donovan.
② 中华民国驻古巴兼驻哥伦比亚、委内瑞拉全权公使。

马于一九○三年分离成立新国后，其土地人口更为缩小。照一九三八年统计，人口不过八百余万，城市约三分之一，其余居乡。土地高山甚多，故居民所住，平均离海面四千至八千尺。出产以咖啡为最大宗，余为香蕉。人种以西班牙人为大多数，印度人只七万，外人居留者亦不多，德、英、美、义等各不过千余人。苏联似无侨民，而特派一全权公使前往驻扎 Bogota，岂另有深意耶。

　　昨与瑞典阿使谈及德教授 Professor Gerald Haushofer 所倡"地理政治学说"Geopolitic School（实则系英人 Sir Halford J. Mackinder 于一九一三年在其演讲"The Geographical Pivot of History"，将世界自地理上研究谓应分为欧、亚、非大岛，而以美、澳等洲为小岛。在大岛中以苏联中亚为"心地"Heartland，能控制此"心地"者即可控制全球。并举历史某部以为证），对德野心家之影响，有更谓希特拉所著系该教授所捉刀。实则希氏此种人绝不会受任何学说影响，彼先有定见，然后寻学说以证之，不幸美国如 Bowman[①] 学者受此种学说所惑殊为不少，盖美国所谓学者颇好新奇，且多自视太高，太看不起政治。至以地理解释政治，谓历史系因地理而演成，未免可笑。余告阿使以我国有一笑话，谓昔有剃头匠与剪脚甲匠互相争雄，剃头匠曰："皇上不剃头，则不像皇帝。"剪脚甲者曰："皇上不剪脚甲，则脚甲太长，不能行动。"彼地理专家以为历史均由地理演成，与前所言剃头及修脚甲匠无异，阿使大笑。

　　胡来谈两句余钟。

十二月二十八日

　　下午五时美国海军 Commander Trolly 偕其新妇 formerly Miss Hadda 来问候余足疾，并带送美国饼干两小盒，均余在沪时所喜吃者，不尝此味已久，得知有如小孩自怜，亦堪自笑也。托夫人为苏籍，但操英语甚好（曾从其父在伦敦多年）。托君则曾在华多年。

---

① Isaiah Bowman.

与胡随员谈求学方法，劝其除俄文外，仍须续习中、英文。

中央广播石瑛、陈调元逝世。抗战以来，同志死亡不少，殊可伤也。

十二月三十日

昨晚梦见母亲及姨母，渠对我仍万分表示慈爱。四时半醒，即悲不成寐。

两日来足复较痛。

勾秘书增启因我所赠苏制太阳灯不佳，将渠前自德国所赠借余使用。今早试用，于右足肿痛之部距离五十五 cm，时间三分钟，一星期后可加一分钟。

十二月三十一日

上午十一时三刻，回访哥伦比亚公使米加绅。彼初次来苏，尚未惯此间办事情况，对于寻觅使馆表示不满，且以粮食分配不足于用，与余商应否暂住旅馆至战后再算，或另租使馆。余以为既系彼自己一人在此，不妨暂住旅馆，且比国大使亦系如此。彼言：（一）哥伦比亚之独立，英国人士帮忙独多，故对英特为亲善，英商务亦极发达。（二）哥京生活程度尚低，物价尚不及英、美之高，即英货亦较伦敦为便宜。（三）美国自罗斯福采取善邻政策以来，南美各国稍为放心，经济发展亦有进步。（四）哥外侨不多，西班牙人占大多数，其习俗尚有古风，例如社会上绝不如美国之尚富，对学者、诗人尤为看重。

下午三时，澳洲参事 Officer 来访，谓曾晤 Beneš，觉其稍偏。

晚上，在馆同人团年。余因母丧不能参加，早即闭门。因思及母亲，直至翌晨二时半尚不能安睡。

民国三十三年（1944）

一月

一月一日

1. 今日为民国三十三年元旦。回顾我去年一年之经过，其间使我最悲痛者，则为对于我最慈爱之母亲，生不能尽人子之道，侍奉承欢，死不能在侧，亲视含殓，尽礼守孝；真使我抱恨终天，百身莫赎。清夜自思，痛不欲生。嗟乎！天实为之，谓之何哉。至我对国家之贡献，自问亦稍能自慰。年初，我奉使来苏时，亦预料世界政治于去年内将有剧变，中苏关系至为重要，而应付亦最困难。委座之派我，及我之不能辞者，亦系因此。到此后，因苏日关系，苏对我不敢表示亲善，我处之地位确如我所料到之困难。半年以来，苦闷之情不可言喻，日习俄文以自遣。秋间，使馆迁回莫斯科后，觉苏联与英、美间误会日深，更为焦急。及至莫斯科会议后，形势大变，余并得稍有贡献，且签字于四国共同宣言，公私均庆。继以开罗、伊京会议，世界前途已有无限之希望，我国地位亦日益稳固，苏联对我态度亦已明白表示。瞻望前途，更可欣慰，抑更觉我今年工作将较前益加重要，盖中苏进一步合作，今年计可实现。苟此成功，则我之来此亦可算我生平所做大事之一，不虚此行。母亲泉下有知，亦当对我更为爱护。我过去及现在种种过失，亦可轻恕也。至求学方面，则去年因在使馆，日常公事不若在部之繁，尚多余暇用功。俄文于古比雪夫时稍有进步。不幸抵莫后，未得教员，且因莫京会议关系，暂为中止。一日曝而十日寒，殊为可惜。至其他方面，如研究俄情、世界政治、中英文等等，尚有进步。盖以余地位，在莫斯科绝无所谓娱乐，终日居馆，举目言笑又须为同人范，生活较在古道院为孤寒，除读书求学外，别无办法，诚所谓困而学之者欤。今年将更为勤奋，并另自订定求学程序及每日时间表，庶几进步较速。

2. 今日天气特佳，日光烨烨，而窗外一望，冰花玉树，迷漫一色。莫京不可多得之阳春佳景，想亦佳年之先兆。晨起，觉足疾稍愈。十一时，同仁均来与余贺年。

3. 希特拉新年广播，辞意已甚软弱，只言英国均势主义错误，引起战争及赤祸之害，并言对英国之轰炸德城市，将予报复，警告德人谓勿盼有轻易之条件，及战争无慈悲云云。"No mild war ends" for the Germans. There is no mercy in this war. Germany would also fight mercilessly. 充满悲观口气。而德内部所受痛苦，及德人希望求和，亦可由此而见。鸟之将死，其鸣也哀，德国其将败矣。

4. 苏军昨日再收复 Zhitomir。

一月二日（星期日，旧历癸未年十二月初八日）

1. 郭武官报告，于前晚往晤瑞典公使阿沙逊①，代余致候，并致不能亲往送行之歉意，渠感激几至泪下。彼人品学均卓绝，为此间使团不易睹之才。际遇如斯，其命也乎。

2. 晚上，辗转不能成寐。又梦与×有桑中之约，久而不见，踟蹰搔首。及醒，更不能睡。直至翌晨五时，自笑已将届知命之年，作此儿辈丑态，岂迩来好梦过多，以此为报欤。无物似情浓，本为余之本性。在此做梦亦不见许，天何待余之薄也。一笑。

一月三日（星期一）

昨前两夜，英机继续大炸柏林，预计柏林面积为七千二百 hectares，须投炸弹二万吨，始能全毁。（汉堡面积三千五百五十

---

① Vilhelm Assarson.

hectares，用炸弹一万吨将之全毁）现已投有一万三千吨，计人民无家可归者，已达五十至八十万人。希特拉诚为德国及人类之千古罪人，而德国民族好斗及侵略性，亦未始非大原因之一。未悉欧人能否因此次痛苦之教训，而一改其社会道德观念否耳。

一月四日（星期五）雨雪，暗

1. 接陈布雷电，谓委座已阅余致部报告，关于《战争与工人阶级》杂志所登评论，国联失败，及关于伊京会议之评论。委座谕此种评论，我国报纸应即转载，故请余更为详细摘要电彼。大约委座亦因苏对我态度业经明显，故我国舆论方面，亦应使渐知中苏应亲善，而改变论调也。即办。

2. 又接孔副院长电，请即代其转电史太林、莫洛托夫及米科杨贺新年，并庆四国宣言，及祝以后中苏合作。即著绍周兄用俄文拟好，今午由彼送外交部李司长①转。

3. 昨晚仍不能安睡，恐系服关节炎药之结果。复梦×妹对余冷淡，年岁相差过远应有之结果。英谚谓中年人恋爱，为世间最可悲之事，复何疑，余应自勉。

4. 苏军昨克复 Olevsk，并已过旧波兰边界。此系自德苏战争以来，首次德军被击退出苏境。

5. 委座油画像，已由潘飞罗夫 V. E. Pamfilov 画师画好，神气极佳。外人画中国人像能得如此，诚为难得。彼只取回油料等费五千卢布，但手续甚为麻繁【烦】，盖苏联画师与外人画像须得政府许可，而政府因此亦组织有委员会，须经该会通过。据云，画妥后，昨日再经美术学会展阅，全体以为好，今日始送来。

6. 晚上胡随员济邦来谈。彼在莫斯科大学研究计划经济，已得有材料不少，再两年便可考得硕士学位。渠人甚好学，在馆工作亦优，每日除馆工作及大学功课外，尚习英文，盖因余言，即研究经济亦须习英文，以苏联所刊印书籍，与其政治主张不符者，绝不许

---

① Nikolay Mikhaylovich Lifanov.

刊印，则经济原理及各国经济情况，无从研究，范围未免太窄。彼人既聪明，又如此好学，殊可做就者也①。

一月五日（星期三）天阴，雪

1. 今日《真理报》社评，由沙斯拉夫斯基 Zaslavsky 出名痛骂威尔基 Willkie，谓其于去年十二月三十一日在《纽约时报》所发表《应信任苏联》一文中，有：（一）苏军将抵波境，苏联对于波罗的海之三国、对于芬兰，及对于巴尔干各小国之态度，应明白表示，否则前途危机正多。（二）苏联对美国内政不应干预。关于第一点，波罗的海三国系苏联国内问题，只关系苏联宪法；芬兰及巴尔干各国与苏关系，苏能自与商量，无须威先生关心。至于第二点，威先生如此说法，自系受种种谣言之影响，是否自视为信任苏联者所应发。总之，威先生之文章，一方面说应信任苏联，一方面极力反苏，当系因其本人欲竞选下届总统，故发表此种文章，希图方【各】方面均敷衍见好云云。威先生本系代表资本家，前此来苏及拥苏，自不似由衷之言行，而苏前因其表示亲善，而舆论对之如此亲热，今忽反面【而】痛骂，大抵全以利相交者。利害稍有冲突，即成寇雠，私人相处，固属如此，国家亦何独不然，更证我国孔孟之训，六合古今，所不能去也。

2. 指导胡随员学英文文法。

一月六日（星期四）雪，天阴

1. 昨日苏军克复 Berdichev 及 Olevsk，德军在乌克兰一带共有七十五万，有被割断之可能，影响甚大。

2. 波兰政府因苏军已将进波兰旧境，昨特发表宣言，谓波兰为首先被德侵占之国，辛苦抗战已届四年，并未发现傀儡，全国对德决抗到底，绝不妥协，致德人被波志士所杀者不少，波军亦不断与盟国军队共同作战。现在苏军已近波兰边境，波人目为解放即临，

---

① 原文如此。

希在波国土即可恢复主权及行使政权，与及人民之生命财产亦可保障，盖此为大西洋宪章及国际正义所应尔。因用武力所夺取及变更条约者，均势不能认为有效者也。为此波政府以为苏联亦将尊重波政府及波人民之权益，故命令其国内工作人员继续努力，对德反抗，并勿妨害苏军之进展，波政府正拟与苏政府成立协定云云。是否过迟，且波政府阙乏领袖，以致大好波兰国际地位一落千丈，人民痛苦，国几灭亡，一人之身系国家之安危，领领【袖】之于其国，诚重要矣。

3. 英代办 Balfour 夫妇请 cocktail party，余因母丧未过七旬，不欲前往，故请刘①参事代告以足疾未痊。盖迩来在欧洲各国以战争关系，死亡过多（尤以苏联为甚），苟仍举行丧礼，则举国无不居丧，故各国均废弃各种丧礼，绝不穿孝。我国古制，亦有所谓"夺丧"者，即政府不许停职或请假守制。此次我请假奔丧，及蒋主席覆电不许，亦与我国习惯相符（虽对此亦有批评者，例如广西陈鸿猷亦因皇帝命令，不许终守母丧，故死后不能入乡贤）。但我自己终觉不安，故万不得已时，最低限度于四十九天以内，公私应酬均一律托故谢绝。至于穿孝期间，亦系我最难解决者，盖此间既无人穿孝（外交团无②穿者），我不能独异。且在公谯之中，我一人穿孝，使全场不安，亦非所宜。故余初意在家仍继续穿孝三年，于公式应酬，则暂为除去。惟思我国习惯，服除不能再上，吾族颇迷信，苟因此有事发生，必多向我责难。再三思维，并与陈③参事一再商量，只能于末七以后开始应酬时，即同时除服。回忆母亲对我如此恩厚，服亦不能穿足，殊为痛心也。

4. 美海军 Commodore Folly 言，前星期英、美记者联合欢谯英、美大使及其馆员，并自排滑稽话剧，有令英、美大使难堪者。例如有一幕，饰美大使与客谈话，其秘书亦在座：

---

① 刘绍周。

② 原文多一"无"字，已删。

③ 陈定。

客：大使，今天天气很好，大使以为怎么样？

大使：我想很好。（即回顾其秘书，言）你同意吗？

秘书：我同意。我想今天天气很好。

大使：我秘书也说天气很好。我也以为天气很好，是以天气一定很好了。

又一幕，饰英大使与一英侨谈话如下：

英侨：我有一件很重要事情请求大使帮忙帮忙。

大使：我可能做得到的，很愿意做。

英侨：我同一位苏联小姐结婚。

大使：很好，我还要恭喜你哩。

英侨：谢谢。但是我现在要回国，我太太也须得回去。

大使：可以向苏联政府办手续。

英侨：早已办了。但现在已经三个月，还不能得带我太太出去，是以我很焦急。

大使：你三个月带不到太太出去便焦急吗？我三年都带不到太太进来哩。

盖英使与其太太事件，大约记者均知，此次英使赴美，系接其太太同来。闻英、美记者及英使馆馆员对于卡尔大使感情极坏，使团中对渠亦不好，谓其架子太大。对哈里门大使虽不如卡尔之坏，亦无好感，谓其对记者绝不肯作任何负责之言，英、美外交官及公务员应付其记者之困难，不亚于中国公务员之应付求差事人也。但卡、哈两使对余感情极好，余对卡尔大使前亦曾婉言劝告。

一月七日（星期五）微雪、天暗

1. 下午五时，新任澳洲驻苏公使莫朗尼 J. Maloney① 来访。渠在

---

① James J. Maloney.

澳洲曾担任战时生产统制工作，据言开战以来，澳洲工业之发展非意想所可及，而其统制方法，系由劳资各部门所派代表详细商讨，然后拟定计划，该计划如政府采取，即事前分送各劳资所组织之机构，附以详细之说明（采取此计划之原因及施行之方法等等），俾预先知悉，并由该机构等向其会员解释及宣传，故统制绝无困难。此种所谓"民主式之计划经济"，有澳洲之平时劳资各种之良善组织，自为美善之制度。余询其战后是否能继续统制，彼以为除一、二小部门，如建筑业之一部等外，均将继续。彼又言，澳洲战时物价只涨百分之二十三，前月且有落下之势。余连日读英人所著关于外交及经济书籍，及英国各报所载社论等，已觉英人确已觉悟过去政策之错误，现已有决心作根本上之改革，例如：（一）决用武力与美、苏合作，维持世界之安全。（二）不再利用小国以制大国。（三）对德、日等侵略国，决意将其打击至不能再起为害。（四）对于内政，决心节制资本，加强政府之统制力量，尤以公共事业之统制。（五）决意推行社会救济事业。如是则余前所谓英将日趋于社会主义，即左向前进，苏将日趋稳健，即趋向于右，则英、苏不难得一共同携手之处，世界前途受益不少。现所再希望者，则美国亦能如英之前进，而我国军政要人亦明白世界大势，自己努力，领导全国人民力求上进，俾可对我军民种种牺牲，及总理辛苦艰难缔造此局面之至意矣。

2. 函陈维城兄，请其在英代购书籍，及代定【订】各种杂志。

一月八日（星期六）天阴，大雪

1. 《红星报》载，南斯拉夫在苏所组织之军团，不日可开往前线。该军团之组织系因德国在南斯拉夫强逼南人入伍，开来东线作战，该南人有机会，即投入红军，是以苏联将彼等另行组织独立军团云云，将来对南斯拉夫政治上，恐不无相当之影响也。报部。

2. 晚上九时，此间鸣炮庆祝红军收复 Kirovograd，该地德军力量集中不少，红军经四日苦战将其收复，影响德军在 Dnieper Bend 之全部甚大。

3. 与胡研究英文文法。

一月九日（星期日）天晴，有太阳，但甚冷

1. 郭武官报告，昨日晤美军事代表团团长甸中将 Gen. Deane，据云在开罗时，本与委员长暨 Mountbatten 等约定，于本月起，一方面由中、英陆军进攻缅甸，一方面由英、美海空军用大部分力量进攻 Nicobar Islands 尼哥巴岛，现尚无消息，深为挂虑云云。

2. 又 Adimiral Fisher 允电其海军舰长代余由英带些应用物品来此，故电陈维城兄，即代购手提打字机及战事地图，交其代带。此间平常物品已感阙乏，战时尤甚。

3. 德广播称：万国红十字会抗议战争方法之残酷，暗指盟军轰炸德城市而言，殊属可笑。德炸人时，该会何以不发一言，足证在近代战争中，无国可守中立，无一机构不为"御用"也。

一月十日（星期一）天阴，午后大雪，甚冷

1. 下午五时，赴澳洲使馆回拜莫公使，与谈澳洲政治情形甚久。

2. 六时，美参事 Hamilton 来访，问候余足疾，无甚要谈。

一月十一日（星期二）天晴，有太阳

1. 苏联政府今日发表宣言，对于苏波边界事，谓波兰前侵占苏联之白俄罗斯及乌克兰土地，业经由人民投票表决归还苏联。但所谓一九三九年边界，亦非不可变更，凡在该处有波兰人占大多数之地，亦可归诸波兰。即所谓仿照从前最高委员会所决定之克逊 Curzon 界线①，凡历来为波兰所有之土地，而被德占领者，亦可归还波兰，以扩大其领土。盖强大之波兰亦为苏联所企望，并望其能加入苏捷同盟，以防德国。惟波兰流亡政府份子与民众已失联系，不能在国内组织及指挥抗德之工作，反苏政策尤失民众同情。总之，苏波友善，一致抗敌，不独两国受益，即同盟国共同作战，亦所必需者也云云。语气较为和缓，其要求亦甚合情理，可使外间对苏怀疑其有侵略企图者，稍可放心，影响甚大。苏联此举甚为得当，余

---

① Curzon Line，寇松线。

读中外历史，觉国家与私人能大而不骄，对其弱小愈能退让者，世将愈佩其伟大，虽不敢以此期诸苏联，而但得其不为已甚，已属难得矣。至波流亡政府，亦应觉悟自己之错误，退而让贤，俾可局部改组，即与苏商洽合作，或尚有可为。但波政府能否如此办理，尚未敢言，余前与艾登外相谈论时，彼亦谓波政府人员不易使其明白，言之多所感慨。

2. 又前义外交部长奇安奴 Count Ciano[1]，被其岳父墨索里尼所组之法庭判决执行死刑。奇氏本为纨裤子，一九二八年尚在北平意使馆充二等秘书，一九三〇年返国，与墨氏之女结婚，返华充上海总领事，继升公使，再升大使。再而返国任外交部长，且有继任墨氏之希望，一帆风顺，为世所羡。乃继而与墨不洽，在党反墨，此次更促墨下台。墨氏固不足惜，而奇安奴则绝非应反墨之人。以利为重者，则君不君，臣不臣，父不父，子不子，结果如此，殊不足怪也。

一月十二日（星期三）天晴，大雪

1. 陈[2]秘书报告，见《纽约时报》记者飞路摩 Filmal。据云威尔基在该报发表之文章，于六天前已将全文拍来与苏联方面先阅，而苏联忽然对之如此不好，殊非意料所及。飞氏个人意见，以为哈里门大使为资本家之 New Deal 派，与威尔基政见上固不相同，即私人间亦甚不对，是以苏联骂威氏之文章，大约系哈使授意。此事余不相信，一则哈使为人必不做此等利用外力以报私怨之事。二则照威氏所发表文章内容，涉及波罗的海三国及波兰边界问题，语气且有以美力量压迫苏联之意，苏联自不能忍受。三则苏方绝不会因哈使之授意而做文章者也。大约飞君代表之报与威氏关系甚深，为威氏辩护起见而作此言，实则亦极无聊。美国记者之道德，余确有怀疑也。飞君又言，其《纽约时报》不日将其代表 William Laurence 调

---

① Count Galeazzo Ciano.
② 陈岱础。

往伦敦，因计第二战场于三、四月间即将开辟云云。又余前闻飞君前年在莫斯科与一苏联小姐（闻系一 Ballerina）恋爱甚热，但在美已使君有妇，且有两孩。去年初，飞君离莫返美，闻苏联政府已将其爱人发往别处，不许居莫。飞君万分焦急，在美与其妻离婚，即请威尔基先生特电史太林先生，谓飞君为有志青年，既与苏籍某小姐相恋，并拟结婚，故希望史先生成其美事。史接电，即特许该小姐返莫。数月前，飞君自美重来，即与其结婚，此间传为佳话。或者飞君因此而祖威，固属人情之常，但不必诽谤哈使也。又数月前，苏政府对于女子与外人交际，已采宽容态度，故英、美军政及报纸派来之少年，已不十分视此为畏途。但闻最近苏联对此又变更其政策，苏联小姐与外人来往过密者，每有被遣外省，故又不敢与外人亲密矣。

2. 瑞典使馆之一等秘书赫加罗夫①现有两便衣出入相随，但彼每日惯于早晨著内衣出外，在街上跑步半小时以为运动，故该两便衣亦须在后随跑，街上之人每目为怪事，而两便衣之任务特苦矣。又英军事代表团团长马台尔将军 Gen. Martel 亦有便衣相随，日昨马忽思往滑冰，出门时便衣队始觉，焦急万分，即电特工总部另派滑冰专家，另乘汽车即来紧随，均属笑话也。

3. 昨日罗斯福在国会报告在莫斯科、开罗及伊京会议世界合作情形，并提议加强国内抗战工作之办法五项。美国得其领导之下，或能渐改其过去观念，亦未可定，盖英已因所遇之危险而觉悟，渐趋社会主义之途，美国尚未受如此之痛苦，改革故较困难。罗总统领导工作，确不容易，其种种成就更可佩服也。（例如美报馆记者新自美来，多责难英国及加拿大过于捧苏及向左走，足见美国旧派力量仍存在不少也）

一月十三日（星期四）天晴

1. 苏军攻下旧波境内之沙尼 Sarny 城，直趋 Kovel，已渐近波京华沙矣。

---

① I. Hägglof.

2. Ralph Borsodi 在 *Asia America* 著文题为 "Must China Endure This Too?" 劝中国不宜蹈美、英、苏、日之覆辙，只求积极工业化，盖无限制之分工，并非尽为最经济之办法，盖有许多事业集中生产，其运输及分配之费用，往往有达生产费用之五倍以上，最少亦逾两倍。是以举天津面粉厂为例，其所出之货价已较乡间用石磨者两倍以上，是以渠主张中国应"近代化"，而不"工业化"，即如面粉一例，亦不必仍用石磨，可代以美国家庭用之小电磨。总之，中国应努力自制小机器，或采半工业化制度，只发展重工业及基本工业。末言古罗马因弃农村，专注重城市而亡，又即【积】极发展工业之国家，绝不能不采取帝国主义之外交政策，中国应以为殷鉴，颇有道理。

3. 今日为母亲去世末七，我过今日，便须除服，自觉万分对不住母亲，但我所处环境如此，尽忠便不能尽孝，因为对国家关系而不能不如此，然思之亦万分痛心，书此时，已泪随笔下。孔子云，子生三年，然后能免于父母之怀，我四十九日便须除服，何以自安。天实为之，谓之何哉。我只能如古人所谓守"心丧"，刻刻不忘我慈爱之母亲，一举一动亦以不辱我母亲，努力功业，冀如曾子所谓"立身扬名，以显父母"为孝矣。晚上将黑纱及黑领带烧毁。

4. 昨晚梦见五伯父，并与驳论。

5. 胡[1]委员谈苏对外贸易部对我国似表示不满，余谓国内亦有种种困难。

一月十四日（星期五）天晴，瑞雪纷纷

昨晚哭母，至夜深尚不能睡，起来读自英使馆借来 H. W. Blood-Ryan 所著之 *The Great German Conspiracy*，其所述德外长 Ribbentrop[2] 之历史及其对希特拉之影响，并末章所言波兰 Pilsudski, Beck, Kazuiierg, Sosnowski, Smigly-Rydz 等，种种好高务【骛】远、不尚

---

[1] 胡世杰。

[2] Joachim von Ribbentrop.

实际、亲德反苏，对内专事压迫民众，对小数民族尤为苛待，排犹运动更甚希德，以致大好河山为敌占领，人民颠连失所等等，均所未闻者，甚觉有趣。著者在德从事印刷业多年，著述甚富，与德、波要人均过从甚密，故珍闻如是之多，余不觉直读至今晨四时半始已。

下午与与静尘、济邦、承庸，同出外交商店购物后，在高加索饭店用午膳。该店烧羊肉甚为有名，余本怕食羊肉，但该店所烧，余亦可食。济邦言，今日为俄旧历新年，昨晚有俄男子以电话询其名字，盖俄俗于除夕之夜，未婚男女在街上可随便询问所遇之女子或男子（男询女，女询男）姓氏，相传其将来所婚者必为该姓，如不在街上，则在电话上随便拨叫一处，有接谈之人如系不同性别，询之亦可。

晚上，刘参事夫妇请苏联外交部远东领事、交际各司长晚膳，托尔斯泰之女孙亦到，宾主尽欢，直至夜深始散。

一月十五日（星期六）天阴，微雪，颇冷

英广播言，波兰政府发表宣言，大致谓：自波政府于本月五日发表宣言后，苏联政府即发表对于苏波问题之宣言，其中有波政府不能不答覆者，波政府不能承认单方所决定解决边界之办法，但为表示其诚意，欲求得公平及可接受之条件，及表示同盟国之团结起见，愿意英、美两国政府参加解决苏波边界及苏波间一切之其他问题，盖如此办法，亦系欲维持同盟国团结之意云云。英方赞许波兰此举，美国务院则表示注意此事。下午余往美使馆看电影时，希腊大使 Politis 以为苏方未必愿意，盖苏联已一再表示，苏波边界不愿外人干预，且波政府如此，一则表示对苏不相信，须英、美保证；二则似有欲借英、美力量以应付苏联。加拿大威使则以为，波兰政府本身亦有其困难，盖丧失土地无论如何不易得其国人之谅解，故不能不借助于英、美，且波兰如此亦算让步，恐英方已出不少力量，始能得此。路透社代表琼施 Harold King 言，彼亦以为苏方未必满意，但波政府能局部改组，苏方亦有接受波所提办法之可能云云。

余以为苏方未必能接受英、美之干预。

苏军昨克复摩施利 Mozyri 城，在尼把 Dnieper 河湾之德军大受威胁矣。

盟军在缅甸已有进展，大约亦开始有所动作矣。

德国公布于星期二击落美机百余架，系使用新发明之：（一）Mobile Balloon Barrage，此种活动汽球掩护网，系以汽球悬四千公尺之线于空中，附以水雷，先用特种飞机以每小时二百公里之速度带至上空，敌机被所悬之线缠绊时，一方面不能行动，同时水雷爆发。（二）德机使用 Rocket Shell，惟究竟此项新发明效力如何，余尚不敢信也。

伍庆培甥来函，谓已在哈佛大学考得工科学士。余去年在外部派其为驻芝加哥总领馆甲种学习员，但近来我国在波斯顿新设副领馆，彼欲调往，俾可在哈佛大学继续研究，余即代其电吴次长国桢，并电覆之。

一月十六日（星期日）天晴，甚冷

今晨天气甚佳，且余久未出门，故与静尘、济邦、承庸步行至桥东公园折返，因余足疾新痊，未敢多行。

所谓"蒙古人民共和国"总理"蔡宝珊"Choibalsan 于十四日抵莫斯科，彼前数次之来苏联于发表时，均载明其到此之任务，但此次则无。电部报告。

一月十七日（星期一）天阴

苏联政府关于波兰事件发表公布，大致谓：（一）波兰政府之声明，未明白表示接受以克尔逊 Curzon 线为解决苏波疆界之原则，等于不接受。（二）苏经与波政府停止邦交，不能与停止邦交之政府谈判，苏之与波政府停止邦交，系因波政府就加他尼村 Katyn（near Smolensk）杀害事，曾积极参加德寇之中伤运动，公然表示敌意与反苏。（三）苏联各界咸认上述各节，乃波现政府不愿与苏联树立善邻关系之表征，又云加他尼村事件，苏政府已特组调查委员会，该会工作不久便可完毕，结果亦将公布云云。更证以昨日苏报所载攻击波兰政府各项新闻，则余谓恐苏政府对波兰所表示之答覆不认为满意，真不幸而言中矣。

苏联又在《真理报》发表新闻，谓据《真理报》驻开罗记者十二日电，谓由希腊及南斯拉夫方面可靠人士获得消息，日前在披连尼半岛（西班牙、萄葡牙）沿岸某城市内，有英国重要人二人，与德外长里边托落 Ribbentrop 会晤，此项会晤之目的，系欲探悉对德单独媾和之条件，相信不无结果云云。苏方发表此项消息真意所在，殊难揣测，是否英方真有此举，余不敢言，盖莫斯科四国宣言签字之墨水未干，罗、邱、史三人在伊京会议所谈，言犹在耳，忽有此卖友食言之举，英政府负责人员能否为英舆论所容许，余万分怀疑。即有此消息，苏方自可以同盟关系向英政府询问。乃不出此，而将此消息公布，直等于宣布英国卖友，及对其国民宣布英国不可靠，影响至为重大，或者系因英对苏波事件之态度，苏政府认为英为祖波（英政府表示对于波兰宣言热情赞助，余前亦以为不智），[①] 并有其他用意（例如仍欲利用波兰以制苏种种），故用此以向英国警告欤。果尔，则似太过，因此举可引起许多政治上不良之影响，例如英或认为苏有意单独与德媾和，故先作此种宣传，则先与德接洽，亦非不可能。总之，苏英间发生此种误会，于我国万分不利，同盟国果因此而分裂，则我国前途自不堪设想，而世界和平亦由此而绝望，人类之罪恶果真至须自相残灭而不止耶，则上帝惩罚罪恶者，亦未免过苛矣。将消息报部。

下午访希腊大使波列地斯 Politis，彼对英秘密与德谈单独媾和事，谓绝无所闻，料非希腊传出消息，盖苟有此消息，其政府必电告渠。彼又言已电询其政府，如有消息将即告余。余询其英广播，渠与苏外次干尼触接洽情形。彼谓现希腊沦陷区西海岸施的斯 Sedes

---

① 傅秉常于此处之两行之间，另撰一行文字："又此项消息，声明系十二日来，又并未照例注明迟到，十七日始发表，亦似有意表示如非因波事件，苏亦可信英政府不至如此。"

游击队之领袖西花斯 Gen. Servas，与东海岸依奄 EAM 游击队之领袖沙刺菲斯 Gen. Sarafis 及打斯婆拖波刺 Gen. Despotopoula 不能合作，故希总理梳地劳斯 Tsouderos[①] 广播劝其合作，共同抗敌。英、美政府均有正式表示，同情劝告合作，希政府曾向苏表示，欲其有同样之表示，苏政府已答应，故一面由莫斯科广播电台发表劝告，一方面正式由于次长以书面将劝告文交渠。渠又言，希腊情形与南斯拉夫不同，一则希无种族宗教之分，二则希腊为欧洲各国中，共产党最少者，盖自一九一二年 Venizelos[②] 将大地主之土地没收分与小农以后，希腊农民均享有土地，故一变而为最守旧之人，而希工业之发展，亦多政府管制，故无共产党发生之可能，是以在第三国际，只希腊无代表云云。

一月十八日（星期二）天阴

英政府于昨晚已发出宣言，否认《真理报》所载英要人与德外长商单独媾和之消息，谓为全属无稽，今日伦敦广播再三言之。

美国务卿赫尔对记者言，美政府因波兰政府之请求，已训令美驻莫斯科大使向苏政府表示，美愿助苏、波解决其疆界问题，但苏政府尚无表示云云。

上午访加拿大威使畅谈，渠言：（一）关于苏波疆界问题，在莫斯科会议时曾提出讨论，莫洛托夫谓波政府既持反苏态度，苏不能与商谈。艾登返英后，即劝波政府自动改组，并与苏商疆界问题，波似有允意，故艾登再往参加伊京会议，再提出此问题。是时，史太林似注重军事方面，故表示：（a）波政府向持反苏态度，命令其在波兰之工作人员一方面反苏，一方面不独不从事抗德工作，反而对抗德之游击队加以攻击。（b）波军队不加入对德作战，闲居近东，只冀苏军流血代其夺回国土，俾彼等可保全其现有力量，以为将来对付苏联之用，世事不平，莫甚于此。（c）苏方对于疆界问题愿取

---

① Emanouil Tsouderos.

② Eleftherios Venizelos.

宽大政策，依据克尔逊线为解决之原则，当时邱吉尔首相允即设法
将波军调往意大利作战。艾登返英后，再劝波政府勿持反苏态度，
即令其在波工作人员合力抗德，及即从事改组政府。不料苏军进展
甚速，已进波旧边界，故波政府立即发表宣言，令其工作人员勿事
反苏，不幸该宣言中措辞有使苏不甚满意者，尤以谓波政府拟与苏
成立协定，该协定成立后，则其人民应与苏合作。苏方便解释为苟
协定不成，波人民便应反苏。更证波政府中人反苏态度绝未稍减，
是以苏政府于十一日发表之宣言，虽声明以克尔逊线为解决之基础，
同时对波政府极力攻击。波政府对此点，且对于苏宣言中所引一九
四一年人民投票归还苏联极为不满，拟即驳斥，艾登极力劝阻。波
政府卒允发表十五日之宣言，全文于十四日先由艾登交苏联大使，
并劝苏政府接受，此为英政府欲调解苏问题苦心之经过，不幸不为
苏方所谅解。至于苏联昨日所发表之新闻，谓英派人与德外长商单
独媾和一事，英政府业经否认，彼本人绝不相信英领袖能不顾舆论，
作此卖友失信之事。而苏方苟用此以为表示对英不满之举，则影响
殊不好，因英国人士素以守约履信自豪，诬其背信卖友，英人自不
甘受，反响将极不佳，彼深为同盟国前途虑云云。彼询余对此之意
见，余谓余曾向英国友人言，对波兰事宜注意下列各点：（一）波兰
政府领袖确系持反苏态度，且政治见解亦系倾向独裁及反动，且迭
次明白表示波兰之责任系代西欧文明，防止赤祸之侵入，故英、美
为其自己利益计，亦应助波成为强大之国家，始克达此任务云云。
此种见解自不合时宜，英、美有识人士自一笑置之。但英、美亦尚
有小数极端守旧者表示同情，故亦难怪苏联方面仍不无疑惧。苟英
方态度过于表示支持波方立场，则苏方反响将极不好，盖苏联人个
性本极多疑者也。（二）就疆界事件言，波方于一九二一年以武力强
占苏联领土，现苏力量充实，即再占波兰之土地，亦系常情，盖侵
人者，反受损失之报应，为自然之天理。今苏只取回自己之失地，
即用苏联之流血驱逐德军，而收复之波兰土地亦将还诸波兰，公理
人情自不能再有批评苏联半句。苟英、美尚谓苏联前被波侵占之领
土，现虽为苏自德方克复，亦须奉送与波兰，而波兰与德合谋而分

割捷克之土地，亦应归诸波兰，则何以使苏人不疑英、美确欲利用波兰以制苏。（三）德军崩溃，占领波兰者必为苏联军队。苏方既有其如此理由，则英、美是否能用武力代波兰将其驱出，英、美抑是否愿意因波兰此种无理之要求而与苏决裂，而准备第三次世界更惨酷之大战。（四）吾人设身于苏政府之地位，是否能再容许以上种种，故英、美政府对于波兰之道义上，亦应明白告之以实在情况，不宜使其有不能达到之希望。至于苏报所登英与德商单独媾和事，余颇知英国情形，亦以为绝不至有此事，而苏方真用此以警告英国勿干预波兰事，则似太过，盖对其本国亦已发生不良之影响，因昨日刘参事之小姐自中学校返，已谓全校均谈英德单独言和，出卖苏联，异常失望，只谓系波兰逼成者，此可见一斑。威使深以为然，并云美国对波问题亦有困难，因波兰人在美共有七百万，集中三处：（1）纽约某区，大约系一八三二年革命逃美者，多系农民，且为共和党（纽约本为民主党之地，但此区之波兰农民则多属共和党）。（2）地拖来 Detroit，多属后去之工人，福特 Ford 汽车厂之工人多数为波兰人，其知识水平较低。（3）奇里夫兰 Cleveland 城，亦多属工厂工人。因此，七百万之波人集中三处，故选举时力量甚大，今年为竞选之年，罗斯福是否能不顾彼等，诚属疑问云云。

　　下午访法解放委员会[1]大使加卢 Garreau，彼言：（一）苏联政府对伦敦波兰政府之人，不独对其总理及总司令不满，即余等素目为亲苏之 Kote 亦不相信。加本人与曲系好友，但谈及苏波疆界时，曲亦表示不能接受克尔逊线，因波方绝不能放弃 Vilna 及 Lwow 两城。（二）《真理报》所载英德密商单独媾和消息，彼意非为波兰事件，因该件不值得如此手段。彼以为仍系为第二阵线问题，大约英美方面失信所致。彼谓有一事件，可证苏对英美所谓第二阵线仍不相信者。缘去月于苏方招待捷克总统贝尼斯观剧后，用茶点时，加卢本人与莫洛托夫谈及加之儿子，在英之法国航空队正候第二战场开辟，参加作战。莫即问第二战场何时开辟，加卢非常惊讶，答谓此事彼

---

① French Committee of National Liberation.

应问莫部长，盖第二战场开辟之期，岂非在伊京会议业经决定耶。莫故意高声答谓："是的，倘彼等能践诺言。"彼（加）又谓英德密谈此消息登载后，影响不好，美国方面已有谓苏方准备与德单独言和，故先作此谣言云云。

中央电台广播，昨日敌机三批再袭重庆，在市内投弹，死数人云云。渝市本非军事要地，日人对我之血债终须清偿者也。

晚上梦窥贵妃出浴。

一月十九日（星期三）雪

昨晚莫斯科广播及今早苏联各报，均已登载英外交部发出否认与德秘密会商单独媾和之消息。

下午五时往访美大使哈里门，据言：（一）关于《真理报》登载英与德密商单独媾和之消息，其用意何在，彼尚未知悉，彼不便于此时询问莫洛托夫，但绝非因军事问题，因关于开辟第二战场及军事种种合作之计划，在伊京会议已详细决定，英、美对于此项计划完全依照履行，苏方迭次表示深为满意。（二）关于苏波事件，彼奉美政府命，向苏表示愿帮助解决，苏方之态度甚佳，现虽与莫洛托夫稍有交换意见，但尚未至有具体提案之程度。而此事之最大困难不在疆界，而在使两政府互相信任，盖波政府中确有反苏及反动份子，例如其总司令 Sosnkowski① 及宣传部长 Kote 等，此等份子仍居波政府领导地位，确不易使苏相信。故为波政府计，似宜将政府改组，而同时在苏方面，亦可因苏力量已大为增加，亦可持伟大之精神，谓汝等前虽反苏，但我以宽大待汝，汝宜自省，痛改前非。英、美因苏之伟大亦将对苏更为尊重，波之反苏份子更不敢抬头，但此亦不易希望苏方做到，故此事前途绝不可乐观。其本人工作更有困难者，则美国人士对苏波疆界关系甚少知悉，即所谓克尔逊线亦甚少知为何物者，彼等只知大西洋宪章，及人情表同情于弱者之原则，多半袒波，且波兰选民共有五百万在美，力量不少。惟最堪

---

① Kazimierz Sosnkowski.

告慰者，则英、美、苏三国政府均已共同决定，不因波兰问题影响三国之合作。哈使继询余对此之意见，余告以对疆界，不能使苏让步，哈使若能使波政府改组，去其反苏份子，同时使苏与之合作，而不另组政府，则其于苏、波之贡献异常伟大，盖一方面可使苏不疑有人利用反动反苏之波兰，一方面使世人明了苏联无赤化其邻邦之野心，于同盟国合作及世界前途均极重要。彼深以为然，并谓英、美固不会支持反动之波兰政府，但波兰人民自不会乐意接受苏联式之共产制度，故为波兰人民幸福计亦宜如此。（三）关于波军官被杀害事，彼曾与史哥斯基 Sikorski 面谈，批评其请红十字会调查为失策。史哥斯基亦自承认，谓当时彼适卧病，其部属持此劝其签发，彼一时失策为之。哈使与余均以为此次战争双方之惨酷，远过有史以来战争所有者，尤以德、苏为甚。波军官士兵固难求苏待遇彼等较优于其待遇苏联人民也，彼又谓波司令晏打斯 Gen. Anders[1] 等，从前确信苏军不能支持，故将其军队调去，不允与苏共同作战，此为最大错误，而伦敦波兰之报纸复不断攻击苏联，此种事件自当发生不良之结果云云。摘要报部。

英军事代表团之联络武官希露上校 Col. George A. Hill 请午膳，席中多英军官，有曾在缅甸作战者，据云，以陆军由印攻缅确为不易云云。

两日来，美国各报对苏登刊英密与德商谈单独媾和之消息，多所评论，均表示不以苏联此举为然，果不出余所料。苏联人确不明了英、美人情及思想，亦犹英、美人不明了苏联人之思想，合作之难有如此者。

一月二十日（星期四）天晴

上午十二时，访阿富汗大使阿密亲王[2]，渠对时局仍表示悲观，以为打倒德、日之侵略者后，仍代以英、苏，盖英、苏之历史未尝有可使人信其不侵略者，即最近苏阿边界所发生冲突亦足为证。此

---

① Wladyslaw Anders.

② Sultan Ahmed Khan.

种在河中之小岛与苏抗战绝无关系，何必强自弱小之阿富汗夺取。阿只请苏方提出该岛所有权之根据，苟有理由，阿自可退让，而苏置诸不理，终日使其边境军士越境放枪、屠杀无辜之人民则又何必。其子适自阿来探渠，故渠异常欣慰，并著其子与余相见。该少年十六岁，中学三年级生，人尚沉实。据阿使云，依照阿富汗皇族条例，亲王均须入伍，但彼则欲其子出外留学，故须设法请阿皇特许，然亦不易云云。

苏军在北路列宁堡附近开始反攻，经五天之剧烈战争，今日夺回 Novgorod。德军死伤甚重，红军尚有如许大量之军力，在北方开始大规模之反攻，更证其力量之雄厚矣。英、美军在意大利亦攻克 Minturno 城。

美国各报社论继续严辞责难苏方《真理报》刊登英德谈和之谣言，目为阙乏合作精神。重庆广播亦谓我国舆论亦以为"大可不必"，故各报均不登载。

本年第二期《战争与劳工阶级》所载论文中，有：（一）关于西欧战场，谓登陆最后准备已完成，受祸已深之欧洲各国，有权希望同盟国不再发生如在意大利之迟钝情形。又此时希德只望同盟国内各败北主义者，及主和份子之活动，可惜此种阴谋未闻有相当制止云云。余以为英、美军在意大利之进展确属迟慢，难怪为人不满。但第二战场尚未开辟，而先用教训之口吻，著英、美不可迟慢。英、美人士自骄之心理最强，苏联待之如小孩，施以教训，反响必不良好。至批评英、美不禁止小数派之言论，亦系不明英美国情，盖英、美目言论自由为彼政治上最大之进步，苏联此种批评，迹近著英、美亦须仿照苏联之办法，完全禁止反对派之言论，英、美当不以为然，且有干涉其内政之嫌。（二）论意大利情形一文，谓 Badoglio 政府尚未消除法西斯主义，未将政治犯释放，对反法西斯各党未授予政治上之自由。总之，莫斯科会议关于意不利之宣言所定各原则，迄未实行云云。（三）关于希腊抗敌一文，谓 Sarafis 之国民解放军抗敌奋斗，而 Zervas[①] 之反

---

① Napolean Zervas.

动组织以消极抵抗为名，实际上协助敌人对解放军作战，在开罗之希腊政府拒绝与解放军合作，而援助 Zervas 之反动组织，引起各前进爱国团体对政府之不满云云。（四）论 UNRRA[①] 之组织，谓各方对该局有两种趋向，一为纯粹援助被侵略各区人民复兴之志愿；一为英、美若干事业家为本国利益之用意，其中亦有保障战后发展贸易之欲望。论及该局重要实际问题，则谓应注意：（a）援助之分配须公平，但对此尚未有具体议决。（b）援助之清算，例如对于将来救济德国及其同盟所用之费，是否须其偿还。英、美等主免其偿还，而中、苏等国反对，卒由多数决议，应著其偿还。（c）在各国境内工作之方法，经决定由各该国负责分配，最后并谓各国应特别注意该局工作，方期办理妥善云云。余以为关于意大利事件，则该顾问委员会，苏亦有代表，不在会内提出意见，而以公开之批评，于会议精神似有不妥。关于希腊，则对人国内某派公开袒护，且攻击同盟国之政府，自系干涉别国内政之举。关于 UNRRA，该局之组织本为美国一种善意之举动，苏联政府亦经赞同，且派有代表参加，在会内亦极活动，而今反谓人组织此局系谓私人图利，对于内部会议情形公开登载，于人情上及会议合作精神上，均说不过去。总之，以上各种文章，均于同盟合作极有妨碍，更使英、美之反苏份子益为抬头，苏联此种举动固属不明英、美人情，恐亦半因苏联领袖觉红军节节胜利，因此而骄狂。在连日种种误会之后，再发表此种文章，希特拉及东条[②]见之，应代此种文章之作者建立铜像，以谢其救助垂亡之德、日也，余心万分忧虑。

一月二十一日（星期五）天阴

接部转来秉坤、秉彝电，谓母亲丧事已照余电，于十二月廿七日大殓，一月七日家奠，九日出殡。仪式单简隆重，棺木已算柳州最佳，其他亦算上乘，暂厝寄柳州南海翠山，自营砖屋遮盖，费用

---

① United Nations Relief and Rehabilitation Administration，联合国善后救济总署。
② 日本首相东条英机。

约二十万圆以下。除前存七万，后汇十万，奠仪万余，适可足用，各事均由渠两人办妥云云，如此我尚稍可安心。我此次虽因来苏，不克送终，但积借薪水，尚可筹得母亲之丧费，亦最不幸中之小补。我前晚复梦见母亲与十二姨母，及婵姊，醒而思念，至晨五时始能再睡。

与陈参事、李、钱两随员[1]同出购物，得英文旧书数本，John Ruskin's works。

一月二十二日（星期六）天阴

英、美军在罗马之南岸登陆，并占那当奴 Nettuno，更证在义军事进展之迟缓，是不为也，非不能也，英、美人自私之心，确须苏联粗直手段对付。

下午往美使馆看电影"Ms. Jordan"，甚有趣。英使馆一等秘书 Crosthwaite 告静尘，《真理报》绝无记者在开罗，埃及政府又云，检查员未见有此项电报发出，故非苏政府伪造，便为苏驻埃使馆报告之谣言云云。

一月二十三日（星期日）天晴

天气仍不甚好，故未出散步，终日在家临礼器碑，及钟繇宣示帖。

德广播谓，苏联政府限 Alexander Werth 立即出境，系因昨在 Katyn 调查波军官被杀事件，彼向村民私自询问，所言非苏政府所愿云云。查 Werth 为 B. B. C. 及 *Sunday Times* 代表，在此任英美记者联合会会长，如真有限令出境情事，绝非因此小事，恐亦系对英方又一种表示。在此共同作战胜利将临之时，我同盟国发生此种裂痕，且似日甚一日，殊为痛心也。

昨晚，又梦随母亲及另一素不相识女郎，同出市场购物。

---

① 李肇瑞、钱承庸。

一月二十四日（星期一）天晴，甚暖，华氏表二十七度，街上雪溶化

刘参事言，昨晚著胡随员以电话查 Alexander Werth 事，彼亲告胡，绝无令其出境情事，德人造谣，真无中生有也。

下午五时，希腊大使波烈地斯 Politis 来访。据言，《战争与劳工阶级》杂志关于希腊之论文，系布加利亚共产国际代表菲刺哥夫 Vlahov[①] 所著，彼系布人，当尽力反希。波使个人不信苏政府有何坏意于其间，盖前星期渠见莫洛托夫，关于响应希总理劝告国内抗战份子团结一致对德时，莫态度甚好，且云：希腊事，莫等知悉甚少，且希腊亦无共产党可以利用，又连日两派已商妥合作矣。又言，今午自土尔其大使方面得来消息，连日芬兰急欲言和，亟请美方出任调停，现美哈使正在进行中，但芬兰不欲作无条件投降，而苏方近已在北路开始反攻胜利，对此稍为冷淡，故哈使工作似不容易云云。

郭武官报告，英军事代表团团长马台尔上将 Gen. Martel 三日前致函苏参谋部长，谓到此三年，因不能赴前方参观，故对苏军作战情形一无所悉，现不日返英，无从报告，故请苏方即予以便利，俾往前方一行，措辞表示颇多不满之意。彼与苏联向称接近，此次如此，亦出人意料之外。

晚上，刘参事夫妇在馆宴美大使哈里门及其小姐、加拿大威使夫妇等。威使言，苏联《真理报》登载英与德密商单独媾和之消息后，苏方曾有人告渠，此段新闻之刊载，史太林及莫洛托夫均事前无所闻。又苏联政府曾派其驻英大使，亲往面谢艾登调停苏波事件云云。大约系苏方因觉自己所为使英太过不去，而世界舆论之反响极为不佳，故作此而为补救欤。君子之过也，如日月之食焉，能知而改，则终不失其伟大，益足使吾人增加其敬仰矣。故余闻此，甚为欢慰。

王蕙芳自英国来电，谓彼已赴英，托余转向周怀璋处查访黄恩赐消息，即复以无法与香港通电，著其试询妙儿。

今日为癸未年除夕，回忆三十三年前父亲去世，适在十二月二

---

① Dimitar Vlahov.

十五日。故除夕之日，万家庆祝，我遭大故，悲惨益增。故每年除夕闻爆竹之声，则父亲去世之悲惨情形历历如在目前，今年更加以母丧，其难堪之情，匪笔墨所能形容于万一，吾不能再书矣。

一月二十五日（星期二，旧历甲申年元旦）天晴，有太阳

今日始，我已四十九岁矣，忆我于二十三岁在军政府服务时，曾希望于三十岁当简任官，四十五岁当特任官，五十五岁致仕，奉母以终余年。结果，二十五岁便当简任官，三十六岁曾特任西南政务委员会委员，未四十而被选为党中央执行委员，去岁特任驻苏大使，愿望先后可云达到，只不能奉养母亲，则我致仕之心自当不如前之切，回国之念亦不如前之急矣。

连日美国各报社论，对于苏波疆界问题，多著论赞许苏方所主以克尔逊线为谈判之基础，对苏不愿与波流亡政府交涉，亦不十分责难，故态度尚不坏，稍可放心。

连日读潘尼嘉 K. M. Panikkar 所著《亚洲西南区之将来》一书 *The Future of South-East Asia*，其观察虽多袒英者，但亦明白指出各地民族自由之运动，不能再为阻止，故对：（一）印度，主张许其独立，惟回教徒之 Pakistan 亦宜准其独立，与缅甸共成三独立国，仍由英指导。（二）暹罗亦宜许其独立，并扶助其经济之发展。（三）安南应分为两部，以安南、东京及 Cochinchina 三区成为独立之安南国，政体采君主立宪，另以柬波寨及 Laos 另成一区，两部各自独立，并谓法人管理安南，只知剥削其人民，绝无半点为土人利益之设施。（四）荷印之管理亦极不好，荷印土人共有七千万，政治组织及其文化水平本亦甚高，但经荷人二百五十年来之统治压迫，人民生活知识日益低下，欧亚人之待遇更不平均，教育、司法，均不相同，国防则更谈不到。此次战争发生，荷女皇允将来许荷印之独立，与荷兰本部处于平等之联邦，故著者颇为荷印辩护。（五）星洲马来岛，则主联合成立联邦政府，只星架坡及吡□因军事上关系，仍须由英国管治。作者并主张另设一最高委员会，由英、美、中、印、荷、澳洲及各区共选代表二人组织之，其职务为监督各区之行

政机构，实行解放及民治政策。该书著者系一研究历史之人，并曾充印度王公委员会之秘书，是以对于各区之情形研究所得不少。其所指出之毛病，除关于英国及荷兰部分外，均似不无见地，只对荷印主张，过于袒荷矣。

晚上杨秘书、李、钱、唐等共宴勾秘书[①]。

一月二十六日（星期三）天晴，午后有太阳，甚暖

下午，澳洲阿菲沙参事来言，彼奉调赴渝主持馆务，渠人甚老练精干，在渝或可略展所长，此间真无用武之地，彼亦乐于离此。即电部报告。

今日为静尘、岱础两兄生辰，故我与彼两人联合宴馆内同人，并与勾秘书饯行。彼等本拟于后日举行，盖余生日为后日也，但我一则因母丧悲痛，二则连日精神上万分难过，私心痛苦，不能为外人道者，故提早今日举行，然亦只强为欢笑而已。

晚上，英广播言，美政府宣布苏联政府已拒绝美国调解苏波事件。

晚上，梦某君（伯华兄）询余×小姐对渠爱情，及将来之结果，余戏著其书一字，代其试测。彼写一"生"字，余谓不妥矣，照"生"字测之，则佳耦终难成（佳头难美），即上半期（生字上截加点为半），亦系男（左）似有意，女（右欠点）实无心，男若执迷不悟（另在左加一牛），则只受牺牲，相与大笑。

一月二十七日（星期四）天阴，不甚冷

下午三时访美使哈里门，据言苏联政府关于调停苏波事件，向美政府表示感谢，但认为目前能利用美国此种善意之时机，尚未成熟云云，系指波政府改组而言，盖苏方认定波政府重要份子中，仇苏者仍在，且此种人仍高唱其利用波兰地位，作成防苏之卫生线之政策，苏方绝无与商量之可能。大约苏方所最厌恶者，系所谓防苏

---

① 杨树人、李肇瑞、钱承庸、唐盛镐、勾增启。

之卫生线政策，故目前情况之下，只能看波兰方面是否觉悟，自行改组矣。至彼与莫洛托夫商谈此事时，苏政府并未有对美国干预此事，因而不满之表示，且甚欲苏波事件不至影响英、美、苏三国之合作，是以此事前途困难虽多，尚未绝望，惟苟处理不善，双方绝不让步。苏军已进占波兰，另组织政府，则不独波兰国内自己将发生内战，而世界前途亦受最坏之影响。余询其依照彼与苏联方面讨论时，苏方有欲另组政府之表示否，彼谓尚无，彼个人以为苏方苟能得一不反苏之波政府，如捷克者，则甚愿意，惟真无法时，则不可预测矣。余又谓艾登在英国会报告，谓英国政府不能承认一九三九年以后之疆界，大西洋宪章之原则应当维持云云，彼意见以为如何。彼谓照彼所得之印象，则艾登之意，系各国疆界之变更，须在和会时共同讨论，苟在和会前有所变更，自须双方同意，不能由单方决定，自系合理，至关于英苏关系，苏方发表开罗谣言后，美国舆论对苏之反响异常不好，英、美人心理，苏方确不易明了。余又询其芬兰请美出任调停之说，渠谓绝无其事，数月前，美曾劝芬退出轴心团体，但芬要求恢复一九三九年苏芬战争前之疆界，宛然以战胜国自居，当无可进行。继谈及土耳其问题，彼云莫斯科会议前，土方对苏确多疑惧，但莫斯科会议后，并经罗、邱再与土总统晤谈，空气似稍好转，惟土方所为，苏仍以为未尽其应有对同盟国之义务，前途尚不无困难云云。

今日艾登在英国会关于苏波事件之报告，哈使虽如此解释，但余以为直等于对苏联作一极强硬之答覆，苟苏方不让步，则前途极形黑暗，同盟国间发生此不幸事件，诚足痛心也。

阿根庭政府宣布与轴心国断绝外交关系，自系受美国强硬态度之影响。

一月二十八日（星期五，旧甲申年元月初四）

今日为余四十九岁生辰，昨晚因有最不快之事，直至今晨七时始能成寐，即梦×妹致书与我绝缘，辞意凄然。余持书反复百诵，枕上青衿斑斑情泪，天乎天乎，夫何使我至于此极也。彼确有其隐衷，不得不与我绝，余何忍更缚以情丝，增其痛苦，亦只能合十和南，祈天护佑，使彼前途幸福之无穷矣。此后我虽心如死灰，但对其爱我之情，将与我此身同埋诸棺冢也。醒时，则泪痕满枕，余痛犹存，我四十九岁之开始如此，亦应自警惕欤。

英国情报处昨谓南斯拉夫之陆军部长米海露怀芝 Gen. Mihailovic[1] 有通敌嫌疑，同盟国方面正在搜查证据，如有所得，当与断绝关系云云。南斯拉夫政府所处地位，殊为困难，南皇[2]比德更为可怜。大约米氏之政策系欲与敌妥协，谋保全实力，一方面压迫反对派（左派及较前进份子），俾德国崩溃后，尚可自拥有较大之军事力量，以固自己之地位。此种政策当为正义道德所不许，亦自为苦战之盟军所不容，不幸南皇年少无知，其左右又多反动自私之辈，尽力赞助米氏计划，结果将于南政府万分不利，世人不能不承认 Tito[3] 将军之解放抗德军政组织，为南国之正统也。迩来欧洲各小国政治家多欲保存自己力量，只图别人流血，替其解放，于自己稍有半点牺牲，便强不让步，大声病呼，此种以弱小而欲占强国之便宜小计，必不获良好之结果。处小国之地位，能有大政治家之风度，如东里子产者，中外古今所不易得，岂能责诸今日欧洲之小国哉。昨晚南斯拉夫大使施密 Simic 及其夫人请晚宴，余不便询其南国情形，但其处境亦良若矣。

苏联最高委员会于今日下午七时，在克姆霖宫大会堂开全体会议，外交团亦被邀请旁听，余偕勾秘书同往。无甚开幕仪式，主席宣布开会后，即由财政部长提出预算案，说明约一小时半后，便宣告散会。

余于下午七时本邀请澳洲阿参事同赴高加索饭店，与渠饯行，不幸下午四时始接外交部电话，请往大会旁听，故不得已，请绍周兄代表，及函阿君道歉。我亦因临时未能准备夜饭，故只能食胡随

---

[1] General Draza Mihailovic.

[2] King Peter II.

[3] Josip Broz Tito，铁托。

员送我生辰之蛋糕两件。我每年生日均应酬太多，常有因饮食过量而不适者，今年反须饿一顿，亦可笑也。与胡谈其工作事。

一月二十九日（星期六）天晴

下午赴美使馆看电影。

晚上在馆宴英美记者数人，Henry Shapiro（U. P.）、Alexander Werth（BBC，*Sunday Times*）、Majorie Shaw（*London Daily Mirror*）、Flemming & Salisbury，彼等对于英苏关系异常悲观，亦难怪其如此也。

英、美政府对西班牙渐取强硬态度似稍有进步矣，又英、美政府昨今两日继续公布日军对英、美俘虏之残暴行为，实则此种暴行日军在华作战时，对华人所为之残酷较此为甚，不过今始对其人民施之，彼遂登载矣。

一月三十日（星期日）

接李君自国内来函，谓与某小姐和好如初。忆余在国内时，曾戏代拟函，草稿尚在行箧，重录如后：

> 代李○○拟致○小姐书：
>
> 序：余友李○○，贾宝玉之流亚也，与○小姐相爱恋，每以情况见告，绘影绘声，手舞足蹈。一日，忽接小姐书，不满相与共处之环境，而请告绝，因仿缪莲仙游戏文章体，戏代拟此覆之，其中云云，均写实也。
>
> 某某顿首　○○小姐妆次，接奉　惠书，反覆百诵，悲从中来。嗟嗟，弱质书生，岂惯相思之苦，多情倩女，竟赢薄幸之名耶，天实为之，谓之何哉。回忆去岁，孟冬佳月，乙酉良辰（旧十月二十三），弦月斜照而窥窗，小鸟倦飞而恋树，我与卿也，旧雨重逢，初通情款，玉软温香抱，露滴牡丹开，卿半就半推，堪怜娇怯，我又惊又爱，不免蜂狂。自此夜半星河，每见天仙之暗渡，花移月影，频报公子以重来，既驾熟而就轻，

自恣情而从好，书斋浴室，且作阳台，硬凳软床，每成阵地。或仿鸳鸯之戏水，覆雨翻云，或作鸾凤之倒颠，餐琼咽露。正期比翼连枝，乾坤永奠，岂料悲鸿传札，天地为愁，在卿或无可如何，在仆则情焉能已。从兹燕去台空，嗟有道而无凤，祝卿鹏旋南冥，俟箫史以乘龙。伤心人〇〇载拜启，元旦后四日。

午后六时，澳洲莫朗尼公使请茶点招待使团，并与阿菲沙参事饯行。

八时，赴美使馆，参加哈使庆祝罗斯福总统诞辰之宴会。卡尔大使今日适自英返莫，亦到参与，因人众，未能与多谈。据《纽约时报》记者 Laurence 言，彼日间即离莫赴英，准备与同盟国第一批攻欧军队登陆，美记者此种精神，良可钦佩。由此观之，则第二战场不久应可开始矣。与美作家轩杜斯 Maurice Hindus 及加拿大记者 Davis 谈，彼等对同盟国与苏合作，及战后欧洲及亚洲情势甚抱悲观，谓苏联是否能与英、美推诚合作，与及其对亚洲种种政策（例如是否共同对日，对其毗连之小国有无野心，对中国有无企图，尤以对东三省、蒙古、新疆等，及对于亚洲各民族及所谓属地之政策等等），彼等现均甚怀疑，并询余对亚洲前途之意见。余答谓，不必如此悲观，所谓合作，自不能责诸一方，即以亚洲各民族而言，美国及加拿大是否准备以美、加人民之血，以维持英、荷人在远东之极端帝国主义，以小数白人奴役大多数之异色人民。换而言之，德国在欧所企图者，美、加人目为大逆不道，愿以生命牺牲而打倒之。而在亚洲，英、荷人较德人在欧为甚者，则认为当然之制度，且绝不容变更，愿以美、加人之血以维持之，此种茅【矛】盾观念苟不纠正，前途自可悲观。余并稍告以荷印土人及马来亚一带土人，及华人之种种被白种人苛待情形，彼等甚为动容，大约彼两人思想均甚为进步者。

希特剌昨日广播，绝未提及战事情形，全篇只言苟非德国之力量，则无可制止赤祸，并力陈国社党为德人所为之政绩，则希氏自计，已无胜算，而德国内部迩来不满国社党者，必甚多也。

一月三十一日（星期一）天晴，有太阳，甚暖

郭武官德权言，彼连日与英、美、加各武官谈论德苏战争情形，彼等私意以为，德军在列宁格刺方面非完全败退，因以苏方公布所获之枪枝只数千，而谓德方死亡数万，似不近理。彼等以为德军尚保持相当之力量，大约将退守较后之一线，由 Narva 经 Peipus 湖直下 Sarny，东向 Vinnitsa 而至 Nikolaev，希图可稍分余力以应付英、美军之登陆。但无论如何，余以为苏军在该面必有增加，德亦必被迫而退。苏联旧都两年之围已解，自是苏方之最大胜利，是以前日列宁格刺已鸣炮庆祝，同时对于芬兰亦有极重大之政治影响。苟苏军再行进展，重占 Estonia，则芬兰已成孤立，自不能单独维持，轴心方面将再弱一个。大约希特拉最苦闷者，则战线苟不缩短，则兵力不足以分配，苟欲缩短，自北退，则失芬兰，自南退，则影响巴尔干各附庸国，政治上均极重要。是以只能坐候败亡，无怪其迩来演说绝不再谈德国胜利，只作悲鸣之语耳。

二月

二月一日（星期二）天阴，旧历正月初八

下午七时，偕勾秘书、胡随员赴克姆琳宫苏联最高苏维埃会议厅，旁听其所举行之两院联席会议，外交团多到，因均极注意于今日之议案。七时开会，由联盟院（即下议院）议长安特列夫①主席，议事日程为：各共和邦分别设立国防部及外交部之问题。首由莫洛托夫报告，大致如后：（一）红军单独负对德作战之重任，其能力足以击溃希德，恢复国土，可见其国家之巩固，有此把握，在此作战期间，仍可提出此种议案，殊非其他国家所能。（二）关于各邦自行设法国防部事，谓如此，各邦自有其军队，自可发展其军事训练，红军更可加强。（三）关于各邦自设外交部，谓从前各邦曾有独立办

---

① Andrey A. Andreyev.

理外交之部，后因办事利便起见，曾将此权赋予中央，现在外交关系已形发展，战时尤甚，与英不独成立友谊关系，且系同盟，与美关系亦然，由三国领导之反希德同盟业已成立，各大小民治国，战时战后合作之基础，亦已奠定，莫斯科、德黑兰会议后，同盟关系业经加强，共同击溃德敌之期已近，是以外交事件，尤以经济文化种种事务纷繁，统由中央办理殊为不便，故特此提议云云。相继发言者有：立陶苑【宛】、阿然尔拜疆、拉脱维亚、白俄罗斯、乌克兰、爱沙尼亚、加列尔芬兰各共和国之代表。波罗的海各国代表发言时，提及彼国在美侨民绝不能代表其国内之民意，并指明"驻美各该国所谓公使"之不对，乌黑兰代表则提及西乌黑兰应归还乌黑兰，又谓准备与捷克及波兰单独订立条约，加列尔芬兰代表则力言芬兰之罪恶，均足证明苏联此举，一则为应付将来国际会议（余在休息时，与苏外交部委员兼法律司长柏哥夫谈论时，余询其将来在国际会议，各共和国是否均将派遣代表参加，彼答谓"当然"），二则应付美国现尚承认波罗的海三国公使，在华盛顿仍旧行使职权之怪状，盖将来该国公使由各该共和国自行撤换，美国亦无话可讲，三则波兰疆界问题，自可由乌黑兰及白俄罗斯两共和国与之交涉，苏联不必与英、美再谈，盖英、美若再提及此事，则苏联自可推在两共和国身上，谓此系波兰与彼等之事件，苏联与英、美同处地位不便干涉，又各共和国代表中与我国疆界毗连之各国代表绝不发言，则证苏方此举完全系对付西方边境及英、美方面，故意避免我国发生怀疑。余在休息期间，又与李凡诺夫司长谈论此事。余询以此案是否因各邦觉有变更之需要，而请求或由中央自动提出。彼谓系由中央自动提出，但事前亦与各邦代表磋商得其同意。余又问将来中央在各国既派有大使，各邦亦派有公使，其权限如何划分，是否与英国及其自治领现处之地位相同。彼谓权限一层，尚未完全规定，大约亦与英自治领地位相仿云云。该两案于十一时主席付表决，两院分别表决，均全体举手，一致通过，最后加里宁主席提议，增设首席副主席，谓其主席之职务太繁，尤以战时授勋及参加各种礼节等，非有人分劳不可，故作此提议，并拟推史维尔尼克①充任，全体举手通过。按史氏为民族院议长，与美上议院议长地位相同，以史任副主席，亦系仿美国以上议院议长任副总统之制也。

余又与捷克大使菲灵嘉②谈及苏波事件，彼云捷克总统贝尼斯曾与波兰总理米海劳兹③作详细之商谈。米表示波兰政府绝不能接受克尔逊线为谈判之基础，此层彼谓波政府内部完全一致。又询贝氏红军是否已大为销【削】弱，意谓苏军此次与德久战，死伤及物资之销耗过巨，已无余力与英、美对抗，故不能不尽听英、美之指导，故贝尼斯觉彼等如此执迷不悟，殊不可药救，甚为灰心，人之愚迷果真可至此耶，深为可叹也。菲使又言，列宁格拉之围既解，苏联海军自可出芬兰湾，则芬兰局势万分危急，即芬京亦有被攻之可能云云。

苏军今日又占领琼什 Kinjseffr，已距旧阿斯顿尼亚边境只八英里，直趋那化 Narva 城矣。

因 Shapiro 返美之便，托其带函与练百、季平及刘锴。

二月二日（星期三）天阴

上午十二时，往访加拿大威使，彼告余昨晚苏联提案，大约系因英政府拒绝苏方提议，由苏共和国中受战祸最烈者，派员参加裁判战事犯会议之结果。缘前年欧洲沦陷各小国，因德军在各该国国境之各种暴行，分别向英、苏政府提议组织委员会，以为裁判。英政府分别与各国接洽后，于去年三月间提出具体方案，苏联对该案于六月始行答覆，内提出两点：（一）不主张美国为永久主席，主张主席应轮流充任。（二）英国提出除自治领参加外，印度及缅甸亦可派代表参加，因此次缅甸人民被害甚多。苏联对此自不反对，但谓苏联共和国中，受害较无论何区为甚，故亦应派代表参加。英国于

① Nikolay M. Shvernik.

② Zdenek Fierlinger.

③ Stanislaw Mikolajczyk.

九月间答覆，拒绝苏联之请求，谓英自治领向来外交上有独立之权，而苏联各共和国并非独立国，且依照苏联宪法亦无此特权。同时加拿大政府亦派威使向莫洛托夫解释，谓加拿大之参加国际会议，及与外国单独订约，不自巴黎和会起，故其地位与苏联各共和国不同。苏方不以解释为然，谓印度何尝独立，缅甸更谈不到，是以英方之拒绝全无理由，而英政府不待解决此困难问题，竟于十月间不理苏之参加与否，在伦敦即开会议，苏联对此异常不满，于十月间以备忘录通知英政府（于十一月五日同时致加拿大），提出严重抗议。此事英政府不欲外间知悉，是以 Lord Simon 未在该会通知各会员，故威使亦请余严守秘密。威使个人意见以为，英方从前提出缅甸系最大错误，但苏联此举确使英美万分困难。在英美方面，不良之反响恐与开罗谣言事件相等，同盟国间之合作仍可忧虑也。彼又言加拿大驻英代表曾与波兰米总理商谈，亦觉波方态度不易转圜，英美方面最难应付者，则各流亡政府自法律上言，自不能不承认其为正式之政府。但数年来情形变更，各地之抗德及前进份子风起云涌，而流亡政府中人多失联系，不独波兰如此，即南斯拉夫亦然。幸英政府发觉尚早，尚能与苏一致转而支持 Tito。总之，英美现处之环境及因邱吉尔、罗斯福两人，均系军人出身，过于注重军事而忽略政治，是以每每因军人以为军事上之需要，往往欲利用反动份子，将来世人必视英美为支持反动之力量，而视苏联为唯一扶助前进份子，则英美此次战争而维持之正义原则，英美自行破坏无余（只苏方单独维持），英美亦无以自解，殊为困苦云云。

美海空军在马素 Marshall Is. 群岛登陆，该地为日军重要根据地（其重要不减日本本部）。据美国公布，使用之主力舰数量超过英战前海军全部主力舰之数云云。可见美国此次使用力量不少，深觉快慰。

二月三日（星期四）天晴，大雪，较冷

苏报发表外次干尼触辞职照准，大约系因应付波兰问题耳，盖干为波爱国会主席之夫婿，先请其回避，以便将来利用该会以

组织波兰政府。苏联被逼而作此举，于同盟国及苏联均不好，但英、美对波兰问题，始终维持其最愚笨之政策，波流亡政府中人，又复不顾事势，一意孤行，以致如此，似有天意，前途极可忧虑也。

美记者已向赫尔询问苏外交改制事，有谓美应否准许各邦有外交权以为抵制，此事本系英国从前卖弄手段，占小便宜之方法，亦系美国一部分人士，唱大小国平等高调所引起之结果，将来终成国际上最可笑之滑稽剧矣。函秉坤、锦培、保樵。

二月四日（星期五）天晴，大雪

美国各报对苏联外交改制及最近《消息报》① 攻击教皇，均多不良反响，有竟表示怀疑苏联对德有单独妥协之可能者。同盟国前途真可忧虑也。

总理之油画像已取来，虽不及委座之像，但以外人画中国像，且无好照片，亦确不易得。画师潘菲罗夫为此间名手，只取回油料等费五千卢布矣。

函仲熊，勉其勤学。

昨日捷克总统贝尼斯广播，盛称苏联之进步，并劝波兰加入与苏共同对德，贝氏在欧洲小国领袖中最具远识者，不幸英、美保守派均视其为左倾份子，英杂志如 *1915 Century & After*②，在去年十二月份出版内载文，竟明指其被苏利用之人，殊为不幸也。

今日苏联公布教育部新订规则，十六岁以下之学生在开学期间，未得学校准许，不得进电影院及戏院。如欲观看与教育适当之电影或戏剧，亦须经学长允许，由教师或少年先锋队指导员率领，在课余时间始能前往，苏联迩来对社会及家庭种种观念，向旧道德方面注意，较英、美为甚，一反革命初期之做法，亦所谓物极必反之理欤。

---

① Izvestia.
② 原文如此。

与胡随员济邦谈其在大学功课，彼能于公余之暇，在大学研究功课与正生相等，殊不容易。彼现已在硕士班二年级，明年便可提出论文，苟能成功，大约系中国人自苏联革命后，第一次得莫斯科大学硕士学位之人，其志可嘉也。

二月五日（星期六）天阴，暖

今早苏联塔斯社伦敦代表罗斯坦，在英广播以问答式，解释苏联外交改制，大意谓：（一）苏联各共和国与美联邦不同。（二）在帝俄时代，各该国有外交独立之权，派遣驻外使节亦不少。（三）十六共和国中，自以俄罗斯为最大，人口占一万一千万，次为乌克兰、巴洛里西亚，以至西洲各国，人口自一百至六百万，均完全独立，每国照宪法规定，可自由退出。（四）此次战事发生后，以前经济文化落后之共和国，工业发展一日千里，文化水平亦因而提高，且因战事关系，对国家观念特别增强，又因帝俄时代对于兵役只限于一定之地区施行，多数地域之人民不许其入伍，视之为次等民族。现在红军之招幕【募】已不分地区，故从前被岐【歧】视之民族，自欲洗去此种耻辱，要求完全独立平等，是以政府不能不准许。（五）在此时准许者，系因红军胜利，快将进展至于国境以外，各有关共和国之人民及士兵，须即知悉其所处之地位。（六）不拟派十六名公使至伦敦或华盛顿，大约派遣使节，系限于直接与该共和国毗连之友邦云云。苏联此种间接之解释，似有意和缓英、美之不良反响，虽不敢谓有效，亦聊胜于无也。

今日苏报发表消息，谓在开罗南斯拉夫政府曾于去年十二月中旬，向苏提议缔结仿照苏捷所订之互助及战后合作条约，但苏政府不能无所踌躇，盖亲德及以攻打齐屠国民解放军为能事之米海劳域滋，迄今仍任南国陆军部长，是以苏政府对南国之建议，业经拒绝。又谓去年春，苏联曾向南国政府提议，订立此种条约，但当时南政府绝不感兴趣云云。南政府恐无法存在矣，昔苏秦谓小国图占便宜，必蒙大祸，诚不虚也。

苏军克复 Rovno 及 Ludz，均在旧波兰境内，并在 Kiev 及

Kirovograd 之间，包围德军十师团，北路亦已进阿斯东拿境 Estonia，直抵拿化 Narva，其力量可知。英美军进展之缓，无怪苏方不满也。

下午，往美使馆看电影"Wake Island"，甚佳。

二月六日（星期日）天晴，有太阳，甚暖

昨日苏报载日本消息，谓日财相①宣称，本年预算须六百万万日圆，谓日人只能为其本人使用其收入百分之二十，而须以百分之八十为军费，又谓人民时间亦须节省，尚有不少于晚上十时便安睡者，亦非节省时间之道云云。敌人国内困难，亦可见一斑。而近来苏方频频登载此种消息，其用意或亦因与英、美发生意见，对我特别作一种表示欤。报告部。

今日苏联政府发表前外交次长干尼触 Korneichuk 为乌黑兰共和国外交部长，既系由中央委派，则何得谓之独立自主，苏联此种做法，亦欠高明也。

今日起重新开始自习俄文，已多遗忘，颇觉其苦。

二月七日（星期一）天晴，有太阳

苏报载，塔斯社声明，谓去星期一间外报有传苏联单独与芬兰进行和议，并向芬提出哀的美敦书，该社奉命声明，绝无其事云云。证以昨日苏联飞机二百架往炸芬京，则苏联此时不欲与芬兰言和，亦甚明显，盖目下军事形势大变，芬兰退出轴心与否，于战局无关，且芬之崩溃亦在目前，苏方自以根本解决芬兰，使反苏份子完全消灭，为一劳永佚之计为适宜，芬兰当局不明大势，今春失去良好机会，自宜有此果报也。

二月八日（星期二）天晴，微雪，较冷

连日读美国赛珍珠 Pearl Buck 所著之《亚洲与民治》一书。彼力主美国改正种族观念，并极赞扬中国文化，其对中国历史文化具

---

① 大藏大臣贺尾兴宣。

有极深刻之观察，即中国学界亦不多得者，殊为可佩。彼对美国黑人力主平等，尤具远见。

昨日美海军竟直驶至日本北部，炮攻其 Paramushir of the Kurile Islands，守军手足无措，美舰在距离五海里外炮击岸上防御工事后从容离去。此为海军第一次炮攻日本本部，日人现应知战争将到其门坎矣。

晚上九时，莫京鸣炮庆祝红军收复尼高蒲 Nikopol 城，该地为世界产锰最大区域之一，德军每年需锰（制钢必需品）三十七万五千吨，而德国及其附庸只产十七万吨，故尼城供给德军，每年最少二十万吨，或谓过之。现失此来源，德军需出产，将不能支持，是以苏军今早克复此城，其影响战局前途甚巨也。

二月九日（星期三）大雪

派谢子敦充第三次外交信差，渠于下午九时乘火车离莫赴 Alma Ata。

二月十日（星期四）天晴，有太阳

昨日美国太平洋舰队总司令 Admiral Chester Nimitz 对记者谈话，宣称：美海军将设法在中国海岸登陆，如日舰队欲阻止，则非用其舰队与美舰队决战不可，此亦美方所欢迎，苟日人仍避免海战，则美海空军将在中国口岸占有根据地，可用以作轰炸日本本部之用，则现英美在欧洲轰炸德国之力量，将同样施诸日本。南觅斯总司令又云，在马尔斯群岛之主要根据地 Kwajalein Atoll 岛，已被美军占领，在其他小岛之日军约一万人，去路已断，日本又不能向之有所接济，美海军将继续西进，听该日军自死于"乐境"，left to "die on the vine" while his forces "Keep going" westward 云云。真佳音也。

下午，与刘参事、胡随员，往电影委员会看英国战时影片，内有关于希腊抗战一片，特佳。出与刘、胡同往旧货店，一无所获，后同至高加索饭店，晚餐烧羊肉及鱼汤，均甚佳，余已渐惯食羊肉矣。刘参事言，其子女在中学，近各生均奉令自备防毒面具，在此时间而作此防御，殊不可解，故俄学生中，多谓系防芬兰之使用毒气。此次在北线德军所有种种残暴行为，每假手于芬兰人，是以俄人对于芬人在列宁格勒一带之行为，绝不能忘。美方不知此中底蕴，尚有不少同情芬兰者，于美苏关系确有妨害，且予芬人以不能达得之冀望，亦非爱芬人之正道。前日美国务卿赫尔警告芬兰政府，谓芬兰应自食其果，美不能帮忙，于芬兰甚为有利，实则美国早应有此表示。今日瑞典方面消息，谓芬政府接美警告后，大起惶恐，即开阁议讨论，芬总统 Ryti[1] 在国会宣称，芬兰情形又复严重云云，连日苏广播及报纸对芬兰攻击特甚，芬兰前途确可悲观也。

二月十一日（星期五）大雪

上午十二时，阿富汗大使阿密亲王来访，彼对近数星期来国际形势仍抱悲观，谓现在大国于莫斯科会议、四国宣言墨汁未干，德黑兰会议言犹在耳，而其一切举动均适与之相反，各仍以武力是视，在自己力量可作之事，绝不许他人过问，独断独行，将来仍无所谓世界公理之可言，各小国人人自危，各大国仍互相争夺，前途真不堪设想云云。迩来种种，确足令人疑惧，但世事无十足好，亦无十足坏者，人类之进化系从痛苦经验得来，各大国种种错误，系进化应有之阶段，余等但望其过失一次，便受一次之教训，急切改善，则世界前途尚无须十分悲观也。

昨日出版之第三期《战争与劳工阶级》杂志社论，关于苏联外交改制事，有谓苏已不采孤立政策此可为证，并谓苏军此次战争之努力及牺牲，与及其政治经济文化等，在国际上应有之地位，应予承认。苏联与其他民治国，政治经济制度虽不相同，但不妨害于共同有利之合作，又否认苏有向外发展，企图以武力威胁他人之意，措辞似较和缓，想亦因美舆论反响之结果也。

---

[1] Risto Heikki Ryti.

二月十二日（星期六）天阴

上午偕李随员赴外交商店，无可购者，转至旧书店，购得
Conrnoisseur 1902 - 1912 年皮钉本，甚佳。

美大使哈里门请午饭，谈及外交近况，彼言波兰事件极端困难，
但尚未至影响美政府对苏态度，惟苏方苟再有令美人难堪者，则不
敢言矣。彼个人以为苏尚未至变更其与英美合作之政策。芬兰问题，
彼亦知苏人对芬之仇恨，关于苏外交改制事，彼不知英不允苏方所
要求，加入苏数共和国代表于裁判战事犯委员会事，对于波罗的海
三国之承认问题，彼亦谓实外交上困难之一。饭后看电影"To
Brittany"，甚佳。

晚上，土尔其广播，谓伦敦《泰晤士报》批评土尔其未尽同盟
之责，加以反驳，力言土之中立，予同盟国以莫大之利，在英单独
作战最为危急之时，土方亦不为德方威力所胁，而动摇其对英关系，
至谓同盟之义务一层。当意大利加入作战，向法进攻之时，法国一
方面派员来土要求土政府履行同盟义务，加入作战，但同时法政府
已派员向德商量投降，浸假已成投德事实，且所谓英方接济土尔其
军械一层，亦绝未达到其应供给之数量，如此安能责土单方履行义
务，作无益之牺牲云云。言自有其道理，惟在此强权争夺之秋，小
国中立，自系大国之施惠，"尊重中立"在二十世纪已无此道义，此
次土果能中立到底，幸免战祸，亦不过地理及环境上偶幸而免矣，
非大国真守法也。

又英广播，谓英政府已将波兰在伦敦刊行之《星期报》*Brodo-
uoyer Toueku* 停版，谓该报言论挑拨同盟国之感情，迭经警告不改云
云。此举于英苏邦交不无好处，实则英政府前许波人在英作种种反
苏言论及行动，殊为不智也。

二月十三日（星期日）天阴

美商会会长 Eric Johnson 及 William Benton，去秋代表美商界访
英，与各方接洽后，在美报发表文章（Benton 在 *Life* Oct 25th 1943
issue），谓迩来英美观点大不相同，其最著者，系英实业界绝不反对

政府之管理，又不反对托辣司，与美之绝对主张自由发展不同。英国对于计划经济，渐觉非采取不可，例如工党领袖主张，英工业百分之七十五应由政府管理，第一步亦须先行管理四分之一。大约英国受此次战争之教训，已觉非澈底改革不可，美国尚未有此感觉也。胡随员将其在国内所发表之文章见示，甚佳。

二月十四日（星期一）天阴

上午十一时，访英卡尔大使，余首贺其新得 P. C. 荣誉位置，该席本限于内阁阁员，其原始系等于英皇之政治顾问（即古之参政事），为政治上最高之位置，阁员以外得此者甚少。此次渠得获此，亦系其在华在苏工作，英皇所能予之最高报酬也。继谈时事：（一）彼谓自返莫后，迭与莫洛托夫诸人谈论，彼等均极诚恳表示，愿努力合作，不变更莫斯科及德黑兰会议所定之原则，并极主不因别事而影响四强之合作。（二）余询其波兰问题，渠谓苏对英表示感谢其斡旋，故现彼尚在办理此事，困难虽多，但不无希望。余询其波政府改组有无可能，彼谓此为最困难之事，渠尚不敢言，彼经伦敦时，Romer① 及波驻英大使②纷与晤谈，彼均托辞婉拒。余又询其乌黑兰代表在会议所发表演说，关于疆界问题，彼谓自不能如彼所要求之多。（三）关于第二战场，彼与哈使所言相同。（四）关于开罗会议，彼谓委座似甚满意。（五）太平洋战事，彼谓 Ad. Nimitz 谈话，甚可注意，大约美海军可直驶中国，而英海空军由西进占 Somalia，两方会合便可将日军在南太平洋一带割断，美方军事专家估计一年半以内击溃日本，未免乐观，渠个人以为须五年也。（六）彼谓委座赴开罗，未与宋部长偕行，彼深以为异，盖如此重要外交事件，外交部长不与闻，亦殊异常度。（七）彼询假道运输事，余稍告以实况。（八）关于苏外交改制事，彼意亦以为系一则苏欲其共和国得参与某种国际会议，二则对于波罗的海三国合并于苏，使外间减少批

---

① Tadeusz Romer.

② Henryk Leon Strasburger.

评。余询其英国对于苏联各共和国，将来参加国际会议之态度如何。彼谓自不反对，须知将来和平会议，一切之重要决定，自非以表决方式为之，必须委座与史、邱、罗四巨头会商决定，其余技术及某种会议，苏联各共和国自应派遣代表参加，一如英自治领云云。就其所言，则英对苏之要求，似已完全让步，亦一可慰之事。（九）彼谓在华盛顿三天，在纽约与其夫人同聚十天，在美曾与威尔基诸人晤谈，大约威氏当进行竞选，虽共和党仍对之不满，党部将提出杜威①总督，而拥威之人不少。罗斯福第四任问题，确有不少之困难，大约资本家，无论大小，对之均表示痛恨，美人尚未身受战祸之痛苦，故普通人对战事仍乏兴趣，尤以太太们为然。孤立派绝未消灭，可谓暂寄存于冰箱，有机会时仍即复活。至英美间之相互批评，自系如家人之自相口角，绝不妨碍合作，而英某小报攻击杜威，亦极不智，盖杜氏亦有当选美总统之可能也云云。（十）彼又言重庆官价汇率殊令外交官生活发生困难，希望孔院长能改善云云。

　　下午四时，阿巴先尼亚公使他尔沙斯 B. L. Taezaz② 来访，彼言：（一）英军驱逐义军出阿后，仍不欲退，有长占之企图，后经九个月之困难交涉，始交回阿人，至自义军所获之军械种种，完全运出，绝不留一物阿，所有义军及阿军从前所建筑各防御工事，一概毁坏。英军官多公开发表意见，主张留占某某数地，是以英方帝国主义种种企图，仍不宜尽信。（二）芝布地 Djibouti 为阿国出口之唯一要地，阿国生命所系，此次维基政府降德后，阿国即欲将在芝之维基政府人员驱逐，而英方不同意，现已转入自由法国之手，将来阿国意欲取回，更为困难云云。（三）关于阿与日本关系，彼谓当阿皇加冕时，日本竟派一亲皇偕同海军上将参加，故阿不得不派阿皇母族一疏远亲皇，偕外交部长往日报聘。抵日后，竟有日本某贵族询阿外长，阿亲皇能否自由与外人结婚。阿外长答，阿法无禁止条文，彼谓其女见阿亲皇而爱之，阿外长与亲皇言，亲皇年少亦甚愿意，

①　Thomas Edmund Dewey.

②　Blatingeta Lorenzo Taezaz.

遂使两人见面。但亲皇返阿后，阿皇即下令不许，盖恐引起政治纠纷，且谓不信一见黑亲皇，便使日美人倾倒，必系日本方面政治上另有用意，是以此事始终未有结果。该皇子亦经在国内与另一阿女结婚，于一九三五年赴美，于去年春始返阿，此事前法、义方面，故意扩大其宣传矣云云。

二月十五日（星期二）天阴

苏联对外文化协会介绍之女教员来，彼名 Mishina，能操英语，曾教卡尔大使，现在各使馆担任钟点不少，年虽青，但经验尚多，学费亦只取每句钟二十五卢布，较古比雪夫 Penskaya 四十卢布为廉，商定每星期二、四、六三次，由后天起。

德方广播大炸伦敦，适英使馆有信袋寄英，托其带函阶平问候。

二月十六日（星期三）大雪，颇冷

新西比利亚领馆报告，谓苏联自战争开始迄今，在蒙满边境集结部队甚多，从未松弛，日方在蒙满边境为试探苏方边防军状况虚实，常有军事冲突发生。正当史太林格勒鏖战时，日方约有一师之众冲入苏境，在上年十二月间，又有数千人冲入，但皆为苏方包围缴械云云。故德苏战事结束后，同盟国间苟不发生重大变故，苏必加入共同对日，可无疑虑者也。

昨晚英机大批往炸柏林，投弹二千五百吨，开投弹量之纪录，大约系因德机前晚炸伦敦之结果。英德人民直接身受战祸之痛苦愈大，则其整个民族之觉悟愈深，尚武侵略种种帝国主义之风，或可稍减欤。

美联社瑞典讯，谓芬兰前总理巴锡基威 Juhu K. Passikivi，在瑞京经与苏联驻瑞典公使 Madame Alexandra Kallontai 会晤，探听苏方对芬投降之条件，芬各党派亦派有代表纷纷赴瑞京接洽，芬兰投降之期，想亦甚近。苏军西进更将迅速，英美对欧事支配之力量将更减少，益见英政府前因波兰事件，对苏所采态度之错误，惟英政府善于迁就事实，以后其对苏之让步将更多，独惜美国所谓舆论，一再碰壁，或将恢【灰】心不再过问欧事，回复其孤立政策，亦不适宜也。

苏报登南斯拉夫解放军铁杜 Tito 将军，与在苏南军司令 Ivan Ru'ar 离亚将军，来往贺电，并登米海露滑兹将军种种通敌消息，苏政府对南斯拉夫之态度可见一斑，西密大使在此之地位将不易维持矣。

苏报又登日本消息，最近男子自十二岁至六十岁，女子自十二岁至四十岁，均须于二月二十二日以前登记，以便动员，敌人力阙乏，可想而知。苏报迩来登不利日人之消息特多，亦一好现象也。

二月十七日（星期四）天晴，有太阳

上午十一时半，马先那教员来，余重起习俄文。余在古比雪夫时所用之课本 Barclar's 虽甚佳，但斯时余求进心过切，故已将全部三十课中，已读二十五课，经半年荒废，多半遗忘。仍用此课本，则颇乏兴趣，是以改用 Anna H. Semeonoff's "A New Russian Grammar"。马教授法尚佳，彼主多习日常讲话，是以主张余同时用 Chekov's *Three Sisters* 为课本，但余恐程度尚不及此耳。

胡济邦请往大戏院观 "KⒽirzb Uropb"，an opera in 3 Acts with a Prologue，系写依加里王偕其子出抗挞打，以国事托其弟照料，其后亦极有贤德者。别时情形，为第二幕。不幸其弟为一酒色之徒，兄去后，日与无赖痛饮，并奸淫良家妇女，群往告诸王后，后劝其叔，不听，反欲污辱其嫂。第三幕为依王父子被掳，其子与挞王之女发生恋爱，幽会时合唱，本为此剧名歌，惜男主角虽享盛名，今晚所唱则大久【失】众望。挞王对依王之英勇亦表敬佩，谓欲与为友，并谓可释放彼返，但须其允许不与抗敌。依王谓愿为友，但不能允其于回复国土后，不再与抗战，挞王谓虽不能如此释之，惟对之仍十分尊重，盖彼苟处依王地位，亦将持同样之态度。挞王并劝依王，何必自为苦闷，即下令在其宫中召集各种美女，音乐跳舞种种，以为依王取乐。此幕各种跳舞为全剧之最精采者，饰挞王之主角为米，系唱 Ban 最有名者，今晚所唱亦佳。依王因思念王后，终觉不乐。第四幕为依王后在宫园思念其夫，所唱本亦名曲，惜主角并非最有名者，故亦不见有何精采之处，正思念间，其夫从挞营逃返，团圆结局。同往观剧者，有胡之英文教员夫妇均美国人，其夫系在工厂当专研究精细器之工程师，来苏已十一年，苏联各处工厂均已到遍，谓待遇尚佳。同来之工程师数千人，均已返国，彼独留此云云。

又下午五时，到国民旅馆回拜亚巴施尼亚公使。

二月十八日 （星期五） 天晴，有太阳

昨晚一时，莫京鸣炮声甚响，今早始悉系庆祝在卓加时 Cherkasy 一带被苏军包围之德军十师团已完全消灭。据报告，在包围内，德兵死者五万二千，围外二万，所余一万一千，昨日已全体投降。苏军所获战利品不计其数，此为苏军最近最大胜利之一，更证英、美军人估计苏军力量过低之错误。因郭武官言，英、美军事代表团领袖，均估计德军在尼泊河湾（Dnieper）之力量甚大，苏军向波旧境凸进，有被德军南北夹攻割断之可能云云，盖多不信德军数十万人，不能冲出苏军之包围圈也。以此证诸英美两国军队，在意应付德军，只十二师团，久无进展，在 Anzio 登陆步队，近更有危险，则无怪人之看不起英美军作战之能力。英美政府将来在欧洲政治上讲话之力量，亦自受极大之影响也。

今日英广播，美海军已向日海军根据地拖录 Truk 岛进攻。该地为日在太平洋南部最大军港，若能攻克，则真可直到中国矣。

昨晚苏飞机四百架再猛炸芬兰京城哈尔星基 Helsinki，芬之投降想不在远。美报连日论芬投降后所应受之待遇，语气多劝苏方不为己甚，一则俾轴心之附庸不致过于害怕，早脱离轴心而投降，二则亦系为人道起见。但此次芬兰军队在北面作战，使列宁格勒一带人民受如许痛苦，苏方当局恐不易忘却，苟能真予芬兰以宽大之条件，则苏当局更可见其伟大，但能否如此，殊不敢言也。

Sven Hedin 发表论文，谓德为唯一防止赤祸之力量，英美助苏战德为极大之错误云云。以所谓地质考古专家而谈政治在我，我则

众皆非笑之，盖对某种学问有特，对别种未必亦有。但在欧美则以为有某种特识便对于各事均有见识，是以大商人、大工程师、地质学家均大谈政治，而人皆信之。大抵欧美人因宗教习惯，对人多迷信盲从，不及我国人之能多运用常识也。

波兰军队已加入在意大利作战，此举于波兰本身有无限之益。

Army & Navy Journal 登载消息，谓莫斯科或将谓日政府与英美言和云云。美报论此未必真有此事，即有，美国人必将拒绝，非日无条件投降不止云云，余以为苏必不出此也。

二月十九日（星期六）天晴，有太阳

上午十一时半，读俄文，多习会话。下午，赴美使馆看电影，全黑人片，多唱舞，尚佳。

晚上九时，勾秘书增启离莫赴塔斯干总领事任，渠在馆任事最久，业有十余年，办事尚稳健，故余电保其升调。彼来请训，余将中苏关系目前之重要告之，并嘱其万事务宜谨慎，以国家利益及需要为前题【提】，因在此一二年间，我国之前途亦将决定，而其决定之要素系在外交。苏联为我国外交重心之一，是以吾辈无论职务大小，均宜知其职务之重要，关系国家前途，而努力及注意，并著其留心报告，余并往车站送之。

苏军在北路又收复 Staraya Russa，美舰队在太平洋又西进，占Wotho 岛及 Eniwetok 岛。

苏联政府赠 Gen. Dwight Eisenhower 以苏伏洛夫一等勋章。

二月二十日（星期日）微雪，颇冷

函李，劝其对某小姐宜忍痛听其断绝，盖彼一则年已将半百，某小姐未及三十，在女子方面觉莫大之牺牲，希望男子方面有以报之，其所望之种种条件，自当极严，非男子方面所能履行于什一者，结果终不能不使女子失望。二则在某小姐方面，以为尚可另觅如意郎君，所谓如意郎君，在近代女子方面以为应具之条件：（一）少年貌美；（二）多才多艺；（三）位尊而多金；（四）对她十足殷勤而

服从；（五）旦夕不离。而李君于此无一焉，且使君有妇，何必误人而自寻苦恼，虽一时受极大之痛苦，亦宜如此也。

全日心烦意乱，如有所失，中午亦不能睡，回忆过去种种，伤感之情，真欲哭无泪，早知今日，何必当初，亦只能自怨自己之错误，不能怪人也。

接莫洛托夫外长请帖，请于本月二十三日红军节晚宴，但声明须穿大礼服，佩带勋章。从前各国注重礼服勋章时，苏联绝对禁止，且嬉笑怒骂，目为帝国主义之陈腐物，现代各国渐趋简单化，战时尤鲜穿礼服。而苏联去年底忽公布外交官制服条例，规定外交部职员平常办公亦须穿制服，如有庆典，请帖上特别规定外交团须著制服及佩戴勋章。世界大小事，种种变化，真不能以常理测，尤以苏联事为然。

自习俄文四小时，盖独坐无聊，只能以功课作解愁之具耳。

二月二十一日（星期一）微雪，颇冷

下午四时，《纽约时报》Laurence 及 Nikkle 来访，Laurence 不日赴英，准备随同英美军进欧。彼等均谓美国人士，不易明了苏联人心理，而苏联政府举动又多不审慎，以致失人同情，似甚有道理。关于美国选举，亦谓罗斯福第四任问题，确有困难，但仍不无希望，倘杜威当选，则战后与世界合作，将益困难云云。

美海军在太平洋 Truk 群岛海空战大胜，击沉日船十九艘（内战舰七舰），敌机二百零一架，美机损失只十七架，战舰一艘受微伤。美海军人宣称，此可作珍珠港之报复。日本内阁改组，东条独裁，英美人士均以为系 Truk 海战失败之结果。

又美飞机昨日二千架，往炸德国立式 Leipzig①，该地为制造战斗机之重心，General Henry H. Arnold 言，此次计可毁德制造战斗机能力四分之一，且为白天轰炸使用飞机及炸弹量最大者。

今日苏报对于土尔其表示不满，谓德宣传人员极多，对于南斯

---

① Leipzig，莱比锡。

拉夫总理，亦谓其阻止南国军官前往加入 Tito 对德作战。

晚上梦与×妹之误会完全消除，快不可言，大约每次情人重好，其乐与洞房之夕无异也，醒尚有余乐。

二月二十二日（星期二）大雪，颇冷

今日邱吉尔首相在英国会演说，内有：（一）关于英美苏关系，本诸莫斯科及德黑兰之友好合作政策，仍一如前之好，绝未有丝毫损坏。（二）波兰问题，彼虽对波政府表同情，但对苏亦极同情，盖苏红军牺牲数百万人，然后始能解放波兰，是以苏方所要求稳固其西境种种，自为合理及公道之要求。英政府并未保证波兰领土之完整，不过欲各疆界问题，缓至和会时解决，彼对波兰问题，将另作详细之报告。（三）南斯拉夫因米海劳滑兹与德意谅解，故彼之军队多不与德抗战，因米氏为南政府之陆军部长，故南皇比得自为游击队所不满，铁徒 Tito 将军之游击队，人数已逾二十五万，德军在巴尔干军队二十师团中，为铁徒所牵制者，共有十四师团，故将来南国当自行选择其政府，英政府自无意强其接受任何之政府。（四）英此次绝非为政体而战，英虽为君主政体，但将来对于意大利、南斯拉夫及希腊，均不拟一定支持君主政体，各该国解放后，当听其人民自由选择其政体及政府。（五）希腊内部不好，同盟国所接济之军械，只用以自相残杀，而不用诸对付敌人。（六）Badoglio 政府虽受各方面之批评，但现尚未易得一较能号召之政府，但罗马攻下后，情形将大有变更。（七）明言第二战场于春夏间开辟。（八）英美联军总司令，属诸美国人者，系因现在美国军队数量虽与英相等，但作战后，美方派遣来欧之步【部】队将大为增加，其数量当较英为大。（九）英海陆空军之战绩。（十）英美苏空军之力量，与德日比较。全篇演说均甚合理，对于苏联及巴尔干各国情形之主张尤善，苏联读之应可满意，则彼所言，莫斯科、德黑兰会议所决定合作之基础绝未动摇，殊非虚言，此系两月来最佳之消息也。

美海、空军昨日在所罗门岛附近，又炸沉日船十九艘，大约系

自 Rabaul 撤退者。德方广播亦谓敌东条宣称，昨日政府之改组，将陆、海军参谋本部均置诸东条之下，完全系为近来盟军在南太平洋攻势之结果，日政府非加强其政治力量，不足应付云云，则敌人之惶恐可知，亦一佳消息也。

二月二十三日（星期三）大雪

今日为红军节，史太林命令宣言中，力陈红军战绩，单独对德尚可胜利，第二战场开辟时，与英、美共同合力，德更未有希望。在其述德在欧两次大战时，有谓前次苏、英、美、法、义、日六国共同对德，此次则义大利与日本均转入德国方面云云，对于日本正式提及其为敌方共盟之一，则以此次为创始，殊可注意也。

下午四时半，偕刘参事、胡随员（因记者关系）赴 Колонном Зале Дома Союзов 斯拉夫民族大会旁听，大约以波兰、捷克及南斯拉夫人为多。当南斯拉夫代表演说，极力攻击米海露滑芝及在埃及南政府时，余坐南斯拉夫大使斯密之旁，颇代其难堪。但彼似绝不以为意，且群祝铁度将军健康，及宣读致铁电时鼓掌，彼亦加入共同鼓掌，外交团均目为怪事也。

晚上八时半，莫洛托夫外长在外宾招待所请宴，庆祝红军节，此系第一次，但只请馆长、参事及武官及外籍记者。饭前音乐会中，女高音唱甚佳。日使佐藤，无人与之招呼，及听音乐时，荷兰大使坐第一排，佐藤来，坐其旁，彼即起立离去，佐藤颇为难堪，后苏联交际司即请布加利亚公使夫人到该座，而加拿大大使威尔加斯亦即欲起立离去，余劝其不必，始罢。此亦交际司办事欠周，盖在此种场面，交际司应特派两三人招待佐藤，亦即使其余盟国人员不致坐于其旁，以致难堪也。莫外长来余前举杯庆祝时，余但照例言恭祝红军胜利，但彼特别言："否否，不只打倒德国，即苏联认为系苏联红军之敌人（言时目余，似谓汝亦应明白余所指系日本），亦将打倒。"余并未提德国，彼故作此语，自系明白表示，殊为难得。但今年红军节，余于两星期前业经电部，请其早发贺电，但始终未有电来，究竟如何，殊为忧虑。余深盼国内不因开罗各会议，外交上稍有成就，便自骄而轻视苏联，如此则我国前途极可悲观也。

苏联收复南方重城 Krivoy Rog。

二月二十四日（星期四）天晴，有雪

伊兰大使阿嬉①请午宴，卡尔大使同席，与谈邱首相演说，彼谓苏方表示满意，又言干尼触昨晚询其第二战场，因何如此迟迟尚未开始，卡答彼应询问史太林先生，因该项详细计划，均系三巨头在德黑兰所定云云。墨西哥大使亦同席，因其昨晚在宴会，后与舞星 Lepeshinskaya 跳舞，其步法姿势与艺员无异，且寸步不离，不允放其与别人跳舞，南美各国公使与之争跳，彼均不许，卒由加拿大武官当其跳舞时，硬往抢之，彼始不得不放手。此种失态诚为使团上最大之笑话，彼不自知，自以为荣，今日众人均以此笑之，彼反自觉得意。南美人之思想习惯，定与普通不同也。余到此以来，绝不在公共宴会上跳舞，盖因身份关系，不能不与地位相等之夫人同跳，而彼等均年岁相当，跳舞之期已过，彼固不见其乐，而我自觉其苦。若与年青小姐同跳，则与少年秘书随员相争逐，地位、身份、人格均有不宜，是以决定不跳也。

昨日美海军更西进，大炸 Ladrones Islands（a Mariana Is.）之 Saipan 及 Tinean 两岛，该岛在关岛之北，与日本仅离一千三百里，与我海岸亦近，日海军再不出决战，美海军真有直抵中国口岸之可能也。

红军今早克复 Dno。

伦敦昨晚被轰炸，房屋毁坏颇多，死伤亦众。

上午十一时半，习俄文，仍觉《三姊妹》作课本太深，但马教员仍主继续用之。

---

① 伊朗驻苏联大使 Madjid Ahy。

二月二十五日（星期五）天晴，下雪

今早德广播，谓广东去年大饥极惨，饿死百余万人，有全家无一生存者，卖儿女为婢以图存者更多，大约亦系意中之事，此种惨祸，非彼德、日军阀之罪恶欤。

英使馆送来邱吉尔首相演说全文，与英广播稍有出入，末段明言在德黑兰会议，共同决定在本年春夏季，共同尽用海陆空军力量攻德。换而言之，即在此时开辟第二阵线，如此则为期已不远矣。

下午六时，刘、陈参事在馆茶会，请英、美、法、捷、荷各馆馆长、馆员，法大使嘉卢与余详言法国情形，大致：（一）法国国内可分为三派：（1）小农民等，因自有土地，故极端守旧。（2）工人，极左。（3）中等社会中，富人倾向于右，而知识阶级向左。在英美方面，前本拟单支持右派，而苏方则支持左派，戴哥乐于此，左右为难。迩来美国方面，因支持 Girau 及 Darlan① 政策失败后，已渐为觉悟，故英美方面转而支持中立派，对戴哥乐表示好感。戴氏因军械接济种种，现须来自美国，故亦不得不与英美联络，对左派稍为冷淡。法国共产党，因苏德订立同盟时发表宣言，赞助苏联此举，因此完全失去法人之同情，无论右派、中立派均反对之。是以法国曾有命令，解散共产党及拘捕共党领袖，现在共党议员七十余人中，虽尚有三十一人在北菲，但绝未参加法国解放委员会。前星期，法国共产党领袖忽往见嘉卢，谓拟往北菲，并谓共产党拟参加法解放委员会工作。加向戴请示，戴覆电不许，据嘉个人观察，戴似受英美之影响，然亦系中立派与右派联合防共产党之明显表示，而此举于苏联对法关系不无影响。彼个人工作甚为困难。（二）法与英联邦问题，彼意经济上有一共同联络，自与各方有利，但所谓联邦，如系为共同组成一大团体，与苏联合作维持欧洲之和平，法方自可赞同，但如系防苏为目的，则法当反对，绝不加入。盖如此，欧必再发生第三次大战，而法因地理上关系，首当其冲也。（三）余谈及英国渐趋社会主义之途，较美进步，及美国资本家觉彼等地位

---

① François Darlan.

已危，不能不在此次选举作最后之斗争，是以对于罗斯福攻击甚力，苏联种种表示，均为彼辈利用，是以为世界前途计。苏方此时似宜万分审慎，不可使罗氏失败，孤立派资本主义者重为抬头，彼甚以为然，彼与苏联人士极为接近，故余欲藉此稍为婉劝苏方举动稍为审慎，亦即间接为苏自己打算矣。

二月二十六日（星期六）天晴，有太阳，颇暖

上午十一时半，学俄文。

下午三时半，往美使馆看电影 Phantom of the Opera。

七时半，郭武官在武官处宴捷克总司令□□□、军事代表团团长 Pukar 等，甚欢。Varshek 小姐言，苏联人近有笑话两段：（一）上帝听世间战争，甚为震怒，询左右谁为祸首，左右有答称，系史太林。上帝即召见史太林，责以不应引起战祸。史太林谓，并非彼发起战祸，因希特剌攻彼，彼为自卫，不能不战，祸首实系希特剌。上帝遂召问希特剌，希氏答称，彼不能不战，盖因邱吉尔、罗斯福将其包围，故祸首应为罗、邱两人。上帝遂召审罗、邱，罗、邱同答，英美均无军队在战场，何以能为战争之祸首。（二）在德黑兰会议时，史太林告邱吉尔，谓因邱生日，已著人送一礼物往彼住所。邱氏返寓，见系一数岁女孩，不明史太林之用意，翌日晤时，即询史太林，谓其送渠之女孩甚美，但年岁太少，不能应用。史太林答称，俟第二场战场开辟时，该女孩便可长大应用矣。该两笑话均可见苏联人民对于第二战场之开辟，仍有怀疑矣。

使馆老仆伊凡 Ivan 之妻，今日在馆去世，渠年七十有二，与其夫同在馆服务将五十年。其夫因中国使馆一度撤消馆员，离苏赴德，曾偕其同往柏林。彼遂能稍操德语，苏德战争开始，彼遂被捕，闻已身故。其在馆服务，异常忠实，余等无法助之，殊觉不安，故余到莫斯科后，对于其妻，一面尽力安慰，一面予以优待，但彼身体已不甚好，年老多病，更经种种变故，不能支持，余等均深为惋惜。余已嘱刘参事及李庶务料理其丧事，如需用款亦不可节省矣。彼有两女均已适人，有外孙数人。刘参事言，今早彼已知不起，对其女

言，伊凡已来接她，著其女为其更衣，颇类吾国鬼神之说。彼遗嘱用教会式安葬，故余嘱刘参事及李庶务照办。

二月二十七日（星期日）天晴，有太阳

上午与绍周、静尘、济邦、承庸，同出各旧书店，购得一八五八年 Oxford Press 出版之大字英文圣经一本，甚佳。

午梦与×妹欢聚，甚乐。

晚，胡随员来谈彼学英文事，余劝其改用 Ruskin's "Sesame and Lilies" 为课本。

二月二十八日（星期一）天晴，有太阳

委座尚未有电贺红军节，余数日来深为疑虑，本不便询问，但卒觉关系重要，余在此亦须知余之所处地位如何，始能应付，故今日电吴次长询问，托辞谓恐如前次之电局延搁，请其查覆。

郭武官送来军令部电：（甲）东条兼任陆军参谋总长，宫淳副之，岛田繁太郎兼任海军军令部长，传旨在使军队今后指挥若定，与军事行政协调，俾加强作战机构。（乙）据俘供称：（一）敌海军今后作战拟逐渐减少，于有利时机与盟海军决战。（二）有利发展太平洋作战方针，系以一机拼一盟舰。（三）敌将转用大批在华部队，分布本土及南洋。（四）日本海及中国海现均无主力舰队云云。

英外相艾登在国会报告，英政府绝无应允以势力范围方式支配欧洲，亦未有人作此种之提议。"The British govt has neither agreed nor been asked to agree to a sphere of influence concept of the reorgnisation of Europe." 又谓前途困难极多，尤以外交上应付之困难，为英国有史以来所未经，各种极困难之问题，非英、美、苏三国密切谅解，不能解决云云。大约系因邱吉尔演说后，英、美人士有以为对苏过于迁就，并对英、苏作种种怀疑，故作此解释。英国今日之外交，确为空前之困难，英人应悟世事变迁，以前态度自亦须改变矣。

昨日苏飞六百架轰炸芬兰京城，区区小城经此大炸，其人民所受痛苦必大，小国欲乘大国之危，以占取小利，应有之结果。芬不久恐须投降，现既已无战胜希望，自以早降为宜矣。

下午六时，伊凡太太之遗体已由馆移往教堂，准备明日安葬，余著李庶务往照料。

二月二十九日（星期二）大雪

上午十一时半，学俄文。

英广播言，日内阁会议，决定停止星期日休息及娱乐场所，大概亦系因太平洋海面迩来美海军进攻，日方失败之结果。我国舆论对美海军所宣布之政策，均表示赞同。

部拍来新闻电，言红军节日，重庆《扫荡报》社论赞扬红军。今日苏报又登是日渝苏大使馆请宴，要人均到。该报并声明，是项新闻迟到，如此则委座贺电或亦迟到未定也。

三月

三月一日（星期三）雨，雪

今日苏联外交部在报纸发表对芬兰谈停战条件经过，谓本年二月间，瑞典某实业家告苏驻瑞公使科仑泰女士，谓芬兰政府代表巴施基菲 Paasikivi 已到 Stockholm，欲悉芬兰退出战争之条件。科公使请示于苏联政府后，答以苏政府无特别信任现芬兰政府之理由，但为和平起见，亦愿与现芬兰政府商量。二月十六日，巴代表与科公使会晤时，面称奉芬政府命，向苏方请提出停战之条件。科公使于第二次会巴代表时，将苏联政府答覆所列下六条，面交巴代表，计开：（一）芬兰立即与德绝交，并将德军拘禁，如芬兰认为自己力量不能办到拘禁德军，则苏联可派陆空军帮助。（二）恢复一九四〇年苏芬条约，芬军即退返一九四〇年芬境。（三）即放还苏军及同盟军俘虏，及苏联及同盟国人民之被拘禁于芬集中营，及被逼为芬服劳役者。（四）芬兰军队之部分或全部复员问题，留在莫斯科谈判。（五）芬兰对于苏联损失赔偿，在莫斯科谈判。（六）关于别参谟Petsamo 区问题，亦在莫斯科谈判解决。并告知巴代表，如芬兰政府允接受此条件，则可派代表至莫斯科商量。至外报有谓苏联要求芬兰无条件投降，及要求占领芬兰首都及其他城市，均属无稽之言云云。

该项条件公布后，外交团一般观察，均以为条件极宽，芬应接受。加拿大记者戴菲斯教授询余意见，余谓该条件尚宽，彼即电加拿大各报。大约芬兰最困难者，系为拘禁德军之问题，盖德军在芬共有十万，非用武力不可，则芬境内之战祸自不能免，但亦胜于继续作此无希望胜利之战争。苏联此举自系最高明之手段，盖芬苟退出轴心，德不独失去十万人，在挪威德军亦将立足不住，非退不可。同时，中东欧各小国觉苏条件不太苛，德国以前种种宣传自失其力量，亦将继芬而向同盟求和。德在军事政治上种种影响极大，德自崩溃，亦非不可能，芬报虽尚有谓条件太苛者，此亦如"还价"者之态度。惟连日芬政府及国会迭开秘密会议讨论，及将条件公布，亦似有接受之意也。

美海军昨日又占领 Admiralty Is. 之最大海岛，日军抵抗甚微，日政府又大批更动海军人员，敌在太平洋失利更可证明矣。

上午十一时三刻，读俄文，因教员之请，改于星期一、三、五。

下午七时，苏俄联邦共和国最高苏维埃在克姆琳宫小会堂开第五届代表大会，外交团亦被邀请参观，余偕刘参事、胡随员（以记者资格）同往。因提出预算问题，外交团各人均不感兴趣。九时散会，卡尔大使则不俟会毕先离，余与哈利门大使等，则于会毕始散。

今日下雨，晚上十时半，雪水自外流入书房，洪水横流，幸发觉尚早，否则不堪设想矣。

三月二日（星期四）天阴

传布加利亚亦已向英、美方面请提停战条件。

午夜，皆作好梦，殊不易得也。

三月三日（星期五）天晴，有太阳

闻吾粤大饥，在禅亲友想不易生活。余虽收入不丰，但觉应稍帮之，因余母亲苟尚生存，亦必极挂念贫苦戚友，故电陈科长君素，代余即电汇美金贰百五十元，由述彭转请采南兄，代交百源、永勤嫂、梁三太、天眷嫂及转好，每五十元，以周其急。① 又请其汇惠梅侄女美金壹百元，亦系觉金弟从前对我之厚，我对其儿女亦应尽半分之力也。

下午一时半，希腊大使波列地斯 Politis 在希馆请午宴，卡尔大使等均到。Balfour 公使言，苏联人确不易明了，并举例：（一）有英军官在苏患病，英医生谓其必须开割，故英使馆请苏联准许英飞机来，送其往开罗，因此间无此设备。苏政府不允，谓苏联医生断谓不应施手术。英馆迭与交涉，苏政府遂再召集苏联名医会议，讨论结果，仍断定谓不应施手术。此种决定外交部派员通知英馆，但该员转达此项决定后，即拿出准许该机入口证交巴公使。（二）苏联情报司在国际饭店招待英报界，介绍其与苏报界联络，自系美举，是以英使馆亦宴请英、美报界与苏报界，拟使双方增加联系，但届时苏联方面无一人到者。（三）因英、苏某协会关系，英使馆约苏方之人来馆宴会，彼等均口头答应，但临时均以电话托辞，无一来者。彼（巴使本人）曾在巴尔干多年，斯拉夫民族之各政府，如布加利亚等，虽不愿外人与其反对党接近，但政府党则极欲与外交团人员往还，与此处完全不同云云。

三月四日（星期六）天阴，大雪

俄罗斯共和国最高会议今日闭会，余著绍周兄往旁听。返言通过修改宪法，增设国防、外交两部，各人演说大致与莫洛托夫报告相同。

昨英机往炸德国时，开始用一万二千磅重量之炸弹，其效力极大，杀人利器日益发达，矢人唯恐不伤人，穷兵？【黩】武者其罪真不堪言也。

---

① 原文如此。

美政府与阿根庭政府绝交。

十一时三刻，读俄文。

郭武官转来军令部消息，谓据俘虏言，日本自去年九月份起，飞机出产量已增至每月一千七百架，证以敌近来增加航空师番号，似亦可信，故日本力量不能过于轻视也。

三月五日（星期日）天晴，有太阳

今日天气极佳，因于上午与静尘、肇瑞、承庸，同出列宁山散步，观学生滑冰。但天气初暖，雪已开始融化，路上行走不便，故停留不久，即往旧货店及旧书店，购旧书数本，即返。

土尔其广播，其政府报社论，谓英方各报责土不履行同盟义务为不对，措辞甚为强硬，谓英、美苟自需用军械，停止接济土尔其，土自乐于牺牲，且以英、美军械生产而论，接济土方自不妨碍各区之需要。苟英、美欲逼土尔其加入作战，则恐适得其反，轴心国五年来努力所欲达到而未能之目的，英、美此举或可促成之云云，口气似有如逼之过急，土亦未尝不可加入轴心。此种语气确系幼稚，盖土果能于轴心已届崩溃之时，始加入与同归于尽乎，且既受人之军械接济，同盟又有义务，既不能尽此义务，亦只能将自己困难向人解释，冀人之谅解矣，不能说硬话也。夫以大国欺诱小国，尚不可能，今以土尔其之小，而欺诱英、美强大将胜之国，安有不败之理。苏秦所谓小国贪小利，无不败者，诚古今一体也。

三月六日（星期一）天阴

吴次长国桢复电，谓蒋主席于红军节日，特派魏文官长代表赴苏联大使馆道贺，并携委座致史太林先生贺电（电文措辞亦极客气），面交潘大使，又谓余一月前关于此事致部之电，尚未收到云云。既委座有贺电，则余心甚慰，至于电报近来迟误，不能不著刘参事再与苏方交涉。

郭武官言，其夫人自美来函，谓魏大使伯聪与朱世明同时离美赴开罗会议，于二月尚未返美，想在渝未返，未悉有何原因已。

今早苏报发表史太林元帅命令，奖励第一乌黑兰区军之进展，内有云，该方面军之总司令黄挑殿 Gen. Vatutin① 因病不能指挥，故由苏联参谋总长萨哥扶元帅自往指挥，故战功应归 Marshal Zhukov 云云，似颇奇异。外传 Gen. Vatutin 有不稳之消息，且有谓其投德，但两年来彼所立战功甚伟，每见政府对渠嘉奖之命令，渠在红军中之地位似已达最高峰，在此敌败苏胜之时而投敌，似不近情理，未必可信。但在苏联事情，常有极不能料到之事发生者，即有，亦不足为怪也。

自习俄文。

三月七日（星期二）

上午，读俄文。

三月八日（星期三）天晴，有太阳

琼芳两次来电，谓不愿与秉坤同住。秉坤性情如此和厚，彼尚云不能同居，无怪母亲生时曾号其为"倒乱砖"，其性情真无人能与相处者。余独虑锦培年已渐长，受此不良之影响不妥耳。

昨晚，梦×妹月癸不至，深为惶急，醒尚有余怖。

谢秘书返，带来部公文函件，内有醴泉兄函，谓独山子油矿及迪化农具制造厂问题均已完满解决，苏方索取之价格亦极公道，深慰。

下午与静尘、济邦、承庸，在高加索饭店晚餐。

三月九日（星期四）

阶平兄来函，谓源宁言，重庆各方对余工作尚为称许，可为余慰云云。

上午，读俄文。

晚上，与静尘、承庸及俄文教员，往大戏院观 William Tell（an

---

① General Nikolai Fyodorovich Vatutin.

opera in 4 acts），女高音主角 E. Кругликова 尚佳，在第三幕与 Arnold 幽会所唱甚好，该幕跳舞，及第四幕湖上大风，布景均有可观。

三月十日（星期五）

下午六时，郭武官请茶会，挪威武官 Gen. W. Steffens[1] 言，德军有自挪威撤退之消息，至驻芬兰北部之德军，由挪撤退极不容易，盖挪北崇山峻岭，大军不能行走，重军器之运输更不容易，大约芬兰投降最困难之问题，即在于此云云。

三月十一日（星期六）

今日南斯拉夫大使 Stanoje Sv. Simic 在苏报发表一函，谓在开罗之南政府政策反动，米海露滑芝之军队不独不参加抗德，且对铁杜将军之解放军作战斗之行动，彼选次劝告无效，故不得已，自行宣告与该政府脱离关系，并经电铁杜，表示愿为服务云云。南武官 B. Djordjevic 同时发表大致相同之函。此间外交团颇觉困难，盖自今日起，便不能承认其为外交团。余本拟下星期请宴，自不能请渠矣。照我国之道德立场观之，则似有不当，盖大使系一国元首之代表，苟以为政府政策不当，自应辞职，辞后回国，当可自由批评政府之政策（但以余个人而论，即此亦欠忠厚，自亦绝对不为），惟计不出此，而忽公开反对其曾相信自己、而派自己为代表之人，未免太过矣。

下午，赴美使馆看电影 "Old Maid"。晚上，刘参事请往第一电影院，看美国色片 "The Thief of Bagdad"，甚佳。

晚上，梦与×妹相叙甚久。

三月十二日（星期日）天晴，有太阳

上午，偕刘参事、李、钱两随员往旧书店购书。该店有老翁，本为苏联诗人，熟识七国文字，翻译外国诗不少。据言抗战后，政

---

① Major General William Steffens.

府不能刊印其作品，自己亦不能饿死，故投该旧书店充卖货员，环境亦可怜矣。

美政府劝埃尔兰驱逐轴心国代表，谓美军在英行动，德、日驻埃尔兰代表每向敌报告，为美国与埃尔兰邦交起见，埃宜如此云云。但埃尔兰政府竟答覆拒绝，欧洲小国之自私，非澈底改革不可，试问英、美苟为失败，埃尔兰安能独存，此种靠人保护，而不肯拔一毛以利天下，真不可解也。

国内寄来报纸，关于四国宣言，宋部长所发表谈话，极赞英、美、苏代表，而无一言及余，静尘兄以为不当。盖为国家计，亦不能不表示此宣言我方亦曾参加，不能使外间目为此系英、美、苏三强决定，中国附骥而耳，自亦有理。但为余个人计，则国内愈少提及余之工作愈佳，盖人类性情，每见别人功业愈大，则愈对其不好，是以余于四国宣言后，甚不自安，盖恐出风头太过，则敌人愈多。我于致国内外各友函件中，绝不提半句，即签字照片亦不寄回国内，以免发表。因吾人做事，只求事成，自己良心上便觉快慰，便即须忘之，不可永记自己之劳绩者也。静尘亦以为然。

三月十三日（星期一）

胡随员报告其昨日赴 Kolomna 参观南斯拉夫军团成立典礼经过情形，人数不多，均系俘虏，及从南逃出之志士组成。

午后七时，赴电影委员会看苏片"Кутузов"，系描写拿破仑在俄失败情形，主角迭基 Al. Diky 亦在，此种战事宣传片，自不易有多大兴趣者也。

三月十四日（星期二）天阴

晚上，余宴比 Robert van de Kerckhove d'Hallebast（Belgium Amb.），L. Quintanilla（Mex. Amb.），L. D. Wilgress（Canadian Amb.）& Mrs. Wilgress，Baron von. Breugal Douglas（Dutch Amb.）& Baroness Douglas，J. J. Maloney（Austrialian Minister），A. Michelsen（Columbia Min.），L. Taezaz（Eth. Min.），Ingemar Hägglöf（Swedish Chargé d'Affairs) and his charming wife, S. L. Burdett & C. Giffird（1st sec. of the Br. Emb.），Counsellor van der Hoeven of Holland and others。加拿大威使谈及苏联接受 Badoglio 提议，与之交换使节事，谓系欲表示非专欲支持各国共产党之意。余以为苏方觉美国所支持意大利各所谓自由主义者，如 Count Sforza 等，此辈反苏，恐不亚于墨索里尼，且邱吉尔亦曾明白表示意皇及百多利奥此次投降，在军事上于盟军作极大之贡献，尤以海军交盟军使用为大。苏联系尚实主义者，人家对于军事，既有如此重大之贡献，且苏方近有须利用意军舰之必要，安能弃此实益，而转随三数美国理想家之后，而支持彼等所欲做成之三数无权无勇之自由主义且持对苏怀疑之人，余等苟设身于苏领袖地位，亦必计不出此也。至十一时半，宾主尽欢而散。

苏军克复 Kherson，故南乌克兰军事进展将甚速，无怪罗马尼亚有派人至土尔其与盟国商退出战争之消息也。

学俄文。

邱吉尔在英议会宣布与埃尔兰断绝交通，以防止敌人探取军事消息，埃尔兰首相地维利剌①竟请加拿大、澳洲等帮忙，而加总理金氏②答覆，指埃尔兰态度不对，故支持英、美态度。埃首相此种举动，受美方及世界舆论之责难，固宜也。

三月十五日（星期三）

上午十二时，学俄文（改一、三、五）。

下午六时，荷使③夫妇请午茶。挪威武官 Gen. Steffens 言，德军在芬北者有退挪消息，将来苏军向其追击时，或进挪境，亦系问题。法使加卢谓彼可保证红军不入挪境，因苏联目前政策，系欲尽力避免外间怀疑其对北欧各国有任何之企图也，似亦有理。

---

① Eàmon de Valera.
② William Lyon Mackenzie King.
③ Breugal Douglas.

美报载消息，谓苏向芬提议芬军不易即反而战德，则在芬北之德军，可由红军进代解决，后苏军担任撤出芬境云云。又英广播言，昨日苏联已答覆芬兰，拒绝其对案，并限期答覆接受苏原提案云云。

军令部消息，敌在华南之敌军及舰队，有改隶台湾军总司令部讯，及华南敌军为完成越南至雷湾之陆地运输线计，有在两月后进犯廉州、钦州讯。按倭本土与中南半岛及南洋之连络，将有被盟国切断可能，故拟打通越雷运输线，以便将来陆地补给及退却之准备云云。

昨日，接醴泉十二日来电，谓苏机十架真日八时，自外蒙飞越至阿山区我剿匪部队驻地上空，轰炸扫射，协助蒙军进攻。下午一时，苏机二架复来扫射，并飞各处侦查。苏方公然出此，当为有计划之行动，或策应陕北军事办法，形势严重，事态有扩大可能，彼已向苏领提出抗议云云。今晚，又接其十四日来电，谓文日、元日苏机复有来原地轰炸及侦查，机翼上均有五角红色徽号，彼已并案向苏领抗议。但苏领拒绝接受，谓飞机红星徽号可以假冒，暗示飞机非可自苏而来，可来自外蒙，并谓似系对苏俄关系有计划之指摘。醴泉意苏方此举，系策应我剿匪军事，如我中央对保卫新疆表示最大决心，苏方或有让步可能云云，似与昨日电情形较为和缓。余与绍周、静尘意见，均以为苟非边界剿匪误会，最多亦系对盛不满之表示，不致如彼初电所谓策应陕北军事办法也。当即电覆醴泉，只请其随时将情形电告，盖此事余以为只宜先作地方小事件就地交涉，不宜扩大。

秉坤亦来电，关于琼芳欲迁出事，即覆电由其迁出，秉坤可就近随时往探视照料锦培可也。

美驻苏大使馆三等秘书 Davis 新自美来，带刘锴函，谓伯聪已返国报告，外传 T. F. 有继任美使讯。据赫尔国务卿与余谈话时所表示，美方对伯聪似不甚满意，宋部长之去适之、任伯聪，似系错误，即与伯聪关系最深之庸之、亮畴二公，当时亦极不以为然也。

三月十六日（星期四）大雪

德广播言，芬兰国会昨日以一百六十对四十票，反对接受苏联条件。芬当局到此尚不觉悟，深为可惜也。

三月十七日（星期五）微雪

德广播言，宋部长已辞中国艮【银】行董事长，由孔副院长接兼。

《战争与劳工〔阶级〕杂志》本期有可注意者两文，一为论日本，极言其困难及将失败，迩来苏联对日，已渐敢明白表示其态度，对日批评渐为明显，由此可证。一为论第二阵线，表示虽深知英、美在日间必将遵照在德黑兰之决定，开辟第二战场，但有一部分英、美人士，仍表示第二战场在西面乃为长久战之开始，即 Lord Halifax 于本月演说，亦作此论调。须知在西岸登陆固有困难，当然亦须有相当之牺牲，但苟不作此牺牲，则战事持久，于敌有利，而盟国结果之牺牲更大云云，似有警告英、美不可再用在意登陆之敷衍政策。此系德黑兰会议后，苏联初次表示对英、美第二战场之怀疑。最近 Walter Lippmann 在美报发表论文，谓英、美苟不在欧于军事上作大努力，准备多所牺牲，则世界政治讲话之力量，自然减少，诚非虚语也。

上午十二时，读俄文。

昨日接我驻英使馆来电，谓陈参事维城于一月中在汽车遇事受伤，在医院病势极重云云，无怪余致渠之函电，托其代购书籍物品，均无答覆。明早英馆信差返伦敦，故即托其带函阶平及谭葆慎代办。

刘锴附寄来代购食品清单，除些小羊舌及牛舌外，无其他肉类。而医生劝我因关节炎不能食鱼，只宜多食肉，此间猪肉黑市价格每公斤六百卢布（五十元美金），余安能有此资力。近来请客，每次所需肉最少五公斤，则只此已费三千卢布，故余与绍周、静尘兄商，为长久计算，著承庸往伊朗一次，购买食品，亦殊值得也。

三月十八日（星期六）天阴

下午，赴美使馆看电影。

接比国大使 d'Hallebast 电话，谓彼奉调返伦敦，后天早上飞机离莫，请借卡车于明日一用。余当然答应，向来在各地使团中，有调任者，各人多与饯行，彼亦多来辞行，但近来在莫斯科，则使团中来往均不相知，亦系在苏与在其他国家不同之处也。比使极少与人往还，性情颇为怪癖，闻私生活上则极风流，女友不少，其夫人系白俄，向居伦敦，不能与之同来，故亦无怪其然也。

三月十九日（星期日）

昨日红军占领 Zhmerinka，一则将 Vinnitsa 之德军割断，二则将德军由 Odessa 至 Lwow 之要道切断。稍南，红军已达 Oniester River，占领 Yampol，由此渡河便直入罗曼尼亚。罗国不守，则战场将西移至匈牙利及捷克，德在巴尔干东北之势力全失，影响全部战局甚大。再南，在 Nikolaerv 一带，于过去十日内红军大胜，德军死亡逾五万人，故红军迩来之胜利确大。英、美军在意大利七、八个月尚不能夺得 Cassino 一小城，伤亡亦不过数千人，无怪苏方不满，认为英、美仍欲保持力量也。

三月二十日（星期一）

部电，关于苏飞机在新蒙边境越界轰炸我剿匪军事，谓已向潘大使提出，请其调查，大约措辞亦较和缓，计部采政策，系不欲事件之扩大，余以为甚适当也。

今日红军又占领 Vinnitsa 及 Mogilev-Podolski 两要城，德军在该两地溃退。因此德军遂开赴占领匈牙利，以后匈牙利将成为德军在东线死守之防地。匈牙利以一小国而甘为希德之附庸，希图于两大国战争中，由其邻国夺取权利，势必自陷其国家民族于水深火热之中，亦系自取之道也。

前日瑞典皇向芬兰当局及人民，劝其接受苏联停战条件，希特刺今日竟发表对瑞记者谈话，否认系其主使，并力言苏之条件系引诱性。莫洛托夫在柏林曾表示须灭亡芬兰，英、美不能保证芬兰，盖英、美无须向外防共，直须防本国国内之共祸云云。以希氏之地位，作此种之谈话，未免太失身份，且所言种种，均系失败悲鸣之语，无复曩昔雄壮豪语。鸟之将死，其鸣也哀，希氏其快将失败欤。

上午，学俄文。

三月二十一日（星期二）天阴

今日芬兰公布不能接受苏联停战条件，苏方亦有同样之公布，但双方措辞均较和缓，大约尚未完全绝望也。

德军昨日进占匈牙利，闻系德要求匈总动员助德，及将匈交通工具交德接管，匈不允，故希特剌召 Horthy① 赴德，将其扣留，一面派兵占匈，与希特拉辈独裁者合作，固应有此结果也。

三月二十二日（星期三）天阴，雪

上午加拿大威使来访，据言：（一）美之不承认法解会，系罗斯福对戴高乐个人关系，并谓去年承认该会，完全由加拿大主动，美方颇为勉强，并将自由法国前年占领加拿大附近法属两岛时，美方极不满意，几与加拿大发生误会情形详告。（二）近来苏对法解放会颇表冷淡，法航空员不如从前之优待，加卢亦表示忧虑。（三）最近《战争与劳工阶级》杂志所表示，对于第二战场问题，彼个人以为，英、美随时将准备情形通知苏方，或者苏方尚有不尽同意之处，故作此小警告。但彼个人所知，英、美方面亦急于战事之速为解决，盖经济上及精神上势不能拖延，至罗斯福个人之地位较难，盖美国人不易忍受失败，苟稍有牺牲，而无相当结果，舆情将群起而攻，故罗不能不万分审慎云云。

接醴泉十九日电：（一）十四、五、六、八数日，苏机仍继续到新边境侦查及轰炸。（二）我军已转进至二台，匪军现增至二千人左右，内有外蒙兵及苏军官，我方正增援，惟军力薄弱，一有失

---

① 匈牙利摄政王 Miklós Horthy。

利，迪化动摇，即影响全疆，已电委座派军事、外交大员及少数飞机部队，来新助战。（三）苏领谓此事正由苏政府调查。（四）本案已由宋部长三次质问苏使，据称已报告苏政府。（五）朱长官即飞迪化。（六）陕北共匪已与汪逆妥协，倭贼假道晋省协助，中央决定剿灭，军事随时可发云云。阅后甚为忧虑，我国现处之局势尚多险阻，内部发生内战，又与外蒙及苏方冲突，前途如何，不能不使人悲观也。

三月二十三日（星期四）大雪

邱吉尔在英议会言，或将图与罗、史再晤，艾登亦宣布苏承认Badoglio 政府，事前并未通知英国。凡此种种，英、美、苏之领袖似确有再晤商之必要也。

今早德广播称，重庆与延安间形势甚为严重，重庆方面谓延安只图扩充领土，不顾抗日，延安久被重庆包围，蒋氏用其力量五分之一包围延安云云。虽敌方宣传不可尽信，但证诸醴泉来电，则恐形势又复恶劣。中共诸人恐不明国家大势，殊可痛心也。

阶平代购之紫外光器，已由英馆代运到，甚佳。

三月二十四日（星期五）

上午，学俄文，其活字变化之多，极不易记忆。

晚上，波兰民族解放运动第一百五十周年纪念庆祝大会，余偕绍周及其夫人同往（其夫人为波兰人），英、美及各使均不到，只捷克大使及法代表加卢。报告 Kostyushko 发起此运动及其助美独立之经过后，各方演说。余本拟先退，但因绍周夫人关系，不能不候至音乐会终了始返。

三月二十五日（星期六）

下午，赴美使馆看电影，黑人片 "Stormy Weather"，甚佳。

今日为希腊国庆节，希使波烈地斯晚上六时至八时在希大使馆请宴，著名舞星 Semeonova 亦在，与之稍谈，计渠年已近不惑，但望之如二十许。彼曾一度与加拉罕结婚，加案后已数年不登舞台，以技术论，彼尚为舞后也。加拿大威使谈及苏加租借条约前日签字情形，彼谓加政府较美为佳，未附任何条件，盖帮助同盟为应有之义务，故不若美约之附带若干补偿条件。实际上，此项条件绝不能履行，则民众当以为政府欺谝民众，或友邦不履行义务，均有发生不良影响之可能。加拿大民众多由苏格兰及法国前往，故性情守旧，但因与美相连，物质进步亦速，故其人民极尚实际，不图空论云云。又谓美国选举结果，彼以为罗斯福料可当选，但上议院民主党将占少数，表示美国人民赞同其对外政策，而反对其对内政策云云，亦甚有理。

三月二十六日（星期日）大雪

今日红军已进达蒲绿 Prut 河东岸，苏联血战三十三阅月，首次到达边境，无怪其政府引为最足庆祝之事也。由此即可进攻 Lasi，是以德军昨复将罗马尼亚全国占领，罗国亦与匈牙利受同一之痛苦。小国欲占便宜，必遭大祸，其匈、罗、布之谓欤。

晚上，邱吉尔广播，多属对彼国内之语，但可注意者：（一）谓意大利战场，一则减去敌人意军六十师，制德军二十五师。（二）在南太平洋，英承认美之领导，亦如美承认英在印缅之领导。事实上，英之损失较美为大，现在森林战优势已转在我方，日军死亡较盟军为多，已达三至四与一之比，Stilwell 所领之华军进展甚佳。彼又谓不久以前，彼曾谓击溃希德后，尚需相当时期，始能击败日本，现在此项时期较彼初料为短。（三）赞扬 Tito 之游击队战绩。

晚上，余请谢秘书夫妇往大戏院观舞剧"Bahchisaraisky Fountain"，女主角 M. G. Bololeovskaya 即去年美《生活》杂志盛称之女舞星，舞术甚佳，惜貌非极美耳。饰皇后之 L. K. Chekasova 较美，舞术亦不错，两人均为后起之秀。布景种种亦好，较在阿剌木图所看为佳。休息时，遇希腊大使，彼极言邱吉尔对南斯拉夫事处理不当，不应过捧 Tito 而抑米海劳滑滋，盖此非彼两人，实乃 Serb 与 Croatia 间之问题。英、美须维持其大西洋宪章及所为战争之正义，而不应只顾目前战争之需要云云。最近南皇比德与希公主结婚，无怪其作此论调，但英对南政府非不欲助之，惟米氏种种动作确有使人不满之处。谚云人自助者，天始助之，南政府诸人不自振作，而冀他人为渠牺牲，世间自无此理。余因地位环境关系，自不便有若何之表示，只唯唯应之，而不表示意见矣。

三月二十七日（星期一）大雪

部电请余派陈秘书岱础或胡随员济邦兼 *National Herald*《自由西报》驻苏记者，与刘参事商，彼亦以胡随员为适宜，一则语言关系，二则对外与记者接洽，向由胡办，而成绩亦极佳也。

下午，与绍周、承庸、盛镐往旧书店后，赴郭武官处晚膳。

赫尔国务卿发表之外交政策十七点，均系再申罗总统与彼历次所表示之政策。惟美国人所欲知者，非系原则问题，而系具体事实，无怪美国各报评论表示不满也。至渠与上议院初期共和党议员曾赞助政府外交政策之议员二十四人谈话，则较为具体。总之，因苏联种种措施，真不易使美政府向其民众解释者也。

军令部来电，言敌自去年六月起，于满苏边境建筑钢骨水泥工事及公路甚多，大连至哈尔滨铁路已改双轨，大哈公路路幅已扩为卅公尺，可起落飞机，沈阳至山海关铁路定明年完成双轨云云，则敌苏关系可知矣。该电又言，缅北我军在 Hukan【Hukawng】Valley 获敌请援电话，称前线敌十八师死伤过半云云，则我军在缅北战绩大约不错。

胡随员昨赴参观波兰第三师成立典礼，今早始返，据报种种，多可参考者。

三月二十八日（星期二）雪

晚上，余在馆宴阿富汗大使、伊兰大使夫妇及其子女、希腊大使、挪威大使、法大使等十余人。法使言，罗马尼亚及布加利亚之地下工作人员，已先德军而集中西面 Alpine 山脉一带，Tito 之游击队亦东向该处会合，大约数星期后，苏军便可大进罗境，与该队等联合，则可将德军在巴尔干一带割断云云。彼又告胡随员，意大利、匈牙利及罗马尼亚俘虏，均不久将在苏组织各该国之解放军云云，此举殊堪注意也。彼又告余，苏政府前提议与南流亡政府缔结互助条约，而南政府要求加入一条，规定苏联不能在南斯拉夫境内宣传共产主义，苏方对南政府此项提议，认为极不友谊之表示，故此拒绝。后南政府向苏提议订约时，苏故拒绝。现苏联不久将承认 Tito 政府，并与之签订互助协定。Tito 方面，已有电派前南斯拉夫大使 Simic 为代表云云。即报部次长。

苏军今日又克复尼古拉尔夫城 Nikolaev。

三月二十九日（星期三）天晴，有太阳

上午，学俄文。

今早红军竟进占哥罗米亚城 Kolomyia，距捷克边境只五十公里矣。

三月三十日（星期四）天晴，有太阳

今日《消息报》社论，关于义大利问题，谓：（一）英、美各报对于苏联与巴多利奥政府建立实际关系，故作种种扩大宣传，并表示疑异【义】。实则英、美在义，军政机构甚多，人员共有数千，能与义政府接洽，而苏则无。（二）义各民主党派尚未能与巴合作，当前急务应设法使其合作。（三）英、美当局迭次宣称，谓义大利政治问题须俟罗马克复始为决定，此种政策，苏联并未同意。三月二十二日，艾登在国会答覆询问时所言，似已忘却苏方之提议。（四）苏绝无意妨碍义国民主化。（五）当前急务，系战胜希德及墨索里尼，故对于改善义国目前情形，系急不容缓之举云云。措辞对于英、美方面绝不客气，于艾登尤为利害。实则英、美事事不与苏方开诚相与，以致如此，苟同盟国间发生不幸，其咎当不尽在苏联一方，惟凡此种种，对于世界和平前途，均非佳兆也。

今日英使已送来其本国报评摘要，此举渠颇勉强，盖此种每日英报评论，许多对英政府本身亦不利者，对苏批评尤多，是以苏方

表示不愿其在苏宣传，且恐别馆大使要求照送，是以与余约定，每日作密件送余个人存阅，并守秘密。英、美馆此种每日英、美各地各报论评摘要，极为重要，英、美政府此种对其在外使馆组织工作，殊可钦佩者也。今日英报消息，有谓艾登对外政策极受批评，有辞去外相之说。又英《观察家》报载，德黑兰会议商定分区占领德国：（一）苏自 Oder 河以东。（二）美占 Bavaria，Saxony 及 Württemberg。（三）英占西部。（四）柏林共同占领。（五）奥国初本拟由美单独占领，后定共同云云。又 Reynolds News 载华盛顿讯，赫尔对议员言：（一）苏承认巴多利政权，系因英、美方面不将消息通知莫斯科，故苏联生气。（二）英、苏因波兰事件发生恶感。（三）赫尔本人于一九三九年对波罗的海三国政策之宣言，仍属有效云云。果尔，则同盟前途不可完全乐观也。

三月三十一日（星期五）

今日《消息报》发表苏日签订：（一）日本归还库页岛油矿、煤矿之协定。（二）日苏渔业协定续期五年之议定书。除原条文外，苏方公布颇长之说明书，内言：（一）关于库页岛北部煤、油两矿，本系一九二五年十二月十四日苏方特许日人者，照特许协定须至一九七〇年始行满期。但在一九四一年签订日苏中立协定时，苏方提出取消该协定，松冈允于六个月内商办。日本大使 Togo[①] 亦曾以书面答应于六个月办妥，乃当时日本当局深信德闪电战之胜利，故不履行此诺言。后因红军战绩及同盟国军事之进展，故日政府于去年秋间提出磋商，结果由 Lozovsky 与佐藤签订此约，提前二十六年交还该两矿。该两矿矿产种种，实际上于前十日业经移交苏方。（二）日苏渔业协定内容亦有修改，规定有数区在此次战事未终了前，日方不能利用，且禁止日本或其他外国人到某区以内等等。总之，苏联国际上地位日固，外交上措施适宜，及兼顾同盟国战时利益，于此可见。至日苏关系，双方均愿依据中立协定解决一切困难云云。

---

① 1938 年 10 月至 1940 年 10 月，日本驻苏联大使东乡茂德。

《消息报》对此亦作长篇之社论。此事关系我国甚巨，余恐其影响：
（一）美国人之尽力援苏攻德，系假定苏联于德崩溃后加入战日，
苏方对日以前种种敷衍，均因苏对德主力作战困难，体谅其不能同
时战日。但现在德国威胁业经解除，此时每【毋】须对日如此敷
衍，且此种举动，无异直接表示德崩溃后，苏对日仍维持中立态
度，与美国朝野所期望完全不同，则美方对苏态度不无影响。（二）
日军阀可藉此而鼓励其民气，且东条可藉此而抽调关东军一部，尽
力打通平汉、粤汉两路，俾日军德【得】直接与华南及南洋日军联
络，不受美国海军之威胁。（三）我国国内对苏怀疑者本尚不少，
此举更增加其对苏不信，余在此工作更为困难。余到此以来，此系
我最大之打击及失败，惟此亦非余力之所及，权绝非操诸我手，余
深盼我国人士于此更知，非自图强不可，靠外交上别人扶助系属幻
想。我在此亦只能耐心做去，以观将来耳。余告诫馆中同寅，对此
切不可表示意见。

四月

四月一日（星期六）天晴，有太阳

今早《真理报》对于苏日两协定亦有论文，与《消息报》大致
相同。晚上英海军代表团团长 Ad. Fisher 请宴，介绍陆军新武官
Gen. Burrows[①] 时，各记者询余对苏日新协定意见时，余均答以未奉
政府命令前，不能发表任何意见。彼等告余，谓日本驻苏大使馆及
武官，于前晚大为庆祝，并请保加利亚使馆人员作陪云云。加卢与
静尘言，苏联此举确于同盟不利，于中国影响尤大，殊不错也。

四月二日（星期日）

今日苏联各报均登载"库伦四月一日电，谓去年年底，新疆省

---

① General Montagu Brocas Burrows.

当局开始强迫阿尔泰地区之大多数哈萨居民迁移南疆，彼等多不愿往，故为避免新疆军队之搜寻，携眷愿居于蒙古人民共和国境内，并由蒙古人民共和国当局就地收容，视为难民。驻扎于新疆东北部之中国军队为追踪哈萨人，突入蒙古人民共和国境内，并由飞机上对此等难民及蒙古人民共和国有居民之地区实行扫射。蒙古人民共和国对此破坏其疆界之荒乱行为，碍难无所反应，故对突入境内之新疆军队施以回击。蒙古人民共和国当局深信，如新疆军队再有类此侵犯其国境之情事，则苏联政府根据一九三六年三月十二日苏蒙互助条约，将对其政府为一切必要之援助与支持"云云。苏方对于我方抗议久不答覆，突作此种间接声明，即照其所言，亦系干涉我国内政。我国抗战七年，辛苦艰难，以求民族之独立，事实上于苏联不致同时受德日之攻，对苏已有莫大之帮助。而苏方不独不感觉，并不体谅同情于我生死奋斗反抗侵略，而反于我最困难之时，向我侵略，世界人类罪恶真无已时，吾亦不能不悲观矣。与绍周、静尘研究，苏联对此公布之用意，大约系：（一）警告中国，谓外蒙已独立，中国不能希望其归还中国。（二）诚如醴泉电所云，策应中共，警告中国不能剿共。（三）对盛表示不满，警告中国政府非撤换盛世才，则有重大事件发生。各国记者均纷纷请来谒谈，余均拒之，谓此事未得政府训令前，不能有若何之表示，盖事情苟有一分之希望，余等尚须努力，使其不致扩大，因我国处此环境，非坚忍万分，不至十二分绝望时，仍须努力，但个人精神上则备极痛苦矣。

晚上，菲洲自由法国广播，已将苏方公布完全广播。末加说明，谓外蒙人口仅百万，但矿产甚富，似含有苏联对此有企图之意。

晚上请岱础夫妇、俄文教员、济邦、承庸，同往大舞台附属剧院，看萧伯纳之"Pygmalion"，尚佳，惟饰卖花女之女主角年事稍高耳。

醴泉三十日电，谓：（一）自廿二日十二时，有苏机一架来我驻军上空侦查，自后即未接苏机越界消息。（二）哈匪受创，迄未来扰，似已退入蒙境。（三）富蕴境内有小股哈匪来扰，仅一千余人。

（四）朱长官来新，对军事已有具体布置，即增兵四师，于各重要据点防堵，正调集中，我中央对新重视，当为目前情势和缓之主因。
（五）购买农具厂，正商订合同中云云。

四月三日（星期一）大雪，甚冷

胡随员报告，昨晚莫外长于十时以电话召集各国驻莫记者，于十时十五分到彼处，代表苏联政府声明红军将渡 Prut 河，进入罗马尼亚追击敌人，但对罗马尼亚无获取其任何土地，或变更其现行社会制度之目的。红军之进入罗境，完全为军事上之必要云云。有问其苏联政府是否与罗政府有所接触。莫答："如何能与罗政府接触，但已与英、美政府接洽，得其同意。"路透社代表金氏 Harold King 问其能否对新蒙边境问题有所说明。莫答，此与罗马尼亚问题无关，不能答覆云云。

接情报司新闻电（该电系一日自 Lisbon 发），谓吴次长在招待外国记者会上，有询其新蒙边境冲突事，彼答"无可告者"No statement to make，则苏联昨日之公布，或系恐我方对此有若何之公布，故先作此。果尔，则问题便不如初想之严重，但亦极不佳之现象。余在此工作，当受绝大影响，余只能照子超先生之训示，沉著应付，不急求功，并记季陶先生嘱效纪泽先生之指示耳。

晚上，余宴法前空军部长旭 Pierre Cot 及加卢，饭后畅谈。彼意：（一）关于法国将来，谓共产党将占百分之三十、社会党百分之二十五、中庸党 Centre 百分之二十、守旧不过百分之十，势力日趋于共产党，盖以前反共之藉口有三：（1）不爱国；（2）土地公有及取销私人产业及资本；（3）受外国指挥。但此次抗德，因德对共党特别仇恨，是以共产党人抗德亦最力，牺牲亦最多，故不能谓其不爱国。迩来共党完全变更其计划，宣称每国政治须适应其历史社会之环境，故绝不反对土地私有及小资本。同时第三国际取销，有时法共产党对第三国际亦有批评者，故不能谓其受外国指挥。是以将来法国政治将由共产党领导，联合组织政府。（二）意大利共产党大约占五成以上。（三）南斯拉夫 Tito 方式之政府（即以共产党为中心，联合各党组织政府）将影响欧洲各国，德国将来亦恐有此趋向。（四）美对戴高乐仍不合作，不独不允承认其为政府，即彼军队参加攻法尚未决定，但彼深谅罗斯福之困难，并认其将此事交由Eisenhower决定，系变更其原办法，于法方有利之举。

四月四日（星期二）

今早英广播，重庆对于苏报发表新蒙边境事，正式宣称所载与事实不符云云。

今日接宋部长电，谓三月卅一日，潘大使见宋部长，代表苏政府声明，若新疆军队将来再有类似破坏蒙古人民共和国边界情事，则苏政府依据现行一九三六年三月十二日苏联与蒙古人民共和国所订之互助条约，为保证蒙古人民共和国领土之安全起见，将不得不予该国政府以一切必需之援助及支持云云。本月三日，宋部长见潘大使，答覆如下："依照我方所得确实报告，我驻新疆部队系在新疆省阿山区内（离外蒙与新疆省界约七十五公里地带）剿匪，我方始终并未使用飞机。自三月十一日起，廿日止，所有在新疆境内侦查扫射或轰炸我军之飞机，均有五色红星徽号，此种事实已由我方迭次通知贵大使。依照一九二四年中俄解决悬案大纲协定第五条之规定，苏联政府承认'外蒙为完全中华民国领土之一部分，及尊重在该领土内中国之主权'。一九三六年三月十二日，苏联与所谓蒙古人民共和国所订之议定书，中国政府曾于同年四月七日向苏联提出正式抗议，而贵国外交人民委员长利瓦伊诺夫，亦于其四月八日复照内，对于一九二四年之中俄协定'重行确证，就苏联方面而言，仍保持其效力，以及于将来'，是蒙古为中国领土之一部分，毫无疑义，故一九三六年三月十二日之议定书，对中国不能生效，而且中国政府与人民亦断不承认也。"最后宋部长复告潘大使，我中央军经电令新疆部队不得进入外蒙境内，此项命令现仍继续有效等语云云，则苏政府正式表示较其所发表者更为严重。余再三思之，似对新省当局不满表示之意为多。前年新省事变化时，余亦极力主张对苏方宜不使其难堪，以致发生不良之反响。年来中央对新省当局似过分敷衍，以致苏联以为我中央亦如新当局之反苏，自然发生重大变故。我国现处之地位万分困难，苟不坚忍，绝无复兴之希望。盛苟爱国，亦应自悉其地位不能再行恋栈，为公为私，亦宜退避贤路。君子易退而难进，余一生常以此为训，别人未必同此想法，深为彼等惜也。

四月五日

挪威大使①请晚宴，英馆秘书 Crosthwaite 告余，谓苏日两协定未公布前三小时，苏外交部请渠前往，以公布文示之。渠询该司长，该两矿系何时让许日本者，该司长谓似系于日俄战争以后，该司长可谓胡涂万分云云。又谓公布前三小时通知，便算表示客气，殊为可笑也。挪威大使说一笑话，谓"挪威某船长之夫人，在家接见其夫之同伴返回报告，谓其丈夫已为某地野人所吃，该夫人只谓'各地习惯不同耳'"。此间习惯，真不易识也。

四月六日（星期四）

上午，学俄文。

连日因中苏邦交不好，深为忧闷，晚上亦不能安睡，自思我到此以来，一事无成，深自愧恶，虽权不操诸于己，但终不能自为解释也。

英报载艾登将辞兼外长，彼本系以亲苏政策著，但因波兰事件，苏方竟对之攻击，不稍留余地，深为可惜。彼在保守党中为较开明之份子，极有继任首相之希望，苏方此举，与前攻击威尔基，似同一不智也。

四月七日

美使馆蓝医生 Dr. Lang 晚宴，加拿大威使谈及日苏协定等问题，彼首次表示对苏与英、美合作，表示悲观。渠又告余，谓前天苏派

---

① Rolf Andvord.

赴美接洽战后经济合作之代表团中，有一代表为中将，忽在美报发表声明，攻击苏联，谓彼到美国后觉人民之自由，不能再返苏受不自由之痛苦云云。

英报载苏方请美国与订立协定，战后继续租借法案三年，帮助其战后建设。美方要求苏方表示胜德后，加入对日为条件，苏方迟延云云，似有可能。

四月八日

上午，读俄文。

今早钱承庸、刘正堉两随员乘机赴德黑兰，此间日用物品全无，英、美使馆均能由本国自运用品，我方无此利便，而余自到此以来，一切场面均依照委座面谕，与英、美相等，虽不能完全办到，但应酬种种，自问亦相差不远，是以需用物品不能不另行设法，且馆员生活万分艰苦，不能不代其设法。是以余决定每年派人出外购置公用所需，及代同人购买用品。此次特派钱随员前往，刘则因身体关系请假休息，渠似有神经衰弱之病，亦殊可怜也。

下午，赴美馆看电影。

BBC 广播谓，陈耀祖在广州被刺而死，余与彼同学多年，渠人本不错，惜环境不佳，随其姊丈同充汉奸，致有此结果，深为渠惜也。

照今日德方广播，则威使所指，系 Krachenko 去年八月由苏派赴美购买军用器材者，渠系经济专家。该广播又云，苏公布对新疆蒙古边界事件，使重庆不安，敌借此挑拨自属当然之事也。

美海军公布于去月廿九、三十之间，在 Palau 岛等附近击沉日舰及船只共四十六艘，毁下敌飞机共二百十四架，敌人在太平洋海上能力日减，深足慰也。

苏联公布已进入旧捷克国境，稍南进罗马尼亚境，并占领 Botosctcharny 及 Dorokhoi，红军进展确速，此种新战略，英、美军事当局未必敢采。

四月九日（星期日）

下午捷克记者华锡 Varshick 请往其家午茶，彼前本系 Skoda Work 驻苏工程师，现为美国捷克报之代表，其夫人系苏联人，人品甚好，有女二人，所住小房三间，可见其生活程度一斑矣。

四月十日（星期一）

郭武官报告，彼昨由美武官处得悉美大使哈里门返回报告。

昨晚赫尔国务卿向美众广播内，极言一九四〇年英国及中国独力抵抗侵略之功，及世界和平非四强互相尊重他国利益、互相谅解，不能维持 "... there is no hope of burning victory with enduring peace unless the real interests of this country, the British commonwealth, the Soviet Union and China are harmonized and unless they agree to act together. This is the solid framework upon which all future policy & international organization must be built... Without an enduring understanding between these four nations upon their fundamental purposes, interests & obligations to one another, all organizations to preserve peace are creations on paper & the path is wide open again for the rise of a new aggressor... I am stating what I believe the common sense of my fellow countrymen & all men will recognize-that for these powers to become divided in their aims & fail to recognize & harmonize their basic interests can only produce disaster & that no machinery as such can produce this essential harmony & unity... Agreement can be achieved only by trying to understand the other fellow's point of view & by going as far as possible to meet it." 如此善意对华，殊堪感激，在近来发生事件，尤为需要赫老先生对我国之热情赞助，无怪其与余言，彼实为中国之至友。演说中警告中立国申明对法、意之立场，对战后欧洲之救济及对欧洲政治之立场，与及对于战后世界经济建设种种，确具远识，诚近代外交史上不可多睹之文章也。

红军今日克复奥迭沙 Odessa。

闻英报 Yorkshire Post 载文，谓苏向华及伊兰、阿富汗等有侵略企图，特电少川大使，请其摘要电知。

四月十一日（星期二）

上午，学俄文。

苏联各报登载赫尔广播，删减甚多，将重要部分尤其是对中国及批评不尊重他人利益部分全删，苏联人民真不易知悉世界真情也。

四月十二日（星期三）

土尔其广播谓：昨希特拉召集重要军事会议，参加者有墨索里尼、Laval Kisling 及各附庸国傀儡，日本大使亦参加。除讨论应付东线急迫之对策外，尚有讨论：（一）如何使日本加强对德之援助；（二）动员各占区及附庸之资源及人力物力；（三）德军退出各附庸国及占领区等问题。果尔，则德有崩溃之可能，日亦有孤注一掷对苏发动之可能。总之，战事计不久便可结束矣。

下午往理发后，与静尘、世杰、肇瑞到珠宝店看乌拉山所出蓝宝石，价格较战前涨十倍，无法购买，但得一旧水晶印，刻工甚佳，价亦不昂。

四月二十四日（星期一）

过去十日内，因补习俄文，公事又多，未能续写日记，经过大事可记者：（一）英政府限制外交官不许离英，并不准拍发密电及外交密函，只美、苏除外。英政府此举全属无理，盖军事消息之泄露，绝非如此便可禁止，而外交礼节为文明法律习惯之重要者，英可破坏，则别国自不遵守法律习惯。对于我国限制尤为无理，综观英国年来种种表示，绝无以四强之一对待中国，我当局及国民亦应自勉矣。（二）苏联外次 Vyshinski 对记者谈话，发表芬兰拒绝接受条件之经过，但辞意尚和缓，和平之门尚未全关也。（三）二月间，美国 *Time Weekly* 载孙夫人发表谈话，攻击政府，谓反动份子欲对中共发生内战，并主张美国同时直接供给中共，果何由而发此，真不可解。（四）国内中央社派来英倚泉、朱庆永为驻莫代表，本馆曾[①]随员亦

---

① 曾宪恒。

到，渠人甚老实。据国内所来消息，谓：（a）宋部长与委座曾发误会，系因派蒋廷黻赴美，事前宋部长并不知悉，且宋部长有派胡次长前往之意，故发表后，宋部长向委座表示不满，故生误会，两月未见，自开罗返后，始为好转，亦不幸之事也。（b）李石曾在美与一犹太妇人结婚，该妇本系其秘书，帮渠编一百科全书者，故婚约订明：（甲）其妻须担任助其编该百科全书，至完成为止。（乙）夫妻无同居之义务。亦一笑话也。

郭武官言，加拿大武官自前方返告渠：（一）Dnieper 河以西，德军退时，并无若何之破坏，人民亦无送往德国之情事，即十六岁至四十五岁之男子，亦并未征用，照常在农村及工厂工作。及至最近红军到后，反将其送往大后方，故前方人民怨声载道。（二）德军在东线飞机阙乏，故因此吃亏甚大，最大阙点自系人力不足云云。

刘参事之少子在校，闻外间传 Vatutin 系被暗杀，在腿上中两枪，因凶手所用系有毒子弹，故虽两腿割去，终不能治云云。刘参事言，乌黑兰独立运动本异常激烈，大约乌黑兰人民对德国抵抗，即对俄亦不甘受统治，德国因此在 Danube 河以西特发布命令，不许其军队作任何之破坏及不征用壮丁，计亦甚毒，盖欲藉此引起其地方民众对俄分裂之情绪。又近闻 Georgia 及各地独立运动之潮亦甚高涨，将来红军开进西欧，久占德国，其士兵在德，尝物质上之文明及自由之幸福，回苏后能否如前之对当局及苏政制甘心服从，尚属疑问，是以最近之将来，苏方自身之困难自亦不少者也。

四月二十五日（星期二）

上午，学俄文。余十天以来，每日专攻俄文两、三小时，虽觉些小辛苦，但不无进步。天下事非下苦工，决无良果者也。

昨，美军在 New Guinea 之 Hollandia 登陆，割断日军六千之退路，日人此次发展过速，力量伸张过长，自感薄弱，亦系自己估计力量过高之结果，其失败亦必由此而来。

胡随员报告英、美记者赴南俄前线参观之感想：（一）德国失败原因，系因人力不足及空军力量不足之结果。（二）罗马尼亚军队质量不佳，组织腐败，与德军又不合作。（三）德军频易将帅及不许自由斟酌情形而退却，致常被红军包围，及急于退时，损失物质极多。

苏报发表其不参加国际劳工局会议之原因，并主张改组该局，盖一则该局于一九三〇年曾将代表撤销，既挥之使去，不易招之即来，且匈、布、芬均有代表，是以苏主张：（一）改组其为联合国之机构；（二）增加工人代表，与政府及资方共同人数相同（现制为政府代表二人，劳资各一人）。

今早胡委员世杰赴伊朗休养，渠患第一期肺病，在此外交团人员鲜不患病者，亦环境使然也。

四月二十六日（星期三）有太阳

英报载波兰流亡政府欲召集各流亡政府会议，共同联合应付英、美、苏三方之压迫政策，此种举动确无意识，自己无半点力量，寄人篱下，复持如此态度。波兰军队又有排犹之举，彼等恐至死不悟者也。

又英报亦有批评英制止外交官活动，不将中国除外者。

下午，与静尘同出购得旧千里镜一只，尚佳。

四月二十七日（星期四）天晴，有太阳

张随领子固①自国内派赴西比利亚领馆，今日经此。据言国内物价较去年初已涨四倍，薪水不能增加，外部预算只全部加三成，各员只能在外交部食堂同食，衣著则绝无办法，均感万分困苦。兰州至哈密飞机已停，因苏联未供给汽油，伊宁教导队自去年九月起，亦因苏联未供给汽油而停办，故此间与国内交通殊无办法矣。

晚上作一恶梦，觉×妹对余异常冷淡。余忆初结婚时，我尚年少，且适在校成名，以为婚姻自可美满，但余妻以我地位不高，又不及人之富有，是以对我不满。现余地位已相当矣，经济亦稍自给

---

① 疑为驻新西伯利亚总领事馆随习领事张结珊。

矣，而×妹恐又以为年不相若而不满。总之，女子之欲望绝无已时，余实不应希望于人太多，以致失望，徒自苦耳。

四月三十日（星期日）大雪

郭武官言，与英国及加拿大、澳洲等武官谈及，彼等均以为德军在东线，因系被迫而退，但绝非败溃，损失物资虽多，人力尚少，士气仍盛，英国兵力甚弱。

胡随员报告，晚上苏外次 Vyshinski 接待外国记者，发表苏捷关于克复捷克沦陷区管理之协定，内容对捷极佳。惟次长并言，该协定系捷克提出，苏方赞同者，草约于本月十五日已送交英、美政府。美政府于本月二十一日已答覆同意，而英国至今尚未有答覆，语气间表示对英不满，英政府此种举动确为欠周详也。

十妹来函，详述渠与仲勋离婚，及与龙某结婚经过，彼并述及燕妹与仲勋在澳时种种不法举动。余对渠婚事绝不参加任何主张，故以此覆之，并函秉坤。至燕妹种种无知识举动，及其兄弟亲戚之不法行为，固在意料中。娶妻不贤，系余一生最大痛苦之事，但人生绝不能事事美满，想此亦似余命中注定者，故亦不敢怨天尤人也。

醴泉来电，暗指苏方种种举动，系对地方当局不满，彼办事极难，故现拟作第四次之辞职，请余帮忙云云。彼处境确属困难，苏对新当局不满亦系在情理中，余只能以善言慰之矣。

五月

五月一日（星期一，旧历甲申年四月初九）天晴，有太阳

今日劳动节，因战时未举行巡游。史太林布告内有承认英、美海空军各战绩，并击溃希德较将德军逐出苏境为困难，喻德目前为受伤猛兽逃返，非施以最后一击不可，其责任在英、美、苏三方面合力，东西夹攻云云。全篇语气并无半点表示不满英、美军事动作之意，足证第二战场不久即可开辟，苏方亦似满意矣。

国内来电，敌人用兵六万，猛攻平汉路之郑州一带，企图打通平汉，然后再注全力以通粤汉，或谓郑州业经失陷。据《大公报》所载，敌军系自东北抽调，则余等于日苏协定成立时所料，不幸而中，吾国所受痛苦更为剧烈，心殊万分不安。余之来此一事无成，益令余更萌退志矣。

五月二日（星期二）

晚上郭武官宴英军事代表团团长 Gen. Burrows、Ad. Fisher 及加拿大武官等。加武官言，彼以为德军尚强，士气亦盛，英、美登陆能否即有胜利把握，尚属疑问，是以渠以为欧洲战争今年未必可以结束，恐须延至明年。彼在苏前方所见，美国物资甚多，运输车辆种种，大约占全数百分之六十至七十，故对于战胜希德贡献不为不多。英海军代表 Ad. Fisher 不久返英参加海战工作，渠以为美海军不能直驶至中国口岸，因日本在菲律滨力量甚大，美海〔军〕易受途中威胁，是以彼意须先占领般尼奥 Borneo，英海军亦须先占领星架坡，始能达中国。果尔，则对日战争恐非短期可了矣。彼代余从英带来学俄文之书籍甚多（由阶平代购者）。

五月三日（星期三）有太阳

英公布昨日已与我国签订借我五仟万镑之协定及租借协定。艾登谓最大问题，系如何将物资运华，闻重庆各报对此均有好评，此事延至现在始行签订，但亦较再延为佳也。

琼芳又有电来，谓宿舍只得一房，请设法云云，此人真无常识也。

五月四日（星期四）天阴

下午八时，前法航空部长旭 Pierre Cot 请晚宴，彼近赴苏各处参观，所得观想如次：（一）苏联人民程度较彼十年前及五年前所见有进步。（二）苏联因战时迁移往西比利亚及乌拉山一带之工厂，于战后将留该地区，绝不迁回，即工人亦同留该地，是以现在已开始研究战后对该工人之住宅及安适各问题，在工厂之原来地区及收复区将另建新工厂及训练新工人。照彼个人估计，此次战后，苏联工业不独不减少，且将增加百分之二十。（三）苏联工业较美国落后约二十五年，较西欧后十年，与东欧约同，故战后苏联政策仍在取得一安定之期间，尽力建设，俾可赶上美国。（四）彼与各方面苏联人谈话，觉均表示崇拜美国，大约苏联人性情最与美国相同者，系不顾以前，更不幻想长远，只注全力于最近之将来，此点法国人与华人均吃大亏之处。（五）各收复区复兴工作异常迅速，其组织亦善云云。墨西哥大使 Luis Quintanvilla 于饭后，余等均同至旭君房间饮咖啡时，忽有电话到，彼接听后，极力辩谓房中无女人，并请加卢证明，加卢接电话故作女人娇声，墨使更为焦急，抢回电话，再为力辩，卡尔大使、希腊大使①与余等均笑之，卡尔尤谓太不成话，大约打电话来者系一俄妇与有关系者，惟在此种场合绝不应有之事，墨使固不应如此，该妇人亦不知耻，在此与俄妇相恋者应以为诫也。英卡尔大使与余握手，庆中英借款之成立，盖此事系渠在渝时经手，中经许多波折，今始成立，余亦引以为慰者也。

五月五日（星期五）天阴

上午，学俄文。下午，偕李肇瑞同出旧书店，一无所获。国内消息，敌人向平汉路一带进攻，我方失守据点甚多，全路我军本占有一百七十英里，现减少至六十英里，深以为虑也。

五月六日（星期六）天晴

上午，学俄文。

苏联《真理报》在重要位置转登伦敦 News Chronicle 重庆访员所写《中国现况》全文，大致谓中国当局法斯士化，以精良之军队防共，而不抗日，对何敬之攻击尤力，引董必武所谈中央防共种种，并对于宋部长去中国银行兼职及孙夫人不谈政治，均加以恶意之解

---

① Athanase G. Politis.

释。该文用意，大约系替中共讲话，英报登载，或系因国内对英军在缅失利过多批评（故文内有苟中国当局继续采取此种纳粹独裁政策，英、美助华成功后，中国政府所采政策将与日本军阀现在政策无异云云）。但苏方转载此文，自系明白表示对于我中央对中共政策不满。我国现处之环境确属万分危险，余深盼国内政府诸公明了世界大势，勿以为中国真系四强之一，对于强邻便可采取强硬之态度，波兰事件宜为殷鉴。余在此满腹苦衷，又不敢将所见尽情报告，三翻【番】四次欲下一决心，请亮畴或布雷先生转劝委座，终以徒自取辱，无补于事而中止，余真悔来此也。

请张随领子固、陈参事、李、胡、唐随员，在高加索饭店晚膳，该店近忽增价至十余倍，故六人共享贰千四百卢布，此间饭店敲竹杠之利害为世所鲜见。

五月七日（星期日）天晴

因外交信差于十日离莫，故函一飞、保樵、卓然、芳苓、秉坤、锦培、仲熊、君素、醴泉等。

五月八日（星期一）雨

英报 News Chronicle 二日载消息，谓中共谈判，不久便可开始，并谓王雪艇赴延安，林祖涵接之，又谓迩来英、美各界对华均表示希望中国之改进，将逐渐可能实现，美国方面尤希望中国之政治、金融、经济种种改革，更盼国民党能与其他各党，尤其是共产党合作云云。照此则今日接部电梁寒操谈话中，谓外人对我批评多可接受，中国政府应改革之处甚多，恐与此事有关。苏方前日转载 News Chronicle 之论文，想系因中共谈判而发，则形势不若我前估计之严重。中央果能与中共获得合作之办法，诚国家之福，雪艇对此素具热心，余深祝其成功也。

五月九日（星期二）天晴，有太阳

上午，学俄文。

中午，土尔其大使①请午宴，据言土尔其向不反对参战，但英方不主张，因土尔其军力不足，苟不能抵抗德军，则德即可由此而进埃及，而进中东，于英更为不利。是以一年前邱吉尔到土时，英方军事专家代土计划整理军队，谓必须至某一限度始能动手。当时开列一清单，规定土方所必需之军械，现在英方因苏方之压迫，亦欲土方加入作战，但土方提出要求：（一）照英军事专家所开列之清单，供给军械于土方。（二）加强土尔其之空防，要求防卫伊斯坦堡与防卫伦敦同一注意。英方则谓土方无须如许军械，只允供给百分之三十至四十空军防卫，土尔其亦未完全同意，是以不能单责土方不履行条约。但现在土英因此仍在商谈中，双方能得妥协亦极可能。总之，土方政策只要求同盟作战之平等待遇，英方不能自己冒险时，断不能单责土方。又云土尔其之答应停运铬供德，系渠极力主张之结果云云。

芳苓来电，谓锦涂尿有不妥，其母已来渝，并谓款不足，我即用函（因外交信差明日便离莫）覆，谓我每月薪水收入不过美金五百五十元，留支渠二百，桂林一百，柳州五十，所余在此自用不过二百，无法再寄，请其如涂儿因病医理，可向谢处长方面暂行借转。苓妹为人本非如此，但我出国后，彼去年初即来函谓欲与余脱离，我虽增加留支之数，彼并无函致余，现在又如此，必系受人教唆以致如此。彼家中之人向少教育，彼自脱离家庭出外工作，本稍知社会，余因本人对中国旧道德百行以孝为先，天下无不是之父母等观念过深，劝其与家庭再行重好，但其结果则彼等人太无知识，以为其女儿有此地位，便作种种之要求，不良之教唆恐所不免。而苓妹判断力极弱，受此影响，我俩恐将来未必有良好之结果。我因爱渠以德，以致自己反得此痛苦，天下事真不能逆料。我虽受此，自亦不因之而减去我对人伦道德之基本观念者也。

胡随员经多方奔走及探访研究，作成一关于波兰爱国志士同盟会及苏波关系之报告，内容极佳。渠对于此种确有所长，非馆中其

---

① Khussein Rahib Baydur.

他人员所能及。只惜彼究系女子，气量稍狭，未能充分与馆中同人合作，否则其成就将更有可观。但尺有所短，寸有所长，不能于渠过于责善也。

五月十日（星期三）天晴

上午，学俄文，开始同时读俄报纸（每星期两天读报，三天课本）。

外交信差须改期下星期一，因无车位，苏联此种锁【琐】事真使人万分不快。

苏军昨早克复黑海要港 Sevastopol，德军在 Crimea 一带已告肃清矣。

捷克大使①请午茶，据某言，前日下午余等所听巨大响声，系一苏联工厂爆炸。该厂离此约六十公里，声音如此之大，损失当自不少，现苏方正查究原因，恐系敌奸细所为。余与静尘闲谈，均以为此种防范太严，则汉奸更多，盖办理奸细之人，每引诱人先做一小事，其人便不能脱离其掌握。汉奸愈多，则办理亦须更严，此自系循环之理。总之，我国固有之政治道德提倡皇道而非霸道，良有以也。

五月十一日（星期四）天晴

上午，学俄文。

加拿大首相②在英上下议院联合会演说，辞意对南菲首相斯密斯③及英驻美大使哈里法斯之主张表示反对，谓：（一）苟英帝国自成为一集〔团〕，甚或联合西欧各民治国成一集团，则必引起其他集团之成立，世界将划分为若干力量之集团，将来必生冲突，自无良果（加拿大更不堪设想，盖所处地位苟该集团与美冲突，则将何以

①　Zdenek Fierlinger.
②　William Lyon Mackenzie King.
③　Jan Christiaan Smuts.

自处）。（二）现在英与自治领间之接触，系内阁全体与其他内阁全体之接触，所商讨各种，均由内阁全体讨论，而各个议会亦完全知悉，故所决定自系全自治领之意向。苟变更现有办法，而成立另一帝国之联合会议，则只三数代表间讨论，未必事事均能如现制之得全体民意之赞助，是以渠亦表示不同意。（三）总之，英各单位之联合，应基于某种主义，使世界各国均赞同及可希望世界均仿效，而不有不良之结果，始为美善。若苟以私利及狭义的只顾片面之利益而加紧联合，则其害匪浅云云。全篇演讲所主张甚有见解，加拿大所处之地位非如此主张不可，亦非加拿大不能强硬作此主张，英国保守党中极端帝国主义者尚不乏其人，南菲洲之 Boers 更为利害，是以余昨晚听 Mackenize King 此演说颇觉快慰也。

连日国内战事消息不佳，洛阳亦危，甚为忧虑。晚上外部请往一小戏院观话剧，亦无心往看。

五月十二日（星期五）天晴

上午，学俄文，因天气甚佳，故移出阳台学习，但尘土过多。

晚上，在馆宴英大使卡尔、英军事代表团团长巴卢中将、菲沙海军司令、禧罗少将，美代办 Hamilton、Balfour、Crosthwaite 等。卡尔谈及中国战情，余直告以日苏两协定之影响，及日将对我加重压力，企图打通平汉、粤汉两路，俾陆上可与其在华南及南洋一带陆军联络，是以中国所受痛苦更大，彼谓前未注意此点。至第二战场之开辟时间，渠谓须七、八月间，天气始算适宜，因如此巨大规模之登陆，非有三、四天极好天气不可，惟巴卢中将告郭武官，则谓不能过迟，盖有一百万军队之登陆作战，非有两、三个月之继续登陆补充等等不可，是以不能较七月为迟。由此观之，想当在七月间矣。

今午苏联□□□教授公开演讲"东亚新秩序"，对日多所批评，目为不能成功，颇堪注意。

五月十三日（星期六）天晴

上午，学俄文。

下午，往美使馆看电影。加拿大威使言：金首相在英国会之演说，如此直白批评邱吉尔首相等之大英帝国主义政策，即渠亦料不到。金氏主张，彼所素知，但在伦敦邱吉尔、Smuts 等之前如此说法，自足可佩云云。

接宋部长十二日来电谓，英、美方面谣诼望随时纠正，我国抗战情绪，七年如一日，证以豫中血战尤为显然，外传我贮集盟国援华物资对付共党之说，可酌予驳斥。迄本年三月底止，盟国物资无越昆明以东而至其他各地者，内百分之五十归陈纳德第十四航空队，百分之二十许归史迪威所部，仅百分之十归我远征军。中共纯为内政问题，决以政治途径解决，共党代表林祖涵来渝，将有所会谈，十二中全会将商讨经济与政治各种问题云云。

五月十四日（星期日）天晴

美国际法杂志今年第一期所载 Hammer 等文章，关于人质问题，实则英、美亦未尝禁止，不过程度问题，对德此次暴行，自亦百步五十步之分耳。

五月十五日（星期一）天晴，有太阳

苏联报载，波兰人施威荷斯基 L. Zelihovski 在伦敦发表一函，主张波兰与苏联合作，并谓德向为波之敌。函之内容本无特异之处，只施氏本为波兰最著名之反动份子，Vilna 之占领，系由渠领军前往。

虽 Pilsudski 后曾言彼曾同意，但施氏所为实为世界舆论所攻击，是以波兰政府向不敢再用其任何要职，只选其为国会议员。此次公开作此主张，而苏报大登之，实堪注意者也。

今早胡随员用记者名义飞 Sevastopol 参观，彼对此种工作确属不错。

五月十六日（星期二）天晴，有太阳

上午，学俄文，因记忆力稍差，是以决定每星期只学 Semeo-noff's "New Russian Grammar" 一课，现已至第十九课，只余六课已，

余时多会话及练习发音。

英经济杂志载文，题为《日本之新政策》，略言日本并未受重大打击，其军人统制更力，轻工业已改移于重工业，人民对其政府仍极信仰，不易崩溃。苏联未必加入攻日，将来日本如再觉危急时，最后之武器系以赤祸为恫吓，盖以日政府苟倒，则日本本部固可赤化，即日本现在占领之各区域亦将同时赤化，则英、美及国民党均受更大之祸害。今年年初，日本共产党领袖赴延安，可为一证。是以苟日本届时提出和平之要求，自愿退出各占领区及承认蒋政权，则英、美、华三方均未尝不至不动情也云云。该杂志向来论调与英政府当局一致，此可见英舆论之一斑，最低限度亦足以代表英保守党之政策，我国前途困难重重，在渝我当局诸公宜更自警惕也。

五月十七日 （星期三） 天晴，有太阳

全俄主教沙支耶斯 Sergius 前日逝世，使馆中有大使自往致祭者（大约系同教国家如希腊、布加利亚），有送片者，英馆派其公使 Balfour 前往，余与刘参事商，以用余及馆名函苏政府吊唁较为适宜。

今日为挪威国庆节，挪大使①于晚上在挪使馆设宴招待英使馆三等秘书卜期利 Barclay 之夫人，系余香港旧友 Sir William Shentan 之女，谈及旧事，无限感慨也。希腊大使 Politis 言彼适对墨西哥大使②已施报复，盖墨使语言不绝，别人无发言机会，现墨使之小姐已来，彼好言之风较其父尤甚，故她在时，其父反无发言之机会，希使适当其父女在时以此为言，墨使亦不得不自行承认云云，亦佳话也。

五月十八日 （星期四） 天晴，有太阳

连日天气由冬寒而忽转炎夏，在室外已可流汗饮水。此间天气之走极端，亦一如其人，大约人之性情与天气不无关系也。

接宋部长电谓，军委会编印《内政问题释疑提要》小册，针对

---

① Rolf Andvord.

② Luis Quintanvilla.

中共虚伪宣传，解释外人误会，其要点：（一）中共鼓吹新民主主义、抗日民族统一战线、敌后民主政权、新社会民主制度等，皆在掩饰其暴行与阴谋。（二）中央已决定于抗战结束后一年内召开国民大会。（三）中共系于一九二一年由第三国际代表维丁斯基策动成立，正式党人约二万人，上、中级干部为知识分子，下级干部多系地痞流氓，工人不及百分之六，该党自称为中国工人运动发展之结果，全非事实。（四）中共擅立政府，私拥军队，举凡赋税、邮票、货币等均自立，并种烟走私等等，与各国共产党在法律范围内纯以主义号召者绝对不同。其所谓土地政策，系以暴力没收土地，并不分给农民。（五）中共虽宣言放弃赤化、取消红军、信仰三民主义、复【服】从中央，但实际则借此收容土匪，扩充实力，惯用敌来我退之战略。最近主力部队九万人已开回陕北，中央明令取消之新四军残余，仍在苏北窜扰。（六）中央在西北置有大军，系抗战军事之部署，绝非对付中共，中共思自由行动，故要求撤消所谓封锁线，敌后战场实力雄厚，中共在此不过四万人，且游而不击。（七）十八集团军有枪者十余万，战斗力甚差。抗战初，中央对该军军饷一律发给，迄一九四〇年冬，中央因其不受命，罪行过多，暂停发给，如该军觉悟，军饷仍可照发。（八）中共对外造谣，破坏盟国情感，离间祖国团结，为其一贯作风。中央示以宽大，期以政治途径解决者，乃望其能履行服从政府共同抗战之诺言。以上八点可作与外人谈及中共问题时解答之用云云。由此观之，则中共问题似确严重，诚我国最大不幸，稍具有爱国思想之人均欲哭无泪者也。

下午，法代表加卢来访，先询中国抗战及中共问题，余稍与言之，彼告余自 Smuts、Halifax 等发表演说后，英政府方面虽否认系政府之主张，实则邱吉尔对此完全赞同，故邱氏在北菲养病后，返国途中特约与戴高乐会晤，面告戴氏，谓英法本属旧盟，法崩溃时，英曾提出英法合并之议，此事前虽因种种环境而未克成功，但英方此意始终如一，故提议英法先作经济上之联合，渐而再成立政治之合作。戴氏因法国之解放全赖英美，故不得不表同意。苏方闻此大为不悦，即开中央执行委员会政治会议，讨论甚久，有以为法国在地理环境上不能不与英接近，且戴氏左右保守派占优势，是以将来法国即全部解放，国会中民治派仍占多数，苏宜放弃援法。有谓戴氏左右虽右派占优势，但此次战争后，法国沦陷区之人员多趋左倾，是以苏苟现用全力助戴，以增加戴氏左右亲共之力量，将来法国解放，必增加左派力量，则苏联及共产力量在法，未尝无进展之希望。此事辩论甚久，迟迟未决，是以在该期间内，苏方对法方种种请求均不决定，例如有 Alsace、Lorraine 之法人被德强征至前线作战者，到达后有二千余人逃入苏军，法方要求苏方准其成立独立战团与红军共同作战，或将彼等运至北非。苏方迟迟未有答覆，但最近主张仍继续援戴之主张已占胜利，是以苏方对法方种种请求均极表迁就。总之，英、美、苏间现在仍互相疑忌，互相防备，将来世界和平前途极堪忧虑，即在目前而论，亦影响苏方对日及对华之态度，亦殊不幸云云。

五月十九日（星期五）

上午，学俄文。

昨日我军已占密支那机场及城之一部，我在洛阳守军亦能牺牲，敌尚不能占领该城，我军反将平汉路之遂平克复。

五月二十日

晚上，苏政府请往 Chaikovsky Concert Hall 听英俄音乐，M. P. Maksakova 唱俄句英歌 "Blow the wind Southerly"，"Annie Laurie" & "O No John！" 甚佳。Dmitry Shostakovitch 自奏其 Piano Concerto，Serge Prokofieff 自领乐队及男女合唱团奏其 "Arise Ye Russian People" & "Alexander Nevsky enters Pskov" Ctwe Chorses from the Cantata "Alexander Nevsky"。英交响乐则由 Prof. Orlov[1] 领奏。休息时，迈斯基谈及郭复初，渠言与复初在伦敦同事十年，以旁观者地位观察觉其工作确佳，不独英政府对渠感情甚佳，即外交团方面

---

[1] Aleksandr Orlov.

对渠印象亦极好，闻中国政府对渠不好，不能充分利用其学力，深
为可惜云云。

上午，冰岛驻苏公使班尼的臣 Benediktsson[1] 来访，冰岛人口只
十一万，竟称独立国，派遣使节，诚国际间之笑话也。

五月二十一日（星期日）

上午，往观 Dacha，因离城颇远，房间过少，静尘亦觉不方便。
彼又密言，苟余租此，则馆中同人难保无信口訾□【雌黄】，而外人
苟来，则于余地位亦不适宜，余亦同此感想，是以决定不要。但房
东甚好，其女儿亦和霭可亲，且彼因余等欲租而辞去一客，是以余
甚难以为情，胡随员更不易应付此事，觉有些对渠不住，但亦无办
法耳。

五月二十二日（星期一）

醴泉电，哈匪又增至四千余人，内有苏联军官及穿苏制服者，
彼家眷已先返渝，形势似颇严重。今午刘参事见列几诺夫，彼历言
新省当局如何对苏仇视，其领事在所管辖区内，拟赴伊犁公干，在
途中被阻三天，著其返迪，又有苏联人民二十余人欲返苏，新当局
亦不允许。潘大使身体稍有进步，于十六日已离渝，在迪停留三天，
昨日已返抵阿剌木图，日间可抵莫。又言我国在渝对苏大使馆种种
留难，住房至五、六人一间，对苏在华外交官行动亦多阻止云云。
新省当局对苏如此，不知诚何居心。部内同人对苏恐亦不明了，于
余在此工作尤为困难，且多不充分合作，例如此次潘大使离渝消息
亦不电知，国内情形有关于中苏关系者，亦绝不电告，确使余万分
灰心，但终觉对党国之责任持消极之态度，尸位敷衍，则又良心上
自觉难过，是以只能万分坚忍，遵子超先生及季陶先生之训，效法
曾纪泽先生过去之做法，惟于余个人精神上殊不佳也。

上午，学俄文，其数目字之变格，为世界文字上之最复杂者。

---

① Petur Benediktsson.

余前学法文，已觉其数目字之不合理，例如九十五，法文须用四个二十加一十五，但较诸俄文，每字有六种不同之变格，例如，三千二百六十五，则有六种变格，而每一变格，三二六五，四个数目字中，均须改变，且有男女之分，真无道理。

五月二十三日（星期二）天晴

下午回访冰岛公使，彼言冰岛夏天太阳不落（二十四小时内均有太阳），天气不热，为避暑之胜地。冬天因岛国及热泉 Gulf stream 关系，亦不甚冷，每年下雪时间，不过两星期至一个月耳。渠现在旅馆所住不过一单房，亦殊可怜也。

晚上，梦×与我绝缘，彼以随余前途无希望，余亦觉彼既有此意，自无法勉强，盖爱情苟只以自身利益为前题【提】，只顾物质而不重情感，不顾对方环境，不顾对方之幸福，但要求其为自己而牺牲，则爱情必无良好之结果，盖余对爱情之观念以为最能永久者，系以道义为基础，爱之以德，爱其品格，爱其思想，爱其学问。若男只爱女之色，则登徒子耳，女只爱地位及物质，则卖身耳，非余所目为爱也。或者余此种观念过于理想，但对方既有不能牺牲之表示，余自不能不忍痛表示同情，惟思与彼当初相爱之情，寸心欲碎，醒时已泪痕满枕。连日公事上已使余多所不安，复作此恶梦，岂真今生或前生所负孽债，非清偿不可欤。余相信因果之人，受苦即还债，债还则负担轻，宜以此自慰也。

五月二十四日

下午，新任乌拉瓜 Uruguay 驻苏公使夫拉干尼 Frugoni[1] 来访，彼此次之来，路上逾三个月。查乌拉瓜为南美小国之一，本为西班牙属地，后为巴西之一省，于一八二五年独立，人口照一九三五年统计，只有二百万，其首都孟提菲度 Montevideo 占六十余万，人多以游牧为生，出口亦以牲畜羊毛等为大宗。最大商务关系为与英，

---

[1] Emilio Frugoni.

其次与德，美反占第三位，以西班牙文为国语。夫公使人似老成，只操法语，故与谈话，由刘参事翻译，彼言自我国抗战后，南美各国对华甚为尊重，战后彼国可欢迎华人入境云云。

连日美国舆论似有批评对苏过于迁就之政策，前外交次长华理斯最近演说，更主张此时应即成立国际合作机构，处理国际间一切问题，俾各该问题均有一公道之解决，否则某一强国便可自由处理，则国际间之问题仍系以武力为基础，非基于公道，则此时之迁就苏联，与前迁就德国何异云云。昨日美国消息，则赫尔国务卿已与上议院之代表，商拟就一国际机构 International Council 组织之方案，以美、英、苏、中为基本会员，原文尚未发表。由此可见美国方面对苏联种种举动已示怀疑，或有拟在第二战场未开始前，使苏方决定其合作方法之意。总之，同盟国间发生此种互相疑忌之事，深为不幸也。

昨日我军在缅甸及河南均有进展，我前方将士牺牲之精神，殊可敬佩也。

土尔其大使①对时局表示异常悲观，以为波兰必生内乱，盖波军迩来在意大利作战甚有成绩，且在英波军亦不少，将来参加西欧作战亦必有所贡献，英、美对之不能不理，而苏亦必另行在波组织其所目为亲苏之政府。南斯拉夫现已分有四派，希腊亦不统一，该两国亦必生内战，此种内战自然影响世界之和平及同盟国间之合作，世界前途绝不能乐观云云。迩来土尔其内部亦发生问题，所谓 Grey Wolves 党之法西斯派学生举行示威游行，土军官不少亲德份子，是以土之参加同盟作战，内部将发生严重问题，土大使之悲观良有以也。

今日英首相邱吉尔在议会开始讨论外交时作详细之报告，大致：（一）自治领在最近会议表示支持英外交政策，及该政策所依据之原则。（二）土尔其虽不加入同盟作战，同盟自亦可获胜利，其能加入亦不无补助，但土尔其既不加入，则同盟国现已决不再请其加

---

① Khussein Rahib Baydur.

入。英、美方面供给土尔其之军械，已达二千万英镑，将来土尔其对世界事自不能有说话之资格。（三）意大利仍支持伯多利奥，谓其对作战有贡献，至将来自当由意人自行选择其政府，并希望保存罗马。（四）西班牙已停运供德钨矿及停止德、日外交官在北菲活动，至西班牙内政，同盟国自不过问。（五）希腊因三星期前在近东之兵变发生严重问题，现幸于 Lebanon 会议各党派已一致，故混合内阁即可成立。（六）南斯拉夫因米海劳滑滋不努力抗德，而其助手有与敌谅解者，是以英政府已停止予以援助，南王比得亦拟改组其政府，与米脱离。至 Tito 铁徒方面，英国现尽力予以援助。（六）法解放委员会于西欧登陆时，自受盟军总司令之监督，英、美不能承认该委员会为法国之政府，系因不知将来法国人民意向何如，但同盟国方面，当然不与维基政府方面发生任何之接触。邱氏本人近得罗斯福总统之同意，邀请戴高乐来伦敦会商，戴已允不日即来。（七）苏波事件，英方努力无效，深为惋惜，波割让领土后，将来可自德取补偿，英方自亦同意，但波苏事件现势不若表面所见之坏。（八）应成立国际和平之机构，并予以执行之力量。（九）对德、日须至其无条件投降为止。全篇演说对各种要问题均有所论列，内容亦富。

五月二十五日（星期四）天晴，有太阳

上午，中央社英代表来言，在 Sevastopol 时，向德俘虏问话，各俘虏均表示仍信德军必获胜利，此次东线人力不足，不得不退，若只一方面战争，德无败之理，且战线过长。有一军官头部受伤，记者问及，彼即言绝非打仗受伤，系投降后红军兵士以刺刀击之所致，彼已倒地，幸得一苏军官来，始获生存云云。总之，所得印象，德军士气仍旺，对希特剌及德政府仍表示信仰，仍相信可获最后胜利，仍持轻视苏人之态度。

郭武官言，昨日苏军部招待南斯拉夫代表时，有国防部司长鲍罗答夫语渠，谓彼个人对华素具同情，其妻亦研究中文，但觉近来中国方面对苏态度转变冷淡，苏顾问亦被迫退出返国，实则苏对华

绝无侵略之野心，苏军可助华之处甚多，虽物质上美国亦可援华，但红军此次作战经验甚富，能助华之处非美国可办云云。照此，则国内对苏关系恐日劣，深为忧虑也。

五月二十六日（星期五）天晴，有太阳

艾登在国会讨论外交完毕时演说，关于：（一）对美已合作。（二）对苏观点不同之处甚多传统之疑忌，无可讳言困难亦多，但须合作。（三）对华加强援助。（四）世界和平组织之原则：a. 避免将来之战争，故须有武力为后盾。b. 在四强合作为基础，并由其他加入。c. 须有伸缩性。d. 须其他国家合作，并经将此原则提出与美、苏、中各国商讨云云。又关于对德、日，须使其崩溃至不能再事侵略时。有谓英人不愿受某一国之专制，即将来对我友邦亦然，其全篇演说对苏联表示甚为强硬。

又英广播言，我政府宣布政策数项内，有使人民对政府得自由批评，并作政治上之改革及解决物价问题等。实则我国所处环境尚属恶劣，宜即努力改革，否则拥强国之虚名，列强对我自不尊重，前途自不易获得好果也。

上午，学俄文之 Participle Active-Present Past Passive-present past，较英文为复杂。

下午，刘参事往对外贸易部商请其代我运卡车二千辆进华，苏亦拒绝，对于假道运输更多难堪之语。总之，绝无诚意，只责我方物价不迁就。种种苏联交涉，真极困难者也。

五月二十七日（星期六）天阴，风大，冷

今日为阿富汗国庆节，其大使①于晚上八时在使馆招待。加拿大威使谈及艾登及邱吉尔最近外交报告，亦以为迩来英苏关系尚堪忧虑，但彼亦言苏联政府种种态度多不近人情。卡尔大使亦微示不易办事。美红十字军代表哈布 Hubbell 新自开罗及伊朗返，谈该两地情

---

① Sultan Ahmed Khan.

形甚详，偶及我红十字会事，彼与卡尔均以林医生去职为惋惜。卡尔谓，系王晓籁、杜月笙及王儒堂私意关系。

五月二十八日（星期日）天晴，风甚大

尹承萏来电，报告潘大使已离阿飞莫，潘经新疆时藉口有病，在伊宁停留三天，召集在新各苏领会议云云。

今日路透社代表来言，彼等在印代表发来消息，谓蒋夫人已来莫斯科，请斯太林调停国共事，问是否确实。余与刘参事商后，发出否认，谓此消息绝无根据，余亦绝无所闻云云。

连日因中苏关系不佳，与刘、陈两参事均觉异常忧虑。

五月二十九日（星期一）天晴，有太阳

下午，加拿大威使来访，谈甚久。渠谓大前日英苏协定纪念日，莫洛托夫外长招待英使及渠时，彼言及希望欧战今年结束，莫即答今年欧战必当结束，并向卡尔大使言，欧战结束后当共同击溃日本云云。威使又谈及英政府近来趋向于联合西欧各民治国成一集团，以与苏对抗事诚属不幸，盖英苟如此，则不独非世界和平前途之福，即于英本身亦属不利，至英之如此，苏方种种愚笨举动实有以致之云云。彼又询及中国事件，余略告以运输情形、国内状况及中苏关系。余亦表示为中国计，亦极盼英、美与苏有一谅解，以公正和平之方法以解决世界一切纠纷，不回复强权政治。

五月三十日（星期二）天晴，有太阳

美方面宣布赫尔国务卿已拟有国际组织方案，提请英、苏、中三强商讨，此举似系美国方面在未开辟第二战场前，要求苏、英两方表明其对国际间问题种种之态度，是否依照莫斯科会议决定之原则，或以一强之孤意行所欲为。美方此时此举确实适宜，盖只美国有此力量迫此问题之解决耳。又今日苏报载我十二中全会已于本月二十日开会，于二十七日闭会，议决政治、经济及解决物价各案，而部事前并无通知，殊不合理，故与刘、陈两参事商，电部请其将

赫尔提案及十二中全会情形电告。部对驻外各使如此，安能责其执行职务，以视英、美使馆所获其国内及各方消息之多，真使吾人愧死。委座嘱余每事以英、美两国大使为准，而部对余等如此，真有如谚所①"又要马儿行得快，又要马儿不吃草"之感也。

昨晚胡来谈其工作及求学问题，彼在馆工作甚努力，且如此有志求学，殊为难得。

下午四时，偕刘参事往国民旅店回拜乌拉瓜公使 Frugoni 后，往旧货店购得一法磁古碟，上画拿破仑加冕于其妻 Josephine 故事，颇为精美，但价值一千一百卢布。余因英商务参赞机服 Gifford 结婚，渠对中国使馆事多所合作，是以用此作余送渠婚礼。

五月三十一日（星期三）天阴，雨，冷

下午七时，陈秘书岱础在馆茶点，宴英、美各馆人员，加拿大、希腊大使等均到。

六月

六月一日（星期四，旧历甲申年闰四月十一日）天晴，有太阳

上午十一时，潘友新大使来访。据云，于去月十三日见主席、宋部长、孙院长、何部长敬之、翁部长、胡次长等②，亦均晤谈，均请其转向余致意。余叩其对中国近状意见，据云情形无甚变更，但人民日甚困苦，似有疲态，但均深明非继续抗战不可，是以精神尚佳。余询以战事情形，据言，以彼所知，在去月十六日离渝以前，日军从山东、北平一带抽调共有日军约四万人，向郑州方面进攻，汤恩伯之军不守，日军遂道由南进至洛阳之西，是以我军被围。至日军之企图似非有极大野心，盖平汉路在此数年中，路轨已被我人

① 原文如此。
② 外交部次长胡世泽。

拆去，即铁路路基亦已毁平，回复种植，变回禾田，日军须重新建筑一路，且如此长大之线，非日军二十万以上不能割断及防守，照日军现在使用之兵力，尚不敷用。余询以日军近在洞庭湖一带动作，彼亦以为未有打通粤汉路之野心，日军行动似系欲牵制我军不能多调往缅甸使用云云。余谓余以至友资格询其对于迩来中苏关系之意见，冀彼明以告我。彼谓甚感余盛意，关于中苏关系，若谓系极端严重，非即整理便可决裂，则未免过于悲观，惟苟不及时设法调整，亦可渐成严重。苏联对华向极友善，中国抗战以来，尤表示友好及尽力予以援助，此项政策至今未变，中国方面直至一九四一年对苏甚好，但一九四一年后已渐觉有变，至去年年初更觉不好，重庆报纸常有反苏之言论，中国政府中亦有反苏者，此种报纸言论，彼曾向蒋主席、孙院长、孔院长等提及，请设法改善，幸主席及孙院长等均极明白，是以亦略有改善。彼最后见主席时，主席表示甚好，并再派孙院长再向其明白表示，此等情况将再设法改善，是以情况尚可乐观。末谓余在此工作极为重要，是以渠希望余能常使我政府明了苏方对华友善之诚意云云。余答以余来此唯一任务及目的，系促进中苏友好之关系，主席之派余来此亦系如此用意，盖余在渝时，已常与谈及中苏间非完全了解及相互亲善，则不独中苏间最大不幸，即世界和平亦不易维持。是以余抱此大愿而来，在此一年余，虽有足使余认为满意者，亦有使余万分失望者，但余向持中苏友谊为最重要之先决问题，是以在报告政府中，亦极力设法使中苏之亲善。余对彼此次回国有两大希望，一为将中国七年抗战所受之痛苦牺牲详向其最高领袖报告，并劝苏联政府对于中国处此环境苟有不以为然之处亦多原谅，及在可能范围以内，即稍勉强，亦多予中国以援助，盖中国需要援助之迫切，彼应尽知之，而中国人向讲情义，此时援华无论多少，均足使其感激。二则余在此任务，一面固为促进中苏之友善，而同时亦盼能多与苏方联系，使中苏两国之间对于世界各项重要问题能多交换意见，能多合作。例如除战事以外，尚有战后和平机构种种，中、苏均为四强之一，宜有联络。苏联对于英、美已有此种联络，中苏关系及应联合之重要不亚于苏英、苏美，是以苏政府方面应多与余接洽，交换意见。余忆在余【渝】时，余与潘大使各【个】人亦常晤谈，即未有重要事商，亦常见面交换意见，惟如此始能达促进两国邦交及合作，故希望其转达其当局。彼表示同情，并谓当即转达。彼谓身体欠佳，医生本劝渠昨日进医院，因急于访余，是以延期两天，明日始往，大约须住院两月。对于主席对渠甚好，及此次派专机送其返国甚表谢意，末并请余转候主席及蒋夫人，并向孙院长、宋部长致意。由上观之，则中苏关系尚不若外传之坏，甚觉安慰。

六月三日（星期六）天晴

下午二时，往访新自美返之美大使哈里门。彼对中苏关系异常关怀，谓美国方面异常注意，盖以为苟中苏不能合作，则世界和平受绝大之影响。余告以中共情形、新蒙事件之经过，并告以主席及我政府当局有与苏作善邻之决心，是以虽有种种困难，目前状况亦不如外传之严重，彼表示快慰。余询其近来美苏关系何如，美政府及舆论对苏有无变更态度，有无受选举及波兰事件之影响，外间有以苏英两国均有回复均势政策之趋向为虑者，盖因苏对波兰事件及地中海巴尔干各国所采之态度不能无疑。而最近邱吉尔对西班牙之态度及英与西欧各国订定各种经济、金融合作协定，亦足使人忧虑，对此美国政府意见如何。彼答：（一）彼此次在华府与罗斯福及赫尔晤谈数次，彼两人均表示下最大决心、尽最大努力，促成莫斯科会议所订定之国际合作原则成功，彼等对此绝不觉有何可虑，深信苏联方面亦必照此做去，且苏方对美不断的表示不变其政策，哈使本人亦相信其不变。故过去数月中，虽有不能尽如人意之事件发生，但不影响苏、美对此之合作。罗、赫二君对于发生种种困难，亦以哲学家之态度处之，盖深知数十年来传统之疑忌，非一旦可完全消除，非有相当时间之互相调整不为功，是以绝不悲观。（二）波兰事件现在美方无法进行调解，因波兰军队反苏情绪异常激〔烈〕，此种人曾在苏被禁多年，苏联待遇囚犯及俘虏远不及西欧各国，自系其经济环境使然，彼待本国人亦系如此，安能责其独厚于波囚，是以双方仇恨不易解除。彼个人以为，此事非俟红军完全占领波兰，不易解决，至美国舆论，自受此事之影响甚大，惟自美馆主及Prof. Lange 来后，亦不无小果。总之，波苏事件英政府之困难较美为大，盖英系因维持波兰独立而向德宣战，且波政府在伦敦，波军又与英军在前方共同作战也。（三）英国于数月前对美亦有许多疑惧，以为美用其经济上现在之优越地位，于战后将尽行夺取英国地位，例如航空、轮船等等，必不能与美竞争，故目美为经济上可畏之帝国主义者。近美方尽力消除英方此种疑惧，美副国务卿 Stettinius①此次赴英商谈，虽其职务并非缔造任何协定，但商讨结果，已使英方明了美国政策，不久更可商订种种实际之条约。是以英方对美有此了解，更不至于回复其旧时之均势政策也。余询其近来赫尔与美国参议院代表所商拟之世界和平机构组织方案内容如何，及在此时提出是否另有用意，余之欲其将内容及一切告余者，因此方案与四强有密切之关系，余已电政府请示，因四强中或有互相交换意见之需要。彼答内容及一切参考材料当尽量供给，彼适返莫公事，尚未有暇核阅。至方案内容，彼于十日前已离华府（此次彼言系取道英国返苏，是以需时较久），但此案系完全依照莫斯科会议议决而行。当时系决定四国政府各密进行商讨实施四国宣言之方案及机构组织方案，赫尔返国后即从事进行，因赫先生欲先与国会两党领袖先行接洽有相当成果，然后宣布，在此时提出者，系欲使于大选前全美民众均知此系全国之事，两党均属一致，俾竞选时不以此作为题材，而外人亦知此系美全国一致之事，并无有欲提出此案以应付英、苏之意。彼又言，昨日美飞机已开始使用苏根据地，此事筹备已久，今已成功，深足快慰，更证苏方合作之意。彼又询宋部长，闻近消极，余答以去岁与主席因小事稍有误会，但自主席由开罗会议返国后，已尽消除。近日宋部长每日均到部办公，彼言此甚可慰云云。

---

① Edward Reilly Stettinius.

六月四日（星期日）天晴，尚冷

上午偕陈参事、胡委员约同美红十字会代表哈布等，在郊外午餐，访胡随员所住之别墅，与哈老先生详谈美国情况，及彼在苏观察。

彼人极老成练达，观察亦多不错。彼本拟在附近租一别墅，经与一房东说好，并经派人来打扫，布置一切。乃昨日房东忽亲来彼处，面露惶恐，告渠不得不取消租约之原因，盖前天忽有内政部特工人员往该房东处，告诫其租赁房屋与外人同居之不当，并恫吓之，是以不敢践约，乞为原谅云云。

晚上，英军事代表团团长巴露请宴，介绍其新任海军代表鸦查 Ad. Archer，并与 Ad. Fisher 饯行。法代表嘉卢告余，戴高乐昨日已正式宣布其为法国政府领袖，戴之此举本亦出嘉氏意料之外，盖原拟系戴氏先赴伦敦与英方商讨后，再行宣布，乃现即宣布，恐系有意藉此迫英承认之意，盖在英接待上，便应表示其是否以元首之礼待遇。大约彼日间亦须向苏方提出此项承认之问题，以彼前与苏政府要人商谈所得印象，则苏政府之承认法政府，绝无问题。英、美方面不承认法政府，完全系防苏，实则极为不智，盖苏方对于法委会绝无有何等之援助，而物质上法方专靠美国，美国既已卖此诺【偌】大人情，对于精神上不费之需反靳而不予，真不可解。且以戴氏个人历史及其所作为，谓之右倾尚可，左倾绝无可能者也。关于旭君 Pierre Cot 事，彼言旭之来此，绝非代表戴氏，盖旭与戴本属不和，旭本系急进党 Radical Party 份子，当西班牙内战，法方联合阵线 Popular Front 执政时（系由共产党、社会民主党及急进党三党联合），旭曾极力主张援西班牙之政府。后急进党分裂，以致联合阵线 Popular Front 解散，旭为该党之仍主与左派合作六议员之一。斯时苏联及共产党对之极佳，及 Munich 会议事件发生，旭忽改变态度，赞助 Munich 派与德合作，最后又赞成法政府解散共产党之决议，此种举动为苏联及共产党所痛恨，且所谓急进党者早经投入右派，现与维基合作。是以目前旭氏所处之地位异常困难，彼在美寄居三年，与美方自然有相当之联系。到北菲后，戴氏对彼因有宿怨，故自不能许其担任重要任务，是以彼只能以旧议员资格参加临时议会。彼因居北菲觉甚无聊，是以提议来苏及赴英各居三月，与当局研究战后问题，戴氏亦乐其离去，故表赞同。但彼抵苏后，苏当局对渠异常冷淡，迄来稍为客气，然对之并不信任，更无与商讨战后各问题之希望，苏政府现只派 VOKS 招待，以大宾之礼待之，惟并不与会谈，彼亦只能稍作参观，冀稍增加其经济学识及经验，将来以其个人学问对法政府作技术上之贡献，政治上不能再有若何大活动之希望矣云云。

Abyssinia 公使言，欧洲人在菲洲对待黑人种种苛刻，希望中国将来主持公道，并谓欲常来余处将实况详告，余表示甚愿与谈。

六月五日（星期一）天晴，有太阳，但尚冷

上午，学俄文，去星期马教员病未能来，故隔一星期便似稍生，孟子一曝十寒之喻，诚非虚也。

去月只能上十七课，故今早交渠学费五百九十五卢布。

郭武官来言，据新自美来之某军官与彼言，来时经英，大约估计英军在英者不过二十余师，五十万人，美军多在太平洋一带作战，在英者只有九师之番号，是以郭武官言，总计英美军队在英准备所谓第二战场人数不及一百万人，兵力颇弱，故第二战场迟迟未辟，不为无因云云，但又谓英代表团团长巴露告渠，第二战场不久即可发动云云。

今日收到本月一日出版之《战争与劳工阶级》杂志，内载关于河南我军失败之一文，内有批评我国不能尽量开发我国资源及利用我人力，商人投资于投机事业，而不从事投资于国防所需要之工业，是以近来钢铁工厂有数处已停，或减少出产。又谓军事失败原因，系战略战术不佳所致，自战事发生后，未尝更换将领，所以阙乏新人才及不用新战争方法，军队中仍多封建旧习、战败心理份子，是以带兵投日，如庞炳勋等共有二十人，最优秀之部队驻于陕甘宁边区，从事挑拨内战，胡宗南之步【部】队并未参加此次河南之战事。由此可见，此次河南华军之失败，并未偶然云云。全篇均系替中共讲话，颠倒黑白，苏方对我情况可见一斑。我当局应付尤宜审慎，更宜发愤改革，自行图强，盖靠人绝无好果者也。又苏联近日公影

【映】一关于蒙古之电影，内有表明蒙古军备系由苏联助成，足以御外侮，苟受任何侵略，苏必助之云云。苏对外蒙之态度更为明显，深为可虑。

昨日联军已进占罗马，德军自北退，此亦我联军之极大进展也。

昨晚闻美大使将往晤美副总领华里斯①，故今早派绍周兄往晤美参事，商与同往。

六月六日（星期二）天晴，有太阳

今晨六时，联军已在法登陆。据英首相邱吉尔报告，则地点系在 Brittany 沿海一带，由哈夫 Harvre 至沙堡半岛，飞机使用一万一千架，军舰及大运输船共四千艘，小船数千（照每师须用四百艘算，则今日渡海之兵将达二十万人），登陆损失之轻及所遇困难之少，实出乎预计之外。跳伞队及海军炮火助力极大，即在哈夫一地，海军大小炮六百五十门同时进攻，将岸上防御工事全毁，然后登陆。加以降伞队降落敌人之后，占领桥梁及交通线，是以登陆后进展亦速，在 Caen 一带已进数英里，并已到达该城。联军总司令 Eisenhower 亦迭发出布告，晚上英皇亦向民众广播。此种消息苏广播于午后二时发播，闻在街上电车等，均全停止，民众惊喜若狂，有即往店欲购酒欢祝者。是日下午，适英一等秘书基佛 Gifford 在英大使馆结婚，五时半余往道贺。卡尔大使言，莫斯科今日之情绪宛如一九四一年中英美联盟时之重庆。加拿大威使言，彼今日乘车经各街道时，苏军人均向其车行礼致敬。余亦觉快慰，盖欧战早一日结束，则我国战事亦可早一日胜利，吾人民所受之痛苦亦早日消除也。

胡随员向美新闻处借来《生活》杂志五月份第□期，内载美记者怀德 White 所著关于中国之文章，对中国极多批评，尤其对于两陈之办理党部及教育，并攻击党部之不民主化，由小数反动份子之把持，无敢直言者。吾人对此种批评应万分注意，力图改善，忠言良药宜为吾党所欢迎。子路闻过则喜之精神，吾人宜具有者也。

---

① 美国副总统 Henry Agard Wallace。

六月七日（星期三）天晴

联军在法登陆后，已有进展，现已抵 Caen 城附近。

读此次外交信差带来报纸，悉王【黄】克强夫人徐宗汉于三月十日病逝，享年六十八岁。彼人甚好，对余尤佳，常劝燕妹种种不应为之事少做。渠壮年革命，晚年信佛，绝不自夸前功，诚不多得者也。又悉王用宾亦于四月七日逝世，故旧多所亡故，使我亦有无限感慨也。

六月八日（星期四）天晴

盟军已占拜如 Bayeux 城，并已能与 Caen 之步【部】队取得联络。

戴高乐于星期一日与邱吉尔、艾登、Eisenhower 及 Smuts 商谈逾两小时，闻结果尚佳，则 Garreau 所引为不安者，恐未必如是之甚也。

六月九日（星期五）天晴

我军在缅已克复龙陵①，但敌人在湘北亦进至我长沙附近。

上午，学俄文。

英国舆论连日对我军事在河南失利及我国内情况批评极多，足见外人对我之情绪。我国困难情形自非外人意想所可及，但内部机构确须有应改善之处不少，我当局苟不决心澈底做一翻【番】改革功夫，则将来外国对我如何，真不堪逆料。盖余觉最痛心者，系外人之批评多系事实，故因责己而伤心，而非怪外人之直言也。

罗斯福宣布戴高乐派其海军司令商赴华府与罗会晤，请其指定时间，罗已定于下月初与之见面云云，戴氏此举甚佳。

六月十日（星期六）天晴

上午，学俄文。

---

① 原文如此。龙陵位于滇西。

　　派刘参事赴苏外部商余与美哈使同赴塔斯干欢迎美副总统华里斯事，苏外部表示甚佳。哈使派人告余，甚盼余同往，因华副总统代表罗斯福及全美人民，深盼中苏关系之友好，对于中苏关系甚欲详悉。余亦因此甚欲与晤谈，盖第二战场业经开辟，苏联政府对美态度大为好转，因前此种种怀疑已可冰消，则美方展望中苏友善，于苏亦有些小影响，而同时我国内有小部分成见极深之人，亦可完全明了美、英对苏之真诚合作，我苟与苏不睦，亦可影响美、英对我之态度，盖英、美绝不因我而与苏发生不和，波兰事件可为殷鉴。华氏此次赴华，吾盼能以坦直之态度将吾人之短尽情直说，使吾人知过而改，方不负彼此一行。

　　胡随员自苏情报司招宴美方人士之席返，报告苏情报司告渠，今日苏军已在北部开始向德军进攻，彼对苏联事颇为明了，较其他在苏久住之人为优（绍周兄自然除外），亦不易得者也。

六月十一日（星期日）天晴，有太阳

　　苏外部电话覆称，余可与绍周、岱础于十四日同美大使哈里门同机飞塔斯干，即著岱础与美使馆接头。

　　德方广播，谓长沙昨日已失陷，并谓我军战斗力甚弱，前日已自行退出，是以日军昨日进城，绝无抵抗云云，闻此异常痛心。

　　晚上莫京鸣炮，祝红军今日在北区苏芬境进攻，已破敌人防线，该线共长四十公里，已破其三十公里，并前进十五公里，占领Terijoki，则东线苏军必同时夹攻德军，不日将有捷报矣。

　　土尔其广播，言法解放委员会已正式通告英、美、苏三政府，谓该会现已成为法国临时政府，但三国政府均未有表示云云。余以为戴高乐此举未免操之过急，盖自身本绝无力量，军事设备种种尚正在靠人，而遇事一意孤行，欲因英、美与苏间之分歧而自固其地位，必无良好之结果。即最近对于Eisenhower之布告法民众书，表示不同意及反对盟军发行军用票，均非宜出诸有政治常识之口者也。国之兴亡，其领袖之关系岂不大欤。

六月十四日（星期三）

上午二时半，偕绍周、岱础与美方大使哈里门（偕其秘书 Thompson）及墨西哥大使①同乘苏联政府所备之专机，由莫斯科军用机场起飞，于八时抵哈萨共和国之省城阿提边斯克 Aktybinsk，在该地机场招待所午膳，均由苏政府招待，甚佳，餐亦不错，Hamburger Steak 及 Ice-cream 均好。在此五句半钟之飞行，天朗气清，甚为舒适。余因昨晚完全未睡，机上座位又佳（系一大号美国机，用以运输伤兵者，是以除座位外，尚有两睡床，墨西哥大使已利用其一矣），是以余亦安睡数小时。九时再起飞，初时余仍能安睡，及至最后一小时，即下后一时至二时十五分（塔斯干时间五时十五分），则机波动极大，余已头晕，闭目不敢起动。余以为余特别易晕，但后绍周、岱础及墨使均言，苟再过半小时，彼等亦必晕吐，足见下午飞行确不舒适者也。副总理兼内政部长 Kabulov、交涉员 Koptelov，暨勾总领事②均在机场候迎。余与墨使随卡交涉员乘车经塔市至离城约二十公里之一别墅，所经郊外道路房宇景物，墨使谓与墨西哥特别相似，余则以为与我国亦颇相同。其土墙小屋青翠相夹杂，天气清而热，真似我国中部，而人民衣服喜颜色间杂，女子尤甚，颇为整洁，则为我国乡村妇女所不及耳。在别墅为余所备之住房，空气甚好，家具则自极简单，惟花园极佳。余即洗浴后，卡交涉员已在此特备小食，招待甚殷，并特聘一翻译员□□□。勾捷三言本系渠之英文教员，临时征来此工作数天矣。八时，乌兹贝克 Uzbek 共和国之总理 Abdurakhmanov 在外交署请宴。余见华莱斯副总统，即代表我政府致欢迎其赴华之意，彼表示感谢，并请余代向主席及宋部长致意。因人众，余自不便与多谈。彼此次同行者有 Vincent、Lattimore & Hasard，余即与 Vincent 及拉君稍谈，并与约定于明日下午六时再访华副总统畅谈。Vincent 表示彼等本宜先至华，然后来苏较安，余亦以为然。同席者有副总理兼内政部长 Kabulov，副总理

---

① Luis Quintanvilla.

② 勾增启，字捷三。

Kabanov，农业部长 Rahbinov，农业研究院长 Maltsev，交涉员 Kopte-lov，苏外部美洲司副司长 Chuvakin、交际司代表 Dolbin。华氏人甚和霭可亲，对于农业深有研究，其父曾充美农业部长，彼亦曾任此职，父子同官，美国传为佳话。渠系在美国民主党中最前进之份子，故对苏联及我国特别表示好感，美国人士对之亦甚佳。据墨使言，民主党除罗斯福外，以渠力量最大，彼绝无半点官场气习。彼能用俄文演说，且中文亦晓，殊不易得。席间宾主尽欢，乌总理于席间送渠以绣金长袍，均系用真金质绣于缎上，据云须一年始克完成，并请其带送罗斯福总统一件，据言乌兹贝克习俗，以送袍为表示尊重大宾之意，此种古风确为不错。撤席时请余等在花园散步，园中布置亦佳，因毋须防空，是以灯火甚为辉煌。此间正水果初盛之时，故请余等在阳台用茶点水果，苹果固佳，而桃虽小而甚□，杏及Strawberry 均不错。用茶点时，总理并送哈使、墨使及余长袍各一，送时亲与余等穿上，并将帽亦戴上后即互相拥抱为礼。哈使言彼拟送华氏直至阿剌木图，叩余是否可同行，余自表同意。宴终返寓时已晚上十二时半，墨使已有醉意，坚欲与华氏之机师同出访艳，机师不敢与同往，先乘车走，是以彼与余同车返寓时，沿途叫苦，谓坐十小时之飞机来此，睡最不舒适之床，有何意味云云，大约南美人习惯对于色欲公开，恐较欧洲及北美为甚也。返寓即拟电报部及电静尘，告以改变行程，一时始睡。

六月十五日（星期四）天晴，甚热

此间为完全大陆之气候，每年由四月底起至八月底全无雨水，冬天虽有雪，然亦下即融化，是以水利为唯一要务，政府之最注重者亦于斯而已。人民因须挑水种田，是以亦勤苦奈【耐】劳。其地本为旧布哈剌国，败于帝俄后即成为俄之属国，但仍有布王，昨晚其总理赠罗斯福之金绣丝绒袍，即系由旧布王宫所存珍品中取出。布王用品之赠华氏之袍，亦系旧布王子所用者。查布王本系蒙古铁木儿之后（成吉思汗征服各国后，以一子统治中国，以一子统治俄国，以一统治中亚），惟自其统治中亚后，已化于其族受回教之影响，故此间人民大多数为中国所谓缠回，蒙古种亦不少，其人民亦甚安分易治，与哈萨不同。铁木儿墓及各古迹均在旧都 Samarkand，塔斯干系较新之城市，现在为俄中亚之最大者，并为苏联之东亚大后方，人口已逾百万。塔斯干照乌斯辟文义为"过满"，意谓人口之众已极满之义。

上午十一时，捷三来，与之同出我总领馆。馆屋颇好，陈设亦佳，屋后并有一大花园，所种果木花菜甚多。总领馆本在郊外，尚有租地甚大，但因历任总领事以不易雇人耕种，故将其批租，只取回馆用蔬果，余由佃户自卖，获利甚厚，且在黑市售卖，违反苏联法律，苏方迭次抗议，因此捷三将其退还市政府，市政府因此对捷三亦甚好。捷三此举甚为适当，盖此种小便宜以致违背地方法令之事，我驻外使领绝不可贪图者也。领馆本尚有随领秦穆①，未到，现只有潘主事②及其太太，而管区内华侨约有五千，工作甚忙，华侨中大多数为新疆之回民，汉人所占只十分之一而已。

在领馆稍憩，即与捷三、绍周、岱础同出市。先至旧货店，所售之物甚少，且价格亦较莫斯科为昂。再至金银器店，购得一旧景泰蓝烟盒，价格亦不便宜，不过且为纪念品耳。复至百货店，货品极少，又到一书店，而余等每至一店，则小童妇女紧随余等之后，宛如中国数十年前街上华童跟看"番鬼"者，余等觉颇难为情，且亦无甚可购者，故亦即返领馆。午膳后在捷三房稍为休息。（上午余等曾往"老城"，该地并未有改革者，其市场所售各物与中国乡间市场相彷佛，污秽不堪，又有某华侨所留下破屋一所，现由领馆代管，闻我驻此领事中曾有用此以作非法买卖之举。见有一中国伤兵，苏方因其在红军作战而受伤，本拟予以年金，彼亦不易，但求回国，中国人家乡祖国观念于此可见一斑矣）

下午五时半，往华莱斯副总统寓所，先与云生 Vincent 及拉铁摩尔谈，彼等甚注意中共及新疆之问题，余稍告之。彼等并告余谓华

---

① 中华民国驻塔什干总领事馆随习领事秦穆。
② 中华民国驻塔什干总领事馆主事潘万元。

氏此次之来华，并非如外间所传有何特别任务。彼等又表示，华盛顿方面以为重庆对于苏日渔业等协定所持之态度，目为系苏联与日本有秘密谅解，使日攻华。换而言之，即责苏联出卖中国、美国朝野均目华方此举为不智，盖谓日方因此两协定并可相信苏联放弃其与美国及中国合作，三岁小孩亦不相信，故均以为我中国因军事之失利而欲诿过于苏联，殊不公允云云。

六时，谒华副总统，彼即偕余至花园树下共谈（盖可保证无人可密听）约半小时。渠谓彼赴华访问系早拟前往，蒋夫人去年在美邀请时，彼即有意，但因公事甚忙，迟至现在。彼此行并代表罗斯福总统，是以有三项任务：（一）与蒋主席商讨战后发展中国农业及援华问题。（二）代表罗斯福与蒋主席讨论蒋主席所提出之任何问题，盖彼此次访华，系完全以中国好友之关系，助中国解决各项困难，此种困难中国方面始能自知，是以彼只愿讨论中国方面所提出者，彼自己不拟提出任何问题也。（三）赴各美空军所驻之地亲面其官兵，看其与华合作情况何如，并欲亲睹 Stilwell 所训练之中美军队，观其实况有何兴革宜办者。彼问余在此工作，余告以中苏关系因历史、地理种种关系，地方不快事件固所难免，但以余个人在此年余所观察，苏联最高当局对英、美固极愿诚恳合作，对华方亦极具友谊，绝未放弃莫斯科、开罗、德黑兰会议所定之战时、战后合作精神。而我蒋主席亦极诚恳，图与苏联合作。最近潘大使自华返莫斯科，亦告余谓彼亦深信蒋主席之诚意，是以中苏关系绝不如外传之坏。彼谓闻余此言深为快慰，盖美方甚欲中苏之亲善。彼又言罗总统返美，彼已将在开罗会议详情告渠，渠甚欣慰。谈后彼以所发明之芟草小具见示，并与余同出花园试验，苏联摄影及电影家于此时频频拍照不少。后华君复谓，余与其作排球戏，余不作此戏已三十余年，而彼老先生则兴致不减青年，将上衣尽脱，余亦不能不脱去衬衫，墨西哥大使适来，余等亦强其解衣共戏，墨使对此较余为外行，是以余两人对华老先生尚不能胜之也。

七时半，返领馆。晚膳后应乌政府之邀请，赴大戏院观特备之音乐、跳舞及清唱。首由乌共和国总理亚都拉曼诺夫 Abdurakhmanov 致欢迎辞，先言华副总统，后及余与哈使等。华君用俄文致答辞，俄文虽不甚佳，但因难得，彼老先生在美能习俄文至此程度，是以群众鼓掌甚烈。节目甚多，首由中亚一带最有名之女高音哈廉玛·娜施罗花 Halima Nasyrova（People called her the Nightingale of the Middle-East）唱"Aria of Nadira" or the Opera "The Great Canal"，"Like a Madonna in Beauty"（A Tadjik folksong）& "Gor-Oghly"（American folksong）。（二）Bokhara Folk-dance by Rosiya Karimova, Halina Rakinova & others。其舞法与中国之舞相同之处甚多，注重表情，多用头部、眼目及手，非与欧舞之注重于腿。（三）"Arioso of Tarzin" sung by Zakiro，男高音平常。（四）Ferghana Lyric Dance by Fabriya Djamitova。（五）"Ailanaman" sung by K. Boruhova，均平常。（六）"Zang" Bokhara Folk-dance by Oliya Ismailova，甚佳，其表洗濯缝纫与中国旧剧无异，彼人复美艳，无怪墨使赞不绝口。（七）"Nagara Dance" by Karimova，所谓 Nagara 者，形如喇叭，但长有二丈，吹不容易，诚乐器中之特色，其余乌乐器多似华乐器，例如洋琴、二胡、提琴等，均完全相同。（八）Sara Samandarova 所唱均佳。在休息时，女主角 Nasyrova 出而招待，渠年未满三十，闻本一孤儿，貌美，稍似东方之人，在第二场时彼因未有渠之节目，故陪余等在台下观演，十二时半始完，返 Durmen 别墅时已一时半，因蚊虫颇多，直至二时半始睡。

六月十六日（星期五）天晴，甚热

上午十一时偕绍周、岱础先到领馆，会同捷三于十一时半往交涉署，由交涉员 Koptelov 陪往乌兹辟共和国之政府大厦（此间亦称为红墙），拜访其国务总理阿都拉曼诺夫。彼年约不满四十，人甚精干，乌国大权在彼手中。绍周言彼在苏联党内甚有势力，中央开会时发言甚多，似系斯太林所手造成之亲信人物。余先谢其招待，复言中苏应亲善及两国领袖均欲亲善之意，彼亦表示中苏因历史文化种种关系非合作不可，尤以乌兹辟与中国之关系更宜如此，并送余新刊印之□□□诗一本。此诗人之父曾在中国充当官吏，是以此诗

人赞美中国文化等等之词句甚多。余又托其照料捷三及协助其解决
一切案件。彼言此种事因中苏友善，无不可解者，词意均甚诚恳。
余出时，在其花园与之合拍一照以为纪念。

一时，返领馆拍发电报致部，在领馆午餐后休息，返别墅。

八时半，偕绍周、岱础、捷三同应阿总理之请，再赴大戏院。
本晚节目第一场由 Nasyrova 唱演《卡门》之第一幕，唱演均佳。第
二场亦系由渠唱演 Laila & Majnun〔悲剧著者为乌兹辟诗圣 1441 to
1501，Ali Shir Narai 描写阿刺伯故事，大致谓 Omur 安麻族长有女名
Laila 拉莉，美而慧，在学校毕业试中，有男同学佳士 Kais 因主张男
女平等而被除名，拉表同情于佳士，且俩已相爱，安族长甚怒，禁
止其女与佳往还。第二幕写拉莉思佳之切，其母表示同情，惟其父
不谅。佳士同其父来向安族长求婚，安拒之，并将其女许配他族族
长沙林 Ibn Salane。第三幕写佳士（即 Majnun）在小山上思念情人，
遇王子那夫 Naufal 行猎，王子知悉其情，允予帮忙，而佳父亦适至，
安族长带同护卫亦到，与王子之兵大战，安族有将军使用大长石槌
者，幸王子武勇，将其杀退，并将安族长打倒。正拟杀之，而佳士
不忍杀其父而夺其女，故止王子勿杀。安族长因告王子以其女经许
配沙林，其女亦同意，王子遂愿将其女许配佳士。佳士辞之，谓只
爱拉莉，故众亦无法。此时拉莉亦至，唱其可怜之曲。第四幕写沙
林宫内庆祝婚礼，佳士适至，拉莉闻其声而欲与言，沙林之人将佳
士逐出，安族长劝其女与沙林结婚，女不允，适有人来谓佳士已与
王子之女结婚，拉莉大为悲痛，沙林再向之求婚，拉莉仍不允，故
沙林愤而自杀。第五幕写佳士在其父墓前悲哭，拉莉入而欲与言，
佳初欲抱之，继思其父实因拉莉而死，拉亦对彼不住，故拒而去之，
拉痛极而死，佳士睹此亦极悲痛，抱拉尸而亡〕之第三幕远不若其
表演卡门耳。第三场为红军乐队合唱及跳舞。在休息时，余与华副
总统及哈使等举杯庆祝美空军以中国为根据地轰炸日本时，乌总理
Abdurakhmanov，Vice President Kabulov，Vice President Kabanov，
People's Commissar for Agriculture Rahbinov 均同举杯庆祝。交涉员阁
提罗夫 Koptelov 并再与余谈及中苏友谊，渠对中苏邦交甚具热诚，

故捷三在此办事似较容易，殊可慰也。十二时一刻始散场，余先送捷三返领馆，然后回别墅，到时已一时半矣。

六月十七日（星期六）天晴，甚热

晨九时二十五分，余与哈使、墨使同乘华副总统之飞机，绍周、岱础则乘原机离塔什干，全国文武大员均到场相送。机行于十一时三十五分便抵阿剌木图，绍周等所乘之机则因候人，起飞甚迟，下午五时到。哈萨共和国之主席云德臣 Vondorsun、市长阿莉奥夫 Ariof、交涉员 Semienov 施曼诺夫偕同全体文武大员均到机场欢迎，尹领事、谢副领①亦在。余等稍与寒暄，即乘车至郊外半山之招待所（即去年招待余之处），即用午餐后，稍为休息。华老先生往参观苹果园，余则须赴我领馆，故未同行。下午四时半，余等与尹领事同至领馆，觉馆布置一新，与前次所见不同，足知事在人为。赵前领事确不能外交官者也。据尹言，赵与其夫人本系同居，离任时妇已怀孕，故赵不得不与结婚。及抵海参威，张领事觉其全不懂外交事务，在馆随地吐唉【痰】，出言无状，已万分不悦，又知其近娶俄妇，故不得不报告外交部。照部章，非得许可不能娶外籍人为妻，是以将渠调部。彼返阿剌木图，即请求展期回国，俾其妻可出苏联国籍，共同返华。部准延期三月，过后彼便失踪。部曾著尹领事查其所在，尹曾询本地交涉员，据云不知，大约已入苏籍，不返中国。盖其兄王某前任新疆交涉员，本系中共要员，现居莫斯科，彼前此请求来古比雪夫向余报告，亦系欲藉此赴莫斯科与其兄有所商洽。苏联政府未予允许，亦恐我方知悉，于苏不便已。余等在领馆稍用茶点后，本拟在市内商业区一行，但后查悉市政府昨日已命令全市商店停业一天，盖商店绝无物品出售，恐华副总统等往参观，无良好之印象也。领馆园地甚大，花木盛茂，菜园果园因所产足供全馆之用，在市中心区有此殊不易得。六时返寓，七时半哈萨政府在招待所请宴，云主席、华副总统均有演说，九时半在大戏院招待，节

---

① 中华民国驻阿拉木图领事馆副领事谢国栋。

目甚长，前次招待余等之女舞星 Nursulu Tapalova 饰演 Bahchisapaisky Fountain 之女皇后，身裁极佳，墨使赞不绝口，大约以美观言，彼为最佳，是以前次特请其招待于余，实则以招待之热烈言，此次似不及前次招待余之时也。在戏院休息时，余与云主席稍谈，略谓自莫斯科会议后，中英美苏四强之团结合作益形增进，我两国因地理、历史、文化种种关系，亦非团结不可。幸而中、苏两国最高当局均有增进两国团结及合作之决心，是以余深盼其在阿能随时与我国领事本此精神合作，以促进此良好之友谊。渠表示同意，并谓当地有一俗语，谓四人合作，可以克服一地困难，六人相处不能合作，则一事无成云云。

余再三告诫尹领事，须与当地交涉员合作，盖我蒋主席系决意与苏合作，使四强关系日益稳固。新疆当局或另有用意，我方办外交之人切不可受此影响，对于当地外交当局，语言间须万分客气，苟有不如意之事，亦宜万分坚忍，不可意气用事。余之派渠在此及醴泉在迪化者，亦系因彼两人应悉我中央对苏之友善政策已。彼等处境虽不无困难，但随时应以中苏友好为前题【提】。醴泉方面处境更难，对于外交变迁或亦不易知悉，是以彼等如有任何困难事件，切不可操切从事，宜先电余请示。余并举示一例，如去岁有人报告领馆，谓苏方拟派华侨十余人返迪行刺盛世才，彼即通知醴泉，此事大为错误，盖苏联人员在迪化成千成万，中共人员在迪亦不少，何必另在此派不熟识迪化情形华侨前往。大约此事或系苏方欲藉此试验彼与新省当局关系，彼便入此圈套。以后如有此种或其他困难事，须先向余请示，不可操切，彼亦深知其错误。彼又告余，醴泉去年到阿，曾告渠环境困难，盛在新无法应付，故拟劝盛与渠共同辞职。又言近来盛之作为日非，例如外交部特派员署之某科长在街上与归化民小孩偶语，当晚盛即派人向特派员署提出警告，谓不宜与外人多行接谈，此种荒谬之举使全省不安云云。

晚上 Vincent 来余房详谈，彼询余华副总统应如何与蒋主席商讨，余稍与表示意见，著其以友谊之精神尽情直说。彼又与余言，云伯聪返渝，美方以为渠不返任，乃彼返任后，即约见罗总统、赫尔国务卿等（即云生亦在内），力【历】数中共不法行为，此举使美方极不满意，以为伯聪本人系代表最反动份子，幸而孙院长发表两次谈话，美方对我舆论稍佳已。余询其华先生有意再来莫斯科一行否，彼言行程所定，本不及此，但如见蒋主席后如有此需要，亦无不可商量。余告以与华谈话大要，请其注意协助。彼甚愿帮忙，与之共谈一句余钟，故二时半始睡。

六月十八日（星期日）天晴，甚热

晨五时起床，早膳后于五时三刻离招待所赴机场，于六时三刻起飞离阿。昨日本约定与华副总统一同于八时赴机场，彼于八时半起飞赴迪化，余与哈使等送彼后亦即飞回莫京，但直至今晨二时，苏联机师始行告余等，谓余等所乘飞机所需之特种汽油，此间无存，非再经塔斯干不可，则余等所乘之机不能不较为早飞，不能亲送华先生矣。机飞三小时，于九时四十五分抵塔什干，在机场休息室用早餐，塔交涉员已在机场招待，捷三亦到。机于十时半离塔，于下午三时三刻到阿塔边斯 Aktyubinsk，于最后一句钟，天气极坏，飞机动摇过甚，余之不晕吐亦系万幸，但已觉万分不舒适矣。在机场招待所午餐，于四时半起飞，于九时四十五分（即莫斯科时间六时四十五分）抵莫斯科，静尘偕胡世杰等已在机场迎候。在此段飞行天气尚佳，故尚能觉精神不错，返馆后已疲惫不堪耳。

六月十九日（星期一）

上午，学俄文。

连日德国所用所谓新武器系一种无人架【驾】驶之飞机（可名之曰飞炸弹）轰炸伦敦，英方人民受害不少。但其所载炸弹不过一吨，飞程又短，目标自不能准确。此种武器完全系一种恐怖之武器，于战略上绝无影响，徒使英人仇德之心理增加。德之使用此种武器，足证其已觉国日暮涂穷，不择手段矣。

六月二十日（星期二）天晴，有太阳，但不甚热

上午，学俄文。

下午五时，偕绍周赴苏外部晤洛次长，余首向其表示后日为红军抗战三周年日，祝其胜利。彼言此次战争殊令苏联人民对德在百年内不能忘却，并谓深信不久胜利便可到临。余请其转达彼政府及乌兹贝克及哈萨两共和国当局，此次所予我个人之种种利便及招待，彼谓当即转达。彼询余华莱斯副总统对所经苏境情形之感想如何。余答以据余所知，彼深佩西比利亚各地之进展，华氏为美民主党中之前进份子，对苏联及中国均极表同情之人，此次经苏访华，对于将来同盟国之合作不无益处，彼亦表同意。彼又询余中国战争情况，余谓中国抗战情形之困难，吾人所受之痛苦、牺牲，外间恐尚多未明了。即如此次日本以更大之兵力进攻我已渐感疲倦之军队，其情可想而知。我国抗战七年，工业区被敌占领，所用作抗战之根据地于战前并非国民政府力量所及者。而在此七年间，以极有限之资源供养此偌大之抗战，维持前方士兵五百万。而所谓外援，即美方用飞机运华物资，百分之五十余系供美十四航空队之用，百分之三十余系供 Stilwell 所练之中美军，其余百分之十系供在昆明训练之远征军，即现在滇缅边境作战者，至在昆明以东中国全部之军队五百余万，则一无所获。此五百余万军队抗战七年，完全系我自己维持，未得盟国半点援助，是以日方使用更大兵力攻我，我之艰苦可想而知。余之言此，并非对盟国有何不满之意，盖美空军及史提威所练军队亦系助我，不过我欲同盟国友人知我国之痛苦艰难，苟有不尽如意之事发生，亦应体谅耳。彼谓亦知中国之困难，但不料未得援助一至于此（故彼即将余所言数字笔记），将来欧战结束，东方战局自亦好转。余询以美政府所提出世界和平组织之方案，苏方已否接到及看法如何。渠答苏联政府至今尚未接到该方案，是以无从表示意见，但美国报纸讨论此问题甚多，惟均乏内容。余末请其向潘大使致候，即辞出。洛次长向不喜多谈，今午神气似佳，笑容满面。

英广播言，美舰队报告日本全部海军出动，在菲律滨及沙萍

Saipan 岛之间，美舰队空军轰炸，结果没其航空母舰一艘、兵舰二、运输船二，又伤其他十艘，共十五艘，飞机共六百余架，日舰队逃去云云。敌人此次受创虽不至全队没，而于敌影响亦不少也。

苏军已开始自中路反攻，胜利甚速。

英广播，华莱斯已抵渝，并已与蒋主席及蒋夫人晤谈。

六月二十一日（星期三）

下午一时半，赴回民饭店，应哥伦比亚公使午宴，直至午后四时半始散，未免过长耳。

蒋主席因明日苏联抗战三周年，故特电斯太林致贺，今午接到，余即函转。

六月二十二日（星期四）

今日为苏联抗战三周年纪念，苏方亦无甚举动，只在各报特载社论，并发表苏德双方死伤及失踪人数，德方为七百八十万，苏方五百三十万。

六月二十三日

邱吉尔首相昨日在墨西哥大使宴会席上演说，谓可望今年完结欧洲战事。

六月二十四日

昨日蒋主席与华莱斯共同发表谈话结果之宣言，内有提及民治及为民众利益之政府等。

晚上与静尘，邹、石两副武官，及胡随员同往看马戏，均由 Uzbek 人表演，甚佳，内有华人三名。

六月二十五日（星期日）

上午十时半，与刘参事同到胡随员所租之别墅 Клязима，ул. Конинтерна，ул. Ландета，Дом46，стл，00-Клязимааб. 54，甚为

清静，曝太阳之下及看侦探小说，此种休息久未享受，深觉其乐。下午访克伯 Hubbell，彼不在。

六月二十六日（星期一）雨

上午，返馆。

昨日苏军在中路大胜，在 Vitebsk 包围德军五师，并已攻进该城，而同时盟军在意大利亦获胜，德军节节败退。

六月二十七日（星期二）

埃及新任驻苏公使来访，彼自土尔其调来，据言法人对北菲土人待遇不佳，彼等均要求独立，故美方苟有意援助亚洲人民独立，则对菲洲土人不能使之向隅云云。据彼所言及亚比先尼亚公使所言，则菲洲土人亦宜解放者也。

昨日美军已占沙堡 Cherboug，红军又克复 Vitebsk，华军又占领莫干。

六月二十八日（星期三）

上午十二时，Hamilton 来访，彼不日调返美。渠人甚老实，对华亦好。彼言在此年来得余协助不少，是以不无老友别离之感，余托其带烟盒一个送刘锴兄。

钱承庸自埃及、伊朗返，彼此次所购各物尚云称意。

今日刘参事往苏外部晤李司长，彼对新疆当局种种返【反】苏无理行为极表不满，并谓蒋主席前许改善并未有执行云云。余觉此事非报告主席不可，故著绍周、静尘拟电部及电呈主席，同时并通知醴泉。

六月二十九日

今晨，胡随员用记者名义飞罗马尼亚前线，彼藉此能得真确之消息，及多悉各地情况，于余等职务上增益不少。渠以一弱女子能如此不辞劳苦，努力工作，殊不易得也。

上午，学俄文。

杨秘书树人因在外交界服务已十六年，对于现任职务常觉不满，是以欲请调部，俾到渝后即改图别业。乃部以其到任未及三年而不许，是以彼拟电部辞职，措辞多所不满。余助之，并代其电部。彼人才，可做事者，惜自视过高，且人事上不易与同人相处，又性情不愿与外人交接，是以困守多年，似亦不能尽怪部用人不公平者也。

六月三十日

接莫外长函复，余致斯太林函附送复蒋主席贺电，并谓该复电已由苏驻渝大使馆径呈主席云云。

上午，学俄文两小时。

七月

七月一日（星期六，旧甲申年五月十一日）天阴，微雨

上午十二时，赴国民饭店三〇七号房回拜埃及公使，彼适与荷兰大使谈论此次战后各国须稍放弃其主权，以维护世界之安全问题。荷使仍主不放弃主权，但明定义务，此为西欧小国一贯之自私政策，该小国等恐未必因此次大战之亡国痛苦而觉悟也。荷使又对苏联之支持 Tito 及意共产党等极表疑虑，以为苏仍未放弃其干预他人内政之政策。余略为解释，谓苟英、美推诚与苏合作，及欧洲各政府均明了世界大势，不再欲重趋于其陈旧帝国主义之途，而以前进之份子执政，则苏方未必欲干预别人内政，否则苏联因过去二十余年痛苦之经验，自然反对其目为敌人之反动政府也。即以义大利而论，英方则欲维持义皇及 Badoglio，美方则欲 Count Sforza 等执政，苏自然派其共产党前往，盖苏之不欲义大利帝国主义之复复，俾将来再有法斯士之发现。至 Tito 方面之接济，系由英国英方代表在 Tito 处之活动较苏为多。总之，余以为苏联战后只求有一安定之欧洲，俾

其可继续进行其建设，现在种种举动均为自卫之防止举动，如各国均不图回复其帝国主义，则苏不致干预他人内政也，彼谓此为最乐观之解释。埃使则仍以战后各强国是否能放弃其侵略政策为虑，彼自非洲来，自当有此疑虑，余以美国政策慰之。

下午四时，加拿大威使庆祝其国庆，特雇轮船 Voroshilov，请外交团及苏政府人员共二百七十余人，往游莫斯科河及运河，并于船上招待晚餐。惜今日天气不佳为美中不足，但亦别开生面，往者均感兴趣。所备食品茶点较少，大约未准备所邀请者均来。餐后在船后跳舞，余与卡尔大使均只参观，但挪威大使与舞剧皇后拉辟先斯基 Lapishinsky 频跳，并作种种花样。老先生有此兴致，殊不易得，实则余觉白日睹舞星，真堪足使人失望。大约赏识美人非在暗光下不可，盖美人之为美，半固真美，而多半实在观者之幻想耳。太阳下看美人，直如以显微镜看图画，只见其訾耳。威使特别招待苏外次及英、美等使于别室，来宾中多觉此等区别不宜，实则此亦系此间作风，苏联宴会多属如此，余向不参与此种"殊遇"，盖为道德上所不许可。以我国礼教而言，则既系宾客，则宜平等待遇，重要者多与周旋自系必要，但另在一房而置他客于不顾，则未免太失主人之礼节。主人失礼系彼事情，但我当客人者不可参加使主人失礼，是以我于每次请宴，均到处与他客接谈，是以外交团方面对余尚表示好感，无话不与余谈。而今日美哈使亦觉不安，是以亦出与各客接谈，并来余棹畅谈甚久，卡尔亦觉不安而出观跳舞。中国首重礼教，良有以也。

法代表加卢言：（一）苏联准备在中路反攻，于两月前业经开始，盖该方面系德主力所在，非集中苏联所有力量，不能予以最大之打击，苏军因须作此准备，是以对于日方不能不作种种之烟幕，使其不疑（盖德方曾极力压迫日方攻苏），对华冷淡及对中共事件各种表示均系此意。此种事态在英、美各国自然将其苦衷密告中国。但苏联作风一向不同，大约以为苟通知中国大使，则彼势必报告政府，电报之往还，译电呈转人员所经不少，必致泄漏，于事有害。是以对于此种事件之看法，以为对方应明了其苦衷，苟不明了，亦只能听之，俟将来事实之证明耳。至据彼本人两月来接谈之所得，实则苏方对华极好也。（二）苏政府方面看法，欧战于今年内必可结束，击溃德军仍靠红军，故红军必先英、美军队到达柏林。（三）苏联自英、美在西欧登陆后，已竭诚与英、美合作，是以最近彼向苏联政府提出承认法政府问题时，苏方明白表示苏已决定关于战时、战后一切，均与英、美合作，故不能因此而开罪美国。故劝戴高乐极力与美合作，并谓苟戴氏获得法国人民之拥护，将来自为法国之领袖，此时何必先争虚名。（四）戴氏人极能干，但所引用者均为年青而乏经验之人，是以不免过于操切，彼办事困难亦不少也云云。瑞典代办言，阿使自返瑞典后，在外部任副秘书长，专任苏芬事件之顾问，此次贡献特多。瑞典已尽力劝芬退出战争，此种努力虽未成功，但苏方已了解，是以最近史太林曾有电致瑞典皇，谢其斡旋苏芬事件。余谓阿使此种贡献对渠政府较任何工作为重要，彼此次返国是福是祸，殊未可断言也。Hamilton 言，去年美 *Life* 杂志曾登载一舞剧明星之各种跳舞姿势照片，并予以相当之称誉，目为最好 ballerina。苏联政府以其过于出风头，罚其往森林伐木半年，近始返莫，昨晚始再登台表演。苏方对此种事件之作风亦可见一斑耳。九时，船返抵莫斯科，返馆后各人均饿，须再用晚膳。

苏军在中路大胜，昨已在北路再过旧波兰边境，收复 Disna，并在 Minsk 以南占领 Sleutsk。德军溃退之速为前此所未有，死伤特多，足证加卢所言非虚。

我国战事稍佳，仍不甚佳，衡阳尚未失，仍在苦战中。

七月二日（星期日）天晴

晚上宴美馆公使咸美顿 Hamilton，彼不日返国，故特与之饯行，同席者除刘、陈两参事及陈秘书岱础外，只请美使馆秘书 Perkins、Thompson、Page 三人。咸君询余对远东各殖民地意见，余谓我国未便有何主张，但美国方面为人道计，应主张解放，不能再行维持旧有之帝国主义。余历举种族不平等待遇及殖民地政府之苛刻行为，盖彼此次回华府美国务院任事，余欲其对远东此种问题得一正确之认识也。

七月三日（星期一）

中央社朱英自中路前方返，谓德军五师在 Vitebsk 被包围消灭，师长三人阵亡，一失踪，一被俘。据彼与该被俘虏之师长言：（一）德方早料红军在中路反攻，但不料其有如此大量兵力及武器。该五师被包围，无法冲出，红军飞机占极大优势，是以不独与德国交通被割断，即与各部队之联系亦无法维持，是以崩溃。（二）彼等因须数面作战始败云云。此与加卢所言暗合。

胡随员自罗马尼亚前线返，报告苏军对地方行政并不干预，市政府亦系由地方维持会于红军未到前所推选者，有大地主四人仍留于 Botosane，苏政府并未有执行其土地政策之意，即在苏联从前自罗马尼亚得来之 Bessarabia 省，亦未尝施行集体农场制度。地方政府人员公开表示，彼等不愿共产，且不愿共和国制度，只要求一君主立宪政体，红军对此种表示亦未见有极不良之反响，是以苏政府所宣称不干预罗马尼亚内政，似行顾其言。人民粮食尚足，分配之面包分量较在意大利为多，人民亦可自由买卖，但须用红军所发之军用票耳。

红军今日克复白俄罗斯之首都民斯基 Minsk，该城为俄西部重要大市之一，被敌占三年零六日，现始克复，是以莫京鸣炮庆祝，特为热烈。闻德军败退情绪极坏，士气已大不如前，降卒极众，苏方公布十日来德军死亡及被俘在二十万以上，红军力量可见一斑。

七月四日（星期二）

我军克复腾冲，衡阳则仍在血战中。郭武官谓敌计划将由衡阳进图桂林，而至宜山，顺宜山经宾阳至越南之公路，而与南洋一带之敌联络。盖一则此路地势平坦，于敌有利，二则在政治、经济上均于我较大影响，且粤汉路由乐昌至湘南一带，山路险阻，不易用兵，即勉强打通，亦不易防守。盖我方步【部】队固容易自山中将其复为割断，即用空军力量，亦易将路之某一小点炸断，所言甚合情理。故我方所受痛苦恐将较深，尤以吾粤人为甚，因港、粤精华已移桂林，数年于兹，一旦再为沦陷，重受大创，殊为痛心。余家人均在桂林、柳州一带，再行逃难，自属艰苦，惟幸亲友尚多，自不至有重大危险，且此亦系抗战预计所及，忍受身体、财产种种损失，亦系吾人应有之天职。

母亲不及睹此，亦不幸中之稍足慰者也。

苏联广播言，华副总统已经兰州、新疆返美，则彼已改变计划，不经外蒙，以免我国误会，亦佳。苏方特别广播，如此路程，想亦免我国误会之意也。

七月五日（星期三）天晴，有太阳

本期《战争与劳工阶级》杂志有文批评英报 *Observer* 主张大欧洲主义，而非难四强领道【导】主义，谓该英报之论调不过系袭 Munich 派之余唾。由此观之，则苏联对于莫斯科会议之政策系尽力支持，诚足慰也。

晚上，胡随员详细报告其在罗马尼亚所见，事事均可证苏军在占领区行动之小心谨慎，尽力执行其政府不干预他人内政之政策。而其军队中士兵之艰苦，阙乏用品，惟对于占领区人民生活较己为优，绝无半点妒羡之意，只以该等居民不尽力于生产工作而示轻视之意（彼与一红军女交通兵所谈而得之印象）。苏联此种政治训练之成绩，殊可钦佩者也。

七月六日（星期四）天晴，有太阳

上午偕承庸、济邦往大商店参观。该店复业只三天，各种用品均全，但价格之昂，非吾等所能担负。例如一极粗之水杯须四十卢布，绵织花全白之四方小台布须一千余卢布，小西饼每件四十五卢布，最平常面枕每件一百二十卢布，二十支装土制香烟每盒一百二十，最平亦八十卢布。只有电熨斗（尚佳）六百卢布，余著承庸购一具。文具价格尚较不过高。苏联政府重开设此等商店，目的在：（一）吸收卢布，（二）压低黑市货价。以余所见，购物者之挤拥及闻数月来黑市货价已较前低减一半，则其政策似有相当成效矣。

邱吉尔在英国会报告德国飞炸弹对英所施损害情形，谓至最近止三星期内，"飞弹"共来英有二千七百余，炸死之人二千七百五十二，伤八千，统计每次只死一人，且极不准确，是以为害无多。德方使用此种全无军事价值之武器，足见其人心之凶残，亦可见其觉失败在前，孤注一掷之意，而使英国守旧之帝国主义者目睹身受，不再以为德人系其同种，而仍图保全其力量以抵制别人也。

德方广播，谓韶关、英德已疏散，敌自广州北进云云。

晚上八时至十时，学俄文。

七月七日（星期五）天晴，有太阳

今日为七七抗战七周年纪念，上午十一时在馆礼堂行纪念礼，余先演说，转述蒋主席昨日告友邦书（大致谓吾国将抗战到底），及告民众书（大致谓敌用全力攻我，系我预计之事，彼数前未来，及今始为，亦系吾人之幸）之大意，并勉同人努力。刘参事、郭武官均有演说。

《红星报》登载甚长之论文，历述我抗战及日人种种失败之经过，辞意对我方均好。惟结论中提及我最近失败之情形，谓系不能尽量利用人力、物力，及有一部分军在仍在边区不参加抗日①，但人民抗战之精神仍佳，日人无法云云。

英广播言，我军已冲出衡阳敌之包围，与我援军连络云云。

又言，在华美重轰炸机群今日往炸敌最大海军军港佐世保 Sasebo 及钢区 Yawata②，安全而返，此亦一极佳之消息也。

---

① 原文如此。
② 八幡。

七月八日（星期六）天晴，有太阳

上午十一时，偕秦秘书涤青【清】赴 Burobin 牙医处脱去大牙，该医手术极佳，此牙曾经镶补，是以有钢丝直插根内。数天前余又因其晚上有痛，自去其经动摇之部分，因此脱时特别困难，须分数次取上，且往施用局部麻醉两次。苏联牙医制度分为三部：（一）手术部，又名外科部，专司脱牙者。（二）内科部，专司治牙痛及他牙疾者。（三）镶补部。其人完全不同，故我三日前牙痛时，彼内科部主任与余稍为治理，认须脱去，故余今日再来，由外科部主任与余脱去，再过一个月后须再来，由镶补部主任与余镶补（该主任在假期中）。牙医如此分工，余在此始见耳。

下午四时，意大利代表加朗尼 Quaroni① 来访，彼系由阿富汗调来，据言于一九二五至一九二八曾在莫斯科，是以对苏联情况甚为熟识，能操俄语，在阿富汗七年清闲无事，尝研究中亚文化古物，是以对中国古董字画亦稍有研究。盖中亚一带，犹【尤】其是伊朗，于元初成吉思汗时已将中〔国〕美术带至中亚，是以是时伊朗画家（伊最享盛名者）之作风全仿中国宋元派云云。又谓，中国尚道德及爱好和平之国家，因此希望中国参加和平会议时，能主张公道云云。

晚上，美使馆哈里门请晚宴。席间其新参事 Kennan② 谈及新疆及中共事，此君远不及咸美顿矣。

红军已占 Osmiana 及 Baranowicze，并在 Vilna 巷战，由此再进，则在 Latvia 及 Lithuania 之五十万德军有被割断之虞，红军胜利之速殊出意料之外也。

七月九日（星期日）天晴，有太阳

上午十二时，美大使哈里门来访。据言，赫尔国务卿已与孔部长详谈，并告以美国极盼中苏关系之友善。又云，华莱斯副总统本与渠约定，于未离华前将在华接洽情形电告，但至今尚未接其来电，

① Pietro Quaroni.
② George F. Kennan.

想系因在途中拍发密电不便之原因，故询余华氏在华接洽情形。余告以据本人所知甚为完满。彼询中共事，余告以中央经将条件交林祖涵，尚未接延安之答覆，但希望其能接受，至条件内容，余尚未知悉。总之，彼能取消政府及军队，能服从中央命令，其他自易商量。彼询是否可准共产党参加中央行政及自维持其政党，余谓据余所知，中央向有意请其参加，至于自行维持政党，中央一贯之主张系采宽容政策，所反对者系独立政府及独立军队已①。例如联军在西欧作战，加拿大之军队固自为单位，但是否能不受 Eisenhower 之指挥乎，彼亦以为然。彼询新疆事件，余谓新疆地方当局尚有未完全明了中央政策者，余已电报告主席，昨得覆，已令改善矣。彼言深信苏联必能依照德黑兰会议所决定，将来共同对日，并对华采取友善之政策。渠又询余孔先生对中苏亲善之主张如何，余答以孔先生最使人佩服者，系并无成见。彼知国家之需要在于中苏友善，彼自然主张亲苏，实则主席极为明白，一向采取与苏亲善之政策，不过在苏方固因对日问题未敢明白再进一步援华，而华方亦不愿特别宣传中苏亲善，及将苏联真正态度多告人民，使苏联为难耳。余询其日本经济团来苏消息，彼谓绝不信其可能，因近来苏联政府事事均开诚与美合作，自不至因如此敷衍日本，以引起美方不良之反响也。继谈中国战事至一时半，始兴辞而出。

英军已占 Caen，红军又占 Lida，戴高乐已与罗斯福会晤，闻结果尚佳。

七月十日（星期一）天晴，有太阳

今早《真理报》详载蒋主席七七告民众书内容，略谓欧洲战争有三大事件，即意大利之崩溃、苏联不断之胜利，及盟军之攻入欧陆，此三者相辅而成。又言欧洲战事最有利之转机，当首推苏联英勇刚强之奋斗，过去一年间，红军之辉煌战果自必为世界大战史中最灿烂之一页。又谓现势足证欧洲战事之最后决战，已相距不遥。

---

① 原文如此。

论及太平洋战事，指明盟军所获之胜利。关于中国战事，谓华军已在湘西发展攻势，日本因在中国大陆反攻之期日近，遂调遣大军至豫、湘两战区，企图阻止中国之反攻，在此数战役中，日本目的在：（一）打击中国主力。（二）消灭沿粤汉及湘赣路之空军基地，以减少其本土所受空军之威胁。（三）欲打通粤汉、湘赣两路交通，以为撤退南洋一带日军之后路。此三目的均不能达成，战争中容有局部撤退之事，但彼可保证，军事方面吾人不致受任何威胁之危险。结论谓相信我同胞必能更自努力，争取胜利云云。苏联登此，足见其对我国及主席之善意矣。即电报告部及主席。关于主席电查日本经济调查团来苏消息一事，亦并电覆谓业向苏联及外交团各方面探询，均谓未有此事云云。

美海军已完全占领西班岛 Saipan，自此日本本部将受此处美空军之直接威胁矣。

七月十一日（星期二）天晴，有太阳

下午五时，赴国民旅店三〇六号房，回拜义大利外交代表嘉朗尼 Pietro Quaroni（diplomatic representative of Italy），与之详谈义国近况。据言，现临时政府系由六党合并组成，该六党：（一）自由党 Liberal Party，领袖为 Croce，该党主张与英自由党之政策大致相当。（二）行动党 Party of Action，领袖为 Count Sforza，主张与自由党大致不差，大约与法国之 Radical Party 较近，提倡马鲜尼 Mazzini 之绝对共和主义，反对任何君主政体，此其与自由党不同之处也。两党人数均不多，大约多属知识阶级，苟自由选举，美国不用政治压力以助之，则将来议会所占之人数，两党合并想不及百分之五。（三）民主教徒党 Democratic Christiains' Party，领袖为 Luigi Sturzo，该党成立之经过，大致系因义国脱离奥国独立后，教皇对于义人此举持反对之态度，禁止教徒参加任何义国政治之活动。至一九〇五——一九一〇年始稍变，政策惟仍系只许教徒参加选举，而不许其被选为议员。第一次欧战后一九一八年底，教皇始以明令准许其教徒完全参加义国政治，斯时 Sturzo 即因此而组织该党。斯多疏本人亦系教士，该党之主张系一种极前进之社会改革，但以温和之方法行之。例如农地改革，主张分割大地主之土地，惟予地主以相当之报酬，主张国营重工业及国防工业，而轻工业则民营，并主张组织天主教工会等，所谓社会改革而非社会主义。义国人民宗教观念甚深，且性本保守，是以对于此党多予同情，旧贵族商人及农民多加入此党，犹以教士为然。其领袖斯氏向不自己参加行政，即议员亦不充任，只推 Di Rodino 出而任事，自居后台指挥一切。该党原名 Popular Party，近始易名，如有真正之自由选举，该党在议会将占百分之六十至七十也。（四）社会党 Socialist Party，该党为欧洲社会党中对马克斯主义最忠实者。第一次欧战发生，该党即反对其政府之参战，墨索里尼因主张参战而被出党，且该党系始终欲与第三国际一致，直至一九二一年始行脱离，是时因对第三国际政见不一，是以左倾份子出而另组共产党。该社会党之政策大致与英工党之中左翼份子相同。（五）共产党，其领袖为 Togliatti[1]，易名 Ercoli，向为义共党参加第三国际之代表，久居苏联。义共产党所主张之政策较他国共产党为稳健，正式宣称苏联式共产政制不适宜于义大利，并首先主张与义皇合作。现该党与民主教徒党有密切之联系，大约社会党及共产党力量相等，现在共产党或可稍优。两党如有选举，大约可合占百分之三十。（六）保守党 Conservative Party，领袖为 Badoglio。该党力量向微，过去五十年来向未有力自组政府，且此次义国之加入战争，苟义皇与巴多利奥决心阻止，自不致陷义国于此大难，是以人民对于巴氏及其保守党自不信任，邱吉尔欲维持巴氏，于巴更属不利。总之，义国此次战争后，因大工业全为德军退时所破坏或移去，粮食又异常缺乏，将来复兴建设须靠美国援助，是以美国对义如何，不无影响于其内部政治也。余询其军事上能参加对德作战之力量如何，彼谓可坦白告余，义国人民经此大创，均万分厌战，征兵制万不能再用，募兵则应募，亦必不多。据彼所知，现在积极参加作战者，只有在南斯拉夫之一师团，该师系全师加入 Tito 方面者，巴多

---

[1] Palmiro Togliatti.

利奥之十师均在 Sicily 等地，义北则有 Upper Piedmont Marshal Caviglia 之义勇军，大约义大利之军队多已加入此团体，即墨索里尼自组之两师，亦已转变而加入此义勇军矣。彼又告余，义政府只在莫斯科有代表，在英、美尚无，大约英、美因不承认戴高乐，故未便先行承认义政府，是以不能接受其代表，但一切接洽均可由义大利顾问委员会代表办理。彼在此系非正式之大使，但苏方对渠之待遇，系视同大使云云。彼人似诚实，其夫人闻本俄人，亦甚能干，渠尚无职员，秘书工作由其夫人办理。

晚上，绍周、静尘在馆宴同人，直至十二时始宾主尽欢而散。

上午，学俄文。

七月十二日（星期三）天晴，有太阳

罗斯福语记者，谓中国军事上极严重，华莱斯副总统亦谓，中国情形严重。彼等现应知我方种种困难，多予接济，少予批评矣。罗斯福又宣称，美政府已决定承认法临时政府为解放区之临时政府，此问题便可告一结束。实则许多波折均非必要，足见伟大人物因固执己见，不允自承其过而急改，中外古今亦同一例也。但戴高乐在招待记者席上又谓，法国于战后或将依法国安全之理想，使法国军旗飘扬于欧洲之某某地区云云。此时作此种言论，殊为不智，以余观戴氏种种言行，似非能领导法国真正复兴之人物也。

今午刘参事晤苏外部李司长时，渠对于新疆当局种种行为甚表不满，历举其对于在新苏五领馆用人之强迫其退工，对苏领及领馆人员之搜查及非法行为。并谓自去年起，迭向我外交部及迪化交涉署提出，我方或不答覆，或竟否认事实。虽蒋主席迭次允令改善，而新当局态度丝毫未改，且向各领馆之中国籍工人宣称苏联系中国之敌人。种种恐系新当局不遵守蒋主席之命令云云。新省当局如此做去【法】必发生严重问题，在此我国生死关头，不体谅政府之艰难，不顾我民族前途之利益，真不知是何居心也。

宋厨全家返国，今晚起程。彼在馆服役已十余年，身体不好，本甚可怜，余初极欲助之，但其妻无识，其儿女又无教育，使馆内纪律亦受影响，是以彼之离此，人心反快。

上午，学俄文。

七月十三日（星期四）天阴

上午，学俄文。

中午，绍周兄在馆宴 Hamilton 与之饯行，并请 Mr. & Mrs. Balfour、Litvinov 作陪。

红军今日已完全占领 Vilna，并向东普鲁士推进，德政府闻已疏散东普鲁士居民。红军照现在进展之速率，不久当可进东普鲁士，则德国本部将首次被占，而德人将首次身受战祸，红军亦可对之施以报服【复】，以后德人目自己为优秀民族统治世界之梦，当可消除，亦未始非世界和平前途之幸。希特刺等之罪恶陷德于此，余以为根本上亦系知识不足之故。以知识不足人掌握大权，未有不致国家于大难者，吾今更信总理"知难行易"之说矣。

七月十四日（星期五）天晴，有太阳，室外颇热

吴特派员醴泉来电谓，奉命返渝报告，则中央对新疆问题似已觉严重，亦一佳兆也。

杨秘书树人调部事，部已覆照章须满三年，是以不许，而彼去志甚坚，余著静尘劝之亦无效。闻彼已与国内某大学约定返国任该校教授，是以请余电部请准其辞职。彼精神上似有不妥，是以余亦未必强留之矣。大约在中国政府机关办事最难应付者，系人事问题，在外馆尤甚。余在此已极力劝同人和衷共济，但一则抗战来生活家中境况种种，均不易使各人精神愉快，二则旧恨不易消除。差幸绍周、静尘人品温和，余深得其臂助馆中事，尚能使同人合作较他馆稍胜，亦差堪自慰者也。

七月十五日（星期六）天晴，有太阳

午后六时，苏联政府请往大戏院参加纪念 Chekhov 逝世四十周年典礼。首由名作家提汉诺夫 N. Tikhanov 报告赤氏生平及其作品，

余因不晓语言关系，觉其报告一小时半过长。但事后刘参事告余，谓昨日曾开会一次，彼报告两小时，但因其报告之佳，听者殊不感觉时间过久云云。赤氏之妻亦在，此位老太太已享尽荣名，但仍不肯放弃其戏剧生活，故青年剧员多批评其阻止青年之上进。但此老对于艺术之精神殊可钦佩也。余因独坐无味，不晓语言，故于七时半即托故先返。

美报载，蒋夫人已抵南美养疴，未悉是否另有原因耳。

七月十六日（星期日）天晴，有太阳

上午十一时，与美红十字会代表赫部及绍周同赴胡随员之别墅。下午，Prof & Mrs. E. Steinberg 及名作家 N. Tikhanov 及其女友等来访，并同留宿。提君本系帝俄贵族，第一次欧战曾充骑兵，此次列宁堡被围，彼全家留守，故其母其女其妹等共五人饿死。彼历言旧都被围情况及其爱猫饿死情形，绘声绘影，不出作家本色。但渠虽享盛名，在近代苏联作家中最负时誉者（为全国作家联合会会长），而谦厚可爱，绝无丝毫文人坏习，晚上竟能在阳台上睡于地板。据绍周言，彼等仍表示对英、美稍有怀疑，谓恐英、美仍不尽行使用其力量，使苏、德双方各尽消耗其人力、物力，及至最后德知必败时，反向英、美先行投降，英、美军队便可先占柏林云云。英、美军事在西欧进展之慢，无怪苏人有此疑惧，实则英、美人战斗能力及牺牲精神均不及红军，而此种苦衷，英、美政府安能与外人道耶。提氏女友年青貌美，亦系由列宁城来，双方欲盖弥彰之情，殊属可怜也。

红军克复哥乐那 Grodno，离东普鲁士境只数十公里耳。

七月十七日（星期一）天晴，有太阳

下午五时，法前空军部长旭君 Pierre Cot 来访。彼日间离莫，故特来辞行。彼告余：（一）据彼近来与苏方接洽经过，深觉苏联近极诚意与英、美合作到底，彼个人目为最好之事。法国人有以为苏、美不和于法始利者，殊为错误，盖苏、美合作，世界始有和平，有

和平，法国始能从事复兴建设之工作。（二）苏联对华甚佳，彼与莫洛托夫外长谈及法国远东权益（指安南等）等问题时，莫外长告渠谓，远东各种问题须与中、美两国协商，始能决定，并表示希望战后有一强大之中国，以维持远东之和平云云。（三）旭君个人观察以为，欧战结束后，苏联必加入共同对日。余请其将中苏、美苏种种关系，于到美时详告石曾及伯聪，俾悉实况。彼先返阿尔支亚，然后赴美。谈及戴乐高【高乐】时，余述孟子"臣其所教，不臣其所受教"之诚，彼深以为然。

七月十八日（星期二）天晴，有太阳

上午十一时，加拿大威使来访，并带加总理 King 金氏致渠覆函，托其转谢余赞其在英演讲之意。彼提及中苏关系颇引为虑之意，余稍向之解释。

本期《战争与劳工阶级》载文详论中国战事，语多偏于中共，目中央军为不战，只言第八路及新四军之抗日，又谓日军不攻中央军，只打中共军，殊属可笑。试问七年来历次大战，系何人受损失，即以最近洛阳、长沙、衡阳之役，是否中共打仗。此种不顾事实、颠倒黑白，自系苏联一贯之作风。将中国战况与南斯拉夫比较，更属无理。依照英国之报告，德军在南斯拉夫不过十二师，所谓战争，绝未有死伤过万人以上者，与中国战场死伤每役双方死亡数万，自不可同日而语。至谓同盟国不断之接济中国，尤为绝无良心之语。数年来，苏方有何接济，美方援华物资之分配，彼亦知之，故作此以责难吾人。此等言论到国内后，其反响自不能佳。至谓吴开先一九三九年在沪被日拘捕，投降汪伪，去岁受日指使回渝，带日方言和条件。日人企图与中国言和，及企图分化中国等等，似系实在情形。其末段有谓，中国之复兴须靠自己之力量，则确系老实话。我内部亟须改革之处甚多，吾人亦并未以为我国政治情况为美善，故自己亦大声疾呼要求改革。惟吾人所盼于各国者，系苟不能助余等安定中国，亦不可助长中国之内乱耳。晚上与绍周兄同将此文译出，稍为删去，几全文电部报告。

阶平托新任比国驻苏大使 Le Ghait① 带来一函，谓日人大举入寇，我国以饥兵应战，据路透电载，逃兵几及每师之半，虽不无过火，或并非全行捏造。英、美各报纸对我批评者日多，大抵不外下列数种：（一）中国不配为四强之一。（二）中国有独裁及法西斯趋向。（三）通货澎【膨】涨。（四）压迫共党（左派报尤为共党张目，谓其为农民改进党，并非共产）。（五）兵不能战。英人前不敢说，恐美人不愿。自美人开始攻击，英国和之（最初一篇为赛珍珠，见去年五月份 Life），几于异口同声，其原因：（一）国内对新闻检查太严，惹起新闻记者之不快（K. C. 与 News Chronicle 记者竟当面冲突）。（二）美人到华后之失望：（甲）描想中国为民主国，而其事实与描想不符；（乙）美国生活舒适，到中国后吃苦，啧有烦言。（三）教士等每美金只换法币四十元，不能买半瓶牙膏，说中国欺伊，因个人之不愉快，遂写信回国，无口非牢骚语矣。此外，某之游美之反响亦为原因之一。此间转载苏联批评亦多，最近一篇为中国只知呼援，有七年之时间，而对国内基本军事工业毫无建树。至于数十万军队不战日而监视共党，尤为口头禅。自中国列为四强之一，许多人及许多国家均表嫉意，共党乘机宣传，加以个人反响，我国遂成众矢之的。T. V. 与极峰意见不合，中国银行董事长已辞去（C. D. S. 亦已脱离，闻改归使馆），并已迁出怡园。阿尔及耳之物资缺乏甚于重庆，公事亦颇棘手，弟奉命前往，只得勉为一行云云。（六月二十九日）

美军今日已占领 St. Lo。美方又公布占领西平 Saipan 岛时，日军共二万人，因伤被俘虏者只五百，余均战死。日方亦公布西平之役死海军中将一，少将一，师团长及全军阵亡。美方公布美之死亡及失踪三千五百余人，伤一万一千余，日本之为敌较德人为利害也。日方又公布更动大批海军将领，自系失利之结果。陆军参谋长、训练总监、关东军总司令亦易人，想亦因军事计划变更之故。倭似已知战事方面之严重及无大希望矣。

---

① Edouard Le Ghait.

七月十九日（星期三）天晴，有太阳

上午，学俄文。

下午四时半，赴英军事代表团，由其团长巴劳将军先请余等午茶后，领至其军事地图室详说各战区情况，大致：（一）东战场苏军（a）首由列宁城开始反攻，到达 Vipuri 后便行停止，一则因再往，则湖地用兵不易，二则其目的本系威胁芬兰，使其投降，即不能达到此目的，亦可使德军在北区者不敢调动。（b）再次在更北 Karelo-Finnish S. S. R 进攻，其目的一则系打通 Murmansk 至 Leningrad 之铁路线，二则亦系威胁芬兰，及使在芬北之德军不敢调动，目的达后亦即停止。（c）中路为德军主力所在，共有五十师，防御工事亦最固。红军先攻 Vitebsk，再而南，再而北，复而南，使德军首尾不顾。红军之力量在此准备多时，集中人力、物力亦大，是以德军无法抵抗。据彼个人与德被俘之军长谈话时，询其致败原因，则谓绝不料苏军人力、物力如此雄厚，实无从抵抗云云。在此面德军被消灭者共有二十八师，其余溃退亦失去战斗能力。据巴将军估计，德军在芬约十师，在波罗的海三国约二十师，在东普鲁士约三十师，在中路五十师，乌黑兰之北五十师，在乌黑兰之南、罗马尼亚等五十师。红军战略似系直行进攻普鲁士，进普境后，或不向湖区再进，而向华沙方面进攻。德军亦似由红军再行前进，然后设法调其在南部及北部之队伍向红军夹攻，是以不失，尚有大战。至于德军所可能退守之线，第一系沿 Nemunas River，此线似已不守。次则沿 Vistuta，但以此次战争经验，河非能固守者，是以决战不在地理，而在德方能从别的战区抽调兵力多少增援耳。惟今日消息，红军又在较南之 Lwow 区域重行进攻，则自系防止德自南区调军北援之意。总之，红军人力、物力均胜德方，则德方自无办法应付。至德军士气仍旺，被俘之军长言，彼等虽败于第二大战，但第三次大战时必胜云云。（二）在义大利战场，彼以为德军将退守意北自 Pisa 东向之线，此线系天然山险，易于防守。现在德军在义大利约有二十五师，若退守此线，则十五师已足，便有十师可调往其他战场。是以渠个人以为德军在义败退愈迟愈妙。（三）在南斯拉夫，德军约有十四师，在希腊三师。（四）在西战场，现在 Normandy 与英、美军前线作战者，约有德军二十师，其余在法境准备者，尚有三十师，共五十师，在丹麦等约十师。大约盟军不向 Harvre 进攻，盖渡河不易，且有河相隔，将来盟军向巴黎推进较为安全。大约再进，则向西进展，俾可占领 Brest Bordeaux 等处，一则可消灭德□【潜】艇之根据地，二则可有良港为美国运输之用，俾无须先行运英，再转运来法也。彼又谓最近获得消息，谓德对英在德之俘虏已下令著其先行组织，如有事故，如红军进德时如何撤退之方法，如此可见德方亦准备败退矣。彼个人于日间返英，先赴各战区视察，然后返莫，将来可再将详情告余云云。余与绍周、静尘、德全同往，彼招待甚①，对各人所询问亦坦直明白答覆，直至六时始返。

义大利盟军已有进展，今日已占领 Leghorn 及 Anacona 两城。

部电，何部长报告，敌人在华军队已增至五十六师，为敌陆军全部之半数云云。又我政府发言人对于魏大使伯聪于七月六日在旧金山对记者言"法属安南之问题将来由美国解决"一语，谓魏苟真有此言，亦系彼个人之意见云云。伯聪素来谨慎，此次何以如此不择言，殊难索解也。

七月二十日（星期四）天晴，有太阳

上午，与绍周、承庸同出旧书店购旧书，此为余在此之唯一消遣。

敌国近似有极大之政潮。一星期前更换海相，前日发表调关东军总司令为参谋总长，今日东条忽辞职。照东条于十八日演说中谓，西班岛失陷，致令天皇忧虑，彼甚不安云云，则敌内阁之改组或系因此。惟因德之崩溃，而须改变政策亦有可能。总之，敌现亦自知前途黑暗，东条等已觉无法应付，则确为事实也。

昨苏外部李司长告绍周，盛督办亦奉命返渝报告，则委座对新疆事件似极注意矣。

---

① 原文如此。

日文报纸载，朱骝先已辞组织部长，由陈果夫继。

德降将 Leut. Gen. Gofmaister 致书红军司令部，历述希特拉之战略错误，并历述德军部有识之高级军官均不以为然。Field Marshals Leeb，List，Rundstedt，Bock 等，均因批评希氏战略而被免职。彼最近见希氏时，已觉其面带病容，语无伦次，彼及多数有经验之前辈将领，均以为德国目前唯一办法则为去希特拉，而设法与同盟国言和。

七月二十一日（星期五）天晴，有太阳

昨日，希特拉在总部被刺，炸战【弹】爆炸地点只离彼六英尺，彼只手部受微伤，但参谋部高级人员受重伤者不少。昨晚希氏自己对德民众广播，谓天佑使彼未遇害，并谓彻底清除同谋者，当场已获之，Col. Claus von Stauffenberg 已枪决，同谋数人亦已自杀。惟其演说中有警告国人不可职受任何伪组织之命令等等，并承认系军部中人所为，则德内部想尚有较大之变化未定也。

美海军在此两星期内，不断轰炸关岛，昨日已登陆。日军在南太平洋一带被割断，在各岛屿之陆军总数计有二十万，全无接济。昨在新几尼亚①被困之日军四万五千人，欲大举突围攻出，亦归失败，美报有谓，此足使敌海、陆军间发生不和者，似亦有此可能也。

胡委员告余，彼自同旅店之德妇（其夫为匈牙利人，在自由德国委员会任事）悉，苏联现在利用德降将对德军宣传，效力甚大云云。大约该将领等均恨希特拉，但希倒后德应如何，则所主张无一相同者。

前日《真理报》载文，痛诋路透社军事评论家 Gen. Gof 为希特勒新顾问，盖该哥夫氏言，德不应视西战场为决定此次战争之地点，其实德国最危险者系在东线，红军将最先占领柏林。故德军之一兵一卒一炮一坦克，凡可抽用者，皆当投诸战争，阻止俄国之攻势云云。此种论调无怪苏人不满，即以局外人观之，此种自私心理，言之绝不自愧，英国守旧派之无耻可见一斑耳。

---

① New Guinea.

七月二十二日（星期六）天晴，有太阳

上午，学俄文。

下午四时，伊朗参事 A. G. Etessami 在其郊外之别墅请茶会。该别墅甚佳，园木盛茂，苍翠可爱，闻本为伊朗某教授者，彼离莫时，伊朗政府向渠购得。绍周言，革命前我国华侨亦有山西人两名，专营自华运来丝、茶，运回皮货，获利甚厚，已成富翁。但彼等均心念祖国，绝无意在俄久居，是以均不置有房产。是以华侨在此虽多，房产绝无，则与其他外国人不同之处也。

美大使哈里门请晚宴，为咸美顿祖饯，饭后看电影。

七月二十三日（星期日）天晴，有太阳，颇热

今日为亚比西尼亚国庆节，亚使在大旅店招待，由晚上八时起，余于十时便先返。卡尔大使及澳洲公使①未往，卡尔大使似稍过之，无怪外交团中多目其为架子最大者。余以为人之尊重自己与否，一则系自己所代表之国家如何，二则系对自己本人之道德、学问、知识，绝不在乎摆架子也。

敌已由小矶组阁，海相岩永，陆相杉山元，外相重光葵。以其人物观之，则对于大政策似无变更，则此此【次】敌阁之改组，似完全系因西平岛战事失败，对内不得不如此耳。

七月二十四日（星期一）小雨

上午，学俄文，其活字之复杂真有罕见。教员谓余进步不少，认识之字已达一千五百余（彼则谓逾两千），报纸小段新闻已勉强可读，下星期便可开始读 Chekhov 剧本。据其预计，我再过三个月便可阅报，再一年便可阅读俄文学书籍。马教员最优点系其不厌烦，而先注意基本要点，如发音及文法，并喜余之非急于求功。盖余深知做学问工夫，尤以文学，非极有耐性逐日渐进不可者也。

余因此间不能收听重庆广播，而部又不允另发新闻电，是以不

---

① William Slater.

得不著尹领事在阿剌木图将收听之中央广播，每星期摘要电本馆两次，电费由此间负担。昨日已来第一次消息，尚佳。谓衡阳尚在我手，敌军在此损失已达壹万六千。据郭武官言，照军事上判断，敌人如此远来，现已一星期有余，尚不能将衡阳攻下，必露疲态。而我军能守如此之久，必有援至，则敌有败北之可能云云，甚有道理。我方如在此胜日，则国际上对我观念即转，盖外人不讲情义，而只崇拜力量。迩来对我国种种无理批评，更足为证。是以非有战事上之胜利，不能使外人对我之好转也。该消息又谓，湘桂路之敌已肃清，则桂、黔已无危险，更为欢慰。王东原调湖北省主席，则训练团或真可取消未定也。

七月二十五日（星期二）天晴，有太阳

今日苏报发表在波兰沦陷区内（华沙为主）成立之波兰民族大会发布命令，成立波兰民族解放委员会，并派 E. B. Osubka-Morawski（President & Director of the Dept. of Foreign Affairs），Andrzy，Witosc（Vice-president & Director of Dept. of Agriculture Agrarian Reform），Wanda Wasilewska（Vice President），Col Gen. M Rola-Zymierski（Director of the Dept. of National Defense）etc. 其告民众书内有谓该大会系依据一九二一年宪法所产生，故为唯一合法之机构。而在伦敦之波兰流亡政府，系依据一九三五年非法宪法所产生，故为非法政府云云。则苏联对波兰之流亡政府态度已更明显，此盖亦该流亡政府种种不智措施所得之结果。英政府对此更觉为难，艾登个人所处地位尤为难堪，此亦系自取之道，盖莫斯科会议时，余已明白告渠，不能冀苏联以红军之流血自德人手中取回波兰，而拱手让于其反对苏政府之人。而艾登成见仍深，只顾英政府及其保守党之利益，不愿对波兰流亡政府加以任何压力，且予以许多不能履行之奖励，殊对苏联不住，亦即对波兰流亡政府不住者也。将来因波兰事件发生同盟国间如何之影响，余尚未敢言，但此确为不幸事件。苏方态度及英、美应付之政策，殊堪吾人之注意，盖我国所处之环境，有许多宜受波兰过失之教训者也。

苏报又发表德十六将领致德军将校书，历述德军失败之原因，及现应去希特勒而退出战争。

七月二十六日（星期三）天阴，雨，冷

上午九时，到军用机场送美公使咸麻顿。

连夜不寐，对于中苏关系日仍恶化极端忧虑，主要原因自系因新疆及中共两大问题。后者过不在我，但盛在新种种行动确不合理，其曲在我。是以与静尘、绍周二兄详商密电宋部长，历叙苏联因表示不与盛合作，并因盛种种在新对待苏联领馆及人民之举动，迭表不满。近更在新边五馆对我采取报复手段，新蒙边境又发生冲突，近闻更有扩大之可能，则前途极堪忧虑。且以国际情势而论，红军之强大日可看见，击溃德国将靠红军。是以英、美对于苏联，现极力对其敷衍及合作，而苏联亦自知其在国际上之地位日益强固。我则强邻在境，将来复兴尚须友邦之援助。此时苟不幸与苏不和，则英、美纵与我同情，亦绝不能因我而与苏决裂，况其同情未必尽在我乎。是以我中向【央】对于新省对苏种种，苟不彻底改善，前途危险极甚。我为国家百年计，纵目前稍受委屈，亦殊值得，故请其斟酌报告主席，并电示覆云云。余与盛本无恩怨，但其行动确于我民族前途有害，是以余不能不言，盖余已数天不睡。再四思维，非直言无以对我上峰及党国，苟因此不为人所谅，亦只能甘受，否则良心上觉未尽厥职，更为痛苦矣。

今日苏外部发表其对波兰无领土企图，或改变其社会制度之政策。

英广播梁寒操对外籍记者言中共事，谓中央于本年五月间将条件交中共，延安方面昨已提出对案，中央正在研究中。总之，中央仍力求以政治方法解决中共问题云云。

七月二十七日（星期四）雨

上午十一时，前驻迪化美总领事 Clubb① 来访。彼调任海参威，

---

① O. Edmund Clubb.

路经此地。彼在华十五年，能操华语，因彼系于去年底已离新，故最近情况亦不知悉。

下午四时，新任瑞典公使疏地布朗 S. Sodeblom 来访。渠任瑞典外部秘书长（即次长）多年，人甚精干。

午后五时，新任比国大使拉机 E. Le Ghait 来访。彼亦系曾任比外部秘书长多年者，人甚精干，英语亦佳，与其前任迥若两人。阶平来函介绍，亦备极赞许。

晚上与胡、钱两随员同往 Moscow Operette Theatre 观 "Сильва 3ace" Operetta in 3 Acts。遇苏军军官，语言甚爽直，自言曾在远东作战，杀死日军数十人，现在中路作战，当团长。

七月二十八日（星期五）雨

上午十一时，英海军代表团团长柯查 Admiral Archer 来访。彼以为欧战不久便可结束，但谓目前英国实在无力兼顾远东，盖英国资源有限，人力物力均不及苏、美，而在欧洲方面之负担亦最重，是以在欧战未结束前，实无余力以开展远东之战事，此亦只能为知己者道耳云云。英人能如此率直者，殊不易得也。

昨日红军大胜，克占五大城，Stanislavrov，Lwov，Bialystok，Darnsk，Rzehny，为最近最大之胜利。

七月二十九日（星期六）雨

下午五时半，回访比大使。

昨日，以华为基地之美机飞炸沈阳，闻大沽亦被炸。此举可使东北汉奸对日军力之信仰摇动，亦一佳事也。

七月三十日（星期日）天晴

偕承庸往胡随员之别墅，哈部 Hubell 老先生亦在。

七月三十一日（星期一）天晴

上午学俄文，Anna H. Semenoff's *A New Russian Grammar* 经已读

完，现再将 Bondar's 未完之最后五课，拟于两星期内将其读毕，以后便开始专事剧本及阅报矣。

八月

八月一日（旧历甲申年六月十三日，星期二）天雨

上午十一时，回拜英海军代表 Ad. Archer，再与研究欧洲战争情况，彼又告余缅甸战况尚佳。

五时半，回访瑞典公使。彼言拜访佐藤时不敢久谈，只数分钟便出，一则恐苏方见疑，二则彼个人对日本印象极坏，因德攻占挪威时，日方以为瑞典亦必被侵占，故将其驻瑞典公使召回，派其往柏林帮助驻德大使。该日公使离瑞时，曾宣称以后日、瑞事件应在柏林解决，瑞典政府甚为愤怒，令其驻日公使向日政府提出抗议。日政府久不理会，并不派新人来瑞。及至战事情形转变，德无战胜希望，始派新公使赴瑞典。该日本新公使并宣称，彼本人并不以日本侵略为然，实则日本此种举动，适足使人对其轻视云云。

阿富汗大使[1]请晚宴。南斯拉夫大使[2]言，在伦敦，波兰流亡政府之总理 Mikolajczyk、外长 Romer 及议长，于昨晚抵莫，将赴 Kohm 与波解放委员会接洽云云。捷克大使对于彼等此次来莫以为过迟，无甚希望。加拿大武官 Gen. Lefebvre[3] 谓，与路透社代表金氏 Harold King 以一博其十五，今年欧战结束，盖金氏以为即明年亦不能结束。大约英人轻视苏方力量过甚，尤其记者为然，大底彼等只知悉英国自己之力量，苟专靠英国之力，则当然系再过三年，亦不能了结欧战也。

---

① Sultan Ahmed Khan.
② Stanoe S. Simic.
③ Brigadier General Hercule Lefebvre.

八月二日（星期三）雨

余本约卡尔大使今日与晤，以便询其苏波事件最近情况，但彼今早忽以电话通知，谓稍受风寒，不能起床，请改后日，或系不欲于此时见余耶。余遂派绍周往访法代表加卢，加君甚好，尽以所知告绍周，请其转余，大致如下：（一）加卢因法国对苏波关系甚为关切，是以昨早特往苏外部探访苏方态度。据苏方表示，苏联已不承认波兰流亡政府之存在，是以彼等三人之来，系以私人资格取道苏联，前往波兰之 Kohm，与波兰解放委员会接洽，苏联系许其假道而已。至其与波解放委员会如何商洽，系波兰内部之事，苏方不欲过问。以今日苏方忽发表与波兰解放委员会建立外交关系，交换使节，更可证所言态度为真确。（二）以现在情势而论，则苏联可承认之唯一办法，系波流亡政府自行解散，加入波解放委员会。此点与南斯拉夫不能相同，盖苏联一则未承认 Tito 之政府，二则并未与 Peter 政府绝交，并未视 Peter 政府为反苏份子所构成也。（三）苏联对东欧事取绝对强硬态度，不容许他人干涉。红军迩来大胜，更可使其强硬，而使英、美不干涉。（四）波兰流亡政府之错误，系估计苏联力量太低，以为不能胜德，并以为英、美必须利用败后之德国及波兰，以制裁苏联。此种估计陷波兰于劣境，亦系自取。（五）现在近东尚未使用之波军，内部分裂，有主仍与红军合作者，有主服从 Gen. Anders 者。至现在意大利作战之波军，则英、美派其当前峰【锋】之冲，牺牲极大。战事终了时，所余力量恐亦无多云云。余将其言摘要报部。

土尔其大使言，土经遵照英、美方面之提议，与德国断绝经济及外交关系，彼深引为快慰之事云云。

芬兰总统 Ryti 辞职，芬国会选 Marshal Mannerheim[1] 继任，大约系准备退出战争，盖文氏最近表示须与苏言和，且此种场合亦非军事领袖不能应付。果尔，则轴心阵线南北均溃，德之崩溃随时均有可能。昨日美军在 Normandy 进展异常之速，英军亦有进展，德士气似衰矣。

---

[1] Carl Gustaf Emil Mannerheim.

罗斯福提请国会升史提威为上将 Full General for Stilwell，美国现有上将只参谋长 Marshall①、欧洲联军总司令 Eisenhower，及太平洋总司令 MacArthur②，则远东战事将另有发展欤。

菲列滨总统克逊 Quezon③ 在美逝世，由 Osmena④ 继任。克氏为人异常能干，与吾党亦有接触，余虽与只见面数次，不能谓深知其为人，但对渠印象甚佳，此时逝世，殊为怅惜也。

八月三日（星期四）雨

伊朗老皇逝世，伊朗使馆于今日下午开吊，故下午四时偕绍周往吊唁。

连日读英人 Paul Brunton's *A Search in Secret India*，历述其在印与各修练之 Yoga 谈处经过，多有兴趣。此种人之思想举动，西方人不易明了者也。

今日苏报社评内有关于波兰事件，谓英报言，波流亡政府根本改组，苏方未悉所谓改组系何所指。照苏联看法，须与 Sosnkowski 等之反苏份子完全脱离，并加入波兰解放委员会，始为有益云云。则苏方态度与昨日加卢所言完全一致。但果属如此，则须先将波政府解散，然后由苏方认为非反苏之份子，始得加入波兰解放委员会，此种条件绝非波流亡政府所能接受。以局外人观察，亦似过苛。惟苏联以红军之血取回波土，而冀其拱手送与反对苏联之波兰反动份子，自亦非情理所许。总之，流亡政府执政者，前既估计红军力量太低，以为红军不能解放波兰，又估计英、美对苏之政策，目为必须防共。此两者估计均已错误，则依照政治家应有之道德及应采之态度，应即退让，俾别人主政，可改变国策。乃彼等计不出此，不自引退，而此时尚欲屈节求人谅解，俾可尸位，确为可鄙，受辱固所应尔也。

---

① George C. Marshall.
② Douglas MacArthur.
③ Manuel L. Quezon.
④ Sergio Osmana.

英倚泉言，卡尔大使前日晤波总理及外长后，神志极不佳。英情报部代表言，恐苏波事件困难及无望之故。

八月四日（星期五）

上午十时，往访英大使卡尔。据告：苏波事件经过如下：（1）当波米总理赴华盛顿谒罗斯福总统晤谈后，罗总统电斯太林，谓米氏为人甚明白事理，可否许其到莫斯科与斯面商解决一切。斯覆电谓，苏联对波政府之态度已明显表示，而波方绝无改善之处，是以来莫亦无可商量，故不必来云云。乃最近红军之进展竟出人意料之外，已达波境，是以波政府忽变更态度，表示甚欲来莫商讨。邱首相最近乃电斯太林，请许彼等来莫商洽，斯覆应允，是以彼等遂来。昨晚彼等已见斯太林，谈论情形彼尚未知悉，惟照苏方之要求，则只有两点：a. 以克尔逊线为谈判疆界之根据，b. 波政府去其反苏份子三人，即 Sosnkowski, Cot, & □□□。波方 a. 对于以克尔逊线为谈判疆界之根据，已表同意，但要求 Vilna 及 Lwov 两城仍归波兰。b. 要求苏方支持其对西面获得德国之土地，以为补偿。c. 苏方须助其将此项领土内之德人大量迁移别处。d. 苏联须将现散居苏境之波兰人数十万送回波兰。e. 苏联须允其将来对德压止其报复，即共同防德。自此观之，则彼（卡尔）个人意见以为无不可商量者。Vilna 波人目为其文化重心之一，有如英人之视牛津、剑桥，但苏方未必同意。至 Lwov，则城内居民波人占七成以上，虽城之周围均系乌黑兰所居，波方要求未必无理。至波政府之改组，亦已同意。余询其苏方昨日何以忽登载社评，表示须以波解放委员会为中心，似有要求波流亡政府解散之意。彼谓此系讲价之问题，大约将来势必双方联合，另行组织未定。总之，米氏此来已表示其具有最大决心，及波兰流亡政府中人亦有觉非大为改革其以前错误之政策不可。惟兹事体大，米氏须具极大之智力、勇敢及大度 "wise, brave, & liberal" 始克有成。究竟彼是否具此，及波兰在英流亡政客及在外作战之波军看法如何，则殊不敢言。盖对于政治之运用，波兰人确属低能，以其第一、第二两大战间其政府所为，堪足为证。余询其对于战后世界和平机构组织方案，英方是否事前与苏联作不断之商洽。彼答曾有不断之商洽，英方先提出原则与苏方商量，苏方曾对此表示意见甚多。英方就此拟就具体方案提交苏方，但苏方具体之方案则尚未接到。余询其英方案是否同时提交美国及中国，彼答曰然。余向其索取抄本，彼即交余一份，并谓美方原提案系英、美与苏联及中国同时举行商讨，但苏方反对同时举行，是以须分别前后开会。彼以为此时中国方面不宜与苏联讨论此问题。关于国共问题，彼甚盼我能与中共求一解决方案，认为前此中共不和，双方均有错误。并谓外间对何敬之、陈果夫、陈立夫极不谅解，又谓胡宗南军队在边区防共，亦为外间所批评。余稍为解释。关于西欧战局，彼谓进展甚佳，德军主力仍由英军在 Caen 一带应付，美军现已将德之右翼攻破，在 Brittany 一带德之抵抗已甚微，不久美军可一面割断德军在 Brittany 者之后路，则该四师德步兵将被消灭。一面美军便可东向攻德军之后，则德军更受威胁。此路打通，英军自当沿海直至 Calais 一带，俾可再在此沿海登陆，并可消除敌人飞炸弹之根据地。巴黎方面，不攻自破已矣云云。谈共一小时半，返馆后，即电委座报告波兰事件详情。

　　下午，英倚泉来言，彼与加拿大记者 Davies 昨、今两日均往请见波总理，均由其秘书接见。据云米总理昨晚已与斯太林谈两句半钟，内容现不能宣布，但谈论间空气极佳，疆界问题，则云 Vilna 及 Lwov 两城如割让外人，则波兰人永感不快，盖 Vilna 为波兰历史上产生伟人最多之地，其开国之勋 Pilsudsiki[①] 亦生于此，且城内居民均为波兰人。Lwov 则系波兰文化重心之一。英等表示 Vilna 与波境相隔过远，是否不无困难。彼答此等固系极困难之问题，希望保留于战后和会时解决。彼对于波兰解放委员会之人员极力诋毁，谓主席 Osóbka-Morawski[②] 在劳工社会党曾被出党，对 General Berling 诽谤大力。英询其是否与该主席商讨合作，并是否往 Kohm。彼答原定先

---

①　Jozef Klemens Pilsudski.
②　Edward Osóbka-Morawski.

行赴 Kohm 与该主席商讨，然后再返与斯太林晤谈，现已变更行程，斯太林既先约谈，则此后彼等赴 Kohm 接洽，抑该主席等来莫，尚未决定。又询其何以迟迟来此，则答因苏联方面不断向其攻击，复表示不愿其来。至 Katyn 万人冢案，彼谓此时不宜再谈。言辞间有表示仍属怀疑者。

晚上，郭武官宴英海军代表等。

八月五日（星期六）雨

晚上，中央社英代表倚泉在馆宴馆同仁，至十一时半始宾主尽欢而散。静尘兄说数足笑话，甚佳。

八月六日（星期日）天晴

偕承庸赴胡随员别墅。胡随员之女仆系一裁缝，是以余在开罗所缝之西装六套正无法觅匠修改，得此甚利便也。承庸告余渠与曹事，亦甚佳也。

八月七日（星期一）天晴

波兰解放委员会领袖昨日到莫，则无须米总理前往 Kohm 商讨，足证米、莫谈话已有相当良好之结果矣。

晚上在馆宴 Amb. Harriman, Brit. Am., Edouard Le Ghait, Egyptian Minister M. K. Abdul Rahim & Mrs. Rahim, Swedish Minister S. Söderblom, It. Rep. Pietro Quaroni & Mrs. Quaroni, Kennan & Clubb。Kennan 告刘参事，谓苏波谈判破【颇】堪悲观，盖解散流亡政府不易办到云云。

今日首次听取重庆中央广播，谓衡阳仍在我军手中。前数日敌曾有小部分进城，系我军故意引进，已将其消灭。自去月二十三日起至昨日止，在衡阳杀敌共达壹万捌千余人。重庆全城闻我军在衡阳最近之胜利，均异常欢慰云云。则德日广播数次，谓敌已占我衡阳，均属不确，哈使等询及我国内消息，以此告之，均觉快慰。

八月八日（星期二）天晴

下午四时，由莫斯科乘"红战"火车赴列宁格勒，郭武官暨馆中同人均赴站相送。余偕行者有绍周兄夫妇及其次女、伊朗大使阿喜之小姐，及胡随员济邦。余此次要求赴列宁格勒参观之原因，本系藉此一试苏联对余之态度，同时亦欲明悉该城被围实放【况】，及战争经过情形耳。车行于六时五十分抵克连 Klim，在站散步，只见有二、三老妪、小童卖黄瓜及小红梅。绍周以三十卢布买小黄瓜六枚，余以八卢布买小红梅一小包。在车站食堂所见晚餐，只有菜汤及小菜一碗，惟亦须有特许证始能购吃。又在站见有自 Latvia 调来后方训练之男丁不少，大约收复一区，须即将其男丁调至后方训练，此种办法亦只能苏联行之无碍，别国仿效必生严重问题。盖在敌人占领数年期间，其人民所受之痛苦已深，再将其壮丁抽调至远方训练，使其家人离散，别国人民必表示不满矣。车上并无餐车，只由一少妇卖酒及 sandwich，每片夹 cheeze 者三十卢布，夹鱼子者四十卢布。余等既自带食品，未向之购买。惟与谈及，则言其夫在列宁格勒包围时饿死，此种情况恐比比皆是也。车再行，所经城镇村落，破坏甚多。

八月九日（星期三）天晴

晨十一时，车抵列宁格勒，苏联旅行社及阿斯多利亚旅店均派员到站迎候。即随其同至旅店，为余准备之第二百十五号房，即一九三八年余随孙院长来时彼所住之房，为该旅店最大之套房，有卧室、客厅、书房，及特别餐室。南斯拉夫大使早余而到，并未将此予之，足证其对余似尚客气也。早餐后，同出重游市内各名胜，而铜像均用木沙围藏，冬宫珍贵物品均已另存安全之所，只能在外观望，与余前次来时不同。街上行人亦较稀少，真令人有今昔之感也。游览各地，均由胡随员详记，故略。

八月十日（星期四）天晴

十一时，由旅馆出发，先赴各海岛，在 Yelaikin 岛末远望芬兰湾风景，如此好江河竟遭此空前之战祸，佛氏所谓劫欤。一时至四时，参观保卫列宁格勒经过之展览会，内容异常丰富，余等虽有专人领导解释，终觉时间过短。是以胡随员欲再往该会两次，将其战图及数字抄下，以作详细之报告。彼做事极负责任，不辞劳苦，颇为难得。

五时，赴少年先锋队总部参观，办理甚佳，地方亦好。

七时半，观唱剧"The Bat"，"A Musical Comedy"，亦较莫斯科为佳。

八月十一日（星期五）天晴

晨十一时，乘车出发赴苏芬战场，经 Sestroretsk 而至 Teruski，沿途所见战壕、铁网，无处不是。沿路两旁房屋甚多完整，但无一居民，闻一带人民半由德军杀死，半移德国充当劳役。在 Teruski 下车步行，一有【有一】兵士言，此间已无居民，故无主果树甚多，故余等亦随往摘食。在该地电影院故址前，遇有建筑设计学校女生数名，与之接谈。彼等亦自列宁格勒来，中有一年约十七、八，体态轻盈，与平常俄女异，询之，则彼全家在列宁格勒包围时均饿死，只彼与其母幸存，则其体态之轻盈系由饥饿而来，非天生如此也。继赴该地海湾沙滩上稍憩，沙滩上活鱼不少，沙滩上有鱼，系余初次所见，大约沙滩浅而平，潮退不速，水流甚缓，是以鱼留于滩上。在该滩上干鱼活鱼不少，苟有时间，自可在此饱餐烧鱼一顿也。归途中路经苏联画家李平 Repin[1] 故居，李氏为近代苏联画家之泰斗，彼虽自革命后寄居芬兰，但仍保留俄籍，且临终遗嘱将其住屋产业送苏联政府，但该房屋已被焚毁无余。李氏墓亦在侧，因往吊览。途中并经姊妹城附近列宁避难之处，因遍地地雷，故未能竟达原居为憾耳。返市后，往旅店附近之古董店，其经理尚认识。余于一九三九年曾常往购物者，所售各物价格亦较莫斯科为便宜。

---

[1] Illya Repin.

八月十二日（星期六）天晴

上午十时半，由旅店乘车出发，先到彼得何夫 Peterhof，宫已全毁，即喷池之铜像，德人亦经盗去。彼得大帝所住之小宫亦已毁去，墙上及屋顶之油画亦割去。此地系德军攻城西南之大本营，沿途战壕及破坏之车辆等尚有不少。由此南向，赴 Puskina，见旧宫亦已破坏不堪。管理员系一少女，据言，彼等三女子将宫内重要物品先行移藏别处，是以能保存七成以上，诚为难得也。四时半返市，与绍周兄同到旧书店，购书不少。

今早梦与×妹口角，终日不安，为此次旅行之一憾事。大约乐极必有小悲，否则享尽快乐，必无好果。余系深信佛氏因果之说者，以此自慰。

八月十三日（星期日）天晴

今日休息，遂与绍周兄乘车同出各旧货店，见其所售各物，价格均较莫京为便宜，物品亦多。又往旧书店数处，绍周兄购 C. Makowsky 所画美人一幅送余。麦氏为俄著名画家，以人像见长，此幅系彼在法国作品，所画亦系法美人，即署名亦系用法文，但画之精美，确为麦氏作品无疑。余本欲自购，而未决定，绍周兄竟以三千卢布购而送余，殊为可感也。

八月十四日（星期一）天晴

上午十时，偕绍周、济邦同往参观几罗夫工厂，该厂在帝俄时代亦为最大工厂之一，以著【铸】炮见称。革命后制造军械外，复制造生产机器，故为基本工业大厂之一，有工人三万二千人。该厂在保卫列宁格勒极有关系，敌人离厂只四公里半，厂中日受轰击，而并未停工半日，大部分重要机器固已迁移往乌拉区，工人亦一部分迁往，但厂仍继续工作，从事制造炮弹、地雷及修理弹克车，五千余工人中牺牲者竟达一千余，尤以饿死为多，防卫亦为工人自己担任。厂长先在彼办公室招待余等，详说经过以后，领余等遍游各厂。彼本系该厂总工程师，该厂所出中号（四十吨）弹克车等，亦系彼所设计，至去年初始升厂长，人甚精明、坦直。据言，各国大使尚未有许参观该厂者，是以除美商会会长约翰逊Johnson外，只余一人耳。余与谈话经过等，由胡随员详记。

下午四时，乘火车离列宁格勒。总结此次来游，所得不少，而苏方招待及计划参观种种，甚佳也。

八月十五日（星期二）天晴

上午十一时，车抵莫斯科，馆中同人均在站迎接返馆。

昨日盟军在法南部登陆，甚为顺利。德军闻共有三师，但抵抗甚微。大约盟军在十日前，已开始向该地沿海守军轰炸，及以海军炮击，至防御工事全毁。复先以降落步【部】队落其后方，是以德守军防御工事已坏，前后夹攻，无法应战，不降即死矣。

八月十六日（星期三）雨

上午，学俄文。

连日美军在法北部进展甚速，不久即可达巴黎。

八月十七日（星期四）雨

上午十一时至一时半，学俄文。

八月十八日（星期五）天晴

上午十二时至一时半，学俄文。

布加利亚总理昨在国会报告，表示愿退出战争，并经派人往土尔其，图与盟国代表接洽，并已会晤英大使。布国退出，自与德之续战不无些小关系，但未免过迟，条件不能希望过宽耳。又我衡阳虽失，但已坚守一月半，灭敌二万九千余人，我之英勇精神亦足证明矣。

八月十九日（星期六）雨

部覆余关于新省事件，只转盛督办来电，语多勉强，且辞句中亦露出苏方所言种种不为无因。若照此答覆苏方，自不能冀其满意，且恐其视我中央为袒护地方不法行为，对于中苏关系甚为不好。且吾辈主持外交之人绝不能不顾事实，只为地方当局与外人间当一承转机构。是以余与绍周、静尘两兄详商，先再电部，指明盛督办覆电中之弱点，并请其将每件实在情形告知。复告以苏联对此之重视，苟答覆不好，影响甚大，盖余实不愿因彼一人之恶意对苏报复，而使中苏关系恶化，妨害我四大强之合作及中国之进展也。

八月二十日（星期日）天晴

与承庸同赴胡随员之别墅。晚上有塔斯社对美新闻评论家□□□夫妇及其子同来晚膳，彼人甚爽直，夫人亦然，与之谈甚久，甚有兴趣。晚上邻居之军官及眷属等来共同跳舞，内有一太太舞术甚佳。

八月二十一日（星期一）天晴

列宁格勒文学杂志《星报》八月份出版之今年第四号，登载《国际安全组织》一文内，主张：（一）英、美、中、苏四强同盟主持组织领导机构，对共同使用武力之办法另订专约。（二）无须一致决定，以特定多数，例如三分之二等，但四强则须一致，不宜再有虚伪之平等原则。（三）可酌用绝交、经济、交通、封锁、海空军示威等方法。（四）组织国际空军。（五）讨论制裁或其他重要问题时，各小国应参加，但讨论前或后，应由各大强领导机构赞同，大强机构可办者，可自行办理。（六）从前国联之其他任务应分离云云。此种主张对中国极为有利，即电部报告。

今日在美京举行之英、美、苏会商战后和平安全机构已开会，英、美代表均谓三国意见大致相同。又我国又派顾少川为代表，甚佳。

八月二十二日（星期二）天晴

上午十一时至一时三刻，学俄文。

本期《战争与劳工阶级》杂志有一评论，谓我国驻美军事代表团团长商震对美记者发表言论，谓中国近来战争之失败关键在于苏联，因苏联不在日苏边境威胁日本，日本遂可由满洲调兵在华作战，又苏日已有谅解，且苏方对重庆政府攻击，是以日本更为放心云云。该报谓此种挑拨行为，于中国军事绝无补益云云。启予人本极谨慎，此次发表此种言论确属欠解，更叹我国军人知识程度之差也。电部报告。

今日罗斯福总统发表谈话，谓彼派美国防生产部部长尼尔逊 Nelson 偕同 Hurley① 赴华，系有极重要任务，此时不能公布，但不影响尼部长工作云云。则美方似已开始准备大规模之远东战事，援华等问题似有切实办法，殊可欣慰也。

盟军在法南北两面进展甚速，今日英方报告，德军在法损失，自登陆迄今，在三十万人以上。果尔，则德有在西面败溃之可能。巴黎市内亦发生乱事，德军且将贝当②拘禁，送往别处。此老晚节如此，殊属可怜，亦可恨也。

八月二十三日（星期三）天晴

上午，与承庸同出书店及旧货店，实在目的为散步耳。

今日法军在巴黎内举义，已克复巴黎。德军占领四年，现始解放，然未受重大之破坏，亦云幸耳。晚上消息，马赛亦已解放。

共产党杂志载一长文，论日本战事，辞尚公平，对华军战功尚有道及，只过言中共力量，则共党立场自然如此说法，不足责也。电部报告。

八月二十四日（星期四）天晴

昨日罗马尼亚皇米高③宣布向盟国投降，加入盟国共同战德，条件系与苏联商洽，并经英、美同意。德之溃败计当不远已。

---

① Patrick J. Hurley.
② Philippe Pétain.
③ Michael.

下午与静尘、承庸、岱础夫妇等同往运动场参观网球比赛，双方技能均佳。后再往郊外之运动场游泳，设备平常耳。

八月二十五日（星期五）天晴

由本星期起，余已增加学俄文时间为每星期一、二、四、五上午十一时至下午一时半。在上课时间多行练习，并每次读课本（《三姊妹》）一小时、会话半小时，余一小时分读报纸及俄文文法。试验四天，结果似尚不错，但余于课外每次须再用功二小时，则合计须每星期十六小时。余公务已繁，抽此许多时间极不容易，有时竟须于晚上半夜醒时读一小时再睡。虽似较苦，但吾深信不用苦功，必不能冀获良果，是以亦乐为之也。

午后六时，乌拉瓜国庆节，乌使①在大饭店招待，苏外次维申斯基与余举杯庆祝战胜吾等共同敌人，并谓中苏实系同盟云云，语气明指日本亦系苏联之敌。苏联海军部情报处处长与余接谈甚久，明言击溃希德后，共同对日，盖日本亦系苏联人民所恨者云云。加拿大威大使告余：（一）最近在列宁格勒月刊《星报》所发表关于世界和平机构之文章，闻系前驻美大使利瓦伊诺夫所著，另用一教授名义。证诸李氏与彼所谈，对此意见似系不错，大致极佳，只主张其他附属机构与和平机构完全分离，则未敢赞同耳。（二）波兰问题日趋恶化，米总理来莫时本有解决之希望，但波总司令索逊斯基Sosnkowski 到罗马，与梵谛岗 Vatican 接洽后，流亡政府态度忽趋强硬，梵谛岗机关报对于战报向不加以批评，最近忽发表评论，谓红军在华沙前不进者，系欲使德军将华沙城内之抗德份子消灭云云。是以苏联对梵谛岗异常不满，实则梵谛岗此时干预政治，殊为不智云云。（三）波兰利益本系由澳公使馆代管，近已接苏联政府通知，请其不必继续代管，应即移交波兰解委员会云云。电部报告。

赤塔领馆主事曾建屏调部经此，今午到谒。据言在苏已有八年，故自己请求调部。彼系汕头人，在中山大学毕业。余勉其再行深求

① D. Emilio Frugoni.

学问，尤以俄、英文为要。

杨秘书树人今早赴伊朗，余托其带函炼【练】百①，顺便解释前拟调陈厚儒往塔馆，全系因知其在伊不能维持生活之故，并非彼不愿随渠办事，请渠对陈不可有任何误会。

八月二十六日（星期六）雨

下午，偕承庸赴胡随员别墅，准备明日往采蘑菇。盖此系苏联习俗之一，在初秋八、九月间，每家多定一天，全家往附近森林采取蘑菇。大约于早上二、三小时便起程，步行一、二小时到达森林，亦不过晨三、四时，带同食品在林内早餐。大约俄国树木种类不多，其菌多可食，是以人民往采晒干，可作数月之用，同时亦可作郊外旅行之一。但余等到别墅时，邻居均言本年蘑菇甚稀，不必前往。且俄人有一迷信，谓如是年蘑菇多，必有战争，今年蘑菇少，战争定可终了云云。

八月二十七日（星期日）天晴

今日天气特佳，在园中苹果树下午睡，梦九弟年幼，不受母亲训示，余训诲之，不觉同时泪下，语不成声。胡随员在侧，见余如此，以为有病，急推醒余。实则余自母亲见弃后，日夕痛念，此种悲痛殊不能为别人道其万一也。

英广播，布加利亚已宣布与德脱离，并正式请求英、美提出条件，同时与德军发生冲突，是则巴尔干之解决甚速矣。

八月二十八日（星期一）小雨

昨接孔副院长来电，谓 Donald Nelson 及 General Patrick Hurley 将经莫京赴华，嘱为招待，现美使馆言，大约后日可到，应准备一切。

前日，刘参事晤苏外部李司长，彼提出对于我国以物资还债，未能完全履行合约，表示苏政府不满。关于偿还债务，苏外部此系

---

① 中华民国驻伊朗公使李铁铮，字练百。

首次提出，颇可注意。想系因新省问题，以为我中央袒盛，而连带表示不满欤，对新省又提出不满之案件数起。新省当局如此不以国家为重，殊可痛心也。

商启予致郭武官电，谓彼到美后，绝未有向美记者作任何谈话，关于苏日事件，更未曾作何评论，请其向余解释。余著绍周转知苏联外交部。

刘随员正堉接陈主任电，请其回部任科长，彼请余指示。余以为彼在此前途不大，是以同意其回部，同时劝渠在部设法在学问上多自用功，俟有机会调往别司，则将来前程更有希望。彼表示感激，并即覆电陈主任。

八月二十九日（星期二）天晴

下午五时，美大使哈里门来商关于招待尼、何两代表事。余本拟于彼等到之翌日，设一盛大宴会招待，并邀请苏联政府当局及使团作陪。但哈使意，彼系地主，如有此种大宴会，应由彼先办，惟时间计不许可。是以彼主张余改于星期五日请午宴，只邀英、美馆人作陪。余谓余既接孔副院长来电，故欲表示欢迎之意，拟作较盛大之宴会，现彼既有此困难，余自当照彼提议，改设午宴。哈使又谓，彼等来莫，事前彼并未知悉，故其用意如何，未敢言之。惟彼二人既系代表美国赴华，与蒋主席有重要之接洽，则中苏间之关系应完全明了，来莫亦似必要。且彼甚欲彼两人能与余作一长谈，因以彼（哈使）个人经验，对于苏联与同盟国及与中国种种关系，余过去所表示各意见均极公平，且事后多证明极对，是以彼对余异常尊重，彼两人经此，盼余对彼等尽情指导。余谢其美意，并表示谦逊。彼提及和平机构方案，谓英、美方案早已交苏方，但苏方之方案则已由苏大使交赫尔国务卿。美外部请彼向苏方索取一份，惟苏外部至今尚未交渠，即卡尔亦未收到。美提案彼可送余一份，但请余守秘密。彼询中国方面是否另有提案，余答不知，但余料未必有如英、美之详细方案，恐系就英、美方案中表示意见。渠以为如此极为聪明之举，盖美方对华利益，赫尔国务卿异常注意兼顾也。彼询新疆及国共情形，余略告之。

晚上，在馆宴冰岛公使 P. Benediktsson，Uruguay Minister D. E. Frugoni，Admiral Archer & W. Davis，由郭武官及绍周、静尘作陪。Ad. Archer 告邱吉尔在海军部时之美谈甚多，并言英皇在海军服务时，与同事甚为相得，彼与之在海军学校系同学。Archer 人极忠厚诚恳，与谈战况多能直告。

八月三十日（星期三）天晴

下午，赴飞机场接哈利将军等，美使哈里门也同往接。机于六时始到，同渠等来者共有 Leut-General Patrick Hurley，Donald Nelson，Col. McNally Edward Locke，James A. Jacobsan，Sergeant Smith，Pilot Major Fred Kelly & A Military crew of 8，朱武官世明同行。余向哈、尼两君表示代表政府欢迎之意，并介绍随余来接之刘参事，郭武官，陈、谢两秘书，及邹副武官，彼等表示感谢。哈使又转余于后日请彼等午宴，并与言明早十一时偕其来馆拜余。又谓余与渠异常合作，渠对余意见及观察异常尊重，并多对余恭维之语，余稍谦逊。苏联政府亦派有交际司长、国防部代表等往迎。

晚上，朱武官世明来谈。据言：（一）美国朝野自近六个月来对华异常之坏，其原因有三：对于缅甸战争，实则缅甸战场之开辟，完全系史提威之意，美参谋长马素 Marshall 所赞同，英方初极反对，尤以 General Wavell 为甚。后经在美一度商讨，及在 Casablanca 会商后，英始同意。Wavell 之调印总督，Mountbatten 之调缅，完全为此。及至开罗会议决定进行计划，由英方调三师连同海军一部分，先行在仰光登陆，乃英军自意大利抽出后，在赴远东途中，忽被调往攻 Dodecanese 岛，而未到远东。史提威对英异常不满，乃不管英方，将其所训练之华兵三师自行调返，在缅单独作战。此举委座虽后亦同意，但与英、美间以其为迭次失信，异常不满，迭电邱吉尔质问，亦无完满答覆。美军在华汇率问题，盖美军在华，每月用款约二千余万，美方要求我将汇率提高至八十法币，但我只允四十，而黑市则在二百以上，美方以为我不公允。美国记者及美国人在华者多讲我坏话，美大使高斯①与外交部方面亦不合作。有上列三原因，是以美国报纸固对我攻击，即美政府当局亦明白表示对我失望。例如美参谋总长近在招待记者席上，谓中国方面使人失望之处甚多，美国虽多方意图援华，但"扶不起"云云。至对我方军事上尤为失望，以为将来击溃日本不能靠中国陆军，原定之训练中国九十万新式精兵之计划，开始怀疑其是否可能。盖以为最近在缅甸作战经验，中国军官绝不胜任，此层史提威曾向委座言之，马素亦向朱武官迭次表示。因此之故，罗斯福总统极为中国方面忧虑，电委座劝告。委座覆电表示感激，并主张其派确能代表罗总统负责之人赴华商洽，是以派此两人。委座之如此主张者，盖亦由华里斯副总统前赴华返美，对中国指摘甚多云云。（二）朱又言，此次中国派往美充战后世界安全机构会议之代表中，竟有主张中国实则仍为弱小国家之一，应联合小国以对付大国等等，真不识大体。（三）在美交涉，现均由孔副院长直接与罗总统接洽，关于军事上之事，由朱武官与马参谋长商量，绝不经中国大使馆。是以此次彼两君之赴华，伯聪亦不知悉。（四）金融会议，孔与美财长相处甚得，当中虽有美、苏间不同之争点，但结果极好。（五）刘锴初与伯聪亦不甚相得，近则转佳，自孔赴美后，刘锴即调往帮孔。彼询余中苏关系，余略告之，并请其代为报告委座，对于新疆事件，非及早调整不可。

八月三十一日（星期四）天晴，颇热

上午十一时，哈里门偕尼、哈两君来访，谈两小时。据尼言，彼此次赴华有两种任务：（一）委座电罗总统，谓我国需要日用品甚急，是以请其赴华商量，先运日用品数千吨前往救济。（二）关于中国战后经济建设，彼与孔先生在美已商谈数次，现已至决定之阶段，是以应与蒋主席作具体之商洽。中国方面自不宜对美作过分之希望，盖美国系一私人资本主义之国家，无论罗斯福总统及其他美国当局对华如何热心，绝不能由美政府借大批款项，由中国政府自由分配。

---

① Clarence Edward Gauss.

美政府可办到者，只系尽力奖励私人之投资或如何保证。是以美国最关怀者，一则中国于战胜日本后，是否自己会发生内战，二则中苏是否可合作，有无冲突之危险。因此，渠两人在赴华途中，特别来莫斯科观察中苏关系实在情况，请余以实情见告。余谓中苏关系不如外间所传之坏，在蒋主席方面，则联合英、美、中、苏以维护世界和平，及与苏亲善，系其抗战以来一贯之政策。在苏方，则其当局向余直接间接之种种表示，及从别方所探得之苏当局口气，亦系极愿意与我方亲善，希望有一强大之中国。惟两国关系中，自然有时好时坏，有些交涉自不能如意者，即美苏间想亦不少，只希望此种不快之案件，不影响根本政策矣。哈里门大使谓，与别国交涉，小事不致影响大体，但在苏联则不然，是以美国对于苏联亦多所迁就，故希望中国方面亦属如此。彼等复询新疆、中共、假道运输、易货、货价等，余均略为告之。赫雷言，彼此次赴华任务，系与蒋主席商军事合作问题，罗斯福总统与蒋主席间，政策完全一致，但中下层工作人员尚未能完全协调。是以彼代表罗总统到华，设法助成完全一致，但在军事、政治、经济上，须中国自己十分努力。尼路臣亦谓须中国自己努力，美国政策虽系打倒日本，须扶植中国之复兴，使东亚工业重心移至中国，但能否办到，全在中国自身之努力，美国只能从中帮忙矣。赫、尼两君询余，彼等有何方法帮助中苏之友善。余谓彼等于见苏当局时，有机会可将中国实况及善意告之。哈使则谓，请彼等到渝时，将美国政策直告中国当局，盖美方已一误于波兰，不宜再误于中国，苟中国与苏联发生冲突，则美国绝无力量帮助华方，且亦不愿帮助云云。以余今日谈话经过观之，尼、赫两君均有对华帮助之意，似甚诚恳，且甚率直，哈使表示尤为明显。余深盼我当局能与合作，否则我国家民族前途不堪设想也。

晚上，郭武官德全【权】请朱武官在大戏院观唱剧"Eugene Chegan"，余再三嘱朱武官将此间详情报告委座，朱武官近亦似较从前明白，深知国家之需要。休息时，并遇苏前驻英大使迈斯基夫妇，稍与接谈，彼自不敢言及政治也。

九月

九月一日（旧历七月十五，星期五）天晴，热

中午在馆设宴招待 Donald Nelson, Gen. Patrick Hurley, Sir Archibald Clark Kerr, A. Harriman, General Deane, Balfour, Admiral Archer, Col. McNally, Edward Locke, Jauies A. Jacobsan, Gen. Chu, Gen. Kuo & others. 赫雷及哈使告余，彼等三人昨日已与莫洛托夫外长晤谈。尼表示美国在战时及战后均欲与中国合作，扶助中国之经济建设，美、苏既为同盟，故应向其通知，并非征求苏方同意。莫氏答称，中国此时及战后需要军事及经济之援助，只有美国有此援助之力量，苏方闻此甚为欣慰，并谢美国通知之盛意。又云，苏方一向之政策，系欲有一强大之中国，由蒋主席领导之统一中国，并极力设法促进中苏之善邻及友好合作。所可惜者，则苏方之种种友好表示，未完全得到中国方面之相应耳。赫雷等谓，据彼等自中国方面所得印象，则中国政府亦极欲与苏友好合作，只觉中国政府种种友好之表示，未全获得苏方之相应。总之，双方均具此友善合作之宗旨，美方极为欣慰云云。赫雷谓昨日之谈话使彼等非常满意，彼等已拟有具体建议，到渝后，先将所经过一切详细报告蒋主席，如主席询问，则彼等可将此具体建议告之。总之，彼等以为中苏关系之促进，应由中国方面发动云云。至四时始尽欢而散。散席后，余即电主席报告。

余昨日适受伤风感冒，身体不快，但仍能勉强支持，未尝表示疲容，亦云幸矣。

九月二日（星期六）天晴

上午，学俄文。

接宋部长电，谓已发表盛世才调农林部长，以吴忠信任新疆省政府主席，未到前，由朱长长【官】暂代。并裁撤新省督办，足证中央有澈底整理新省事件之决心。此事大佳，中苏间最大之友好障碍业已除去，或有好转之希望。委座及宋部长对余如此信任，余自当更为努力，以求中苏友善合作也。实则余与盛绝无恩怨，对渠未尝有半点私人上之仇恨。余经新省时，且将我国现处之环境及中央外交政策详细告之，并以最诚恳之态度，劝其万不可以私人事件或意向为重，而须体念国家之艰难，以我国民族前途利益为重。对于苏联，务宜竭力寻求中苏关系之亲善，遵照委座之训示，只求在不丧失主权原则之下，其他小事能迁就者，须忍耐迁就。但彼在此一年半以来所为，似与中央指示完全不符，是以彼之离去新省，余深以为快，亦系因党国及我民族前途之立场计耳。

晚上美军事代表团团长 Deane 在美大使馆宴赫、尼两君，除卡尔大使及余以外，尚请苏军政要人甚多。余与赫、尼及哈使谈及我新疆已调新主席，彼等均引为快慰之事，盖以为非此无从调整中苏邦交也。

九月三日（星期日）天晴

上午六时半，到军用机场送赫、尼两君，哈使及苏方外交、军政及贸易部均派员往送。哈使甚注意苏方对新省主席更调之反响，请余告之，并谓假道运输似有希望。余以为未免过于乐观。

九月四日（星期一）天晴

上午，学俄文。

下午，绍周赴苏外部，余著其通知新省调新主席。李司长即答谓，如系志在改善中苏关系，则苏方自可视为最满意之事，但仍须视新任对苏态度如何。盖苏联政府对中国之抗战，自始即具热诚，努力帮助，在新疆所用之大宗款项，自系具此目的。且苏联在新一举一动，中国政府无不知悉，而中国方面竟有人将苏联此种友谊举动，以最坏之解释，并作种种之宣传。新疆当局在最近数年来，竟做成一种仇苏之空气，且利用德国攻苏，苏联最危急之时期，作胁迫之举动，是以苏联政府当局一谈新疆事件，便觉有无限之痛心。现在中国政府方面处种种困难环境之下，先能有此举动，苏联自视为最友谊之举动。但苏方对新疆之态度，谓此时即可变更，则未免言之过早，尚须俟新任对以前政策是否完全改变为断。中国中央政府以前每以新省不正确之报告，以应付苏联，例如有一苏联医生在新，地方当局不许人民售予粮食六日之久，潘大使向中国外交部提出，外部竟答覆谓六日不售粮，不早已饿死乎。此种答覆真使吾人伤心，觉中国外交部方面，完全以新省当局之言为言云云。观其语气，系完全一种已有准备之答覆，已有表示满意于第一步，但仍须俟新任如何举动，再能决定变更政策与否，自系在吾人意料之中。盖苏政府亦不能完全表示只系盛一人之问题，而不问事件也。绍周转告其吴理【礼】卿之历史及其为人，余深信必能执行中央政策，及吴特派员亦极明了中央所抱宗旨，请其电驻新苏领尽力合作。彼谓即转莫部长、洛次长。

英军进展甚速，昨已克复比国首都 Brussels 矣。

九月五日（星期二）天晴

上午，学俄文两小时半。

下午四时，挪威大使晏霍 Rolf Andvord 来访。彼言德军自芬兰撤退入挪境，是以德军现在挪威共达五十万人，在欧挪威之解放将较他国为后云云。

晚上，莫外长请各国记者往发表谈话（胡随员以记者名义往，回馆报告），谓布加利亚以前种种举动，苏联均视为被德胁迫，不得不如此，是以向存宽恕之心。但最近德国威胁已除，即罗马尼亚及芬兰均已脱离德国，共同对德。而布加利亚反宣布守中立，利用其地位而保护德军之退却。故苏联政府现宣布与布国绝交，同时宣战云云。记者询其此举是否事前曾与英、美商量，莫答曾通知英大使。记者又问芬兰代表是否即来，莫答苏政府已允许芬代表即来莫斯科云云。即报部。

接家函，均极不快之事。别人盼得家书，均目为最快慰之事，而余近来一接家书，即觉有不快之事，真闷事也。惠梅函五细伯母已死。

金弟纳一新妾，已生一女，所欠之债务人又逼还，彼真不能自理其产业，此亦系五伯父之过矣。又悉舅父在港生活异常困难，彼系母新【亲】唯一亲人，余应设法帮他，但如何汇款等，真费思索矣。

九月六日（星期三）天晴

英广播言，自昨晚苏联向布加利亚宣战后，昨晚布内阁通宵会议，请求苏联停战。莫外长答称，须与英、美磋商。同时布加利亚消息，则在布境之德军已与布军发生冲突云云。苏联此举或系欲在英、美与布政府之谈判上得以参加，盖布国与苏联之关系，苏不能袖手旁观，但亦不能干预，是以不能不如此，俾可加入，或即可主持其和议，因红军必可先到布国。苏方此举或亦布国所欢迎，盖在开罗与英、美之谈判，即可移至莫斯科谈商，且红军亦即可开入罗境，以免英、美军协同希腊或在近东之波兰或法国军队，可开入罗境也。

胡随员此次随余赴列宁格勒所作成之报告中有"列宁格勒防卫战之经过"，甚佳。

下午五时，比大使拉矶 Le Ghait 在旅店茶点招待使团全体及苏联政府人员，庆祝比京之解放。

六时半，英海军代表 Ad. Archer 在其寓所请 Cocktail Party。

上午，学俄文两小时半。

九月七日（星期四）天晴

上午十一时，新任卢森堡驻苏公使布尔来访。渠言与顾少川甚熟，渠人似甚老成，且曾任彼国最高法院院长。

十一时半至一时一刻，学俄文。

一时半，瑞典公使苏得布朗请午宴，但临时接电话，谓芬兰代表团于二时左右飞到，故彼须即往接。饭后，余将告辞，彼已返，告余芬代表团共有三十余人同来，飞机连同保护机共有十六架，是以此次必有结果矣云云。

下午五时半，*Life* 及 *Time* 之代表 Lauterbach① 及 Columbia B. C. 代表 Nichols 请午茶，介绍其继任 John Hersay 及 White，因彼等不日离莫也。

九月八日（星期五）天晴

下午三时半至五时半，学俄文。

九月九日（星期六）天晴

上午，纽斯兰驻苏公使来访，渠名 Charles Boswell，人甚老实。

下午，《生活》杂志 *Life* 记者 Hersay 来访，问新疆事。告以理【礼】卿系老同志，并告以中苏关系不如外传之坏，且双方当局均抱欲极亲善之意。

函秉坤、锦培等，并寄美金五百元，以二百助秉坤家用，一百拜扫母亲之用，并请其汇舅父及权初大哥每人一百，亦稍尽亲戚朋友应尽之义务耳。述彭函已返佛山，在利益号任事，亦系生活无著，不得不如此。渠最近数年未能来渝任事者，完全系在港新纳一妾之故耳。

英广播，敌人已占零陵，并向桂林前进，我家人安全又发生问题。

惟幸桂林亲友尚多，自不至有极大困难，我尚可放心也。熊儿寄来照片，甚佳。

九月十日（星期日）雨

偕承庸赴别墅。

敌人向湘桂路进攻，我方亦承认军事稍失利，甚为不安。委座在参政会报告，亦言军事上再有困难，但无危险。

九月十一日（星期一）雨后晴

罗、邱在 Quebec 再晤，大致系讨论对日作战，盖英、美不尽力

---

① Richard Edward Lauterbach.

于远东，陷我于困境，亦应自知对华不住者也。李随员于本日下午离莫赴阿，当外交信差，著其详询新疆近况报告。

下午四时，赴国民旅店四二六号房，回拜卢森堡公使布霖。彼言美军解放卢森堡后，昨日已进德境，只离 Trier 六公里。该城在德境内二十二公里，则美军已入德境十六公里，当已越过西非历防线①。该 Trier 城人口只五万，但均系希特勒死党，多由东普鲁士移往，知识程度不高，希氏特利用此等人以充实其边境，卢森堡人民对之久已痛心疾首。该城虽经希氏用许多金钱以为建设，但无防守之可能，必为美军占领，亦系卢森堡人最痛快之事云云。

与刘参事，胡、钱两随员同往书店及外交商店购物，无足购者，只买领带数条。

九月十三日（星期三）雨

下午五时，赴国民旅店一二一号房回拜纽斯兰公使波斯窝尔 Charles Boswell。

晚上，请静尘、承庸及盛嵩同往大戏院观舞剧"Don Quixote"。已由五幕减去首幕及第三幕之一半，成为四幕，是以时间亦缩减至三小时，由七时起，十时便完，较前为进步。盖俄戏剧，外人均觉过长，而此剧之第一幕及第三幕之上半确可减去。艺员貌虽平庸，但舞述【术】尚佳。

九月十四日（星期四）阴

苏外部派李凡诺夫司长赴华，大致系考察实在情形。李司长对华甚友善，或系苏方有意此时澈底调整中苏关系欤。电部。

苏方已公布与罗马尼亚所签订之停战协定，苏方只要求赔偿三万万美金，亦不损多也。

晚上，绍周请冷餐，与南斯拉夫大使之小姐钱行，彼姊妹于日间离此返国工作。美馆人告绍周，咸美顿 Hamilton 参事之调返本

---

① Siegfried Line，齐格菲防线。

国，系与哈使不能合作之故。渠本与哈使同居，后哈使返国回任时，渠遂迁出，大约渠系代表外部，而哈使系白宫方面之人。机关人事复杂，中外相同也。荷兰参事告余，彼因熟俄语，是以常单独在公园各处闲坐，与苏联人闲谈，得悉其人民真正意向及对政府及社会各种之批评。例如俄人对彼所述下列两笑话，亦可见一斑：（一）在德黑兰会议时，罗、邱、史同乘车外出，过一小桥，适有一母牛在桥中不动，阻汽车之前进。三人共商，因邱吉尔最能讲话，先推邱向母牛劝其离开。邱氏向该母牛告以利害，谈说甚久，迄无效果。再推罗氏，罗与言道理，亦无结果。两人遂请史太林设法，史氏乃向母牛耳边说话不数句，母牛竟飞跑离开，罗、邱均甚惊异，叩史何以有此本领。史答称："此极容易之事，余只告以彼苟不速离，余将送其往集体农场。"（二）有一女子欲求夫婿，请一媒与之物色。媒先介绍一工程师，有房三间，食品票亦占有两份，嫁之可度安乐之生活。女不愿，请再觅佳者。媒再介绍一师长，谓有房四间，食品亦多，且有汽车。女仍不愿，请媒再为努力。媒尽所能，不久返报，谓已得一次长，有房六间、食品三份、汽车外，尚有乡间避暑之房屋。女仍踌躇，媒更不能忍，怒曰："汝真自以为貌确美至能配管仓员耶。"盖近来管仓员盗取货物，为社会上最阔绰者，有如我国数年前滇缅路上之汽车夫，为一般人所妒羡之人也。

九月十五日 （星期五） 天阴

美军昨在 Halmahera 群岛最北之 Morotai Is. 岛登陆，离菲岛只四百公里耳。又三日内，美舰队空军在菲岛附近炸沉日护航队船共一百七十余艘，毁日飞机共五百余，亦一佳消息也。

接宋部长昨日来电，谓政府拟即派其以外交部长地位代表蒋主席访问苏联政府主席，与史太林元帅及莫洛托夫外长面商种切，著余与苏联政府接洽。下午四时，偕绍周往外部晤洛次长，告以宋部长电，并请其转达及早日见覆，彼允即转达。

五时，卢森堡公使布朗在国民旅店茶会，庆祝卢森堡之解放。

九月十六日（星期六）天晴

昨日参政会开会时，由张治中代表政府报告与中共接洽经过，林祖涵亦代表中共报告。此系公开讨论，旁听者逾三十人。报告后，参政会议决，派王云五、胡霖、冷雨秋、陶孟和、□□□①五人往延安观察后，返再商讨向政府提出建议。照两方面之报告，则谈判尚未有能达解决之程度，殊堪忧虑也。

晚上，墨西哥大使在彼使馆请宴，庆祝其国庆。英军代表团团长巴劳将军前日自法前线返莫，据言德力量尚有相当，不宜过于乐观，但美军事代表团团长 Gen. Deane 则以为欧战于下月便可结束云云。本有跳舞会，但余于十时半即返。

九月十七日（星期日）天晴

罗、邱在 Quebec 会议，昨已完毕。邱氏言，美方过于负责，请任太平洋对日战争之义务，故英国及加拿大均争负其国力可达之任务。罗氏则言，太平洋战区过于广大，不能由一总司令负完全责任。此结果亦自在余意料中，英国似未肯让步者也。

美军又在 Palau 登陆。在德战场 Aachen 方面，美军已冲破西菲里防线，极快事也。

九月十八日（星期一）天晴

上午十一时半至下午二时，学俄文。

部已覆电，可签李凡诺夫司长赴华护照，故由绍周以电话通知渠，并拟由余请宴与彼饯行。

九月十九日（星期二）天晴，颇冷

上午十一时至一时半，学俄文。

本日下午，绍周晤苏外部李司长。据言新省在东安于本月十三日，又发生中国军官拘捕及鞭打苏联领馆职员之妻案。在此中国中

---

① 五人为王云五、胡霖、冷遹、陶孟和、傅斯年。

央力求调整中苏关系时，乃有此种事件发生，苏外部因此会议数次，以为或系新省旧当局之人有意作此破坏中苏关系之举动，亦未可定。总之，苏方对此极为重视，故交绍周兄一备忘录，用苏联政府名义向我政府提出严重抗议，请严办该军官。新省人员如此举动，真使吾人痛心也。

中央广播已将关于中共问题两方文件全行公布。中央提示案，中共固未必可以接受，而中共所提之十二条，亦绝非中央可能接受者，亦足证其绝非有诚意合作。国事至此，尚复如是，吾真不欲言矣。

九月二十日（星期三）天晴

下午，挪威大使安洛来访。彼言近闻苏联在海参威加紧工事，未悉其系为防日之进攻，抑准备于欧战告终后，共同攻日，询余意见。余谓余尚无所闻，惟均有可能。彼又询余关于苏联对其东欧各邻邦之政策，及英美合作之前途，余谓苏联对于其东欧各邻邦，似采取不干预之政策，只须其不持反苏态度，及将来不致被利用为反苏之工具，则苏方似可满意。盖苏联现力求世界对其有良好之印象，因其领袖以过去二十余年之经验，不无戒心，并以为欧美各国看苏联不起，是以彼等欲表示其有大国之风度，同时因恐人再看不起，是以对于英、美亦具有特别之看法。例如苏方苟答应者，必力求履行，对方苟有不履行其诺言，则无论其国家之大小及有何困难之情形，均不体谅。又即最小之事件亦极重视，别人之批许亦然。是以吾人与苏方交涉，必须明了其此种心理。彼谓余之看法彼极赞同。彼报告政政【府】，亦谓苏方政策将极合理。彼作此报告时，再三考虑，数天未睡，始行电出，盖其关系渠本国前途甚巨，是以拍电后，尚有不安之处。今聆余言，彼极安慰。实则彼今日之来，完全因此云云。彼又言有一小事，足证余观察苏联当局之心理不错。缘数月前，彼代表其政府与苏联政府签订一在苏购某原料之合约，苏联在原则上本不签订此种尚不知能否履行之协约，但为对挪威特别表示联络起见，不但愿签订该约，且价格及各条件均尽情让步。但至有一条规定苟挪方不履行该约时罚款之办法。彼向苏方提出对苏方未能履行时，亦应有同样之规定，苏政府人员甚以为异，谓苏方向未有不履行诺言之事，拒绝规定，而彼亦自不强求。由此一事，足证苏联当局之心理一斑云云。

劝胡随员写日记，盖此为训练记忆力及有恒之最良好方法也。

读 Ambassador Joseph C. Grew's *Ten Years in Japan*，历述九一八以后，日军阀在其国内蛮横之情况，及美国尽力避免战争之经过。足见苟日军阀不攻珍珠港，则美方今日恐尚不对日宣战，吾国更受压迫。实则救中国者系日军阀，更使我更相信佛氏因果之说矣。

苏报载，昨日在赫尔招待记者席上，有询其是否中国战事不佳，大以政治问题为甚。彼答须问军事当局。又美报载，有提议中国军队改组，由史提威指挥训练。凡此种种，足见美国人士对我军事方面，已有许多不谅解之处，深以为虑。

九月二十一日（星期一【四】）天晴

上午十一时一刻至下午一时半，学俄文。

接部新闻电，悉宋部长于参政会报告时，特别提及苏联自我抗战之始援我之情，及我国与苏联之关系，本 "maintenance of relations on the basis of mutual understanding between China & the Soviet Union-China's nearest great neighbor" 之原则云云。足见委座及宋部长极欲与苏联亲善之至意，殊堪欣慰。

苏联今日已公布英、苏与芬兰于前日在莫斯科签订之停战协定，其内容与苏从前所提出之条件大致相同。只苏方放弃 Hanko 后，再向芬兰租借芬京西南部之 Porkkala-Oodd Regeo 五十年，大致尚云宽大。以芬兰之对苏作战，列宁格勒人所受芬兵种种惨祸，苏政府能持此宽大之态度，亦殊不易得也。

晚上，在馆宴苏外部 Lifanov，Beliaev，Petrov，Formui & Varsikov 各司长，并请英、朱[①]两记者，及馆内各秘书及胡随员作陪，宾主极

---

① 英倚泉、朱庆永。

形欢洽。大约苏外部之人在余处系最觉亲热者，前次其领事、司长饮醉，今晚华锡哥扶又醉，交际司长荒民及远东司李司长均高声大唱，殊形亲善。李司长谓暂缓赴华。

九月二十二日（星期五）天阴

上午十二时，英代表团团长巴劳中将在彼办公处请各国使馆馆长及武官，听其报告最近英、美军在法登陆作战之经过。美使馆，加拿大、澳洲使馆人员未被邀请，余则偕绍周、德权同往。其报告约一句钟，大致如左：（一）德军战略系基于"攻"，武器必较"守"占优势，是以第一次欧战德军即采此策略，此次亦然。先攻波兰，再攻英、法，以为英、法力量已减至暂无攻彼之力，即东向攻苏。预计不久可将苏军力量消除，再返而西击英伦。（二）英、美应付德军此种策略，亦只能以同样之方法应付，即致力于攻之武器。是以自一九四一年起，英、美方面尽力制造武器，同时准备破坏德国制造武器之工具，即准备大量空军等。（三）去年间，苏方极力要求英、美开辟第二阵线，英、美舆论亦多有责难政府者，惟英、美军事当局均坚持非准备至有十二分把握，不能轻举，盖苟一失败，影响太大。（四）此次登陆系极困难之事，且天气适又不佳，以致物资损失极大，且几至不能接济前线。（五）英军在 Caen 一带登陆时颇为顺利，但占领该城后，德军即调机械化部队三师往攻，英军遂不能不退出。退后，即以一千架以上之飞机，投二千吨以上之大炸弹，至该城尽成瓦砾。德军自己伤亡甚众，不能立足，英军返，将其击溃。德再调两师增援，英军复用同样方法应付，即暂行退却，俟德军集中一处，即用一千架以上之飞机向之作第二次之轰炸，毁灭其弹克车三百余辆，德军伤亡亦众，英军复返，而将其击溃。大约在该地一带德军所使用之兵力，总计在二十师以上，均系最精步【部】队，装备亦最优者。此面被英军击败后，遂无法再行抵抗，不能不急退耳。（六）美军在西岸登陆时，适遇德防军一师开至该地口岸训练，美军遭此不幸，几全军覆没。幸更西之美军登陆地点，德军以为一带已被水浸没，不能登陆，是以绝未设防。美军登陆后，即开至德军后方，德军遂不得不退。美军在该地一带遂占有根据地，直绕德军之后，向巴黎趋进，是以在 Caen 方面之德军更不能不速退，但英、美军事当局早已计及于此，是以预早已将 Seine 河一带桥梁全毁，是以多数德军不得不降。（七）此次战事如此速决，亦出预计之外，盖英、美本预计十月底始能占领巴黎，今则已入德境。（八）德所谓西菲历 Siegfrieg Line 防线，绝非如外传之坚固，其最深处系在 Trier 附近，亦不过三英里，其他部分大约不过半英里，其所设防之工事亦非极坚，是以现在美军已击破其四处。（九）德现在兵力估计，在德苏战场约一百一十五师，在西面约五十师，在希腊等约二十师，在南斯拉夫二十三师，在意大利二十七师，在挪威十七师，在芬兰九师。因散处各地之军队无法调回本国防守，是以德方人力、物力均似缺乏。以物力言，则德国在法战场所使用之弹克车已有旧式者，空军亦极少；以人力论，则似更差。最近闻德已将军需工业之工人一百五十万，征调前方作战，并征用少年学生五十万人。此种人因曾受多年之军事训练，自亦可勉强作战，惟总不及久历战场之老行伍耳。总聆其所言，则英、美军队在法登陆者已逾二百万人，准备亦已丰足。德军迭受重大打击，计不能久持，战事极快便可了结矣。

今日《红星期【报】》登载一文，论太平洋战事者，谓日海、空军已不能抵抗美之海、空军，是以须用陆军而应付英、美之海、空军。故最近日军不能不在华加强其力量，希图打通在华陆路，以接济其在南洋一带之日军云云。此系苏报变更其看法之表示，盖过去苏方向不承认日军在华之强大，并不视中国战场之如是重要也。

晚上，胡委员在馆宴同人，甚欢。

九月二十三日（星期六）天阴

下午，洛次长约至苏外交部，面告关于宋部长拟来访苏当局一事，谓奉命答覆，苏联政府正在考虑其来莫之期（彼系预备一小条照读者）。余询以此问题是否只系日期，彼答曰然。余请其于苏联政府决定日期后，即行告余。彼答曰"自然"。余又言余个人意见，最好苏联政府能早日决定，俾可早来。彼答当报告其政府。余返馆，即电宋部长报告。与绍周、静尘谈论此事，大约苏方对日及国际环境尚须考虑之处甚多，即对于我国态度亦欲稍为观察妥当，再请宋部长来。苏方之答覆早在余预料之中也。

唐随员听中央广播，谓据外交界消息，新疆交涉员调部，遗缺派刘泽荣继任。绍周闻之甚为焦急，余亦不安。盖新省交涉确不易办，而余在此亦无法觅得替人。是以即电宋部长，询其是否中央有此意思，如有，乞其设法打消，因此间系办理中苏事件之枢纽，最近将来事件计多，较新省地方事件为重要也。

九月二十四日（星期日）天晴

接部电，调绍周代理新疆交涉员。宋部长亦有电致绍周，谓系委座手谕，但请暂留莫，大约系俟其到莫后再行赴任。绍周自觉新省事极不易办，彼对地方行政事务并无经验，是以电部请辞，并电布雷、力子二兄，托其关照。

今午天气朗清，因与胡同赴公园。秋色宜人，绿女红男，不减太平景象。在公园茶室共食香肠、鸡蛋、哥古及黑面包而返。

晚上，请绍周夫妇及胡随员同往大戏院观《泪泉》舞剧。布景与前不同，主角 Tihomurova 舞艺虽不及 Semeonova，但年较青，貌较美，胡谓惜胸部稍欠丰满，良然。

九月二十五日（星期一）天晴

上午十一时半至一时半，学俄文。

蒋主席在参政会报告内，关于外交，有谓应加强与英、美之合作，并增进与苏联之友好关系。中国已尽力设法增进与苏之密切关系，此不独为两国所需要，亦为同盟国战胜侵略者所必需。中国政府业经将两国间友善之障碍除去，希望此后关系将好转。关于中共问题，谓政府始终采取以政治方法解决之政策，但基本要件为中国之统一，及国家法令之统一。政府已采纳中共要求之最具体重要部分，林彪所提出关于陕北行政区之提议，亦经接纳。现仅有军队之问题，中央已允许其编成十个师，如人数太多，亦可许其编成十二个师。但希望其不自由扩充，及于正式军队外另编其他队伍。对于其饷械，中央对其待遇将视同各军一律云云。

接锦培电，谓柳州疏散，请汇款。即电陈科长君素，请即电汇美金五百元交秉坤，并电秉坤，谓此款系准备渠及锦培等疏散时之用，又著渠通知锦培，与秉坤共同行止。在此逃难时期，琼芳、锦培尚不明了亲人共同之必要，确使人痛心也。

九月二十六日（星期二）天晴

苏报载，罗斯福总统二十一日在招待记者席上，有询以彼两月前曾谓中国情况不佳，现在如何。彼答称现尚无可补充者，又云 Nelson 已与蒋介石先生有密切之接触云云，足见美方及苏方对我之观念。

罗斯福最近竞选之演说词，指明共和党种种之失策，及民主党之成绩。以中国旧道德言，此种力【历】数人之短，而夸自己之功业，君子所耻。惟此系所谓民主政治所必需，欧西人士目为最自然、最好之习惯。中西道德观念不同之处，孰优孰劣，吾尚不敢言。苟真须如此始能为政，则余宁居陋巷耳。

上午十一时至下午一时半，学俄文。

九月二十七日（星期三）天晴

上午十二时，往访英大使卡尔。彼言 Quebec 会议大约所谈关于欧洲及远东事件，同等注意。对于远东，则英方决定于德崩溃后使用大量武力，绝不有任何之推委。大约邱、罗已有具体之作战计划，并将该计划通知委座，彼因未接有此项计划，故未能告余。关于欧洲者，亦以战事为最重要，因有军事最秘密之要件，须通知斯太林先生，是以渠与哈使于前日往见斯先生面达，其余无甚重要者。谈及欧洲战局，彼谓德军退返其本国后，抵抗力异常坚强，是以英、美方面须将其后方之接济种种，移前至法、比，并作相当之准备，始能再攻。彼计需时最少一、二月云云。

下午四时至六时一刻，学俄文。

邱吉尔已返英。昨日在国会报告中，有言：The Government (Br. Govt.) policy was to secure agreement with govt's of the USA, the USSR, & China on a member of proposals for establishing an organization for maintaining peace & security and for ensuring further social & economic collaboration between the peace loving peoples.... none of the govt's represented at the conference had given any peoples at the present time.

美国政府发言人称，Nelson 已将加强中国参加战争之提案交蒋主席，蒋主席业经接受，尼氏拟于本年内再行赴华云云。如此甚佳。

中央广播称，罗斯福谈话，有称中国及斐律滨将为太平洋上民主政治及未来和平之堡垒。和平恢复后，中国与斐律滨在政治、军事、经济、文化各方面，极有合作之必要。又罗氏对蒋委员长领导之中国统一问题，甚具信心云云。

九月二十八日（星期四）天晴

印度广播，甘地与珍那之谈判业经决裂，文件亦已发表。余以为甘地仍不伟大，绝不及我孙总理。甘氏对于日本力量此次估计过高，于英国力量估计过低，是以反对抗日，已属大错，现又不能对回教徒作最大之让步，以致拖延印度之独立。盖真正伟大之领袖，其最可佩服之处，系以国家民族利益为前题【提】，故民众苟有过激，或于民族利益前途有妨碍时，应具大无畏之精神，起而纳诸正轨，若只随众而趋，不问国家之利益，仅图一时之声誉，直为己而卖国耳，非所谓领导国家之人也。

昨晚与绍周、岱础谈及外交官职务问题，余以为在外馆服务与在部不同，盖在部所办系日常公事，政府已有一定之政策，外部只系一执行之机构，而组织亦系正常之机关，其人员已有指导，是以其职务虽繁多，而责任反小。在外馆则不然，其职务系在观察所驻国之外交、政治、社会情况，作忠实之报告，俾本国政府可基此而定其应付之政策，观察苟有错误，则影响异常重大。是以真欲忠于此种职务者，必须：（一）增加自己之观察能力，即力求增加其学问，例如世界政治之动态、各国经济情形之异同、社会思想如何，及其文化之优劣比较，均须研究，不独数本国际法及外交礼节及惯例已也。（二）对驻在国作最深切之研究：（1）外交：每一国家均有其历史及环境之关系，故其外交政策亦不能不随之而转移。是以研究一国之外交，不独须研究其本国之政策，即其最重要之对手亦应研究。例如苏联与英、美及东欧各小国关系，苟吾人仅悉苏联情形，而不知英、美情况，或东欧各小国情况，则只听一面之词，亦不得其关系之实况也。（2）其民族之历史、人民之习惯风俗及思想文化，须十分明了。总之，在外馆人员之职务，其重心在于研究，而此种工作不易表现，且须具有耐性及求学之良习，与在部工作人员所须具者不同也。余自到此以来，尽力奖励同人求学及研究，自己亦不敢不勉，两年来，似不无进益。

晚上，静尘请看马戏，绝无精采节目。被邀请者有绍周子女、岱础夫妇等，共八人。休息时，岱础忽独出外购买冰淇濂一片，以馈细君。在此万目所视之场所，同来童男女不少，而只购一片，当众贡献其妻，其妻亦觉万分应该。此种丑态，大约近来摩登夫妇目为欧西文明所应尔，吾真不欲观之矣。

邱吉尔今日在英国会报告，大致：（一）对德战事预计今年可终结，但延长数月亦有可能。英、美在法登陆已达三百万人，英与美军在法之比较为二与三，伤亡亦同一比例（英九万，美十四万五千人）。（二）英军在缅击溃日军十师，杀敌七万余，为对日最大之打敌①（中国战场如何）。（三）中国战事使人甚为失望。（四）英海军已调至印度洋，开始共同击日。英国决使用其海、陆、空军之最大力量对付日本，决不让美专负其责，其问题只在船只之运输量耳。（五）苏联对波之领土要求自系合理，彼盼波方不久再派人往莫商讨解决一切。（六）在 Dumbarton 之战后和平机构会议中，三强尚未有意见完全一致者，大约须三政府之首脑会商始能决定。（七）希望有一强大而友谊之法国（与苏之希望强大而友谊之波兰相同）云云。

---

① 原文如此。

九月二十九日（星期五）天晴

上午十一时，往访加拿大威使。彼告：（一）在 Quebec 会议关于欧洲者，有（a）德国之占领问题，大约美国方面有提议不分区，而由一统帅管理全部德境之案，但英、苏均反对。现虽似决定分区，但一则三国区域之划分，二则管理之方法是否由军事当局管理，或由各该国另行派遣行政官，三则法国力争参加管理法德边境部分，均未能在欧洲顾问委员会有所决定。（b）意大利问题，意大利之休战条件较苛，意政府之权限甚少，即同盟国之禁止与敌商交易条例，对意亦未撤销，是以意国人民生活状况极为艰苦。同盟国于在意登陆时，曾向意民众宣传过多救济意民之语，是以现在意大利民众异常不满，日趋过激，多投共产党。是以英、美方面不得不共商办法，立即改善其对意大利政府之待遇，多予以实权，并多予以接济，及取销以前对其敌视之法例。关于太平洋战事，自菲立 Phillips 关于印度之报告发表后（内有谓英将不努力参加对日作战），英国人士异常愤激，故邱氏向罗斯福力争英海、空军参加对日，盖美国方案系英海、空军毋须参加，只请英方多派英印之陆军步【部】队也。（二）关于布加利亚停战条件，自苏对布宣战后，苏方本欲将谈判由开罗移至莫斯科，但英方对于布国问题自亦不愿轻易放弃，因与希腊有关，是以对苏提议尚未同意。刻下磋商已由伦敦之欧洲顾问委员会办理，将来正式签字或在土尔其举行，亦未可定。（三）英军在近东不少，闻已开始调远东作战。（四）最近英、美军在南斯拉夫及阿尔班尼亚登陆，似系多因政治上之关系，盖不欲红军完全占领南斯拉夫及希腊。（五）邱吉尔之一贯政策，仍系主张分散各处打击德国，尤以用兵巴尔干。直至开罗会议时，邱仍坚持此种主张，与罗斯福争持不决。是以在德黑兰会议时提出取决于斯太林，此举使斯氏获得对英、美最好之印象，盖自此不复再怀疑英、美每事共同商定以对付苏联也。（六）关于世界安全机构在 Dumbarton Oaks 之会议尚未有结果，盖虽决定行政院系由四强（或加入法国）及其他国家所推选之七人组成，决议由三分二行之，而三分二中，必须四大强一致，即包括四强。但未能解决者，则为苟四强之一对人施行侵略时，自己应否有投票权。英、美提案则以为不应有，否则四强本身便可对人侵略，于理不顺，惟苏联方面坚持有此否决权，是以邱氏谓此种问题须罗、邱与斯亲谈，始能解决者也。彼询余苟苏方于击溃德国后参加对日作战，中国方面是否发生对苏有疑其在东四省另有企图之畏惧。余答以据余个人之观察，目前苏联外交政策，系不欲世界对其有任何之疑惧，是以对于东四省不致有若何之要求。且新疆方面之军队亦自撤退，更可证其对余所言未有领土野心，亦系实在。大约战后苏联亦极愿得一和平安定之期间，自行努力于建设，未必有此不智以【之】举动，以下战争之祸源。彼亦以为然。

郭武官德权来言，彼已电军令部呈请辞职，谓系因武官条例未修改前，事权不统一，彼无法执行职务。彼电系请准其在开罗休养六个月，然后派其赴欧洲各战场观察报告。渠在此办事确为努力，在苏联办事不易，军令部似尚未明了，故每著其办理不能办之事，是以渠确觉不易办。余极力慰勉之，彼对余尚好，与余亦能合作，果准其辞，亦殊可惜也。

昨日接孔副院长庸之自美来电云："中苏关系自本党执政以来本极友好，前因德方事项，颇有误会。主席迭令各主管力谋改善，表示亲睦。现在新省事件业经解决，共党问题，苏方亦一再表示为我内政，与彼邦交无关，似此亲善上应无隔阂。国际货币会议时，弟曾与苏首席代表恳谈过去苏方协助，表示铭感，中苏邦交甚睦，望仍益加亲善，该代表表示亦佳。闻邱相已去莫斯科，英方对我，或因印度谈判，以致稍有误会，英印之事，我方决不干涉。过去英对我四强地位闻有异议，幸赖罗斯福原定①，史太林同情赞助，方无问题。邱、史此次会晤，势必涉及我方，究竟苏方对我情形如何，邱、史会谈情形如何，盼密切注意探报为荷。孔祥熙。祃。"所云英对我四强地位有异议一层，不知系何所据。以余在莫斯科会议时与艾登所谈，及赫尔告余艾登在会议时所表示赞助中国加入之热情，则似非事实，恐别馆所得报告不确所致。至中苏关系欠佳，则凌济东中

---

① 原文如此。

茶公司等均有影响。庸之先生人极忠厚，待人亦异常诚恳，是以余即覆电如下：

> 华盛顿中国大使馆转孔副院长钧鉴：密。廿七日电敬悉。世界战事已届最后时期，亦即我国国运转变之最要关键。将来转弱为强，一方面固在国人之努力，另一方亦不得不赖英、美、苏之好感与援助。年来中苏关系欠佳，诚如钧电所云，新疆问题为最大原因之一，所幸中央抱定亲邻宗旨，力求改善，最近将该省最高长官更换，足以证明。苏方曾向本馆表示，如更换之动机在调整中苏关系，诚足满意，然尚须静观新任有无改善之具体事实云云，预料中苏关系必可因此获有进步。此间英、美两大使屡向常言，苏联作风与他国迥异，对小问题亦极重视，故英、美对苏，关于小事多予迁就，劝我亦持此态度。苏联对于中苏易货问题，常有我方不能充分履行交货合同，及对某种货品索价过高，无法接受之表示，未知我方能否在可能范围内稍予迁就。中英关系如尚有隔阂，亦似宜及早调整。莫斯科会议时，常与艾登晤谈数次，伊对我态度甚佳，对我加入四国宣言，亦曾在会赞助。至邱相来莫斯科一说，此间尚无所闻，将来如有其事，自当遵命注意。Nelson 已返美，彼到莫斯科时，常曾与畅谈数次。渠此次在渝接洽情形如何，又战后和平组织会议，将来有何结果，均恳密示，俾资接洽。职傅〇〇。艳。

下午四时至六时，学俄文。晚上往大戏院观舞剧《睡美人》，主角妈色拉 C. M. Messerer 饰公主，舞艺甚佳。彼十年前本系莫斯科首名舞星，现年虽逾三十，但尚未觉其衰，而舞艺确为精熟。在第二、第四两幕表演年青快乐之舞，固佳，而第三幕所表演睡舞尤不容易。男主角 V. D. Golubin 亦系老牌名星，曾一度为名舞星 Semeonova 之夫婿，现年逾五十，惟望之如三十许人，而舞艺确精。尚有饰《天蓝鸟》舞之 V. V. Lapuhina，及饰《白猫》舞之 V. P. Vasileva，均不错，布景亦优。

九月三十日（星期六）雨

前晚公开演讲，有 Reisner 讲关于印度问题，特著秦秘书涤清往听。今早报告其演讲内容，不但对英未有半句不好之批评，且力言印度内情之复杂，此足证苏方对于印度问题，绝对避免英方反响之政策，我方似宜采取同样之现实主义政策也。

今日伦敦广播言，波兰总统 Raczkiewicz 今早已将波总司令 Sosnkowski 免职。昨日余与加拿大威使谈论此事，彼以为恐尚未能满足苏方之要求，盖波流亡政府方面，要求以流亡政府为主体，即所谓以现有之五政党为主，而加入共产党及解放委员会人员数名。而解委会方面，则要求以波之十八委员为主体，只允加入米总理等三、四人，双方意见尚远。米氏人虽好，但太顾私人道德。彼前虽公开反对一九三五年宪法，但现在著其坚持此主张，致【置】波总统于无地，彼亦未必肯为。且彼对苏前尚似不无怀疑之处，是以前次到莫斯科晤斯太林时，面询斯氏是否有意赤化波兰，斯答绝无此意。总之，米氏为人恐不足应付此种困难局面。威使个人意见，以为最好不谈法律根据，而双方以同等人数组织临时政府，俟大局安定，然后由人民决定宪法各种问题，所言亦甚有道理。

今日《真理报》有 Zhukov 发表论文，历叙日本目前之军事、政治困难，措辞亦极明显。言日不久将败，政治上小矶虽企图拉拢政党及实业界，惟政策未见有何变更云云，亦足为苏对日之证。故摘要电部。

Dumbarton Oaks 之中、英、美讨论战后和平机构会议，昨日已开始。

连日苏军已进匈牙利境内，并占领其 Maka 城。瑞士方面消息，言 Budapest 已发生民众对政府不满之示威，匈执政者不度德量力，欲藉一侵略者之力量以图小利，致陷其人民于水深火热之中，可怜亦复可恨也。

连日国内战况不佳，梧州、罗定一带已失陷。故乡如此，殊为悲痛也。

十月

十月一日（旧历甲申年中秋，星期日）小雨

美国 Office of War Information 发表太平洋战事之估计。根据海、陆、空军所得之情报及数字，认为击溃德国后，最少尚需一年半至二年，始能击败日本，其所列举理由甚有道理。

昨日中央广播时事述评，又有预计苏联必将加入对日作战等语。苏联对于此种言论，累认为系我方故意挑拨其与日关系，并增加其困难，迭次向我方提此抗议。我中央广播何必故意作此无益之事，且现正尽力图与苏亲善，而一方面为此种人最不喜欢之事，真不可解也。

今日有华侨二人带同眷属自华沙来此，据言该地无法生活，是以苏军事当局派人押送其来馆。此种人情形甚为可怜，大约多系青田人，做小手工生意，自称在华沙尚有产业，希望来此小住，于华沙安定后再返。身上不名一钱，情形自属可怜。但此间情形特殊，使馆对此实不易办。盖苏联制度，绝不许有闲人，苟不由苏政府分配工作，则绝不予以食品。苟请苏联政府分配工作，则必不能在附近一带。且一分定工作后，又不许自由脱离，则彼辈自无返华沙之希望。而分配之工作必属苦工，彼辈恐亦未必能任此苦。是以余与绍周、静尘、涤清再四详商，觉只有暂留其在馆稍住数天，如彼二人能任工作，人亦证为诚实，则用馆临时雇员名义稍住一时，于华沙安定后，再行设法与苏方交涉，送其返华沙，否则只有设法遣送彼等返新疆耳。晚上，秦秘书[1]往车站与送彼等来之红军军长谈，始悉于红军占领华沙之区域内，见有彼等华人数人，询以在该地何为，彼等竟答称系中国驻华沙使馆职员。红军军长遂电苏外部请示。洛次长覆电，准其经苏联返中国，是以余遂不能不遣送其返国矣。

---

[1] 中华民国驻苏联大使馆二等秘书秦涤清。

英倚泉报告，昨晚波兰解放委员会主席 Morawski 及其总司令 Zymierski[1] 招待外国记者，表示对波流亡政府新派之总司令 Bor[2] 异常反对，谓彼此次发动华沙起事，无谓牺牲，实为波兰之罪人，应受裁判。且彼本人并不在华沙城内领导，而藏避于离华沙三十公里之某地，所言曾与红军总司令 Rokossovsky[3] 已有接触，亦并无其事。盖华沙城所隔离之 Vistula 河，该处极阔，对岸德军所备工事异常稳固，攻之只能绕道从别方渡河，将城包围，始有办法，而此种围攻自需相当准备与时间。是以 Bor 之发动，自军事上言，殊为不可宽恕之大罪。至与流亡政府重行商讨一事，彼等答称，目前流亡政府尚未改变态度，未允恢复一九二一年宪法，是以尚无好转之象征云云。以其语气观之，则余与威使所谈，似不幸而言中矣。

晚上，同人在馆聚餐，庆祝中秋节，甚欢。刘太太所制之豆沙大月饼亦佳。

苏外部情报司招待外国记者往 Tallinn，胡随员亦往。

郭武官报告，谓今早英军事代表团团长巴劳将军告渠，英国军队在近东，经多调往意大利作战，所留已不多。且英对巴尔干及土耳其之势力范围，亦不能完全放弃由苏联支配，是以不能将该地军队调往远东云云。与威使所言不符，或许调该军队赴远东作战，系最近罗、邱会议之结果，巴劳尚未得悉欤。巴氏对苏成见尚深，大约英国外交部及军部中级人员对苏成见多，尚未能完全消除者也。

意大利已向日本宣战。英广播言，英、美已有军队三百万在德边境进攻云云。

十月二日（星期一）阴，小雨

上午十一时半至下午一时半，学俄文。

英军占领希腊南极之 Kythira 及其他两小岛，英对希腊绝不肯放

---

[1]　Michal Zymierski.

[2]　Tadeusz Bor Komorowski.

[3]　Konstantin Rokossovsky.

弃者也。

部新闻电，《大公报》社论评，中国战事失利，"欧战第一"之主张者应负一部分之责。且直至中国战争第四年终，中国之朋友美国，仍售煤、油、钢铁与侵略中国之日本云云。在此时期，吾人何必与我同盟国算此旧账，《大公报》向以社论之佳著，今竟作此幼稚之社论，而部又将其拍出，殊不可解。

迩来一则因此间挪威大使极熟识南美情况，迭与谈论，引起余对南美之兴趣，二则因近来美阿关系紧张，是以由挪使方面借得关于南美书籍，连日稍为研究阿根廷情况，觉：

（一）阿根廷系于一五一六年由西班牙人 Juan Diaz de Solis 发现，为西班牙属地，一八一〇年起而反抗西班牙，于一八一六年成立共和国，惟于一八五三年始获得安定。人口照一九三五年统计，约一千二百万，多数欧洲人，尤以西班牙、意大利人为最多。以天主教为国教，其宪法且规定总统须为天主教教徒。军备不多，实行征兵制，人民自二十岁至四十五岁须服兵役，有常备军三十万人。土地肥美，天气又佳。

（二）在近百年来，其政治、经济、社会均由地主把持，且系小数人。例如最富首都所在之 Buenos Aires 省在一九四二年，二百七十二人占有全省土地之六分一，在 Patagonia 省，两地产公司所占有土地，竟达一千六百五十余万 Acres，计面积为瑞士、比利时两国合并之面积。总计在全国有一千八百零四人，所共占之土地，较诸欧洲意大利、荷兰、比利时、丹麦合计为多。其出产供养六千万人，是以此种大地主之力量异常之大，力能维持封建习俗之一部分。

（三）近数十年来，由欧洲移来之人口日多，尤以城市为最。中层阶级之力量遂大为增加，于是联合而成立急进党 Radical Party，以对抗大地主之保守党，并争求修改选举法。该法于一九一二年修改，一九一六年依照新法选举时，急进党并始获得总统之位置。

（四）其土地之发展及全国工业之发展，所有资本多由英国方面借来（占外资百分之六十以上），其社会工业，如铁路、电车、电灯，及农产品之罐头、肉类之保藏事业，与及阿国国债，均由英国资本建成，盖英国需要阿之农产品，而阿需要英之工业品及资本，是以两国间之经济关系异常密切。美国能供阿物品固多，但不需要其农产品，是以美阿间经济关系上矛盾之处极多，政治、外交因此亦发生极大之问题矣。

（五）以各国之投资所获利润而言，则以英国资本所得为最少，平均已不及百分之四，近更减至一又二分之一至百分之二。因英国商人保守，不加资本改革，例如火车、电车种种，均已陈旧至不堪使用，而美国所投资者，均系新事业，所获利率甚高，例如一九四〇 General Motors 获百分之九十二点七，First National Bank of Boston 百分之五十三，National City Bank of N. Y. 百分之二十九点五，United Shoe Machinery Co. 百分之二十五点五。

（六）自一九一四年至一九二九年，地价飞涨，地主大富，而其浪费亦达最高程度，将地皮□款极多。至一九三〇年至一九三四年不景气，遂使多数业主无法周转，势力亦因之而锐减。在此时期，英国复藉此迫阿与订立各种协定，英阿经济关系遂密（阿之农产品靠英国销受【售】）。

（七）自一九一六年起，政权均操诸急进党之手。但至一九三〇年，其总统 Yrigoyen[1] 过于衰朽，是以保守党得藉此由军人 Gen. José F. Uriburu[2] 以兵力夺取政权，而人民对此不加反对者，系因（1）总统年逾八十，过于衰老，不能管理政务。（2）政府腐败，贿赂公行。（3）英阿商约，于阿过于吃亏。（4）反对外人资本，目为经济侵略。保守党执政以来，直至一九三八年，总统 Ortiz[3] 意图改革，但不幸双目失明，不能执行职务，由其副总统 Castillo[4] 继任，而 Castillo 为最反动者，代表大地主之利益，是以于一九四三年六月四

---

[1] Hipólito Yrigoyen.

[2] José Felix Uriburu.

[3] Roberto María Ortiz.

[4] Román Castillo.

日，其军政部长 Gen. Pedro P. Ramírez[1] 用兵将其逐去，国人引以为快。斯时军队内可分两派，多数主张恢复民治，但有小数所谓"校官派"Colonels' Clique 则极为反动。结果彼辈获得胜利，大约彼等主义系（a）反自由，（b）反资本，（c）排外。

（八）战争之初，英国亦不愿阿加入对德作战，恐由此阿便加入美国大同盟，由美国支配，则英国在阿之利益不能保持。是以斯时阿政府虽不与德、意绝交，但对英及同盟国极表同情。惟自一九四三年政变后，其执政者系极端国家主义之人及排外者，是以对英亦属排斥矣。

（九）阿对美之领导态度极端反抗，且以地理经济上亦能反抗。

（十）阿与巴西争在南美之领导权，盖以为巴西地虽大，人口虽较多，但土地不及阿之肥美，教育程度及生活水平均不及阿。

阿对其邻国有压迫之意，幸其兵力过少，未能有何动作。

近年来，犹【尤】其是欧战后，阿之工业颇为发达，其执政者有企图发展其工业，使其国对于工业能自供给，对于农业稍为减低。但此在战时，工业无人竞争，自易办到，一至战后，各国工业复兴，商业竞争，以阿国物资之阙乏，苟自由贸易，必不能与其他各国竞争。是以欲保存此种工业，非将人口税率加重不可，而农产品必无人销受【售】，是以现在阿须决定其战后经济政策，此于其内政、外交上，均有莫大之关系者也。

由以上观之，则所谓阿反民主、亲轴心，均系表面之语，其最大斗争，想仍系英、美对阿之经济争夺也。

十月三日（星期二）天晴

上午十一时三刻至下午二时一刻，学俄文。

今年双十节，余本仍拟在馆举行招待，但今日大旅店送来预算，须费六万余卢布，较去年之两万余相差过巨，且迩来国内战况不佳，苟如在此用五千余元之美金作一次之招待，恐有闲言。是以静尘、

---

[1]　Pedro Pablo Ramírez.

绍周均不主张举行，余遂打销此议。又英、美两国于战争期间，于国庆节亦不招待，故不举行亦无可非议者也。

华沙城内战争已告失败，此种不合作而致有此大牺牲，波兰流亡政府当局不能不负其责也。

邱吉尔昨在国会报告，谓同盟国间对于向德要求赔偿之问题，尚未获完全一致云云，足证英、美、苏间未能商定之事件尚多。

戴高乐宣布法国须实行经济计划，并下令将法北部之煤矿及里奴 Reynault 汽车工厂接管，此系最适宜之举。美国舆论虽不少批评此举者，但余以为非如此，法国不能复兴者也。

十月四日（星期三）天晴

据罗斯福报告，租借法案物品供英百分之七十，苏二十，华只百分之二。而在此二成中①，多数供给美空军之用，而对于中国军事失利复责备如是之甚，殊不清也。

十月五日（星期四）天晴

李随员肇瑞自阿拉木图返，报告与新疆特派员公署所派充当外交信差者谈晤，及据尹领事致余函报告，悉新省情形如下：（一）七月底，中央派邵力子飞迪，洽商盛世才调任事，未有结果。盛对中央遂极不满意，此时曾对原驻迪化城外之中央军某师，要求悉移驻城内，经该师李铁军司令谈判结果，移一营入驻城内。（二）所谓"八一二"事变，八月十二日迪化大举捕人，当地各机关人员及商人被捕者，有（1）省党部书记长兼省教育厅厅长黄如今，（2）建设厅厅长林继庸，（3）督办公署交通处处长周明，（4）新疆学院教授陈永龄，（5）督办公署副处长宋守中、外交署苏联科科长丁慰慈、交通驿运管理处处长顾耕野、警务处副处长曹天爵等百余人。关于丁科长被捕之情形，谓于八月十二夜一时许，警务署派员带同警兵至外交署，谓督办请丁科长前去开会，王秘书恐警署随意捕人，当

---

① 原文如此。

即以电话询盛。盛答："是的，我找他有事。"王谓："请督办考虑。"盛谓："我负责。"电话随即中断，丁至今尚未卜存亡，其家人送衣物前往，业已不收，恐已被杀，或受刑致死。据盛翌日宣告，谓被捕人员系图阴谋暴动，故先行看管，再行请示委员长处理等语。（三）对此事变，迪化人员一般看法系盛对中央之示威，但中央对此事已有决心，故委座即派朱绍良、徐恩曾来迪。晤见后，盛谓八一二事件系抑制当地阴谋暴动谋刺其本人之举。朱声明渠此来系奉命商洽盛内调之事，他非所问，公毕即飞返。中央于是即发表调盛为农林部部长。（四）九月一日，朱绍良、徐恩曾再来迪化，与盛会审被捕人员。据闻均已受刑被迫招供，且不敢反供，恐徒招杀身之祸。当场反供者，只有省党部委员张志智。当时朱长官曾对盛言，此人已受刑过重，绝对不能再为加刑云云。（五）盛离新时极为秘密，仅带随从四人，由徐次长恩曾陪行。闻盛离新前杀人极多，当时迪化方面人员均感有朝不保夕之势，其本人仍谓三月后将回新一行，并密交黑名单一纸，有三百余人（多本地人），饬令警务处续捕。故盛去后，捕人仍未停止，惟中央方面人员自盛去后，仅有一人被捕。后朱长官于纪念周上宣布，此后无其本人手谕，不得任意逮捕人员。善后想仍系一重大问题，所捕人员将来有全案解渝办理之说。（五）【（六）】盛于事变前后生活极苦，严禁其家人外出，每餐则由其夫人炒一菜，饮水则先化验。其家眷最近亦已离迪，携带行李四、五十卡车之多。（六）【（七）】盛调任事发表后，吴特派员接见苏联总领事，告以此举为中央调整中苏邦交之表示，苏联领事认为满意。（七）【（八）】中央原有在哈密驻军，为胡宗南属之卅九集团军，司令为李铁军，驻防迪化者仅有一师。盛去后，中央陆续有一军人西调，现伊宁等边境已由中央军接防。盛之军队不能打扙【仗】，例如蒙新边境事件，盛军不战自退，率由中央军打退蒙匪。但盛特务之组织极为强大，人数亦多，是以朱长官处理亦异常费力，未敢操之过急，迫其生变也。总据上述情形，则绍周兄绝不能赴新矣。

接保樵函，谓六月间中央方面有调余返国之传说，用意如何，则不得而知也。又悉燕芳携同熊儿已抵重庆，原暂住彼处，近则同某夫人另租屋同住。彼恐无觉悟之日，余对其及熊儿应负之责任自然负担，便算良心上对得彼住矣。秉坤及锦培等则已自柳州往都匀。

上午十一时至下午一时半，学俄文。今日精神极不佳，似有病。

晚上，英海军代表 Ad. Archer 在彼公馆宴余等数人。饭后，戏"小赛马"，据言此游戏系一英俘虏在土尔其所发明，甚佳。

十月六日（星期五）天雨

昨晚中央广播，新省新任各厅长中，仍以彭吉远任财厅，足见中央处理新事尚多困难也。又言，自我对日作战以来，英、美对华军火之接济，尚不及苏联援华之半数，仅与英、美一师之装备相等，且此项军火多半皆用于缅北、滇西。以华军五百万众，军火供给竟如此微末，战事未能胜利，不难知原因所在云云。此种实况，我国早宜公布者也。

下午五时至七时半，学俄文。

十月七日（星期六）天晴

此间波解会所办之英文 *Information Bulletin*，本期刊载"The Oder is a Polish Ruer"一文，要求德国之 Pomerania 割归波兰，历述其历史及国防上之需要，此可证苏方政策实在主张分割德国者也。

罗斯福昨日广播内有言，彼向未索取，现亦不欢迎共产党之赞助云云。

法国方面消息，法国共产党已对戴高乐开始不满及攻击，谓其集权于个人情况，有如法国大革命后集权于拿破仑相同云云（法共产党秘书长 Jacques Duclos 言）。

连日英军在希腊登陆，甚有进展，已占 Palias 港。

下午，往运动场观足球比赛，系英军事代表团团员及英使馆馆员与苏方比赛，英方惨败。晚上，往观《天鹅舞》。

十月八日（星期日）

同钱、胡两随员往胡之别墅。中饭后，结束该别墅，别时，房东对胡依依不舍，竟至泪下。苏联民族亦极重情感，与英、美不同者也。

晚上，往附属剧院听《茶花女》，主角为 Pantofel Nichetzkaya，年虽大，身裁亦过大，惟唱工极佳，无怪众目为苏联现在唱女高音之冠军也。

十月九日（星期一）天晴

上午十一时半至一时半，学俄文。

部新闻电，渝各报对邱吉尔在国会报告谓"美国大量物资援华后，华军仍为失利"等语，作猛力之攻击，并宣布美国自珍珠港事变以来，援华之物资不及英、美军一师所用于一星期者。日军攻印，华军应英方之要求，派军入缅救援，以致减少在华东之力量。本约定英、华两军夹攻日军，乃华军抵达沙尔温江，英方军事举动殊使人失望。又谓中国单独抗日四年，盟国不援华犹有可说，但以后即主张"欧战第一"，致陷中国于国难。同盟国尚不自责，而极力批评中国之失利，殊不公允云云。此种事实向世界公布，俾世人知英、美对我之经过，亦良佳也。

下午五时，胡随员报告，闻邱吉尔已于今午二时偕同艾登外相抵莫斯科，Gen. Brooke 及 Gen. Ismay 等同来，闻共有其他五十余人之多。即派绍周兄往英大使馆与巴尔浮 Balfour 公使商余往访。

十月十日（星期二）天阴

上午十一时至下午一时半，学俄文。

在 Dumbarton Oaks 会商之国际安全组织机构草案，业经四强同时发表。苏联今日在《消息报》发表社论，谓即关于永久会员本身之事件，该会员应仍有表决权，盖（一）须维持四强共同一致之原则。（二）普通事件已决定一致，而关于重大基本问题更宜一致。（三）以免其他之强国联合排斥某一强国之毛病。大约其所举三理由中，自然以第三理由为其真正理由，盖苏联仍恐英、美联合以对付之，现在最堪忧虑者，则苏联与英、美间尚未完全互相推诚，互相信任，实则近年来双方所作所为，绝对未能使对方相信。大约国家之举动亦正如私人之行为，私人之地位自因其过去之举动及现在对待别人而定，苟过去之历史已属不佳，目前对付他人又如此，则虽对我有何种良好之表示，亦自不能使我相信于他，则为自然之道理。苏联、英、美过去种种，自不堪问，而现在各个对付其可欺者，如英之对印，苏之对波兰，即美之对南美各国，及其国内之黑人，自无道德之可言。其相互间不能互信，亦系自然之结果。至苏方之坚持永久会员，虽本身为侵略者，亦不受制裁，则恐为世界舆论所不谅解。大约系因波兰事件之经验而有所畏惧，是以波兰事件发生时，余万分忧虑，恐妨碍世界推诚之合作，果不幸而然矣。

晚上，馆中同人聚餐，苏联政府竟不允发给食品。若云食品阙乏，则以前与商盛大宴会，彼亦答应，现请购较少物品，反云不与。苏联政府办事之浑乱无理，为世界所无，只因其具有力量，是以可任意胡为。此种专崇拜力量主义，殊不足为法者也。

十月十一日（星期三）天晴

昨晚中央广播，蒋主席训话中，有勉吾人以自己努力，不能靠人。我党数十年来之成绩不可不记，我抗战如此艰苦，得此良果已自不易。吾人弱点自宜随时检讨改善，而敌人及汉奸之宣传攻击，自不宜过于重视，以自灭其精神。外人对我之批评，亦须视其正确与否，择善而从，未必全对者，不必辗转传语云云，极对也。

下午五时至七时半，莫洛托夫外长在外交招待所招待使团人员，介绍与邱吉尔相见。余偕绍周、静尘、德权暨绍周夫人同往。艾登对余表示亲热，称为"老友"。邱氏则言彼最近曾晤顾少川兄。余与美大使哈里门言，苟此次晤谈有涉及远东事件，或于我国有关者，请其告余。彼应允，并谓连日所谈，并无涉及远东或我国事件，彼个人以为邱氏此次未必谈及远东或我国之问题。加拿大威使告余，邱氏来此后，第一天即与史太林谈三小时半之久，但仅系提出各项问题，而未及讨论，大约详细商讨，想在以后之会谈。盖连日英、苏双方人员均异常加紧工作准备，直至早晨三、四时。余与威使谈话时，艾登适来，加入闲谈。彼后告威使，渠约艾晤谈，计须在三、四天以后始有办法，因连日太忙云云。又余与苏外部李凡诺夫谈话时，彼言及绍周调新疆事，谓系可惜，因此间不易得如此能员接替，但新省事亦极重要。余告以余不愿绍周离此，但政府之调绍周往新，更证对中苏亲善努力之决心。即以新省事件而言，则最近发生之事，更可知中央迟迟易人之苦衷，余希望苏方亦尽力协助，以促进两国友谊，彼亦明白。彼介绍其民航总司令□□□元帅，据言，十二月恐战事最紧张，能否有暇商讨中苏航空公司事，尚未敢言。彼又言，莫洛托夫适告渠，匈牙利业已请和云云。

十月十二日（星期四）天晴

接孔副院长覆余艳电，略谓："新省改组，全在和缓苏方感情。吴主席为人温诚，必能开诚相见，裨益邦交。至于易货诸事，据报，本年度均经解决。弟素主小事迁就，力谋亲睦，可谓无甚问题。纳尔逊赴华，弟曾恐其不明情形，前周返美，对我观察情形颇佳，复命内容涉及苏联，对我表示亦佳。国内为加强作战生产，亦将仿美设立战时生产局，专司其事。我对苏素抱定亲睦宗旨，盼兄善为运用，遇事电商。特覆，孔祥熙。"

胡随员报告，波流亡政府总理等已抵莫，解委会之人亦到。著彼设法以记者名义往访，探其语气何如。

英倚泉报告，昨晚英使宴史太林，由九时半起直至十二时半，邱、史偕同莫洛托夫、艾登、哈里门、卡尔，同至卡尔小客厅，商谈至今早四时始散。席间史氏起立祝罗斯福健康时，特别提及美国之贡献，谓第一次大战非美国不能获得胜利，此次更非美国，则英、苏合力亦不克抗敌云云。彼作此言，殊不容易也。

上午十一时至下午一时半，学俄文。

十月十三日（星期五）天阴

昨日，美机一千架分炸台湾、流【琉】球一带，今日又继续轰炸。苟美军能在台湾登陆，则中国之解救更速，此为最佳之消息。

下午三时半，土尔其大使①来。彼奉调返国（因身体关系），特来辞行。

红军已攻克 Riga，盟军又收复希腊首都雅典。

美报载最近教廷方面消息，谓一九四三年十月间，德派驻罗马卫戍司令 Gen. Reiner Stahel 告教廷某代表，谓一九四一年九月间，戈林在彼 Carinhall 大厦与被俘虏之史太林公子 Jacob Stalin 谈话。戈林力言欧西之文明及进步较俄情况为佳，但史少爷（年只二十四岁）绝不为所动，坚信俄国文化及莫斯科将为世界政治、科学及经济之重心，并言彼与其父甚少会晤，并无特别权利。末谓现代苏联人民均绝对信仰共产主义。戈林反为渠言所感动云云。此种爱护本国之精神殊为可佩也。

下午五时至七时半，学俄文。

十月十四日（星期六）天晴

陈科长君素来电，彼已奉准辞去外交部出纳科长之职，与友合组久裕银行，任副经理，并请余担任股份。余与静尘商，余入美金二千元，静尘五百元，照此电覆之。

胡随员报告，哈使今日中午接见美国记者，告以：（一）波兰双方接洽有希望，惟英苏间只能劝告，而不能压迫其接受任何主张。（二）在卡尔晚餐后，史、邱已商决关于布加利亚之问题。又报告据英、美记者方面消息，邱氏在此尚有许多事商，即远东问题亦将涉及，是以尚须数天后始能离苏云云。彼又曾往晤波解委会代表，据言，合组政府有可能，大约以米氏为总理，解委会方面之人充当总司令。

晚上六时，苏联政府请外交团全体赴大戏院听戏，邱吉尔、史太林亦到，全院欢迎，掌声如雷。史氏自抗战以来，未尝履足于公共场所，此系四年来之第一次。休息时，澳洲公使□□□②告余，

---

① Khussein Rahib Baydur.

② William Slater.

谓在英使馆宴会时，史太林曾与言及太平洋澳军作战情形。及至席间演说时，史氏谓同盟国应共同打倒者不只德国，尚有德国以外之其他大敌亦应共同合力打倒云云。表演节目第一场为 O. V. Lepeshuiskaya in "Жизель"，倍以 A. D. Bulgakov, S. M. & A. M. Merer 等，甚佳。第二场为 M. D. Mihailov（Bass），N. D. Shpiller, M. P. Maksakova 等之独唱，及红军音乐队及合唱暨跳舞队表演，甚佳。九时即散场。

十月十五日（星期日）天晴

美机今、昨两日仍继续大炸台湾。敌人广播，谓敌海军已出动应战，此为吾人所求而不得者也。Nimitz 于本月十日向记者谈话，言彼仍拟在中国登陆。

红军已克复 Petsamo。

十月十六日（星期一）

今早接部电，胡随员不必兼 *National Herald* 驻莫记者。

今早苏报载，布加利亚外交部长 P. Stainov① 偕同阁员等一行，于昨日到达莫斯科，商讨休战条款，大约系邱、史于前晚商妥之结果。

杨秘书树人自开罗返，言埃及使馆职员十人，但均系部派，不相合作。是以人数虽多，而许公使②事无大小，均非亲力亲为不可。自侍从室人事组直接管理部人事处以来，部之人事更不堪问，盖并不以其平日办事之成绩为升迁之标准，仅以其是否人事室主任目为接近彼之派系为准绳。是以部员自不必顾及其应办之工作，交相以告密攻击为其主要任务，自爱者自不屑为之。因此，升调出外之人能力固差，且绝不注意其应办之职务，果夫先生宜负其责也。

---

① Petko Stainov.
② 中华民国驻埃及全权公使许念曾。

匈牙利首都都已发生政变，德人因其执政 Horthy 广播欲向盟国求和，已将其迫退，另组傀儡政府，小国之恶运真不堪言。英、法对于欧人所施之最大惨祸，即为极力挑拨其内部分裂，使大国化为小国，彼等便可尊大。此种阴险而残酷之政策，与对其他亚、菲、美、澳各洲之民族直接以武力侵略，同出一源，均以掠夺自私为本者也。

十月十七日（星期二）天晴

上午十一时至下午一时半，学俄文。

岱础言，美使馆秘书 L. E. Thompson 奉调往伦敦欧洲顾问委员会办事，不日离莫，特来向余辞行。彼在此业经四年，通俄语，熟苏联情况，亦为美馆专家之一。彼对苏美合作前途仍不乐观，以为苏联作风仍属如前之一意孤行，不尊重别人意见及利益，将来仍有世界联合对付苏联之可能。彼又言，此次邱氏与史商谈事件，系专注重波兰、德国及巴尔干等欧洲政治问题，未及远东。苏联对于波兰事件绝无半点让步，可见与之合作不易。至苏联放弃共产主义，不再拟进行世界革命一层，彼以为未免过于乐观。苏联对于其一贯之主张，不会放弃。至史太林个人，彼因充当翻译，故曾多次见面，其喜时固极幽默，但怒时其残暴之色尽露，为极难相处之人。此次哈使返国，完全系因帮罗斯福竞选。至太平洋战事，彼个人以为美军将先在台湾登陆，暂缓攻菲律滨云云。渠人甚老成，办事亦极谨慎，其所云云，足以代表英、美使馆一般人员之观察。实则苏、美间之合作尚有许多障碍，迩来邱吉尔之政策，似日趋于与苏平分欧洲势力范围，英取西欧及地中海，苏取东欧及北欧。如此，世界前途自无和平之可言，我国前途更多忧虑。我国人宜猛醒力行，以求进步，否则无法应付未来之强力也。

日本昨日公布炸沉美国主力舰两艘，航空母舰十艘，为珍珠港以来之最大胜利，全国庆祝。但今日美国海军总司令 Nimitz 上将宣称，日方所言诚属最大笑话，盖日海军在菲律滨海面一遇美舰队，即回驶急逃。有一次用飞机一百九十架图炸美舰队，被击落九十五架，美机仅损失五架，而美主力舰及航空母舰无一被炸沉者，所有受伤亦极轻微。敌人作此宣传，想系欺谄其人民，以图半刻之安慰，亦可怜矣。

十月十八日（星期三）天晴

上午十二时，意大利代表 Pietro Quaroni 加朗尼来访，谈两小时之久。据言：关于意大利者：（1）义大利政治力量仍在民主宗教党，并无左倾之趋向。大约一则义人较崇仰宗教；二则左倾份子亦觉国家之危机，不能不联合救国；三则义大利共产党之领袖□□□居苏联十七年，加氏与之交好，知其对于苏联政制极多不满，绝无意将此政制介绍于其本国。是以最近义大利共产党已易名为"义大利国家共产党"，可见一斑。以自由党而论，Sforza 辈亦感觉非团结不可，是以六政党之联合已成为事实。（2）法西斯在义大利与纳斯士在德不同，墨索里尼绝未敢采用过于高压之手段，义大利始终未设有集中营，政治犯被枪决者至今尚未达十名。报纸言论虽有限制，但义人个性好谈，"You can stop an Italian to do anything except to talk."是以谈论尚属自由。（3）经济情况甚为严重，本年虽属丰收，但无交通工具，是以盟军到罗马后两个月内，人民痛苦较在德占领时为犹【尤】甚，英、美当局感觉危险。邱吉尔赴义目睹情况，是以现已极力设法改善，先由美国运交通卡车二千辆及火车等往，并取消币制之苛条，大约不久情况将为好转。（4）Sicily 分割问题，盟军初在该岛登陆时，因义大利尚未停战，是以发起此项运动以作政治工具。但与义停战后，盟军方面遂感觉相当困难，盖不易即行停止此项运动，以致其所利用之傀儡难堪。而该等傀儡年少资浅，确不能号召。最近该岛地方选举，民主宗教党竟占百分之八十二，现在盟军方面应设法收台矣。（5）义大利方面自知战败，自当受相当之损失，故在和会时，苟将义国之属地取去，义国自无话可说，但苟割及其本土，则恐非义人所能永久甘心。彼作此言，系恐南斯拉夫之要求过大，盖以目前形势而论，则英、苏双方均似有尽力讨好 Tito 之意，必争向彼送礼，自以义大利为牺牲品矣。（6）义大利已答应英、美方面于欧战结束后，不仅将义大利海军全部加入对日本作战，并可征调陆军数十万人赴远东作战。盖战后义国失业之人必多，而盟军方面器械有余，此系双方有利之举。关于波兰问题，彼前日与波外长卢美 Romer 以密友关系畅谈三小时之久。据悉：1. 谈判已无结果，苏方绝不丝毫让步。卢氏告渠，当与史太林谈及边界问题，卢表示希望 Lwow 归波，史即变色，严词拒绝。是以米、卢等日间返伦敦，大约于三星期后或再来商量。米、卢等之困难，系一方面苏方绝不让步半点，而在义在法参加盟军作战之波军领袖，又系异常反苏，在此两面各走极端之环境，其处境之苦闷可想而知。所可稍为安慰者，则解放委员会领袖对于疆界及内部改革种种政策，与彼等完全相同。此点加代表亦可证实，因加代表曾与解放委员会之主席等谈话时，彼等即对于疆土问题，亦深表不满苏方之决定。2. 苏方已提出东普鲁士干尼斯堡 Konigsberg 部分须划归苏联，但许德国本土内阿打 Oder 河一带划归波兰，连 Stettin 城在内（与余所料相同）。加代表个人意见，以为波兰无此能力应付该地德人，盖苟照苏方之计划实行，则将有波人四百余万自苏联移归波土，有德人一千万移出波境，此种大量移民是否可办，及将德国土减少后，德国仍有人民八千万，如何生活，将来和平是否因此而不受影响，均未敢断言。加代表仍表示苏、美间能否合作到底，及英、苏间利害冲突过多为虑。加又告余，此次德占南俄后，Crimea 人民多与敌为友，即该自治区之苏维埃主席亦已投敌。德人占领该区后，即取消集体农场，而恢复私有土地，人民异常欢迎。及红军克复该区，复迫人民回复集体制度，人民自多不满，因此苏联政府不能不将该区之人民大量迁移往西比利亚边区。因此之故，彼极端怀疑苏联政府将来对德施行移民办法之成果。

胡世杰言，近日苏联发行新邮票一种，系用 Lazo[①] 之名。拉氏系一九二一年内战时在西比利亚当游击队领袖，为日军所获，将其缚于一火车上放火烧死，是以苏方以此作为宣传日军暴行之最大工

---

① Sergei Georgierich Lazo.

具。现忽发行此种邮票，且系三十戈比普通国内通邮之用者，似系对日宣传敌意之表示，殊堪注意者也。

今午派绍周往商法代表嘉卢签证石、邹两副武官赴法事，偶及各事。彼告绍周：（一）张向华在桂训练越南革命党，彼本无可非议，但越南尚有法兵及越南军队数万，均待机起而共同对日作战。目前英、美计划似有在越南登陆之可能，盖该地日军数目甚少，而安南人恨日人极深，且有现成军队数万以为接应。是以此时不必使日人发生对安南军队有何怀疑，致先将其解决。此事法驻渝代表业经向我政府提出，不过彼欲使余知之耳。（二）邱吉尔之来，最困难之问题系波兰问题，彼闻苏方主张 Pommerania 归波，Stettin 亦在内。（三）匈牙利之执政本已派其子到莫斯科求和，但其子到莫后，彼自己便被迫走，故亦无可商量矣。

胡随员报告邱吉尔今日招待英、美记者，谓波兰事件进行甚佳，不久可解决云云。

孙副领世嘉，张随领文远携眷经此赴伯列及海参威①，杨秘书树人、刘随员正堉奉调返部，石、邹两副武官不久亦离此，因于晚上在馆设宴与之饯行。

十月十九日（星期四）小雨

上午十一时至下午一时半，学俄文。

敌人方面消息，美军已在斐律滨中部之某岛登陆，英海军攻尼高巴岛之北部，英印军复占领 Tiddim。消息甚佳，足见英、美已开始注意远东战事之进展矣。

下午五时至七时，希腊大使 Politis 招待茶会，庆祝雅典之解放。

威使与余言，艾登确忙，于昨晚始能接见。渠与谈话，此次波兰事件未能成功，深为可惜。彼（威使）意见以为苟一年前，邱吉尔如今日之努力寻求解决波兰问题之方法，则必有成果。乃拖延至今，以致不可收拾，彼亦不能不负相当之责任云云。一般外国记者

---

① 中华民国驻伯利总领事馆副领事孙世嘉、驻海参威总领事馆随习领事张文远。

之意见，均觉此次邱吉尔来莫，主要目的系图解决苏波问题，现已失败。又遇迈斯基，彼以为欧战不宜过于乐观，因德军在东普鲁士边境反攻甚力，而其反攻之力量亦异常之大云云。

十月二十日（星期五）天晴

上午十一时至下午一时，学俄文。

美政论家 Walter Lippmann 最近再刊印新著 *U. S. War Aims*（美国战争之目标），大致如左：

（1）与日本之战，虽云系日攻珍珠港，实则系美欲制止日在华之侵略。盖苟日本在华政策成功，则日本以中国之人口资源为根据，统一亚洲，并用以图霸全球，美自受威胁。与德之战，亦系恐德征服全欧洲以后，自然图美。是以美国之参战，可目为自卫之战。

（2）战后美国目标，自应以过去曾经之危险为依据，而设法解除之。是以彼个人主张，美国与英、法、加拿大，暨西欧各国合组"大西洋团体"，由苏联与东欧各国组织另一团体，由中国在远东方面又组织一团体，互分势力范围，不相侵犯，而相互合作。

（3）欧洲政治问题，美国不宜干涉。对德问题应由欧洲被祸害国家决定，对日亦由中国为主而决定。

（4）以彼个人研究过去大战及和平之所得，约计如有大故，必于十五年后。故于一九六〇年德国将再起而侵略，或以后便成一爱好和平之国家。是以现在同盟国最低限度，应维持其密切之合作十五年，俾德国人不敢再发生侵略之企图，则德国爱好和平之分子或有机会改变其国风，永远压低其军阀。否则再予德人以分化苏联及大西洋集团之机会，以握有均势之权，前途不堪设想。惟德国亦不能不予以自生之机会，是以德国或可加入苏联之集团。惟此种办法于苏联极为不利，盖不易防止在内之敌，而于大西洋集团更为威胁。是以渠主张将德国完全解除武装后，得苏方之谅解，将其加入大西洋之经济、通商交易团体。

（5）至于美苏关系，彼以为将来第三次世界大战果不幸而发生，必因美苏不能合作所致。美苏间本身本无利害冲突之处，但苟一方干涉他方范围以内之事件，例如一方与德国或日本发生联系，或大西洋国家中，如英或法，企图与波兰发生特别关系，或苏联与墨西哥发生联络，或美国与伊朗或罗马尼亚树立密切关系，冲突自然发生，大战自然不免。是以各集团间应各自固守其范围，而不可干预他集团之事。

（6）苏联应逐渐予其人民以自由，外国新闻应俾其人民尽知，其本国情况亦应使外人多知，否〔则〕其宪法所规定人民各种自由，等于具文，与民治之精神完全不符，将来之合作基础亦不能稳固。德、日击溃后，国家之统制自无需要，此时美国应向苏联建议，劝其实行一九三六年宪法所规定"予人民以各种自由"。苟苏方不理，则吾人不宜自欺，不可放弃准备一切，以应付不能有和平之世界。

（7）威尔逊[1]以前之失败，系急于解散战时之同盟，而欲以理想之世界和平机构代之维持秩序，此种错误不宜重见。彼第二错误，系提倡民族自决，将国家分散。此种政策完全违反美国传统之政策，亦系文明进化定律所不许。盖永远分化至无底止，则世界将成一片散沙，互相主张私利，不顾公共利益，则极易为野心及侵略者所利用。希特勒之几至成功，完全因此，是以此次应尽力奖励区域之团结云云。

著者于去年刊行之《美国外交政策》[2] 一书，影响美国舆论异常之大。现在再发表此书，对于美国方面影响自亦不少，且亦足以代表美国政治家一般之思想。对于中国，彼经予以相当地位，余自表赞同。对于苏联之势力范围不主干预，亦系极著实际之主张。但欲即行改变苏联内部之政治，则未免希望过奢。余以为此种事不能急于求成，只能使苏联与外间接触较多时，彼自能渐渐改变，非一朝一夕可办之事。总之，渠之主张已较邱吉尔之绝对维持大英帝国分势力范围主义，万分进步矣。

---

① Woodrow Wilson.

② *U. S. Foreign Policy：Shield of the Republic.*

今日美官方已正式发表在斐律滨中部理地 Leyte 海岛登陆之消息,计使用陆军二十五万以上，船舰六百余，澳洲海、空军亦有参加。日军防守全部斐岛者约有二十二万五千余人，由寺内①统领。此举不独将可消灭敌军二十余万，且割断在南洋一带日军五十万之归路。

红军今日又宣布解放南斯拉夫首都布尔格力。②

十月二十一日（星期六）天晴

上午十一时半，往访加拿大威使作长谈。据告：（一）邱、艾之来，除共商欧洲军事外，关于政治问题，以波兰事件为最主要。虽艾登告渠已有相当进展，但彼仍极悲观，盖苏联不独不让步，且对于以前所许诺者反多推翻。例如从前苏方宣言，以克逊线为谈判之根据，在该线以东之地区，如居民多数为波人，亦可归诸波兰。但现在则谓无可商讨，因现在红军占领该区后，已将其大工业收归公有，农村亦已施行集体制，如归还波兰，再行回复旧制，则影响不佳，是以只能完全依照克逊线为疆界。又波流亡政府仍坚持以五政党为基础，组织政府，而波兰解放委员会方面，则坚持以解委会为主。米总理对解委会及苏联怀疑尚多，尤以最近解委会之副主席 Witos③ 被迫辞职，彼恐以其小数同志脱离伦敦流亡政府之同志后，到 Lublin 将遭同一之命运，为世所笑。威使又言，以前苏方迭次宣言对德无领土野心，故各方均以为东普鲁士将划归波兰，以补偿其东面之损失。但此次苏方提出 Konigsberg 一带归苏，而主张以德本部之 Pomerania 归波，更可悲观。盖波兰之出口，沿 Vistula 河，则以丹锡 Danzig 为最重要，而 Konigsberg 在 Danzig 之东，不独控制 Danzig，且可控制波兰全境。波兰之第二出路，自系沿 Oder 河而出 Stettin，但苟波兰以德本土之 Pomerania 区为补偿，则迁移德国人民

① 寺内寿一。
② Belgrade.
③ Andrzej Witos.

为数逾九百万，是否波兰力量所及，固属重大问题，而过五年后，世界之人渐忘德人此次侵略之凶暴后，必完全对德表示同情，波兰更难应付。是以波政府以前所要求者，亦仅系 Upper Silesia 一带之工业区，及 Danzig 以西口岸之一小部，盖该两地之居民德、波参半，所迁移之德人亦无多，尚易应付。且彼等又恐与德方结下永不能解之仇怨，同时军事上为苏联控制，不得不永远为其工具。总之，完全以 Oder 河以东之地划归波兰，英、美舆论绝不能赞同云云。（二）彼以为邱吉尔未提及远东问题，因远东事件系以美国为主体，邱氏未敢于罗斯福背后与史太林磋商。史太林在数次宴会上，虽曾有提及日本之侵略，但其用意均系欲证明侵略国之事前有种种准备，爱好和平者太不注意，以致吃亏。并似系欲敷衍美国，赞扬其功业，并非能证明其将来有参加远东作战之意思。（三）彼与 Marshal Brooke 及 Gen. Ismay 谈及欧洲军事情形，彼等均以为欧战非明年初夏不能了结。盖现在德军已退守地势最有利之防线，因 Aachen 以南均沿山而守，以北则河沼遍地，进攻不易，且德人已绝望，对本土非死守不可。（四）对德问题，邱、艾与史、莫虽商谈多次，但双方均未有提出具体计划。现在欧洲顾问委员会所能议决一致者，仅为停战条款，即军事占领亦未能商得结果，工业之管理更谈不到。是以双方对此种种问题虽曾谈及，亦均表示绝未有定见，尚以为过早。（五）余询其对于 Walter Lippmann 所主张英、美不干预东欧事件之意见，彼谓不能办到，尤以波兰事件为甚，盖近来华沙事件，外间对波兰之同情更深云云。（六）此间英、美记者对此次邱、艾之来结果，异常悲观，甚至有指为"Second Munich"者，未免过虑。邱吉尔告渠，谓将来彼此次与史太林所商事件能完全发表后，则举世将明白其此次来莫收获之大矣云云。摘要报告委座、宋部长及孔副院长。

昨日共产月刊 *Bolshevik* 发表一文，论及中国战事者，内评论中央未能与中共合作，致不能将全力对日，深致惋惜，措辞尚不太过。

英广播，委座已有电贺罗斯福总统关于美军在斐岛登陆之成功。诚如委座所言，此举确使我全国人民感觉兴奋者也。

接秉坤十日来电，谓渠九日已派抵都匀，始知锦培、细嫂经于廿六日自动往贵阳云云。在此乱离之时，尚不能团结一致，殊可痛心。即电覆秉坤，询其锦培下落，并安慰之。

关于邱、艾访莫结果，英、苏双方今日均有正式发表，大约行里间可知巴尔干英、苏均分势力范围已完全一致，波兰事件未能解决。

晚上，埃及公使①夫妇在旅馆晚宴，余为主客，威使夫妇及纽斯兰公使波斯华 Boswell，及澳洲使馆新派来之一等秘书阿历山大夫妇同席。饭后闲谈，波使极力主张外交团轮流举行演讲，威使以为不易办，余亦以为然。亚历山大秘书言，自徐叔谟等到澳后，澳洲人士对中国人之观念完全改变，盖从前在澳者多为华工，澳洲人民向未遇见有智识之华人云云。

十月二十二日（星期日）小雨

接邓婉萁甥来片，谓彼于本年七月廿三日在柳州经与梁元汉结婚，甚为安慰。我自问对于诸甥无力多予帮忙，深觉对婷姊不起，彼临终时曾托我照料其子女，我本立意尽力照料，而母亲生前亦每以彼等前途为念。惟适逢此大乱离，我自己子女亦无法照料，有心无力。婷姊有知，当不过责于我也。

惠梅侄女来函，深以将来盟军进攻香港时，其父母姊弟之安全为念，实不错也。

与两邹副武官等谈，彼两人均曾在粤东沿海一带及缅甸作战。据言，美军在华登陆，以汕尾大鹏湾为最适宜。又言盟国物资运华后，步兵训练三个月，炮兵、轻弹克车兵训练六个月至九个月，便可使用。能有新式武器之华兵一百五十万，便可将敌打退，敌人在华所使用之武器并非绝佳者，炮亦不大云云。

十月二十三日（星期一）雨

上午十一时半至下午一时，学俄文。

---

① M. K. Abdul Rahim.

晚上，石、邹、邹三副武官在馆宴同人。十时半，往英军事代表团为巴劳团长饯行之宴会。余十二时先返，未参加跳舞，后悉直至翌晨五时半始散。

美国 *Newsweek* 杂志九月底刊载新闻，谓中国在 Dumbarton Oaks 会议提出亚洲民族待遇问题，但三强均不允讨论。又谓罗斯福不愿将越南交还法国，即交还，亦须规定其对安南人之义务。惟邱吉尔坚决拒绝此项提议，盖恐影响英属地之政策。邱氏大英帝国之梦仍未放松半点，将来世界和平不能维持，邱氏此种极端保守政策，不能不负全责也。

十月二十四日（星期二）天阴

上午，学俄文。

中午，捷克大使[①]请午宴，余为主客，实则系与红十字会之 Hubbell 老先生饯行。与美参事 Kennan 谈，彼以为苏联政府攻击伊朗政府，因其不允予以油田，未免太过。彼又谓闻日本在海参崴之领馆亦已撤退。与谈苏联对日政策，彼谓美国人士每与苏联人谈及日本，彼等均言德崩溃后，苏必加入对日作战，但彼以为未免过于乐观。余亦同意，并与言中国陆军将来对日作战之重要。

下午六时，Hubbell 请茶会辞行。卡尔大使语余，邱吉尔对中国所用之辞句异常不智，无怪中国方面之有如此反响。余谓余等忍耐已达最高程度，同盟国间苟尚持此态度对华，则世界尚有何道德之可言，迩来反响亦系自卫耳，彼极表同情。

八时，郭武官在武官处宴巴劳，为其饯行。巴告余，欧战恐非明年三、四月，不能向德作最大打击。因运输困难，Antwerp 未能早为攻下，大约须俟此港攻下以后，再需一月修理至可使用，然后再需三个月运送物资至荷、比前线，始能向德施以最后之打击。又云，对付苏联政府不能过于客气，万事均须交换。例如波到此以后，苏方久不许其赴前线参观，是以彼请英国政府禁止苏方军官往前线，结果始许其前往。即前数天 Ad. Archer 有数事与苏军令部

[①] Zdenek Fierlinger.

商，苏方坚决拒绝，谓在军事时期无商量之余地。Ad. Archer 即谓，如此请其以书面答覆，俾可报告英国政府，以作援苏政策之参考。未及三天，苏方即请其再往，完全变更其态度，对其请求完全答应。是以巴氏主张余等亦应如法泡制，余谢其善意，并谓将考虑。实则我方地位与英不同，现在苏有求于英之处太多，是以可用此手段以为对付，我方则求助于苏不少，无法采此报复交换之政策者也。彼又主张郭武官赴西欧战场一行，盖英、美可尽力招待于渠，则返莫斯科后，苏方亦再不敢如此欺负于他云云，用意亦良佳也。

英、美、苏同时发表正式承认戴高乐政府为法国临时政府。

十月二十五日（星期三）雨

希古①来电，谓土苏关系一向不佳。苏联自军事顺利以来，对土态度益坏，土尔其新任驻苏大使 Selim Sarper 以干练而现实主义称，颇为土总统所信任，此去负调整土苏关系使命云云。

美宣布在斐岛一带自星期一起，三次大胜日海军。

下午，杨秘书树人离莫返国。彼大约因身体关系，性情怪辟【乖僻】，对人对事持万分悲观之态度，是以与各同事亦不能相和洽，自请调部。余迭劝同人对渠只能存可怜及同情之态度，不必恨之。其实我对渠确仅存怜惜之心，大约彼对余尚无恶意也。

本月份第一期 *Time* 载有 Donald Nelson 到华后，对华感情极佳，堪足慰也。又详载美财长摩根索对德严办，尽去其工业，使成为四等农业国之提议，罗斯福赞许，赫尔、诺斯反对之，详情颇堪注意。

十月二十六日（星期四）阴，雨

上午十一时至下午一时半，学俄文。

今日《真理报》转载 Smedley② 在美发表论中国近况一文，语多

---

① 中华民国驻土耳其全权公使邹尚友，字希古。

② Agnes Smedley.

荒谬。略言中央政府已失民众之支持，应将其推翻，而代以民主化与中共合作之政府，及主张同盟国直接供给军械与中国共产党。Smedley 为著名美国共党，人所共知，彼发表此种言论自不足怪。美报言论自由，各方言论均可登载（大多数刊载同情中国政府者，此种反对言论百中仅一，是以美国舆论自不为之影响）。但苏联则不然，一字半句莫非史太林之意思，现在此中国方面极端努力，以求中苏友善之时，新疆事件之解决及拟派宋部长来莫，处处均可证明。而苏方不独无丝毫之良好反响，反而有此恶意之表示，无怪英、美人士对苏仍属异常之怀疑，并深信此次大战以后，将来必有联合与苏大战之日。言念及此，殊觉万分之悲痛，人类之罪恶，真果至非自相尽行残灭不可欤。

晚上，在馆便饭，请赫部 Hubbell 老先生饯行，并祝胡随员生日，只请□□□作陪。与赫君详言中央政府迁川后，对地方之种种改革及成就，与中美合作之必要，俾其返美与罗斯福、Nelson 等见面时，得有资料为华方说话。彼表示对英不满，对苏亦未能相信，彼因离此，是以始坦直告余已。

美方公布美海军在斐律滨战胜日海军之成果，谓三天以来，击退日海军三大队，沉伤敌军舰共有二十五艘，为作战以来敌所受最惨重之失败。战事似仍在进行中，日海军之作此孤注一掷，似亦有其不得已之苦衷，再不能置在斐岛日军二十余万于不顾。而其战略亦似不错，盖能集中两大队海军驶赴 Leyte 岛，该地美海军本非甚强，日人之估计，可能将美该地之美海军毁灭，即用海军炮火打击美登陆步【部】队，并由陆上日军夹攻，即有击溃美军之可能。无如美海军之坚强，竟出敌估计之上，以小数之舰队与较大之日敌作战，竟能将其攻克，致敌受此惨败。敌虽向其民众讳败为胜，而美军仍在斐岛顺利进行，日海军出驶之目的不能达到，则稍有思想之日人，自亦知其海军之失败矣。

十月二十七日（星期五）阴雨

郭武官言，由挪威武官处，自一苏联工程师消息，谓该工程师自海参威返，言该地苏联近日设备工事极忙，似系对日。又该工程师系党中颇有地位者，据其所言，邱吉尔与史太林此次会晤时，邱吉尔同意将来苏联共同战日后，将获得旅顺及由东省直通旅顺铁路之权利云云。是以渠（郭武官）前晚宴巴劳时询之。余谓此种消息殊不可信，哈使既告余，邱、史此次未提及远东问题，威使且解释邱氏绝不敢在罗斯福之背后与史谈论此事，且邱氏亦未必相信史氏至此程度，万一史氏与中、美方面言之，则邱氏将致【置】身何地，史氏方面亦未必敢向邱氏提出，是以此种消息绝未可置信。余以为郭武官对于此种消息，绝不用常识加以判断，而竟向巴劳询问，似未免使人轻视，亦非所宜也。

邱吉尔在英国会报告莫斯科会谈经过，亦言波兰问题未完全解决，并表示希望米总理再赴莫斯科。又言英、美双方均极力使南流亡政府与提徒合作云云，足证波、南问题尚未完〔全〕解决也。

下午五时至八时，学俄文。

十月二十八日（星期六）天阴

上午，偕承庸同出旧书店购书数本，价格似较数月前稍为便宜。再往旧货店及外交商店，无足购者。

前数日，英国 *Express* 日报刊载社论，对中国政府大肆攻击，谓不配为四强之一，中国未能统一。最可笑者，则该报谓宋家亦已反蒋，两陈等独立。该报最后主张，战胜日本以后，中国组织一联邦政府。足见迩来中、英间误会日深，双方均未求改善，殊堪忧虑也。

戈布 Goebbels 昨晚对德作长篇之演说，劝德人死战，其语有如鸟死之哀鸣。日人方面，则继续广播其讳败为胜之宣传，真不值识者一笑也。

英广播言，史提威已调返美，另有重要任务，未悉真正原因如何耳。

闻敌昨日起向桂林进攻，向华方面，未悉能作有效之抵抗否，深以为念。盖迩来英、美、苏军事如此顺利，骄态尽见，苟我方再有弱点表现，则我国际地位更受影响矣。

十月二十九日（星期日）天阴

美使馆秘书柯尔达 Calder 在家晚宴赫部祖饯，并看小电影。

十月三十日（星期一）天阴

美官方公布此次斐岛海战经过，谓沉敌航空母舰四、主力舰二、重巡洋舰六、轻巡洋舰三、小巡洋舰三、驱逐舰六，重伤或沉主力舰一、重巡洋舰三、轻巡洋舰二、驱逐舰七，被伤而逃主力舰六、重巡洋舰四、轻巡洋舰一、驱逐舰十。总计日方出动战舰共六十艘，只两艘未伤，为海战史来最大之伟绩，日海军在最近期内无法再行作战云云。晚上，美参事 George Kennan 在家请 Cocktail Party 时，各人均谈论此事，引为大庆。余谓自听敌方宣传其击沉美海军战舰三十四、伤三十六，而日方并未庆祝其胜利，则余已知日寇所受之损失必大，否则无须对其民众伪传伤沉美舰之如此大数目。墨西哥大使①等均佩余深悉日敌心理。

戴高乐昨下令解散一切民军，其目的自系对付共产党所组织之义勇军，能否不发生问题，殊不敢言，足证英、法方面已开始排除共产党之力量。而苏联在东欧及近东一带，则更积极扩充其势力，双方果继续此种政策，则吾恐此次战争结束以后，不久便将有第三次世界大战，而我国所处之地位更益困难。言念及此，不能不使人悲观也。

今日苏联已正式公布对保加利亚停战协定全文，大致尚宽。

十月三十一日（星期二）天晴，有太阳

上午十一时至下午一时，学俄文，深觉记忆力之差，诚不能不承认年老已。

今早邱吉尔在英国会报告，谓预计欧战明年春季始能完结，以后尚需最少十八个月始能击溃日本云云。

---

① Luis Quintanvilla.

连日读美前驻日大使格鲁 Joseph C. Grew 之《驻日十年记》①，彼对日人之"自由"份子未免估计过高，并可知当时美国方面确尽力避免战争之情形。实则苟日本不攻英、美，英、美绝不对日作战者也。

十一月

十一月一日（星期三，旧历甲申年九月十七日）天阴

今早英广播言，罗斯福发表此次调史提威将军返美之原因，系因蒋委员长之请求，蒋与史意见不同业有数月，惟此举不影响美国对华之关系云云。我国外交关系日趋劣化，军事上又不顺利，而英、美、苏军事上进展如是之速，其领袖更骄，亦系自然之理。我国此时苟不能坚忍，前途真不堪设想。在渝中央老成持重能洞悉世界情况及我国民族前途利益所需要之人已不多，兼能与委员长直言不讳，而可发生良好影响者，更无其人，真可为我国前途痛哭也。下午二时，英广播再言，《纽约时报》著论言中国情形，内有谓蒋委员长保存其个人力量，只牺牲别人军队，是以不能对日作有效之抵抗。又云，有驻渝外国记者居华两年，发出消息，谓华方检查，使外人无法发出真确消息云云。BBC 此种发表攻击中国政府之言论系第一次，足证中英关系已异常之坏。中美又复如此，美方宣布美大使戈斯 Gauss 奉召回国，虽声明与召返史提威无关，且不影响美国对华政策，实则中美关系亦必甚坏。与静尘谈论此事，彼亦深为我国前途忧虑。在此国际情形最好转之时，我国反致如此，吾辈负外交责任之人，欲言不得，精神上真觉万分苦痛。又接情报司拍来新闻电，谓阎锡山军队与中共军队于九月间又发生冲突，真使我行坐不安。

午后五时，法大使嘉卢来访，畅谈两小时半之久，据言：（一）

---

① *Ten Years in Japan.*

对于欧战，亦以为明年春季始能结束，但谓红军现由匈牙利进攻，该方无险可守，德后备不足，不久红军便可直趋维也纳，过此以后，便入德之南部矣。（二）最近一年来，英、美与苏联办理种种交涉，均系苏联占胜，一则因红军力量之大，二则亦因道理上苏方之要求未为过分。例如波兰问题，苟吾人处苏联地位，能否容许反苏之波兰政府，英、美不顾对方情况，只顾自己利便，是以自讨没趣。此次邱吉尔之来莫，所谓商讨巴尔干问题，亦无非完全接受苏方之意思。除罗马尼亚、布加利亚完全不许英过问外，只希腊对英暂为敷衍。惟希腊宗教上本与苏相同，而此次战争后，不复相信以前反共之种种宣传，对苏亦不如前之畏惧，则其将来能不与苏联较英国为接近，亦系一大疑问。（三）苏联对匈牙利绝不放过。匈牙利政治上必有最大之改革，赤化将较他国为深，盖苏联视匈牙利、波兰、东普鲁士及德国阿大河以东，为大地主及军阀之根据，反苏之策源地，非澈底改革，则苏联之安全不保。（四）波兰问题，苏联业经决定无可商量。照苏联计划，则德阿大河以东地区划归波兰，德居民受影响者计约八百万，其中有二百万为斯拉夫人，又有二百万为德国化之斯拉夫人，可设法归化波兰。其余只四百万，可将其移来苏联各地，以为工役，帮助被德破坏之复兴工作。由波兰归还苏联之东区，须移回波兰人口亦约有四百万，以之充实新区，亦正适合。此种计划一面削弱德国，一面充实波兰，使苏联东界西移，苏联势在必行，无人可以阻止，且其执行亦必异常澈底，绝不稍留所谓小数民族之问题。大约英当局亦明白此种道理，不能再行干涉波兰事件矣。（五）澳大利亚【奥地利】本为社会主义最流行之区域，此次红军亦极力争先占领，则该国解放以后，自然倾向于斯拉夫民族之集团。（六）总之，此次大战之结果，使欧洲各国人民皆趋向于左倾之路，因目睹与敌合作者，均系大地主、大资本家，而红军之战胜德人种种，均有以致之。（七）法国内部亦极复杂，最近戴高乐之解散义勇军可为一证。以嘉氏个人意见，则似近于过急，在戴氏及其内政部长狄斯希之意，则法国对内对外均须表示其统一之政府，及有秩序、守法律之国家。义勇军之自行逮捕汉奸，自行处分，间有过分为外人批评者，是以戴氏下令，此种执行国家政令之权，应由国家之军队及警察行使。惟另一方面看法，则现在法国之军队系由北菲带返，本系与维基一致，且曾于美军在北菲登陆时，尽力对盟军作战者，而其军官更异常反动。至警察则更系旧警察，在德占领时，借口维持地方秩序，与敌合作，捕杀同胞。现在以此种军队及警察清理汉奸，自然使民众不服。实则各地义勇军之综合代表机构，即抗敌总会 National Council of Resistance，及各地义勇军之成份，共产党并未占多数，其主席即现任外交部长卑都①，亦系天主教民主党领袖。现在卑氏处境最难，目下提出一折衷办法，即各该地之义勇军改编为内政部之特种军队，受中央之指挥，大约似有希望戴氏接受。苏联对于此事自然表示不满，盖苏联亦极不愿意法国趋向反动方面，致将来有作反苏重要一员之可能。总之，戴氏似受守旧派之影响，以为苟此时不将极左份子打倒，以后更不容易。此种见解殊属可惜，因戴氏此次对法复兴贡献如是之大，全国无分左右一致拥护之，彼苟不偏于右派，则前进份子将全体拥护之，彼将得大多数民众之同情。（八）法国政府与越南军队已取得密切之联系，时机一致【至】，即共同抗日。敌方亦似有所闻，惟以兵力不足，未敢先行动手。而法越军队亦有准备，是以驻扎于越北一带之山区。法海军最大之主力舰及不少兵舰，参加此次斐岛之战，此种军舰均以前有损伤，在美修理完竣者，而人员则仍全系法国人云云。

十一月二日（星期四）天阴

上午十一时至下午一时半，学俄文。

郭武官来言，英军事代表团团长巴劳将军，昨早已离莫斯科。彼密告郭武官，苟苏联对英军事代表不改善其待遇，则英国政府将不另派人来。又美军事代表团团长 Gen. Deane 告郭，苏联对美亦遇事留难，彼处有低级职员数人返美，须另派人来，而苏方竟不允签

---

① Georges Bidault.

证，谓人员已足，无须如是之多。又美轰炸机驻地中海司令前星期来苏，请求参观其轰炸机在苏之根据地，而苏方竟不许其参观，居此数日，极端不快而去。凡此种种，足见苏联与英、美间尚多未洽之处，甚为可虑。郭武官又言，史提威之调回，闻系因与其所指挥之中国将领不能合作。盖史氏欲在缅甸战场上作一新试验，彼充总司令，直接在前线指挥各团作战，军长、师长反置诸最远之后方。又美国物资之来华，史氏分配，竟全不许送至中国各战场，完全留作彼用。

连日英国各报评论三强合作，虽极力讳言邱氏来莫之失败，但已暗示英国不能再行过于迁就苏联。例如，言三强领袖本年有再会商之必要，但邱吉尔不能再行往别处会晤他人，应请罗、史来英云云。

日昨新疆省主席吴忠信来电，谓彼到任后力求改善中苏关系，但地方辽阔，专员亦需时日始能完全更换云云，词意异常恳切，甚可安慰。故今日覆电，告以我国环境正在需英、美、苏援助之时，中苏关系极端重要，彼此次主持新政，英、美、苏各方均极注意，频来询问，余经将彼与党关系及道德人品与之详言，盼其随时与余接洽合作等语。

十一月三日（星期五）天阴

今早英广播言，邱吉尔、艾登不日将应戴高乐及卑都之请，赴巴黎一行，同时法国共产党发出宣言，正式反对戴高乐解散义勇军之命令。英、苏间似误会日深。英方以为苏方对于波兰及巴尔干半点不允让步，故在西欧亦尽力准备密切连络，以为应付，此种趋向确非世界和平前途之福。该广播又言，《泰晤士报》今早社论，对中国战事失利，攻击不留余地，更见中英关系欠佳，但谓 Donald Nelson 不日再行赴华，则中美关系尚不无希望。

宋部长今早发表谈话，谓：（一）史提威之召回，完全系个人关系，与政治无关。（二）美政府迭次表示中共问题全系我内政问题，自不过问。（三）美大使戈斯辞职，系在华多年担任艰苦职务过久，自欲退休云云。

又安哥拉广播，美副国务卿 Stettinius 今日在招待记者席上，有询以闻英、美政府均向伊兰政府表示，赞同伊朗政府所决定，将煤油权利及其他利益于停战后再行与外国商讨，是否属实。Stettinius 答称，美国自愿意此种问题于战后始行商决，果尔，则苏联与美国亦渐露冲突之处。证以苏联拒绝派遣代表参加芝加高之民航会议，藉口瑞士、葡萄牙及西班牙亦有代表，一则表示对该三国之态度，二则亦系对美有所表示。余恐苏联迩来所采取之态度，美方未必能忍受下去，则美方对苏，以后必有不客气之表示。苟苏方亦不能忍受，则前途真不堪设想矣。

英转播美评史提威之召回，谓中国人民七年余之抗战，精神自可敬佩，惟中央政府方面未能尽其全力，执政者为私，军队腐败，不能改革，不能统一全国力量，不能改革政治，使趋于民主之涂。此次罗斯福勉强应蒋之请，召回其在美最高之大将，系对蒋表示一种最极端之让步。目前美国对援华之政策暂未变更，以后则须视蒋方之举动如何，是否能有澈底之改革，政治能否趋于民治，军队是否能改善，与各党派是否能合作而定。至援华物资之分配，虽另易新人，办法亦暂未变更云云。美国对我之最近态度可知，未悉我中央能洞悉国际环境，尽力设法改善，使中国之真正友人快慰否耳。又中央广播，庸之先生已赴华盛顿，想有特别任务。

十一月四日（星期六）小雨

上午，与胡、钱两随员同出大商店，货品不少，但价格之昂，非予等能力所及购者，是以只空手而返。旧货店亦无足购者。昔与亮畴在宁同居时，彼常谓同出购物为最大娱乐之一，且拟为文以纪，题为 "Shopping as a pleasure for men"，余在此真觉逛商店系不仅为唯一之娱乐，且呼吸空气卫生上必需之举也。

十一月五日（星期日）天阴

蒋主席致卡主席之贺电，今日已收到，即译俄文，由余函送莫洛托夫部长，请其即转。

今日英广播论中国情况，虽有批评，但谓中国情况与欧西不同，中国拟于接受欧西改革中，仍保持其旧有文化云云。尚不甚坏。

美国报纸对于中国之批评，多集中向何敬之先生攻击，目其为中国统一及改革军队之最大障碍，并表示非将其撤换，不能改善中美关系云云。

十一月六日（星期一）天晴，有太阳

电何总长敬之，请其许郭武官赴西欧参观，余恐希望不多，不过郭武官急急欲往，余亦只可拍发此电耳。

明日为苏联国庆节。晚上八时，史太林广播，内有谓日本侵珍珠港，占香港、星架坡如是之易，一如德之攻占乌黑兰，均系因侵略国之有多年准备，与爱好和平国家未有准备之故，惟此后爱好和平国家不再蹈此覆辙云云。史氏明指日本为侵略国，此为第一次，殊堪注意也。

绍周告余，谓本晚秦涤清夫妻口角，涤清出外，其夫人用刀欲断其手脉血管而图自杀，幸其所割不深，未至血管。彼用人惊惶走告绍周夫妇往救，现无大碍。据言秦夫人皮【脾】气极坏，对其丈夫终日咒骂，甚或扑作教刑，涤清则消极抵抗，更触其怒，夫妇之道已万分痛苦，大约涤清为一书呆子，而其夫人在家娇养，习惯于上海、北平之摩登小姐生活，嫁涤清自觉非偶，即以俄文而论，亦看丈夫不起。微闻其前在莫斯科亦另有所恋，是以觉其丈夫对于渠之如此重大牺牲，应如何迁就图报。殊不知夫妻之相处，苟不互相尊重，须一方面永远迁就，历久自不能忍受。涤清之消极抵抗，用心已良苦。余请绍周夫妇常为劝导，且常请其过谈，俾精神上另有所寄托，不致办公以后，便夫妻同在小房相对，自易发生口角。绍周夫妇为人甚好，苟常与往还劝解，补助不少也。

十一月七日（星期二）天阴

英、美广播，均极注重于史太林广播直指日本为侵略国。

昨日，英驻近东代表 Lord Moyne① 在开罗被暗杀，凶手两人已递【逮】捕。大约系因亚拉伯与犹太人权利冲突之关系。英维持其大帝国将日益困难。邱吉尔为战时良好之领袖，但其对世界之变迁、英国须变更其以往政策一层，则恐绝未明了，殊为惋惜也。

晚上八时半，莫洛托夫外长在外宾招待所招待外宾。向例邀请各使馆馆员全体，惟今年则仅请一等秘书以上人员及眷属。在此战胜期内，反而缩减，苏联政府动作真使人莫明其妙。迈斯基夫人介绍与副主席斯番尼 Shvernik② 之夫人接谈，该老夫人极为和霭可亲，因彼不谙英语，余遂不能不使用我有限之俄语与谈，彼笑谓余可算上俄文课一次。挪威外交部长 Trygve Lie 今午四时适到，是以亦参加宴会，其参事介绍与晤，彼谓不日来拜访。又与潘大使友新长谈，余劝其早日返任，因迩来世界政治变迁异常之大，中苏关系亦自因之而受影响，余在此无法进行，因此种事非双方领袖直接处理不可。余固可代表蒋委员长，但在此未能与史太林先生有直接接触之方法，彼可代表史先生，同时在渝亦有与委员长直接接触之机会。彼对余在此办事困难表示同情，但谓余应多与洛次长晤谈，洛次长人甚好，对余亦不错。余谓商谈须两人均有说话，且双方均有相当友谊，开诚相商，除必须交涉外，无事不可闲谈，始有良好之效果。例如彼在渝时，虽无公事，亦可到余处晤谈，彼亦以为然。至彼之返任，完全系因彼个人身体关系，绝无其他。余又言，中国政府对于新疆主席之更动如是之艰难，亦系对苏表示亲善之意。而宋部长之拟来莫访问，亦系善意之表示，而至今尚未有答覆，殊为可惜。彼言想系在最高当局斟酌中，计有完满之答覆。总观其表示，则彼或将返任。余本晚系首次著礼服、佩带【戴】勋章，颇不舒适。加拿大威使询余勋章等级，余告以系一等大绶景星，自系不错。但政府于本年元旦发表予此勋章与余，余绝不知悉，直至五月间，中国报纸带到，始行知悉，最近始领到，盖余对于勋章等向不重视也。

---

① Walter E. Guinness, 1st Baron Moyne.

② Nikolay Mikhailovich Shvernik.

昨日哈里门大使在美广播中有言，于德黑兰会议时，史太林主张盟军在北欧进攻，邱吉尔主在地中海，独罗斯福坚持不能妨碍在法之登陆，卒使三人意见一致云云。

十一月八日（星期三）雪

罗斯福已被选第四次连任美国总统，票数又多，足证美国民众深明国际合作之需要及国内之改进，深为快慰。印度广播，彼今年有赴华一行之可能，果能如此，则中国之民气提高不少，中国之国际地位亦必大为增加。彼果有远见作此一行，则对于世界和平、人类幸福均大有所帮助也。

布加利亚昨晚宣布与日本断绝邦交。

十一月九日（星期四）雪

上午十一时至下午一时半，学俄文。

本月三日之《泰晤士报》等社论，均主不宜对中国责备过甚。

英副首相在国会报告，谓荷兰已向英政府提出将来要求德国领土之一部分，以为德国在荷破坏之补偿，英对于此种要求将予赞助云云。则英、苏争势之象更显矣。

十一月十日（星期五）天阴

伊朗西亚 Seyed[1] 内阁辞职，以小事大而不畏天者，不能保其国。西亚失败，在欲藉美国力量以抗英、苏。此种政策对于其国家，殊为祸不鲜者也。

晚上，苏联政府请往大戏院，观第二次全国各处职工学校业余音乐、歌剧、体育各会之表演。歌唱节目平常，但跳舞及体育表演则异常精采。休息时，见佐藤无与言者，殊代其难过。大约世界上最痛苦之人系犯罪而自知罪之人，佐藤早知日军阀之作为，必陷国家于惨祸，现恶报日近，是以精神上想必极为难过者也。

---

[1] Seyed Hassan Taquizadeh.

十一月十一日（星期六）天阴

上午十一时至下午一时半，学俄文。

下午四时，波兰工程师 M. S. Okecki 来访。彼曾在华服务四年，后在阿富汗七年，现觉其国家最危急，故返回尽其国民之义务。余力慰之，彼感极泪下。

十一月十二日（星期日）天阴

连日读 Vincent Sheean's *Between the Thunder & the Sun*，彼对于邱吉尔佩崇备致【至】，尤以其在英国危急时期，兵力极弱之际，调遣重兵赴北菲及近东，以救"大英帝国"之沦亡，彼以为英国政治家无敢冒此大险者。又历举法国失败之原因，谓最后由于三妇人，即 Mme. La Countess Hélène de Portes mistress of Reynaud, Mme. La Marquise Jeanne de Cruesol mistress of Daladir, & Mrs. Odette Bonnet，其中以雷诺之情妇波的夫人为最甚，其事无大小，皆直接干预，军政要人中稍不如其意者，即被免职。最后雷诺之不允将军队及舰队退往北菲继续抗德者，系因该妇人不允离法本土之故。而她本人结果，则仍系在瑞士公路上翻车伤死，实遭天报。作者曾见其人，谓貌殊不扬，硕大声粗，举动绝不具贵妇之态，年已四十五、六。最可笑者，则有一次，Reynaud 与 Daladier 争权时，并非两人之争，而系其两姘妇在隔房之争，至于用武，而两男人则静候其姘妇所争之结果何如耳。善氏曾赴重庆，所书印象亦不甚佳，大抵其背景系受其妻之姨母 Lady Maxine 之影响，麦夫人幼年曾现身舞台，嫁英富人，早年而寡，与英皇爱多亚交好，是以对于英名人均极友善，尤与邱吉尔、Lloyd George 等。是以善氏对英人之崇拜，对别民族轻视，良有以也。

汪精卫于今日在日本名古屋身故。彼甘当傀儡，为天下万世笑，半因其个人意志不坚，半由其妻陈璧君之故。昔总理尝言："要精卫革命，非先使其离婚不可。"胡展堂先生曾语余："精卫极能演说，颇能做文章，绝无学问。"均深知其人之语。余与认识亦久，觉其人有野心，而学问不足。革命初期，彼之短处尚自知之，是以每事均以展堂之意思为己意，而展堂亦知精卫之短，是以绝不客气，每事以老大哥自居，目精卫为小弟弟。斯时余迭与梯云、哲生谈及，恐精卫未必能永久甘心于此，璧君则断不能忍受。后余所料不幸而中，彼与展堂竟成世仇。余曾一度与亮畴共同努力，使再接近，展堂绝不允商，而彼亦无诚意。彼未离渝前一晚，曾请余到家晚膳，力言苏联可畏，英、美不足靠，军事困难，希望甚少。余力言苏联为其本身利益，亦须援华，不必畏之，英、美态度亦未必如是之坏，彼谓余过于乐观。不料彼与余谈话时，业经决定充当傀儡，璧君更不能忍耐其与余作此种辩论，于十时便促其睡，是以余亦不能不离，而翌日彼竟离渝。彼苟有意志坚强、学识高超之领袖以提导之，并去其璧君等之影响，未始不可作国家有用之材。不幸如此，立身处世可不慎欤。今日为总理诞辰，而精卫死，岂真为总理所不容乎。

英、美、苏同时宣布邀请法国加入欧洲顾问委员会。《泰晤士报》评论，更言邱、艾此次在巴黎与戴高乐商讨事项，有接济法国军械、组织强大陆军，则英对西欧之联合，与苏对东欧相伯仲也。

英广播言，英宣传部长劝国人对中国不宜作过于苛刻之批评，英外交上之应付，确较他国为高明。

部转委员长电，促绍周早赴新疆特派员任。此事已无法挽回，故与绍周、静尘商，只能定下月初离此。计彼往新疆，于新省交涉自有无限之帮助，惟此间于彼去后，俄文好之人已无，余在此办事，不免增加困难耳。

十一月十三日（星期一）天阴

部令刘正堉可于新人到始离馆，但彼已无心做事，故刘、陈两参事均主著其先返。彼近来做事更差，强留更不适宜，故著其仍照彼原定行程，于本月底离莫。

上午十一时半至一时半，学俄文。

十一月十四日（星期二）天阴

英公布前日已将德战舰 Tirpitz 炸沉，又言中国政府宣告成立战时生产部，由财政部主持，并与 Donald Nelson 取密切联系。

英商务秘书几霍 Gifford 及其夫人在彼寓所请宴，同席者只美参事 Kennan 及其夫人，及英情报局局长 J. W. Laurence。

上午十一时至下午一时半，学俄文。

下午三时，新任土耳其大使①来访，彼系第三次来苏。第一次系在一九二九年至一九三一年，在此间土大使馆充秘书（前任大使为馆长）。第二次系一九三六年，在奥地沙 Odessa 当总领事。故能操俄语，对俄情形亦极熟识。

十一月十五日（星期三）天阴

英报载，英副首相 Attlee 在下议院答人询问时称，香港地位包括在邱吉尔宣言"彼不收束大英帝国"之内。是以英政府现已奖励英商，准备在该埠重建，及出口货物于该地云云。英政府之政策可见一斑，吾人应更自努力图强，盖自己力量苟尚未足时，无论如何有理，欧洲所谓强国者，绝不因顾全道义而送还其盗取物，良以邱吉尔辈，对于国际上绝不讲求道德者也。

十一月十六日（星期四）天阴

上午十一时至下午一时半，学俄文。

尼路逊 Donald Nelson 已再赴渝，我中央已组织国防生产部，由翁文灏主持，组织计划系依照尼氏所拟，想将来必有成绩，中美关系亦可因此而增进。

秦涤清告胡世杰，谓彼离渝时，国内曾有人请其告余，谓余之报告多不准确。涤清向未与余言及，余亦未觉有何不对之报告。反之，余历次对委座之报告均异常谨慎，异常忠实，好坏均直言不讳。或者间有过于直言，为某一派系所不满，目余过分亲苏，以致对余

---

① Selim Sarper.

有此批评。实则余到此以来，所向中央条陈，事后均可证明余言不错，委座及宋部长来电及所做，均似采纳余之建议。总之，良药苦口，自易招忌。惟余在此国家生死关头，自顾责任所在，绝不因别人之毁誉而影响我实行我良心上以为应做之事。对于个人利害，更非余所计及者也。

晚上，法大使①在旅馆请晚宴。

十一月十七日（星期五）雪，冷

上午十一时至下午一时半，学俄文。

连日英国各报及此间各报，均载有邱吉尔到巴黎，与戴高乐曾商及组织西北欧军事、政治、经济大同盟者，有目为对苏之举。综观英、法接近，法国解散游击队，比国亦发布同样之命令，比、法共产党对此之反影【应】，不无使人怀疑戴高乐之拟来苏访问，想亦系一方面亦欲对苏暂作相当之敷衍耳。

邹希古来电，彼调阿富汗公使，叔谟继任土尔其大使。希古之调阿，自系部中对其不满之表示。而叔谟则系明升暗降，盖土尔其绝不重要，而舒适不及澳洲之万一，大约重庆有人谋此位置，世界上舒适工作不能久享，且叔谟在部当权时，对人亦颇刻薄，故人对之亦属如此。天眼昭昭，报应不爽，吾人做事不可不慎也。

晚上，静尘在馆请 Cocktail Party，加卢言，彼与法前外长不和，因对苏意见不一所致。此次戴氏来莫，苟不能达到加氏之主张，则加本人将引退。渠人甚佳，对苏见解亦确实，如许其退，诚为法国惜也。

美馆方面消息，Maxwell Hamilton 任美驻芬兰公使，余即电贺之。

十一月十八日（星期六）雪，甚冷

上午十一时至下午一时半，学俄文。近日多练习作文，进步似

---

① Roger Garreau.

速，大约非用苦功，不能有进益者也。

昨晚美使馆某秘书自孟磨斯（北俄）返。据言，亲见自法国新运回苏之俄国俘虏，均系战时或在德占领区运往法国当苦役者。法国解放后，将彼等送回苏联，为数甚多，在苏报纸则登载如何欢迎其重返祖国，但实际上则见其待遇如同囚犯，在车上及集中地点监视甚严，绝不许与人谈话，并且即送往集中营。苏联对于人民之生命自由甚为轻视，自系其历史环境种种所使然，非外人所能了解者也。

罗斯福定向国会提出新兵役法，规定国民服役一年。在此次战争后，德、日威胁将行解除，而美国反加紧战备，其用意当系防苏。英方对于西欧亦积极布防，在法已加紧与戴高乐之联系，及肃清法内部之共产份子。比国及荷兰亦然。大约因鉴于苏联对东欧各国之态度（如对罗马尼亚，近径派 Vishinski 往指挥一切，及对布加利亚等等），对伊朗之干涉其内政，对瑞士之不允设立邦交，及对美邀请参加芝加哥航空会议之拒绝，在在均可使英、美人士怀疑，甚有认定其积极图恢复帝俄时代之侵略政策者。苟如此下去，关系不改善，则前途实不堪设想。余只望罗、邱、史三人于最近会晤时，能多各谅解，多互迁就。英、苏两方更能放弃其对人干预之政策，否则第三次大战必不能避免，人类之幸福全无矣。

十一月十九日（星期日）大雪，冷

上午，英倚泉来。彼言近来英、美记者均觉异常苦闷，对苏异常怀疑，万分不满。昨与闲谈，有提出询众反苏以何国为最利害者，多答以在莫斯科之 Metropole Hotel（即各记者所住之饭店），由此可见一斑。

新德里广播，谓我军由印度攻缅，即沿途铺设输油管，可由印运汽油至华云云，则系我国最大之设施，且亦对我最有利之举，堪足慰也。

十一月二十日（星期一）大雪，甚冷

上午十一时半至下午一时半，学俄文。余与马斯青斯加亚教员

谈及余于星期六晚往观《海鸥》时，见以六十余岁之老娘 Alice Koonen 为主角，饰十八岁之少女 Nina，殊不堪入目，彼力辩其佳。大约马教员辈与外向无接触，历受训练无一苏联之品物习惯非世界上最佳者，殊属可笑，亦可怜也。

本期《战争与劳工阶级》杂志有一文，谓《纽约商报》反苏，谓该报为中国国民党之机关报。苏联政府之小气，真无以复加矣。

伦敦及新德里广播，均言今日我政府宣布何应钦免职，以陈诚继任军政部长，孔庸之免去财长，以俞鸿钧继之。持【辞】修思想前进，鸿钧有清白之誉，可为政府得人庆也。

十月二十一日（星期二）天阴，冷

上午十一时至十二时三刻，学俄文。

苏报已详登昨日我中央人员之更动，谓以陈持【辞】修任军政部长（兼参谋总长），张厉生调内政，外交宋子文蝉联，并兼任国府委员，财政俞鸿钧，教育朱骝先。党部方面，陈立夫调组织部，王世杰宣传部，梁寒操海外部。此为抗战以还之最大更动，苟侍从室方面不再如前之集权，宫中府中俱为一体，陟罚臧否无有异同，则我国前途深堪庆慰者也。

下午一时，加拿大威使来访，畅谈两小时之久。彼向亲苏，对邱吉尔之政策多作公正之批评，对苏多为谅解。盖其夫人为俄人，而加拿大政策又不赞同帝国主义侵略者。彼个人思想前进，学有根基，是以向所持论，极具深刻之见解，与余尤能相得，推诚畅谈。但今日彼亦表示对于苏联、对于世界局势甚抱悲观。据言：（一）邱、艾之来莫，虽彼两人告渠成绩甚佳，语多乐观，惟彼综观种种神态，似系极大之失败，双方意见分歧，未能谅解。是以首次苏联在外交招待所宴邱、艾时，史、莫各人及英方邱、艾，均觉无限之愉快，异常亲热。及后在克姆霖宫招待时，则双方均默默寡言，若有无限隐忧者。及今回思，必有原因。（二）大约邱、艾觉苏方对波兰问题一意孤行，不无疑惧。盖苏方前此之要求，以克逊线为界，及拒绝反苏份子组织波兰政府，系在情理之中，英、美舆论自表赞同。但苏方似更进一步，坚持设立其绝对服从之傀儡，不独无意许多数之波兰开明份子参加，即其所利用人员中，稍不尽如其意者，如 Witos 亦已免职，而无所可否之 Morawski 亦渐不相信，而急以前著名之共产党、行事不择手段之卑律 Beyrut 总揽大权。同时又提出将其所做成之波兰西界，要求扩充至德国阿第 Oder 河。换而言之，则苏联系要求将其国土伸张至中欧阿第河，安能使邱、艾不怕。（二）【（三）】邱、艾返英，即赴巴黎，及发起西欧大同盟，即系对付苏联。（三）【（四）】苏方现似更进一步，对罗马尼亚直接干涉，派维申斯基径往主持。对布加利亚则使其与南斯拉夫联合，成立联邦。即对捷克亦开始对付，新近在莫之捷克共产党要人发表文章，主张捷克分为三自治区，每区由一委员会主持，而各该委员会委员，应由共产党占多数云云。此种言论能在此发表，自系苏联政府之意思。由此可知苏方对于主张亲苏最力之 Dr. Beneš，亦不许其立足。加以最近对于伊朗政府之攻击，对于瑞士之不允恢复邦交，对于美方邀请参加芝加高航空会议之拒绝，均可使英、美方面视苏方侵略政策推进之举动。（四）【（五）】美国政府中人，如罗斯福、赫尔等，对苏已有戒心，似已开始预防。而罗氏对于租借法案之提出继续【续】，则更有困难，因美方本觉此次战争以后，英方固须美国之资本物资，援助其复兴建设，苏方亦同样需要。是以罗氏政策欲于战后延长继续租借法案，以为复兴之用，但对苏苟有怀疑，则何必资敌。目前美国民众尚未至转而反苏之程度，但苟局势不好转，则势必趋反苏。（五）【（六）】加拿大政府及人民向对苏友善，但近来舆论似已渐对苏之举动表示怀疑。（六）【（七）】罗、邱、史会议尚未可乐观，因罗、邱绝不能来莫，故现只看史氏能否赴英，或往地中〔海〕另一中立地点会晤耳。（六）【（八）】希腊波使向其表示，对于布、南两国联合异常忧惧。

　　下午五时，往访法代表加卢。渠看门之女仆异常活泼风骚，法国人风流成性，处处均可表现。与加代表谈一小时半，彼为人健谈，率直无隐。据言：（一）英欲组西欧同盟以应付苏联，是以 Smuts 辈虽公开发表目法国为二等国，而不一星期后，邱、艾竟亲到巴黎，承认法为大强，其用意自系欲法国供其利用。但法国自有其独立政策，是以邱离巴黎后，戴氏即表示欲来莫与史太林晤商，史即复欢迎。现在英、美联合，与苏联之斯拉夫集团对峙之势已成，法国居中操均势之权。且法国于此，更得各小国之不愿为大国操纵者之支持。是以英、美与苏联两方均不能尊重法国之意见，法国处此有利之地位，自可用以和缓双方之冲突。此次戴氏之来，不独关系法国本身，于世界前途亦有莫大之关系。（二）法国失败亦系因主持公道，遵守对波兰之义务。反之，美国方面尽量供应日本军械，最后越南请求接济小数飞机，以作抵抗日本之用，美亦严辞拒绝，同时不断售卖飞机与日，以作侵略之用，有何道义之可言。现在美国方面高谈政治道德之原则，所谓大西洋宪章，解释已不明了，实用时更不遵守，且又不易遵守。英国方面，其外交更无定见，每日应付，此种政策亦绝不能获得良果者，以之应付苏方之有一定政策、有一定计划者，自当失败。（三）苏方之政策，系排除一切在欧之反苏力量，及作一斯拉夫民族之大联合。经此次战争以后，自已成功。（四）英、美现趋向于崇尚武力之政策，实属危险。无论一国如何之大，苟世界联合，必较其力量为优，是以小国利益不可不尊重。综观其所言，则似主张利用双方不和，以增加法国之重要性及希图联合各小国以自重，同时对英、美表示不满。此种政策，余以为对于法国极为危险，但余自不便表示任何意见也。

今日为苏联神怪寓言小说作家 Ivan Andreyevich Krylov 逝世百年纪念日，苏联政府由作家协会在大戏院举办纪念典礼，邀请外交团参加，南斯拉夫总理兼外交部长 I. Sabasich 亦在。由 Tikhenov 报告基罗夫身世及作品之批评。一小时半后，作家有念诗诵文者。休息后，排演一独幕剧"Урок Дочкам"（Крылов），饰冒充教员之 Я. М. Волков 及饰女仆（其情人）Дашка 之 Т. С. Веляева 均佳。第二段节目中，Н. А. Обухова 独唱甚佳，彼虽年老体胖，而喉音高滑可爱。В. А. Давыдова 年较青【轻】，体态轻盈，喉音亦高，唱 Soprano，惟用喉不及 Обухова 之游扬入耳，Ьатурин（tenor）及木偶戏亦不错。

今日此间各报以"转载伦敦讯"方式登载西欧同盟运动，极端攻击，目为对苏，并引法报 *France Tireur* 言称："莫斯科方面反对此种西欧集团，盖引起其回忆一九一九年同盟国之政策"云云，苏联意见可知。

英广播，对我政府之更动有良好之批评。《泰晤士报》著论，赞为委员长起用新进，采取较自由民主政策之表现，对于持【辞】修、骊先、雪艇尤多好评。

十一月二十二日（星期三）小雨

苏报今早最高国防委员会委员中 Voroshilov 已去职。

Severa 第十七期载文，历叙海军中将 Ad. Vevelska 少时发现远东黑龙江下游一带领土，使国境增加之经过。内有库页岛全部本属俄国之语，但未涉及我领土，可见苏方对远东之意思，大约将来对日必要求库页岛之全部，及对高丽必不放过，对中国现在或尚未有任何企图。

今日午睡时，忽似闻闹钟之声，醒而觉房内满布旧家具，虽倦【倦】极，勉强欲起。忽而再醒，视棹上之钟已四时，仍觉困顿不堪，欲起时，则似仍在梦中。稍缓，再用力自醒，则棹上之钟只系三小时，可证前二次之醒均非真醒。忆幼年在塾作双联时，有出"梦中梦幻"，余对以"胡里胡涂"，曾国昌师目为工巧，今日两者均有之矣。

十一月二十三日（星期四）天晴，有太阳

上午十时半至下午一时半，学俄文。马教员言，彼今早来时，自思三小时不断之教学，计极不容易，深恐不能，不过聊作试验。乃余继续三小时学习不倦，诚出彼意料之外云云。以余年将半百之人，尚有如此精神，亦堪自慰者也。

晚上荷兰大使①请 Cocktail Party。法代表嘉卢言，前日伦敦《泰晤士报》社论，反对分割德国领土，主张列强占领德国若干时期以

---

① Baron van Breugal Douglas.

后，则永远维持在德之军事据点，以防止德再图侵略。换而言之，则英方正式表示反对苏联之主张波兰占有德境达于阿第 Oder 河，及法、比、荷、西占德境以达莱茵河。苏联人士对此异常注意，视英国仍欲维持一强大完整之德国，以为防苏之用，仍欲恢复其在欧均势主义之政策。戴高乐昨在议会报告，大致谓法、比、荷、挪不能不与英有共同之联合，但此联合应与东欧苏联之集团合作云云。此种原则上之政策自无可非难，惟双方执政者之运用及做法最为重要。戴氏定下星期来莫斯科，则罗、邱、史之会晤想在戴来之后矣。

郭武官言，闻我国连日又有大批高级军官更动，想委座此次之改革必甚澈底也。

今日马教员言，俄习请客，主人应极力自赞其食品之佳美，盖苟自以为不佳之物品用以享客，为最不恭敬，与我国之习迥殊矣。

十一月二十四日（星期五）天阴，小雨

上午十一时至下午一时半，学俄文，仍觉深【生】字不易记忆，故改于每课将生字多用做句方法练习。

连日美国报纸对我国政府之更动，有赞为趋于民治者，有表示怀疑，又有竟目为稍为移动以欺外人，实无变动者。*Times Weekly* 十月二十三日载有关中国之消息，内有"罗斯福与蒋委员长之关系，未有如目前之坏"云云。美方对此远不及英方一致赞许之高明。该杂志有载 *Times* 罗马尼亚通讯员电，对于苏联对罗政策异常怀疑，又力言红军在罗马尼亚之不法行为，足证美方对此之意见。

昨日由 Saipan 岛起飞之美重轰炸机七十架，飞炸日本东京、横滨一带，自此倭寇老家将无宁日，将渐自食其恶果。虽美方宣称注意避免轰炸日皇宫及神社，亦系表示非与人民对敌之意。

晚上绍周来言，其第三女少兰（实则系其甥女，父为波兰籍之俄人）本在此学医，近因功课过难，恐不易成功，拟随其返华。彼正发生困难，因迪化无俄文学校，乃陈参事静尘昨晚忽与绍周言，欲向少兰求婚，殊出彼意料之外。少兰本极有意于李随员肇瑞，渠

亦同意，近忽闻李与刘正埍等在外另恋一俄女，是以曾向少兰言，惟少兰则谓非李不嫁。绍周正万分为难，静尘忽有此提议，使彼惊喜万分。昨与少兰言，彼初尚以年纪相差过远，稍为怀疑，但昨晚通宵考虑结果，已答允。是以彼已将详情告知静尘，静尘万分欣悦云云。晚上静尘亦与余言，谓渠本不欲结婚，但其母年事已老，迭函著其成立家室。彼后思已活数十年，未曾享受家庭幸福为终身大憾。在国内时，本迭次有友欲为其作媒，但彼决定三不娶：（一）富家女，（二）学问过好者，（三）女职员，盖均不易得其安分持理家务。此次静观少兰年余，觉其人品极佳，不慕虚荣，料理家务井井有条。至其容貌则各有所好，别人或目为不扬，但彼觉其尚好。是以与绍周商得其同意，欲于下星期二公宴绍周时，请余宣布，并于下星期六举行婚礼，盖是日为其母亲之生辰云云，余表示极端赞同。渠与余言时，面赤过耳。渠人极老成忠厚，少兰品性亦佳，计必相得者也。

十一月二十五日（星期六）天阴，小雨

昨早接宋部长来电，询彼来莫访问事有无变更，著余再询苏联政府，余乃约与外长莫洛托夫晤谈。彼约于今晚十时，届时余偕绍周至克姆琳宫与晤。余首言自余到莫与彼见面时，彼表示对于中苏友善及合作关怀，正与委座之意旨相符，是以余迭次报告我中央。而在此过去一年余中，我中央极力图与苏方亲善，例如新疆事件可为明证。现在世界局势变化，委座觉有派其最亲信之宋子文外长来，与彼及史太林、加里宁各位磋商之必要，是以余曾请洛次长转达。后洛次长覆言，只系期日问题。余经报告我中央，现为时已久。宋部长昨来电，著向彼再询确期，未悉苏联对此有决定否。彼答苏联政府对于宋部长访莫，原则赞同，惟因苏联正在战事紧张之时，尤以本年秋冬为甚，而史太林元帅对于军事之统筹及指挥异常之忙，而吾辈助其办事者亦不易有暇。是以对于宋部长之来莫日期，曾加慎【缜】密之考虑，现可将考虑之结果奉告。即本国政府以为宋部长来莫访问时期，以明年二月底或三月初为最适宜，未悉贵大使个

人意见以为如何。余答自当照此报告本国政府，至本国政府之看法如何，俟有训示当再奉告。至余个人意见，则既有困难，则有此定期总算较佳。渠又言贵大使既提及新疆事件，余可奉告新省虽已易人，情形未见有若何之改善，盛世才以前之所作所为，均于中苏关系有绝大之妨害。余答，关于新省事件，余在渝时曾与潘大使言，新省情形复杂，中央致力于抗战，久无暇兼顾该地，及事件发生，亦须相当之准备及布置，始能著手整理，否则万一不慎，于我抗战全局不无影响。现经长时之准备，而执行时尚有不少之困难，于此更足证明我中央及委座注意中苏友谊之苦心。益更有明证，即委座已决定派刘参事为新疆特派交涉员，彼之离此于余固万分不便，但余亦不敢反对，可知余等注意改善新省情形之至意。吴主席为人甚为明达，彼曾随孙总理办事，与余亦交好，彼深知中苏关系之重要，及委座对此之政策，是以渠到新后，渐图改革。但余最近接其来电，谓人事之整理亦须相当之时间，盖新地方广大，须慎选之官吏又多，在我抗战期间，此确为不易之事。彼谓将静观以后结果再算，至于我国用人，彼自不能干预，不过余既提及新疆问题，彼始言之耳。余又言，委座派余来苏，完全系欲增进中苏关系，是以离渝时，委座曾授权于余，可商各种事件。余并与委员长有直接电本，及有直接接触之权，如有必要，可不经外交部。是以有何重要事件，可与余商量，并以对苏联具最友谊者视余，遇事均可开诚商讨。彼谓甚谢余此意，并将此志之。总观今晚之谈话，尚似不错。大约彼等预计欧洲战事于明年二、三月当可知大概，而世界政局亦可明晓。中苏关系与该两事有密切之关系，非到此时，未易与我国作任何之商洽也。

晚上七时，余请苏联外交部、对外贸易部、国防部、对外文化协会、电影委员会人员，暨艺术界名人，到馆看中国电影《儿女英雄》，洛次长、Kaganovich次长等四十余人均来。余并备点心，后跳舞至十二时，始尽欢而散。名画家□□□、捷克诗人□□□夫妇及Soya姊妹，则留至一时始去。

（昨日由西班岛起飞之美空中堡□【垒】七十架往炸东京，美方宣称以后将作不断之轰炸，倭寇将渐食其恶果矣。）

十一月二十六日（星期日）雨

上午，岱础来询余昨晚见莫洛托夫外长事，余自不能与言，足证其常识不足，此种事安能向长官询问。迩来我国所谓新进之外交人物，不专事研究工作，不晓上下礼节，不守纪律，真可为我外交前途惜也。

十一月二十七日（星期一）大雪

郭武官报告，渠昨日与加拿大威使晤谈，悉卡尔大使因天气不佳，尚未能离莫斯惟【科】，卡尔本人异常焦急。据威使言，一则因欲避与戴高乐见面，二则因苏联政府已著波解放委员会领袖来莫，商讨波兰事件（大约与伦敦波兰流亡政府无合作之希望），彼在此应付困难云云。

绍周今午往晤南斯拉夫大使西密斯。据言，外传南斯拉夫与布加利亚联合，绝无其事。最近 Tito 与南总理商定各项，南国各方均甚赞同，彼个人不久返国任职。至彼国内破坏甚大，尤以受美机轰炸，Budapest 几全成灰烬，言之痛心云云。

绍周又报告，郭武官一再与商，设法使宋贤臣之次女用其太太之名义来苏事，绍周告以发给护照之不可能。郭武官于前晚竟自与苏外部李司长言，假如有出籍之俄女用外交官太太名义来苏，能否得苏许可。李司长似已会意，笑谓可请刘参事与之商讨，实则此系绝无可能之事，彼真异想天开。余对于此事始终作不知悉，现亦只能如此，是以将此意告绍周。

部有覆电，许绍周仍兼本馆参事，则其子女在此种种问题均已解决。余自问为人谋未尝不忠，与朋友交未尝不信，传未尝不习也。

顾少川来电，询德广播言伏洛斯罗夫元帅调远东总司令事，并及中苏关系，及调盛后影响。余覆以伏事似不确，中苏关系无甚变化，苏对调盛认为初步满意。即询其中英及英苏关系。

英广播言，美派哈利将军 Gen. Hurley 为驻华大使，甚佳。又言，赫尔因老病辞职，甚可惜也。

上午十一时半至一时半，学俄文。马教员因前晚有批评余未能讲话，故亦觉非多练习谈话不可。

十一月二十八日（星期二）雪，冷

今日英《泰晤士报》社论，评波兰总理米哥拉藉辞职事，言波流亡政府欲离间英苏关系以自固，英政府经迭向之明白表示，不能助其反苏，波兰只能与苏联合作。最近波兰政府又提议英、美保证其独立，英、美政府谓只能与苏联作共同之保证。但波政府则要求除三国共同保证外，另由英、美单独保证，殊非英、美所能办到。现米总理与苏联合作之政策不能实行，因而辞职，则解决苏波问题之途已塞云云。英广播又言及比国情形，谓前晚比京之暴动及警察之开枪，均系因流亡政府与国内抗德份子意见不同所致。大约所有被德占领区内之抗德份子固不甘受德统治，而对于一九三九年之旧统治者多不满意。又因流亡政府多与大工业及资本家有密切关系，而此辈工业或资本家多与敌合作，是以抗敌民众对之犹【尤】为痛恨，要求惩办此辈。总之，民众系极端反对回复一九三九年状态，并要求为民众有利之改革云云。英政府前此欲恢复旧有各守旧政府，现当亦自知其不可能，而应及早变更其国策。余向以为世界之唯一希望，则英放弃其帝国主义之保守反动政策，而向开明之路前进，苏联放弃其极端共产主义、赤化他人之政策，而趋向社会主义之涂，则第三次战争始能避免，人类始有安宁之日。此时关系尚未至不可收拾，及早回头尚可补救，否则不堪设想矣。

阶平电，言法国政策在右倚英国，左倚苏联，以达其第四大国之目的，并以英苏之联介自任。英国主张组织西欧集团，包括英、法、比、荷、葡、挪威各国，法以苏联反对，颇有难色，同时希望于英法同盟之外，缔结法苏同盟云云，更无所偏倚。此次戴高乐访苏，虽官方称纯系访问性质，闻有缔结法苏同盟之可能云云。

苏外部今午请绍周往，提出一抗议，谓在伊宁苏领馆迭被枪击，又有炮弹，苏副领事被伤身亡，又有被伤者。同时华兵迭次从行政署越墙入领馆，故要求我方制止。绍周与言，于此足证我新省易人之难。余以为仍系旧人故意作此，以引起苏方对华不好之阴谋。

晚上，同人公宴绍周，与之饯行，余并代宣布静尘与刘少兰订婚，及定于本星期六举行结婚典礼事，众均惊异。

十一月三十日（星期四）天阴

上午十一时至下午一时半，学俄文。今日苏报社评，关于我中央更动人员事，对立夫最不佳，敬之次之，庸之又次之。辞意尚不甚坏，只谓静观以后进展如何云云。

十二月

十二月一日（旧历甲申年十月十七日，星期五）雪，冷

今日美国官方宣布，估计日军现有四百万，半在中国作战，必要时可再征二百万。此系首次美方承认日在华使用兵力之厚。

上午十一时至下午一时半，学俄文。

十二月二日（星期六）雪，冷

正午十二时，陈参事静尘与刘参事之三女少兰在馆大堂举行结婚典礼，余为证婚。

下午二时，往车站欢迎戴高乐。

晚上八时半，陈、刘在馆设喜酌，外交团及苏联方面来宾不少。卡尔大使与余谈我中央改组，谓持【辞】修可算理想中人，惟以俞鸿钧资望稍差。余答以中外对于财部之批评系贪污，俞之操守彼应知之。彼谓如此看法极对。至于骝先，彼亦认为并非亲德。余劝其返英向邱吉尔、艾登建议，对于中国政治、军事，不宜过事批评，只宜尽力援助。彼谓同情，但谓各种批评均始自美国，前美方对华之恭维大过，现在批评亦然，此系美国人之特性。彼又允此次返英

与少川详谈苏联情况。比国大使①与余商向苏联抗议其报纸攻击比国事，余劝其审慎。

今日苏《消息报》载文攻击中国，《战争与劳工阶级》亦有文，更为利害。

十二月三日（星期日）雪，冷

晚上，苏外交部请在大戏院观剧，一为 Уланова 之 "Жизель Siзelle"，一为 "Iolauthe"，戴高乐亦在中厢。

十二月四日（星期一）雪，冷

下午五时至七时，莫外长在外宾招待所设宴，俾戴高乐与外交团及苏联人员会晤。戴氏与余稍谈，谓中国方面及委员长个人对渠甚佳，新近驻渝法大使②返巴黎，带有委员长书函，彼甚满意。又谓法国与中国均处极困难之地位，以前彼以为一年后中国之困难便可解决，现在恐须延长，惟中国困难应可渐为减轻。余谓最后之困苦恐为最大，彼亦以为然。其私人秘书 Jean 系徐复云之妻舅，托余转电徐，谓其妻儿均安。

晚上，梦×妹向我一再表示不满于现处之环境，谓精神上过于痛苦，余亦觉良心上不能再使其受此牺牲。盖彼尚青春貌美，学问亦高，觅一佳婿殊不困难，苟为余纠缠，误彼青年，余又不能脱离自己环境而与结婚，则将来彼必反而恨我。我自问亦无以对之，是以与之直言，彼似含有无限之痛苦。实则余心如刀割，一字一泪。彼去后，余返床大哭，直至翌晨。

接秉坤电，柳州中行迁都匀后将结束，是以彼欲调渝服务，又请代其子德辉觅一差事。电中附十妹言，彼与龙某随秉坤行动，其儿在宜山病故，彼现又怀孕，请余代其想办法。即电亮翁代秉坤设法调渝，并电陈科长即电汇美金七百元交秉坤，内三百送渠，二百与十妹，二百与锦培，并覆电秉坤，内著其电锦培住址。

---

① Robert van de Kerchove d'Hallebast.
② 法国民族解放委员会驻华代表团大使衔代表 Zinovi Pechkoff。

十二月五日（星期二）雪，冷

接宋部长电，定明年二月底来莫，故约洛次长于下午三时在苏〔外〕交部晤谈，转达宋电。彼谓当报告莫部长，并谓一切手续可由驻渝苏大使馆办理，故即电宋部长。

英广播言，敌人已到独山，重庆官方宣称，战事为七年半来最严重，贵阳苟失，则重庆、昆明间尚有两路可通云云，我国战局真堪忧虑。

美方任前驻日大使 Grew 为外交部次长，彼向主对日不苟之人，未悉美方对我政策近来有变动否矣。

上午十一时至下午一时，学俄文。与马教员商，彼亦以为余识字不少，只缺乏练习，是以决定从下次起温习 Bondars 及 Semeonoff's。

下午六时半，郭武官在馆与绍周饯行，外交团及英、美记者亦有。

八时半，法代表嘉卢在法使馆宴戴高乐，余与法外长卑都 Bidault 稍谈，渠之英文有限，是以未能多谈。

今日 × 形容瘦减，心中似具有无限之隐痛，强作欢笑者，实则余亦何尝不如此。

昨日政府发表宋部长代行政院院长，仍兼外交部长。英方批评甚佳，并认为改变对于中共之政策。

十二月六日（星期三）雪，冷

下午二时半，法代表加卢请午宴，同席均外交团馆长及代办，戴高乐及外长卑都为主人。卑都与余言，法国政策系希望世界各强国不回复其强权联合政策 Power Politics，并各努力为人类幸福方面著想。又谓法与华处境相同，共同利害之处甚多，蒋主席迭次表示对法国及戴高乐个人甚好，是以双方有密切合作之可能及需要。余表示希望彼与戴氏此次来访，能解除英苏间之误会，使双方更相处以诚，去其疑忌。盖不如此，世界前途不堪设想，法国更甚，彼深以为然。席间戴氏作简单之演说，使团方面，则因领袖大使系阿富汗大使，阿富汗为中立国，讲话不易，且渠法文不佳，是以请挪威大使 Andvord 代表致答辞，虽颇短，但尚佳。其引 Victor Hugo 时，由其衣袋取出原书朗诵，其念答辞时各种神气亦似剧中之人，博得全场之鼓掌。但余私意，则似过于"做作"，颇欠"自然"，美哈使似不甚快意。

晚上八时，苏外部请往红军俱乐部观红军乐队跳舞及合唱。跳舞节目较前所睹为佳，且有五女子参加，均年青貌美，舞术亦佳。

十二月七日（星期四）雪，冷

上午十一时至一时半，学俄文。

下午三时，英军事代表团请往看电影，军事片及普通片均佳。

李司长凡诺夫在国民饭店宴绍周饯行，苏外部人员与人饯行，此系破天荒之举。比返，则听广播发表李为苏驻澳洲公使，彼等真能守秘密。

十二月八日（星期五）雪，冷

上午十一时至下午一时半，学俄文。

顾少川前日来电，尚言英苏关系之佳，艾登告渠与邱吉尔来访苏之成就，在英真不易获得真确之消息也。

绍周今日往各使馆辞行时，美参事 Kennan 对苏联事异常悲观，觉前途黑暗，谓苏方对外只有两类，一为敌人，一为奴隶，绝无朋友平等之观念云云。伊朗参事亦极悲观，谓伊朗三年余来尽力援苏，帮助运来军用品无数，忽因煤油问题稍为拖延，即便目为最大之敌人，如此国家安能不怕云云。

十二月九日（星期六）大雪，冷

部及醴泉电，伊宁、归化民叛变事，此事可大可小，深堪忧虑。

下午，与胡随员同出旧货店，无足购者。

晚上，往美使馆看电影，为战事片，平常。

十二月十日（星期日）雪，冷

上午，法使馆电话，谓戴高乐于今早十时乘车离莫，但接电话时已九时半，无从往送，彼亦不能怪余矣。

昨晚义大利大使告余，义政府初向盟国提议，继续维持其在罗马尼亚之领馆，苏、英均反对。义政府电彼向苏方疏通，该电迟到六天，而苏政府忽变更态度，通知彼谓不反对义维持在罗领馆。于是义政府不知苏方改变态度，更不知电报之迟到，即电嘉奖其交涉成功。该电与前电同时到达，真意外之喜云云。世间事每每如此，所谓谋事在人，成事在天，余深信因果天意之说之人，对此自不目为怪事者也。

昨日，法苏签订同盟，与英苏大致相同，加卢曾与余言之矣。

我军昨克复独山，陈部长持【辞】修谓目前敌图贵州之危险已过，堪慰。

台克满 Sir Eric Teichman 于三日在家被刺身亡，想系私仇。渠为人有才而刻薄，在华多年，对华亦无多大好感，更使余相信因果报应之说矣。

函仲熊、惠梅。

十二月十一日（星期一）

美军已攻克阿墨 Ormoc，斐岛战事已有进展，可慰也。

又英再调大量海军往太平洋，成立第二舰队，以澳洲为根据，并由 Ad. Fraser 指挥。该舰队与印度洋之第一舰队无关，其力量足以单独对付日海军之全部，此亦好消息。

刘参事绍周夫妇于下午七时五十分乘车离莫，赴新疆特派交涉员任。彼告余此去渠极担心，盖一则恐俄方对新及我政策另有用意，则彼将身败名裂，二则恐国内或新省反苏派目彼为亲苏，对其攻击，亦无好结果。彼本拟辞去一切，脱离外交政治，回复其教员生活，但觉在此国难当前，职责上似不许可，是以勉为其难，希望将来彼真觉干不下去时，余设法救之。余极力劝慰之，彼人异常忠厚，于职务尤能尽忠，夙夜不懈，余与共事两年，对之久而益敬，其处境余实万分同情者也。余偕馆中同人往送，苏联外交部亦派其远东司帮办及代司长往送。

在 *Life*（Sept. 4th）读 "The World from Rome" by Bullitt①，对于苏联异常疑惧，认为共产党力量已占东欧，即意大利亦所不免，语气有唤起欧人防共之意，无怪苏方对此文章如是之注意也。苏报连日论调，似欲解除对英、美之误解，故力主合作，但观其不断登载各方要求承认波解放委员会为波兰临时政府，则似不久便将其承认。且历计苏联作风，彼每做一事，计有不良之反响时，对于其他事件必尽力和缓，是以连日之极言须三强合作到底，恐亦系准备承认波解会为波临时政府之举矣。

上午十一时半至一时半，学俄文。

十二月十二日（星期二）天晴，有太阳，但冷，室外零度下二十二度 C

上午十一时至下午一时半，学俄文。

十二月十三日（星期三）天晴，有太阳，冷

上午十二时，访加卢，谈二小时。据言：（一）邱、艾访巴黎，欲邀法加入西欧同盟，其目的自系对苏。但法反对，只允作政治、经济上之联络，而不对苏。（二）苏方对此异常疑忌，是以戴氏觉有来莫与斯太林面谈解释之必要。（三）戴来，英方知悉。（四）戴到此之第一天见斯太林时，斯即询戴以西欧同盟事。戴告以并非反苏，盖法方政策系不加入任何反苏之集团。斯氏甚为满意，即向戴提议订立法苏同盟，戴氏即表赞同，盖双方均认为制止德国将来之侵略，只有法苏联合。因英国系所谓民治国，向不准备作战，是以两次对德战争，法国均受英之害，盖英既不准备，则不愿作战，事事希图妥协。且战争初期不能有任何力量作战，须别人先为牺牲。（五）商讨该盟约时，最大之困难系斯氏要求法国对波兰问题与苏一致，其理由系法国对此有最密切之关系，因波兰苟再有亲德之政

---

① William Christian Bullitt, Jr.

府，则法、苏均同样的首蒙其祸，与英、美不同，是以法国亦须制止亲德之波兰政府。戴氏对此则作坚决之表示，谓此系两事，苏之不愿有反苏之波兰政府，法自表同情，但表示与苏一致非法方所能办到，一则觉此事应四强共同商讨，不宜两国先作决定，以打破共同行动之原则，二则法与波流亡政府尚有外交关系。因此，订约事亦迟迟未定。直至去星期六晚，斯太林在克姆霖宫宴戴氏饯行时，尚无结果。直至十二时，戴已辞返法使馆安睡，外长卑都于一时亦离席，惟加卢尚留，与莫洛托夫谈至上午五时，苏方始允签约。于是自床上将戴、卑两君拖返，签订此约，于十时彼等即乘车离此，因之未能预为告余行期。（六）邱吉尔知斯氏提议法苏同盟，即电斯，主张改为英、法、苏三国同盟，斯亦不反对。但戴氏则以为苟改三国同盟，则又须与英方重行商讨，费时过多，是以坚主先签法苏盟约，斯亦同意。（七）戴返巴黎后，即将与英订法英同盟，然后英、法、苏再订立三国同盟。（八）斯氏对戴，除波兰问题外，并未提出其他之问题。外传有提及西班牙问题事，完全不确。（九）英国对法，处处卖弄手段，即莫斯科会议时告知法方，谓英本提议加入法国于欧洲顾问委员会，只苏联反对，实则并无此事。最近知不能不将法国加入时，亦主张附有条件，只许其参加对德之讨论，而不能过问其他事件，谓系苏联之主张，实则并无其事。苏方闻之，大为不满，即正式提出以平等地位许法加入。是以对于此事，莫斯科之公告特别提明系由苏联建议，英、美赞成云云，与伦敦及华盛顿所发表者不同。（十）英国战后将失去其以前之地位，即以经济而论，恐亦不如法国。盖法国虽被占领四年，每日须供德费用五万万法郎，但如果作战，则其费用非三倍不可。而此每天五万万法郎，德方亦系用诸法国，用以购卖【买】粮食等等。是则德人虽将法国人民应有之食品取去，以养肥之，法国人民虽较为瘦弱，但从全国经济上计算，法国资源并无极大之损失，而法国在国外之投资尤以美国为多，绝无损失，与英不同。是以战后之英国力量计尚不及法国。而邱吉尔、史密 Smuts 辈则仍欲维持其战前之领导世界政治地位，实则情势与前已大不相同。即以大英帝国本身而言，则其自治领已日与分离，欧洲民众思想亦异，是以英国在欧处处失败。例如在近东，阿剌伯人反英情绪日深，埃及皇免去亲英首相，代以著名反英者。意大利英反对 Sforza 后，不独美方反响不佳，而苏方亦著共产党与其他三党合组政府，其人员自亦非英所愿，但不敢再行反对。荷比事件已属不智，希腊最近之与义勇军发生战事，尤见英方之著著失败。（十一）美国方面，则因其领袖缺乏外交经验，对欧洲情况完全不悉。是以目睹事件之进展，一面惊异，一面失望，手足无措。彼美人士以为帮人些小物资，便可使人受其指挥支配，后觉接受其军械者，即用以反对于彼，彼即惊讶，实则全系彼不明了人情，只顾自己，以致如此，并非世风日坏也。（十二）苏方对波兰事件已具决心，是以大约于本星期内，即将承认波兰解放委员会为波兰临时政府。（十三）美方前允供给法国之军械，全未依约运交，是以法国陆军方面，尚未能重行组织有大量之军队，但海军方面则尚保持原有之一部。全部海军军官尚有数千，士兵六万余，预计明年春即可以一部分开赴远东，共同对日作战。（十四）法国共产党在法与戴高乐极能合作，彼等现采绝对国家主义，是以与其他党派无冲突之处。彼等只在后面促进种种改革，例如政府接管煤矿及大工业，均系依照共产党之主张。（十五）彼个人以为斯太林之政策，对于东欧各国亦并非欲其赤化，其坚决要求共产党参加政权者，系欲作该政府不采反苏政策之一种保证。目前斯氏更极力避免完全共党执政之举。摘要报告委座及宋部长。

我军连日在贵州胜敌，将其击退至桂边，我军离河池只六英里，甚慰。

十二月十四日（星期四）天晴，甚冷

上午十一时至下午一时半，学俄文。

今早英广播，论中国形势，极言中国过去之贡献，谓苟非中国坚决抗战，则世界战局完全不同。即以目前利害而言，则中国苟不幸而崩溃，则诚如蒋主席去星期所言，击败日本之期将延长五年至十年。是以现在非维持重庆政府及赶速援华不可云云。与前语气完

全不同，大约系因卡尔大使回国，将余言转邱、艾之故也。

十二月十五日（星期五）天晴，有太阳，甚冷

上午十一时，往名画家加剌斯玛夫 A. M. Gerasimov 画室。彼为余画像，系因彼奉政府命，画一四国宣言签字之油画，是以欲先为余画一像，俾在该画内画余像时，易得全神。今早坐三次，每次半小时，大约尚须再往三天。彼系苏联近代画家首屈一指者，人亦异常和霭。

晚上，偕胡、钱往观马戏，新节目中最精彩者为 A. A. Alexandrov 之七豹表演，女走绳者 R. M. Nemchinskaya 亦不错。

十二月十六日（星期六）天晴，有太阳，甚冷

上午十一时至下午一时，往加画师家画像。

我军在缅甸已占领八莫，英军亦有进展，在黔、桂边战况亦佳，闻我原驻西北之军队一部已调往加入作战，美报对此评论极佳。又闻赫利大使曾赴延安，果与中共能合作，则诚国家莫大之福利也。

美军在 Muidoro 岛之 St. Jose 登陆，甚为顺利。此举于我国战局关系异常重大，盖由此至我华南，不过九百英里便可直往，不须俟小吕宋方面战事之结束。由此举与英成立第二舰队证之，则英、美似可于最短期间在香港大鹏湾一带登陆，诚足欣慰者也。

连日美方舆论对邱吉尔在欧之政策多所攻击，Walter Lippmann 尤为悒【坦】直，彼可代表美官方之大部分意见。邱氏在国会宣布对波兰问题完全对苏让步，与工党代表所发出之消息，谓希腊事件邱氏事前曾得苏联同意，则余以前所料，邱氏尽力企图与苏平均欧洲力量，完全符合。但结果必为失败，盖战后英之力量绝不如苏，而苏方所主张又得多数民众之支持。盖苏政策虽极左，仍较极右为佳。（因经过德占领及对德妥协之极右份子之祸害，一般中立者自然向左而不向右，苟英、美不绝对向右，而稍改采自由之政策，则未尝不可收拾。但邱氏计不出此，偏向极右方面而走，则人民无可采择，自然左倾矣）即在英本国，亦因希腊事件，渐觉邱

氏政策之不可靠。苟此际及早回头，尚可补救，否则前途确可悲观也。

胡随员言，今早苏报发表德被俘虏将官告德军民书，劝彼等及早去希特勒等。此书系由将官五十余人签名，内有十二名系斯太林格勒被虏者。该次投降共有德将官二十八名，现只有十二名签字，其余则不知如何下落耳。

晚上，与马教员同往艺术戏院看《三姊妹》，主角 A. K. Tarasova 饰 Masha，特佳。余因曾读此剧本，是以尚能听一半以上。以后确非多往看话剧，不易练习听俄语也。

十二月十七日（星期日）天晴，有太阳，冷

上午，郭武官来言，据英、美方面消息，苏联已在远东增加步兵两师、航空一师，统计红军在远东计有三十余师。又传美方经与苏联有约定，于最近期间一俟欧战再有些小进展，即可借用远东空军根据地。是以美大使在其公馆特辟一密室为军事参谋处，准备一切。据郭言甚有可能，因日军在东北本有三十师，现已将十七师调华作战，只余十三师，苏联对之自觉威胁已除。日兵在华确有二百万，即自郑州以下华南一线，日军共有二十九师团，果对苏联作战，其前线兵力绝不到一百万。是以苏联现在绝不怕日本，即许美使用空军根据地，日方亦未必敢与之宣战云云。

美大使转来 Donald Nelson 函，谢余在莫招待，及与谈论各方情况，语意甚为客气。余即覆谢其援华之努力，彼与 Hurley 此次赴华，于中美关系确助力不少也。

晚上，在馆请苏联名画家 P. P. Konchalovsky[1] 夫妇及女诗人 Miss Brüm 便饭，食火锅，彼等异常高兴。江画师曾在法、意学画，其丈人为梳洛托夫，与李平齐名。女诗人布伦女士本为罗马尼亚人，其诗在欧各国多有翻译，雅好中国之诗，能以华语读李白绝句不少。至十一时始尽欢而散。

---

[1] Pyotr Petrovich Konchalovsky.

十二月十八日（星期一）天晴，大雪，冷

上午十时半至一时半，赴加拉斯谟画师处画像 A. M. Gerasimov。

下午四时一刻，赴美使馆与哈使晤谈，直至六时。据言：（一）哈利报告中国情况，虽军事方面颇为严重，但一般情况甚佳。是以罗斯福对于援华亦异常注意，问题只在运输，俟【滇】缅路打通便可解决一部分。（二）哈利曾赴延安，据其电哈使本人，则国共极有合作之可能，至详细条件则尚未详悉，将来接到时当即告余。（三）彼哈使个人希望国共能于欧战结束前合作，盖此时中共尚不致有过苛之条件。苟欧战结束，苏联无须兼顾欧局时，彼可径自接济中共（外蒙之路，彼闻已通车，惟大量运输似尚不可能），则更为困难。（四）彼亦觉苏联在欧及远东之政策，均系欲利用各国之共产党参加政权，以保证各该国之不采取反苏政策，并非欲赤化各国，对华亦然。在华赤祸绝不十分严重，中国果赤化，亦在四、五十年后，非我两人所及见。（五）美国人士对于斯太林公开提出日本为侵略国异常注意，美报载佐藤曾向苏联政府提出抗议，彼虽未问莫洛托夫，但想佐藤未必有此。彼询余斯氏何以提此，余谓个人看法以为自日军在东北调去十七师，只剩十三师在日苏边境，则日对苏之威胁完全消除，苏方自可对日不必如前之客气，彼亦以为然。（六）余询其有无与苏谈及对日问题，彼谓绝无提及，因欧战未结束前不便谈此。余谓苟有合作之可能，则似应有所准备，例如苟须使用空军根据地等，亦须及早商定及准备。彼谓苏联作风，苟不到最需要时，事前绝不允商谈，是以觉此际为时尚属过早，不能与商（足证郭武官所闻不确矣）。（七）余询以英苏关系，彼言邱吉尔来时，与斯太林商谈，彼均参加。所商甚为满意，只波兰问题本亦商定解决办法，惟米总理返伦敦后，波流亡政府不赞成米之政策，是以米不能不辞，而该问题遂不能解决。邱吉尔最近在国会之报告，可见真象。余询以苏方是否将承认波解放委员会为临时政府，果尔，则英、美政府对此之态度如何。彼谓苏方有此可能，英、美方面因波流亡政府之态度如此，亦将爱莫能助。邱氏报告可知，希腊问题，彼谓邱来时与斯已有商定，且苏方自己亦有同样解散游击队之困难，是以苏报尚未有对英大为攻击。大约此等游击队既拿到枪械以后，著其奉还系极困难之事。且英军力量在希腊不多，更为困难。（八）彼料欧战于明年六月便可结束，盖自盟军在法登陆后，德军在东、西、南三战场损失已二百余万人，故于明年春西欧天气适宜，及盟军后方准备妥善，大举进攻，德再损失数百万人，则自必崩溃。（九）美军自斐岛不俟完全结束全部军事，便向中国推进，亦有可能。（十）彼谓华盛顿方面告渠，宋部长不久访苏，询余是否，余只能答曰然。（十一）渠对中国政府之改组，宋部长代行政院长，询之甚详，余告之如告卡尔。彼对宋部长甚好。（十二）继谈中国战局，余稍告之。

十二月十九日（星期二）天晴，有太阳，冷

上午十时半，赴加拉斯谟画室作像。

下午四时，访加拿大威使畅谈，彼对大局仍抱悲观。据告：（一）戴高乐虽拒绝承认波解委会为政府，但允派代表至 Lublin，宛如前美国一面承认维基政府，一面派代表至北菲彼处。（二）在美之波兰人七百余万，均反苏及支持伦敦流亡政府，即在加拿大之波兰人亦然。在加拿大之波兰报纸共有八家，只一家支持波解委会，而此报亦系共产报改名者。（三）彼仍以邱吉尔之大英帝国政策为不合时宜，并对英苏双方极端趋向 Power Politics 甚为悲观，谓邱吉尔之历史，自然使其趋向于此，因彼幼年即在北菲 Boer War 时当从军记者，此正系大英帝国伸张势力最盛之时。其祖父 Duke of Marlborough 辈又为扩张帝国功臣，是以不易变更其思想。

希腊大使波列地斯适到，余等询以希腊情况，据言，希腊政府原反对英国滥发给军械于游击队，深知希腊人民程度与英国不同，予以枪械，则彼等在德未能占领之区域内，自然行使其绝无限制之威权。现在著其将枪械缴出，与普通人民受同等之苦，彼等必为反抗。此次希腊之解放，并非任何人之功劳，完全系德军之退却，而

英军数量又极少，是以不能使彼等服从。实则所谓共产党在 Elas 亦不过百分之二十左右，争执并非在政治或任何主义。巴总理系曾反对独裁而被逐出数年之人，又曾为德监禁，且一向在内地工作，数月前始出，故不能指为反动及妥协份子云云。

十二月二十日（星期三）天晴，有太阳

上午十时半，赴加拉斯谟画室，此系第五次，亦系最后一次。像已画成，神态甚佳，为我有生以来画像之最精者，盖尊严中而带和霭，加氏真不愧为画师之冠。彼谓于两星期后仍请余再往一次，因在此期间内，对于该画有何缺点，均可细察，俾作最后之修正。

今日艾登在英国会报告关于中国战况，尚多赞许之辞。英政府对我国似稍变其态度。

十二月二十一日（星期四）天晴，有太阳，甚冷

上午十一时至下午一时半，学俄文。

昨日，艾登在国会劝请英国会对中国政府表示信仰，甚佳。

晚上，静尘在家请茶点及牌戏，点心甚佳，但余适患泻疾，极不舒适。

十二月二十二日（星期五）

今日全日泻肚，极不舒适。

下午四时至六时半，学俄文。

下午八时半，阿富汗大使①请茶点后 Bridge Party，余因程度尚差，未敢参加作戏，只能参观，而美军事代表团团长 Gen. Deane 及希腊大使均确属能手。

十二月二十三日（星期六）雪

美 *Time Magazine* 载有关于史提威召回之消息，谓系美军部著其

---

① Sultan Ahmed Khan.

向委员长要求中国军队，由美国指挥，委座大怒，要求将史召回。该杂志对美政府此举，目为极大错误，并谓美国不宜只替中共讲话，强迫国共合作，使国民党不能不接受中共苛刻之条件，以致危及其本身。苟中共将来取得中国政权，则美国安全即直接受威胁。并引Walter Lippmann 之主张，美国在欧须援英，在亚须援华，俾欧亚两洲均不致有强大至不可收拾之国家云云。

晚上与胡同赴大戏院观舞剧《睡美人》，女主角为 Golovkina[1]，年轻貌美，舞术虽不及 Ulanova[2] 或 Semyonova[3] 或 Lapiuskaya 之精熟，惟亦不错。余连日在画师加拉斯谟之画室，睹加氏为其所画之像，绝不及其在舞台上之艳丽。大约加氏性情喜[4]庄严，是以画政府领袖自能得其全神，至对舞星，根本上并未对于其身体之美及表情时艳态，有深刻之观察，安能获得全神。画家系写个性最利害者，非其个性所长，不能勉强为之者也。

十二月二十四日（星期日）天晴，有太阳

教皇演说，反对独裁，似有指苏联之意。实则教皇此际不宜对于政治有何多大之表示也。

在 Debrecen 匈牙利国会召集，反对希德，苏已开始在匈做其政治工作，亦系自然之结果。

今日为圣诞节前夕，在国内战前本最欢乐之夕。回忆在沪，曾与母亲同往舞场，但去岁则母丧，为余最悲惨之日。现在余虽不能不从权脱服，但"心丧"之志愿尚自坚持，是以今晚独自留家哭母，白乐天所谓，万家欢乐一人愁，其此之谓欤。

十二月二十五日（星期一）天晴

上午十一时半至下午一时半，学俄文。

---

① 芭蕾舞星 Sofia Golovkiina。
② 芭蕾舞星 Galina Sergeyevna Ulanova。
③ 芭蕾舞星 Marina Semyonova。
④ 原文多一"喜"字，已删。

郭武官言，彼以前与 Deane 谈话时，即觉其力主中国军队由美军官指挥，是以可证史提威之提议，系得美军部之支持。自史召回以后，Deane 对渠本人之态度异常冷淡。余告以在去星期，Deane 曾与余言及美军在日本土登陆，余认为不可能。彼又谓在华中登陆，余又谓为非计。大约 Deane 与 Stilwell 有师生之谊，且又系 Marshall 一派，是以对 Stilwell 计划尽情赞助者也。

邱吉尔、艾登今日抵雅典，召开希腊各党派之会议。邱氏欲以其一人之力挽回不能复返之潮流，非徒劳无功，且日趋于失败。盖世界大势转变，非一人之力可能挽回。智者顺流而治，今邱氏倒行而逆施，徒陷国家于危困耳。

委座贺斯太林生辰之电，今日始到，即备函送由苏外部转，该函由静尘亲送远东司。

十二月二十六日（星期二）雪

上午十一时至下午一时半，学俄文。

Walter Lippmann 在二十一日之 *New York Herald Tribune* 著文，谓美政府所采欧洲各国疆界及政治问题，俟战事结束后解决之政策不能实行。英、苏对于防德各种步骤，如组织集团，均系其本身之需要，与世界安全组织无碍。并举法苏同盟及苏方对波兰事件为例，谓美应赞同之，盖此种集团之组织，系稳固局部之安全，以后美国便无须常备大军于美国，亦未尝不利云云。美政府对此种问题之态度业已转变，较前似为实际也。

本月月中出版之《战争与劳工阶级》杂志，登载 N. Malinai 著文（即 Litvinov）论"建立国际安全机构"，内力言东西欧之集团，无碍于世界安全组织之原则，并主分欧洲、美洲、亚洲及菲洲四组，足见英苏间之谅解自系事实。

十二月二十七日（星期三）雪

绍周来电，谓新疆事困难，较初料为多。卜司长道明系奉派往新，与苏商经济合作问题。苏方原允美方代运卡车五百辆，后因伊宁事变，谓路上不安全，故停止云云。彼之困难甚多，自在余等意料之中也。

今日痢疾稍好。

昨日苏各报均登载匈牙利临时政府在 Debrecen 成立，以 Gen. Bela① 为首相，Janos②（教员记者）为外交，Ferne 内政，Istvan③ 财政，Imre④ 农部。宣布政策中，对外亲苏，对内土地改革。余以为迩来苏联对于东欧各国之政策，系防止其再为人利用而反共。大约反共最力者，为大实业家及大地主。自德占领后，所有大资本家、大实业家无不与敌合作，是以解放后，彼辈自不能存在，只余大地主。彼等逃往外国，未与敌合作，是以战后仍可复反，而要求回复其所有权。因此苏联政策，每解放一区，即实行其改革土地之政策。换而言之，将大地主亦驱逐，则各该国社会上自无反共、反苏之份子存在，苏联自属安全。至赤化各该国，则似尚非其目前之政策也。

十二月二十八日（星期四）天晴

上午十一时至下午一时半，学俄文。

雅典会议无结果，邱、艾离雅返英。邱演说英决用武力，邱氏之政策日见失败。

日攻 Mindanao 岛之海军被击败，美军在该岛已将日军肃清，日寇在斐可谓完全失败。

下午七时，偕郭武官、胡随员往电影委员会看电影。该片系纪与芬军在列宁格勒区战争实在情况，可作参考之资料甚多。

十二月二十九日（星期五）天晴

上午十一时至下午一时半，学俄文。

孙院长在《美国外交杂志》十月份刊发表论文，驳斥美前驻日大使高罗 Grew 所主张须维持日本天皇制度之说，词意均佳。

---

① Bela Miklos Dalnoki.
② Janos Voros.
③ Istvan Balogh.
④ Imre Nagy.

十二月三十日（星期六）天晴

上午十一时至下午一时半，学俄文。

下午四时，偕胡同出旧书店，购得英译 Dostoevsky 及 Tugenev 书各二本。后往大商店，价格仍昂，无足购者。后往高加索饭店晚饭。

晚上，读 Dostoevsky's *The Insulted and Injured*，描写俄贵族之坏，甚佳。余阅至不能停止，直至翌晨七时半。余之不敢多看小说，亦因余每读一小说必不能止，常至天亮，费耗精神过多也。

十二月三十一日（星期日）天晴，有太阳

匈牙利新政府向德宣战。匈京被红军包围，红军派两军官入城劝德军投降，而德守军竟将该两军官杀害。德人在此次战争中，到处表示其极端凶残之举动，绝不遵守战时国际公法，尤以在东线为甚。此次杀使举动，更见其自觉日暮途穷、倒行逆施矣。

晚上七时半，在馆宴同人及其家属，直至十二时。迎春、饮香槟及摇采，于十二时半与秦、胡、钱同往 Metropole Hotel 参加使团之庆祝。

民国三十四年（1945）

一月

一月一日（旧历甲申年十一月十九日，星期一）天晴，暖

今日为一九四五年元旦。回忆过去一年之中我之公私情况，尚可说"平稳"两字。对于中苏关系，余自问已尽所能，而未获显著成果者，则过未必尽在于余。我对国家、对委座，及对宋部长，均已竭尽忠能，知无不言，言无不尽。对于中苏关系苟有可使其友谊加强者，靡不努力为之，绝不敢以个人之喜怒或关于个人不方便之事，而影响此志。并曾力求知识，对于国际关系之书籍杂志阅读特多，盖非此不足以明晓世界情况，于余职务上不能胜任愉快。至私人事件，则无善可状。自国内战事日趋紧张，桂林、柳州相继失陷，余之家人日受痛苦，而余经济上之负担自然加重。但此为抗战应有之苦，吾人自宜甘受而不辞。至余个人学业方面，则俄文似有相当进步，虽不及余最初所冀望，惟以余之年岁、环境而论，得此亦算不错。预计继续如此，则明年一年内应可看书不甚费力，讲话则因练习机会仍少，恐成效仍不多耳。中文方面我已完全放弃，研究苏联则仍当继续加强努力。差幸胡随员在此间大学研究计划经济，所得材料不少，且介绍与苏联文学、艺术各界名流接触之机会尚多，而彼亦敏而好学者，确系余之一助也。

晨十二时，在馆与同人迎春，饮香槟、食荳蓉饼后，继续作桥牌戏。至一时，偕秦、钱、胡同往京都饭店 Metropolis Hotel 参加餐会，每人收费二百卢布，但餐极佳，冷盘已好，有鸡汤、鱼及火鸡，后有水果、雪糕及咖啡外，复送朱古力一大包。总其价格，与战前无异，殊不易得。舞厅布置亦不错，客人多属俄人，兴致极高，余只观舞，英倚泉则带其女信差 Tomara 往[1]，并偕来介绍。余不料其为信差，幸有告余者，是以未与跳舞，否则成为最大之笑话。而倚泉此举殊近无赖也，此女虽属年青，但举动颇粗，虽饰以华服，仍尽露其女信差之本色。倚泉在此寡居过久，岂所谓饥者易为食欤。余等至三时半始返家，睡至下午一时始起。

元旦，蒋主席对国内新年文告内，有拟提早颁布宪法云云。部电又有以后各使领馆对中共不可作互相攻击之举，苟对方有攻击之言行，亦只能以劝告方法劝止之。则对中共，似已采较开明之方法应付，甚慰。

一月二日（星期二）天晴

昨晚又梦与某妹口角，觉渠始终未了解余之为人，对于道德之观念，与余之观点完全不同，异常悲痛。醒至晨五时始能复睡。爱情之充满痛苦，较蔷薇之刺为深而且痛也。

上午十一时，英记者 Alexander Werth 及 Marjorie Shaw 来，与之偕同胡随员至郊外汶斯公路旁之 Peredelkino 村 Afinogenova[2] 之别墅。环境极佳，虽在深冬，而积雪盈尺。窗外远望，地天一色，园内松林苍翠，铺以银花，我国内不易得之佳胜。主人款待甚殷，渠夫婿本为名作家，剧本盛行一时，对德抗战，疏散至古比雪夫，因返莫为其夫人取衣裳被炸死，遗下老母及儿女，尚有遗腹之女，现已两岁。渠本美国籍，曾现身舞台，知识甚高，故在此区一带，与名作家异常相得。别墅亦甚佳，共有大房十余间，书楼亦好，花园甚大。惜抗战之初红军曾借驻扎，是以家具书籍损失甚多。丘八先生到处均属如此，无足怪也。茶点后，同出附近游览风景。该地本有一小河，水清洁可爱，附近一带作家共用去五十万卢布筑一小水闸，欲

---

① 美国 *New York Herald Tribune* 通迅员 Sonia Tomara。

② Mrs. Alexsandr Afinogenova.

使阔之部分水满成湖，因战事停工而未完成。夏天浴乎沂，风乎舞雩，咏而归，虽圣人亦有所不能已焉者也。有小高坡，成天然之滑冰场，余等以其女孩带来之小雪车，由上滑下，久试始能，虽频翻滚，然亦佳运动。三时返别墅，主人复备午餐，餐毕已五时，天已齐黑，余等遂兴辞而返。

晚上，静尘请在彼房茶点、跳舞，至十一时半。

元旦日，波解会已宣布成立波临时政府，以 Morawsky[①] 为总理兼外长，此固在吾人预料之中者也。

一月三日（星期三）雪

上午十一时至下午一时半，学俄文。余决意改变方法，遇有不记忆之字，便作为生字，重新练习。盖余现识字已逾二千，只苦不能记忆及熟用耳。

接委座新年致加里宁主席及史太林元帅贺电，该电系三十日晨发，今早始到，即译俄文，函送苏外交部转。

今日波临时政府宣言内，有苏承认波西面疆界，最近邱吉尔对此亦表示赞同，又谓法政府已派遣代表至 Lublin 云云。则英政府对波兰事件，已向苏完全让步，苟早为之，则其效能更大，惜已稍迟，苏方未必十分感激，而波方则认为被卖矣。

一月四日（星期四）雪，暖

上午十一时至下午一时半，学俄文，试验 Hamilton 所言之 Card System。

郭武官报告与瑞典秘书谈话经过，该秘书驻日七年半，去年九月十二日始离日经苏返国。苏初本只许其经土西路，由伊朗返瑞，后因中欧战事关系，特许其重来莫斯科，由此经芬兰返国。余本约其来晤谈，惟大约彼恐苏方见疑而未敢，是以余著郭武官与谈。据彼言：（一）在途中见伪满与苏联边境间，伪满方面异常冷静，兵

---

① E. B. Osubka-Morawsky.

固不多，人亦甚少。满洲里至俄境相连之铁路约十公里，经已拆毁，但一到苏境则情形大异，苏方准备甚忙，军事设备亦多。（二）日本极怕苏联，据彼所知，许苏船由美至海参崴，亦系怕苏，不得不允，未附有若何之条件。苏船中间有遇风关系而驶入日本禁海时，日人将船扣留，人员亦留禁。有时日本之在欧人员欲经苏联返日时，即用此种人员与苏交换。（三）日本各方面均对战事悲观，其领袖则仍希望战事之延长，以为日本能将中国事件了结，充分利用中国物资人力，则英、美必不能征服日本，则于若干时期以后，便可获得和局，日方仍可保留其所占取之一部。（四）旧军人已与少壮派完全一致，彼等已全不敢说话。（五）民众及实业界已对政府表示怀疑，西班岛失陷，于三星期后始公布，使人民异常不满，政府之改组亦因于此。（六）日本现已全体动员由十三岁至五十五岁，亦已征召十三岁至十七岁之童丁，送往军需工厂或训练。是以日本现有兵力计在五百万左右，尚可召集者尚有二百余万，在东北约有五十万〔郭武官计，则在华二百万，西南太平洋共一百万（内星架坡十万，越南十万，泰国十万，Sumatra 及南洋荷属各岛十五万，Borneo Java 约二十万，菲列滨十五万，台湾十万，各岛十万），缅甸三十万，东北五十万，余在本土〕。（七）日防空极坏，东京被炸时，人民异常恐慌，但历次美机往炸破坏不多，因救护组织极佳，救火队尤甚。（八）日本现在最感觉困难者系船只运输问题，在东北彼所见，积存粮食及各项原料甚多，因缺乏船运，未能利用。（九）民众生活极苦，每日只能得白饭及咸鱼少许，但民气仍盛云云。

希腊政府已由 Gen. Plastiras[1] 担任改组，今日成立，但战事仍未结束。

缅甸方面，我军已占宛【畹】町，英军亦占叶乌，计滇缅路不久应可复通，则我国人所受经济上之痛苦，应可稍减矣。

---

[1]　Nikolaos Plastiras.

一月五日（星期五）雪，暖

上午十二时小组会，胡随员报告法令讲习，题为"强迫入学条例"，尚佳。

下午四时至六时半，学俄文。

一月六日（星期六）阴，暖

上午，偕承庸同出旧书店，获旧书数本，内有一八三三年版 Thomas Moore's *Letters & Journals of Lord Byron*，甚佳，Carlyle[1] 全集亦不错。

连日苏联报对罗马尼亚继续攻击，与英军在希腊行动，完全系英、苏平分欧洲势力范围，各尽力巩固其范围内之政治地位。美国对此已渐觉其所希望世界维持和平之方案，英苏两方均口是而心非，舆论间有批评者，而英方之各报，如代表政府之 *Economist*，*Yorkshire Post*，*London Times* 等，即反唇相稽，谓美只批评英国政策不当，但美国方面绝未能表示半点美方愿意及可能担负之责任云云。迩来英美间误解甚多，稍可引为安慰者，则昨日罗斯福言，彼与史、邱于本月二十以后便可会晤，届时想可获得谅解耳。连日美报对委座所宣布于今年召集国民大会，通过宪法，极端赞扬，英报对我及我方各报对英均佳，稍足慰也。

一月七日（星期日）晴，暖

今日英广播言，邱吉尔前日赴法时，与戴高乐所商，系如何供给军械，俾法国能组训大军。法代表前告余，英、美答应法国之军械始终未允照交，大约现在感觉德兵力确强，非加强法国兵力不可，始商量照交。英、美向来作风只顾自己私利，绝不讲道义，苟非自己利害上非做不可者，绝不允帮别人半点，此系我国所谓奸商心理，孟子所云后义而先利者。欧洲前途确不可乐观也。

胡随员言，本月份《战争与劳工阶级》杂志有文，驳斥日本最

---

① Thomas Carlyle.

近出版一书强辩日之对美作战系美方迫成。该文力【历】数日本之侵略举动，谓此书所言全无理由云云。日本最近之刊印此种论调，足证其已自觉战争前途不利，准备向同盟国求和之举。大约美国之派 Grew 为外次，引起日人此种希望亦未定。盖佐藤辈均认定英、美自私，将来必不愿意将日本力量完全消灭，俾苏联在远东力量过强。而苏方亦欲利用日本力量以制英、美，实则自日攻珍珠港、南洋后，英、美与日谅解之途已塞，而苏对日向目为彼东面之最大敌人，较怕英、美为甚。佐藤辈作此梦想，亦系绝望之人想入非非，寥【聊】以自慰者耳。

一月八日（星期一）晴，暖

函英国圣士提反学校之校长及教员 Archdeacon, E. J. Barnett (The Rectory, Thomford, Sherborne, Dorset, Rev. G. R. Shaun, Bolton-on-Swale Vicarage, Scorton, Richmaod, York; & Rev. W. H. Hewitt, The Vicarafe, Felbridge, Sussex)，彼等道德学问均佳，对余尤好。余对彼等亦时刻未尝忘者也。

一月九日（星期二）

下午四时，瑞典驻日使馆之领事挪隆 Nordlund 来谈。彼除昨告郭武官各情况外，尚告：（一）日本力量甚强，现保留未使用。以人力言，则日本人口之增加，计每年一百万以上，而损失不及半数。是以需要时，可征兵至七百余万（与我军部估计相同）。以物力言，则其集中物力之澈底，较欧西各国为甚，即各大厦之升降机亦拆去作废铁使用，每家户外之小铁信箱亦拆用，是以物力计可支持。（二）以彼及中立国人之观察，非用中国人力在华作决战，则不能击溃日本。（三）轰炸于日本之损失不大，只能妨碍其海运。（四）人民表示痛恨东条。（五）秩父宫较为明达。（六）近卫①本异常反对军阀之行动，是以有一次两月卧床不出办公，以作抵制。（七）天皇系反对军阀举动，但不能制止。（八）日人对德人不佳，有一布加利

---

① 近卫文麿。

使馆职员在东京电车上忽被一日人痛打，警察将两造带回警区【局】问询，布使馆派人前往，该日人知系布使馆职员，即向之道歉，问其何以有此举动，则答以误认其为德国人，因德人对日不利，故愤而出此云云。（九）各使馆均不在东京，轴心国者迁箱根，中立国者迁稍北某地。每馆只留一、二人在东京轮值，盖一则防其活动，二则恐其民众暴动云云。

晚上郭武官宴法代表加卢等，与加详谈，据告：（一）苏法协定之签订，苏方始终要求法方对波解委会之改组为临时政府加以承认，及同意波兰西方疆界达于阿大河[①]。戴高乐及卑都对此均异常反对，初完全拒绝，直至星期晚在克姆霖宫宴会后尚不同意，故业经返法使馆后，加卢与莫洛托夫商量，仍不得苏方之让步，是以加卢返馆劝戴让步，戴初不允，谓彼此来系访问性质，即不签约亦可返法。但加卢则谓此次若不能签约，则政治上之影响甚怀【坏】，盖彼虽未有明白宣称为签约而来，但举世均知系准备作此。苟不能签妥而返，则于法国国际上之地位极有妨碍，而法国内部亦将对之发生怀疑。戴云："君果以为如此乎？"加答："当然。"是以戴不得已，将莫氏所草对解委会之提议换文，稍作文字上之修正，由加氏再往晤莫，莫亦允照此修改。戴、卑二氏遂再往克姆霖宫签订此约。实则卑都对于此换文亦异常反对，大约卑氏为天主教民主党领袖，对于波兰流亡政府向表同情。卑氏曾语加卢，在法波侨完全拥护流亡政府，无一表同情于波解会者。但自约签后，在法波侨开会通过议案，要求与波解会发生关系，足见卑氏所知不确。（二）对于波兰边界至阿大河一层，邱吉尔已表示同意，美政府亦不反对。（三）法、苏已商定德国西面以莱茵河为界，该河以西之地由法与比、荷、卢森堡商量均分之，英、美对此亦已同意。（四）将来德在东面丧失土地，须迁回德国之人口约八百万，在莱茵河以西迁回约五百万，是以战后德国人口约减至六千五百万，将其侵略危机可以消除，彼个人亦以为

---

① Oder，即奥得河。

只能如此，欧洲始能安定。法、苏共同妨【防】德之协定始有意义，否则留一反苏之波兰，又间于苏、德，则将来苟德再侵法，苏如依约援助，亦须取道波兰，而波兰苟如一九三九年之反对苏联军队之通过，岂非该约等于无用。（五）彼个人不久将返法，不再在外交部服务，或将参加政治之运动，自将加入左派。法已决定派前安南总督加都劳①将军为驻苏大使云云。彼在此异常努力，苏联政府对彼极佳，在过去数年如此艰难之环境中能得到如此结果，实不容易。而此次竟将其调去，则足见欧洲政治上对人亦无公道之可言。彼为人异常诚实，因在华数年，是以对于中国感情极佳，与余尤为相得。有时余欲探悉苏方对某事之真意，每由彼处得来。彼离此，余亦觉难过。而新任又系久在属地执政之人，政策自然反动，余以为戴氏此举似乎太过者也。

武官处之语文武官张维新到莫，彼人似尚佳。李铁铮函，伊朗拟与我国互将使节升格，彼地位将发生问题云云，实则此种升格，不宜另易新人者也。

美军大举在吕宋岛凌加扬湾 Lingayen Gulf 一带登陆，人约六万，使用船八百，及登陆船二千五百艘，麦阿策②将军亲自随同登陆指挥，登陆场所共有四处，宽十五英里，此确佳消息也。

一月十日（星期三）天阴，暖

下午六时半，美使馆一等秘书 A. B. Calder③ 在京都旅店三六八号房寓所请 Cocktails。彼有女友，曾随夫在渝苏联大使馆商务处服务，人尚漂亮，能英语。

一月十一日（星期四）天阴，暖

上午十一时至下午一时半，学俄文。

---

① Georges Catroux.
② Douglas MacArthur.
③ A. Bland Calder.

美国寄来罐头食品第三批亦已到达，损失尚不甚多，选择亦较前两批为佳。

下午五时，瑞典公使 Staffan Söderblom 来访，据言：（一）彼对于波解会之通知书将作一覆收之文，不具衔名，实则彼早经亲往晤波解会之代表，盖波、瑞近邻之国，瑞典在波兰之利益甚多，因瑞典工商界在华沙各处投资不少，为保存此种利益，不得不尔。波代表曾告渠，谓缺乏药品，是以前月彼返瑞京向各团体代表言及，各方即捐助药品甚多，由渠带返，波方异常感激。现波文化界请其设法捐送科学仪器，彼已电致国内，大约计当有成效。（二）瑞典之政策，前对德在挪威之伪组织拒绝发生关系，惟觉波解会情况不同，将来无人能将其取消，是以必能成为永久之政府，是以尽力早与发生关系。即与法方亦然，戴高乐在北菲时，瑞典一方面虽与维基有外交关系，但一方面与戴交换使节，由此亦足证瑞典对此次战争双方之意向耳云云。彼人甚诚实，在如此困难情况之下，能谨慎应付，渐得苏方之同情，自不易得者也。

晚上请 Calder, Davis, Mr. & Mrs. Barclay 在馆便饭，食火锅，客均甚满意。Calder 调华，此系与之饯行。

一月十二日（星期五）雪，暖

上午十一时至下午一时半，学俄文。

下午七时半，苏外部请往 Dom Kino 看新片《可怖的伊凡》"Ivan [the] Terrible"。该片全部共有三集，此系第一集，描写伊凡加冕及结婚，与及征服卡珊，及消灭各郡王，统一俄国之全盛时期。该片系于抗战后在阿剌木图制成，布景甚伟大，所用人力、物力均不少，主角 Nikolai Cherkasov 饰伊凡，甚佳。英海军代表 Ad. Fisher 言："历史循环"，意指现当局所用之政策，其可怖与伊凡同。苏联政府制做此片之用意，大约系欲提高其人民对于国家统一之观念。但外人视之，觉伊凡所用之手段残忍凶暴，而苏当局赞扬之，将发生不少之误解，恐非所宜也。

南斯拉夫国皇彼得①发表宣言，反对其总理萨巴薛兹②与 Tito 所商订之协定。自己无权无勇，又不允牺牲，结果自当亡国漂流海外耳。

一月十三日（星期六）天晴，有太阳

美空军在越南海面炸沉日船二十五艘，在吕宋岛美海、空军又打沉日船四十六艘，均系运兵往救吕宋日军者。是以日军在菲岛不久将可完全消灭，此举于我战事极有关系，确堪慰也。

岱础言，美参事 Kennan 等对苏均极端怀疑，英馆各员亦复如此。大约英、美两馆之人，除大使外，均对苏异常反对者，盖英、美外交官每每看别人不起，现忽遇苏方每事不仅绝不让步，且对之极不客气，自觉难以忍受矣。

红军由波境进攻，克 Sandomierz。

晚上梦与×妹再生意见，觉生理上亦不相配合，使余更觉我自己应自反省，不宜再梦想美人之爱，盖绝对不能强求者，不能安睡。

一月十四日（星期日）天晴

上午十时半，偕静尘夫妇及胡、钱两随员往郊外访 Mme. Afinogenova，滑小雪车及步行森林。此区均系名作家之别墅，均极佳美，海军最高级长官别墅亦在此区。行约二小时，返其别墅午餐。彼有女友□□□，为女诗人□□□之姊，彼姊妹本均为 Trotsky 之侄女，而苏联仍能如此优待，足证外传苏联政府种种凶暴未免言之过甚。彼谈及前驻美大使后调驻墨西哥之奥曼斯基③之不幸事件，谓奥只一女，年十五，甚聪慧而美。有军需生产部部长之子，年十七，与女认识，女将随父赴任，与少年辞行，少年竟将其用枪击死而自杀。阿夫人两方均认识，觉该少年过于娇纵，谓大约过去十余年，

---

① Peter II of Yugoslavia.

② M. Subasitch.

③ Konstantin Umansky.

苏联老辈觉自己所受痛苦过甚，是以对于其子女望其能稍为享受，故过于娇纵。例如该少年自己有汽车，且有飞机，但人性情反极怪僻。在古比雪夫时，曾约同一女友及男友拟步行往疏洛托夫城。现在苏政府正欲设法纠正，是以对于儿童纪律异常重视云云。又闻史太林之女公子最近与一同学结婚，此间无人知者，苟在中国，则不知如何铺张耳。

连日读伯聪夫人（郑毓秀）自传 *My Revolutionary Years*。彼人确有精神，惟未免过于自夸。古人对人主隐恶而扬善，今人则自己为之，似于古礼教不符。余少时本有志将欧西作传之体裁介绍于我国，盖亦以人为鉴，足以自省之意。但观迩来自传多自夸张，大言不惭，觉救国家救人类在彼一举一动，即闺房猥亵，亦目为救世之举。此种人性好夸之弱点，是否应加以奖励，殊属疑问。是以余究竟将来宜多作传否，现反不敢决也。

一月十五日（星期一）雪

上午十一时半至下午一时半，学俄文。

今日为俄文学家 A. S. Griboyedov[①] 诞辰一百五十周年纪念，加氏为参加革命之人，对于当时社会之守旧观念尽力攻击，其名剧本 "Woes of Wit," "Горе от ума" 为世所称。苏联政府于晚上七时在大戏院开会纪念，余怕听演说，故于八时始往。约九时会毕，由 Saratov Leningrad 及莫斯科各名剧人，于加氏 "Woes of Wit" 剧本四幕中分选表演，甚佳。第二场有名主角及音乐家表演，均好。惜过长，未终了时，观众已散去四分之三，殊令表演者难堪耳。

回忆前晚所梦，觉我自己过去之过失真多，自己不自谅，想入非非，以为妇人思想不无高尚，不嫌自己之短，能互相了解。但实际上则并不如此，妇人所需要完全系彼个人之享乐，无一非只图个人之私利者。苟与发生关系，即目汝为其所有物，终身为其奴役，亦不能使之满足，绝无谅解对方之可能，自己绝不用苦功以求知识，

---

① Aleksandr Sergeyevich Griboyedov.

但又不能承认别人知识较渠为高，一意孤行。孔子所谓近之则不逊，远之则怨，是以绝对不能视为侣伴者。此后余当痛改前非，对于女人，只能作为美术品之一看待，与之交游，绝对不可与谈恋爱，及与发生任何关系。司马光谓行年五十，当知四十九年之非，吾今日之觉悟尚不太迟也。

一月十六日（星期二）雪

余连日决意，无论如何于晨八时半以前起床，俾听取九时之广播。

阿比西尼亚公使送来参考新闻，谓阿、英已另订新约，以代替一九四二年之军事协定。依照新约，英已撤销在阿之治外法权，阿政府得自由雇用英顾问。英尚未允照租借法案借款九百六十万镑作阿建设，并未允完全撤退其驻军云云。

今日各报登塔斯社奉命发表声明，谓美联社曾在英、美各报发布消息，谓苏联因法国之请求，已向英、美提出于罗、邱、史未来之会议，邀请戴高乐参加。又谓戴氏访莫时，史太林曾允将戴氏参加罗、邱、史会议，戴氏方面则以赞助苏联东欧疆界之政策，以作交换，而史氏亦允赞助法国疆界至莱茵河云云。塔斯社谓此种新闻与事实完全不符云云。苏对法之态度似堪注意者也。

最近波临时政府成立，通知各使团，余亦只能照转我国政府。使馆中多有答覆收到其通知之文，但称呼则只云某某先生，英、美使馆则不答覆。盖称某某先生，似表示不承认，于彼方面子上更不好过。部今日来电询问各国态度，照此直覆。

今午接部十日发出之第九号电云："据何燕芳女士呈称，以遵外子傅秉常函嘱，携同子仲熊、女慧明、家庭教师徐清芳、仆李微，前往莫斯科等语。是否属实，希电覆。"余与渠已绝无爱情之可言，彼对余种种，余已忍受二十余年，最后在一九三九年，余因蓝款与孙院长发生意见返港，多方筹款。我老母、六弟等，甘将父亲遗下之房产变卖清还，正系我最不得意之时。而燕妹对我态度最使我伤心，我到澳门看他，而他竟不愿与余同住，恋其彭大小姐，向我明白声称，我俩只能为名义上之夫妻。有时与彭小姐来香港，亦另住皇后酒店，我往访之，则彼住之房亦不允接待于余，而另假友人之房接见。余母对彼之爱护无微不至，无不以彼之利益为前题【提】，对余绝不谈半句彼短，且多代袒护。但香港失陷，余母到澳时，余电著其倍同往广州湾，则绝不照办，而先偕仲熊等与其友先逃广西，而留母亲于澳门而不顾。如此对我，如此对我母亲，尚有何夫妻恩义之可言。现在以为我有地位，始强欲来同居，我反增加许多精神上之痛苦耳。我之不离婚者，亦系不欲人以为我有地位，便弃妻儿耳。但彼之来，我绝对不能允许，且彼语言不识，在此应酬交际必不能当，势必使国家之面子亦过不去。是以与静尘商，即覆部电如下："部次长，九号电奉悉。此间子女教育生活情况种种，均极不方便，是以并未著内人等来苏，请勿发给护照，并恳将下电代转内人为祷。燕芳妹鉴。此间对于子女教育及生活情况种种，极不方便，各人均不可来苏，熊儿等应即著其进大学。傅秉常。（十六日）。"

一月十七日 （星期三）

中午，美馆一等秘书 Calder 请在京都饭店彼之住房午餐。彼表示对苏联万分怀疑，目为有野心可怕之国家，对东欧各国及远东之侵略政策，与帝俄无异，将来苏不加入对日，于美、华更为有益。又谓美外部现在对于派往与苏联毗连之国家使领馆服务人员，先派其来莫斯科使馆服务，俾先悉苏联政策，始易应付，此法甚佳。彼初调来时，有用非所长之感，现觉政府之政策确对。彼继言美国派来之大使，初来时均异常热心，两年以后无不失意，愤恨而去。余谓哈使似属例外，彼答近已渐露不满，初来时之热烈亲苏态度已减去八、九，前星期彼曾与详谈，得此感觉。彼末谓美现在唯一政策，系在远东扶植中国，使成为远东及世界和平之台柱。彼居此两年后，更觉必要云云。彼之俄文教员丈夫曾充驻华商务副代表，前年战死，其父母在列宁格勒饿死，两弟又系阵亡，现在一无所倚，苏政府亦未能维持其生活。哥君提及此事，不胜浩叹，以为政府对于其人民之享乐及生活过于不注意，殊非民治政府所应尔云云。

红军今早已解放华沙，波兰问题，英、美更不敢讲话矣。

一月十八日（星期四）大雪，但不甚冷

下午三时半至六时，学俄文。

六时半，英使馆 Cocktail Party，招待英国会访苏团，与团长伊里曰 Col. Elliot[①] 稍谈。Stephen King Hall 告余，彼等今早在莫斯科大学招待时，彼要求个人单独与学生数十人作坦直之谈话，遂另在一课室与学生谈论。忽有一生起立问："英、美军事在西面，何故进展如是之迟缓？"同学群起责难之，欲禁止其发言，盖以为对嘉宾不宜使之难堪。惟金氏谓不宜禁止，即再有难堪之问题，彼亦欢迎，盖民治之国家对于无论任何难题均宜讨论。此间既自谓系一民治之组织，不应禁止人发言，众即鼓掌。彼答覆后，并与学生言，彼金氏有一女，系共产党，但不长进，思想落后，仍坚信其世界革命种种陈腐见解，仍信一人，名托洛斯基者。是以彼此次来苏，欲带回些小共产党之进步思想，即提倡爱国主义等，以纠正之云云。彼又告余，到苏之第一日，在最高苏维埃会议主席招待时，苏联人有谓此组织即系英国国会，彼即极力反对，谓绝非如国会，而系一听讲堂，盖各代表到此，只听领袖之演讲及报告，并非讨论。苏方代表聆此，异常不安，但彼既系英国会议员，应语言率直无隐云云。苟彼等持此态度，则来访之影响恐未必有甚成效也。

邱吉尔在国会报告希腊事件，明白攻击希腊之共产党，而 Elas 退出时所拘捕人质 Hostages 之举动，确予邱氏以最大攻击之武器。

红军进展甚速，在波境占 Czestochowa 后，已直〔抵〕德国边境。

一月十九日（星期五）

下午五时半，苏维埃主席在外宾招待所宴英国会访问团。团长伊里曰告余，英国前此无余力对日，现形势稍好，是以积极准备。彼系代表 Glasgow，目睹该地舰厂加紧努力改造船只，开赴远东使用，可为一证。余答甚慰，但以前事件，中国亦极体谅英方之苦衷，是以虽受种种痛苦，仍对英未尝有苛刻之批评。是以现在亦希望英

---

① Colonel Walter Elliot.

国对华，一如往日吾人对英之体谅态度，不可作苛刻恶意之批评。彼甚以为然，谓返英当注意。彼询余将来欧战结束后，苏联是否即参加对日作战。余答全视英、美对于日本拟使用之力量如何，盖日本陆军尚强，苟英、美未能即调大量陆军对日作战，则似不能希望苏联负起对付数百万日军。彼亦以为然。彼谓与少川甚熟，但觉与谈话，不及与复初之快，盖与复初言，则觉确与一中国人谈话，与少川言则不然，似与一欧美人谈。例如苟言及音乐，则复初可告以中国音乐之特殊情况，与欧西不同之点，彼便得有许多闻所未闻。惟少川则将答以欧西音乐，对于 Beethoven, Schubert 等音乐原理滔滔不绝，音乐知识或较彼为高深，但彼终觉此种学问，彼向别处亦易求得，不觉有何所得云云。当外交官对于本国文化，不能不有相当根底者也。

遇潘大使，彼谓持【辞】修当军政部长甚佳。李凡诺夫[①]言，彼虽调往澳洲，但对华仍具热情，现在可密告余，余使苏，苏方认为系最理想中之人选。余在此两年来，苏联未能向余表示中苏合作者，完全系环境关系，不能不避免对日激刺，将来环境稍佳，即可不如此，希望余万勿恢【灰】心云云。彼对华感情确不错。

晚上八时，在馆宴加卢及古巴 Arango 代办夫妇，及 Calder。加与余言，戴高乐、卑都返法后，卑氏尤似悔签法苏之约。即由法外部放出消息，登载各报，谓法允派代表往波临时政府，系只限于商洽法在波境俘虏问题，不及其他，等于完全推翻对于该临时政府派遣代表所签之换文。苏方目为不能原谅，盖苟法方受英、美压迫，不能派全权代表，亦只能如苏联从前接受戴氏代表之态度（当时苏谓虽不能承认北菲法政府，但极表同情，允接受其代表，希望不久同盟国可承认之云云），绝不能作此种等于不派代表之声明，是以日前发表塔斯社之声明，等于对戴表示不满。彼加氏个人之处境自觉困难云云。

红军继续大胜，已进德 Silesia 国境。

---

① Nikolai Mikhaylovich Lifanov.

一月二十日（星期六）天晴，有太阳，冷

晚上，郭武官宴美军事代表团参谋长 Gen. Roberts，彼曾在华。据告：（一）菲岛战争一、二月后即可结束。（二）苟非欧洲战事延长，则美国原拟在台湾登陆。（三）对日作战，美军部计划系欲以最短之期间击溃日本，是以欲直接在日本土登陆之方法，预计以空军及海军火力较敌之强，则用陆军六、七十万便可在日登陆。苟在大陆对日作战，则战事必致延长，非美所愿。余谓美国苟能准备使用数百万之陆军对日，自系最好之事，但对日作战在其本土与在其他岛屿不同，非有大军不能，则运输种种均属问题。彼亦谓船只运输确难。（四）在华南登陆，三月前彼将谓美绝不同情，但目前情况不同，欧战有延长之可能，是以现彼已开始研究。彼以为过近上海，则日过于有利，过南，则不能用以对敌作战，无甚用处。与之研究广州，彼请郭武官将交通及敌人力量运输种〔种〕情况告之。（五）彼日气似未能大量接济我军[1]。（六）彼对华感情尚好，到此一年后，更觉美、华有合作之必要。

红军继续大胜，克复波兰要城 Lodz、Cracow，及占东普鲁士 Tilsit。晚上五次鸣炮庆祝。

一月二十一日（星期日）风大，冷

今日在 Afinogenova 夫人之别墅宴苏联诗人巴斯敦诺 Pasternak、作家伊凡诺夫 Ivanov 夫妇[2]、Ikutsk、作家 Neeling 夫妇，及名导演 Tess 夫妇，请彼等吃火锅，异常欢洽，极言中苏之文化，余觉此种文化之接触，于中苏友谊关系异常重要者也。巴诗人情性和霭，能英语，与之言及梅兰芳之死[3]，及中国旧戏剧种种，彼极感兴趣，谓不图在一外交官得有此种知识。伊先生所写曲本传诵一时，彼本系哈萨人，故与华人感情甚佳。其名剧《铁甲列车》在华也多传诵。

---

[1] 原文如此。

[2] Boris Pasternak，Vsevolod Ivanov.

[3] 梅兰芳逝于 1961 年，此时或为谈论传闻中的死讯。

该剧本内描写一中国人时，极赞其诚实可靠。其夫人少时曾现身舞台，故年将半百，长女已二十五岁，尚娇艳可爱。渠系莫斯科产，Tess 少时曾到中国，在美 Hollywood 亦有一年，其助手亦系华人。彼为此间名导演，新出名片伊凡可怖，亦系彼与 Eishingstein 同在阿剌木图所制，其夫人年青貌美，但非名星。Neeling 君则年少喜言，但诚恳，其夫人能听英文，但不敢说。

一月二十二日（星期一）天晴，有太阳

古巴阿代办送来特制之雪衣、雪靴，甚好，价亦不贵，是以与之转让（衣服美金一百五十元，靴三十五）。

本月十八日，美各报载蒋主席发表谈话，言国共问题将用政治方法解，彼执政一天，则中国决不发生内战云云，甚可慰也。

一月二十三日（星期二）天晴，冷，有太阳

上午十二时，坎拿大威使来访，畅谈一小时半之久。据言：（一）卡尔大使于星期四即返，当即飞赴三巨头会议地点，该会议于本星期底，或下星期初，在苏境内或边境举行。（二）邱吉尔前次来莫与史太林所约：a 罗马尼亚属苏范围。b 希腊属英。c 布加利亚及匈牙利，苏应与英商量。d 南斯拉夫各半。e 波兰问题，邱承认苏、波以 Curzon Line 为界，至西面，只承认波兰应得 Silecia 及 Pomerania 之小部分，并未答应以阿第河为界。至邱氏以后之演说承认至该河为界，则附有条件，即 Mikolajczyk 能回波组织政府。（二）【（三）】戴高乐与史晤商时，提及莱茵河以西德境问题。史氏谓此应由英、美作主，因占领该区军事范围属于英、美，但彼对法方之要求极表同情，惟不能预为答应。苏方对此自然表示欢迎，盖苏联既要求割去德之东部，德人自然恨苏，苟西方亦割去其莱茵河以西，则德之恨英、法将较恨苏为烈。但史氏手段高明，只奖励戴氏要求，自己仍不开罪英、美，是以戴氏来苏签订协定后，即返法与英讲价，谓如英欲与法签订同让之协定，使法不完全走入亲苏之路，则须答应法国以莱茵河为界，及在叙利亚及 Lebanan 全权之条件。英国对此颇难应付，苟允法方要求，则正中

史氏之计，不允，则法方不满。彼（威使）询余意见，余谓邱氏政策似不妥善，盖此次大战以后，估计力量，英国自不及苏联及美国。苟英国变更政策，力主正义，主张集体安全，拥护莫斯科会议及Dumbarton Oaks 会议商定之原则，自己对于属地采取解放开明之政策，对于欧洲各小国放弃其维持反动之陈腐政策，则英国自身力量虽不及苏、美，但必得世界之同情，美方亦自然一致，尚不失去领导世界之力量。但邱氏计不出此，仍欲维持其大英帝国主义之政策，采取与苏分势 Power Politics 主义，对于印度或属地丝毫不欲放松，维持希腊之反动以保护其通印道路，试问以希腊之弱小，是否能代英防苏，苟苏方对英有所威胁，则因地理上之关系，到处均可。是以史氏对英之要求当然暗笑允许。在政治上苟邱氏采取开明之政策，对于各解放国专为其人民利益著想，则尚可足与苏抗衡，而邱氏计不出此，专维护反动，则民众自然日趋于左，日投于共，此正系史氏求之不得者。是以苏联对英国此种错误绝不作半句之批评，盖英国已自投进失败自死之路，如英谚所云："已予以一绳，彼自己上吊。"苏方何必干预，实则余深为英国吊云云。威使深以为然。（四）威使续言，希腊事件亦系英之错误，初欲维持希腊皇，最初供给 Elas 军械，后因欲维持希皇，觉 Elas 不一致，反而供给旧派。实则希腊社会情况特殊，一般人民异常贫苦，但一小部分对外贸易之商人则极富有，此辈富商自然拥护皇室及反动，英方助之以压迫多数之民众，似极失策。（五）彼谓接渝坎使电谓新疆边境某地有苏军数百人开入，占领伊宁，未悉如何。余告以并非苏军，而系盛世才以前所部之白俄归化军，因盛去而作反，并非红军，且苏联对此所持之态度异常公正。

二时，往瑞典使馆午餐，苏多宾使 Söderblom 言：（一）苏联在芬兰所持之态度甚为公正，瑞典已尽力扶助芬兰之复兴，以长期借款之方法，供给芬兰以大量之机器及钢铁，俾芬兰可制造木材及船只，供给苏联，以作赔款。苏联得此，自然满意，盖船只固苏方所极需要，而木材为重建列宁格勒亦所必需。同时芬兰方面解散其军队后，全无失业之人，人民反较安乐，因此瑞典现在一方面固直接援助芬兰，一方面间接帮助苏联不少，苏联对此表示满意。（二）芬兰商务代表来莫，虽云系接洽通商事，实则此种小事本可在芬办理，何必派遣代表团远道而来，其用意自系欲表示苏芬关系已进常轨耳。（二）【（三）】彼意在二、三月间，芬兰便可派公使来苏。（三）【（四）】苏、芬、瑞飞机交通，于本年三月后便可开航。（四）【（五）】瑞典政府欲将其在日本及上海之侨民送返瑞典，盖无事可做，是以著彼与苏方商量运输问题。但据驻日瑞典使馆方面意见，谓须速办，稍迟恐交通断绝，未悉是何意思，是否以为苏、日将发生问题。余谓不知，据其领事那连所言，则路之一小段已断。（四）【（六）】彼谓与佐藤并无来往，盖自其前任受此嫌疑后，彼虽与佐藤系旧交，亦不敢与之多所交谈云云。

滇缅路已再打通。红军连日进展甚速。

岱础报告，美秘书阿尔大 Calder 告渠，美商会会长约翰逊 Eric Johnson 访苏时，彼曾陪往各处参观工厂、农场等，觉：（一）以每工厂人数、工作时间、机器设备计算，则出产不及美国三分之一，可见工人技能尚不甚佳。（二）工人工作时间过长，每日十二小时；而由家往返，乘车须三小时，是以在家睡及休息时间只有九小时，自然不足。彼早上在地道车上见工人之来往，一坐车上即睡，更足为证。（三）工人住宅不好，工资平均每月八百卢布，但捐款等扣去将半，欲自购肉食绝不可能，食品亦不佳。（四）工人间有私逃者，法律对此极严，初犯监禁数月，再犯则徒刑五年。在此受刑期间，不独充当苦工，且食品极劣，五年以后，苟幸而生存，亦成残废，是即等于处死。（五）所参观各工厂，见其机器多不联贯，似系因参观而特别布置，非平常工作状态。（六）童工甚多，有一少女约十一、二岁，彼询其年岁时，旁即有代答"二十二岁"，盖恐其本人说出。（七）总知【之】，彼等均觉苏联政府限定于某一时期制造某种物品多少，各该工厂想能如期制成，但工人痛苦牺牲所予之代价未免过大。（八）Johnson 在杂志上所写之文章全系敷衍，据彼对阿君言，觉苏联工业较美国落后甚多，盖美国近十年来之进步，殊非彼等梦想所及，至战后美苏贸易亦谓希望甚少云云。余连日读彼 Johnson 在 *Reader's Digest* 等所发表之文章，字行间亦觉非尽表满意者。

一月二十四日（星期三）天晴，有太阳，甚冷

上午，偕胡、钱两随员同出旧书店及商店，只得旧书数本。

一月二十五日（星期四）天晴，有太阳，甚冷

中央广播滇缅路已重开，第一批由印运华满载军用品之卡车，于二十二日安抵昆明，于我经济及民气上有极大之影响。国内舆情对于英、美，亦将较前为好，甚可慰也。

东京广播，印奸鲍斯于二十一日在东京逝世，汪精卫不久以前亦死，岂真如神道教所说，此等魔王被玉帝召回天国，世间大乱不久将平欤。

去月中之《纽约时报》转载英作家 H. G. Wells 骂邱吉尔之文，极斥其反动政策误国，用语尖刻，英人之言论自由确可钦佩也。

一月二十六日（星期五）天晴，有太阳，冷

晚上，岱础在馆请 Cocktail Party，荷兰大使与余谈及苏联对外政策，表示异常怀疑，但对德西界以莱茵河之东为止，则表示与法一致。据言，戴高乐之成功，系不在疆界，而在于使苏联答应不干涉法国内政。是以法共产党领袖最近宣言，赞成解散义勇军，编入正式军，尽反其以前之主张。现在苏联尚未十分开始向荷兰政府攻击，自系因荷兰大部尚在敌人占领之下，苟全解放，必有问题，届时彼亦只有采取不理之态度，报告政府耳云云。又谈及苏联驻墨西哥大使 Umansky 夫妇飞机失事身亡事，彼与古巴代办均言，奥氏为苏联总理全部南北美事务之代表，对于共产及各种事务极其活动，有时趋于过分。是以各国政府均知之，均预为防范，大约苏联在美洲，以墨西哥为活动之中心，是以斯太林对墨西哥驻苏大使特别客气也。

一月二十七日（星期六）雪，冷

晚上，偕郭武官，胡、钱两随员往大戏院观《泪泉》舞剧，初意 Ulanova，但临时改 Tihomirova 饰波公主，虽不如 Ulanova，但尚不错，男主角 V. V. Golibin 则系初次充主角，尚佳。

一月二十八日（星期日）雪，冷

连日读 Sumner Welles' *The Time for Decision*。依照其一九四〇年代表罗斯福赴欧时与 Ciano 所谈经过，则 Ciano 之见解确较墨氏为高明，与余从前对 Ciano 之观念不同。是则墨氏实对其婿不住，且误其国，Ciano 欲挽救而未能耳。彼（Welles）对远东民族解放之主张，对国际安全组织之建议，均甚有见地。至分割德国为三区，则世界学者多所批评，目为全书最可訾议之一节。总之，该书内容异常丰富，以其掌美国外交数十年所得，自多良好之见解，至其对美于珍珠港以前之外交为之辩护，似未免稍过耳。

一月二十九日（星期一）大风，甚冷

上午十一时半至下午一时半，学俄文。去星期马教员病，是以停止将一星期。

红军已绕 Posnam 而进德境之 Brandenburg，各处进展亦速。

一月三十日（星期二）大风，甚冷

上午十一时至下午一时半，学俄文。

苏报转载《新华日报》于二十六日刊布民主同盟宣言，要求九项，及周恩来对外籍记者谈话。

一月三十一日（星期三）天晴，有太阳，冷

今日消息报转载 Congress Record 本月十六日所刊美众议院议员 Mansfield[①] 报告其于去年十一月至十二月间访华情形。大致：（一）军队不好，征兵腐败。（二）中共区实行民主，未受苏联接济。（三）蒋主席有其困难。（四）中国问题不在救济，而在统一。（五）与蒋主席、宋部长及孙夫人谈话经过。（六）承认蒋为统一中国之象征，及民党之力量。此种观察自系异常敷浅，美国人士大都如此。但我国须改革之处甚多，古人言："闻过则喜"，吾人宜以此而自勉

---

① Mike Mansfield.

也。即报部。余再思苏联载此之用意，大致不外：（一）汝中国尚未强大，非与中共合作不可。（二）承认国民党应为统一中国之基本力量，及蒋主席为领袖。（三）表示苏联并未有直接援助中共。（四）蒋主席近来有改进之行动，与余所观察苏联之对外政策完全一致。实则我国对于苏联，自宜采取亲善之政策，足以使其不疑我方将来有被他方利用反苏者，我自不妨采取。余向以为吾人何必过怕中共，彼等能参加中央政权，与民党有何妨碍。且目前形势，国民党之力量在此次抗战中已增加不少，不必再怕别人有取而代之之可能。蒋主席以前对于政学系、研究系种种，尽量容纳，对于前进者，反不能起用，似未免稍为失策，此吾人亦不能不归咎于岳军、果夫、立夫、敬之、庸之诸君者也。

午后六时半，美参事 Kennan 请 Cocktail Paty，为 Calder 饯行。

二月

二月一日（旧历甲申年十二月二十日，星期四）天晴，有太阳

上午十一时半至下午一时半，学俄文，开始用普斯金 Pushkin 之 *The Queen of Spades* 为课本。变更方法，以小读熟习为主。

连日苏报对英、美在西线未有进展，多作极苛刻之批评，而英广播亦反唇相稽，实则同盟国间互相斤斤计较，似不相宜也。

二月二日（星期五）天晴，有太阳，冷

上午十一时至下午一时半，学俄文。

下午四时，新任布加利亚公使米哈赤夫教授 Prof. D. Mihalchev[1] 来访。彼任布京大学政治名学及哲学教授将三十年，十年前曾任驻苏公使，故与颜俊【骏】人[2]先生友善。彼长女为油画家，次女在

---

[1] Dimiter Mihaltchev.
[2] 颜惠庆，字骏人。

布京 Sofia 美国人所办学校毕业，是以并非共产党。据言：（一）布加利〔亚〕因俄助其独立，且同种关系，对俄友善，德压迫亦未与苏作战。（二）解放后，政治、社会上无大变动，因布加利〔亚〕向无大资本家，亦无大地主。（三）现政府由农民党、共产党、知识阶级党，及中等社会阶级党合组，各占二、三席，以农民党为最多，共产党占三席（内政、司法，及一不管部），总理、外交、国防等均由农民党充任。（四）余询其与南斯拉夫联合事，彼答两民族间向为友善，联合事未有进行，但将来如何，则未敢言云云。余将谈话摘要报部，盖由此可见，苏联对其东欧诸邻邦之政策也。

晚上，在馆宴土尔其大使 Selim Sarper, Mrs. Sarper, Boswell (N. Z), Rene Blum (Lux.), Mr. & Mrs. Alexander ①, Bosch van Drakestein②& el-Khoury 等。纽斯兰公使谈彼国社会保险最发达，每人以入息百分之五为保险费，以平均生产而论，则为世界最高者，每人每年平均入息为七百美金（美国平均五百）。土大使谈彼国被德迫参加轴心情形，谓斯时苏联政府向英驻苏大使 Sir Stafford Cripps 表示感激，谓将来对土尔其应予以相当之报酬，但今则全忘，只谈土尔其之短，殊为痛心云云。

二月三日（星期六）天晴，暖

下午，偕承庸、济邦同出外交商店及大商店，购得唱片数张，尚佳。又得丝衬衫三件。

二月四日（星期日）天晴，暖

《红星报》载 Zhukov 论"日本内政情形"一文，极言日本现在人民所受之痛苦，人民痛恨东条，小矶不得不迁就议会派及自由思想份子，但仍未能满足民意，及日本前途悲惨，论调与前大致相同。

---

① 澳大利亚驻苏大使馆一等秘书 J. A. Alexander。
② 荷兰驻苏公使 Jonkheer H. P. J. Bosch van Drakestein。

迩来苏报迭次发表此种文章，想系准备将来对日有所动作，使其人民对日先明了其实况之意，亦未可定也。

二月五日（星期一）天晴，暖

上午十一时半至下午一时，学俄文。

下午三时，应洛次长之请，偕同秦秘书涤清赴苏外交部晤谈。彼言斯太林元帅因战事关系须往别处，于二月底不能接见宋部长，拟请其改于四月底或五月初始来莫斯科。余只能答以报告宋部长。彼解释全系因军事进展关系。余询以东线战况，彼谓甚佳。德人于战争之初，欲获得闪电战，现已获得矣云云。余以为此次之延期能将原因说明，似非有变更原来政策之意，目前彼对于战事确忙，将来东线战事再有进展，彼真须亲赴指挥，亦未可定。且届时国际局势当较明显，彼对华、对日之政策亦易决定，否则不易得有具体之结果。余返馆，即电宋部长。

Harry Hopkins 昨在罗马发表谈话，称英、美对日军事计划全以自己两国之力量为计算之标准，并未将苏联加入在内云云。又美外次 Grew 言，美甚愿助英解决印度问题，均堪注意。又美军今日克复斐律滨首都小吕宋，甚佳。

二月六日（星期二）天晴，有太阳，暖

中央广播，交通部长任俞飞鹏，两次长亦更动，国府文官长任吴鼎昌。中央此次改组似较澈底。

上午十一时至下午一时半，学俄文。

二月七日（星期三）天晴，有太阳，暖

上午十一时至下午一时半，学俄文。

晚上，胡世杰夫人在馆自备小菜，请余及胡、钱两随员晚膳，炒牛肉、肉饼，均甚佳。

苏联经济□□□杂志，用□□□名义发表太平洋战事一文，内言：英、美对日妥协政策，并曾欲其对苏，日本因深知苏联之力量，

反久不敢对英、美动手，直至德攻苏后，始发动太平洋对英、美之战争，意似表示对日，苏联之力量极大，不可忽视。

二月八日（星期四）天晴，有太阳，暖

苏联各报今早发表罗、邱、史三巨头在黑海岸某地正在举行会议，商讨各军事政治问题，末言会毕将共同发表宣言。

陈部长持【辞】修在招待外国记者席上言，整军已获良好进展，不久当有事实证明，并谓经与魏多迈①将军作详尽之讨论，华军反攻之时机总以配合盟军作战为目的云云，甚佳。晚上在馆宴希腊、加拿大、瑞典、冰岛、亚比西尼亚各使等，甚欢。胡随员报告英、美记者传德求和。

二月九日（星期五）雪，暖

连日读美联社驻东欧主任柏嘉所著《匈都大本营》一书 Robert Parker's *Headquarters Budapest*，历叙一九三九——九四四年巴尔干各国，及波兰、土尔其之政治、外交、军事情况，及英、德、俄在各该国活动情形，足参考之资料甚多。彼对德固多将其阴谋〔暴〕露，而对英政策亦颇多批评，详述各该国腐败情形及领袖无能、人民智识低落、政治佳话尤多，全书尚佳。

下午五时，回拜布公使 Prof. D. Mihaltcher。

晚上，胡随员请往莫斯科戏院 театр Моссовета 看"Отелло"。 Мордвинов 饰 Отелло，Оленин 饰 Яго，两员均极有名器【气】者，自佳。而 Шигаева 饰 Дездемона，年青貌美，做工亦好，是以全剧均好，无怪英、美人士对之亦赞不绝口。该院总经理 Ю. Завадский 为 Уланова 之夫婿，与余亦认识，知余前往，是以派人招待，并至后台与各剧员认识，甚属有趣。

二月十日（星期六）

晚上，往小戏院 Малый Театр 看 Горький's 之"Варвары"话

---

① General Albert C. Wedemeyer.

剧，女主角 Гоголева 饰 Монахова 之妻，及 Анненков 饰少年工程师 Черкун E. Петрович，均甚佳。

二月十一日（星期日）天晴

上午十一时，偕胡世杰夫妇及胡随员赴阿夫人别墅，苏联作家 Lipatov 及英使馆 Revey 均在。与 Lipatov 作家谈，彼本向在列宁格勒，抗战后往西比利亚各地，业经三年，不久将回列城。彼力言中、苏民族共同之处甚多，均系自足之国，人民亦恶战争者，是以彼等自然视日本为其可能之敌云云。大约均系实情，现只因环境关系，多未便公开表示耳。

埃及国皇生日，埃及公使①在国民饭店招待。

二月十二日（星期一）天晴，乙酉年元旦

上午，学俄文。

郭武官在彼处请同寅晚宴，极欢。

二月十三日（星期二）天晴

上午十一时至下午一时半，学俄文。

今日苏报发表罗、邱、史三领袖在黑海岸 Yalta 会议之结果文告，甚佳。

晚上，苏联外交部请在大戏院观舞剧《天鹅舞》，主角 Semeonova 甚佳。休息时，莫外长请在休息室介绍与美外长斯塔天尼斯②；斯言此次彼已再邀顾大使赴美，似表示彼之助华之意。又哈使介绍与 Justice James F. Byrnes 稍谈。

又下午五时半，新任墨西哥驻苏大使 Bassoels 来访，彼人似较前任为老成。

红军今日已完全占领匈牙利首都 Budapest，并向维也纳前进。

---

① M. K. Abdul Rahim.
② Edward R. Stettinius, Jr.

二月十四日（星期三）天阴，温和

下午四时，访哈里门大使。彼先将昨日公布之宣言逐条解答如下：（一）关于对德军军事动作，英、美与苏联向乏联络，苏联向不以其作战计划详告英、美。此次则完全不同，尽将其计划详告，且由其军事负责方面人员直接报告。是以现在三国军事方面人员之联络甚佳，对于作战前途固有莫大之利益，而亦足见史太林之相信英、美当局，英、美军事当局尤为万分满意。（二）关于占领及管理德国问题，予询其德之疆界是否已经决定，彼答并未决定。苏方提出波兰边界至阿大河直下至捷境问题，与将来新波兰政府有关，故保留以后再行磋商。至西境，则法国并未有提出要求割取莱茵河以西区域，只提出国际共管之议案，是以亦暂行保留，以后再行讨论。但对于将来之德国，务须使其弱小，则三领袖完全一致。（三）赔偿问题讨论不少，盖异常复杂，亦异常专门之问题。例如原则上固决定解除其武装，而实行之方法，何种工业须解除，何种机器应迁移归诸某盟国以为赔偿，交通工具如何变更，均须详细规定。至征用德人充劳役，原则上亦已一致，但何种人员应被征用，是否对于此次战争应负责之人征用，或须包括其他，亦须待详商。是以组织三国委员会，共同商量决定。（四）关于国际和平机构会议事，彼谓系会议中重大成就之一。盖史太林初原坚持其否决权之主张，后经罗、邱与之再三磋商，彼后亦渐觉英、美与苏有合作到底之诚意，故亦接受美方提案，即如须用武力时，须英、美、苏、中、法完全一致（盖苟英、美、苏间有战事，即成为世界第三次之大战，自不堪设想），但对于可以外交政治方法解决，无须用兵之案，则有关系之国无投票权。此案已电中国政府，案内复提议于本年三月底以前向轴心国宣战之国，均可被邀请参加本年四月二十五日在旧金山举行之会议，其用意系奖励南美各国及中立国对轴心宣战。据目前哈使所得之消息，则南美秘鲁、智利等四国，今日已向日宣战，埃及、冰岛亦将继之。余询以土尔其及瑞典，彼谓尚未有消息，彼谓盼中国早覆同意。余谓以余个人观察似无问题，余可电政府。（五）关于欧洲被解放国之宣言，系三领袖完全一致者，盖恐外间有误会三强中有另作其他企图者，是以明白表示。（六）关于波兰问题，彼谓伦敦波兰流亡政府不听英、美当局之迭次劝告，两年来不允与苏妥协，分明系自走末路，无法再行助之。英、美、苏业已完全一致，决定绝不因波兰问题，而影响三强之合作及世界和平。是以此次决定以克逊线为东界，至西界，则俟新波兰政府成立后，再行与之磋商决定。余询以新政府之组织，彼谓自当以现华沙之波临时政府为基础，参加其他份子。余询所谓在外之波兰份子是否有意包括在美或在法之波侨，彼答并无此意，盖在美波侨均为美籍人，自不能参加，大约系包括在伦敦之开明份子，及在波兰境内未加入华沙临时政府之份子。余询以人数之比例有决定否，彼言绝无决定，何人参加，将由彼与卡尔大使、莫洛托夫外长，共同与波临时政府人员商量。工作自属困难，但亦不必过于悲观。（七）关于南斯拉夫事，三领袖完全一致。余询以希腊及其他巴尔干各国事，彼答史太林只请邱吉尔报告希腊事件，邱氏即作详细之报告，史未作任何之批评。对于罗马尼亚及布加利亚事，亦只交换消息，并无若何之讨论。余询以匈牙利及奥国，彼言亦未有讨论。（八）三外长会议为此次重要决议之一，余询以英、美人士有主张一临时四强会商机构者，是否有人在会主张。彼答并未有，盖苟成立机构，则其组织将成重大问题，不若三外长常常会商之实际及方便也。

关于会议事完毕后，余询以：（一）对远东事件有讨论否，彼答未有，盖史太林以为对德战事未解决前，苏方绝不能讨论对日问题。大约对日仍惧其忽然攻苏，尚不欲其挺而走险，自系意料中之事。（二）对策有商谈否，彼答在会中并未提出讨论，但因美国对华有密切之关系，是以罗斯福与史太林曾作详细之商谈，彼亦在座，是以可告以大概如次：1. 史氏表示对蒋主席异常热诚，并甚希望有一强大之中国。彼谓中国真正强大，非充分发展其工业，及提高其人民生活程度不可，是以极力请罗氏援助中国，俾成为一强大之国家，绝无丝毫嫉视之意，殊为难得。彼与罗均感动。2. 史氏对于宋部长表示甚佳。3. 史氏对于我中央之改组尚以为未足，希望再加以改组，谓中国"非真正之统一"不可，意指非与中共合作。又言"国民党中开明份子不少，应多多予以起用"。4. 哈使个人以为，综观谈话经过及彼个人一年半以来迭次与史氏及莫洛托夫谈话，及关于运输交涉经过，深觉苏方对于援华不合作之态度，完全系因我中央不能容纳中共，盖苏联之政策，东西一贯，即对于其邻国并无侵略之野心，但绝对防止其能为反苏之根据，或被利用为反苏之工具，盖苏联目的在于此次大战以后，能获得一安定之期间，致全力于国内之经济建设，不受外力所干预。在西方对波兰固属如此，在东方对华亦然。是以哈使以为我国应尽力与之合作，盖大势所趋，英、美政策亦决定与苏合作到底，盖非此不能维护世界之和平，我政府之容共改组，亦宜早日实现，宜于欧战结束前为之。（三）史氏之态度甚佳，英、美间不同之点亦甚多，但史氏绝未有希图利用英、美不和而达成其主张者，反而言之，史氏极力欲英、美之一致。（四）苏方表示欲一强大之法国，盖此亦系自然之理，因防德非有强大之陆军国不可。英方陆军力量不足，美国又太远，是以非利用法国不可。但史、邱、罗三人均觉戴高乐之不容易应付。（五）史氏能承认英、美在波兰及巴尔干各国之地位，亦可证明史氏之合作政策，绝不欲受任何方面之离间。（六）史氏已与罗、邱言及宋部长访苏事，哈使谓莫洛托夫将亲往参加四月二十五日在旧金山举行之国际和平机构会议。该会完毕后，将在华盛顿稍留，然后赴伦敦三外长会议，计非五月中不能返莫。是以宋部长之来，或先或后，彼欲先知，盖彼亦有意返美一行，或先或后，拟就宋部长之来而定，俾宋来时彼可在此。（七）近来苏联对美之态度异常好转，莫洛托夫与渠亦无事不谈，如彼与余之坦直。计自一九四一年起美、苏间本绝对敌视，而在此短期之三年中能达成如此合作之良好结果，殊不易得。彼个人能参与其事，亦觉非常荣幸。余极赞其努力，彼稍谦逊。（八）美外长史塔天尼斯来此，完全系因莫外长邀请来此观光，并无其他特殊任务，盖各事均经在黑海会议解决矣。（九）余询其对于远东殖民地等问题有提及否，彼答未有谈及。（十）余询其英对华之态度，盖余恐英国或对于我国因印度或殖民地事有所误会，则余欲尽余之力以消除之。彼谓觉邱氏对华尚佳，盖英承认对华问题应由美方主持，盖美在太平洋之利益较英为大。是以关于中国事，亦系由罗与史接洽，事后自然告知邱氏，邱氏亦绝无其他意见表示。至于余所言种种误会，美英间亦多，英对美过于干预印度事件亦多不满，实则美方过事干预印事，确不适宜，盖苟须英国变更其政策，亦须由英用其自己渐进之方法改革，用外力压逼，反多不便矣。对于殖民地解放之问题，美方观点与英亦自不相同，但英方绝不因此而变更其根本合作之政策。总之，英对华之政策无特别不好，自以美之态度为主云云。（十）【（十一）】余询其个人以为欧战何时可以结束，彼答德国现在随时皆有崩溃之可能。苟德果能继续下去，最迟于本年夏季之中，盟军力量计亦可将其击溃云云。

计此次余与哈使谈逾两句钟之久，彼对余之热诚恳挚甚为难得。返馆即先电委座及宋部长，主张早与中共妥协，继电报告各点。

二月十五日（星期四，旧历正月初四）瑞雪

今日为余五十诞辰，司马光言："行年五十，当知四十九年之非。"孔子谓，假我数年，五十以学易，则可以无大过矣，盖人生五十，应获得经验学问，以知己过，而求进益。是以孔氏又谓："四十、五十而无闻焉，是亦不足畏也矣。"余今日综观我之过去，觉过失虽极多，但"诚意"工夫尚足自慰，"致知"一层，则已尽最大之努力，成就无多，则系天资不敏所致，尚非己过也。

晚上，在馆茶点招待同寅及使团，及苏联各界人士稍熟者，名舞星 Semeonova、女雕刻家 Mushina、画家 Konchalovsky 夫妇、作家 Ivanov 夫妇、导演 Tisha、捷克诗人 Lisolovsky、英美名记者多人均到，宾主尽欢，直至翌晨一时半始散。

二月十六日（星期五）雪

上午十一时至一时半，学俄文。

晚上，加拿大威使请宴。

昨日美机一千五百架轰炸东京，为远东之最大轰炸。日人以前之炸重庆，今则自食其果。天理循环，报应不爽，恶人必受恶报，余更相信也。

昨日中央广播俄语新闻，言王部长①在招待外籍记者上言，周恩来会商后，中共所提建议案中四项，经中央同意，内有共党及其他政党代表参加行政院，成立战时内阁，及有关于国军编组，及国民大会等项，周恩来现已持政府建议案飞返延安云。又美大使赫尔莱曾斡旋其间，昨晨德里广播言，中国政府已接受共产党方面建议，刷新政治机构云云，深足慰也。

二月十七日（星期六）雪

英广播言，中国已同意共同召集旧金山会议，轰炸日本仍在继续中，斐岛之巴丹已收复，智利向日宣战，均佳消息也。

接部转百色长官部来榴江县县长杨寿松电，谓秉彝及九嫂、楗侄等，于榴江失陷前，移居中渡县蓝黄村，老幼平安等语，深慰。即电谢，并请陈科长汇美金五百元交九弟，并电渠如再有所需，余亦可勉筹。

晚上，赴美使馆看电影，片为"Mark Twain"，尚佳。

二月十八日（星期日）天晴，有太阳

今早《消息报》载文，题为"中国现状事实之种种"，措辞尚和缓，意仍欲促进国共之早日合作，对我政府之改组仍以为未足。电部报告。

二月十九日（星期一）天晴，有太阳

上午十一时半至一时半，学俄文。

美军已在琉璜岛 Iwo Jima Is. 登陆，该岛面积只八方英里，但为日军最强固阵地之一。美国此次使用主力舰六艘，大小舰船共八百五十余，登陆之兵已达三万，今早已占领全岛三分之一，与连日之大炸东京计之，美军真有在日本本土登陆之可能。今早郭武官报告，彼昨日与美军事代表团人员谈话中，彼等均表示美国仍拟占取东京，

---

① 中国国民党中央宣传部部长王世杰。

盖依照美方之计算，则在华南登陆，利用中国陆军胜日，则非俟两年后不可。在此两年当中，英、美均不能复员，损失甚大，最后亦必须美军在日本土登陆，始能完全胜日，则美军之牺牲仍属不免。是以通盘计算，仍宜乘现在日军已大部分调离其本土，此时登陆，占领日本本部，在外日军亦必不能久持，是为釜底抽薪之善法。果尔，则美国此种计划系准备最大牺牲，于我国自然有莫大之利益，盖可减少吾国之牺牲、人民之痛苦。惟吾国内部之改革须急切进行，而对外之政策亦须稍为改变，对苏特别友善，对英、美亦须加强其友善关系，否则英、美、苏觉我确不配与之并列，我国前途仍足悲观者也。

接宋部长覆电，谓余在此处公务重要，本年五月五日本党召开之全国代表大会，无须回国出席，已代陈委座云云。余即电中央秘书处，谓因职务关系不能出席。

连日读 Markoosha Fischer's *My Lives in Russia*，对苏联之攻击甚于其夫，犹以对于清党描写为甚。彼夫妇之同情托派无疑，实则在此时期写此种书，于公于私有何补益，谓非另有用心，其谁信之。

二月二十日（星期二）天晴，有太阳

上午十时半，偕陈参事、陈秘书及胡随员，往祭奥迈斯基等，礼节简单严肃，其遗灰围以花圈。其家属面向而坐，另有专人哭灵，颇似我国习俗，前后有守卫兵。余等到时，即有人招待，在余左臂悬以红边黑纱，有军人带至灵前，余立守卫之傍，充名誉守卫，约五分钟。在此时期，电影拍照人员均忙。后即由领导军官再领别人到，余即随之环行灵前，返休息室，前驻华大使馆秘书岳山阴亦在，招待余等，彼现充外交官训练班要职，赴华人员多为其门生。

十二时往访卡尔大使，与之畅谈，据告：（一）此次黑海会议所得印象甚佳，史太林尤使彼等敬佩，盖绝不因红军之胜利而露有丝毫之骄态，反而言之，彼让罗、邱两位讲话（盖二人均好言者），最后始行结束讨论，某点苏可同意、某点主张如何修改，意显词清，能让步者绝不保留论价，是以罗、邱亦异常感动，觉其诚意合作之

精神真可推诚相与。（二）在会未有讨论对华事件，但以彼所参加各谈话中，觉苏联之政策确系欲扶植中国，使成为一强大之国家，共同维护世界之和平，此系与英、美完全相同者，三领袖于此均明白表示。（三）彼深信苏联于击溃德国后，必加入对日作战，盖苏绝对不能放弃其在远东之发言权。（四）美军似一方面直接攻占日本本部，一方面占台湾，由此向闽江一带登陆，盖非此不足以缩短远东战事之期。彼前年在美与美海军司令 Ad. Stark① 同车，谈及远东战事，Stark 告渠谓德崩溃后一年半，即可结束远东战事。彼以为过于乐观，但以现在美军在太平洋进展之速，彼亦信其可能矣。（五）英军在缅甸不久亦可有进展，Mandalay 收复，便可由陆地进攻泰、越。彼忆魏菲尔将军② 到华时，与蒋委员长商讨在缅作战计划，魏氏当时以为英军无法越缅、泰边境之高山大岭而入泰、越，但以近来在缅之高山作战经验，则诚绝对可能。又英军不久将占取 Sumatra 之根据地，以攻星架坡，会师华南。（六）在一九四二年，美国军政当局分为两派，MacArthur 及 Nimitz 等则主张东西两战场同时注重，罗斯福及 Marshall 则主张先胜德，然后共同一致对日，赫莱将军 Gen. Hurley 亦系同情东西并重者。后罗斯福派其来莫斯科，与史太林晤商以后，彼完全赞同罗氏主张，是以欧战结束后，共同一致对日，绝无疑问。（七）彼谓赫莱使华，系极有利之事，盖 Gauss 对华印象过旧，且过于消极，又不为美政府所倚信。赫氏则不然，彼以为外交官驻华绝不能过久，最多三年必须调动。是以渠在华时，将所有在华过久之馆员均完全调去，即西摩爵士③ 亦已在华三年，计宜调返英。彼又极赞西摩夫人，目为可补其夫之不足，盖其夫沉厚寡言，而其本人则多言而善交际。（八）波兰事件，彼谓将由伦敦方面派代表二人（彼希望米加罗拉及卢美能来），在波境内工作人员派代表一、二人，与波临时政府讨论，彼与莫外长及哈使充当会议主席，

---

① Admiral Harold Rainsford Stark.

② General Archibald Wavell.

③ Sir James Seymour. 又译为薛穆爵士。

大约前途虽有困难，亦不甚多。外间以为波兰事件系英、美向苏让步，实则系史太林向罗、邱让步，英、美对此异常满意。（九）余询以外间所传择四月二十五日在旧金山会议，系与日苏协定于四月十三日通知期满之期有关，是否属实。彼谓完全无关，此期系由Stettinius 提出，彼看日记簿云："星期三为吉日，君等能否于四月十八日星期三到临？"莫、艾①均言似乎过促，Stettinius 即谓后一星期何如，众曰可，于是以定，外间所传绝无丝毫根据。（十）彼询及国共事件，谓中国友人均盼中国统一及内部之革新，彼在华数年，觉在华壮年有学识、明达事理、足负重责人士之多，为各国所无，而执政之人多属无能，是以开放政权实为当前之急务。彼以为周恩来人亦甚能干，委员长对之亦佳，又谓孔庸之先生过于保守，宋部长较为能干，彼请余代向宋部长致意，谓悉宋来访莫斯科，甚为欣慰，谓宋部长曾与小赌，输其一小背扒，此次应带来云云。彼未与少川会晤。余询以欧战结束之期，彼谓最迟于七、八月后便可了结，惟会议时军事负责人员较为乐观，但亦不敢表示其期间，盖去年邱吉尔来时，英军事人员以其种种之计算，认定去年圣诞节前可以终了，而结果不然，是以此次更不敢再行如此估计。惟苏方则反表示乐观，史太林明白承认此次红军进展如是之速，亦出彼预计之外。关于法国事，彼亦谓英、美、苏固欲有一强大之法国，但戴高乐个人不易相处，彼与罗斯福个人间之不知，尤使各事增加不少困难，例如现在罗斯福经北菲返国，请戴至北菲会晤，北菲亦系法境，而戴氏竟答覆，谓彼请罗氏到巴黎，而罗不往，彼无暇往北菲晤罗云云。似极无礼，使罗难堪，徒增罗氏对戴不良之好之感想耳云云。英国对华本无误会，前因美国人士初对华重视，忽而攻击，不无影响，现已复安静。彼回国后，因各方面对于欧洲各事分神，对华渐忘，是以彼曾向各方提请其注意对华事件。余谢其善意，并告以自彼返英后，余已觉英舆论对华渐变好转，彼承认稍有尽力。返馆后，摘要报告委座及宋部长。岱础言，英馆人告渠，卡尔大使已提出离婚，今日余与谈话时，幸未提及其夫人，尔来谈话

---

① 苏联外长莫洛托夫、英国外交大臣艾登（Anthony Eden）。

间问候别人夫人，亦须谨慎也。

昨日孙院长向外籍记者谈话言，中国之真正统一并不只在联合政府，务须各方承认：（一）三民主义为建国之基础。（二）国民党之领导。（三）蒋主席为全国之领袖。（四）军队由中央统一。续言，苟承认此四点，以后则仅支【枝】节问题耳云云。

晚上，请静尘夫妇等便饭，作小赛马戏。

下午，学俄文。

二月二十一日（星期三）雪，下午有太阳

英广播言，罗、邱在埃及亚历山大港商讨对远东问题。邱谓欧战结束后，英必用全力共同对日，现在亦将加强其对日之力量。又罗、邱在埃，连日与阿剌伯各国皇会晤，商讨阿剌伯自卫之大同盟事，并接见阿比西尼亚国皇，均极有意义。余以为阿剌伯人之团结自卫运动，苏联自表同情，而英国亦不能不予以赞助。戴高乐仍欲坚持其压迫 Syria 及 Lebanon 人之政策，殊属可笑。戴氏欲利用苏联与英、美不和，而进行其极端反动帝国主义之政策，徒自绝于人耳。

下午四时，回拜新任墨西哥大使巴素斯。彼言苏联对于奥迈斯基之不幸事件，绝未有半点表示不满，只请墨政府将调查结果告知。该飞机系墨政府飞机，予奥氏使用，全系善意，墨政府对奥氏本人感情甚佳，此不幸事件发生，异常惋惜。现在公开调查，至目前为止，尚未发觉有若何之阴谋，大约再过一月，调查便可完毕。苏联政府之公正平静态度，使墨方甚为满意，两国关系绝不因之而受任何影响云云。

又前日苏联公布第三白俄罗斯战区总司令 General Ivan Danilovich Chernyakhovski 于十八日阵亡，彼为此次大战中立功最大名将之一，此时阵亡殊为可惜，岂所谓"美人自古如名将，不许人间见白头"耶。用馆名义函苏联政府唁之。

二月二十二日（星期四）天晴，有太阳

上午十一时至下午一时半，学俄文。

下午四时，波临时政府驻苏大使莫西露斯基 Zygmunt Modzelewski 来访。余因波兰问题不久即可解决，此时拒不晤面，将发生不良之影响。且听卡尔及哈里门口气，彼等亦不能不与接洽，是以余亦决定与之接谈，只暂仍设法避免公文上正式之交换而已。彼人似尚有学问，八个月前尚在前方军队，对华表示甚佳。余托其照料在波华侨，彼言目前共有二十五国之俘虏自德军解放出来，是以各该国均与接洽，波政府均予照料云云。彼不能操英语，法文甚佳，是以晤谈时由静尘兄翻译。

上午，接委座红军节致史太林元帅之贺电，内有"德寇崩溃之日，亦即为日寇逼近末运之时"句，计委座致史电，向不提日寇，此次特别言及，想另有用意亦未可定。即由秦太太翻成俄文，余于下午五时赴苏外部，连同余致史元帅之函，面交洛次长，彼谓今晚即转史元帅。彼谈及红军进展甚速，余谓余等希望德崩溃后，同盟国便可移兵向日。彼答："苏联答应做之事，必可做到，现在先注全力将德击溃。"此言或有用意。彼又谓，计五、六月间，欧战便可结束，此种表示意见，为渠极稀罕之事。

锦培由莫德昌转来电，谓去年底已抵渝。余即电陈科长交渠美金贰百元。

去月二十二日之美国 *Time* 杂志，载 Mansfield 之报告，对于国共事件虽极表示应合作，对于国民党固有批评，但对于共产党批评亦不少。谓："Their spirit of Sanctimoniousness（they look on themselves as pious crusaders & do-gooders）; their knowledge of the outside world is primitive; there are social distinctions among them & they are totalitarian in their own way." 结论仍主尽力帮蒋，不如苏报断章取义所载也。

二月二十三日（星期五）天晴，有太阳，极冷，室外 −30℃，为两、三年来最冷者

晚上八时半，莫洛托夫外长在外宾招待所宴使团，庆祝红军节。法大使卡滔罗适到任，人似甚守旧。遇潘大使，彼言国共谈判业已决裂，深为惋惜。余谓虽暂停，将来仍有希望，中共方面亦须让步，不能专责诸中央。意大使、比大使均异常悲观，表示对苏畏惧。佐

藤绝无与言者，土尔其大使告余，土昨日亦已向轴心宣战，是以彼亦不与佐藤交谈矣。十二时即返。

二月二十四日（星期六）天晴，有太阳，甚冷

今早，苏联各报均载国共谈判决裂之消〔息〕，尚未有作任何之批评，只《真理报》载中共所要求二点，自系替中共讲话，实则恐如英《泰晤士报》所载，中共实在不愿意放弃其军队，仍欲维持其军阀割据之局面。总之，中共加入中央与否，并非重要，根本问题系在我中央内部之改革如何。苟绝不下大决心作根本上之改革，仍旧走反动之路，则国民党内部亦将分裂，不待外人之责难。苟我中央能知以前之失计，澈底改革，对于两陈把持党政、特工人员之恐怖政策，以及侍从室之竖宦弄权，致有责之大员绝无丝毫之权，群贤结舌之不良状态，一扫而新之，则共产自无发展之机会。我国此际之能否复兴，全视我中央能否急行改革，千古功罪，在此一举。余旦夕祈祷我领袖能排除万难，各方面能多为国家民族前途之利益打算，庶我国此次之牺牲不枉费矣。余得此消息后，旦夕不安，苦不能有所补益，深觉痛苦也。

二月二十五日（星期日）天晴，有太阳，甚冷

今早，苏联各报均载委座贺电全文，而次序则罗、邱后戴高乐，然后委座，足见苏联重视法国较我国为重。苏联作风绝不顾是非，只顾利害，大约目前须联络法国，自然如此。实则以此次作战而论，法国之举动可鄙，世人皆知，中国牺牲之大，对于救护苏联，使不受日本攻击，稍具良心者，应如何重视我国。而苏联政府态度如此，自系其向来一贯之作风，不讲道义，亦无足怪。是其重视时，固不足为荣，轻视时，亦不足为辱，吾人只宜自行努力图强耳。

晚上，在馆请郭武官便饭，与之饯行。

二月二十六日（星期一）天晴，有太阳

上午十一时半至下午一时半，学俄文。

　　下午，往画师 A. M. Gerasimov 家，取其为余所画之像。彼亦自以为佳作，是以经将其摄影寄往伦敦之美术会，余亦觉神态甚佳。

　　英、美军在西线甚有进展，大约计可与红军在东面之进展相配合。美机共一千八百架昨日再炸东京，敌寇将续有其应受之果报也。

二月二十七日（星期二）天晴，有太阳，仍冷

　　今早，郭武官及钱承庸由此飞德黑兰。

　　上午，学俄文。

　　邱吉尔今日在英国会报告黑海会议经过，有谓波兰事件系苏联之让步，盖苏联绝未有提出一九一四年前帝俄时代之疆界，已属难得。又言一年半以来，英政府迭劝波流亡政府改变其反苏政策，不幸彼等不听。又言英、美、苏同负战争大责，三领袖共同讨论，无邀请别人参加之义务，是以法国不能因此而不满云云，均甚坦白。

二月二十八日（星期三）雪，冷

　　今早，苏报登毛泽东、朱德红军节致史太林贺电，此系数年来首次登中共之电，殊堪注意。电部报告。

　　部新闻电，谓国共谈判仍在进行，并未决裂，中央已让步者有四点，由周恩来带延安：（一）许中共合法地位。（二）许中共参加军委会。（三）许中共参加行政院，合组战时内阁。（四）组织委员会商改组及给养中共军队问题，该会由国共各派平等人员，需要时，可由一美国高级军官充当主席。但中共拒绝接受以上四项后，增加其他要求，内有召集各党会议。本月十五日王雪艇在招待记者席上言，中央已答应召集各党会议，讨论统一全国军政之过渡方案，则中共之要求，中央亦已答应云云。又谓美报 *Washington Post* 评中共之"obstructionist attitudes"及中央之让步，谓中共苟不放弃其反对统一之成见，谈判必无结果，中共将失美国人士之同情云云。

　　下午，回访波兰大使 Zygmunt Modzelewski。

三月

三月一日（星期四，旧历乙酉年正月十八日）天晴，有太阳

委员长宣布定于本年十一月召集国民大会，并准备承认中共合法地位，及准其参加战时内阁，但要求其撤消独立政府及军队。

罗斯福在美国会报告克里美亚①会议结果，并谓将自往参加旧金山会议。

上午，学俄文。

三月二日（星期五）雪，冷

上午十一时至下午一时半，学俄文。

下午四时，新任法大使卡杜劳来访。彼曾任安南总督，在我国抗战初期关于运输事，对华曾有不少之援助，是以我政府曾赠以采玉勋章。

三月三日（星期六）雪

读 Somerset Maugham's *The Razor's Edge*，描写美国青年思想及生活情况，甚佳。

晚上，苏联政府请看《史太林格勒复兴》及《克里美亚》会议影片，均佳。

三月四日（星期日）天晴，大风

上午，偕胡随员同往亚芬诺干那化夫人之别墅，有名作家及艺人亦在，惜雪厚，不能滑冰。

三月五日（星期一）天晴，有太阳

上午十一时半至下午一时半，学俄文。

---

① Crimea.

法国竟不允共同发出邀请各国参加旧金山会议之请帖，戴氏如此固执，殊非法国之福也。

连日英、美军在西线进展甚速，已占 Cologne 之一部。

刘参事及莫德昌均有覆电，言曹不允来，或亦系承庸之福，未可定也。

三月六日（星期二）天阴，雪

上午，学俄文。

中午，古巴代办请往看古巴画展，多属所谓新派，Gerasimov，固不以为佳，即 Konchalovsky 亦目劣品。据威使言，苏联当局向反对新派，盖恐苟提倡此种作品，则人将不用苦工，必无佳作，似亦有理。

本期《战争与劳工阶级》杂志载描写中国现在情况一文，与前无异，攻击中国军队待遇不均及不全部动员，与及封琐【锁】特区。报部。

英军在缅甸亦有进展。

本晚我中央广播言，法国对于旧金山会议加入为邀请人一层，曾向苏联提出主张，对于请帖修改四点。苏方答覆，此系三强会商之结果，法国只能接受或否，不能修改云云。法国欲藉英、美与苏联间之不和而自重，终必失败，吾深为法国前途虑也。

苏报发表罗马尼亚总理之子 Nicolae Radescu[①] 公开致其父之函，所谓父不父、子不子者耶，读孟子瞽叟杀人章，更觉我国文化之高，儒家所主张之社会制度，确非欧洲各国所可及者也。

三月七日（星期三）天阴，雪

上午，回拜法国大使卡都路将军，彼安南总督之排场，在此仍欲维持，副官随从一如往昔，在莫斯科恐为人窃笑耳。与之谈话间，

---

① Nicolae Rạdescu 自 1944 年 12 月 7 日至 1945 年 3 月 6 日任罗马尼亚总理，其子疑另有其名。

彼忽询余中国政府对于越南之意见，余颇难置答。盖直言则开罪于人，作伪则对自己不住，不得已乃言我中国政府在千余年来与越南之关系，并未曾有并之举动，此时更无领土之野心。至安南之管理，则政府并未有任何表示，不过余个人所闻，则彼当越南总督时，曾主张采取对安南人极力扶助其即能完全独立，及提高其人民之教育及生产程度，立即取消以前之帝国主义剥削人类之罪恶主义，遇事以安南人之利益为前提，此种政策与近代潮流正相符合，余极敬佩云云。实则以余所知，彼在安南时，所作所为亦不见高明。余作此言，亦系如粤谚所谓"指住和尚骂秃奴"，冀言者无罪，闻者足戒之意耳。故彼答此正合其意。

英国报 News Chronicle 载蒋主席发表之谈话，谓随时均可承认中共之合法地位，只求其撤消独立政府及独立军队。至中共方面所要求政府立即将政权交出一层，必使中央政权解体，于国家利益有害，不能办到云云。中共方面之要求未免太过，以后中苏关系自受不良之影响，余工作自增加十二分之困难。但余素信孔子正心，孟子养气，佛氏唯心之说，只求我自己良心上已觉尽己之忠，事之成败不必引为喜怒。孟子四十不动心，余已五十，亦应能修养至此矣。

今日美报载，到现在为止，日军在斐律滨死亡已达二十二万五千人。

三月八日（星期四）天晴，有太阳，冷

上午十一时至下午一时半，学俄文，连日会话似稍有进步。

下午加卢来访，彼言：（一）法政府之资本家及反动份子尚不少。（二）彼本拟返巴黎，脱离外交关系，从事政治工作，因法外交部与彼个人之见解多不符合。但最近巴黎方面，忽觉英、美不久亦必承认波临时政府，卑都之企图推翻在莫之诺言，自无意义，是以法政府内部曾有剧烈之讨论，结果仍以为应立即设法补救。是以电请其即往华沙，且在波解放区域之被解放法国军民甚多，不能不派人即往接洽及照料。彼个人觉对国家人民，不能不尽此义务，是以虽似降级，但不能不接受。（三）法政府所为多彼不以为然者，例如

关于参加为旧金山会议邀请人一事，法外部认为 Dumbarton Oaks 会议所决定关于使用武力之条，与法苏协定不符，盖依法苏协定，则苟德国有危害和平之举动时，两国可立即采取共同行动，无须事前提出向任何其他国商量，是以法政府请苏联政府共同提出此点，苏联政府对此自不能答应，是以回覆法方，谓此系英、美、苏三国共同量定之结果，苏方不能且不愿提出任何修改，法方只能自己决定完全接受与否已云云。法国政府此举殊为不智，实则法国所反对者，系遇事由英、美、苏三强决定，而事实上无论法国或其他国家赞同与否，趋向自然如此，则遇事法及中国均能参加，自较妥当。彼询余意见，余谓世界和平机构之原则，为全世界希望维持和平之标的，将来结果如何，自不敢言，但此系人人所目为最大之希望，自无疑义。而法国方面似反对此原则，而主张回复互相私订军事同盟之制度，似未免与大势所趋相违反。余以为法国应知大势所趋，不能过于守旧。即以近东政策而论，依照英、美所发表者，则英、美、苏均似欲解放近东各民族，扶助其独立，而法国反极不允放弃其帝国主义迫压土人之政策，自不能得世界之同情，彼亦深以为然，觉法政府亦因对于近东问题，不听其劝告，以致不可收拾，深为可惜云云。彼又谓卡都路已感觉其工作之困难，实则法外部近来所采取之政策，彼离此亦系快事。渠人异常爽直，余对之尤佳，渠不能为法政府所倚信，殊为可惜也。

苏《劳工报》载拉铁摩尔最近出版之新书[1]，主张：（一）美应对苏关于远东事采退让之态度。（二）共产主义在远东应占有其地位。(三）中共军队不必统一于中央。（四）中国事由英、美、苏三大使共商决定。（五）召集英、美、中、苏四强会议，商决中苏关系。（六）外蒙应为各民族独立之标准。（七）中国在新疆应停止其压迫缠回之政策，而仿苏联对 Uzbek 等之扶助政策云云。拉氏之写此书，自系最不道德之举，盖拉氏既充中国政府顾问，为委员长所信任，因此而获悉内幕，而忽而利用此种资料而反对中国政府，自

---

① Owen Lattimore, *Solution in Asia* (Boston: Little, Brown and Company, 1945).

无道德之可言。美国人大都如此，自不足怪，而苏联登此，自有其用意，自应万分注意，其所选择之数点，更足为吾人之参考者也。总之，吾政府应明白世界大势所趋，急图改革，否则前途实足忧虑者也。

今日我军完全占领腊戌，英军占曼得勒，甚好消息。

三月九日（星期五）天晴，有太阳，冷

部新闻电，谓大公、中央各报，均不主张立即取销中央政府，改组为联合政府。《大公报》谓联合政府之条件尚未具备，民意机关尚未能成立，究应向谁负责，亦未能决定，则苟有一党退出联合政府时，则政府将倒，中央将陷于无政府之状态。是以主张早日召集国民大会，同时由各党派员参加现政府。对于蒋主席所宣布定本年十一月十二日召集国民大会，宣布宪法，结束训政，均表赞同。

下午四时至六时，学俄文。

下午七时半，偕静尘至车站送加卢。

三月十日（星期六）天晴，有太阳

今日塔斯社奉命发表声明，关于法国向苏联提出修改旧金山会议请帖之经过，谓法国要求 Dumbarton Oaks 所决定，只能作为讨论之根据，不能作为草案之根据，苏方自不能答应，盖此系变更克里美亚会议之决定，与世界战后之爱好和平国家之安全有碍。至法通讯社所发表之消息，谓美、英均同意在请柬内增加一节，将法方意见加入，惟莫洛托夫外长则言法方只能作全部接受与否之答覆云云，与事〔实〕不符云云。法方确似有人意图挑拨英、美与苏联间之关系，以为藉此可以自重，其愚真不可及。读 Pierre Cot's *Trumph of Treason*，则法国尚不少有欲推翻共和重立帝国之份子，殊堪为法前途悲也。

日寇昨日宣言全部接收安南，法人之不抵抗主义及越南法殖民地管理之腐败可见，而戴高乐不急图自己改革，只争取别人承认为强大之国，其将来失败可以预测者也。

晚上请海军作家 Соболева 夫妇、儿童作家 Касиль 夫妇、Mrs. Afinogenova 及 Mrs. Upouobub，晚饭后同往观 Afinogenova。

三月十一日（星期日）天晴，有太阳，冷

与胡随员同至彼在奇拉斯玛之旧别墅，房东招待甚殷，谓今年苟再租用，则彼住之房亦可相让，如是则可足用矣。在冬天彼等全家均同住一小房，盖木柴不足，只能在一小房升火，冬季且无电灯，只用洋油灯，是以冬季居乡诚苦事也。今日为俄肉食节，旧俗尽量而吃十天左右，因此而致病者不少。在战争期间，自不能如此矣。

三月十二日（星期一）天晴，有太阳，冷

部电，著毛泽东、朱德电不必代转。

昨美某记者告胡随员，谓此间美记者电言，美欲运自日寇所获得之物品往延安，而我中央政府不允通过，并询此消息是否属实云云。胡答以无所闻。余恐系中共方面故意传出此种消息，俾外间对中央不好，盖所谓美方自日寇所获之物品，若系由缅甸，则我军在缅系作战之主体，美军占极少数，苟有所获，接济我军尚且不足，安能有余物送往延安。而在缅作战之美军事人员合作甚佳，安有作此愚笨之表示，苟非指在缅作战所获，则系在另一战场，经苏联而往延安，则我自然反对。苏联亦系极不友谊之表示，盖三年来允我假道运输而不实行，此时而允代运往延安，非最不好之表示而何，是以余以为此消息未必真确。总之，苏联放出此种消息，似亦另有用意，我方既不能与中共妥协，则自己应努力反省，力图改革，实行遵照我总理之遗教，否则不待共产党或外来之侵略，我自己亦无以自存，物必自腐也，然后虫生之。余盼我当局之能澈底觉悟也。

中午，土尔其大使夫妇 Mr. & Mrs. Sarper 请宴。

上午，学俄文。

三月十三日（星期二）天晴，有太阳

上午十一时至下午一时，学俄文。

今早《红星报》载文论中国之内政，谓国共之不妥协，过在中央，谓何应钦仍为参谋长，孔庸之仍为中央银行行长，又谓抗日之功多在中共，中共应付日军百分之六十四云云，均系全不顾事实，绝不讲理之言，更使国内对苏愈生怀疑。余亦不能不对中苏前途悲观，盖苟苏方真不讲理，仍以支持中共夺取中国政权为其一贯之政策，则不但中苏关系前途惨淡，而世界亦无和平之希望。中共人士亦系黄帝子孙，何忍藉外力以夺取政权，且亦必无良好之结果者也。余以后在此工作，恐一如邵力子先生之时，一事不能办，只能万分忍耐，待时而动。当外交官者于两国合作时，固易办，完全决裂时，亦易采取其应有之态度。但在目前余所处之环境，既不能有所进取，又不能表示失望，其应付最为困难。而外交部对于种种余应得之消息亦不告知，更增加余之困苦，但此系余来时经已料到，此时亦不必过于失望，希望将来形势或有好转矣。

三月十四日（星期三）天晴，有太阳

上午，英倚泉来言，彼到此已届一年，而工作上绝无可办之事，苏联对渠亦异常歧视，例如近来所组织往各地视察，只中国与日本记者除外，是以彼精神上异常痛苦，日见瘦弱，现拟电总社将其调往西欧或他处云云。彼确可怜，工作确有困难，余只能善言慰之。闻 Tomara 已有孕，则彼之精神上更为痛苦，其急欲离此亦系自然之理。彼又言 Edgar Snow 告渠，谓周恩来曾告 Snow，蒋委员长并不能充当领袖，忆在北伐时，周曾任政治部工作，某次军事失利，委员长跪地大哭，如此安能任全国之领袖。此段谈话，彼本在其最近所著之书发表，但友人劝其删去，而周恩来闻之，即电渠请将该段删去，以免防【妨】害其正在进行国共合作之工作，是以彼暂时将其删去，但将来必将其注销云云。Snow 此种无赖行为确为可鄙，余久已看渠不起，此更证余观察之不错。盖余以为苟不讲公道，只求个人所获之人，必不能交处者也。

昨日读美记者 White 所著关于彼与 Eric Johnston 来苏观察后所著之书内容摘要，其批评苏联之处未免太过。昨日驻莫斯科英、美记

者 Aldridge，Davis，Fisher，Gibbons，Hersay，Kudrick，Magidoff，Parker，Snow，White，Nichols，Stevens，Layteson 在苏报发表短文，声明 White 之书内容错误，记者中互相如此，亦系鲜见，Hindus，Alexander Werth，Paul White，Shapiro 等则未有署名。

本月一日蒋主席之演说全文，今日始行接到，内详言与中共不能妥协之真正原因。中共之不允放弃其军权自系主要原因，迭次谈判亦系反覆无常，对外作种种虚伪之宣传，自亦中共之惯技，大约昨日《红星报》之论文，系对蒋主席之演说而言。

三月十五日（星期四）天晴

上午十一时至下午一时，学俄文。

秦涤青【清】报告昨晚往听苏联公开演讲关于中国之问题，由 Prof Avarin[①] 演讲，内容攻击国民党不遗余力，目为反动组织，代表资本家及大地主，与南斯拉夫之米海罗域兹相同，反对召集国民大会，谓其代表均系代表资本家及大地主。末言只有与中共联合政府始有希望云云，其用意已甚明显。有问对于高丽如何，则答以开罗会议已决定其独立。问苏联对中国之关系如何，则答以对中国抗战表同情。问十八路军作战区域，彼亦略为解答。问延安是否可直接通外蒙，则答尚未。秦又报告有中国人十数人（内有女人）往听，大约系共产党。彼故意坐近一中国人之傍，见有俄妇人问其久已不见，近来如何，旁即有俄人代答彼耳不能听，大约不愿其与人谈话。此种不自由之工具，亦可怜复可恨也。报部。

莫德昌、刘正堉等电承庸，谓曹已与中国银行王某结婚，即将电转承庸。孔子曰：始吾于人也，听其言而信其行，今吾于人也，听其言而观其行，吾亦云然。

英报 News Chronicle 近载重庆消息，谓中共近发表宣言攻击委员长，谓其系独裁者，要求将其撤换及受裁判。又谓将召集之国民大会为"奴隶"会，并指委座意图吞并中共军队。末言如联合政

---

① Professor Viktor Avarin.

府可能成立，则尚可予蒋氏以一席，俾其立功赎罪云云，未悉确否。果有此事，则中共只自绝于国人，及使英、美人士对之不表同情耳。

三月十六日（星期五）雪

上午十一时至下午一时，学俄文。

接宋部长电，谓此次旧金山会议，我国得为召集国之一，深愿与苏、美、英彼此合作一致，促成和平机构早日实现。不识苏方有何议案准备提交会议讨论，有无特别必要之问题，如有盼我赞助之处，我愿以最友谊之精神考虑尽力为之，希向苏外部婉询表示云云。余与静尘商，措辞方面应不可使苏方误会以为我方欲探其提案，是以应注重与之合作，及尽量赞助其须我赞助之提案。是以下午五时半，赴苏外部晤洛次长，将电文告之。彼初尚似有误会，每字均请涤清重述，末并请译成俄文，涤清遂将译文交之。彼读毕，始露安心之色，谓此系宋部长之善意，彼当即转达莫部长。余请其如有答覆，即为通知。彼答曰，自然如此，又谓依照名单，则宋部长将为中国首席代表，该会成就必大云云。余电宋部长询其来莫之期，久未有覆，对于该会政策如何，我方提案半点不电告知，即代表名单亦不见告。宋部长对帮其办事之人如此看待，绝不信任，此种对外国政府经已通知之事亦不见告，帮其做事之困难可见一斑。

英广播言，艾登在国会报告，美政府视罗马尼亚新政府不能代表民治份子，故请英、美、苏三强对罗马尼亚事举行商洽云云。英广播又言，德西线统帅 Rundstedt① 向前线盟军广播，谓愿停止对英、美军作战，共同对苏云云，此种末技，自不易愚人，惟西线方面德军无力支持，亦可以此为证。

晚上，静尘请 Cocktail Party，澳洲公使表示在苏工作不如意，比大使亦然。

---

① Gerd von Rundstedt.

三月十七日（星期六）天阴，暖

今日新德里广播，我政府已发表宋部长充旧金山会议首席代表。又言日商人已开始自华南撤至黄河以北，日军亦有此趋势。又言据塔斯社驻东京通讯员消息，东京被炸后浑乱状态，甚为严重，小矶昨在国会承认局执【势】严重，为日寇生死关头云云。则远东战局似不久便可有进展，使我有利。又英广播，德方在瑞典向英、美代表提出请和之建议，英、美已拒绝，并通知苏联云云，则欧战不久便可结束矣。

今早美机三百架炸神户，投弹二千五百吨，神户全市大火，敌寇以后所受将不只此。琉璜岛 Iwo Jima 之战已将结束，日军死二万，而美方亦死四千，伤一万五千，足见日军力量绝不可轻视。我国于最近将来对日作战所担负之部分，尚属主要，不能轻视者也。

连日读 Walter Lippmann's *U. S. War Aims* 原书，苏联报纸昨有论文，批评该书，盖书内对于苏联尚多表示怀疑之处，尤使苏方不满者，为其直指苏联民众不自由，政府之统制消息等等，并以为苟民众无真正民治之自由，则合作仍不能稳固。

三月十八日（星期日）天晴，有太阳，暖

今日苏联《劳工报》又有一文，转载美记者 Forman 所著关于中国之新书，内言著者与毛泽东谈关于对委员长之态度，仍系向来一贯之语气。报部。

宋部长覆余电，请余通知美使哈里门，彼（宋部长）将亲往出席旧金山会议，完毕后始来访苏，并盼在美与哈使晤谈。晚上苏外部招待捷克总统贝尼斯在大戏院观舞剧"Don Quixote"时，遇哈使，面告之，渠表示谢意。又在招待看戏时，法大使亦照次第排列在第五包箱【厢】，与红军节招待时完全不同，足见苏联对法近来态度冷淡，不视其与英、美同等。又加拿大威使告余，波兰问题又发生极大困难，卡尔主张同时请波各方会商，由莫、卡、哈三人当主席，解决一切，但莫则坚持谓华沙政府为基本波兰政府，其他不过参加，是以彼等三人应先与华沙政府接洽完毕，然后与各方接洽。卡尔以为如此手续与克里美亚决定不同，是以进行方法已发生大问题。而邀请参加之人则

更为困难，盖苏方已开始攻击米卡洛兹及卢美等，大约苏方认为克里美亚之决定，苏方不过予英、美以一下台面子之方法，并非答应对波兰事件有若何之根本让步。而英、美欲藉此改造华沙政府，非苏方所能答应。至罗马尼亚问题，则更多磨擦，是以克里美亚会议后，三国间误会似更深，深为惋惜。彼个人计算，每次会议时，结果甚佳，会议后，照理应更易合作，推诚解决各项问题，但事实上则适为相反。每次会议后，误会似增加，真不易解云云。

三月十九日（星期一）天晴，有太阳

岱础报告，昨日往访瑞典使馆秘书 Hägglof①，遇前秘书 Astrom（即前苏联谓其过于活动，请瑞典政府将其调回者）。据言，芬兰在停战之初，以为苏方条件尚宽，甚为满意，是以亲苏情绪甚浓。但近来渐觉苏方事事干预，反苏份子日益抬头。至芬兰事件得如此良果者，系因苏方执行之人尚属和缓。在罗马尼亚则不然，因维申斯基②所用之手段过于高压，是以反动力遂高云云。

中央广播，梁云松任瑞士公使，吴醴泉任智利公使，拍电贺之。

上午十一时半至下午一时半，学俄文。

下午在旧书店购得一佳本 *Rubaiyat of Omar Khayyam*，读之不能释手。此翁为中古时代（死于 1123，享有高寿）伊朗名人之一，于天文、算学均极显著，代数即为其所发明，其诗更为世所崇奉。彼与首相 Nizam al-Mulk 友善，那显贵时，彼只要求资助研究学问，彼诗中所言，多为人生哲学，与老子相同。

三月二十日（星期二）天晴，有太阳，暖

上午，学俄文。

曼得勒日军已完全肃清，全缅战争不久便可结束，吾国经济困难似有减轻之希望矣。

---

① I. Hägglof.

② Andrey Janevich Vyshinski.

读 Pierre Cot's *Triumph of Treason*，虽系力辩其长法航空部时之政策，但其所举法银行界及大资本家与反动力量在法政治上之影响确坏也。

三月二十一日（星期三）天晴

今早苏联发表谓苏土友好及中立协定，系于 1925 年签订，于 1935 年继续延长十年。现因世界第二次大战所发生之重大变迁，该约与新环境已不适用，需要重大之修正。是以依照该约之规定，通知土尔其驻苏大使将该约废止云云。《消息报》又著社论，有批评土尔其此次战争所采取之政策，大约苏方对土尔其将不久提出要求，各方对此均异常注意。

下午，请美使馆秘书斯密扶 Smith 来馆午茶，并询其新疆实情。彼在迪化曾充美国总领事，最近始离，彼所告可作参考者甚多。

三月二十二日（星期四）雨

中央发表李练百升伊朗大使，电贺之。

上午，学俄文。

三月二十三日（星期五）天阴，雨

上午十时至十二时，学俄文。

十二时，小组会。

下午四时，赴苏外部晤洛次长，彼代表苏政府答覆宋部长电，谓苏政府对宋部长之善意表示感谢，在适当时机，必充分利用此项友谊。至中国政府方面，未悉有何特别提案，苏方亦愿加以考虑云云。答覆甚佳，即电宋部长。

下午四时，捷克大使请茶点，招待捷总统贝尼斯及总理斯蓝墨 Sramek、外长马沙历 Marsaryk 等。

晚上八时半，往电影委员会看神怪片"Kashchey the Deathless"，导演 Al Row 在座招待，其得意处系在飞毡上能动，及睡美人之透明，女主角 Galina Grigoryeava 甚佳。

三月二十四日（星期六）天阴

静尘、岱础昨在馆宴瑞典使馆秘书许格罗夫及前任秘书阿斯多林。据许、阿两君言：（一）苏方在芬兰之行动尚佳，此次选举亦不干预，左派较前稍占优势，亦系自然之理。（二）苏军在挪威北部因纪律甚佳，甚得民众之同情。（三）以挪威及丹墨抗敌人员之意向言，则彼等固希望英、美军前往解放之，但红军亦所欢迎。（四）德民气仍盛，在瑞典本有德籍居民十万，彼等自可仍留瑞典，但百分之九十仍要求返德参加作战。柏林虽受轰炸，房屋破坏，惟日常生活仍不受极大之影响，粮食仍甚充足，是以德抵抗力量尚强。（五）苏联不允土、日双方代表经苏返国事，已有一部分解决。盖日本驻罗马尼亚之代表处境甚苦，要求经苏返日，苏方以日许土代表先返土为条件，至日本驻土人员因系共有一百余名，办理特务工作人员不少，是以闻系英、美方面请求苏方不许其通过。（六）日本近调其驻外大使返日报告，及商讨应付国际局势问题，不只佐藤一人返国云云。

上午十一时，偕胡随员往参观□□□美术学校，功课尚佳，成绩亦不错，现有学生约三百人。校长言，有一中国女生 Lily，系在广播电台任事者，近已毕业，成绩甚佳云。

印度广播言，日本驻瑞士代表曾向盟国代表提出和平条件，愿在所有占领区退出，只要求保有东四省及北平附近之煤矿及铁矿，经盟国拒绝云云。盟国胜利在望之际，此种条件自系敌方之梦想耳。

巴黎官方宣称，战后越南将多获自治之权，在总督下自组政府云云。法方对越南之政策，确须澈底改革者也。

三月二十五日（星期日）天晴，有太阳

上午十一时，偕胡随员赴阿夫人别墅，将李译中国诗五十首送巴斯顿诺 Pasternak，并与谈中国诗格及诗之源流。彼谓将著世界诗之源流，盼余对中国诗方面予以资料。彼为苏联近代最有名之诗人，性情和霭，对唐诗研究不少，与余一见如故，余亦甚乐与交游。今早彼与阿夫人处发生一不快事件，盖阿小姐年只九岁，巴君之仆妇

与之口角，阿夫人出视，该仆妇出言不逊，巴君甚为难堪，薄责之，而该妇竟大事咆哮，立即出门。连日巴夫人因其子久患骨 TB，往莫斯科，是以此妇若去，巴君极不方便，故该妇能以此要挟，巴君气极，几至晕倒。在苏联用人之坏，大约世界各国所无者也。阿夫人又介绍其女友 Umagradskaya，云夫人系著名女作家，年约四十许，抗战之初曾往参加列宁格勒之防卫及附近之游击队，是以著有关于该游击队之书，名重一时，最近与一青年军官结婚。彼不能操英语，是以余不能不用余之一支【知】半解俄文与谈，诚苦事也。又遇□□□夫人，年青貌美，而□□□君有杜康癖，性情极怪，闻其夫人不堪同居之苦，有离婚意，此亦迩来苏联作家中所近传者也。

三月二十六日（星期一）天晴，有太阳，暖

中央发表参加旧金山会议代表团名单，宋部长为总代表，其代表为顾少川、王亮畴、魏道明、胡适、吴贻芳、李璜、张君迈【劢】、胡霖、董必武，及施植之[①]为高等顾问，人选甚佳，尤以内有共产党代表董必武为佳。

美军在琉球中【冲】绳岛及其他两岛登陆，甚好消息也。宫鼓【古】岛、庆凉建岛登陆。

今早岱础往晤新自日本经此返回之罗马尼亚驻日副武官吉杜李斯高 Guttulesco 及其夫人，据吉君言：（一）彼正月离日，在哈尔滨住一月。日人禁止外人往东北，经苏境者，则非在日本得有苏联许可过境签证，不许前往。沿途在火车上，亦须将黑帘放下，不许往外看望。（二）日本经济状况不佳，民众极受痛苦，普通人民绝无白米可食，均食山芋或其他杂粮。其他物品亦缺，统制极严，市民衣服较苏联坏多，但作战精神仍甚佳。（三）彼个人以为德崩溃后，日必不能继续作战。（四）日本军需及其他各种工业，仍完全在日本本土，在华北及东四省所谓迁移，或新发展之工业极少。苟与中国本部之海上交通断绝时，在华作战之日军无法支持。（四）彼与宁伪在

---

① 施肇基，字植之。

日使馆人员来往极密，褚民谊夫妇及徐良夫妇等，亦时有往还，大约全馆人员不分上下，均未有对日表示好感者，均极同情我中央之抗战，希望我国胜利。彼等均谓彼等所为系不得已之举，汪精卫之病施手术后，经舒【输】血四十余次，本有起色，但后因美飞机轰炸神户，医院不能不将其移于地下室，因此不治云云。（五）彼闻日本已数次向中国方面提出和平条件，大致与昨广播者略同，系在缅甸某地进行。（六）日本对苏沉默，对史太林去年红军节演说全文，登载而不加以批评。日人以为已有保障红军不致于攻日。（七）日报纸对国外新闻完全不登载，是以日民众对外间消息完全不知，只一次登载有美国人主张将来使日本成为共和国，民众视为笑话。（七）【（八）】彼曾往上海、北平各地，各该地物价在一九四一年已高涨不堪，黑市美金合伪币一千元，北平西服一套已值万元，无米供给，民众只吃杂粮，但物品绝不缺乏，只价格过高耳云云。

部电著向苏联政府提出将阿剌木图领馆升格为总领馆，即致函苏外部，由静尘往面交。

上午十一时半至一时半，学俄文。

《泰晤士报》二十一日社论，赞同蒋主席于十一月举行国民大会，宣布宪法，及对于中共之妥协提议，并以为中共仍要求维持独立军队及独立政府，拒绝中央合理之提议，于抗日力量不能集中，则为错误云云，立论尚公允。*Yorkshire Post* 载西班牙有向日宣战之议，果如是，则西班牙与苏联更增加其敌视。或系西班牙政府企图分化英、美与苏联之举，亦未可定云云，似有道理。

三月二十七日（星期二）天晴，有太阳

本期《战争与劳工阶级》有关于属地问题一文，苏联又有关于苏联海岸一文，均堪注意。

下午四时至六时，学俄文。

晚上，同马教员往艺术戏队看"Anna Karenina"话剧，女主角 K. N. Elauskaya 艺术尚佳，惜年将五旬，饰二十许美妇人自不适宜。

三月二十八日（星期三）天晴，有太阳，雪已将融化尽

下午五时半，洛次长请赴外部，面告以潘友新大使因病不能回任，苏联拟派 A. A. Petrov 继任驻华大使，并将其履历交余。斐君系生于一九〇七年，毕业于列宁格勒大学，专研究哲学及中国文学哲学，获硕士学位。后继续在该大学服务，于一九四一年始入外交界，充驻华使馆一等秘书，旋升参事，一九四三年调任外部情报司司长。人甚和霭，对中文有相当研究。余即答以即报告政府，但余个人表示对潘大使不能返任，深为惋惜。至斐君余亦认识，深知其对华友善，彼之升驻华大使，余个人自属欢迎。洛次长谓彼（斐君）对中国哲学甚有研究，于中苏关系定能有所增益云云。返馆即电部，附以余对斐之意见，盼我政府同意。

阿根庭亦对德日宣战。

三月二十九日（星期四）雨

上午十一时至下午一时半，学俄文。

下午三时半，偕李随员往洋服店，著其缝夏衣一套。

六时半，美使馆秘书 Perkins 及 Steiten 请 Cocktail Party。希腊大使波列的斯言，今日苏联发表参加旧金山会议代表团名单，只以驻美大使为团长，而莫洛托夫不参加。或系此种会议即莫亦不能作主，遇事均须请示，与莫之地位不好。但读最近《战争与劳工阶级》关于法国主张一文，则苏方似表示并不热心于集体安存【全】，而仍欲走各别缔结军事同盟之路，是以前途未可乐观云云。

Lloyd George 于前日去世，享年八十有二。彼政治见解甚为前进，四十二年前已采取社会保险制，对土地改革及反对帝国侵略政策，均甚有见地。

读 Major George Fielding Eliot's *Hour of Trumph*，历述美国外交之经过，及结论谓美应取英第一次大战前之地位，与英联合而为海军国，与将来两大陆军国，即苏联及中国，联合维护世界和平，亦有道理。

三月三十日（星期五）天阴，小雨

上午十一时至下午一时半，学俄文。

下午四时半，往访加拿大威使，与之畅谈至七时。据言：
（一）英、美与苏联间之关系，四年来未有如今日之坏者，彼深为
忧虑。苏方举动十分中有一稍不尽如其意者，即行反脸，绝无互
相退让之精神。惟英、美方面亦不能万事退让，唯苏联之命是听，
是以前途真可悲观。（二）波兰问题绝无进展，苏方对米加露兹等
亦加以反对，卡尔、哈里门与莫洛托夫间，解释克里美亚决议完
全不同。苏方觉拖延下去，于彼自然有利，是以绝不急求解决，
自行其是。（三）因波兰问题未决，是以克里美亚本决定许英、美
代表赴各区视察其被解放之俘虏，苏方竟不许英、美派遣代表往
波兰，此事使英、美方面极感不快。（四）苏方昨发表参加旧金山
会议代表团名单，更表示不合作之态度。莫洛托夫本谓亲往，在
克里美亚会议时，艾登曾询莫是否准备自往，盖艾登自己亦可决
定，莫答自往。莫之不往于一星期前始通知哈使，英、美方面自
感不快。据威使个人意见，苏联仍欲走军事同盟之路，而不热心
于世界安全之制度，是以旧金山会议恐失其重要性。威使自己本
人亦奉派前往参加，本具热情，但现在恐只能视为休息耳。（五）
法国之态度，戴高乐本采取藉双方不和，从中渔利，戴氏到莫之
初，因邱吉尔主张以英苏法同盟以代苏法同盟，疑英意图破坏其
苏法同盟，对英不满。但居此十天，觉此间情况非如其初料之佳
美，稍为灰心。及克里美亚会议后，法提出修正旧金山会议召集
请帖，英本同意，而苏反对，一字不允变更，戴氏更为失望，目
前颇有亲英之倾向。而关于此请帖事，苏方态度亦有难解之处，
盖 Dumbarton Oaks 之决议，原系专门人员初稿，各国政府亦认为
讨论之基础，绝无意视此为四大强之决定一字不能改，苏方忽持
此态度，反使其他国家怀疑三强绝无接受他人意见之意思，影响
亦自不好。（六）捷克连日在此之谈判，亦使贝尼斯异常头痛。在
伦敦流亡政府一派，与在莫斯科之捷克共产党谈判，困难颇多，
捷克大使 Zdenek Fierlinger 忽而参加政治活动，为社会党之代表，
折衷于两派之间，是以成为重要人物（胡世杰闻彼有反【返】国
任总理之消息）。照目前谈判，则阁员二十二人中，共产党占七

人，无党派者四人，其余分于各党。共产党要求占有内政部，共产党之要求 Slovak 独立，贝尼斯应付颇佳，彼允将捷克分为三大区，均多有自治之权，大约共产党亦同意。至 Ruthenia 问题，贝氏谓应由将来议会解决。大约脱离捷克，贝亦不反对，实则于捷克本身损失不大。不过苏联在此边境已越 Carpathian 山，与匈牙利接壤，苏联对该地一带之军事控制更深已。（七）苏联之宣布废除苏土友好及中立条约，自系因海峡问题，Montreux Convention 之必须修改，自系实情。大约苏方欲要求黑海不许他国舰队进入，并由黑海各国共同管理海峡，或可参加英、美代表，此事去年史太林曾向邱吉尔提及，邱氏承认该约必须修改，但主张战败德国后，再行讨论。此次克里美亚会议，史太林重新提出，邱氏复以此覆之，是以苏方觉目前非解决不可。且苏方又认为土尔其与苏联接壤，照理应与苏亲近，而反与英有同盟，与苏未有，亦不放心，亦系欲调整苏土关系政策之一。土尔其大使返国，据彼告威使，系请示政府，授权其与苏方接洽，探询苏方之要求。（八）苏联与教廷间无甚进展，罗斯福私人代表 Edward Flynn（即余在招待 Stettinius 时所与谈者）到莫斯科后，苏方只派文化协会人员招待敷衍，彼只与利瓦伊诺夫谈话一次，苏方表示其非反对天主教，但教廷方面非澈底改革其政策不可，绝无要领。威使曾与该氏晤谈，该氏亦表示未得要领。（九）德方在瑞典迭次提出和平条件，英方均即详告苏联。（十）苏方近来对于印度及殖民地问题已开始批评，大约近来对英国攻击尤力，盖以为英国过于祖美，是以对于亲英之人，如比国外长 Spauk 等攻击甚力。实则英国殖民地政策亦须改革，此点英、美之观点不同。在西印度群岛之合作经过便知，盖该岛为产糖区，在战事发生后，无法运输粮食前往，是以请美国援助，美方代表提议应改一部分土地植粮，英资本家自然反对。后经邱吉尔下令接受美方提议，始行解决。而双方感情之坏，不可言喻。威使曾代表加拿大政府前往商讨供给食品事，是以知之甚详。彼以为英国政府各部中，最守旧者莫如殖民部，而邱吉尔、艾登辈，亦非能澈底改革者，深为可惜。英国在世界工会大会完全失败，Citrine ①所遭遇为生平所未经。盖苏方既得美、法之赞助，获得完全之胜利。苏方有传英、美军在西线之进展，系德方故意放其先进，实则亦殊不然。德军以为法、德边境已有设防，人力自少，是以美军所遇德军在莱茵河以东之抵抗自微，英、美军先到柏林，亦殊有可能。且威使所闻，苏军对德人之待遇甚苛，是以德抗苏更甚，自亦可能云云。摘要报告委座及宋部长。

三月三十一日（星期六）天阴

今日苏联各报发表苏联政府向英、美、中三国，代华沙波兰临时政府要求参加旧金山会议之提议。内有谓英、美虽未承认波临时政府，但参加会议各国中，如印度、拉比利亚、巴拉圭与苏联，均未有树立邦交，是以不能为拒绝之理由。并谓盼英、美速覆，措辞异常强硬，恐非英、美所能堪者也。

下午伦敦广播，英国政府已拒绝苏联政府之请求，美政府之答覆亦同，并谓莫洛托夫外长不能参加旧金山会议，引以为憾云云。英、美之拒绝自系意中事，苏方亦应知英、美方面绝不能答应，而苏文措辞如此之强硬，恐英、美与苏联间尚有大误会，亦未可定，深足忧虑者也。

四月

四月一日（星期日，旧历乙酉年二月二十日）天晴，有太阳，融雪

连日英、美联合海、空军在琉球群岛与日军大战，美军昨日在最大之冲绳岛南部登陆，该岛面积约二百六十平方英哩，首府那坝，闻日守军有六万余人，同时美军又在较南之两岛登陆。冲绳占领后，则日方沿中国海岸之运输线亦断，是以日人认为最重要之争点，即牺牲其一部分之海军亦所不惜。但与英、美此次使用海、空军力量相差如是之巨，日方绝无希望者也。

---

① Sir Walter Citrine.

上午，偕胡随员同出"银林"，公路不佳，风景亦平常。耿光前所租之别墅尚佳，询诸土人，则稍大之别墅均系政府所有，为高级人员之用，无出租者。

四月二日（星期一）雨

接宋部长覆电，我政府同意斐脱罗夫 A. A. Petrov 为苏联驻华大使。下午五时，往苏外部通知洛次长，彼谓即转达其政府。

今日苏方发表在克里美亚会议商定，白俄罗斯及乌黑兰均可派代表参加旧金山会议，同时美国有三票之权云云。法国似有所要求，我政府态度如何，余不得而知。但我个人则视为此时我不必争此种投票权，因将来我方所主张者，应十二分公正，自易得世界之同情。若以票数计算，我自不能与美洲之联合组织及英帝国与西欧小国同盟，或苏联将来之东欧同盟相抗衡。我国将来在国际上之任务，系绝对不能有丝毫之偏私，遇事采最公正之态度，万不能贪图任何小利，利用任何集团，盖我自力不足，不主张公道，必无好果者也。

上午十一时半至下午一时半，学俄文。

四月三日（星期二）阴，大风

中央广播，赫利发表谈话，谓中共请美国直接供给军械于中共，但美国只承认中央政府，是以绝对不能办到，又谓中国苟一日尚有拥有武力之政党，即一日不能统一云云。中央广播又言，董必武已准备赴美，与新德里广播不同。

土尔其广播，葡萄牙已向日宣战，西班牙亦将继之云云，又谓叔谟今日已递国书。

二月底之美 *Times* 星期刊，已登载卡尔大使向苏格兰法院提出与其夫人（Maria Teresa Diaz Salas）"38, Comely Chilian Socialite" 提出离婚，理由为遗弃（由一九四一年）云云。此系他数年来最痛苦之事，如此解决或亦好事，婚姻之不可不慎，尤可以此为戒也。

上午十一时至下午一时半，学俄文。

四月四日（星期三）变，晴，雨

美国务卿宣称，美不拟要求三票，英对于自治领之投票似亦有变更之可能。连日苏报登载关于西线战事之论文，均表示德未有对英、美军作若何之抵抗，措辞间使苏联人民[①]对英、美与德国间发生一种怀疑，其用意所在殊不可解。实则在此正宜互相合作之时，似不适宜者也。

晚上往 Московский Театр Оперетты 看 "Ярмарка Невест"（Fiancee Fair）Operetta in 3 acts，以 В. С. Володин 饰 Гаррисон，Пустынина 饰 Люси，Лапинин 饰 Том Миглес，О. Н. Власова 饰 Бесси，均佳。在休息时，电影委员会□□□介绍与男主角 Volodin 及 Lapinin，华氏言彼曾在华三年，在平沪各地均曾表演，与梅兰芳亦熟。渠艺术甚佳。Lapinin 系首次表演此剧，虽未十分精熟，但已不错，唱工甚好。彼名译中文系"面条"，是以彼请余书中文"面条先生"予之，剧中跳舞表演极佳。

四月五日　（星期四）

下午四时，新任驻华大使斐脱洛夫 Petrov 来访，畅谈。余与言中苏合作对世界和平之重要，及吾人应以长远之眼光办事，对中国情形尤须知其历史文化环境各种关系，不宜以苏联或欧美人之眼光作苛刻之批评，彼深表同意。余劝其到华后，多与孙院长及王亮畴先生接洽，不可听不负责人士之妄言，更不可对于小数人之批评或言论太过重视。对新疆事，请其与绍周及吴主席合作。彼表示甚佳，谓自己亦知此次责任之重大，深恐才不胜任，但奉命自觉荣幸。彼对中国哲学、文学素喜研究，是以对华之感情可知，深盼余能助其有成云云。

晚上，余在馆宴法大使加杜卢 Gen. Catroux，彼告余法国共产党力量不大，戴高乐之政策系用前进之方法应付，甚为有效，且法国人系最喜个人自由，及最重私产之国家，苏联政制在法自无可发展

---

① 原文多"发生"二字，已删。

云云。其种种表示，均系对苏异常怀疑者。

下午七时，苏联广播，谓今日下午三时，莫外长接见日大使佐藤，通知其苏方决定废止一九四一年四月十三日所签订之日苏中立协定。其理由系在该约订立之时，德尚未攻苏，而日亦未与英、美作战。以后形势已根本变更，德国攻苏，日以德同盟助之对苏作战，同时日本又与苏联之同盟国英、美作战，因此该中立协定已失其意义，其延长自不可能。是以根据第三款之规定，于一年前通知废止该协定云云。佐藤答即报告政府云云。

英广播，今早日内阁辞职，以铃木贯太郎组阁，美新闻界有以为与日苏协定之废止有关，似未免言之过甚，余信其绝无关系者也。

上午十一时至下午一时半，学俄文。

四月六日（星期五）天晴，有太阳

上午十时至十二时，学俄文。

十二时，小组会，杜报告。

下午六时半，Leigh White of Chicago Daily News 请 Cocktails。

八时半，往电影委员会看新片"NO. 217"，描写德人购买苏联被俘妇女作工及虐待之情况，导演 Ronim 告余，完全系根据事实，有些彼尚稍为删去，恐英、美人以为太过不入信云云。德人之凶残无人道，可见一斑。

四月七日（星期六）天晴，有太阳

上午十一时，美使馆秘书戴斐斯 Davis 来访。彼在华多年，最近始自华调来。在华时，系帮 Stilwell 任事，是以余特约其来谈中国最近情况。彼告余：（一）史提威之召回，系因委员长曾许派其指挥在华作战之华军，罗斯福目为时机已到，著其要求立即实行，委座不允，是以史提威被牺牲。（二）彼曾代表史及魏德迈将军往延安调停国共事件，在延安三星期，最后美使哈莱亦到。据彼所得：（a）中共军队与人民间甚能合作，士兵生活亦甚好，较中央军为优遇。（b）对日完全系游击战，编组亦系仅数百人为一单位。日军一到，彼等便散，日军退，彼等便集合，占领市镇。彼等无力对日军作战，盖枪械甚劣，而亦不欲消耗其器械，尽力保持以作将来争取政权之用。日军之不往攻之者，系因该区无争取之价值，而中共军队亦极力避免攻击日军，以免其报复。谓其与日军有若何之妥协，则未免言之太过，盖彼亦间有向日军作小破坏之举，但双方均不欲作战，则似系实情。（c）中共军队数目，则彼自称有六十万，但无人可知，因其绝不许人前往观看。据彼估计，亦不过十余万，至谓有民团二百万，则更无人信之。（d）余询其以彼个人或美军事代表团迭次调查所得，究竟以为中共军队能制日军多少，彼答彼等以为绝不能制日本军队，只能于作战时在敌后作破坏工作矣。（e）彼曾与毛泽东及各中共领袖会晤，彼等对国际情况及外间情况之知识极微，自视太高，而对苏联及主义之信仰甚深。内部曾分有国家共产派及国际派，后者以陈绍虞【禹】为首，但已被前者打倒，现力量甚少。（f）余询其国共谈判决裂之真正原因，彼谓中共人士不易与商，向人要求甚高，自己不肯让步半点，结果一谈及统一军队及政区，彼等便不能让步半点。大约其根本目的，自系维持及扩充其军权政权，以作将来夺取政权之用，是以根本上不易合作者也云云。（g）彼与孙夫人常有晤谈，孙夫人著其带茅台酒一瓶与余，又送渠一瓶。（h）哈莱大使与委员长甚能合作，魏德迈亦与陈诚相处极好云云。

下午五时，捷克记者华锡①请午茶。据言贝尼斯此次甚感痛苦，斐灵嘉②大使之组阁，系苏方压力之结果，现在阁员中内政、国防、宣传三部，均由共产党占领云云。

今日各报发表捷克新阁由斐大使组织，即电贺之。

晚上，往大戏院看新舞剧"Raimanda"，主角 Semeonova 特别"落力拍演"。

---

① Varshick.

② Zdenek Fierlinger.

四月八日（星期日）天晴

上午，偕胡随员往□□□区，看□□□君之别墅，不甚佳。

晚上，义大利大使夫妇在旅馆请晚宴。瑞典使馆克加罗夫秘书告余，谓昨日有瑞典驻日使馆某秘书经此赴任，佐藤昨午宴之。席间佐藤告渠，苏方此次废止中立协定及其措词之强硬，彼深为惊异。彼于五日下午一时始接莫约晤之电话，于三时往晤，苏方于七时即行广播。至有传其返国，佐谓彼久有此意，觉在此已过久云云。

四月九日（星期一）天晴，有太阳

下午五时，赴苏外部回拜斐大使，谈中苏合作及新省关系一小时半。

六时半，赴荷兰使馆之 Cocktail Party。希腊波使①言：（一）苏之废止中立协定，系因美国舆论关系。盖自克里美亚会议后，发生种种事件，均使美国舆论对苏不好，是以苏联欲藉此以和缓此种空气，盖日本此际绝无能力攻苏，对之表示强硬，自亦无妨，此系不费之惠。至对日动作绝无可能云云。（二）罗马尼亚驻日使馆秘书经此，彼曾与谈两次，知日本人民异常痛苦，东京商业区已炸毁，皇宫亦被炸。驻日本之外交团以为德崩溃后，日本之前进份子便可出而压抑军阀，与盟国言和。但波使个人意见以为绝不可能，盖盟方之条件，绝非任何日本领袖所能接受云云。

八时半，南斯拉夫大使②请宴，介绍铁滔将军及 Subasic③ 等，义大利大使意见以为，苏联绝不于此时对日有何动作，美记者则似较乐观。

四月十日（星期二）天晴

敌任东乡茂德为外相，英、美评论系缓和苏联之举。

---

① Athanase G. Politis.

② Stanoe S. Simic.

③ Ivan Subasic.

晚上，苏联政府请铁滔及外长西巴昔斯在大戏院听 Ivan Sussanin，甚佳，内有 Semeonova 表演（在第二幕），尤佳。休息时，与西外长稍谈。

美报载，七日美、日海军大战结果，已将日本最大之主力舰 Yamato[①] 击沉。该舰排水量四万五千吨，为日本最新及最大者。经此战役后，据美海军发言人称，以后日本舰队所余之力量，每一部分美舰队均足应付之云云，消息甚佳也。

接孔庸之先生六日自纽约来电，著代转莫外长电文："The denounciation by the Soviet government of its Neutrality Pact with Japan deals justly a signal blow to the arch enemy of peace in Asia and acclaimed moral victory not only by China but by all people who have been fighting a long and bitter war against that enemy STOP – I wish to express China's gratification to this action of the Soviet government and voice the hope that our 2 nations will further cooperate in an even closer manner together with other united nations in the building of an effective machinery for maintenance of peace and security – UNQUTE – Please convey to Marshal Stalin my high esteem and my felicitation for his statesmanlike action. Kung Hsiang Hsi" 余接电颇觉为难，此间情形与在别国不同。苏联对庸之先生素不原谅，报纸攻击尤甚，且庸之先生现在之地位系中央银行总裁，措词亦不能谓代表中国政府。而关于此事，委座及宋部长均未有正式表示，余安能作此表示。但庸之先生方面，余亦不能明白告以不能代转之理由，深恐彼未必原谅，是以再四思维，只有覆之如下："Telegram received STOP will take first opportunity to transmit your message." 如此作任何解释均可。余并著静尘严守秘密，盖馆员偶一不慎，稍作苛刻之批评，则于庸之先生面子有碍，余亦对渠不住也。

四月十一日（星期三）天晴，有太阳

下午四时，往画家俱乐部参观名画家简差罗斯基 Konchalovsky

---

① "大和"号军舰。

之小画展，简君夫妇亲自招待，所陈列只五十张，简君详言每画所作之经过。简君对于颜色之观察力特强，表现尤为有力，其夫人言简君作品约八百幅，已陈列于苏联及世界各美术院，尚有八百幅由其夫人保存，绝不再出让矣云云。

晚上，在馆宴斐得罗夫大使夫妇，与之饯行，并邀苏外部人员作陪，彼表示甚佳。

四月十二日（星期四）天晴，有太阳

晚上，英倚泉等在馆宴同人。

苏报发表苏南二十年同盟条约，内有对德采取共同军事行动之条款。

天气渐暖，是以上午改在中国客厅办公。

四月十三日（星期五）天晴，有太阳

罗斯福总统于昨日下午四时半因脑充血逝世，享年六十有三岁。在此同盟国胜利在望，战后世界各重要问题急待解决之时，失此柱石，诚为世界重大损失。余即函哈使致唁。

下午四时半，洛次长约往苏外部，宣读后，面交备忘录，内言三月十九日苏联外交信差 Dvoievekski 及驻疏附总领馆秘书 Melnikov，偕同司机 Aristarkov，及 Komolov，携外交邮包自 Irkeshtan 至新河，海关主任兼边境监查所主任王明，对司机予以搜查。嗣又违反国际法之规定，欲对外交信差及领馆秘书加以搜查，二人拒绝，王明即召边境卫队长及士兵六人，以枪向外交信差及领馆秘书，队长更以枪向信差之太阳穴，由王某亲自搜查，并以难堪之词骂领馆秘书。又三月二十三日，驻疏附总领馆副领事 Kasoytov 在 Кузувоi 为警察局局长所拘捕，其理由谓无许可证到此地，惟按照现行规定，领事、副领事及秘书通行各地无需许可证。该局长将该副领事之外交护照没收，并在县警察局内对其加以审问，在场警察谓可将其枪毙，现须有中央命令始能释放。又审问时，加以辱骂，第二次审问时，竟扭其手，窒其颈，并将其拘禁于无窗及污秽之室，直到三月二十六日。食品亦被没收，请求购买面包，则以废物掷之。现在苏联政府已有种种材料，足以证明重庆及莫斯科中国官员所谓苏联在新疆机关及人民之环境，因省政府人员之更换，已趋于正常一节，适为相反，中国当局仍有不当及不法行为，苏联政府希望中国政府对于犯罪之人，加以严重之处分云云。洛次长又言，此事甚为严重，未悉中国政府是否不欲执行其所言之亲善政策，抑无力执行。苟无力执行，则为另一问题云云。余即答以当即转达政府，惟以个人所知，中央已有命令新省官员对外交信差及领馆人员，应注意予以国际间应有之保护，苟真有其事，中国政府自当严办。返馆即电部及绍周及吴主席，请其严办及早日电覆。余恐系盛留下之人员故意如此，果尔，则此辈对祖国之罪恶更不能洗去。此种无知之徒，绝不以国家民族前途为念，诚不知是何居心也。

四月十四日（星期六）天晴，有太阳

下午五时，赴美使馆参加纪念罗斯福会，仪式简单严肃，莫外长及使团均参加。卡尔大使告余，莫外长仍有赴旧金山会议之可能。

英海军昨炮击台湾口岸，并轰炸各地，在台湾计有登陆之可能。

四月十五日（星期日）大雪

英广播莫洛托夫外长因杜罗文[1]总统之邀请，已答应赴美参加旧金山会议。

下午三时半，美驻华大使哈莱将军乘专机抵莫，偕岱础至军用机场欢迎，卡尔亦往接。

四月十六日（星期一）天晴，有太阳

下午一时，往车站送铁滔将军，莫外长、英、美各使均往送。

读 Korneichuk 所著 *Mr. Perkins* 之剧本[2]，无甚精采。

---

① Harry S. Truman.

② Alexander Korneichuk 之剧本全名为 *Mister Perkins' Mission in the Bolshevik State*。

四月十七日（星期二）大雪

上午十二时，往访美驻华大使赫雷，谈一句钟。彼人甚坦直，据告：（一）彼在华与委员长相处甚佳，委员长对之异常信任，无话不谈。曾告渠苟渠系华人，将请其任行政院院长，自当一宪政首长。又告渠，彼（委座本人）苟欲充当独裁者，则死后将与各独裁之人被遗忘，苟彼能领导中国进入民治之途，则彼将永垂不朽。足见委员长之为人，系完全以中国利益为前提，绝非为私。是以彼对委员长，与之相处日久，日益敬之爱之。（二）彼觉中国执政之人过于消极，是以对于宋部长、王雪艇均坦直告之。彼等初均觉不快，后更相知。陈持【辞】修、程颂云①，彼均尊重。（三）彼此次奉罗斯福总统之命，先往晤邱吉尔。彼直告邱氏，英国对于世界各国利用分势之政策，现绝对不能继续进行，尤以在华欲利用中共，更属无理取闹。英国有人答应供给中共军械，试问英国是否有械可供，苟欲借美国之军械以分化中国，则绝非美国所能忍受。英对中国应改变其以往之政策，须与美一致，使中国成为统一民主之强大国家。邱氏对渠此种坦白之言，初深觉愤怒，后渐率直。最后言中国未达到民治之程度，彼对委员长虽私人上并无好感，但美国此种欲扶助中国统一成为强大民主国家，彼十二分赞助。赫言英在远东人员多保持其旧政策，邱言如赫氏发现任何英国军政人员，在远东之行动有妨碍美国此种政策者，请赫直接电渠，渠立即将其调回英国。彼与邱吉尔商谈数次，结果甚佳。彼报告罗斯福时，罗谓苟别人对邱氏讲此种话，邱必将其逐出，但邱氏确虽有如赫之坦直美国代表与言，盖美国历次代表对邱均过于客气，过于尊崇，而不敢坦直与言云。又彼曾与艾登商谈，艾亦谓彼十二分支持美国之政策。（四）彼十五日下午抵此后，到美使馆稍为休息，史太林即约与晤谈，直至晚上十二时半，莫洛托夫外长亦在。赫首言，八个月前彼到此时，莫外长向其表示：（1）中共并非共产党，不过系民治党之一，并不有意赤化中国。（2）苏联并不直接供给中共。（3）苏联希望有一强大统一之中国，由国民党及委员长领导，莫言确有此话，

---

① 程潜，字颂云。

史言此确系彼及苏联政府之一贯政策，至今不变。继商谈中国情形，彼将罗斯福总统及美国之政策详告史氏，将与邱吉尔所谈亦详告之，史氏表示十二分赞同美国对华欲助其统一，成为一强大民治之国家。史氏更告赫氏，谓多年来，彼不断的研究委员长之为人，觉其确系公忠为国，为中国之最爱国者，是以虽有时觉蒋氏对渠不甚好，但渠对蒋氏日益敬重，希望其能成功，领导统一中国，成为一强大之国家。实则西安事变时，苏联尽力救蒋，以后亦尽力帮助中国之统一。至于解决中共问题，可直言劝告蒋氏，最重要者系拿到兵权，是以如中共能放弃其军队，其他不妨让步。史氏对于新疆事，以为不良份子尚多，中央消息不确。对于我中央改组政府后之人，尚有怀疑，但对中国之军事、政治，必须由委员长之领导而统一，则甚为恳切。并告赫氏，于会晤中共领袖时，可对彼等言，此系史氏之意思，与美国政策完全一致云云。彼昨日又再与史氏晤谈，结果均异常完满。（五）关于中共问题，彼谓统一军权，中共方面曾提出方案，此次彼当尽力使能成功。（六）美国已在华接济中国新编军三十六师，在缅之英军亦调回在华作战。彼曾与英方力争，彼曾直告英国，其使用中国最有力之军队，不在中国战场与敌主力作战，而只帮助其肃清属地，而英广播天天自言其在缅之战功，能不自愧。苟英、法、荷等自己无力争回其属地，则应放弃之，不能用中国弱小之军力替其出力，英卒答应，是以在缅步【部】队已开始调回在华作战，现在美飞机亦大部分在缅作战，不久彼亦将其调回中国，共同作战。（六）委员长曾提议赠渠以最高勋章，因美法律不许接受，是以月前委员长赠孟百顿①勋章时，美报曾有评论，何以不赠赫氏，实则此并非中国之过也。（七）彼曾劝委员长，此时宜训练中国领袖人才。对于中国驻外使节，应多使其返华报告，并俾知中外情况，委员长亦深以为然。（八）余本拟宴渠及同渠赴渝之参事、秘书及武官，但彼谓接委员长急电，请其即返华，大约董必武赴美发生问题。渠本拟今早离此，后因莫洛托夫临时决定赴美，而未有好飞机，是以渠将彼之飞机借与莫外长及哈使，彼等今

---

① Lord Louis Mountbatten.

早已飞离莫斯科，而彼反须候北菲再来一机，大约明早便到，彼即离此，是以无暇，深以为歉。但明早彼无论如何，必来中国大使馆回访余云云。余谓既未有暇，则可以不必，盖我辈深知，不在客套。彼答以余两人之深知，此种本可不必，但对外间，系须表示美国对华之尊重，是以彼应来云云。彼在美时，于本月二日曾在招待记者席上发表谈话，甚佳（全文另录）[1]，因彼嘱严守秘密，又言彼即返华，详细报告委座，是以余只报部彼到莫及离莫时间，不言彼与史商谈内容。

返馆后，觉异常快慰，盖知美方对我国并未因史提威召回事件而受影响。反之，自赫雷到华后，中美关系日益增强（赫又告余，委座曾函罗斯福，自赫氏来华后，彼可与罗氏直言无隐云云，罗氏将此函示赫），中苏关系有进展之希望，中共问题有解决之可能。彼于邱吉尔前力【历】数英国之阴谋，诚一大快事。彼获得委员长之信任，可以其力量匡扶委座，渐入于民治法治之途，使群小失其效能，亦中国之福也。彼谓曾与罗、蒋言，与英、苏接洽，应由美华大使任之，但罗言，大使地位不同，未必能与当局如此坦白谈话，蒋亦言如此，余谓甚为有理。实则个人地位亦极有关，彼老先生资望及势力，即邱、史亦不能不对之客气，做事自较容易。彼现对华有此兴趣，亦不易得。

四月十八日（星期三）天晴，有太阳

上午十二时，赫雷大使来访，与之畅谈国内情况。据告：（一）彼已将在华反对中国政府（意图推翻政府）之美国军政人员，自史提威以及戈斯起，以至最低级之人员，尽行撤换，是以彼亦曾请中国方面将不合作之人员尽行更换。委员长答以如此，则恐非将全政府更动不可，是以现已将一部分更动，中美合作已极佳。（二）彼曾怪宋部长不向委座直言，宋后告以因过于直言，曾一度与委座发生意见。宋初对赫之直言亦有不满，但现已互相完全了解，极能合作，是以有人竟谓赫为宋工具，亦有谓宋为赫工具者（王亮畴亦作此言）。（三）对孙院长，以为其才具自不及总理，但因其为总理之公

---

[1] 本年日记中并未收录。

子，是以各方对之希望过高。但赫与之亦甚接近，觉其思想确为前进，惜稍失去猛进之精神已。（四）对王亮畴，则谓思想异常精细，亦有见地，惜过于消极。（五）对王雪艇，初不能合作，后王渐与争，是以现在与之最能合作。（六）中国方面宣传不足，例如对委员长之伟大及功绩，宣传不多，如彼最近在美所发表者，中国方面亦鲜见。（七）彼到华后，觉中国人之道德及精神真为可爱，与人无争，但须牺牲时绝不畏避。将来世界一家，对于社会道德方面，中国贡献于世界之处极多。彼近曾研究总理之学说，觉其介绍西方理想之部分固甚佳，但维持中国固有道德之处不足。余告以总理"新知识旧道德"之说，并稍与言中国研求历史方法，"以古为鉴，可知兴替"之说，彼甚感兴趣。（八）彼对中国驻美人员用度之阔绰，曾加以坦直之批评，目为在中国苦战之时，此种生活能不自愧，大概系指孔、宋之人，及上海财政界之人员。其所言自属正确，余甚赞同。（九）彼言战后扶助中国经济建设，美国已下有决心，并有计划，请余放心。（十）彼昨日与史太林元帅作第三次之详谈，各事均极完满解决。彼与罗斯福关系甚深，两人政党虽不同，但自罗氏当总统，请其任渠私人顾问后，彼以自己见解无不尽情告之，采纳与否，则自系罗氏个人之事，但彼绝不公开批评罗氏，是以罗氏对之甚为信任。杜罗曼总统与渠虽亦认识，但无深交，惟昨晨彼接杜电，请渠仍继续任其代表，所有罗前总统予彼之权，杜完全续予之，并恳其照前对罗之坦直对杜。情词恳挚，是以彼亦感动，且深信杜氏对华之政策必不变更。彼再详言与邱吉尔谈话经过，谓初见时，邱氏知其来意，故即谓英国对美无所要求，亦不愿有何让步。语气严肃，彼亦生气，即答："汝完全说谎，言不由衷。此次英国系全由罗斯福救回，否则早已灭亡。现在美国人民负担之重，亦系为救英国，而君反言无求于美，不知是何居心。美国之救英，自系美国人所愿意，亦半系自卫，但并非欲维持英国已不可维持之帝国主义侵略政策。苟君不明了此点，美非根本变更其政策不可。"邱氏气稍平，彼遂与之详商对华及对属地政策，邱氏后均赞同。及彼最后辞出时，邱氏以手拥其腰言曰："汝为一佳战将，吾甚爱君"云云。彼谈约一小时，将辞出时，余介绍静尘、岱础与晤。

下午，岱础往晤其新带赴华之参事士米扶，此君曾在华多年，其父在福州曾充华英中学校长，林故主席亦系其高足云。

晚上，英倚泉来，告以赫氏来此成绩甚佳，苏联对华甚好，详情自不能告之，请其原谅，彼亦明白。

四月十九日（星期四）天晴，有太阳

晨七时一刻，偕静尘、岱础至军用机场送赫雷大使。彼机正起飞，盖彼老先生于半点钟前到机场，觉天气甚佳，著机师立即起飞（彼昨告余系七时半起飞），是以只能与之摇手告别。美军事代表团团长 Gen. Deane 及美代办，均不及赶至相送。

九时，偕静尘、岱础往民航机场送苏联驻华大使白先生 Petrov 夫妇，美、苏两驻华大使均于今日离莫飞华，亦巧遇也。余劝白与赫合作，彼表示感谢余之善意。

下午五时半，往试新衫。

四月二十日（星期五）天晴，有太阳

今日接部电，谓新省事，经已即电绍周转吴主席迅速严查究竟，著余先口头答覆苏方。是以今午五时往晤洛次长面告之。彼谓请早办，是以返电部及绍周。

委座电请促赫雷大使早返渝，此电系十六日发，今午始到，故覆电言彼已返，详情面陈云云。

中央广播，今早宋部长谒杜总统，彼言美将尽力援华，宋又言中国货币问题，非无法解决。

上午，小组会，静尘报告新和平机构方案与旧国联不同之点，甚佳。

四月二十一日（星期六）天晴，有太阳

本期《战争与劳工阶级》杂志又有文批评中国，语气较前更坏。此间做事确属困难，余固知其难，不敢辞，而来此现在遭遇，自系

预所计及。是以虽感万分痛苦，以对于国家责任所当受而不敢辞。最痛苦时，忆父亲生前所训："万事先问自己良心，有无不尽己所能，或有无对国家对人不住者。"苟良心上觉无对人不住之事，又已尽己之忠，则事之成败不必引以为念，稍足自慰。盖我自问，到此以来，日夜思劳，尽己之力，其失败，则并非自己之过也。

四月二十二日（星期日）天晴，有太阳

部派来馆之译电员李□钦，今早经新疆来莫，带来绍周函，谓新省情况稍为好转，但伊宁事仍甚困难。彼又面告李，谓新省俄领不易应付。李又言：（一）盛在新数年来所杀汉人达十余万，初谓彼等系托派，后又视为共产党。（二）建设厅厅长林继庸、教育厅长王【黄】如今，均已被害，丁科长已残废，吴特派员亦为盛所痛恨，因最后发现吴曾将其种种不法行为报告中央，幸吴早离迪，否则亦必遇害。因不得吴，故盛欲杀丁科长。（三）朱长官及吴主席已释放盛所囚之人，共达三万余人，盛离迪之翌日，朱长官即自往查监狱，盛之人欲先将监狱包围，后朱长官发觉，派重兵前往，将彼等监视。后自带多数卫兵前往，查至一处，见有布袋载物甚多，问系何物，狱官答系土豆。后朱长官忽见一袋似有动作，乃著卫兵将袋开拆，则所载并非土豆，而系一囚犯，朱长官即命将袋尽行开拆，则均系所囚之人，共有数千之多，内有三分之二尚未死者。盖盛将去时，下令将数千人活埋，或置死灭迹，此数千人现均释放。（四）在盛时，因所囚之人众多，是以无一街无特别监狱，有一学校竟全体学生被捕。所用刑具亦殊无人道者，该学生等此次特带朱往各处参观旧拘留所及刑具，真目不忍睹。（五）据土人言，盛之胞弟确系盛所自杀，因其弟曾表示不以其举动为然。（六）盛对于中央调彼回渝之命令，初尚准备以武力反抗，后朱长官带其胞弟世骥往参观中央准备对之使用之武器，内有飞机五百架，故其弟知中央力量之大，彼等无胜利之希望，是以即飞返迪，劝其兄就范，盛翌日即飞渝。（七）现在新省情形已归安定，人民经盛之虐政，对中央感情极佳，中央亦以宽大为怀。是以释放盛所囚之人时，十八岁以下无条件释放，十八岁以上只须其自书简单自

传，亦即释放，是以人心大快。（八）伊宁事件，据广录【禄】自伊逃出所言，则系指挥全由苏联领馆，但广系盛最后派任之人，究竟其举动若何，及所言是否属实，殊未可尽信。至中央航空学校之兵员数百人均已被害，则似系实情。

带来国内函件，内有陶益生身故之讯，殊堪哀悼。

晚上，苏联政府请往大戏院观剧"Eugene Onegin"，波兰临时政府主席卑路 Bierut[1] 及总理莫拉斯基[2]等亦在。正中包厢为主客，英、美馆人员未往。在休息时，苏联政府备有茶点，但各使均不离座，似均欲看余举动如何，然后决定，因余在第一包厢，在各使之前。余思此系苏联政府请客，吾辈不能限定其请何客始往。例如其每次请宴，均有日本大使，吾人亦不因此而不往，此系外交礼节上所应尔，况波兰临时政府虽未经我承认，但并其敌人乎[3]。又在此种场合与之见面介绍，亦绝不能解释为承认其政府，是以余即先离座进茶点室，及第二幕休息时，各使均往，波兰大使及苏外次维申斯基介绍其主席 Bierut，余等均与握手，但不深谈耳。比大使等告余，因不见英、美馆人前往，颇觉难以为情，后见余来，彼等均极安心，顿觉所做未有不合之处云云。

四月二十三日（星期一）天晴，有太阳

晚上波兰大使在馆请宴，欢迎其总统、总理，余辞有先约未往。今早挪威大使来与余商，彼言已决定不往，询余如何，余亦答以余亦不能往。盖与昨晚事件不同，我中央政府尚与波兰流亡政府互有使节，余系代表政府，绝对不能采取与本国政府不一致之行动，苏联政府亦应明了余之苦衷。彼甚以为然，并叩余应否与其他使节接洽，俾采取一致行动。余谓绝对不可，盖余等应各本自己之立场，决定其行动，自无对苏方不住。苟与其他使节接洽，采取一致行动，

[1] Boleslaw Bierut.
[2] Stanislaw Mikolajczyk.
[3] 原文如此。

则迹近意图影响他人与自己一致，则对苏联不住，彼甚以为然。彼又谓比国大使询余行动，可否告之。余答自然告之，因有人询余，余亦告以我自己立场，但绝对不劝人与余一致。盖余之行动系正当行为，何必隐讳。人问，自应告之，劝人与己一致，则系恶意对苏，自不应为，彼甚以余意为然。

苏联 Zhukov 及 Konev[1] 两元帅之军队，均已攻进柏林。红军进展神速，真足钦佩也。

四月二十四日（星期二）天晴，有太阳

波使馆通知其总统、总理于今午离莫，余不往送。

下午八时，苏联最高苏维埃会议在克姆琳宫之会堂举行，余偕秦秘书涤清前往旁听。史太林神采甚佳，Shvernik 主席，由财政部长报告一小时半，即散会。

宋部长昨已参加与莫、艾、斯三外长[2]共同会议，足证苏方以前之不允与我共同会议，完全系避免刺激日本之故耳。

四月二十五日（星期三）天晴，有太阳

今日旧金山会议开幕，友人或以宋部长此次不派余充代表，似欠公平。余谓莫斯科四国宣言签字时，余曾表示为余生平最快乐之一天，盖余觉美国已放弃其孤立政策，苏联亦采取集体安全之政策，余与赫尔晤谈经过，更悉美国当局已充分觉悟世界和平端在扶植落后之民族，禁止剥削别人。是以世界和平机构如何成立，世界互相合作，以人民福利为前题【提】，则此次战争种种牺牲亦可望获得良好之代价，余之欢乐全系在此，并非因余能参加为四强代表之一。盖余向来做事只求事之成功，自我自他，并未尝觉有何分别。至此次中国代表团人选，甚为适当，例如少川、亮畴，均较余为强，苟

---

[1] Marshal Ivan Konev.

[2] 苏联外长 Vyacheslav Mikhailovich Molotov，英国外交大臣 Anthony Eden，美国国务卿 Edward R. Stettinius。

派余往，亦无甚补益，而此间职务因欧战进展关系，确似不宜离开，是以反觉政府之不派余充代表为适宜。友人或以余言为谦逊，实则系余由衷之言也。

下午，与胡随员同出大商店，货品虽多，而价格之昂，非余所能购者。后往一新冰琪琳店，在 Gorky Street，吃点心及冰琪琳。

四月二十六日（星期四）天阴

红军已包围柏林，并攻进市中心，战事不久计可结束矣。德军在意大利亦似全部崩溃。

连日读 Count Carlo Sforza's *Contemporary Italy*，其所述教皇之守旧及法国战前及战时内阁之腐败情形，深足为吾人警诫也。

四月二十七日（星期五）天晴，有太阳

两星期来读 John L. Strohm's *I lived with Latin Americans*，诚南美卧游之佳品也。

德方宣布戈林因心脏病辞职，业已照准，但依照昨日投降之德军事发言人 General Ditmarai 所言，则戈林实系被杀。彼又言希特勒将死于柏林，天理昭昭，报应不爽，自私之野心家应以为鉴也。

旧金山会议，艾登提议以美外长为主席，但莫洛托夫外长则提议由美、英、苏、中四国外长轮流主席，结果通过莫之提议。照国际习惯，在某国开会，多推其国外长为主席，即迭次在莫斯科开会，亦莫不以莫外长为主席。此次苏方忽反对以美国常任主席，足见苏方对英、美之一举一动，尚采怀疑之态度。而英方过去种种不正当之行为，无怪其然，此于推诚合作前途不无妨害，殊不幸之事也。宋部长演说，谓各国均应放弃其一部分之主权，以维护世界和平，甚为得体。

法国贝当元帅今日由德经瑞士回法受裁判，检察长主张处以死刑，而不执行，盖彼年已八十有九岁。晚节如此，真可惋惜。

晚上八时，余在馆宴墨西哥大使 Narciso Bassols、参事 E. M. Adame①、英代办 Mr. Frank K. Roberts & Mrs. Roberts、捷克代办 Hnidzdo②，及加拿大代办 Leon Mayrand 等。

钱随员承庸自伊朗返，据言，保樵赴美，经开罗，曾与晤谈。据言：（一）政府改组似尚未澈底，特工机关仍旧存在。（二）中共方面力量又较前为大，剿之自不可能，欲与合作，则其所提出条件之苛，绝对不能接受。是以唯一方法，系中央自己改革，使民众满意，倾向中央，始系根本办法。（三）十妹已到重庆，住一飞③处。（四）燕妹前电欲来莫，完全系欲领出国旅费，拟到印度后即回国，将此款与李太等做生意。保樵曾劝其不可如此，恐有碍我之前途，彼卒不听。彼举动如此，更使我对之冷淡耳。（五）哲老之太太亦已赴美，此于孙院长甚为有益。（六）一飞对于慧老亦有苦难言，欲罢不能，现已无人往一飞处闲谈矣。（六）【（七）】召荫亦已赴美。（七）【（八）】伯华娶小杏为妾。（八）【（九）】重庆生活之高，不易维持，是以顺隆亦已收盘，彼则另谋别业，如在美可有发展，则或竟不返国云云。

四月二十八日（星期六）天晴，有太阳

Himmler④ 由瑞典红十字会副会长为介，请求向英、美方面无条件投降。但英、美政府已答覆，须同时向苏联投降，英、美不能单独接受。谦氏表示，彼有权作此提议，希特勒不赞成此举，但彼生存之日无多云云。最后尚欲作此离间同盟国间感情之举，纳粹领袖始终不能觉悟者也。

旧金山会议通过邀请白俄罗斯及乌黑兰参加会议。

赤塔领馆之杨副领事经此返国，彼系由军令部派往赤塔，用副领事名义办理调查工作者，苏当地政府对之自然不佳。且彼曾留学

---

① Emigdio Martinez Adame.

② Jaroslav Hnidzdo.

③ 疑为吴一飞。

④ Heinrich Luitpold Himmler.

于此，人亦似欠常识，军令部派此种人来，有损无益，余真不明其何以为此也。

郭武官今午由德黑兰飞返，据言：（一）赴意大利参观战场，英、美军事当局对之甚佳，将军事计划经过及最近所拟动作，均详细告知。在各前线参观，所获不少。（二）在开罗，彼曾晤亮翁、保樵等。据亮翁及味道次长①，对国际及中苏关系甚抱悲观。保樵告渠赴延安经过，谓在中共范围内之老百姓，因中共办法，除彼等自己所需以外，一律征收，人民自然十分不满。但逃出后，则中央人员以共产党待之，亦甚苛，是以人民进退均苦。

昨日与承庸同到之空军副武官□□□言：（一）伊宁事已扩大，中央派往之兵力不少，但因冬天不能作战，是以停顿，不久或可解决。（二）广西战事甚为不佳，桂林等地不战而失，重庆各方均主查办，是以李任潮、陈真如、张向华、余握【幄】奇②等，竟有欲以武力反抗中央，另组织政府之举。国事至此，尚有如此举动，殊堪痛苦。后闻发觉尚早，中央晓以大义，且允不查究，始行打消，亦云幸矣。

四月二十九日（星期日）天晴，有太阳

墨索里尼等已在米兰为义爱国军所获，即就地裁判，将其枪决，同受刑者有法斯士党书记长及伪政府数部长。墨氏苟只图改革内政，不图向外侵略，则何致有此结果。余素信因果之说，由此益知苟所采用之方法残酷不仁，则结果必无好报。孔孟仁义之说，真中外古今不易之理也。

郭武官下午来谈，据告：（一）向华之弟在湘某地（长沙？）当市长，湘战失败时，军长陈牧农（黄埔第一期毕业，为委员长所信爱者）因张市长有过（闻系冤枉），将其枪决。后该军长调桂，守鹿寨一带，因防预【御】工事不固（有谓向华曾领巨款而不筑工事），不

---

① 疑为外交部常务次长胡世泽。
② 李济深、陈铭枢、张发奎、余汉谋。

能防守，曾以电话请示，向华著其撤退。后向华竟报告委座，谓该军长擅弃防地，委座不得不著依法办理，向华乃将该军长枪决。在桂各部队对于敌人来攻，并未有作任何抵抗，是以中央有欲查办之意，而事变乃起。由李任潮、李宗仁、白健生、余汉谋、龙云、张向华、陈真如等，联名通电，成立西南政府，谓中央待遇不均，将军队调去，而责长官守土。白健生适在渝，往谒委座，痛哭陈词，中央遂设法向各方面保证不究既往，风潮暂告平息。但整军方面工作困难遂多，各区长官调动亦不容易。（二）何敬之先生调充总司令，到昆明，龙云初不与见面，后不得不见时，首先即问："敬之先生来此有何任务？"何答："奉派为总司令。"龙谓："足下指挥何军队？"何答："中央各军如卫立煌等之步【部】队及地方军队。"龙即谓："汝当军政部长时，对于军之整理，待遇不均种种，以致军队腐败如此。在此之中央军队既有卫长指挥便可，何必汝来。云南军队则更非汝可过问，汝之来此，殊非必要。"言讫便辞出。敬之殊觉难堪，后经多方疏通，始仍留滇，但自然一事不能办。（三）外传果夫先生介绍一美女于委座，蒋夫人气极而赴美，在美亦有爱人，且为美国之富翁。蒋夫人提出与委座离婚而嫁之，该富翁允予美金一千万，罗斯福闻之，亲自警告该富翁，是以暂未进行。（四）胡味道次长在部，被吴次长压迫甚力，有时竟不客气，当面骂之，是以不敢发一言。（五）顾少川告郭，重庆情况使人异常伤心，是以表示甚为悲观。（六）胡次长意，新省伊宁事件似无可挽回，苏联实从中主持，初起不过数百人，但中央增加兵力，则乱党兵力亦增，自系由苏方接济，该区必宣告独立。现在我国环境如此，实苦无应付之方。（七）练百与汤武官不和，双方均向外人数对方之短，是以外交团方面引为笑谈。汤武官欲经苏联返国，使馆将其护照转送苏大使馆后，练百竟报告外交部，谓汤武官欲取道苏联往伪满投敌，新任王武官亦向军令部作同样之报告。是以军令部电汤武官取道印度返国，使馆及王武官遂通知各国使馆，谓汤武官投敌，如欲经任何国，均不可准其通过。并与英军事代表团商，宛如将其押解经印返国，伊京传为笑话。果尔，真不对也。（八）许念曾公使在开罗，自己虽极努力，但因不能操英语，法文亦不甚好，是以在外交团中绝无活动。且限于经费，更不能有任何工作。到任如是之久，即英大使亦未与晤面，馆员又不与合作，是以深觉痛苦。（九）又亮翁再三询问郭武官，余与英使或美使较为接近，又询苏联通知请宋部长改期来莫斯科，是否在克里美亚会议决定旧金山会议日期之后。言外似有莫外长不赴旧金山，而在旧金山会议时邀请宋部长来苏。则宋如来，则不能往旧金山，会议力量减少。不来，则苏有藉口。亮翁遇事从最坏处著想，似未免太过也。

四月三十日（星期一）天晴，有太阳

美驻华大使赫雷前日在渝对记者宣称，美、英、苏完全一致，极冀中国自己寻求解决其命运："anxious for China to work out her own destiny in her own way"。美国主张中国统一其反日份子，但"吾人要求由中国人自行推选其领袖，自行决定及负责于其政策"云云。

美记者发表墨索里尼系于星期六日（前日）在 Como 湖附近之唐沽 Dongo 村被游击队所捕，彼与其情妇 Claretta Petacci（女剧员，年只二十五岁）藏于该村，游击队长往递【逮】捕渠时，渠尚以为救兵，欢拥情妇。游击队就近即举行审判，将其枪决，墨氏极力哀求免死，即执行枪决时，哀求之声尚不绝于口。大约此种残酷专制之人，多为卑怯之徒，其尸运回米兰，弃诸广场，万人唾骂，应有之果报也。

下午，赴红墙①一带，见已准备明日之检阅，甚忙。

接获外交部送来请帖，规定须穿制服及佩带【戴】勋章。因我国已取消制服，以燕尾大礼服代之。但早上阅兵穿晚大礼服、带【戴】勋章，似不合适，因以电话商诸希腊大使，据言，彼经与荷兰、比国、纽斯兰各使再三磋商，觉上午阅兵绝未有穿燕尾服佩带【戴】勋章之先例，是以均决定只穿黑衣服，余亦同意如此。

①　Red Square，红场。

五月

五月一日（星期二，旧历乙酉年三月二十日）天晴，有太阳

今日为劳动节，欧战不日将告结果，是以苏联政府亦在红墙举行阅操。数年来未有举行者，今日重为举行，无怪外交团目为大事件之一。所请人员不多，每馆除馆长外，只请参事及正武官。余等于九时半便到，史太林元帅于九时五十五分登阅兵台。检阅于十时举行，军容易【异】常整齐，武器亦甚多，只飞机师参加者亦逾千人，可见其空军力量之大。弹克车及连环炮 Kutosov 尤佳，英、美武官觉其稍弱之点在于拖车，今天所有拖车百分之九十五系美国制。民众巡游业经取消，是以十一时三刻检阅便告完毕。同在外交团之坛，有法国前首相及议长阿里奥 Herriot[1]，彼因不允与敌合作，是以德人将其捕送因于德国三年，近被红军解放经此。阿老先生为法政治家之开明份子，对华向佳，法使卡滔卢介绍后，彼问余少川是否在英，余答已赴旧金山会议。及至检阅前读苏联政府命令时，内有言德国敌人崩溃，其同盟只剩日本，阿老先生笑语余："此系为君而言。"外交团中均有喜色，向余点首，大约佐藤在后，更不易过矣。又遇美红十字军主任 Shirk，据言 Hubbell 老先生经已退休[2]，又谓彼曾赴华沙，波人对于新政府目为系苏联所指派，多表示不满，并非如此间所宣传之"热烈欢迎"云云。

晚饭后，偕胡随员同往文化公园，粉红黛绿，游女如鲗【鲫】。复往红墙，一则仍见仕女如云。八时半，往访斯探伯 Prof & Mrs. Steinburgh，彼所藏关于中国书籍尚多，抗战以来，彼每星期向法国广播一次，其夫人在巴黎曾习中文两年，曾认中国字五千，但不能操华语，亦乏练习机会之故耳。其夫人之表姊亦在，彼曾为舞

---

① Edouard Herriot.

② 美国驻莫斯科红十字会前后任主任 Ralph G. Hubbell，Elliott M. Shirk。

星 Ballerina，与 Semeonova 同时，后改习医，现为莫斯科最有名之儿科医生，夫婿为一经济学者，现在财政部任职。至十一时始返馆。

旧金山会议虽通过邀请白俄罗斯及乌黑兰参加，但卒以二十五票对四票通过准阿根庭参加（莫洛托夫曾演说极力反对）。美国代理国务卿 Grew① 又正式宣布美国不承认 D. Karl Renner 所组织之奥大利临时政府，谓此事美国将与莫斯科磋商云云。则美苏间关系虽因莫外长之赴美稍有进步，但尚须双方推诚之处尚多也。

五月二日（星期三）天晴，有太阳

上午十一时半，往阿夫人之别墅，诗翁 Pasternak② 亦在，与之畅谈，彼赠余英译彼之作品，谓均系其壮年作品。后政府欲其改变作风，写宣传政治之作，彼觉不能办，是以专从事于翻译工作，然并非本人所愿。又谓诗人须有深刻之感觉及观察，并有高尚之理解，始有佳作，否则只吟风弄月，将于世无补，斯亦下乘耳。彼与余谈，极为相得，其夫人派其幼子来请其返家，第四次始不得不离，诚异乡之知己也。

在附近乡村步年【行】二小时，风景极佳。返时经木刻家 Кравчинко 之别墅，嘉氏已故，其夫人及二女仍居于此，风景甚佳。嘉夫人招待午茶，其两女均系画家，已适人，夫婿亦系画师，在前方服务，均有儿女。嘉氏木刻作品名重一时，我国人尤为欣赏。据嘉小姐所出示其父生前所摄美术照片，诚属不错。

今日德方广播，希特拉于昨日下午在柏林彼之总部战死，由海军总司令端尼斯 Dönitz③ 继任。据英、美人士观察，则并非战死，而系自杀，盖去月二十四日谦刺与瑞典 Count Bernadotte④ 谈论时，曾谓希氏不能再活数天云云。总之彼确死，亦自胜于被捕受刑也。

德军于星期日在意大利签立无条件投降之协定，今日午时生效。

---

① Joseph C. Grew.
② Boris Leonidovich Pasternak.
③ Admiral Karl Dönitz.
④ Count Folke Bernadotte.

投降者共有德军二十二师，意大利军七师，人数约一百万。

英军在仰光以南登陆，则缅甸战事不久或可告终，于我战事前途不无良好影响也。

宋部长昨语记者，日本曾迭次向我提出议和，我均拒绝云云。

五月三日（星期四）天晴，有太阳

十一时，俄文教员来，因余十二时有约，是以仅读半小时。

十二时，往访法前总理兼里昂市长 Herriot。彼老先生，彼尚忆余于一九三八年在巴黎与晤情形。彼历述被捕经过，谓 Laval[1] 曾到其被捕之处，告以可将其释放，带彼至巴黎，多方劝其与德合作，彼拒绝，因复将其拘禁。初由法国人看守，尚较自由，能听无线电，后改由德军看守，已较严密。最后将其送往德国拘禁，则颇苦矣。彼因病，是以将其移拘于柏林郊外之休养所，本年四月二日，本有命令将彼送回柏林，系准备于最危急时将其杀害，幸有一德国医生，素不以希特勒为然者，特别与特务处力争，谓赫老先生病重，不能迁移。及至四月二十二日，德政府又有令将其迁回柏林，时则公路已断，不能执行。至四月二十四日，则红军已到，知其为赫后，送其往总司令部，招待甚殷，将其送来莫，经此返国。彼之性命实千钧一发云云。彼接阶平贺电，又请余向委座致候。彼夫人曾在华，与宝道、阿斯卡刺甚熟，因渠有病，但余仍往彼房问候，坐谈甚久。返馆，请静尘拟电委座（静尘与余同往当翻译）。

红军昨日下午三时已完全占领柏林，据获得戈林之副官言，希特勒、戈林均系自杀云云。

今早，英军已占领仰光。

下午五时，法大使茶点招待使团，介绍与赫里欧会晤。

下午，郭武官报告，连日与英、美军事代表团人员晤谈所得大要：（一）苏联对于远东兵力确已增加，英方谓有八十师，美方谓六十师，器械亦已完备，只欠重兵器，粮食亦足两年之用。日本在东

---

[1] Pierre Laval.

四省现有不过十师，另机械化部队两师，在日本本土亦不过十师，其他各战场调往不容易，是以估计日本在东四省作战力量，最高不过二十师左右。虽其每师力量较苏师编制有两倍之大，但总计苏军在远东足可应付。苏联在远东之铁道公路网多已完成，供给可无问题。（二）苏联对日必参加作战，其参加时期亦较前所预计为早。（三）在克里美亚会议时，只决定在琉球登陆，以后计划则未决定。占领琉球后，有在杭州湾、海南岛及日本本土登陆之可能，在台湾登陆计划似已放弃。（四）照郭武官在意大利所见，则英、美方面仍系不愿意牺牲自己之人力，即全部美军在西线作战者，前线不过六十万人，合计亦不过一百五十万，英军合计不过百万。此次击溃德军，完全在苏联军队，在意大利所用，则英、美军不及全数三分之一，且美军在欧作战步【部】队作战过久，必须即行调回美国休息，绝无大军可调往远东，是以恐仍须系采利用中国人力战日之政策云云。

晚上，余在馆设宴与苏驻华新任武官罗申少将饯行，渠自去年调返后，派往前方作战，在洛可梳扶斯基元帅①部下，参加进攻东普鲁士，甚有战功，获勋章、奖章不少，据言所得经验甚多。余并请国防部副司长□□□上校作陪，彼谈及对日，表示苏联对日不好，以前不能多所援华，系因对德作战关系，以后将可好转。至陆军作战经验，在此次大战中实可证明苏军所得较英、美为优，是以将来苏军之经验及所得，对于中国之贡献实可较英、美为多。又云此次战争之结果，必使世界政治观念大为变更，盖将来政治之目标，必渐趋于以民众利益为主体，维持某家或某部分小数人利益之帝国主义，必趋末路，中国与苏联间所经过之痛苦，其目的自必相同。至苏联目前之政策，自系尽力与英、美合作云云。苏联国防部负责之人能如此直说，真不易得。直至十一时始尽欢而散。

五月四日（星期五）天晴，有太阳

上午十一时至十二时，学俄文。

---

① Marshal Konstantin Rokossovsky.

十二时，小组会，岱础报告。

一时半，法使卡滔卢将军请午宴，余为主客，法前总理赫里欧亦同席。

接委座致史太林元帅贺红军占领柏林之电，内有："吾人深信在欧之盟国军队，将纳粹政权摧毁以后，必能继续努力，以澈底消除全世界战争之祸根，以恢复人类之正义，保障永久之和平"云云。晚上十一时，赴苏外部面交洛次长。

五月五日（星期六）天阴，雨

上午十一时，瑞典驻日公使柏纪 Widar Bagge 来访，彼于三星期前离东京，取道莫斯科返国。彼在日九年，是以对于日本情形甚为熟识，此间瑞典公使特约与余晤谈敌最近情形。彼于前日抵此，今午即离此，据告：（一）美机轰炸，东京损失甚大，在三月十日之轰炸，因风势关系，烧毁尤为惨重，日政府布告是日死亡二万七千余人。柏使意尚不只此，人民生活已至最低限度，但人民精神仍极好，绝未有怨政府或排外之表示。（二）一般日人尚未感觉战争之失败，以为即德崩溃后，以日本牺牲之精神，定能克复一切困难，获得最后胜利。（三）小矶内阁时，已感觉欺骗民众终非良策，是以改任某新闻社长为情报部长，出席阁议，对于失败之消息亦多公布。铃木组阁后，消息之发布更为自由，其本人亦好直言不讳，结果甚佳。（四）日人对于铃木内阁甚为信任，彼本人虽系不赞同少壮军人之举动，但觉不得不出而应付艰巨。柏使以为铃木绝不主张投降。（五）日本力量尚保存不少，即以海、空军言，守卫本土之部分仍旧保持。美机之轰炸对于日本工业虽破坏不少，但日人早已疏散，是以此种破坏不宜估计过高。（六）日本陆军在伪满者尚极强大，装备亦好，是以苟美军在日登陆，日本仍可在大陆抵抗。（七）美军在日本本土登陆，困难甚多，日人必抗战到底，绝不如德人之投降，是以盟国不宜对日本之力量估计太低。（八）柏使个人以为不宜取消日本天皇制，又主张到相当时期，与日本谈判言和，不宜坚持其无条件之投降。（九）日本对苏之宣布不继续中立协定，早在预计之中，是以日政府人员绝不表示惊异云云。

昨日德军在荷兰及丹墨者向英军投降，共有一百万人之众。在奥境内之德军，又有三军向美军投降，捷克首都亦为义勇军所占领，战事不日自可结束矣。

艾登在旧金山宣称，莫洛托夫现答覆关于英、美所询波兰各党领袖与苏方接洽之十五人踪迹，谓此辈因犯有破坏红军后方之举，均已被捕，在莫斯科审判云云。艾氏谓，英政府觉此事异常严重，彼已报告英政府请示，因此不能与莫外长继续谈判波兰事件云云。同时苏方亦宣布此十六人被捕，关于此事影响，恐极不好，同盟国间之关系又将因此而多一裂痕，真不幸也。

今日国民党代表大会开会，中央广播委座训词，余虽不能参加，但希望其有好结果也。美司令魏德迈宣称，以美国军备组织之华军，已准备于美军在华登陆时配合作战。华军与其他在太平洋作战之美国军队，将受同等待遇云云，甚佳。

晚上，梦与×妹发生口角，觉彼之解释爱情，系以盲目顺从女子为要件，并视妒忌为美德。余之根本道德观念，系以爱人以德，爱情应以对方亨【享】乐为前题【提】，并双方思想应有相当之自由。长人之恶，逢人之好，余素鄙之，是以觉以前对于×妹之希望，顿为减低。所冀得一知己，亦不可得，异常痛心，甚为失望。醒后，觉女子大都如是，我对人希望太过，以致失望，系应有之果报，我以后对于爱情更不敢乱用，或将对于女性渐趋于鄙视一途，亦未可定也。

五月六日（星期日）阴，小雨

敌外相东乡宣称，德投降事前不与日商量，系违反盟约，是以日本方面对于该轴心盟约，亦可无容遵守云云。至此尚作此种无谓之声明，殊属可笑，岂敌亦准备对同盟国作无条件之投降耶。

晚上八时，对外文化协会请往 Tchaikovsky Concert Hall 听英苏音乐。利瓦伊诺夫夫人坐余之旁，询余音乐何如，余未及答，彼即谓："极坏"，余颇难置答。彼笑谓："君以余之坦直为怪乎。"余答：

"中国习惯，主人多自谦，每道其物之不好，君殆为佳主妇乎。"彼笑谓："君诚外交家。"大约今晚之会，系专招待邱吉尔夫人者，休息时，由英代办介绍稍与接谈。

昨晚梦与×妹发生意见事，今日甚为不安。再三细想，觉余以前确系错误，以为彼从前种种经过，已悟男女之爱情，不在形式上之结合，人生之快乐，在于求得学问以自立，同时得一知己便足。乃彼近来之表示，绝非如此，觉非有婚姻之形式，将不为社会所尊重，而性欲上，余亦不能满足之。因此余亦感觉彼之观念，既与余所持如此相反，勉强维持下去，必无好果，不如及早脱离，俾渠尚在年青貌美之时，得再嫁青年夫婿之为愈。我向来对于爱情，以为宜以对方快乐为前题【提】，是以我虽不无痛苦，亦应以渠之乐为乐，不可自私，以夺其应有之快乐。爱情之痛苦在此，其快乐亦在此，吾应以此自勉自慰也。

五月七日（星期一）雨

上午十一时半至下午一时半，学俄文。

今早标准时二时四十一分，德国已向同盟签立无条件投降之条款，英、美、苏已决定宣布明日为欧洲胜利日，英、美民众举国狂欢，苏联想亦有庆祝。接部电，因我对日战事尚在继续中，是以对于各国庆祝欧洲胜利固可参加，但不必自动举行。命令甚为适当，欧战之结束，我同盟国自可将其力量东向对日，于我国自亦万分有利，是以感觉愉快者，不独乐人之乐已也。德外长 Count Schwerin von Krosigk 于十二时半已广播德无条件投降。

晚上，英倚泉、朱庆永在馆宴同人。

今日本为快乐之日，但因前天之梦，晚上仍不能安睡，爱情痛苦可见，此后应自己万分谨慎也。

五月八日（星期二）阴，小雨，英、美欧战胜利日

下午四时，邱吉尔向英民众演说，宣布欧战胜利结束，对于远东战事，只表示日人占领英属地，及因对美所负之责任，故对日须

用全力作战，绝不提及中国。是以照邱吉尔之观念，苟日本不侵略英属地，及英此次因美在欧洲救英之努力，则英国必不向日作战。换而言之，彼对道义战争是非，并不顾及，大英帝国保守党之主义，完全暴露无遗。邱氏此种反动思想迟早必与苏联冲突，殊非英国之福也。

下午五时半，接委座本日重庆时间下午四时拍发贺史太林元帅欧战胜利之电，余恐明早苏方或宣布各贺电，是以即著涤清译成俄文，并代余拟函致斯太林元帅，同时以电话约晤洛次长。彼约于晚上十一时，届时余偕涤清往，将委座电转后，彼谓即晚转呈斯太林元帅。余询其今日英、美两国均已宣布德之投降，并定今日为胜利日，但苏方尚未宣布，未悉原因何在。彼答德国军队向英、美投降，但对苏仍有战争，此种情况，未悉是否德军内部不一致，或另有原因。但德国纳粹狡猾，最后尚企图分化同盟，此种举动有如蛇头被斩去，其尾尚有些小动作，不久自可平靖。余询其苏方何时公布胜利，彼答即将宣布云云。

晚上七时半，余因馆中暨武官处新来同事不少，又经此返国者，郭武官等适从埃及返，唐随员明日又起程充外交信差，是以在馆设宴招待，日期早已决定，不期适在欧战胜利之日，亦云巧矣。

上午十一时至下午一时半，学俄文。

五月九日（星期三）天晴，有太阳，苏联欧战胜利日

今早二时，苏联政府正式广播公布战事胜利结束，并定今日放假一天。上午，余偕胡随员至红场，已人山人海。余舍车步行，至红场后之小街，不意男女小童竟围绕余等，询之何以如此，则有谓不知所以然，有谓此为庆祝者，后经警察来，始将群众劝散，余等乘车而返，亦非不快之经验也。晚饭后，复出各广场，更为挤拥，同至斯坦伯教授家，稍坐，即同胡随员及其两同学同至国民旅店胡委员之房，看十时庆祝，五色烟花满天，下照人海，诚罕有之奇观。有美国军人在街上，为群众高举，并向空抛掷，以示亲热。是以美使馆及军事代表团人员均不敢出外，只在馆栏干【杆】外向群众挥

手而已。十一时，复返斯教授家，则彼之客厅已挤拥不堪，狂欢大舞。有大戏院之名导演 Robinivich，其夫人谓其向来沉默寡言，今晚竟尽欢，表演其各种俄国跳舞，Tana 与之合跳，尤佳。又有话剧名角 Poloverova 及名作家 Leonov①，均尽其所能，作各种游戏，诚为吾到莫斯科以来最欢乐之一夕，直至翌晨二时始返。

苏联所以迟一天公布胜利者，系因苏方认为在 Reims 签字投降为不妥，当坚决要求由德国最高统帅，在柏林向占领柏林之苏军元帅 Zhukov 签字，始"能使德国人有深刻之印象"，大约系表示此次战胜德国之功，系在红军，是以投降应向红军为之，不能让英、美出力少而获大功，更不能使德国人以为只向英、美讨好，苏联便不能讲话。实则此次英、美与苏联间，对于德之投降手续小事尚互不相让，互相争功，种下误会之祸源，诚非合作前途之福，深为可惜也。

五月十日（星期四）天晴，有太阳，但颇冷

上午十一时至下午一时半，学俄文。

岱础言，昨晚在荷兰使馆宴会，席间有英军事代表团人员数人，彼等均参加庆祝。苏联民众曾将其高抛以示亲热，但彼等表示对苏联异常不满，认为将来必有英、苏冲突之一日，谓苏联自视其力量太高，看别人不在眼内，即今日彼等参加庆祝，各处举杯庆祝，均系对红军战胜德国，即在英军人前，亦并不言及英、美军队之功绩。彼等又言，并不希望苏联参加对日作战，且谓以美国力量，亦足应付日本，且美国对日必须将其击溃，言外似有英亦无须多用力于远东。英人自私之心理，由此可充分表现矣。

五月十一日（星期五）天晴，有太阳，颇冷

上午十一时至下午一时半，学俄文。自本星期起余已变更方法，用 Turgenev's② "Acia" 为课本，每日只读十五行，由马教员先读，

① Leonid Leonov.
② Ivan Turgenev.

余随之，后复由彼读，余只听。然后用该十五行之材料，与马教员作为问答，同时温习文法，用 Fourman's[1] "Teach Yourself Russian"，并读报纸小许，此法试验后尚佳。

下午七时五十分，唐随员盛镐离莫赴阿刺木图，为本年首次外交信差。

五月十二日（星期六）天阴，小雨

下午六时半，澳代办阿历山大请 Cocktails，遇英军官兰德斯 Col. Landers，彼代表英政府来莫办理遣送前被俘英军民返国事。彼谓办理异常困难，盖国防部指定与渠接洽之人绝对无权，而各部门又无联系。例如去月二十七日，彼闻有两英兵在其医院病危，彼函询问，久未得覆，彼要求往看视，亦未获许。及至本月九日，始查悉该两人所住之医院，彼获得许可证往看视，及至，则有人告渠其中一人已死七天，彼遍询医生，无敢言者。后一再交涉，始有谓确已死七天，尚未葬。彼谓何不早告，则答以非彼之责任，渠已觉异常不满。至昨日，国防部主管司始有函覆其去月二十七日之函，谓某兵在某医院，盖其人已死十余天，国防部主管司尚未得知，此种办事真使人气死。又言兵官多有娶俄国、波兰或匈牙利妇人为妻者，俄妇固不许带出，而波兰及匈牙利妇人，苏联亦不允其带回英国，更属无理。而此等娶有波兰或匈牙利妇，生有子女者，则坚决要求回返，否则不允出境，是以渠异常为难云云。

五月十三日（星期日）天晴

上午，将楼上办公厅迁往领事部楼上，准备宋部长随时来莫，余可让余住房与之，自己迁此暂住。

梦与×妹再谈我俩关系事，彼此仍不得有所谅解，盖彼仍觉余非脱离过去一切，彼将被人轻视，又以余未尽从其言为爱情未定，与余观念完全不同。余再三与言余之看法：（一）对余以前家庭，自

---

[1] Maximilian Fourman.

无爱情可言，但责任应尽，在此国难时期，苟余之儿女有难，彼苟爱余，自应自动助之，而反以我之顾念儿女为对渠爱情不专，道德上不应如此。（二）各人自有各人之环境，余不能对某人之爱恶，随彼之好恶，盖爱情苟不加以尊重他方之人品地位，则爱情之基础不固，是以古人每谈"敬爱"，盖二者不能相离。至"溺爱"及不基于"敬重"或道德之爱，圣人所诫。但彼成见已深，不易变更，殊使余失望而痛心也。

我军于两日前已攻入福州，今日已在城内巷战，消息甚佳，盖已被占三年，今始攻入。

晚上九时（莫斯科时间），邱吉尔在英国会作颇长之演说，盖今日为其执政五周年日，又为同盟在欧胜利之时。演说词中可注意者：（一）对苏联提及甚少，与从前各演说极力赞扬苏联迥然不同。（二）谓其本人经五年之劳苦，能得休息固佳，但警告国人，除击溃日寇外，对于欧洲获得公正之和平，此种工作异常困难。（三）在历史上英国对于任何国家图独占欧洲者，英必与之作战，是以英国须防止欧洲有任何继德之独裁，"Much remains to be done in Europe if some other form of totalitarianism is not to replace the destroyed armed might of Germany"，均系明指苏联，是以英苏间之关系尚未可乐观。邱氏今晚尚有提及中国，谓为"绝不屈服"。

五月十四日（星期一）天晴，有太阳

上午十一时半至一时半，学俄文。

本日，秦秘书涤清与谢秘书子敦大闹。谢来与余言，欲另调工作，并表示欲返国。余善言慰之，并允于有相当人接替时设法。静尘来谈及此事，彼亦以为谢秘书为人小气，与同事均不能合作，且常有对同事故意不予人方便之处甚多，大约居此太久，生活上苦闷多年，神经上大受影响之故，是以彼苟欲去，余亦不便留之矣。

美代国务卿 Grew 对铁滔将军要求 Trieste 一事，发表极不客气之声明，谓须俟和平会议时始能解决，亦系美对苏方强硬表示之一。同盟间误会，殊为可虑也。

五月十五日（星期二）乍雨乍晴

今午马教员又未来上课，彼似"多愁多病"，对余学业不无影响也。

昨澳代办言，前此间澳使馆二等秘书希顿 Peter R. Heyden 昨请假返国。抵澳洲后，当地记者向之询问苏联情况，彼已不允发表任何谈话，以免引起苏方之反响，记者乃请希夫人稍言苏联战时社会生活情形，希夫人稍与言之。翌日，各报发表后，苏联政府异常不满，视为侮辱苏联，正式向澳洲政府提出不许希氏夫妇再来苏联。澳洲人士视为奇异之事，以为政府不许人批评，已至极端云云。

今午接部电，关于新省海关及警察搜查苏联驻疏附副领事案，谓事实有不尽符之处，但中国政府为敦睦中苏友谊起见，已将该海关主任王某（金明）及警察局长姚慎德撤职，至新疆特派员署曾于去年八月五日通知苏联驻迪化总领事新疆省新法令，凡有外国驻新省之领事及外交官出入各地，均须先领取通行证，此次该副领未领有通行证，是以希望苏方命令其领馆人员遵守。又著余口头通知苏方，我中央已严令新省地方人员，对苏联领馆人员及外交官，特别予以协助及注意对彼等之礼貌云云。余即约于下午四时半，偕同秦秘书往晤洛次长，将部意转达。彼谓可接受余之所提，至苏联驻新省领馆人员，自应遵守地方法令，惟对彼等之礼貌自宜注意。余谓我政府之意，亦正系如此，是以希望其通知苏联驻苏【疏】领事遵守地方法令者，系避免以后有此种误会发生，至待领事官应有礼貌，则本国政府亦视为应该之事。彼言以后如何，全视新省地方官吏是否能照中央所指示办理云云，此事遂告一结束。返馆电部报告，及电绍周，请其切实注意，避免再有此种事件发生。

五月十六日（星期三）乍雨乍晴，颇冷

上午，偕承庸同出外交商店，购得绵被一张，只六百九十卢布。

晚上，往看马戏，节目尚佳，尤以 Kox 三姊妹之空中表演为佳。

华盛顿消息，美海军人员称，日本陆军五百至八百万人中，有七成以上集中伪满及日本本土，则郭武官所言相差太远。

五月十七日（星期四）天晴，有太阳

上午十一时至下午一时，学俄文。

一时，莫斯科国立美术馆 Tretyakov Gallery 重开，往参加典礼，所陈列名画甚多。

四时，新任英空军代表 Vice Air Marshal Thorold 来访，彼系首次来莫。据言此次柏林被炸，破坏之大，苏军人士亲见，足使苏联领袖亦知英国亦有极大之武器，非只红军有步炮兵也。彼口气似对苏联仍十分怀疑，余稍向解释，以为各国各有其历史社会制度之不同，是以所需之改革及采用之方法亦自不一致。吾人对他人之批评，不宜限于以自己之制度为标准，而定其良否。余仍深信同盟国有合作之可能及必要，目前意见稍有不同，自不必视为过于重要。

今日为挪威国庆节，适逢其国家之解放，是以挪大使于晚上八时半，在其使馆设宴招待，余偕静尘夫妇同往。因饮红酒两小杯，觉头晕，几不能起立，是以十时即返。捷克代办 □□□① 告余，Carpathian Ukraine 于第一次大战后，因图避免为匈牙利占领，是以加入捷克，实则并非捷克初料所及，于捷克亦绝无所补益，是以彼等现决定归回乌黑兰，捷克自亦不反对云云。

五月十八日（星期五）天晴，有太阳

上午十时至十二时，学俄文。

下午五时，请美国军事代表团团长田将军 Gen. Deane 午茶，郭武官在座，谈甚久。据言：（一）日军在伪满只有十三师，余询以苏军在远东力量，是否足以应付日军，彼答防御已足。余询以攻日本之力量何如，彼答似尚未足。（二）苏联对日本进攻之期不远，盖（a）苏联不能复员不久，即再动员，是以在此次胜德后，再未见有欲复员之表示，大概系因对日之故。（b）苏方对日作战最适当之时，系在九月底以后，冬季全期。（c）苏联未必对日作"对布加利亚之宣战"。（三）美军于德未投降前，已开始调一部分赴远东，彼预计

---

① Jaroslav Hnidzdo.

六个月后便可调足。余询以最近华盛顿美海军人员所发表调六百九十余万人往远东作战，须一年后始完毕，是否属实。彼答，此系最高额，但预料不需用此数，大约调一、二百万人便足，是则六个月内便可办到。（四）至军事进行计划，则似尚未完全决定，因须俟每一战区完毕，始能计算可调兵员，及前往何地为宜，但在日本土登陆之计划确有。（五）美军占冲绳岛后，不久可将日本与大陆之海空交通完全断绝，即由日本至朝鲜之水道，亦可用空军水雷等将其断绝。（六）在华盛顿时，美政府人士分两派，一以为日必抗战到底，一以为日本领袖中，不少明白份子，既无希望，不如及早投降，稍保留元气。（七）彼此次赴柏林，本系因签字于德国投降文件，在柏林只有二十四小时，但见柏林已无一墙之存在，即签字地点亦须在城外，苏军当局亦知空军轰炸之力量，所见德国人民不多，所谓尚有三百万人，似不可信。警察亦系红军女警云云。彼又询 Hurley 及 Wedemeyer 在华情况，余告以甚能合作，彼表示快慰。

新德里广播，苏联已向英、美政府转达日本提出之和平建议，英、美政府业经拒绝，谓与无条件投降之政策不符。苏联政府果有此种代日本转达建议，未悉其用意何在。盖苏联作风，苟无于彼本身有关之理由，未必代人作传递，且近来苏政府迭次文告，均指定日、德为侵略国，在须打倒之列，而忽转达其和议妥协之建议，似系对英、美有所要挟，亦未可定。总之，欧战终了，政治问题纷至，余深冀同盟国间能互相推诚解决一切，否则世界前途不堪设想，于我国更为不利也。

五月十九日（星期六）天晴，有太阳

苏报今日发表斯太林答英《泰晤斯报》代表 Parker[1] 问，谓：（一）红军拘捕之波人十六人，与改组波政府无关。（二）此十六人并非苏联方面请来磋商之人。（三）波兰政府改组，只能依照克琳美亚会议之议决。（四）彼信波兰问题可由同盟国共同解决，但须：

---

[1] Ralph Parker.

（a）以波临政府为基础（仿照南斯拉夫例）。（b）新政府之政策为亲苏，而非为防苏之工具，"not a policy of 'sanitary cordon' against the Soviet Union"。（c）与波兰人民有关系之领袖共同解决，而不与人民无关者解决云云。

Marshal Alexander[1] 向其军官发表关于 Trieste 与 Marshal Tito 争执之经过，内有谓铁滔此种用武力占领土地政策，与希特勒、墨索里尼及日本之行为无异云云，措词甚为严厉。苟非铁滔让步，恐不能下台，事件将不易收拾，铁滔此举似非适宜也。

昨日，我六全大会通过：（一）取销副总裁。（二）推选蒋主席为总裁。（三）各部队党部于三个月后一律取消。（四）三民主义青年团改属政府。（五）党部所办行政事务移归政府办理。（六）增进中苏邦交。（七）提高驻外使节人员之待遇。（八）政纲政策案。

晚上，往大戏院看舞剧"Muzeth"，Up Yuamoba，舞甚佳。

据中央社消息，去年十一月七日赫尔利大使往延安，劝毛泽东来渝商谈。讵知当其晤见时，毛即拍桌诋毁中央及委座。赫氏当面加以幽默之指斥，谓阁下所言，乃敌人所当言者，何以阁下亦言之，似非出诸中国人之口。毛被斥后，无词以对，又不便遽然翻脸，致负商谈破裂之责，而失美方之同情，乃于十一月十日派周恩来为全权代表，随赫氏来渝，携有五项条件：（一）准许中共公开活动。（二）成立联合政府。（三）成立联合统帅部。（四）中共交出军队，听候改编。（五）实行民主自由之政治作风。此后即由赫氏居间，往返磋商，中央与周恩来双方同意归纳为三点：（一）由中央统帅部改编中共军队。（二）准许中共公开活动。（三）准许中共有人参加国民政府、军事委员会。斯时周恩来已满意，曾于十一月十七日在《新华日报》欢迎席上，表示谈判已有头绪，为中共光明出路之机会，此时以为周往延安报告，即可原机回渝，双方代表签字，问题即告解决。周原定十一月二十四日飞延，适延安机场降雪，不能著陆，迟至十二月七日始飞延。在此期间，黔边告警，后方人民浮动。

---

[1] Field Marshal Sir Harold Alexander.

中共以为抗战之局将有变化，又值欧洲解放国，如波兰、希腊、义大利等，左倾党派气焰高张【涨】之际，延安遂令周改变其态度，向人表示谈判不满，且谓已失败，并致函赫氏，谓中央拒绝中共改组联合政府之要求，故延安对于所商定之点，不能签字。赫氏即覆函，谓中央商谈实有诚意，且在重庆所谈，已得阁下同意。如延安翻悔前议，则商谈如告破裂，中共应负其责云云。

五月二十日（星期日）天晴，有太阳

铁滔对亚历山大亦有极严重之答覆，美副国务卿 Grew 则言铁氏之要求，英、美不能答应，则此事恐不易解决。比国内部又发生严重问题，比政府已下令三个月内禁止罢工，德人之待遇问题又生极大异议，是以欧局发展，恐并不足乐观也。

英报载消息，英地中海总司令亚历山大许希腊主教（即执政）往 Dodecanese Islands，并树立希腊国旗。此种转移意国土地，并未待和会之解决，但对于南斯拉夫则严词责之。英人自私之举，无所不至，欧局前途恐真如英报近来所表示之悲观也。

五月二十一日（星期一）天晴，有太阳，颇冷

上午十一时半至下午一时半，学俄文。

收听中央广播六全大会闭会宣言。又闻我军克复福州后，续有进展，已占马尾。在桂又收复河池，足见我军事前途尚可稍为乐观。

五月二十二日（星期二）天晴，有太阳

上午十一时至下午一时半，学俄文。

胡世杰言，彼与南斯拉夫军事代表团人谈，据告：（一）近来 Trieste 等问题，均系英国对南斯拉夫另有企图之表示。英国迭次要求英军开入南斯拉夫作战，于邱吉尔在罗马与铁滔接洽时，曾再提出，铁亦拒绝。亚力山大再三要求，铁更不允，盖铁绝不愿意南国被英利用为防苏之军事区域。英方理由，谓系断德军之后路。铁答，此层南国自己军队业经做到，至打击德军，则只须在前方德军主力

之处打击，不必到南境。至在 Trieste 一带作战时，英军在东按兵不动，任德军与南军作战，德军败退，向西投入英军范围，向英军投降，为数共有六万余人。英军只将其解除武装，兵员仍许其自由，更将其分驻 Trieste 附近一带，安能不使南方视为另有企图。亚力山大为人系最反动者，私人在印度有大土地及工业，奴役印人以千万计，是以其作风亦系喜用高压手段。彼曾向铁滔作恫吓，谓英、美盟军在义彼指挥下共有七十余万，飞机二万架。铁答以南军现有七十万，德军在南国曾使用之人力及武器亦不少，亦未曾能使南国屈服云云。（二）南斯拉〔夫〕军队中，现在有红军改穿南国军服者有数十万，器械亦系红军原来之武装，亦系实在苏联防英、美军侵入南国之举。（三）是以最近南斯拉夫问题，系英、苏之问题云云。

胡参事又与捷克之财政部次长 A. Saloviche（社会党，曾被选为民族解放委员会主席）谈，据告：（一）此次捷克境内解放，其最重要之工业中心 Pilsen，即史高塔厂，为美军占领，美政府已向该厂订立购买其出品之合同三件，均系军用品，在欧战场所需用者，似为准备在欧作战之用，其用心可知。（二）红军所占领之 Brno，虽云系捷兵工厂，但其规模不及 Skoda 为远。虽德国克鲁伯厂曾有一部分迁移于此，亦远不及美军所获，是以红军深为失望。（三）贝尼斯于红军抵 Prague 后，即要求返该处，红军初不允，谓军事布置未妥。贝氏大怒，电红军总司令，谓苟彼尚承认其为捷克总统，则应许其返自己首都云云。措词异常强硬，红军司令不能不勉强许之，但异常不满，是以贝氏返 Prague，红军方面异常冷淡，斯太林对贝来电亦未置覆，更无贺电云云。

昨日六全大会已闭幕，选举之中执委共有二百二十二名，余列七十一，孔庸之一百一十，蒋夫人一百十九，顾孟馀八十九，魏道明（一百九十）及顾少川（一百二十五）则更后，则中央方面对苏似极为注重，对余似尚不差。研究此次被选之名单，觉各方加入之人不少，以于斌名列三十一为最高，两陈及黄浦【埔】系虽每方尚有多人，但增加不多。而各方面加入之数量如是之大，其比例自已减少。蒋主席此举，使彼等之力量由此分散减少，为极妙之方法也。

五月二十三日（星期三）天晴，有太阳

上午十一时，义大利大使卡朗尼来访，谓奉政府命向余转达彼政府对于我国处理义侨财产办法，深表感谢，并已向其人民宣传我政府之善意，并请余向我政府表示义政府希望我政府能早日遣派驻义使节云云。彼又言：（一）Istria 省人口，依照一九一〇年帝奥时统计，有义人六十万、斯拉夫人四十五万，一九三二年统计，则义人七十五万、斯人三十万。至城市居民，则几全为义人。（在 Fiume 百分之八十，在 Trieste 百分之九十二）。在 Trieste 附近乡村居民多为斯人，但乡村居民稀少。Trieste 有人口三十万，为重要工业及商务之要市。莫干那造船厂能造海洋船，有工人三万，即在远东一带航行之船只及船公司，均为 Trieste Lloyd 所有。该市且有最大之银行及两大保险公司，以前波兰出口货全由该两公司保险，是以该口岸实为欧洲之中部、东部及巴尔干各国出口最重要之口岸。奥国、匈牙利、波兰、罗马尼亚及南斯拉夫等，均靠此为出路。义政府知此问题之复杂，本欲早与南斯拉夫自行解决，是以铁滔来时，卡使曾奉命设法与南斯拉夫驻莫大使，及与铁滔接洽，但苏联方面对此绝不热心，且暗示反对，是以南方不敢与之商谈。义政府主张：（1）该问题在和会时，由三强公平处决，但义方须有辩护之机会。（2）该区既有争议，则义军固不能驻防，南军亦不宜为之，应由同盟国军队代为保管，苏方军队亦可参加。义政府在一九一九年曾反对人民投票，系一错误，现自不反对。盖义政府以为，苟该区现由第三者保管，人民投票亦赞成归入南斯拉夫，则可对义国人民宣布系世界均以为系公平之处决，以免留下两国将来仇恨之基础。盖义、南两国关系密切，战前南国出口物品百分之七十五，系输往义国，一度且有关税同盟，是以在 Fiume 建议，问题最剧烈之时，Count Sforza 曾主张以些小土地换取南国人民之同情，亦系值得。义政府欲与南国直接交涉者，亦系欲维持两国之好感，但苏方则不愿意彼两国之直接交涉。现在此问题已成为英、苏之争，苏联视为中、东欧及巴尔干为其势力范围，是以其重要出口之地，自不允让与英国，而英国亦认定苟不获此，则在中、东欧及巴尔干之经济关系全部失

去。余询其义大利之共产党态度如何，彼答，彼等处境异常困难，盖与共产党合作之社会党，对此问题异常激昂，是以苟义共稍有表示，则不独社会党即与分烈【裂】，使其孤立于小数之地位，而全国人民对之，亦有极不良之感想，义共将不能立足。是以义共目前只能宣传不宜让此问题影响同盟国之合作，词意含混。而且至目前义政府所采政策，义共亦同意。（二）苏联之多予各共和国以实权，系各地要求之结果，并非由中央自动赋予。地方之权限日益要求扩大，有两事可以证明：（a）据波兰临时政府人员告渠，谓 Lwow 问题，斯太林及中央方面曾答应归属波兰，以加强波临政府之地位，俾易博取波人同情，本已决定，但乌黑兰反对，坚决要求归属乌黑兰，结果中央亦不能不让步。（b）彼曾往乌斯璧等地，见各该地人民所获自由较莫斯科为大，而中央亦不敢多逼征其人民入伍。更自各方面所见各闻，则各民族独立之趋势日益高涨，目前其领袖斯太林为一小数民族之人，自易使各小民族未受有压逼之感。但斯氏一去，则其继任者必为俄人（俄人谈话间多有此表示），则问题必将发生。近年苏联提倡其复古等等，亦系各民族间要求之结果，此事与国际共党甚有影响，盖苏联一日继续其国际革命、阶级斗争之口号，则各国共产党将一日能共同合作，但一旦苏联采取国家主义，则安能责其他不采取同样爱国主义，冲突自然发生。（三）苏联政府似已建立有一特殊之阶级，例如工厂总经理等等，此辈所受待遇甚厚，与工人间之差别，较瑞典、挪威、丹墨等国为甚，此辈已自成立一阶层。彼曾与多数此种人谈话，询彼等尚有所冀求否，彼等均谓待遇问题已异常满足，但所顾虑者为妻子耳。盖目前其享受及于妻子，但一旦病故，则其妻每月只能领取恤金一百五十卢布，自不能维持生活，其子女教养等费亦自无著。是以彼等均盼政府能改变制度，保障其妻子之经常生活。彼等更表示深信斯太林必能满足彼等所要求云云。卡使以为苟如此，则共产主义将无存在之可能。（四）红军曾迭次要求军官全体加入共产党，党干部则坚决反对，但数月前已不能再为拒绝，是以均已加入。以红军之组织及在军时较自由之生活，此辈全数入党后，必使原来共党干部所受影响不少，必不能再如前之把持，此点于政治社会前途关系甚大。（五）红军此次在国外战争，据彼所知，其与各当地人民之接触，绝不如此间所宣传之冷淡，其所见各当地人民生活情况，羡慕者不少，是以苏联各报不得不迭次宣传红军到德人屋内，见有自各国抢来物品云云，实则恐红军见人生活较自己安乐，是以谓此种均系盗来之物。但此种宣传能否有效，殊属疑问。总之，红军自国外返后，以其所见所闻与本国比较，必有甚大之影响。（六）近来英、美与苏联间形势极坏，只有一方让步，始能下台。渠以为或苏方让步，亦未可定。盖欧洲战局之进展，与苏方初料所不同，在克琳美亚会议时，斯太林预计红军不但先到柏林，即德国西部亦由红军占领（因当时英、美军尚在西菲列线以外，绝无进展）。是以对于处置德国问题，必可由红军作主，故所有对此之决议，均极空泛，而不十分确定。惟事后之情势大变，英、美军事进展甚速，其所占领之区域，均系德国之精华，德军被英、美俘虏及向英、美投降者，现已逾六百万，大城市工业区破坏又较少，而苏所占区域远逊英、美所占，破坏又多，即柏林一带已无可利用。是以处置德国之权，不操诸苏联，而操诸英、美之手。苟形势不佳，德兵六百万及其尚有人口六千万之德国，尚可为英、美利用以对苏，此不能不使苏方痛心而无法者，一也。苏方向认定美国与苏合作之政策，系由罗斯福一人所造成，罗氏故后，美方舆论对苏，适又最表示不满（卡使接义驻美使馆电，谓近两月来，美舆论对苏之坏，为向来所未有），是以不能不稍有所顾忌，二也。至让步之程度及方法，则未敢预测，彼恐将牺牲一、二要人，亦未可定。（七）苏联一般人民已表示厌战，彼曾与多人谈及对日作战，均表示极不热心。是以除在远东与日军接近之省份，而又未曾在西面作战者，尚有作战之热诚，此处则全无。或者政府之高级人员欲利用战时以固其地位，因之而主战者亦有，但一般人民则极不赞成也云云。

晚上，在馆宴苏联文艺界要人 I. G. Ehrenburgh, A. M. Gerasimov, P. P. Konchalovsky（Pioter Petrovitch Konchalovsky 1876 – 1956）①,

---

① 括号内全名及生卒年之字迹与本日所记不同，疑为傅秉常多年之后加上。

Mr. S. Y. Marshak （& his wife），Miss Semeonova，Mrs. Kravchenko，Mrs. Kuznetzova，并请其参观余近收得近人画。Gerasimov 喜君璧及大千作品，Konchalovsky 则喜悲鸿所作。加氏告余，江氏与 Ehrenburgh 对渠均不好，"These people hate me because I am a Russian"。余为主人，不能不尽力对于双方同等招待。幸诗人马索人甚和霭，两方均有感情，是以尚能尽欢而散。

五月二十四日（星期四）天晴

上午十一时至下午一时半，学俄文。

下午四时，偕胡世杰、胡济邦、钱承庸往参观工业陈列馆，无线电出品甚多。

晚上纽斯兰公使 Boswell 及其夫人在大旅馆请宴，据言每客约英金八、九镑。

五月二十五日（星期五）大雪，甚冷

五月底大雪，即莫斯科亦十余年来所未有，对于农产甚坏，真不幸也。

上午十一时至下午一时半，学俄文。

晚上，英公使 Frank Roberts 请宴。据其表示，在此间工作异常困难，对苏方甚为不满。

昨日美飞行堡垒五百余架轰炸东京市区，投弹四千五百吨，全市大火。我军在福建及豫、湘、桂各区亦有进展。

保樵著承庸转告余，彼在延安所见人民情况，与此间大致相同。

五月二十六日（星期六）天晴，仍冷

加拿大代办 Leon Mayrand 请 Cocktail Party，英人对苏多明白表示不满。

宋部长来电，询莫外长返苏后，对会议中国代表团及对彼个人有何表示。余覆未闻有何表示，只最近苏方发表之文章，对于会议

已首次提出中国为五大强之一，又有一文对我政府改组表示不满，惟对宋个人尚好云云。

艾登在英苏同盟三周年日致莫洛托夫电，内有同盟合作基础，应基于尊重他国领土及不干涉别国内政，如此始能获得欧洲之和平云云，表示甚为明显。邱吉尔今日演说，亦有将来维护欧洲之自由，及保障其此次战争所获得之正义，工作更为困难云云，英苏间关系恐已达最坏之程度，深为可虑也。

邱吉尔新阁成立，人物无甚出色者，真有"才难"之叹。

昨日又有大批空中堡垒再炸东京，投弹四千余吨，全市面积中有三十五方英里完全被毁，敌皇宫亦炸毁。敌连开两次阁议，讨论此严重问题。

军令部电，敌有自南洋及非必要区撤军，回守华北及敌本土讯，与余预料相符。

五月二十七日（星期日）天晴，有太阳，冷

敌首相铃木广播，承认二十四、五两日，东京被炸已毁至不可复修理之程度，全市须完全改建。敌人现始自食其恶果，天理昭昭，报应不爽者也。

秦太太请往 Moscow Satire Theatre 看 A Korneichuk's "Mission of Mr. Perkins"。P. N. Pol 饰 Perkins，K. V. Neliovskaya 饰 Miss Dawn，V. Y. Henkins 饰 Chumachenko，均佳。

五月二十八日（星期一）天晴，有太阳，冷

上午十一时半至下午一时半，学俄文。

下午五时，华锡小姐来访。彼有姨母在华，与华人结婚，觉甚安乐云。

我军克复福州后，追敌北上，已克复连江、丹阳，以至罗源、德宁【宁德】。广西方面，我军自河池南下，于二十六日克复南宁，追击敌人，昨克复扶人，敌向思乐及越南边境退却。

五月二十九日（星期二）天晴，有太阳

捷克代办 Jaroslav Hnidzdo 请午宴，与美参事 Kennan 谈中共情形，彼似有许多不了解者。

美方估计近来大炸东京各区，日人烧死者在一百万人以上，日军阀之罪真大恶极矣。

上午，学俄文。

五月三十日（星期三）天晴，有太阳

中午，郭武官宴英海军代表 Admiral Fisher，与之饯行，彼或将调往远东参加作战。彼对苏联印象甚坏，以迩来英苏关系种种，无怪其然也。

Trieste 问题似有解决之希望，而近东方面，Lebanon 及 Syria 又发生问题，大约亦系战后自然结果也。

五月三十一日（星期四）天晴，初暖

上午十时，往访美大使哈里门，谈一句半钟之久。据告：（一）彼在美与宋部长谈有三句钟之久，已将此间所得美苏关系、中苏关系种种，尽情告知宋部长。据宋告渠，拟于旧金山会议闭会后，即飞返重庆报告委员长后，即来访苏。但彼（哈使）现以为最好早来，不宜在六月以后。（二）Harry Hopkins 霍琼斯此次来苏，系彼所主张，盖彼觉近来美苏关系确有调整之必要，霍氏对苏向来友好，租借法案帮助苏联尤多，素为斯太林所信仰。彼来此后，对于商讨各政治问题，确极有进益，斯太林已见渠五次，对于对付德人问题及 Trieste 问题，已有解决。对于波兰问题虽仍有困难，但证以连日与斯所商谈，亦有解决之希望。余询以 Trieste 解决方案，彼答 Istria 人民多属南斯拉夫，该省似宜归南，至 Trieste 则或可为一自由港。至波兰问题，则彼亦谓不能支持流亡政府之反苏份子，似有对苏让步之意。彼续谓，总之此次霍、斯商谈结果，使渠得有极大之奖励，"I am very much encouraged." 请余将此意转告宋部长。（三）余询其有讨论中苏问题否，彼答有，并谓斯表示对华仍好，与对哈尔莱大

使所言大致相同，希望有一由委员长领导统一之强大中国。对宋部长表示亦甚好，但视我中央之改革为不足。彼询余中共谈判有无进展，余答 Hurley 返渝后，努力结果如何，尚未接得有新消息，但中共之要求，委员长似不易办。余稍与言中国情况。（四）彼谓杜罗门总统与邱、斯会晤，业经决定，但时间似不甚早。是以彼希望宋部长于下月内在三巨头会晤可访苏。（五）杜对罗斯福之政策，绝不丝毫变更。（六）斯太林绝无利用英、美不和之点，其采取之行动异常正当。（七）苏方对别人一举一动异常怀疑，此亦系因过去经验自然之结果。（八）余询其新德里广播，苏联代日本转达和议于英、美事。彼谓绝无其事，在美时，彼有闻有日本向苏联建议，予苏联以某部分权利，请苏联斡旋和议，哈使深信必无此事。盖日本必败，苏联已知，此时何必交好一必败之国，而开罪一必胜之盟友，虽至愚亦不出此，且日人作风亦未必出此。（九）霍氏此来，只限于商谈政治问题，是以对军事未有涉及。谈话完毕，彼介绍与 Hopkins 见面。霍氏人甚清瘦，身体亦似不甚佳，余自不便再与谈政治。彼告余，与宋部长甚熟，戏谓："苟君欲获利，可与宋部长作桥牌戏 Bridge，因彼殊不高明，又不自认输。"又谓蒋夫人彼已见面数次，所患之病，有时尽发出于皮肤，异常痛苦，是以怕见人，大约全纽约市之最好医生亦已束手，殊为可怜。孔庸之先生，彼亦曾晤谈数次，彼身体亦甚坏（足见保樵所言蒋夫人事不确矣）。又谓宋部长关于售金舞弊事，曾与美财长口角，盖该项舞弊系由宋部长发觉，而美外长怪之，无怪宋部长生气。哈使言，苟霍氏有时间在此，应到中国使馆宴会一次，盖"中国大使自奉异常节省，但对于宴客，则将其自国内带来珍贵食品尽出以享客"。霍氏谓其夫人甚喜中菜，宋部长常请彼等晚饭，宋部长且自能入厨烧甚好之牛排，余于是约其来馆晚饭，但彼谓恐即须离莫，未有时间云云。

十二时，瑞典公使 Staffan Söderblom 来访。据告：（一）瑞典不日亦将派遣代表驻华沙，盖瑞波关系密切，瑞典需要波兰之煤甚急，不得不如此，此事已通知英、美方面，彼等亦极谅解。（二）瑞典驻德使馆人员十余名经莫返国，据言红军初到柏林时，对德人自极冷淡，但俄人性情宽厚，且极爱小孩，因及其母，是以不久便多与德人往还甚密，且红军各机关均贴有斯太林"红军不仇视德国人民"之语，其稍有不快事件，则系俄人酒醉时对于女性不快事件，常有发生耳。（三）红军将官多名与瑞典使馆人员往来甚密，瑞人庆祝其胜利时，该将官等竟答："余等任务尚未终了，尚须击溃日本"云云。（四）苏联对瑞典虽亦不无批评，但近来态度甚好，对瑞典一切困难多所谅解。彼深信苏联对别国并无领土野心，盖以彼等对芬兰之宽厚可以证明，因以瑞典所获种种消息，苏对芬内政确无干涉也。

下午五时，美国黑人报代表 Homer Smith 来访。彼言滇缅新公路之完成，黑人工程队有千余人参加工作，甚为努力。而第一次卡车到昆明，亦系黑人架【驾】驶，是以欲余发表个人对此之感想，余稍作数语赞美之。彼又言此次因罗斯福总统对黑人之政策大异从前，是以美国军队除步兵及工程队外（第一次大战黑人服务只限于此），在跑【炮】兵、空军、海军、弹克车队均有黑人，是以黑人现在美军服务已逾一百万人。在意大利有全师黑人兵，在东南太平洋亦有云云。

晚上八时，莫洛托夫外长及其夫人在外宾招待所设宴，庆祝胜利。遇潘大使，彼言 Petrov 大使已将与余谈话告渠，彼深赞同余中苏必须合作之主张。即询余国共谈判情形，余稍告之。彼谓何以不能成立联合政府，委员长拥有绝大兵权，此种问题应易解决。余答以就余个人意见，蒋委员长不能接受，盖政府之成立及委员长之地位，系由革命经过，根据法律而产生，中国人对于"名正言顺"甚为重视，委员长个人亦不能自行将政府解散，与中共成立联合政府。盖中国情况，彼（潘大使）亦知之，各省军事当局，许多于抗战前未统一于中央者，彼等所拥有之军队多较中共为大，均以中央为合法政府，而受指挥，而归统一，但苟中央宣告解散政府，则统一之基础已失，不能责彼等以服从中央，则中央因欲得一中共，而失去其他更大力量者，于中国前途更为不利。彼（潘大使）又云，中央许中共参加政府，系予以无权之位置。余答所谓有权无权，系解释问题，若云不予中共以全权处理中国事件为无权，则系自然无权，除非将国民党及其他力量尽行消灭，中共始能有权。若谓有一部分之权，能参加讨论决定，由多数取决，则中央方案不能不谓未予中共以权。余末谓中央方面已对中共予以极大之让步，中共方面亦须有相当让步，不能单责一方。彼谓："此言极为合理。"彼又询及绍周在迪化情形，余告以彼觉异常苦闷，因彼抱极大之志愿前往，觉成就无多，而驻迪化之苏联总领事又不能充分与之合作，是以余请渠（潘大使）由苏外部训令该总领事，推诚与绍周合作。彼答："余即办此事。"彼现身体仍不好，但已就任苏外部远东顾问，似颇有权。

中央发表宋部长为行政院院长，翁文灏为副院长，各方均有好评。

六月

六月一日（星期五）乙酉年四月二十一日，天晴，暖

上午，学俄文。

下午五时，回访英空军代表 Vice Air Marshal Thorold。

唐随员返，带来绍周函及水科长报告。新省事，无怪绍周苦闷，应付确不容易。

六月二日（星期六）天晴，有太阳，暖

上午十一时至下午一时半，学俄文。

Levant 事件已成大问题，戴高乐之帝国主义政策较英为利害，安能成功。苏联发表对此致英、美、中、法照会，谓此事件违反 Dumbarton Oaks 之规定，主张干涉，甚佳。

我军连日在豫、湘、闽、桂均有进展，甚佳。

六月三日（星期日）天晴，有太阳，暖

昨苏报有文对中国尚佳，今日又有文对我中央攻击者，此间事真不易测，余等只能操之镇定。委座对苏联之政策绝不以意气用事，真可钦佩者也。

法军在 Damascus 等市，由英弹克车队护送出城。戴高乐昨日对记者发表谈话，谓 Levant 事件完全系由英国政府及其代表煽动所致，法国不能单独讨论叙利亚及里班南①问题，只能与四强及阿剌伯人共同讨论整个阿剌伯问题。又云法国尚未使用租借物资于此地，但必要时自可使用，因系法之物品耳。至英国有无使用租借物资，于此则彼不敢断言云云。全篇演说充满帝国主义侵略者之口吻，绝无理解。换而言之，有如强盗自卫之言曰："汝既劫取，何以我不能杀人。"两盗相争，于社会未尝不好也。

六月四日（星期一）天晴，有太阳

上午十一时半至下午一时半，学俄文。

六时半，比大使罗基在大旅店请宴。澳馆秘书阿历山大言，彼初来苏，极抱亲苏之热诚，乃到此年余，观其国情人民状况及政府政策，已完全改变初念。目前彼以为为太平洋之整个安全计，澳洲不能不要求英国政府方面变更其政策，尽力帮助中国之强大，否则不堪设想。彼又密告，澳公使麦朗尼亦属如此，现对苏联觉其非常可怕云云。遇美红十字会 Shirk 之助手□□□君，彼曾往华沙三个月，日昨始返。据言波兰人民对于波临时政府绝不信任，对流亡政府虽亦有怀疑，但仍较好。至人民所受之痛苦，匪言可喻，物资阙乏，前途又觉无望，是以甚为可怜。美红十字会请求运入医药物品，苏方亦答应云云。宴后，纽斯兰公使波斯华请往彼房看小电影，至十二时始返。

六月五日（星期二）天晴，暖

上午偕胡、李两随员同往看 Bureaudin 代觅得之别墅，尚佳。

邱吉尔在英国会答覆戴高乐演词中，有英虽承认法在拉凡之特殊地位，但未担任维持之云云。此种互相承认在第三者领土有特殊地位帝国主义者分赃式之制度一日存在，则世界安存【全】一日不

---

① Lebanan.

能维持。英保守党之守旧浅见，对世界祸害之增长，负无限之责任也。

今日四强已在柏林签立及宣布对德分区及管理办法，于同盟合作间最易引起苏方误会之问题，已获解决，诚佳事也。

我军于昨日克复霞浦，现福州以北一百余英里沿海线复在我手，甚佳。

下午六时，英军事代表团茶会，介绍新任团长 Gen. Sir James H. Gammell, Rear Ad. H. J. Egerton & Air Vice Marshal H. K. Thorold。与美大使哈里门谈宋部长电事，彼言 Harry Hopkins 尚有两天在此，但须往柏林、巴黎等处，须一星期始能返达美京。（返电宋部长）。又谓，仍盼宋能于三头会议之前来莫。遇美军事代表团参谋长 Gen. Roberts，彼谓近接 Gen. Wedemeyer 来电，言中国战事情况甚佳，至华军能克复福州及沿岸各要城市，与及在广西克复南宁种种，均使彼惊奇快异。又谓美军不能在福州登陆，因其与台湾过于接近，如我军能克复温州，美军自可从该处登陆。又如我军能克复桂林，则在广东方面登陆亦可。彼个人曾被日军击败两次，是以甚欲重返远东复仇。至近来我军事进展胜利，使彼异常欣喜云云。与意大利大使谈拉凡事件，彼以为戴高乐之反动政策终必失败云云。

七时，苏俄中央全会开会，偕秦秘书往参观，听预算报告一小时半，休息时即先退。

六月六日（星期三）乍雨乍晴

上午，美大使馆派其秘书 Smith 来，向岱础言，美方近得情报，苏联最近运往日本及中国沦陷区之物资，较平时所运往者之数量增加甚大。询我方有无此项情报，盖美政府以为苏联既系美国同盟，此种资敌之举动，非美方所能容忍，是以拟向英方询问后，即向苏联提出抗议。余著岱础答覆，我方须稍查始能确实答覆。余并即电部报告请示。Smith 又言，近美馆欲搜集苏联对各国之商务合约，以研究苏联经济动向所在，请本馆协助。余著岱础将所有我方业经公布之中苏商约予之。

我军今早克复柳州，我深盼母亲遗体无恙，盖我现在旦夕不忘者，则系于战后返国，将母亲遗体运返广州，与父亲合葬矣。新德里广播，上海消息，日人现已准备防守上海，并已将上海日人撤退，将物资亦开始运往华北及日本，与余所料相符。

晚上，范副武官伯超在馆宴同人。

六月七日（星期四）天晴，有太阳

上午九时，偕岱础同往军用机场送霍普金斯 Harry Hopkins 及其夫人。哈使密告，昨晚彼与霍君与斯太林再三讨论结果，斯太林已允让步，对于投票权问题，依照英方提案，但请余暂勿宣布或电报告政府。

下午五时，访英卡尔大使，畅谈两小时。据告：（一）旧金山会议，彼与亮畴各人均已晤面，亮翁已完全戒绝烟酒，是以血压亦渐低，身体亦甚好。中国代表团人选甚为出色，是以在会所予各国印象甚佳。彼与各人谈论间，甚少言及中国政治，只董必武与之谈甚久。据董表示，重庆政府绝无希望，改组及将来举行国民大会均系欺骗手段，非将国民党完全打倒，中国前途绝无希望云云。卡尔又告，莫洛托夫在旧金山所予美国及各国人士之印象甚佳，虽失败于波兰及阿根庭问题，但阿根庭问题亦可作其胜利，盖美国联合南美各国自成一集团以对外，过于明显，使世界舆论反对，于莫外长表示同情。总之莫氏此去可目为个人甚为成功，即其翻译拍夫罗夫所予美人之印象亦甚佳。美记者谓莫氏对外国记者之招待会，可与罗斯福并驾齐驱，实为美记者最恭维他人之语。（二）英苏关系，彼在此数年来努力，亦不能使其完全互相推诚了解，实使彼痛心（彼言英、美军攻入西格菲尔线时，苏方有竟谓系英、美军与德有谅解，确使彼伤心，觉其数年之努力无半点功效。后苏方亦自觉其错，但其补救之方亦不甚高明，即自不承其过，只对废除日苏协定作强硬之宣言，以取悦英、美）。但此次霍普金斯访苏，实有极大之效能，彼可密告余，投票问题，昨晚斯太林已让步矣。（三）对德问题，英军事当局亦曾有若干之错误，盖以为德军一百余万之投降及解除武装，为维持地方治安、解放及救济俘虏种种工作，有一德临时利用之机构，较为易办，是以欲暂为利用 Dönitz 等，不期引起苏方之极大误会。现在英、美对于管理区域向苏作最大之让步，以表示合作，是以苏方疑团亦已渐释。（四）波兰问题仍为最困难之问题，但现在稍有进展，已开始讨论参加会议之波人名单，是以仍有一线之希望。其被拘之十六人，并不尽如苏方所宣称者。余谓外传英方飞机于本年初，曾有两次用降落伞送波兰人于波兰境内之红军后方，第一次即为此十六人，第二次更多，事前均未得苏方或波临政府之同意，是以均被扣留。第二次则英飞机两架亦被扣留，是否实有其事。卡尔答称全属子虚，英政府于去年红军未到时，曾用飞机投送军械及医药品于波兰义勇军，均系投于德后方区域，并无在红军范围之内者，且每次均预先通知红军，最后一次系在去年年底云云。（五）英法关系完全系戴高乐一人所弄坏，彼以为戴氏不易相处，即与人谈话时，"眼睛高望于重庆"。卑都似稍好，但闻法国内部并不完全赞同戴氏之主张。询余有所闻否，予答并无特别报告。（六）英之大选并不影响三巨头会议之期，邱已表示将偕反对党领袖参加，彼以为为期不远。（七）余与谈及中英关系，并提及最近 Economist 之言论，彼言绝不能代表英政府政策，盖完全击溃日寇，系英、美、苏三政府之共同政策，绝未变更者。彼在旧金山时，曾提议宋部长来访苏前，先访伦敦，艾登甚为赞同，是以即向宋部长表示，宋亦首肯，渠希望能有好果。（八）关于远东战事，彼谓日军仍作最强烈之抵抗。最近在前方所获文件，日军部仍命令其军人死战，不得已时，即行自杀，并将用手榴弹置腹部自杀之办法详为规定。军事专家估计，非杀死日军达三百七十万，不能击溃日本，是以战事并非如外人所估计可以速了，最快在一年半以后。但迩来英军在缅进展甚速，在 Victoria Point 亦已登陆，不久便可进攻星架坡。余询其香港附近大鹏湾登陆工作，是否由英军担任，彼答曰然。余又询其是否须先攻安南，彼答无须。彼以为琉球战事不日便可结束，美军即可在温州湾一带登陆。

（九）彼又言在旧金山见西人坤 Morris Cohen，又见在成都之
□□□，自言系代表委座与谈，想系自吹耳云云。

六月八日（星期五）天晴，暖

上午十时，学俄文。马教员忽呕吐，即以车送其返家。

静尘昨晚接家信，悉其太夫人于去年十二月在汉口被美机往轰
炸时，与其嫂同时被炸身亡，年八十一岁。余即往彼处慰问，彼痛
不欲生。此种惨祸，无怪其然也。

今日旧金山已宣布对于投票问题获得解决。

六月九日（星期六）天晴，有太阳

晚上，往 Театр Оперетты 看 "Сильва"。

六月十日（星期日）天晴，有太阳

偕胡、钱两随员赴 Уденная Станция（Казанская Дорога）余定
租之别墅，胡之图画教员□□□亦同往。

晚上，往 Театр Вахтангова 看 "Мадемузель Нитуш"，女主角
Г. А. Пашкова 饰女学生 Дениза де Флабиньи，年青貌美，唱舞均
佳。饰戏院女主角 Коринна（Примадонна）之 Г. К. Жуковская，为
近代舞台上之名美人，其夫婿在军事生产部充当要职，是以莫外长
招待会上常与见面。彼为标准的苏联美人，诗经所谓"硕人期期"
者，艺术则平平矣。

六月十一日（星期一）天晴，有太阳

上午十一时半至下午一时半，学俄文。

下午五时，偕秦秘书涤清回访南斯拉夫大使。

六月十二日（星期二）天晴，有太阳

上午十一时至下午一时半，学俄文。

下午四时半，胡参事世杰来谈苏联经济建设之经过（另记）①。

部电苏大使于六月二日面交关于叙利亚、黎巴嫩事件之照会，我政府已覆对苏方提议表示同意，并关于此事今后发展，及苏方所采步骤，愿与密切联系云云。此举甚佳，盖藉此可向苏方表示我国并非事事与英、美一致，及欲与苏合作之意旨。

六月十三日（星期三）天晴，有太阳

今早二时，苏方广播，三强已邀请波临政府代表四人，在波兰国内抗战领袖五人，及在伦敦之波兰领袖三人，于本月十五日在莫斯科举行会议，商讨改组波兰政府。同盟国间最困难之问题，希望可获一解决矣。

昨日我军克复平阳，现离温州只十五英里。

今早美机七十余架炸香港中部及东部，投下燃烧弹甚多，到处大火，为炸香港最猛烈者。金弟、舅父及各亲友在各该区者甚多，结果如何，深为焦念，日军阀之罪恶真食肉寝皮不足以报也。

中央广播取消各军队及学校党部。

下午四时，胡世杰来谈苏联对外贸易之政策及经过。

六月十四日（星期四，乙酉年端午节）天晴，有太阳

上午十一时至下午一时半，学俄文。

下午四时半至六时半，胡世杰来谈苏联对外贸易部组织之经过，及研究苏联历年来进出口货物各表。

今日为端午节，是以余在馆宴同人。

接刘锴电，彼不日返渝。彼人甚能干，处人亦好，但伯聪夫人恐不易应付，殊为可惜。

六月十五日（星期五）

上午十一时至下午一时半，学俄文。

① 本年日记未收。

下午六时半，澳馆秘书阿历山大请 Cocktails。

今早飞行堡垒五百五十架再炸大阪，美方宣布，于本月内将向日本本土投弹共二百万吨，使日本五大市区（东京、大阪、神户、名古屋及横滨）完全炸毁。又中央广播，我军再度克复宜山，在一星期内，宜山已换手三次，足见我军作战之艰苦矣。

六月十六日（星期六）天晴，有太阳

下午一时，苏联科学会二百二十周年纪念，在大戏院开幕，世界各国科学家被邀请参加者数百人，我国之郭沫若、丁燮淋〔林〕未及赶到，余等亦参加典礼。

下午五时，李约瑟 D. Joseph Needham 来访。彼对华甚佳，据言在渝科学会工作极忙，本不能抽身来此，后英使西摩谓，外间对于中国在抗战期间各种努力知识甚少，是以劝其来此，代中国方面极力宣传。但彼抵此以后，觉演讲机会甚少，大为失望云云。

六月十七日（星期日）天晴，有太阳

上午十一时，苏联著名研究中国文学之专家阿理克教授 Prof. Василий Михайлович Алексеев 来访，与之畅谈。彼对中国文学及哲学确有研究，所译有《聊斋志异》、《唐诗》及《古文观止》，现又从事翻译《文选》，并拟译《史记》等。与之偕同胡随员之图画教员夫妇及同学同往别墅，至下午六时始返。

六月十八日（星期一）

上午十一时半至下午一时，学俄文。

下午三时半，义大利大使来言：（一）义政府拟即派驻华大使，但对于美金外汇受监理委员会之限制，甚感困难，故拟请：（a）由中国政府在渝每月交义馆美金若干，义政府在罗马交中国使馆及驻教廷中国使馆同样数目之美金，或（b）在渝交义馆法币若干，在罗马交中国使馆义币若干，均另订汇率，盖两方均有黑市，汇率时有涨落，非互相订立不便。（二）义政府已向英、美提议参加对日作

战，但请求实际派遣陆、海、空军前往参加，并以同盟国之地位为条件。英、美方面尚未有答覆，是以请密向我政府方面建议，如我方亦愿意其加入，则向英、美方面代为说项，但不必谓系自义政府方面请求，并守秘密。盖义方此举并未与苏方说知，又恐英、美真不欲义国参加时，亦免发生不快之影响云云。（三）彼又言，据波临时政府人员告渠，彼等处境异常困难，因波兰人民视其过于亲苏，而苏方则每谓其过于自视波兰利益云云。

下午五时，前波兰驻华代办 Drahanyovsky 来访。据言，自重庆调回后，即在近东任事，后 Sikorski 将其调回伦敦，任情报部秘书长。两年前，因与流亡政府政见不同，是以脱离。此次随米高露兹来，充当政治顾问，彼口气似不甚乐观。余劝其以国家为重，遇事忍耐。

六月十九日（星期二）天阴

上午十一时至下午一时半，学俄文。

下午，胡世杰来，研究苏联农业政策。

我军于昨日收复温州。

六月二十日（星期三）

下午六时半，美使秘书 Horace Smith 请 Cocktails，介绍美国参加赔偿委员会之代表。

下午一时，往东方研究院听 Prof. Alekseev 讲翻译"古文"，甚佳。

七时，英新任驻莫情报处处长 Col. J. E. Benham 请宴。

八时，余在馆宴科学代表 Prof. B. M. Алексеев（Russian），Dr. Joseph Needham, Prof. Cyril Norman Hinshelwood, Prof. V. Gordon Childe（Gr. Br.），Minister Z. Needle（Czeh），□□□（India），Mr. M. Borodin, Mr. & Mrs. Borek, Miss Stein of Czch. Emb.

六月二十一日（星期四）天晴

上午十一时至下午一时半，学俄文。

下午四时半，胡世杰来，共同研究苏联农业。

七时半，偕胡随员往大戏院观《卡门》，Konchalovsky 之布景与前确异，主角 Maksakova 年虽老，唱工甚佳。

苏联宣布判决波兰之十六人刑，尚轻。

冲绳岛战事已告终，但昨日美司令 Gen. Buckner[①] 阵亡，美政府派史提威继任。

六月二十二日（星期五）阴

上午十一时至下午一时半，学俄文。

下午三时半，偕同胡世杰、胡济邦同往参观东方古物院。中国古物不多，古画尤劣。

七时半，苏联中央全会，余亦被邀请参观。卡尔大使告余，波兰问题业已解决。

六月二十三日（星期六）阴

上午十一时至下午一时，学俄文。

下午六时半，岱础在馆请外交团人员 Cocktails。

六月二十四日（星期日）雨

上午十时，苏联在红场举行胜利大检阅，由 Zhukov 元帅代表斯太林在场，向军队训话。虽大雨，而军队异常整齐，参加之各步【部】队及武器亦甚多，最出色之一幕，系将获得德军各军旗，内有希特勒自己之元帅旗一面，掷于列宁墓前，军官用足践之。至十二时阅毕，民众开始巡游，余等即先返休息。晚上烟火，内有用汽球放下斯太林之像，探照灯高照之，并用烟火照耀，诚大观也。

昨午宋部长来电，决定于二十七日由渝起飞，约于二十九日抵莫，著余通知哈里门大使，彼未见斯太林前，未便与晤谈，请其有欲与宋言者，先为告余云云。

---

① General Simon B. Buckner.

六月二十五日（星期一）阴

上午，学俄文。

下午四时，访哈使，告以宋院长电，彼亦谅解，并谓于二十八日与余晤谈。彼又示余哈雷大使电，谓中共昨日又允续谈合作，参政会方面所派七人，系黄炎培、王云五、左舜生、褚辅成、傅斯年等。

五时半，访洛次长，告以宋来日期。彼询同来人员名单，余谓只知胡次长及刘参事①，其余想系在渝接洽。余又遵照部令，转达关于法政府提议由五强解决 Levant 事之覆文，彼谓看不出中国意思。

晚上八时半，波兰大使设宴，庆祝合作成功，英、美大使亦往，余亦参加。

六月二十六日（星期二）天晴

上午十时半，往参观俄美术馆 Третьяковская Галерея。该馆派专员□□□解述，甚为详尽，由马教员翻译。直至下午一时十五分，只尽三分之一，大约尚须再往两次，但殊值得也。

晚上往 Драматический Театр 看 "Чудесная Башмачница"（Gipsy Play）尚佳（好鞋匠）。

旧金山会议结束，中国首签字于世界安全组织宪章。

六月二十七日（星期三）雨

上午修拾住房，以备宋院长之来。

苏联发表设立大元帅，Generalissimo。

中央广播，任命蒋梦麟为行政院秘书长，吴奇伟为湖南省政府主席。又谓英使西摩辞职，不日回国，中央方面人事更动计不少矣。

我军昨自温州前进，已克复台州（临海），离杭州已不远，敌人似有退守上海意。

---

① 疑为刘泽荣（绍周）。

六月二十八日（星期四）阴

上午十二时，往访哈里曼大使。彼告余自一九四一年起，代表罗斯福总统与斯太林商讨苏联对于远东政策之经过。并详告德黑兰会议时，斯太林与罗斯福接洽情形，及在克里美亚会议之决定，及最近彼与斯太林商量之结果，著余密告宋院长，并谓此时为我与苏求得谅解之最良好机会，万不可错过。美方觉苏方之要求甚为合理，又谓彼与斯太林之接洽，并未告知英使，盖远东问题虽以英、美、苏、中合作为原则，但英对华与美政策不同之处尚多，是以未便完全告知。彼谓与斯太林讨论对华问题，不下十余次，均系彼奉罗斯福或杜罗门总统之命，或借其他机会提出与谈。彼今日所谈，余自不能纪录于此，返馆亦不敢与他人言，盖关系我国前途异常之巨大也。

静尘往与交际司商招待礼节，彼方经已准备盛大之款待，甚佳也。苏报今早已载宋院长来访苏之消息，英广播亦有言及。

七月

七月十四日（星期六）天晴，有太阳

上午六时起床。早餐时，蒋经国提出胡世杰拟辞职返国，余只能言我不愿其离此，但权在经济部，余不能作主。余又再三请其向委座报告此间情况，及中苏合作之重要，彼深表同情。彼在此两星期间，余觉其甚识大体，人亦甚能干，前程不可限量之人也。

七时半，随宋院长等赴机场。宋部长嘱余将昨晚情况告 Kennan 转哈使。机于八时起飞。

下午六时半，赴法使馆国庆招待，各使纷向余询宋部长访莫情形，余只能答未结束前，不能奉告，惟双方均抱极友好之精神，冀完全合作云云。

七月十五日（星期日）天晴，有太阳

上午十一时，同胡次长、胡随员等往 Afinogenova 别墅。

七月十六日（星期一）天晴，有太阳

上午十一时半，同胡次长、胡随员同往画家 Konchalovsky 之画室。彼老先生夫妇尽示其所存佳作，其紫丁香及小托尔斯太夫人像等确佳，真较其在各美术馆陈列者为优。彼允为胡随员画像。

下午三时半，义大利大使加朗尼来访，据言：（一）义大利于本月十三日业由瑞典政府转知日本政府，谓自十五日起，义国与日政【本】已在战争状态。于十五日，义政府在罗马已发表正式向日本宣战之命令。（二）此次义国向日宣战之目的，系在表示与同盟国行动一致。尤其是与抵抗侵略最久之中国一致。（三）此举六政党完全一致赞同。（四）义海军主力舰本无大损失（此次大战只一万吨之巡洋舰损失最大），五艘完整，三千五至七千吨之巡洋舰完全无损失，是以连同驱逐舰等共有兵船八百余艘，潜水艇甚多，海军人员亦不少，即可开赴远东，共同作战。至陆军不用征兵制，而幕【募】召三十万人，亦可随时开拔。轻军械自足，惟弹克车及大炮须英、美补充，美极愿意，英方不愿。（三）彼此次晤余，系奉义政府命令，请余转达我国政府，谓义国现有空军人员甚多，地下工作人员亦不少，如中国方面需用此种人员，可即派往中国服务，完全由中国政府指挥。且有些曾在中国服务，甚愿再往中国。又义大利之空军工业极少破坏，现可制造美国式之飞机，只缺乏原料。苟中国需要，可向美方请求供给原料，义厂可完全为中国制造飞机云云。余谢其盛意，并允即电达我政府。

下午四时，学俄文。

八时半，静清在馆宴世泽兄等。

英、美、苏三巨头在柏林郊外之 Potsdam 开会。

七月十七日（星期二）天晴

上午，学俄文。

今早，美海军攻日本本土，空军亦大量轰炸其各城市。

七月十八日（星期三）天晴

下午五时，希腊波使来访，询余宋来情况。余答以不能告之，但双方均抱有合作诚意，前途可乐观。彼言希腊问题，因英、苏利害冲突而变复杂。

晚上，在馆宴丁燮霖【林】，彼人极老实，学问亦甚佳，此次苏联之招待，将其与郭沫若分隔，似使彼认为美中不足，即郭亦不以苏方此举为适宜。

七月十九日（星期四）天晴

上午十时至十二时，学俄文。

下午一时，美馆秘书 Horace Smith 宴美赔偿委员会各委员及加省大学校长。

下午，同胡次长往与洛次长商整理已商定各件之文件，半小时即完毕。洛次长表示，各件之中文译本应早交苏方较【校】对，盖此种较【校】对亦稍需时日。余与胡次长返馆后，即电宋部长，请其在国内外部将各译本准备带来。

七月二十日（星期五）天晴

中午，捷克代办请宴。

下午四时，学俄文。

七月二十一日（星期六）天晴

比皇列阿浦①投降德国，现又欲返国，殊属无耻，无怪比总理攻击之也。

七月二十三日（星期一）

下午五时，新任叙利亚公使 Faris el-Khoury 来拜访。

今日为 Ethiopia 国庆节，伊使于六时在国民饭店请宴。

---

① Leopold III.

九时，岱础在馆宴胡次长，甚欢。

上午，学俄文。

今日开始审判贝当，彼年已八十九，晚节如斯，真堪惋惜也。

七月二十四日（星期二）雨

上午十一时，学俄文。

今日陆基地空中堡垒六百架及海军飞机一千架，轰炸日本，为远东战史最大规模之轰炸。

七月二十五日（星期三）乍雨乍晴

胡世杰等在其别墅请午宴，与味道兄闲谈，据告：（一）蒋夫人确与委座发生意见。余询以何以又任宋为行政院长，彼答系因美国关系，盖我须与美方联络，而美对宋甚佳。彼又言，闻委座确另有爱人，年青貌美，且有学识，至来自何方介绍，则不详。（二）亮翁与宋在旧金山发生误会，因宋对开会辞，曾请数人拟稿，由施□□（植之①之子）整理。事前交顾少川阅评，少川因时间匆匆，未作任何之批评。及开会前数小时，宋召集各代表交看时，亮翁对当中数点大为批评，而时间已不容许修改，亮翁大为生气，背后语人，如不修改，彼将直接电委座报告。宋卒未修改，而亮亦未有电委座，但两人间自已发生恶感，此亦系亮方之过。（三）宋对顾较好，此次代表团宋充团长，亮本为第二名。大约因宋须离旧金山，而在会场应付，顾较亮为优，是以改列顾为第二，亮或亦因此不快。实则亮之前往，本人亦非愿意，不过系委座之意思，彼不能不往矣。顾在会确异常卖力。（四）杨光泩之夫人亦已由小吕宋到旧金山，顾有与夫人离婚，与之正式结婚之可能。（五）宋与两陈意见甚深，对吴国桢近来甚好。（六）郑震宇在部已绝无力量，现绝不敢发言。（七）余询渠余欲辞职，彼以为有准许之可能否，彼答恐不易准许，盖多知此间不易应付。（八）彼个人欲任和平机构之

---

① 施肇基之子为施耿元，号思明。

副秘书长，盖一则安定，二则自觉适宜，因将来秘书长自系美国人，代理秘书长，美方不愿英方或苏方担任，自然主张中国人担任。彼与各方面人员多系熟识，接洽此事较易。

与之同往访胡小姐之旧居停，Lida 适在。

今日美机三百五十架炸上海机场等。

七月二十六日（星期四）雨

英国选举，工党大获胜利，占三百九十席，保守党只一百九十余，自由党则仅十一席。邱吉尔、艾登虽仍被选，但其阁员十五名落选，足见反动力量确不能维持下去。此事于英苏合作及对中国均属有利也。

晚上九时，英倚泉假使馆宴味道次长及同寅。

俄文。

七月二十七日（星期五）天晴

中午，瑞典公使 Södeblom 宴味道次长，邀余作陪。

今日美总统、英邱吉尔首相及蒋主席，向日本发出最后日本投降之条件，许其士兵返国，及不完全占领日本本土，并许其自行改革。此宣言系自柏林发出，自得斯太林同意。余意日人似尚未到觉悟之时期，此举似未易得其接受也。

晚上，郭武官在馆宴胡次长，并请外交团人员作陪，宾主甚欢。余首次与希腊波使作桥戏，彼深精此道，在东京比赛曾获冠军。渠对余尚称不错，谓可造之材，彼与胡次长、余则与岱础合组。

上午，学俄文。

七月二十八日（星期六）天晴

上午，往名画家 Konchalovsky 画室，观其画胡小姐像。其法系先用炭笔将像画好，然后始用颜色。据告，全画最重要者系章法，苟先不决定各部分之妥善位置，则以后不能修改。至胡之像，最适宜于 Raphael 式之 classical style。因其身体之构造、人之性情举动，系美中带贞静，指尤美，是以坐位及手之位置神态种种，须整个倍【配】合，言之甚为有理。

晚上，胡次长在新开之饭店 Аффора（Петровская Линия）请法记者诺君夫妇，暨其夫人之女友 Катуша，余与胡随员作陪。但愿天下有情人都成眷属，真堪为余咏也。

日本内阁昨日会议三小时，讨论三强条件，结果发表宣言，拒绝接受。

七月二十九日（星期日）天晴

上午，偕胡、钱往 Удельная（Октябрьская улица дом 7）Казанская дорога，胡之图画教员亦同往。午后，步行于附近之公园，有一小湖，风景尚不错。

我军昨日克复桂林。

七月三十日（星期一）天晴

上午，学俄文。

英广播，我政府改组，王雪艇任外长，宋仍长行政。与味道兄谈，彼以为宋本欲以少川为外长，雪艇之选，想完全委座之意。彼又告余，伯聪夫妇在美时，极力向宋表示好感，魏夫人对宋夫人尤甚，三日大宴，五日小宴，无微不至，宋以为可靠，力荐其任驻美大使。斯时宋曾询味道魏之为人，味道答以万一宋失势时，必不可靠。及后宋返重庆，适与委座发生意见，伯聪在渝，即藉此向委座要求将宋之驻美购料委员会移归使馆彼办，宋异常愤怒，始知味道之言有理。是以苟宋真有力量，伯聪必不能立足云云。味道表示，彼愿意担任国际和平机构之副秘书长，因彼与各方较有接洽，将来秘书长因故不能执行职务时，代理秘书长人选将由美方之秘书长指定，美方计不愿意予英、苏，更不愿予法，是以中国较有希望。苟我方所派之副秘书长与美方有相当联络，与各方亦熟，更有希望，是以于公于私均有裨益。余甚赞同，拟电雪艇推荐。

部覆电，关于义大利愿派空军志愿人员来华服务一层，谓委座意对义政府感谢，将来果有需要时，即与接洽，著余转义使。

七月三十一日（星期二）阴雨

下午四时，回拜叙利亚公使哥利 Faris el-Khoury。彼为叙国现任内阁总理之弟，人甚老实。埃及公使闻余来，亦到晤谈。

八月

八月一日（星期三）乍雨乍晴

此次宋来，蒋经国得一手机关枪，味道兄获一 Katusa，亦佳话也。

郭沫若来晚膳，谈及苏联对外协会招待彼等情形，表示不满。余劝其赴欧洲一游，盖研究考古及哲学之人，不亲赴各处，只以书本为根据，如粤谚所谓"以耳作眼"必无十分好果，彼深以为然。

连日再事照相工作，因振叔兄已代购寄来一放大机，余又购得一旧 Contax。此间战事终了，摄影之禁又弛，是以余又得一消遣，此间苦闷或可小减也。

八月二日（星期四）天晴，有太阳

下午三时，偕胡世杰、胡济邦参观农业研究院，院长芝清 Цицин 为世界农业名学者之一，发明甚多。彼亲自招待，带余等参观：（一）木本与草本接种之试验：（a）以普通之草本西红柿与意大利之木本西红柿接种，该意大利木本西红柿系高尔基自意带送者之种，接后，草本之茄枝便与木本相同不萎，而产生之茄质自然不同，但以其子再种，则仍系木本之茄，再三接连，便可得一新种。此项试验已有相当成绩，苟可成功，则茄可变树矣。（b）以蒲公英与杀蝇花相接，所得之花美丽而有用，所谓不同类接种者。（二）麦种改革，此为芝氏最大之发明。彼解释谓麦类原初自系野生（约四千年前），续渐演变，而成为现麦。野生时自可久存，是以彼根据此理，研究野草与麦接种，经十余年之试验，始克成功。彼偕余等先参观其所用之各种野草，及从该各草与麦接种所得之新麦类，共有一万余种。新种麦具有野草之抵抗力，不畏风雨，又为多年生，产麦亦较多。现在成功者已有一种可用三年，第一、二年收两造，第三年收获一造，产麦量较平常麦两倍有余。彼研究所所出之麦已有五种为政府采用，十四种在政府试验中，一百种自己试验，不久亦可送政府。彼谓一年生之麦种，彼可送与中国，但多年生之麦种，则仍在试验期内，须得政府允许，始能送出。（三）杀虫菊之利用。（四）扁豆与野荳合种（亦系草本与木本混合）之试验。余等参观四小时半，芝君解答不倦，招待之殷诚为难得。余著胡随员将今日参观作成报告，可作我国之良好参考材料也。

八月三日（星期五）乍雨乍晴

今早在莫斯科、伦敦及华盛顿，同时发表柏林会议之宣言，大部分系关于对德问题，并在伦敦举行五强外长会商对德、义、匈等国和约问题。末云三政府军事领袖曾会商军事利益共同之事，各英、美报均视为明指对日。

接部电，宋院长偕同王部长等一行十二人（刘锴在内），明日由渝起飞来莫，即与苏方接洽。

下午四时，访义大使，告以部电覆义提议之内容，彼表示感谢。彼密告余，谓美方对义尚佳，其理由有三：（一）义侨在美极多，足以影响美内政。（二）美与南美各国联络，以最能合作者系巴西，而巴西义人力量最大。（三）英保守党欲义倾向极右，而苏欲其极左，但美则愿其执中，而维持欧洲之和平。是以美总统近向义驻美大使密劝其对中国方面极力加以联络，谓中国目前力量虽尚未十分强大，但中国所主持及代表之道德力量不能轻视。美国对世界组织之主张与中国最为接近，是以义国苟欲获得公平之待遇，应与中国特别联络云云。

××告余，孙夫人在莫与某留学生故事，异常有趣。

八月四日（星期六）乍雨乍晴

上午十二时，访卡尔大使。彼告余：（一）柏林会议多系对德问题，三方讨价还价，争议自多，但最后三方均互相让步，结果亦云良好。（二）对华问题并未提出讨论，斯太林与邱、艾并无提及。至美方有无单独与谈，则不得而知，因在柏林会议，英、美故意不多接触，以免引起苏方误会，以为联合对之。（三）渠曾与艾登谈及中苏谈判各件，艾氏谓英国对于中国拒绝苏方超越 Yalta 会议所决定之要求，此种立场，英政府完全支持。至对各问题之解释，亦完全与中国意见一致。（四）在会议中，斯太林谓日本天皇著佐藤向苏联正式表示，日本愿与中、英、美言和。斯氏谓彼主不答覆，杜总统、邱首相均赞同。（五）三国对日之宣言，系由美京发动，美国欲使世界明了美国之政策，系非不予日人以自新之机会。卡氏个人自知日方必不接受，惟对日本民众应有良好之影响。（六）照卡里美亚会议决定，则苏方应于本月八日向日本发动进攻，现或有稍为延期之可能，但必不久，彼以为应在九月初。（七）各项问题中，只土尔其问题未获得解决。彼谓今日即可电伦敦，询外部有无在柏林邱吉尔或艾登单独与苏方谈及中国事件，及美方有何通知于英方者，彼计后日于宋来前，或可有覆云云。摘要报告委座。

又余与卡尔大使谈及义大利参加对日作战，彼绝不表示热心赞同，谓义军战斗能力极弱。至于海军，则并非能战。义兵舰之构造系以速度为主，预备退却时先跑，火力极坏。第一次大战时，义海军与英海军共同作战，英方不但不得其助，且每因须保护之，而失去不少力量。而炮手又坏，其不准确，每每有打击中同盟舰队者。此次对日，并不需要速度行驶之兵舰，是以义舰亦无所用，英方拟调其若干部分往南洋一带作战，此种在后方扫荡任务或可胜任，且义舰之构造，完全系为在地中海一带温和区域之用，是以苏联当初欲要求其一部分，后因在北部不能使用，而不再要求云云。

晚上李、钱、朱①三随员宴世泽兄。

---

① 朱正钦。

八月五日（星期日）阴

胡世杰来言，彼已接经济部覆电，对彼辞职不准。余劝其安心服务，并告以不久中苏关系必有好转，余辈得参与此种国家民族历史上最重要转变之工作，应引为一生最荣幸之事。虽个人担任工作之部分大小不同，但凡事绝非独力能成，是以参预工作虽极微薄，而综合以成一大事，亦宜自觉责任之重要。最近之将来，中苏种种合作必更密切。彼在此工作将更多，彼亦深以为然。

八月六日（星期一）乍雨乍晴

宋院长等因天气关系，今日尚不能抵达莫斯科。

美哈使因接余电，今日特由瑞典飞回，于晚上七时抵莫。余于九时往访，彼告余杜罗门总统与斯太林关于中国事曾有接洽，彼奉杜总统命，于宋来莫未晤斯前，先将详情转告宋，并于必要时，彼可代表杜见斯太林磋商。是以彼请余于明日宋到达时，与宋约会晤时间，余允即办。余告以卡尔大使所言艾登意见，彼谓美国亦同此主张。余谓问题不在超越克里美亚会议三巨头所签之协定，而在解释。彼谓美亦支持中国方面之解释，大约系英、美政府觉此事对不起中国。现为减少中国方面对彼等不良好之观念起见，特作此种空人情，说风凉话，实则彼等所谓支持有何实用，彼等是否能强硬，余绝不相信，余等只能打自己之算盘，不可因彼等之空言而自误。总之，吾人须自发愤，自己改革图强，始有希望。哈使告余，彼意苏方对日将于本月内发动。彼又询余对维持日本天皇制度之意见，余力言天皇制之不宜维持。关于柏林宣言中五外长会议事，彼解释谓中国之加入，系预计不久对日战事亦可结束，至对德、意等国和约，中国将不能参加云云。

郭武官言：（一）闻日本使馆人员近来大批撤退，佐藤语人，彼来此任务，完全系欲防止苏联加入对日作战而已云云。（二）红军在柏林纪律不佳，对妇女奸淫最利害，闻苏联政府对此绝不制止，且似奖励，同时严禁妇女堕胎，其政策似系乱其种，以打破希特勒清种之学说。至抢掠物品，则更为利害。（三）红军在捷克亦如此，是以捷克民众迩来对红军感情异常之坏。（四）关于我国军事情况，彼言，美方担任供我三十师之物资及助我训练，大约本月底即有二十五师可用。另智识青年从军运动所训练之十二师，系机械化部队，物资尚未完全运到，计非至年底不能成立使用。我国原定计划系共组一百师，是以尚有五十八师须我自己另想办法不可。将来希望能自苏方亦可得到一部分，则易成功。又云，美方所谓供给我方三十师所用军械，其数目绝非如美国师所用之物品，只系我方所需要最低限度之数目，即较日本方面之倍【配】备亦尚不如。例如日本每师有轻炮、中炮共六十四门，而美方所供应我者，每师不过轻炮十二门，弹克车亦不足，是以我新师之力量，亦只能足于日本军队退却时追击之用，而不足以平等之进攻云云。靠人之难如此，我国人应自猛省矣。

八月七日（星期二）天阴

美方宣布昨日对日本首次使用"原子炸弹"，其力量之大，较任何以前使用之炸弹千百陪【倍】。杜总统关于此事有特别之谈话，发表其发明之经过。矢人惟恐不伤人，而日人之罪恶，自宜有此果报也。

八月十六日（星期四）天晴，有太阳，热

上午五时，赴军用飞机场，送王部长雪艇，与彼同返渝者有熊式辉、沈鸿烈、刘锴、卜道明、蒋经国，陈□□、胡世杰亦同往（郭沫若同机），洛次长等在机场欢送。

十时，捷克代办偕斯高塔工厂之总经理 Hromadko 来访，据言在 Pilsen 之厂曾被炸毁百分之七十，但现在被毁部分百分之八十业已恢复，各出产品已达战前之水平。彼谓与中国曾有极密切之关系，战前我国曾派有学生在该厂练习，而厂亦派多人在华，希望继续此种关系，并请我国派员往捷克视察有何种物品为我国需要，并有何种物品可供捷克之用者云云。彼前为该厂之总工程师，现升为总经理，不能操英语。彼辞出后，余即电经济部翁部长。

下午五时，赴外部面转委座致史太林统帅贺胜日之电。该电措辞甚为得体，述苏之加入对日作战为胜日之极大因素，最适合史氏之心理，盖英、美有视原子弹为最大原因，苏方异常不满也。

八月十七日（星期五）天晴，有太阳，热

晨五时，赴民用机场，比得罗夫大使与之谈及住房问题，彼允返渝后即电苏外交部。

下午二时，往军用机场，送波兰总理莫拉斯基，英、美大使均未到。莫外长见余往，甚表感慰。

南京伪政府宣布解散。

美副国务卿 Grew 辞职，渠似过于亲日，对华未必充分了解。彼辞于我未尝不利也。

八月十八日（星期六）天晴，有太阳，暖

下午四时，□汽车离莫斯科赴沙哥斯 Zagorsk，六时到达。沿途风景甚佳，住旅行社之小旅店，地方甚劣。晚饭后步行公园，亦无甚可观者，殊为失望。

八月十九日（星期日）天晴，有太阳，热

上午八时，旅店经理□□□来共早餐，后由彼导往郊外之小湖。该地本有旧寺院一所，现一部分已为陆军大学之一部，其余为残废军人工业所。九时返市，往参观最著名之 Zagorsk Monastry 寺①，始建于一三三七年，有亲王之子少时欲往深山修道，父母不忍其远离，因许其在此地建一修道之所。彼个人自至此地，自行运石伐木，建一小寺，有闻其事者亦往助之，并同居修道共有十二人，附近乡民亦群起助之，嗣后来者日众。十五世纪鞑靼毁之，一四二二年重建，即现存之最古部分。其石刻古雅，此种石刻建筑，全国共只有三所。由此北向至一大教堂，外有僭皇 Пальница

---

① 该行文字右侧注有俄文 Тронцкая Серглева Лавра。

Zaдюнов 及其妻儿四人之墓，系由莫斯科克姆霖宫移葬于此，因其僭位之故，是以葬诸教堂之外。教堂内之古神像甚多，多为十六、七世纪物，有大画 The Last Judgement，画师多人合制，均署名于画下，三月而成。比得大帝①少时因其姊夫谋位，曾避难于此，是以后送一铺金木鹰于此教堂。教堂内有两墓，一为依凡恐布【怖】②之侄女，一为该侄女之女者，是时因恐该侄女争位，遂禁其母女于此教堂修道。教堂外有一高钟楼，建筑亦佳。由此而南至一皇后行宫，俄皇后曾游此者甚多，后为主教住所。宫内陈设亦佳，有女皇 Catherine II 之像，系少时所画，态甚研媚，与他处所见不同。再至藏古神像之所，有 Branov 兄弟，能将古神像洗出如新，全俄能此者只二、三人。再至一苏联民间用品陈列所，十二时完毕。乘车经其市场返旅店，午饭后一时半，乘车返莫斯科。三时半抵馆。

八月二十日（星期一）乍雨乍晴

日内阁改组，由 Prince Higasikuni③ 任首相，由皇族任首相为日本之创举。

敌在华总司令通知委座，已派定人往芝【芷】江接受我方命令。

美官方宣布接受暹罗之反日宣言，谓暹政府久有反日之企图，只英、美劝阻其不宜过早举义，以免无谓之牺牲云云。

下午赴 Peredelkino 访 Afinogenova 不遇，在郊外摄影。

八月二十一日（星期二）阴

下午，学俄文。

晚上，英倚泉在馆宴绍周夫妇等。

---

① Peter the Great.
② Ivan the Terror.
③ 东久迩宫稔亲王。

英新外相 Bevin① 在国会演说，宣布其对外政策，措辞较艾登为甚。工党之对外政策恐与保守党无异。

八月二十二日（星期三）变
英首相 Attlee② 宣布英军将往香港，接受日军之投降。

八月二十三日（星期四）天晴，有太阳
上午，学俄文。

八月二十四日（星期五）天晴
上午，学俄文。

蒋主席三次电毛泽东来渝，毛已允派人前往。是以英广播连日所宣传中共活动及国共分烈【裂】情形，似另含有别意，未可尽信。

晚上，余在馆宴同人暨绍周夫妇、陆丰夫妇等。

八月二十五日（星期六）天晴
戴高乐连日与杜总统晤商，并宣布准许安南自治办法。

中午，静清宴绍周家人。

下午四时，偕济邦、承庸赴别墅。

八月二十六日（星期日）天晴，下午雨
在奥丹那也之别墅休息及摄影，为我数年来所仅有之真休养。看屋之老仆白须垂胸，诚为摄影及绘事之良材也。

溥仪在奉天机场被红军捉获，似系候机时。

八月二十七日（星期一）天晴
上午，学俄文。

---

① Ernest Bevin.
② Clement Attlee.

今早各报均已登载中苏同盟及其他协定等（只斯太林函允三个月退兵之件未登），各件系于二十四日我立法院通过批准，二十六晚在重庆及莫斯科电台同时发表。各报并著有社论论其重要，并刊载委座关于此事之演说，其中关于外蒙事尤为得体。

英广播言，毛泽东已允赴渝。

晚上绍周回请馆同寅及苏外部远东司长 Tonkins、苏驻迪化代总领事 Узеev[①] 等。与董司长谈及住屋问题，彼允帮忙。

八月二十八日（星期二）天阴

上午十时至十二时半，学俄文。

赫雷大使昨日飞延安，今日偕同毛泽东、周恩来等到渝，同时中共在延安发出宣言，愿与中央合作，堪足慰也。孙院长今日发表谈话，称中苏同盟保证中国得有三十年之安定，期间以谋建设于中国之统一，亦有极大之关系云云。甚当。

中央广播吴国桢任中央宣传部部长。

八月二十九日（星期三）天晴

下午二时，绍周夫妇离此返迪化，往车站送之。陆丰夫妇亦离此赴任。

接委座致卡里宁主席及斯太林统帅贺中苏条约之批准电，王部长亦有电致莫洛托夫部长，即约洛次长于晚十一时晤面转递。

陈公博已自杀，尚佳，否则有何面目见人。

洛次长提及东三省红军所需货币问题，谓宋院长谓在渝即可提出办法，但迄今尚未见提出。而红军进东三省已三星期，购买必需物品等在在需款。是以苏联政府现提议由红军总司令印发一种在东三省使用之国币，颜色与国币略异，将来由中国政府收回，其数目将来在日本赔偿内取回。余谓即当报告政府，彼谓余即电，并谓希望早有电覆。余又向其提出使馆职员住所及办公室问题，彼允帮忙。

① F. G. Evseef.

八月三十日（星期四）晴

上午十时至十二时，学俄文。近来专读报纸及研究活字，似进步较速。

八月三十一日（星期五）阴

上午，学俄文。

午后六时半，赴荷兰使馆，庆祝荷女皇诞辰。澳公使莫里尼言中苏各约使中国方面吃亏太甚，彼深感不平。余谓应感谢邱吉尔在克里美亚所签之文件，英保守党不但对中国抗战绝不帮助，即最后尚三强签字牺牲盟友。余不知英国民对邱氏是否认其为英国之豪杰，但以吾人之处世道德标准言之，则直一无赖耳。盖吾人以为国际间相处与私人无异，须以相当道德标准为基础，苟藉口爱国，对其他国家不择手段，不讲信义，不言道德，行如市侩强盗，则其遗害于其国家之处不可言喻，是以中国人绝不视此为爱国也，彼亦谓然。余又提及香港问题，香港之割让系因鸦片战争之结果，此役为英国外交史上最可耻之一页，吾人深欲忘之，而邱氏偏不欲，吾人忘此英人之罪恶，尚坚持不允交还香港，且在此次战争中已充分证明香港于军事方面绝无价值矣。余末劝渠建议澳洲政府，促英政府改变其政策，盖中英苟无谅解，则直接受影响最大者为澳洲，彼深以为然。

九月

九月一日（星期六）晴，乙酉年七月二十五日

下午三时，苏外次维申斯基约往外部晤谈。据言，美使哈里门于八月八日代表杜总统向斯太林统帅提议，请中苏两国共同发表宣言，重申维持门户开放主义。八月二十七日又谒斯重谈此事，斯表示不反对，但哈使言宋院长在美已与美总统商谈发表此项宣言。又据美方言，中国此项宣言只提及东三省，是以苏联政府请我方解答：

（一）中国方面是否有此项声明。（二）声明之内容如何，是否只关于东三省，或关于全国。（三）何日发表。彼又谓，苏联政府亦愿将其所拟之宣言内容告知中国政府云云。余答余对此事尚未接到政府之命令，余即电政府，接覆后即为转知。返馆，即电部。

下午四时，偕胡、钱赴别墅。

九月二日（星期日）晴

上午，乘汽车沿公路直至莫斯科河，在附近之小农家购樱桃小许，并与乡人照相。返经小村之教堂，内设备甚佳，有一士兵自前方返只两天，因其母已死，葬于附近，故今日往教堂祈祷。俄人之重情感与我国习俗多同，不如英、美人之冰冷者也。途次林中，有流民 Gypsies，胡欲停观其生活状况，但被其男女老幼包围，提防扒弄，真不容易，急避之。

返别墅休息。下午往小湖游览，因天气已冷，游人稀少，远不如前矣。

下午，胡之图画教员来。

今日日本投降条款已在东京正式签字。

九月三日（星期一）雨

今日因庆祝对日作战胜利，放假一天。

接部电，甘乃光为外交部政次，刘锴为常次，电贺之。

下午四时，义大利大使卡朗尼[1]来言，义国问题将在五外长会议提出讨论，故请中国政府帮忙关于下述四项：（一）义国东面疆界问题，在巴黎和会时，威尔逊总统曾提出方案，对于民族、经济各项，均已顾及。当时义政府未允接受，殊为不智，现在义政府认为该威尔逊线系属最公平之疆界。（二）义国所有法诗斯以前之各属地，苟各国均接受中国方面之主张，立即准其独立，义国自无反对之理，但苟各国均仍拥有管理属地之权，则义国不宜例外，盖在北菲及红

---

[1]　Pietro Quaroni.

海之属地义人不少，而管理各该属地成绩甚优，若能予义国以代管之权，义国亦愿接受。A formula of trusteeship in which Italians will be entrusted will be satisfactory to the It. Govt. （三）义海军问题，义国将来之经济能力是否能维持以前之强大海军，自属另一问题，但此次义海军系全体完整的投降于盟国，并在此两年来与盟国海军并肩作战，成绩之优良为英、美海军当局所迭次嘉奖，即其潜水艇共五十艘，亦均参加远东作战，功绩不少。苟于此种忠勇合作之海军，两年余后，忽视其为战利品，于道义上影响人心不少。（四）关于赔偿问题，义国对于曾被义军祸害之国，例如法国、南斯拉夫及希腊，自觉道义上应予以相当之赔偿，但其数目须虑及下列各点：（a）义国此次所受损失甚大，尤以受德人之破坏极多。（b）义国对同盟国共同对德作战时之人力、物力贡献甚多。（c）应顾及义国之赔偿能力。（d）义国对德亦有要求赔偿能获得多少。（e）义国请求同盟国帮助义国复兴，此项援助之多寡亦应考虑及之。卡使又告余，现在义国正与法国直接商谈，希望于五外长会议前获得解决。余允即电政府。即电部。

七时半，苏外部请看电影，柏林会议之时事片，甚佳。

今日在渝举行胜利庆祝，蒋主席演说甚佳。又闻中央与中共已有初步谅解，国民大会延期一年召集，诚为国家之福也。

九月四日（星期二）阴

上午，学俄文。

一时，新任罗马尼亚大使□□□来访，渠系语言学专家，曾代表罗国科学专家来苏。

一时半，在馆宴沈领事维藩[1]夫妇及孙文斗太太。

午后六时，赴比国解放纪念日之招待会，美记者什披路谈及中苏各约，谓苏方要求尚不过奢，与英人论调不同矣。

---

① 中华民国驻赤塔领事馆领事。

九月五日（星期三）阴

昨日蒋主席已与毛泽东作第二次商谈，已入具体化，甚佳。又蒋夫人由美返国，已抵加剌吉打①，足证曩昔谣言不确矣。

接部覆电，同意苏方在东三省发行特别国币券，但请苏方将所拟发行数目预为告知，并在协定内明白规定每月将发行之实数告知中国政府。余于下午五时往外部晤洛次长告知此事，并请其草拟协定稿，彼谓即转达彼政府。部又来电，著余询苏方拟在五外长会议时提出之方案。余覆部，谓苏联政府向不预将方案告知其他政府（卡尔、哈里门与余经验相同），故由我代表团届时与苏代表团商洽较便云云。

九月六日（星期四）晴

余奉政府命庆祝胜利，本系于四日举行，而余接电时系于本月三日，安能赶及，因改于今日下午六时半举行。苏联政府及各界人士到者甚多，连同外交团共有来宾三百余人，极一时之盛，苏联朋友尤为热烈，直至晚上十一时半始尽欢而散。莫洛托夫外长电话言，因赶赴英外长会议，未能到参加，但参谋部次长亦到。

九月七日（星期五）阴

上午十时至十二时，学俄文。

十二晴【时】，小组会。

九月八日（星期六）雨

与俄文教员及胡随员作第二次游俄画陈列馆 Третьяковская Галлерея，由该馆派专家解释，甚佳。

下午三时，静清夫妇乘飞机赴瑞典休息。

三时半，与胡同往访 Afinogenova。

---

① Calcutta，加尔各答。

九月九日（星期日）雨

十一时，冒雨赴 Камаровка деревня дом 10 访 Кознетзова，其女友房东 Маша Симонова 年五十五，而精神活泼如少女，每天晨早必赴河游泳。彼自言极爱中国人，自其女于前年死后（死时已二十五岁），对于 Кознетзова 直如己出，是以对余等招待甚殷，纽斯兰使馆之 Ruth 及 Маша 故女之女友□□□亦在，谈笑甚欢。

八时，画家 Konchalovsky 在其家请余及胡随员晚膳，自备之餐均系俄国式，甚佳，尤以用羊头及蹄之肉冻为佳。余虽不喜羊肉，但亦能吃。彼与余谈及其丈人 Суриков 之作品，并示其最著名之画□□□各种准备工作，其主角及丐子等，该画需时四年半完成。又言，其岳母为法国人，三十岁去世，其岳建坟于室旁，每日偕其两女往哭坟一次，四年不断，终身不复娶。江君并以其岳父、岳母之画像见示，又将其岳父之小水彩画出示，精美异常，彼对中国哲学甚感兴趣。

九月十日（星期一）阴

晚上九时，埃及公使夫妇请晚食、跳舞。

九月十一日（星期二）阴

上午十二时，美使哈里曼来访。据言：（一）关于美方请中苏宣言维持中国门户开放主义一事，彼并未向斯太林言。宋院长在美商谈宣言内容，彼只言宋不反对发表此项宣言，又并未有谓宣言只限于东三省。盖美方原提议系一笼统之中国门户开放，但提及东三省既为中国之领，自亦在内，至苏方误会，大约系因苏外交部代表与美参事 Kennan 谈及此事时，主张只言中国门户开放，Kennan 以为应提明东三省，哈使主张王部长在伦敦与美国务卿般斯①磋商宣言内容，然后与莫洛托夫外长接洽，余亦同意，允即电王部长。彼又言，接赫雷大使电，言及新疆最近发生之事项。余告以部电内容，并告以在渝已向苏联大使比得罗夫提出，并将派人往当地调查。彼谓接

---

① James F. Byrnes.

美驻迪化总领事电，报告此事，亦谓是否真系苏联军队与否，尚未可知云云。彼又询中共问题，余谓现尚在谈判中，大约中共方面之要求，中央方面尚有视为过分者。又谈及中央军事力量问题，彼谓美方已助我训练新式军队三十二师，至将来我方所希望一百师，自不困难，只不发生内战，则美军械自可源源不绝运交中央。美政府确已决定将中国军队训练成一新式军队，器械训练均可尽力帮忙。彼曾向美政府建议，多留美国军队在华北附近，以为中国之声援。余询其高丽情形，彼谓美方担任接收高丽南部，余以为应多驻美军，彼以为然。彼告余，昨苏报所登否认渠与莫洛托夫冲突事实，则确有其事，因彼与卡尔同与莫洛托夫商量占领日本时，莫洛托夫忽提议有两总司令占领，一为美方，一为苏方。哈使觉此种无理要求殊为不当，即绝不客气，答以美方对日作战数年，牺牲如此之大，而苏联对日作战不过两天，竟思与美占有同等地位，绝不可能。莫洛托夫聆此，气愤至言不出口，而哈使亦即返馆。半小时后，莫之翻译以电话告哈使，谓斯太林以为应由美方总司令完全负责占领日本，只须通知苏方而耳，至答覆文字亦照哈使之意修改，请哈使照电杜总统。此种事莫洛托夫态度甚为不当，彼以为开高价，能获多少便得多少，此种态度使人对苏联失其信仰，损失甚大。彼密告余，谓彼之任驻苏大使，完全系与罗斯福私人关系，本答应其至苏联参加对日作战为止，现已战事告终，彼与杜总领【统】谈及，杜已允其辞职，大约不久彼便离此，余表示惋惜。彼谓彼有数事均逾莫外长，直接与斯太林统帅谈，而得结果，但此种事不宜过多，此时应有新人来讲话，亦较方便。彼谓接赫雷电，言蒋主席对渠在莫斯科谈判时及种种帮忙，深为感谢，彼极觉快慰。彼拟不久脱离政治，从事其工业事业，宋院长曾邀请其赴华一游，彼甚愿往。彼表示对余甚好，谓余在此两年来工作，彼深知悉，即宋院长亦曾与渠谈及余帮助其不少。彼末言明日离莫，先至柏林与 Eisenhower 有所磋商，数日后即往伦敦，将返此，后再离任。余又与谈及中英关系，彼亦以为应设法改善，并提及香港问题，谓杜总统曾与邱吉尔谈及，邱坚决拒绝，Byrnes 将再向英方提出，希望英工党领袖态度较好，余告以与卡尔大使所谈，并请其努力帮忙。彼去后，余即电王部长。

接秉彝电，彼及家人平安，母亲遗体亦安，甚慰，即电黄主席旭初，请其照料彝弟，并电覆之。

陈璧君在广州被捕，汪精卫之罪行，其妻所负之责任殊不少也。

晚上，英军事代表团团长 Gen. Gammell 因该代表团定本月内撤退，请跳舞会，遇 Guarkin，十一时即返。

九月十二日（星期三）晴

下午三时，偕胡同往沿南公路约二十余公里之 Десна 村附近采菌，此系俄人生活习惯之一。大约有白杨树多之林，出菌甚多，俄人采之，将其晒干，全年可食。而大抵因苏联之树木种类较少，菌之种类亦不多，大半可食。余等寻觅半小时后，便有经验，觉在树下有小青苔者，其菌肥厚。两小时后，已获二斤。由此至 Decha 村，该地有小河集体农场，风景颇佳胜，摄影多幅，并为小女子 Серова 等拍照。苏联人性情友善，与之拍照，鲜拒绝者，客情甚好，与英、德之冷酷真有天渊之别。

上午，往画家同志会购得油画二幅、水彩画一幅，均甚佳。

九月十三日（星期四）晴

上午偕钱、胡两随员第三次游俄画院 Третьякоbская Галлерия，由专人导游解释。今日所观系十九世纪由情感派渐变现实派之作家（1）Брюлов（1799－1852），欣赏其 a. Вирсавия，其线条、颜色、手之位置，与及以黑人衬其肉色之美，以红布反影其热情，均为特色之点。b. Girl Rider，以马及猎狗之动作写其骑术及动作，而以小女童之安闲写安静女子本身，亦极表其安闲。此画与 a 不同，已变化【画】风，其人物为真实人，而非幻想之人。其颜色之相衬亦极得体，以深蓝之树林为背景，以衬其浅蓝之衣服及红帘，以绿色为女童之鞋，以衬其浅红之衣，黑色之马，以衬其浅色之衣服。在此一八三〇年间情感派最盛行之时，此画可谓一时之代表作，盖全画充满动作。（另记）

下午四时半赴苏外部晤洛次长，彼告余，苏方已拟就关于红军进东三省使用货币问题协定之草案，面交余一份，并谓已将全文电彼驻渝比得罗夫大使，与我方磋商。余答即电我政府。余提出今日下午接政府电，谓外蒙军进抵林西、多伦、张北，继续南下，我外部已向苏大使提出说明，我军已向该方面进出，请其转知外蒙军勿继续南下，并划分双方受降区域。八月二十二日苏代办称已奉苏政府命答覆，谓苏、蒙无意向北平及张家口前进，若苏军等在满洲以外攻占若干城市及地点，实因不能让彼军后方留有日本部队，不得不予以占据，一俟蒋委员长之军队到达各该地区，即交与蒋委员长之军队等语。本月初，我方已派傅作义总司令部队接收热、察等地，已请苏使转请苏政府转知外蒙军，于我部队到达迅予联络，并交接防地。又苏、蒙军于察、热境内占领之地点，在我军未到达前，请暂勿撤退，并勿移交其他部队，以符双方约定，而免混乱等语。现据傅长官电报，我军尚未能与苏、蒙军取得联络，是以政府令余向彼接洽，商请将苏政府指定苏军负责接洽人员及联络办法、联络地点通知我方，以便立即进行商洽接收事宜。又请其将苏、蒙军达到地点通知我方。彼谓即报告彼政府，俟有决定，即通知余云云。返馆即电部报告。

九月十四日（星期五）晴

美参事 Kennan 请午餐，晤美上议院院【议】员 Pepper，彼对华甚佳。

接部电，关于蒲犁、乌苏事，著往摧苏方早日派员同往调查。下午五时半，约晤洛次长，彼言未有调查确实，不能指系苏方飞机及军队。新省回民变乱，系省当局处置不当之结果，而不自察，目为苏方指使，殊属不当。此事中国政府向彼得罗夫大使提出时，彼大使曾答已著驻迪化总领事调查，在未得该总领事报告前，暂不能答覆等语。余即照此报部。（部长电谓八月二十二日匪攻蒲犁，有苏联飞机三架助匪。九月四日苏联军二千攻乌苏，现尚在激战中。九月五日上午八时半，有苏联重轰炸机飞乌苏，向市中心投弹八枚，居民死伤甚众。下午有飞机两架再来云云）

晚上，请朱庆永在馆便饭。据言，甘乃光与雪艇在设计委员会时不甚相得，其副主任委员免职发表之日，尚不知悉，到会开会时始知。是以此次任外交部政务次长，自非雪艇之意。又谓董显光与雪艇亦非深交，雪艇视董缺乏政治思想，颇看不起之云云。

八【九】月十五日（星期六）晴

接绍周十四日电，张治中抵迪化，商讨新省局势，均认为只有外交一途。渠十四日晤苏总领，据云个人看法，现时亟应设法和平解决，张表示同意，请其代为疏通，首应使其对我立刻停止军事行动，苏领允将此意转达莫斯科。彼本人表示极愿帮忙，但须有政府命令，须由中国政府向苏联政府提出，较为有效。其个人与对方接洽，只有驻伊宁苏领可代设法，但亦非经莫斯科不能通电。绍周电，言新疆局势极为吃紧，张与各方均认为此时迪化除非匪不来攻，勉可苟全，否则当即失陷，则该省大局不堪设想。张部长已电委座，主张速电。余向苏政府正式提出，并主特派员赴莫协助云云。

下午，偕胡、钱往游城外之 Tsaritsino，风景甚佳，照相甚多，附近渔人送余鱼三尾，为余到此以来得尝鲜鱼之第一次。

九月十六日（星期日）雨

连日五外长在伦敦会议，讨论对义和约问题。宋院长今日已抵伦敦。

下午，偕承庸出旧照相机店及旧书店，后往商业价格之水果店。

九月十七日（星期一）晴

下午四时半，洛次长约往苏外部，面告委座昨与比得罗夫大使言，欲外蒙即办总投票，投票时由中国政府派员参观，并于投票后，于十月十日派代表到渝报告投票结果，苏联政府已将此意转知外蒙政府。现得其总理兼外长蔡宝山①覆致苏驻外蒙大使函，特将该函抄录一份交余。函内大致谓外蒙已自一九二一年独立，但因中国之要

---

① Choibalsan，乔巴山。

求，将再举行总投票，中国政府派员参观，可以同意，但不能干涉投票程序。至日期，则因蒙民散处各方，稍需时日，故拟定十月十日至二十日为投票之期。至派员赴重庆报告投票结果，则须在十一月初云云，余答即转达我政府。因洛次长言，此函并未电比得罗夫大使，是以余返馆，著秦秘书即将全文译出，先电报告，然后设法将原俄文再行拍发。

晚上九时，郭武官在馆请晚宴、跳舞，雇有俄乐队，甚欢，直至翌晨二时半始散。

九月十八日（星期二）阴

甘次长电，据傅司令长官电称，与张北苏军负责官 D. C. Gob 接洽。但彼答，苏军国军移交，闻有此说，但未奉到命令。若苏军撤退，何人接收，为中国问题，苏方不愿过问。并谓目前苏军驻张北，为安全计，希我军不再前进等语。由此观察，苏军实际长期占据，阻我军前进，实无异与奸军制造机会。现局势严重，已由部再摧苏大使对我前请指定苏军接洽人员，及联络地点一节，迅予答覆外，希随时催询云云。

美占领日本驻军司令 Lt. Gen. Robert L. Eichelberger 宣称，苟日方继续其目前之态度，则占领一年内便可结束云云。MacArthur 言，占领日本之美军队不逾二十万。

九月十九日（星期三）晴

中央广播，张岳军、张治中、邵力子继续与中共商谈。

九月二十日（星期四）晴

上午十时半，第四次游 Третьякоbская Галлерия。

今日为中秋节，余在馆宴同人。迩来同人习跳舞者甚多，成绩亦不错，学 Bridge 者亦有进步。

部电，彼得罗夫大使已向部言，伊宁方面欲派员向中央陈述，则此事似有解决，苏方似有诚意执行诺言，堪足慰也。

九月二十一日（星期五）晴

上午十一时，新任波兰大使 Dr. Raabe① 来拜访。渠本系科学家，专研究水族生物学，是以请余帮忙请我政府送华沙大学蚧之标本。据言，十年前德某专家由华运回蚧种，在某河养殖，成绩甚佳，现已有罐头蚧肉出产矣。迩来近东各国多派遣科学家为大使（罗马尼亚、保加利亚及波兰均是），大约系表示非共产党及无党派之意，用心亦良苦也。

下午，往郊外访 Afinogenova。据言，昨晚有一退伍兵因醉持枪向其隔壁之女作家□□□屋推门，声称失去衣服。警察到后，因彼不受制裁，并以枪向警恫吓，警察不得已向其开枪，将其击毙后，始悉彼所持枪系无子弹者，又并已醉酒。查彼年只二十二岁，在前方作战多年，曾在四个战区作战生还，今如此结果，殊为可惜。因女作家□□□受惊，余等遂往看之并慰问。

九月二十二日（星期六）晴

接部电，九月七日我傅作义军抵兴和时，苏联军队第三十五团团长汤诺夫自商都到，与我接洽，故部电请余向苏方询问，是否代表苏方商洽。如非代表，则请苏方早日派定代表。由此观之，则部昨电所言未免过于对苏怀疑，殊为不妥。余于下午五时访洛次长询之，彼谓当即转达其政府及军部。

九月二十三日（星期日）晴

上午，偕胡、钱往游动物园。

晚上七时半，斯坦北教授夫妇在彼家请晚宴，彼夫人下厨做菜，甚佳。

毛泽东语记者，国共商谈绝不致决裂，现所商讨者为永久合作之办法云云，甚佳。

---

① Prof. Dr. Henryk Raabe.

九月二十四日（星期一）晴

五外长会议因对巴尔干问题发生极大困难，又因苏方要求一部分意殖民地，发生极大争论，此种问题自然困难，但不致未有解决者也。

九月二十五日（星期二）晴

下午四时，回拜波兰大使 Raabe。

九月二十六日（星期三）晴

上午十时半，第五次游俄画院 Третьякоbская Галлерия。

下午三时，赴美使馆看关于原子弹及 Radar 之电影（专影与余看者），甚佳。

五时，新任芬兰公使 Sundstrom[1] 来访。

六时半，丹麦公使在旅店招待庆祝丹麦国庆。

七时半，英倚泉在馆宴同人。

九月二十七日（星期四）晴

上午十时半，偕胡随员第五次游俄画院[2]，欣赏 Шишкин（1831 – 98），专松林风景，А. Н. Куинджи（mornbight effect），Репин（1844 – 1930）等作品。

日皇昨往访 MacArthur。

九月二十八日（星期五）晴

英、美军事代表团均于本月底结束，今午六时半，英代表团团长 Gen. Gammell 在彼住所请 Cocktail。英某军官言，最近苏联政府已准许俄妇嫁美国人者五人、嫁英人者八人出境，均系新近结婚者，尚有同数之结婚一年以上者，则未准许云云。

---

① Carl Johan Sundstrom.

② 应为第六次，误记为第五次。以后次数均为误记结果。

何敬之语记者，各地接收甚为顺利。又英广播，中共谈判因双方之让步，已获有解决，甚佳。

九月二十九日（星期六）晴

上午十一时，回拜芬兰公使，彼系音乐家，对中国文化甚表崇仰。

下午四时，伊提奥皮亚公使来访，谈与我国建立邦交事。余谓余已奉政府命接洽此事。彼言即电彼政府，俟有命令，即请余草拟约稿。余谓可由陈秘书与之洽商。

晚上在馆宴 Gen. Sir James Gammell，Admiral Egerton，Ad. Maples，Brigadier Lefebvre & Dr. Kinssbury，与之饯行。

九月三十日（星期日）阴

上午偕胡、钱两随员及图画教员往南郊，先游科学家休养所，地方甚佳。再往 Десна 小村，本拟在此摄影及绘画，因雨不能在外，故往一小农家 Серова（余前次曾与拍照），借其房子用午膳，虽属贫农，但屋内尚整洁。二男二女一母，两男均在军队，屋内仍设置神像，与我国乡村无异。

十月

十月一日（星期一）晴，乙酉年八月二十六日

上午十二时，加拿大威使来访。彼言：（一）外长会议无结果，系因美国对于巴尔干问题对苏不满之故。美国自罗斯福逝世以后，政府中有主张对苏不再迁就者，有主迁就者，两派力量相等。近来则第一派似占优胜，尤其是在国务院方面，美国务卿 Byrnes 亦属此派，是以英国处境异常困难。又因艾登与苏曾有谅解，苏方许英在希腊，英方许苏在罗马尼亚，全权处置，故不能另有主张。苏方以为英对于苏在巴尔干之行动自应支持，但英方则因不能开罪美国，是以不能不与美一致，苏因此恨英较甚。（二）加拿大已觉将来对苏

贸易前途无甚希望，盖苏方所需之基本机器，只美国能供给，加拿大尚未能制造此种机器，是以加拿大现在认为，只中国所需，加拿大能大量供给，因此转注意于中国市场。（三）彼对英工党政府仍抱有希望，以为或能改变保守党之帝国主义政策。（四）彼对中苏所订盟约及协定，认为甚佳。（五）彼在旧金山会议参加殖民地委员会，甚为失望，觉各国对此均无诚意，口唱高调，但绝无意放弃半点权利。（六）苏方对于 Dodecanese Islands 不愿完全交予希腊，要求分一部分，英、美方面自不易答应云云。

今早，俄文教员来，彼病三星期，身体甚弱。

晚上，在馆便饭宴邹宇光、英倚泉及唐盛镐，彼三人均将离苏。

十月二日（星期二）晴

前接金城电，各人平安，舅父需款，是以由苏联银行汇渠美金叁百元。今日电覆金弟，并请其谢俊年兄等。

外长会议今午最后会议后宣告结束，未有宣言发表，明示无结果，诚不幸也。

十月三日（星期三）晴

上午，学俄文。

部电，我国第十三军于本月十日左右，由香港乘美舰赴大连接防，著余通知苏政府，余即午办。

十月四日（星期四）晴

上午十时半，偕胡随员第六次游俄画院 Третьяковская Галлерия，研究 В. В. Верещагин（1842 – 1904），著名反战者，В. М. Васнецов（1848 – 1926），及 В. И. Суриков（1848 – 1916）各名作品。

晚上，邹副武官宇光在馆宴同人。

十月五日（星期五）晴

上午十二时，学俄文。

晚上十时半，洛次长以电话约于十一时半往外交部晤谈，偕秦秘书同往。洛次长言，十月一日甘次长告彼得罗夫大使，谓十日左右，中国第十三军由九龙赴大连登陆，贵大使方面亦有同样之通知，但苏方甚欲知悉中国派遣该军系以何处为目的地，及派遣之用意云云。余谓当即报告政府。彼询余意见，余答关于东三省接防等事，系在渝接洽，是以余不接头此事，彼得罗夫大使应有所闻。彼答渠亦不知云云。返馆即电部。

十月六日（星期六）晴

下午八时，洛次长约往晤谈。据言，关于十三军赴大连登陆一事，苏政府特声明，谓根据中苏协定，大连为运商品而非运军队之港口，是以苏联政府坚决反对中国军队在大连登陆，以免违反中苏条约云云。余谓即报告政府。返馆即电部。

柏林中国□□饭馆主人许宝□等被红军拘留送此，余晚上请其帮钱序做菜，并请其夫妇及李芳春等同食，调味尚佳。

十月七日（星期日）雨

龙云已离滇抵渝，系由宋院长陪来，则英广播其军队不服从中央命令，及彼本人不允调军事参议院院长一事，未免言之过甚也。

日内阁因 MacArthur 免其内长职等不能立足而辞职，由币原①任首相。日方果能忍受一切，则将来未始无复兴之希望，日人似较德人为聪明。

十月八日（星期一）晴

接顾少川四日来电，谓王部长嘱将会决裂经过大概告知如下：（一）九月十一日，开第一次会议，五外长一致议决，预备义、罗、布、匈、芬五国约稿，五国外长均得参加讨论，但投票表决权，则

---

① 币原喜重郎。

应限于曾经签字各该国投降之各国。经此规定后，会议讨论各和约，结果不少。迨至二十二日苏方提议，十一日规定有违柏林会议之协定，今后参加讨论者，应以签字于投降条件之联合国为限，讨论和约遂告停顿。自二十二日以后，外长会议仅讨论其他问题，乃至商和约定书时，苏方再三坚持应分四种，俾得由二国、三国、四国、五国分别签字，英、美均以十一日决议未取消前，仍应遵照办理，惟为表示迁就计，允分四种，法与我方亦勉予同意。乃苏方又提议，将五国外长得签字之一般问题议定书内所载前项决议删去，并声明此项决议既经苏联认为错误，撤回同意业已无效，其他四外长均不赞同。如须修改或取销，亦须经一致同意。连日争辩，即在此点。嗣美外长为解除僵局，提议由外长会议召开扩大和平会议，除联合会安全理事会常任五国外，并邀欧洲之各国家。中、英、法均赞成，苏外长则谓原则上似可赞成，但无权讨论，须俟回国报告后再定云。各方相持，无法进行。乃由王部长宣告休会，并表示希望各外长继续努力，根据美外长之提案，谋一解决途径。再英外长亦曾一度声明，外长会议既陷于僵局，英首相拟提议于最近将来，召集五国巨头会议，共同解决争点，今后驻在国拟采何步骤破此难关，与我颇有关系。（二）此外，美政府所提在华府设立关于管制日本之联合国顾问委员会，除中、美、英、苏四国，并邀法、斐、澳、纽、荷六国①参加，业经我国与苏答覆同意在前。英原有对案提出，主张实现对德办法，在东京设立五国统制日本委员会，除中、美、英、苏外，并请澳参加。旋经美与商议，亦已赞成美案，但有二项保留，即：（甲）顾问委员会应有权讨论应否移至东京。（乙）增邀印度参加。美已接受，并允赞助。但苏外长于此次会议又提对案，主张大致与英案相同，以美之反对，未付讨论，乃于一般致函美外长，坚持所提在东京设立四国管制委员会，应于成立华府顾问委员会之前商议决定云云，意在抵制美案，变更其原来赞成意。以上二项问题，雪艇部长请兄特别注意，随时与驻在国政府联络接洽电部，并盼我驻

---

① 原文如此。

美、英、苏、法四使，彼此互通电报，以资接洽云云。电覆告以此间各报对此事所发表之论调。

下午五时，学俄文。

中午，胡世杰夫人及胡济邦合请午膳，菜甚佳。

十月九日（星期二）晴

接蒋经国电告，奉派赴东北，即电覆贺。

上午十时至十二时半，学俄文。

苏外交部通知，明日本馆庆祝双十节，莫洛托夫外长等均来。彼到使馆系第一次，是以须特别准备。

电部告以苏方对于此次外长会议之决裂，极怪法国之从中挑拨，对于中国尚佳，绝无不好之批评。

十月十日（星期三）阴

今日为我国民国以来首次庆祝我真正独立及统一之民国，是以余于下午六时，在馆设盛大之宴会，招待苏联政府及各界人士暨外交团。发出请帖四百余，到者三百余人。莫洛托夫外长于六时半亲临，彼到使馆系第一次，是以来宾均惊异，外交团中遂作种种之推想。彼神志甚佳，见总理像，即谓已有极端聪明之表现，悉余曾随总理，询余是否对下甚严，余告以对于交办事项，自然严格，但对个人生活习惯向少干预，度量极宏。继谈总理与列宁所定下之中苏合作政策，彼谓吾辈应努力实行。美使馆秘书戴维斯适带来总理夫人送余之茅台酒一瓶，余即开以享之，彼表示感谢，言苏联人士对夫人甚好，认系苏联之好友。美大使哈里门亦来欢谈，彼对于茅台酒甚为赞许，直至七时半，莫始辞去。据美使馆某秘书言，莫到美使馆时，即频看手镖【表】，表示即欲辞去，留只半小时即去，但今晚则态度安闲，留如是之久，从容闲谈，真不易得云云。其余国防部三位次长均到，苏联各界人士亦众，来宾均以为异，且均留不去，跳舞尽欢，直至夜深十一时半。名画家 Konchalovsky 及 Mugensong 尝茅台酒，均异常高兴。澳洲公使竟请余赠以该酒之瓦瓶，带回以作纪念。纽斯兰公使竟将杯送其夫人一尝，诚今晚宴会中之佳话也。

十月十一日（星期四）晴

上午十一时，偕胡随员作第七次游俄画院，研究雕刻家 M. M. Антокольský（1843 – 1902）。His Ivan the Terrible，his bronze statue of Peter the Great，及流动派 В. Д. Поленов（1844 – 1927）his grand-mother's garden，Moscow Court Yard，etc. 及风景圣手 И. И. Левитан，1860 – 1900（his Y Ouyia 水涡 Вечер золотой илес & Над вечный покоем，etc.）。

下午五时，往访哈使，据告：（一）在伦敦曾晤宋院长，宋对余甚佳，谓到莫斯科后，始深知余在俄工作之困难，并对余能为党国甘尝此种艰苦深为敬佩。宋告渠在美接洽关于继续援华、组训军队，虽未有确定师之数目，但原则上美方已答应，并派其陆军次长赴华商洽，是以宋请哈使劝该次长尽力帮忙。哈使已与陆次详谈，彼亦已允帮助。关于经济方面，宋请美借美金二十万万，美方虽尚未提出国会通过，但已通过之五万万，足以应付一年余，其余亦无大困难，是以宋表示满意。（二）在伦敦外长会议，王部长应付甚为得体，会议将决裂时，王任主席，坚恳延期一天，虽在此期间内未获得完满解决，但空气已较为和缓。最后一天，王主席时，觉无解决之希望，于是言：据个人观察，各方均似不能让步以求解决，询众是否如此，众无言。彼不久即谓，如此再不能请求继续讨论，应宣告延会云云。措置尊严大方，会中对此均对王部长增加敬意，彼个人尤为敬佩。（三）会议决裂之真正原因，大约有二：（1）苏联在罗马尼亚及保加利亚之措施，殊使美、英不满，盖红军在各该地之纪律甚坏，将各地之工业物品完全搬走，指系战利品，是以各该国之工厂已经一空，安有能力担任赔偿。因此人民异常痛苦，除少数共产党以外，均对苏不满，苏联遂不能不用压力。苏联当初所拟采取用共产党与其他左派各党联合之政策，已告失败，盖其他各党虽属左派，亦不愿牺牲其本国以讨好苏联。且照管理委员会之规定，虽推由苏方作主，而其措施亦应通知英、美之代表，乃苏方绝不许英、美代表过问，且绝不通知彼等。因此英、美方面觉既属如此，则苏方单独与该两国订定和约便可，英、美两方不应共同担负种种责任，苏方对此异常愤怒。（2）在讨论时，英、美提议先派员至该两国调查，中、法均赞同，苏方认为系四国联合对苏。有此两大原因，莫洛托夫遂借程序问题，以使会议破裂。（四）余询其五外长会商，系何人提议，彼谓法国方面在开会前提出，谓依据柏林会议决定案内，有如于讨论事项有关时，该国可要求参加讨论。法国对于巴尔干各国事务，均认为与法国有关系，因此要求参加。英外相遂在首次会议，提出五外长均参加讨论，但表决则限制。当时莫亦赞成通过，业经邀请，并实行参加会议十五次。直至第十六次，莫始提出此问题，要求将中、法逐出。情理上，英、美安能接受，莫氏此次发言最失体者有二点：（a）谓苏联既不承认，自然无效，英外相 Bevin 对此即答谓，此种绝非会议所宜采取之精神，苟如莫所言，则苏联之举动与希特勒无异。莫氏聆此，怒不可言。（b）莫宣言谓，邀请中、法参加之决定，无彼签字为证。Bevin 即谓，彼个人系贫苦出身，做事数十年，觉处世应讲信义。彼口头答应之事，虽未签字，从未有不承认者，苟说话绝不算数，则无谈判之可言云云，亦使莫难堪。（五）苏联对于美方提议在美设立对日顾问委员会，前本答应，此次在伦敦忽翻不赞同，大约亦系用以对美手段之一。（六）莫洛托夫昨日亲自到中国使馆之国庆招待，似系表示苏方对华并无恶感，并证以连日苏联各报之论调已渐趋和缓，大约苏方已觉自己所做太过，想法和缓，亦未可定。总之此事已成僵局，应由苏方主动设法挽救。彼（哈使）本人原拟不久即行辞职，但因此事不能不稍留，以待一结束。（七）余询其外传三巨头再会商事，彼谓绝不可能，一则美元首出国，在战时国民尚可原谅，平时全国将反对。二则在对德作战最紧张之时，三巨头单独会商尚有可说，苟在平时，对于世界安全之事件，亦只限于三巨头，各方反响必不好。若五巨头会议，则更困难。三则苟不事前接洽妥当，则三巨头会议破裂，更不易收拾。（八）西欧同盟，绝无其事，英方固无此意思，法国亦无此企图，美国对此自亦反对，苏联报纸对此说话如此之多，自系另有用意于其间云云。后余等继续闲谈，彼询余以为苏联特工所拘禁人民约有若干，余答确不敢言。彼谓以美方由其内政部直接办理之事业计算，约在五百万至一千五百万之间。彼又谓闻其人民对此亦有不满，余谓苏政府地位甚为稳固，人民深信战争停止后，必能不久恢复战前生活状态，且能逐渐提高其生活水平，是以绝无政变之可能，其人民必尽力拥护其政府。彼又言，苏妇之在使馆任事者，多系特工人员，有嫁美国人后，态度自然改变。苏联政府对于此等妇女，既不能禁止其与美国人结婚，则不能不禁止其出国，以免泄露其秘密。因此美使馆中有十人娶俄妇者，现经多方交涉，亦只许五人出国。至特工人员之不法行为甚多，在美使馆工人中，此种人不少，彼均知之。前月有一工人行为不检，被开除后，竟报告另一芬兰女仆为间谍，实则该女仆在馆十余年，平时绝不出外，是以彼函外交部，谓虽不欲干涉苏联之司法，但可保证该女仆无此行为云云。苏方因此不将该女仆拘禁，是以彼如再留此，则将设法另觅非苏籍之工人云云。余等复谈各琐屑事，彼笑谓，两大国之大使今天有如两妇人之谈家庭琐事，殊属可笑，然亦足证余两人之交情云云。

十月十二日（星期五）晴

下午四时，学俄文。

接部电，略谓王部长于九日晤彼得罗夫大使，告以中国军队运往大连登陆，系往东三省接防。中国对于大连之主权，绝无受中苏协定之影响，是以对于苏方之声明不能同意云云。著余略覆苏联政府云云。

七时半，苏联政府请看电影，（1）体育节巡游五彩片，（2）双生子，甚佳。纽斯兰公使与余谈及中、纽交换使节事，彼甚欲早办。余询其是否应在伦敦办理，俾其可商英政府。彼答绝对无此需要，可在莫斯科余两人办理，余允即电政府请示。

十月十三日（星期六）大雪

静清夫妇自瑞典返，代购各物均佳。

十月十四日（星期日）阴雨

请静清夫妇晚膳，据言，经列宁格勒时，目睹德俘虏工作之散漫，及两女看守兵之不能维持纪律，殊使人怀疑利用俘虏作工之政策。经芬兰，见其人民之苦，真觉可怜云云。

十月十五日（星期一）小雪，阴

唐盛镐离此赴美自费留学，余嘱其注意文字及处世之道。

四时，学俄文。

五时半，美使哈里门来访。言：（一）关于美国提议本月底在美召集对日顾问委员会事，彼曾奉美政府命，正式向苏联提出。昨日接莫洛托夫答覆，苏联拒绝参加，此事结果如何，不敢预言。（二）关于中国军队开往大连事，此间美军事代表团接军部令，著向苏方提出有美国军官十余人同往。但哈使个人意见以为，此事在中国未与苏方商妥前，如美国提出此事，反使苏方误会系中美一致对之，其反响必不佳。是以彼著军事代表团暂缓向苏方提出，询余是否同意，余答甚以为然。彼谈及红军在德占领区，将所有工业搬运一空，即私人所有家中稍有价值之器具亦多搬走，最近在苏联各地所见之黑白牛，均系由德国运来，是以农村亦空虚。以苏联所受德军占领时之痛苦，此种举动，自系当然应有之举动。但同时美国既未受此痛苦，其观念自然不同，且美国人生活程度本较德国人高一倍，德人又比俄人高一倍，是以对于生活痛苦观念，自然不同，苏联批评美国对德大松，自系不明了美国情况。例如在维也纳美占领区内，美管理员觉本年冬季亟需燃料，是以预为打算，与农林管理处商后，发动人民事前采柴运动，俾每家可有一房间升火。但苏军代表则以为此举大可不必，因莫斯科亦未必每家有火，于此可见一斑云云。晚上，即报告部。

十月十六日（星期二）雪，冷

接王部长电，谓："远东咨询委员会于本月二十三日在华府集会，我政府已内定派魏大使就近出席为代表。蒋主席以此会议首次集会，极关重要，且与中、苏、美之邦交有关，特嘱吾兄于会期前径由莫斯科飞华盛顿参加。吾兄参加时，可用本部特派高等顾问名义，馆务由陈参事代办。本部政策当另电告云云。"

下午，往访哈使，告以或将〔赴〕美一行，彼劝余仍往。余询彼苟苏参加，彼将返美否。彼答否，彼并允即电柏林 Murphy 及巴黎方面助余机位赴美事，又谓苟彼私人飞机在此，当可借余一用云云。

今早苏报登载美议员 Mansfield 在众议院称美军在华帮助反共，可使苏联在东三省之红军不遵约于三个月内撤退，又谓国共谈判无结果，有发生内战之可能云云，殊堪注意。

美报载蒋主席首次招待外国记者言，国共其他问题将易解决，赫雷大使将不参加国共谈判，末云拟访美、英、苏、法，惟日期不易决定云云。

部电，蒋主席覆卡里宁主席贺电，即译俄文，由静清送苏外交部。关于大连运兵事，亦由彼转。

上午，学俄文。

济邦生日，在馆请晚膳及跳舞，极欢。

十月十七日（星期三）大雪

接部电，著余暂缓赴美，俟苏联决定参加始往。果不出余所料，实则赴美之行，余绝不热心。

部新闻电，悉国共谈判困难之点尚多，殊堪忧虑，国事至此，正有可为之时，尚不能以国家前途为念，斤斤以一党一派之利益为前题【提】，中共各领袖真不知如何想法也。

英馆商务秘书 Gifford 请 Cocktail 辞行。

十月十八日（星期四）雪

上午十时至十二时，学俄文。

十二时，偕胡随员第八次游俄画院，研究 B. A. Серов（1865 –

1911）作品。彼虽为 Repin 学生，但对于用背光具有特长，其女童与桃为其名作。并研究俄之"回想派"作家（School of Retrospectivism）K. A. Самов（1869 - 1939）、印象派 Impressionists A. H. Бенуа（1870 - ）仍生，现在巴黎。Б. M. Кустодиев，1878 - 1927, decorative bright colour З. E. Серебрякова 1885, our portrait K. A. Коровин 1861 - 1939，及象征派之 M. A. Брубель 1856 - 1910, facilities as demon。

午后六时，加拿大大使请 Cocktail，为其武官 Lefebvre 饯行。

九时，邹副武官宇光及英倚泉来谈，彼两人均奉召返国，经英、法，余片介绍其见各处使馆人员，并告以中苏目前之关系。

十月十九日（星期五）大雪

上午，学俄文。

蒋主席电斯太林，关于五外长会议僵局，请设法打开，并谓已电杜鲁门总统同样意思。电本系十四日发出，因电码错误，今早始再接正本。因于即日下午四时偕涤清往晤洛次长面交，彼谓斯太林现仍休息，不在莫斯科，但彼即将电转之。返馆，即报告部。

希腊波使去星期六与俄女结婚，本日下午六时在希馆请宴。新妇年甚轻，人似不错，外间种种谣传，想不足信也。

十月二十日（星期六）雪

邹宇光、英倚泉明日乘飞机离莫斯科，经伦敦、巴黎返国。因托其带函阶平、葆慎及金城四弟，并托其带美金三百交舅父，五十交国昌先生。

昨日苏联报纸对美管制日本，已开始批评，今日又对法、荷远东殖民地开始攻击，殊堪注意。

十月二十一日（星期日）晴

王部长密电，彼于十九日面交彼得罗夫大使，提议关于五外长会议之建议：（一）第二次五外长会议于本年下月在莫斯科举行，其讨论事项，由五国政府先行商定。（二）关于义、匈、罗、布、芬五国和约起草，商请采用美国务卿在前次伦敦所提和平会议办法等语，并著在未得苏联同意前，不能告知英、法或任何其他方面。

十月二十二日（星期一）晴

电王部长，密保陈定升参事，岱础额外参事，涤清一等秘书，宪恒、济邦三等秘书，承庸为随员，并电刘锴，请其同时转乃光、震宇①帮忙。

十月二十三日（星期二）晴

英广播言，国共军队在平汉路及山东发生战事，中共至此尚欲以武力夺取政权，不以国家民族之地位为重，殊足痛心也。

上午，学俄文。

十月二十四日（星期三）晴

王部长答外籍记者，苏代表告我政府，苏军于下月底自东三省撤退完毕。

接阶平覆电，略谓法初获得法苏同盟，颇拟挟苏自重，岂料苏联对法并不支持，国际重要会议，屡经苏联反对法国参加，法国乃转向英国觅取同盟，但以解决鲁尔、莱茵及叙利亚为条件，一面提倡西欧集团，因而得罪苏联，且法国大选结果未知，故取慎重态度。戴高乐访美，成就亦薄。近因柏林管制委员会，法国反对讨论德国经济统一，美国对之颇不满意。目前法国仍以缔结英法同盟及西欧集团为主要目标，但真正目的在以外交掩护内政，戴高乐在大选前博取人民爱戴，第一需要表示对外强硬，以迎合法人五年抱惭、亟思抬头之心理，第二争取领土以外之成功，第三不惜苏联之恶感，使人民认定共产党反对政府，系出苏联指使，目的均为对内，真正外交调整，须俟大选方有端倪云云。

纽斯兰公使请看电影及 Cocktail，由九时至十一时半。

---

① 疑为外交部人事处长郑震宇。

中央广播，王雪艇、邵力子、张岳军，仍与周恩来、王若飞商谈，则国共冲突或可不至扩大也。

语言武官杜庆赴瑞典，闻系因追求绍周之二小姐，特往购买"贡品"，实则此段姻缘将来结果如何，余殊不敢言也。

连日苏报载外蒙公民投票结果，完全赞同独立，中国内次参观投票，认为满意云云。则此事已可告一段落矣。

十月二十五日（星期四）

绍周来电，伊宁方面代表三人于本月十二日抵迪化。十七日，张治中部长①与之开始谈判，彼等初有提出东土耳其斯坦共和国之意，后觉中央无接受之希望，是以未提出，询中央意思。张部长将中央提示与言，彼等谓须返伊宁报告。彼等态度尚佳，不久将再来云云。是则事件尚有解决之可能。

上午十时，学俄文。

十二时至二时，第九次游俄画院，观近代作家作品，此系最后一次。

晚上，往 Московский Музыкальный Театр 观 "Gipsy Baron"。

十月二十六日（星期五）晴

上午十时至十二时，学俄文。

中央广播，美第六师代我接收青岛日军投降，又云陈仪已赴台湾任省主席。

十月二十七日（星期六）雨

上午十二时半，新任捷克大使何乐 J. Horák② 来访。彼人甚老诚，曾被德军拘禁数年。

下午三时，访美大使哈里曼。彼告奉杜鲁门总统命，往高加索

---

① 国民政府军事委员会政治部部长。
② Jiří Horák.

避暑区 Sochi 苏齐谒斯太林统帅，商量如何打开五外长会议所发生之僵局，杜总统并有函致斯。渠与斯谈两次，斯态度甚友善，绝无表示因此事不快之意，并表示极欲打开此僵局。所讨论者两事：（一）为外长会议之继续举行。（二）为远东顾问委员会事。斯意仍以小数方面商妥，然后提大会为佳。对于多数国共同讨论，表示反对。关于管制日本委员会，虽稍为让步，但本月底在美京举行之远东顾问委员会，苏联不参加。总之，渠此次与斯商谈者，系打开僵局之初步。至详细办法将由美国务卿 Byrnes 再与各方商量（且苏方向来主张将办法用书面先交其研究），因此，渠请余报告政府时须守秘密。盖彼今日始电美外部，倘魏大使往晤 Byrnes 时，谓渠先已告余，则不妥矣云云。余答余当守秘密，并电王部长。渠谓斯太林身体甚佳，英广播谓其病重，殊不可解。彼又谓该地风景甚优，劝余明年夏天前往一游。彼又言，莫洛托夫虽告渠斯太林将休养六星期，但彼以为斯必于下月七日以前返莫斯科参加国庆云云。余告以委座致斯太林电（照王部长电示）。

晚上，偕胡、钱往 Камерный театр 看"Адриенна Лекувлер"，女主角 Алисо Коонен 做工尚佳，但年逾五十，饰美女未免不适合，但此间作风多属如此者也。

十月二十八日（星期日）阴

在家看林语堂之英文小说 *A Leaf in the Storm*，尚佳。

中央英文广播，阎锡山抵渝，发表中央军由日人接收后，各处被中共军队围占，有由中央再收复者，刘峙亦有报告中共军在豫北攻中央军，及破坏交通工具者。此系第一次中央宣布中共军队进攻中央军之情事，大约事态相当严重，诚非国家之福，殊堪忧虑也。

十月二十九日（星期一）晴

上午十二时，往晤加拿大威使，与之畅谈。据言：（一）英、美与苏联之关系极坏，其主要原因自系在巴尔干问题。苏方视罗马尼亚为其西方主要门户之一环，其重要性不减波兰。停战之初，以为达拉斯奇可为利用，但罗国政治向极腐败，人亦不可靠，达氏即欲利用英、美力量以对付苏联。苏联自不愿意，而英国在希腊又适直接干涉，于是苏联遂派维申斯基往罗，仿照英国办法办理，以为英方自无话可说。英、苏此种行动，罗斯福异常痛心，在 Yalta 希冀变更之，但议决均极空洞，可作多方之解释，是以亦属无效。苏联自罗国将所有工业机器大部分视为战利品，将之搬回苏联，油田机器尤搬运一空，此种机器多为英、美公司者。苏方苟坦直承认需用搬去，以后算账，尚有可说，但苏方绝不出此，硬视为自德国人手中夺取之胜利品，英、美商人自不甘心，亦系使英舆论不满原因之一。余谓苏联受罗马尼亚军队侵略，直接受其祸害不少，既胜而占领之，自然对之较严。英、美绝未受罗军侵害，而欲干涉其对罗国之举动，自使苏联不甘。且罗为其西方门户之一，与波兰相同，在理亦绝不许人干涉。英、美方面是否值得因此与苏发生不和，余劝威使以客观之态度研究此问题，转劝其政府，劝英、美不宜如此强硬，使苏联对英、美再度发生怀疑，则绝非世界和平之福，彼深以为然。

（二）关于土尔其问题，苏方主张海峡由黑海各国共管，加入英国，美国则主国际共管，土尔其因畏苏，亦主张国际共管，并表示强硬，谓任何侵略均准备作战，是以苏方对此问题转趋和缓。但关于□□□、□□□二省①问题，则土尔其非让步不可，因其划归土尔其系在 Brest Litovsk 条约，德国战胜俄国，对其同盟之土尔其不能不有相当之分惠，遂逼苏联割让 Batumi 及该两省。后苏联力量稍长，德国战败，因此土苏条约退还 Batumi，保留该两贫省。该两省人民本系阿美尼亚人，人口只有数千，土尔其将其尽行逐出，散居叙利亚、伊勒②等地，亚美尼亚人对此异常痛心。在苏联各小民族中，亚美尼亚对中央政府最为忠实、最为满足者，盖该处本地瘠民贫，苏方由中央拨款，及助以人力，使其发达，人民自然满足，而政府为更使其人民之愿望十足达到起见，非将该两省收回不可，因此在道义上

---

① 疑为 Ardahan、Kars 二省。
② 疑为伊拉克。

看，苏方理由亦极充足者也。大约土尔其对此亦不能不让步。（三）关于法苏关系，苏联本以为法国之畏德复起侵略，与苏相同，是以签订同盟，乃近来戴高乐忽极力联德，而英反对德较强硬，殊出苏方意料之外。法之鼓吹西欧同盟，尤使苏方痛恨。（四）Parker告渠，去年苏联最高会议曾议决Tana，Tuva加入苏联，但异常秘密，大约因该区在地理上为西比利亚大河之源，人口稀少，是以苏联年来奖励移民于该地（对外蒙则禁止移民），现在该区俄人已较土人为多。且外蒙曾有一度要求取消该所谓共和国，将之加入外蒙，苏联不许，现在中国已允承认外蒙独立，外蒙总投票于二十日已完毕，是以苏联选举区之公布，亦即将其划入苏联境内云云。余返馆后再三思量，关于此事（Tuva）应否报告政府，后与静清商，仍以暂缓报告为宜，盖我国尚未正式宣告承认外蒙，苟因此事而引起变化，于我国前途绝无利益，且亦绝无方法挽救者。是以余斟酌利害，决定负此责任，佯为不知，及今回忆斯太林之强硬要求我方承认外蒙独立，在谈判决裂亦所不惜。又彼言："侵犯小国主权之事，尚无危险，若侵犯大国主权，则该大国虽一时能忍，必无好结果"云云，大约亦系因此也。

接王部长电，熊主席①经与苏总司令商妥，我军改在营口及葫芦岛自十月二十九日起陆续由各该地登陆云云。此事已告一结束，甚佳。

今日为土尔其国庆节，土大使在馆设茶点招待，并跳舞，余八时半即返。

十月三十日（星期二）阴

上午，学俄文。

新德里及中央均有广播国共战事消息，深为忧虑。

晚上九时，静清请晚宴，甚欢。

---

① 疑为东北行营主任熊式辉，字天翼，曾任江西省政府主席。

十月三十一日（星期三）晴

昨远东顾问委员会开会，我代表魏伯聪提议延会一星期，以俟与苏联再商请其加入，甚佳。

晚上往大戏院看舞剧《泪泉》，主角 H. H. Чорохова 为一新起女角，艺稍生，体格亦过瘦弱。

十一月

十一月一日（星期四）小雪，乙酉年九月二十七日

上午十时至十二时，学俄文。

下午往参观翁氏 Константин Юн 个人画展，作品甚佳，风景画尤胜。

接伯聪电，据美外长言，美正草拟新组织草案，要点如次：（一）名称改"远东委员会"Far Eastern Commission，可决定政策。（二）上项政策由美政府即遵办，由麦克阿瑟执行。（三）该委员会采多数表决，但须包含中、美、英、苏中之三国同意。（四）美国现有对日管制机构及指示案，在未经委员会变更前，仍属有效。以上业由美方拟具新案，送致我国及英国，但云前日尚未通知苏方。又美方拟另由四国组织行政执行委员会，协助麦克阿瑟执行远东委员会所通过之政策，不采表决制。如有异议，由各该国代表报告本国政府，并由其代表通知远东委员会讨论。以上想美方已通知苏方云云。

接绍周电，中央对伊宁提示案：（一）扶助新疆，指导政治、经济、文化平衡发展，尊重各族宗教、文化、风俗、语文，保障人民身体、财产、言论等项自由。（二）实施地方自治，办法如下：恢复秩序后，三个月内完成乡镇保甲选举，六个月内完成县参议会之选举。参议会对人民福利事项有条陈建议权，对行政人员违法行为有检举监察权。参议会成立六个月后，得选举二人，由政府择委一人为县长，政府另派一人为副县长，政府派用其他行政人员，以多选用地方人士为原则。（三）政府扶助发展农工商业，普设各级学校，其小学一律使用当地语文。（四）略述恢复秩序、解散不合法组织，及收用参加各该地组织人员等项办法。

覆伯聪电，告以雪艇曾电嘱余于苏联参加远东委员会时，即往美襄助之，并询其会期。

中央广播，熊天翼、蒋经国抵长春后，与苏军总司令妥商，苏军于十二月三日以前完全撤退（日苏停战协定系九月九日签订，故三个月尚未满，苏方完全依约履行）。

美国务卿 Byrnes 今日演说，对苏联于巴尔干行动，尚攻击甚力，是以余以为苏方对远东委员会未必参加。

十一月二日（星期五）阴

接王部长电，谓斯太林元帅于十月三十日覆蒋主席十四日电，谓："本人与阁下意见相同，即各同盟国因战胜共同敌人而建立之合作，不仅必须努力保持，而且必须努力巩固，本人希望伦敦外长会议上所造成暂时性质之困难，可能克复，苏联政府将一如往昔，尽一切可能之努力以达此目的"云云。电内又述伯聪与美外长商关于远东委员会事，大约与伯聪电相同。

上午，学俄文。

昨郭武官言，近来苏联对捷克之态度，与前大不相同。红军在捷克之行动，使捷克人民异常不满，在彼占领区之工业机器等，已完全搬回苏联，现对于斯哥达工厂之设备，又逼捷克交出，并指该厂职工为与德合作者。该厂为捷克经济之命脉，苟亦搬去，捷克工业将不堪设想，因此捷克政府现尚恳求保留，该厂之副经理尚留莫斯科等候消息。苏联因此亦视捷克为非完全服从命令之国，对之亦表示冷淡。是以最近捷陆大校长□□□访莫，各处均不许其参观，彼已极为愤恨，现欲离莫返国，到机场三次，均未能成行，均临时托故使不能走。星期一早，郭武官往机场送加拿大武官时见之，彼不满之言甚多云云。郭武官又密告，英军事代表团撤退搬家时，发现秘密收听机两架，即最低声说话亦可收听，英方现甚注意云云。

晚上，余在馆请火锅，挪威大使 Andvord、加拿大威使夫妇、英公使 Roberts 夫妇、电影名摄影师卡尔曼夫妇，及名星 Marina Figner 均到。饭后跳舞，尽欢而散。卡夫人及菲娜均为苏联著名美人，挪、加两使均以余能邀其共餐为异。

十一月三日（星期六）阴

上午，学俄文。

全日补阅英、美杂志，觉近来英对我甚坏，连日英广播尤为明显，因电顾大使询以原因。

十一月四日（星期日）阴

顾少川来电，谓联合国筹执会原定十月中完毕，直至卅一日始竣事。实因苏联代表自外长会议失败后，遇事要求许以时间，充分研究，不愿即事讨论，对筹备会坚持展期至一个月后，似拖延。现对联合国粮食会议，仅允旁观，不肯正式参加，对华盛顿远东顾问会，亦未派代表，可见其对国际形势欲加整个检讨，俾决定今后对英、美之方针。英对苏尚不主采任何步骤，故两国间未见进步云云。

十〔一〕月五日（星期一）阴，雪

上午，学俄文。

蒋主席电斯统帅，贺其国庆，并提及赞同其覆电所云，联合国应共同努力合作。电到时，已下午七时半，即译备函派静清亲送交外交部远东司转。

覆顾少川电，略谓余以为苏联注重巴尔干问题，如英、美对此政策不变，则苏亦似不变其态度，并告以蒋主席致斯电大要。

晚上在馆宴英议员 Philip Price, Henry Shapiro, Eric Downton & T. C. Sharman。Price 在第一次大战时曾在俄充 *Manchester Guardian* 记者，故于列宁及各当时领袖均认识，历言斯时情况，甚为有趣。彼于我反正时，曾到我西北边境（新疆西北部）。

十〔一〕月六日（星期二）晴

苏联明日国庆，自今日起放假三天。

午后七时，赴克姆霖宫大会堂参观其开会庆祝。斯太林休假未返，由莫洛托夫作外交之报告一小时半，提及外长会议之困难、原子弹之与苏联共知、巴尔干问题，及对于管制日本，均有言及，各方对此均甚注意。哈使于八时见有苏方人员离会，亦欲离会，余劝其不可，因近来误会已多，何必因个人一时些小方便，再引起误会。彼笑谓："余向来对阁下之劝告均遵从，此次亦不作例外。"遂留至九时散会始离。余询其苏联对于参加远东委员会事，彼谓虽与苏方仍在接洽中，但苏方尚未有参加之意。

十〔一〕月七日（星期三）雪

上午十时，赴红场参观苏联国庆阅兵典礼及民众巡游，莫洛托夫主持。天气颇冷，余未穿皮大衣，颇觉其冷，十二时返馆。

伯聪电，远东咨询会议，哈立曼两晤莫洛托夫，尚无具体决定。六日续开会议，因讨论题目涉及政治、经济、文化、社会诸方面，恐至少需三数周云云。

新德里广播，我军接收东三省甚为顺利，中央广播我已接收长春铁路，甚慰。

晚上八时半，莫外长在外宾招待所请宴，遇潘友新。彼谓已非外交官，故可畅谈。渠对中共事，语多袒护，谓委员长许其成立二十师，则其兵力不过比较中央十分之一，中央何必畏之。余答谓此次战争后，中国已完全统一，即以前军阀亦已放弃其武力政策，一则系因全国人民之冀望及恶战，二则觉中央力量已大，不能用武。余在渝曾与两广军人及四川军人代表谈论多次，彼等均已明白此种道理，而中共尚欲为军阀所不欲为，恐人民对之不易谅解。余谓苟不信蒋委员长能领导中国于民治之途，并有力量能去之，代以更好之领袖，则企图推翻现政府之运动尚有可说。但试问在此抗战苦斗之中，蒋委员长之行动是否不应受吾人之敬仰，又试问中国现在是否能找出一较彼为好之领袖。彼已受全国之拥戴，苟中共欲倒之，直是违反民意。且以十分一之力量，企图摧翻中央，是以一敌九，其结果亦未必佳，故余请其劝告中共朋友，政治事业应以民意为基础，苟不顾民意及民众利益，只靠武力，恐无成功之希望。彼绝未否认与中共有往还，并谓恐中共不相信委座，又谓不靠武力，则主张无力量。末谓中央如用武力，则于中国前途甚足悲观云云。听其语气，则苏联与中共间关系甚深，恐苏联必支持中共，维持其武力分割中国之政策。回馆后，异常不安。招待会时，莫外长则表示异常客气，介绍余于数苏联名人。邱吉尔之子 Randolph Churchill 亦在，威使言，因彼父亲关系，别人对其言行颇不以为 seriously，余对其感想亦非甚佳。

十一月八日（星期四）天晴，有太阳

今日仍放假，偕钱、胡两随员同出郊外赵柱臣家。彼所住新村在城南约四十公里，白桦甚多，风景亦不错。其丈人在史太林汽车厂充积【技】工，收入颇丰，其夫人亦系中学毕业，结婚有似招赘，经有十年。儿女三人，生活亦似安定，其岳人甚老实，貌觉四十许人，对余等往，异常欢迎。余在室外摄影甚多。六时始返馆。

十一月九日（星期五）

上午，学俄文。

英军事情报处处长 Col. J. E. Benham 及 Major G. Graham，因该处取消，日间返国，特设 Cocktail Party 辞行。

十一月十日（星期六）

上午十一时，往访卡尔大使。彼言五外长会议决裂原因，半因巴尔干问题，但大半因远东问题，盖苏联对日本绝不允放弃。余询其英国对巴尔干之态度，有稍为变更迁就苏联之可能否。彼答，英政府觉对苏联让步迁就已多，再不能迁就，以后僵局之打开，完全视苏方能改变其政策与否矣。余询其中英关系，彼谓英现政府对华甚佳，绝无误会。香港问题，彼仍主张交还中国，但英政府尚未能决定云云。

下午四时，义使 Quaroni 来访：（一）表示王外长在伦敦会议帮忙，义国甚为感激，请余转谢。（二）义大利墨索里尼政府在一九四三、一九四四年间，与南京伪政府签订各种关于义国对华不平等各条约取消之各协定，恐我方亦不承认为有效。故提议本此原则，与我国政府商订。（三）中国向义大利之赔偿要求，欲依照其与法国所定办法，两国自行解决，将来在和会报告，经已双方自行同意解决，此系义大利现政府不欲外间视其为墨索里尼之政府。倘我方能同意如此办法，则义国政府及人民均感激不尽。又谓如我政府同意，则义大使不久可抵渝，直接与我政府磋商，否则彼在此与余商谈亦可云云。即电部报告。

瑞典使馆秘书 I. Hägglof 夫妇奉调返国，今午在家设 Cocktails 辞行。渠夫人为瑞典贵族，到此后，曾自行赴市场排班买菜，甚能吃苦，以年青貌美之贵妇能此，亦不可多得。彼夫妇在此已两年半，使团对之甚有好感。

十一月十一日（星期日）

今日天气特佳，日光晔晔，因偕钱、胡两随员自带食品往郊外 Masha 之别墅，摄影甚多，其女之友 Luba Nordman 亦来。

返馆，接王部长七日电，谓于五日告苏大使：（一）中国军队改由营口及葫芦岛登陆一事，业经熊主任与马林洛夫斯基元帅①商定，并经马元帅声明对于在营口登陆之军队，彼可负安全之责。在葫芦岛方面，则苏军仅允维持秩序，不负安全之责。兹复据熊主任电称，苏方面告，营口现有十八集团军自锦州来到，苏军不能反对之，因苏军如用武力驱逐，则恐延误撤兵日期等语。查中国军队在营口登陆，事前经苏方应允负安全之责，务请仍照贵方之应允及友好同盟精神，予我登陆军队以一切协助，勿使任何非正规军队开入该地带，阻碍我军之登陆。（二）苏方所称东三省有某种反苏组织，我方决不

---

① Marshal Rodion Malinovsky.

容许。（三）我军仍定自本月六、七日起，用美国船只运往营口，并于是时借用美国飞机在营口附近一带察看，特附带告知云云。阅此，深为焦虑，东三省之接收恐成重大问题矣。

十一月十二日（星期一）阴

上午，学俄文，改用 N. Forbes' "The Russian Verb" 为课本，并多会话。

英公使 Roberts 夫妇请晚宴，同席者有邱公子及澳洲妇女界名流 Mrs. Street（澳苏文化协会会长）。彼两人均健谈，余等终席听其辩论妇女问题，甚为有趣。饭后余与 Mrs. Street 谈中国事甚久，盖彼对华情况向有研究也。

十一月十三日（星期二）晴

上午，学俄文。

晚上八时半，赴 Tchaikovsky 堂看乌斯璧名舞星 Tamara Hanoom①，唱舞甚佳，其各民族舞尤具特色。

十一月十四日（星期三）晴

上午，学俄文。

下午六时，郭武官请 Cocktail。美武官 Gen. Roberts 言，彼已电询 Gen. Wedemeyer 我军在东三省接收情况，但尚未得覆，彼以为目前苏方或不至过甚使美难堪。

八时，加拿大威使请晚宴，捷克大使告余，捷克初任总统曾建立东方学院，是以 Prague 研究中文者尚多，Prof. D. Prusek（of Oriental Institute Prague）所译中国文学书不少，殊为难得也。

十一月十五日（星期四）晴

上午，学俄文。

---

① 乌兹别克共和国舞星及歌星 Tamara Hanoom，又名 Tamara Hanum。

下午四时，新任多民尼干公使 R. Alfonseca 来访，彼谓华侨在多者甚众，与多人相处甚佳云云。

王部长十一日拍来密电，谓：（一）中共欲打通内外蒙，俾成立内蒙解放委员会，据有华北，破坏铁路，阻国军北上，扰乱收复区经济及社会秩序，及在东北弋获根据地，巩固热察，足证其犹未放弃推翻国民政府、建立无产阶级独裁政权之野心，现仍在筹备召开人民解放委员会。政府深知中共缺乏真正团结之诚意，但为顾全大局及减少人民痛苦，始终宽容忍让。现政府提议：（1）只须华北各铁路恢复交通，中共撤兵至铁路线以外，则中央不另驻兵，仅由路警维持秩序，如欲运输军队，先与中共商定。（2）请参政会组织交通监察团，赴各铁路视察真相。（3）关于中共驻军及整编问题，在一月之内会商解决。上述建议已交中共代表电延安征询意见云云。

十一月十六日（星期五）阴

上午，学俄文。

接王部长电，谓据熊主任电，中共军已占营口，苏军业已撤退该地，中央运往接收之军队未在营口登陆。熊主任又报告，中共军数千之进长春飞机场，并有二千已进长春城内，并向行营前示威。苏军于三、五日内撤退，我方无法维持，此事王部长已向彼得罗夫大使提出交涉，彼大使谓中央可派飞机运警卫军前往。王部长答，无许多运输机，且运往之人数绝不足保护，由此可见苏军此种系有计划将东三省交与中共，以后如何，真不堪设想。读此异常忧闷。

下午四时，往访美使哈里曼，彼亦接渝美使馆报告关于我军在东北情形，谓我军乘美船于七日到营口，到时，苏军已将营口交中共军，是以我军不愿将美国牵入战争，因此未在营口登陆。又谓苏军将接收日本之军械交与中共，并帮其组织军队，东三省在红军未到前，无一共军，现在则陆续组织云云。哈使对此亦异常忧虑，彼意在签定中苏各约时，苏方未必存心不良，但以后因：（a）毛泽东在渝谈判无结果，（b）美国对管制日本不让步，是以改变其态度。目前美苏间僵局不易打破，即日本管制委员会，斯太林面允予美军以最后决定之权，但昨与莫洛托夫外长商时，彼忽提出一例外，谓关于改变日本政府，则非得苏同意不可。美国对此自不能接受，前途困难尚多。对苏交涉苟不让步，则彼采自由行动，对之让步，则得寸进尺，永无底止，确为困难。关于中国问题，彼曾迭告斯太林，美国无论任何政府，对于"维持门罗主义"及"扶助中国复兴"两大政策，绝不丝毫变更。苟苏联在东三省不顾信义，硬行建立共产政府，则美苏冲突必不能免，世界第三次大战发生，人类不堪设想。余询其东欧方面，美国是否不过于强硬，使其怀疑。哈使谓，据Ethridge①之报告，则共产党在布加利亚之举动，确不能使人满意云云。哈使以为苏联不易接受英、美关于原子弹之宣言，盖苏联绝不允将其秘密武器公开于人也。

十一月十七日（星期六）晴

下午，郭武官请同人吃火锅。

晚十时，美记者 Gilmore 请晚会，与 *Herald Tribune* 之记者□□□谈中国情况，Ethridge 亦在。

十一月十八日（星期日）晴

部电已照会苏大使，长春情况既属如此，则中央军队自由陆路开进东三省。至我派在长春之人员四百余人，自十七日至二十三日，我将派飞机一架或数架分批接返，在山海关办事，并另行派定董彦平在马连诺夫斯基元帅总部办理联络事宜，著余亦以口头向苏方善为说之。下午，听英广播，则蒋经国等第一批已飞返山海关，又谓中央军已自关外扩大进展，杜律【聿】明在秦皇岛设立司令部，又谓中共军拟在锦州作大规模之抵抗云云。

王部长又电，蒋主席拟派私人代表来莫，与斯太林接洽。苏大使答称，斯不在莫斯科，俟其返莫再定。余以为在此期间，彼未必允接见委座代表也。

---

① 此时美国国务院派 Mark F. Ethridge 调查战后保加利亚和罗马尼亚情况。

十一月十九日（星期一）阴

今日马教员未来，此人似多愁多病。

下午四时，回访多明尼干公使 R. Alfonseca。

四时半，顺访纽锡兰公使，告以部电派余与渠接洽互换公使事，彼谓即电纽政府。

接顾大使少川覆电，中英关系仍是友好，并无变更。虽国内因香港问题未免失望，然亦了解尚非其时。下议院对我一跃跻于列强地位，深虑影响大英帝国在亚洲之前途者，对我处境隐示抑扬之意云云。如此尚佳。

今日静清往外交部，余著其依照部电，婉辞与谈我驻长春人员撤退，及另派董彦平为军事代表事。Tonkins 答谓，自可协助，已电彼得罗夫大使，但否认共产党已占领长春机场，谓我中央方面尚可用该机场运军队云云。电部报告。

十一月二十日（星期二）晴

新德里广播，中共军已占领长春及包头，中央军则自山海关出关外四十公里。战事日益扩大，异常可虑。余每思及我国之前途，连夕不寐。诗云："知我者谓我心忧，不知我者谓我何求。"堪为余咏也。

部电，八月十六日法向我提出成立关于边境财产处置及货币等问题之协定，九月一日又提出中法越南民政协定草案，双方讨论尚无结果。法方似图延时日，以待法远征军开到。我电谕我军掌握老街、河内及海防三据点，及对越南政府取不管态度。伦敦外长会议时，法方表示愿与王部长在会外商谈越南问题，王拟提出：（一）滇越铁路中国段归中国。（二）越南华侨应受最惠国或与法人同等之待遇。（三）中国货物经由滇越铁路出入口者，免纳过境税。（四）辟海防为自由港。迨王部长与美国务卿商谈，认为俟法大选后再行交涉，并向美国务卿再提意见两项：（一）改越南为国际托治制。（二）法国公开宣言，保证十年内许越南独立。请渠转请美总统考虑。十月十日，越南总督达尚①来渝谒蒋主席、宋院长、王部长，我方重申一切悬案，如改善华侨待遇、在越物资损失、中越经济合作等，应与现正谈判之民政协定同时解决。达氏希望对我树立新友谊关系，但对我在越物资损失，仍欲卸责，并提请以十月八日在伦敦签字之民政协定，为讨论中法民政协定之基础。我未予同意，现仍在磋商中云云。

十一月二十一日（星期三）阴

王部长二十日电，谓十七日苏大使照会，略称中国政府军队现能无阻碍在长春及沈阳机场降落，苏军将予以应有之协助。苏军对东北之中共部队，过去及现在均未曾予以任何帮助，至某些区域的确不曾增兵。中共政权大概尚未控制该区域，贵方如愿苏军暂缓自东三省撤退，苏军可延一至二个月后撤退等由。经于十八日照复苏大使，对苏方此种友好精神表示欣慰，中国政府认为东北各省之接收办法，宜由中苏再三厘定一有效计划。至我方接收办法及苏军延期撤退问题，当不离商订该项计划时一并确定等语，同时将我接收东北各省办法要点面交苏方，文曰：（一）为使中国政府能以飞机安全运输军队至长春、沈阳起见，苏方允许对于在长春、沈阳市区，及其机场附近任何未经中国政府承认之武装人员，解除其武装，并允许中国空军运送机场地面工作人员，先至长春、沈阳飞机场指挥飞机起降等工作。（二）中国政府如须利用北宁铁路及东北各港口运输军队时，苏方予以可能之便利。（三）苏方对于中国方面接收人员，允予各种道义及物资协助，关于该项人员赴各地编组地方团警之工作，尤须予以协助。以上办法经双方同意后，则原定苏军自东北各地撤退时间，可延长一个月，即以一九四六年一月三日为苏军撤退完成之期云云。如此尚佳。

英广播，蒋主席关于东三省之地位，与苏联另有所商谈，结果相当满意云云。又谓余亦在此与苏方交涉。

晚上七时半，苏联政府请在大戏院观新舞剧 "Залушка"

---

① Admiral Georges Thierry d'Argenlieu.

（"Cinderella"）music by С. Прокофьева。女主角 О. В. Лепешинская 演此种戏是其特长，今晚之舞为余向未经见如此之佳者，布景极好，倍【配】角亦佳。

十一月二十二日（星期四）晴，有太阳

晚上请乌斯璧女唱舞名角 Tamara Hanoom、画家 Konchalovsky 夫妇，及胡随员之图画教员 Neinstein 吃火锅。哈女士为苏联名艺人之一，能唱三十余民族之歌，及作三十余不同民族之土风舞，曾在伦敦表演，获得荣誉，苏政府赐予人民艺术员荣衔（最高之衔）。乌斯璧共和国并选其为议员，色艺俱优，而人和蔼可亲，坦直无丝毫架子。饭后作种种表唱，教胡小姐作各种土风舞，殊不易得也。

十一月二十三日（星期五）晴，太阳

英广播，中央军与中共军在山海关发生战事，中共军反攻。

艾登在英国会主张限制国家之主权及改变国家观念，以维护世界和平。

十一月二十四日（星期六）晴，有太阳

晚上，美红十字代表 Shirk 请 Cocktails。

英广播，日人在海南已建有环岛铁路。

十一月二十五日（星期日）阴，雪

上午十一时半，偕胡随员同往郊外，游 Sheremetev Castle（Kursk），摄影甚多。

十一月二十六日（星期一）阴

英广播，中央军已占连山、葫芦岛，中共军自西北撤退。

中央成立经济委员会，以宋院长为主席，翁①为副。

---

① 翁文灏。

十一月二十七日（星期二）阴

英广播，中央军昨与中共军在锦州激战三小时后，共军溃退，中央军已由葫芦岛推进三十英里，如此尚佳。盖国家如能迅速进展，则影响甚大。又云，驻东北苏军已允只向中央军政代表移交军政权。

十一月二十八日（星期三）小雪

接部电（昨日发），谓准苏大使十一月二十四日照复，称苏已指示东三省苏军筹划必要办法，保证我军在长春及沈阳安全降落，并同意我派遣地勤人员至该两地机场照料，否认中共军队已开入长春，或在长春附近集中。对于本部前提接收东北办法要点，认为仍宜由马帅与我代表在当地商决。经二十六日照复，对于苏方前项表示殊为欣慰，现已通知军事机关迅速准备空运工作。对于营口、葫芦岛及沈阳以南区域，正依照原经商定之苏军撤退计划，派遣部队接防，并预定于日内即可达到锦州一带。关于本部前提我方接收人员所需要之诸种协助，如派员编组地方团警事项，及苏军撤退延期一个月问题，我现已决定依照苏方提议，即派代表与马帅当地商定。至我运输军队至长春及沈阳详细办法，及我方接收有关事项，已令该代表就地磋商，以期迅速确定等语。如此甚佳。

美驻华大使赫雷辞职，并在报上发表其辞职书，攻击美外部人员，谓彼等帮助中共，企图倒中央政府。又有为英帝国主义利用者，英国政策系欲中国之分裂云云。美外长贝尔斯发表谈话，对此表示怪异，盖昨日赫大使尚允返任。美已改派美前参谋总长马兆异将军[1]为驻华大使，赫氏对我中央曾热心帮忙，深为可感，但此次如此辞职，于中国方面有利有害，殊不敢言也。

晚上，Mrs. Afinogenova 请往其新居茶点，彼有四房，但布置尚未完备。其友 Mrs. Katayev 来谈彼最近在别墅被四盗持枪进屋抢劫情

---

[1] General George C. Marshall.

形，迩来莫斯科因为复员兵员所必经，是以人口由三百五十万增至七百万，良莠不齐，盗劫频盈，此亦战后人民之余灾也。

十一月二十九日（星期四）小雪

南斯拉夫国庆，并因南斯拉夫于本日宣布为共和国，是以南斯拉夫大使于八时半在京都大旅店设宴招待，莫洛托夫外长亦亲自到临约半小时。饭后跳舞，余于十时半便返馆。

杜总统宣称，不再举行三巨头会议，以后国际重要事项应由国际安全机构商决，亦系正当办法。但苏方对此恐更不高兴矣。

我方表示欢迎马兆异将军为新任驻华大使。

英广播消息，苏方已令中共军离开长春及沈阳，甚慰。

十一月三十日（星期五）雪

下午五时，Gilmore 来访，谈东三省情形及中共形势，予稍告之。

十二月

十二月一日（星期六）雪，旧历乙酉年十月二十八日

英情报处代表 Col. T. W. Gunson 在 Zo Grauatni Pereulok 请晚宴，哈使表示不以赫雷举动为然，并谓马兆异将军定能与宋院长、蒋主席合作云云。英馆罗拨公使与余谈中共及伊朗事，甚详。彼对伊朗事异常悲观。

重庆黄金案有八人受审，内有郭锦坤，渠人本异常忠厚能干，且能吃苦，此次果属有罪，则真出人意料之外者也。

苏报今日有文攻击赫雷，又反对杜总统之不再举行三巨头会议之宣言，果不出余所料。

十二月二日（星期日）雪

下午一时半，往 Konchalovsky 画室，观其所画胡小姐之像，色

采甚佳。

晚上九时，静清兄在馆宴同人，盖今日为其结婚周年纪念日。

我政府已宣布苏军延期一个月，至明年正月三日始完全撤退，俾可将军政事务移交中央所派军队及人员。

十二月三日（星期一）

上午，学俄文。

接绍周去月二十八日来电，谓伊宁方面代表提出要求十一项：（1）新疆行政官民选，（2）宗教自由，（3）（4）① 各机关及各级学校用本地文字，（5）民族文化自由发展，（6）出版、言论、集会自由，（7）减税，（8）贸易自由，（9）组织民族性人民军队，（10）回民按其人数比例参加省政府，（11）免究参加事变之人员。我对此十一项，张②部长提示：（1）准人民三月内选举各县参议会，以便推举各县长及省参议会。在未推举前，得由事变三区代表保荐该三区各县长。至省主席是否民选，应俟国民大会以后决定。（2）同意。（3）（4）机关国、回文使用，准人民上呈时用本族文字，小学用本族文字，中学以国民【文】为必修科，大学国、回文均用。（5）（6）（7）（8）原则上同意。（9）参加事变部队改编为各县保安队，如有多余，改编为国军，以团为最大单位，保存其民族性。（10）新宪法未颁布前，省政府设省委二十五人，其中十五人由新省十区人民代表保荐，中央任命，包括副主席、副秘书长、教育建设两厅长、卫生处长、民政财政两副厅长、社会处副处长，及专任省委七人（此十五人中，六人准由事变三区保荐），其余省委十人（包括主席、秘书长、民财两厅长、社会处长等），由中央直接任用。（11）同意。对于前项提示，伊方代表似已了解，但谓无权决定，故已飞回伊宁报告，约周后再返迪答覆。总之，张部长以极和平、诚实态度及光明思想，彼等大受感动。彼等及苏领印象甚佳，

---

① 原文如此。

② 张治中。

当可顺利解决，张部长仍留迪云云。如此甚佳，盖中央能对彼等尽量让步，即系对自己人民让步，有何不可，且可避免一中苏困难，于我国亦甚为有利者也。

英广播言，蒋经国已飞北平，返长春，继续与苏军接洽，甚佳。

今日苏报载文，驳艾登限制国家主权之主张。

十二月四日（星期二）雪

上午，学俄文。

苏联发表拒绝美国提议提前于正月前撤退驻伊朗军队，此系自然之事。苏军系根据条约驻在伊朗，苟依照美国提议，提前撤退，无异自承其军队行为之不当。在苏联政府方面，安能答应此种提议，绝无补于伊朗，徒增苏方之反响，殊为不智。美外部人才缺乏，真不虚也。

英广播，中共军攻包头，有外蒙军参加。果尔，则事态更坏矣。又云，中央军本星期可到达沈阳，沿途中共军抵抗极为微弱。

十二月五日（星期三）雪

今日为苏联颁布宪法纪念日，放假，因于上午偕同钱、胡两随员到郊外之 Sheremetev 公爵故宫摄影。

接魏大使电，略谓关于日管制问题，艾其森①告称：（一）四国对日委员会 Allied Council 苏方初坚持一致投票办法，后允让步。（二）二次列举办法，其事项须经四国一致同意，如：（a）关于管制机构，（b）修改日本宪法，（c）改组日本政府等外，尚有概括规定。美国对（a）（b）两点已同意，（c）及概括规定不赞同，双方仍在磋商中，目前进展甚少云云。

十二月六日（星期四）雪

上午，学俄文。

今日为芬兰国庆节，芬公使于午后九时在其使馆设宴招待，但

---

① Dean G. Acheson.

在请帖上声明须著大礼服或黑衣服。如此规定系属初次，余只著黑衣服已。其使馆之大礼堂系所谓最新式者，其实极似船上之甲板厅，绝无美观之可言。

十二月七日（星期五）雪

上午，学俄文。

午后六时，Kennan 请 Cocktails。

八时，墨西哥大使请晚宴。

十二月八日（星期六）晴，雪

上午，学俄文。

下午六时四十五分，往访美大使哈里曼。据告：（一）今早发表之本月十五日在莫斯科举行三外长会议，系美国务卿于去月二十四、五日左右所提议，其目的系欲打开僵局。而依照 Yalta 会议之决定，三外长每三个月会商一次，第一次在伦敦，第二次在旧金山，是以第三次在莫斯科，于理亦为至顺。莫洛托夫外长对于提议表示异常欣悦，盖于苏方面子上已十分满足。至会议完全系交换意见之方式，未曾限定讨论之事项，亦不拟作何决定，是以对于某项问题苟无结果，亦不致留有不良之影响。大约将来所谈问题，必甚为广泛。至将来会议时情形，当随时告知。美外长自可与余晤谈，应酬方面恐不能不谢绝。（二）近来彼与苏方接洽情形似略为和缓，对于管制日本委员会问题，苏方所提出者，美方未能完全接受，是以此事尚未可谓解决，但彼料美外长此次来莫，便有解决之可能。（三）罗马尼亚及布加利亚事件未有进展，大约罗国共产党之势力尚不如布国之，罗皇曾著其首相辞职，而首相因苏方之支持而拒绝。（四）伊朗问题，与美、苏交换文件所载无异，苏军拒绝提前撤退。（五）朝鲜问题，美方提议统一管制，苏方尚未有具体之答覆。（六）苏方前提出向美借款六十亿，美愿借十亿，苏方未有所表示。（七）英广播所言 Gen. Marshall 将先访英、苏，然后赴华，完全不确。至于赫雷大使此次辞职经过，彼深不以为然。赫氏于前一天尚答应杜总统及贝国务卿回华继续任事，乃翌日忽上辞呈，同时在各报发表攻击外部职员之函，于道义上极为不合。据云无时间通知，殊为无理。后又谓苟彼事前得阅贝氏致其友人之公开函后，彼则不致辞职，实则该函内容并无特别表示。是以哈使视赫氏此此举行①，完全系出风头之故。彼（哈使）与余详谈 John Davis 之事甚久，据言戴氏之赴延安，系奉 Gen. Wedemeyer 之命，赫氏自然不悦。戴对国共之争并非完全袒共，当时英、美一部分人士主张，无论何人何党，苟愿参加对敌，则宜助之。是以英之对希腊及南斯拉夫共产党，已采用此种政策。戴氏当时容有主张同时帮助中共之举，但罗斯福总统之政策，则坚决只帮助蒋委员长，而戴氏亦完全遵命而行。又戴氏在延安时，以为中共分为两派，一主完全受命于莫斯科，一主以中国利益为前提，渠以为后者势力似占优势，故中共未必为苏联所利用，此点哈使自不以为然。而戴氏到莫斯科后，此种观念完全变更，其怕苏侵略较哈使为更甚，是以哈使恳余作为怕【帮】哈使个人之忙，对于戴氏稍予以颜色，彼可保证戴氏系亲华爱国份子，将来对华必有所贡献。末请余请客时，顺便请他，余允所请。哈使又言，赫氏谓英欲中国分裂，此层卡尔大使极力向之否认。哈使以为邱吉尔虽对于中国成为四强之一表示怀疑，但亲向罗斯福言："苟中国能真成为一统一强大之强国，诚为世界和平之最大幸事"云云，则邱氏政策并非反对中国之统一及强大。虽然邱氏对于交还香港并不同意，又不愿放弃固有权利，但谓其因此便作种种破坏中国统一之阴谋，则哈使绝不相信云云。（八）彼询余东三省情况，余稍告之。因共同研究苏方于去月二十四日答覆王部长之照会，系似改变政策之开始，其原因何在，哈使谓贝外长提议访莫，大约系在去月二十四、五左右，是以恐非因此。彼意系因彼向苏方交涉日本管制委员会时，表示让步之结果，盖苏方对此虽未完全接受，已表示相当满意。（九）

① 原文如此。

彼询伊宁事件，余亦稍为告之。彼以为中苏关系稍有进步，甚为欣慰，盖使彼对美苏合作之可能更具信心。返馆，即摘要报告。

今晚因伙夫吃醉失火，幸救护尚早，亦云幸矣。

十二月九日（星期日）小雪

十二时，挪威大使来，谓彼因老母年已八十四，而兄弟姊妹十三人，现只留渠一人。最近友人自挪威来者，言其母甚思见渠，并欲其返国过圣诞节，是以彼电请假，本于今早飞返，但昨日忽听三外长十五日在此会商之消息，深为不安，盖恐有误公事。忠孝之间难以自决，因来请余指示。余谓计外长会议自十五日开始，预计须十天至两星期。在会议之初，渠自不能得到任何消息，是以彼即能工作，有所活动，亦须在二十以后，彼此时返国省亲，同时可向政府请示。如认为彼应返莫，则以飞机送返，即日可到，亦不致有何延误职务，如此似可两全。彼深为欣喜，谓良心上得最大之安慰。渠告余，英国方面对此次三外长之会议表示甚非所愿，渠又密告余，苏联在波兰所成立之波政府，现对苏方亦似非尽唯命是听，且对苏多表不满，是以苏方对于波兰事亦有苦难言之隐云云。

下午，赴依斯米罗斯基之斯太林公园。该地有 Skiing & Skating 场，并有专人教授，甚佳。

三时赴 Куснецова's 午膳，彼在工人区，房子虽少【小】，但布置尚佳，饭菜亦不错。

晚上，苏政府请往 Tchaikovsky Hall，听芬兰音乐，尚佳。

十二月十日（星期一）雪

上午，学俄文。

接王部长电，谓内定余为联合国大会中国代表团代表之一，请余密为准备，将来或由苏径飞伦敦云云。此次或有机会稍为离此休息一、二星期，亦未可定也。

又接王部长电，谓八日接见苏大使，告以蒋主席之决定派蒋经国赴莫斯科为私人代表，谒见斯太林统帅，于本月二十五日左右动身，预先飞迪化，至由迪化至莫斯科之飞机，希苏方予以便利。（二）关于外蒙独立问题，因须请求中常会、国防会等有关机关，审议外蒙公民投票结果，故尚须若干时间，始能完成手续，预计明年一月十五日左右可以完成一切手续，予外蒙以正式承认。至外蒙在内蒙古之军队，我希望在今年内完全撤至外蒙境内等语。

十二月十一日（星期二）雪

上午，学俄文。

中午，宴新来之同寅。

派岱础往英大使馆，请其予我方以联合国会议之各种材料。英公使 Roberts 异常帮忙，所得文件不少。

英广播，谓蒋经国在长春与苏方业经签定移交各种协定。甚佳。

十二月十二日（星期三）雪

上午，学俄文。

蒋经国发表谈话，谓经与苏方约定，昨日已开始用飞机由北平运中央军赴长春，并由此控制沈阳云云。甚佳。

十二月十三日（星期四）雪

上午，学俄文。

晚上在馆宴 Yugosl. Amb. M. V. Popovitch, Czech Amb. & Madame Hoak, Finish Minister M. Sundstrom, Swedish Counsellor Parok Holist, Mr. & Mrs. John Davis, Czch Cons. & Mrs. M. Giri Kasparekk, It. Cons. Mrs. Eugenio Prato。

十二月十四日（星期五）大雪

上午，学俄文。

晚上宴 Romanian Amb. & Mrs. Iorgi Sordan, Polish Amb. & Mrs. H. Raabe, Dominican Minister R. Perez Alfonseca, Belgian Charge d'Affaires P. Roersch, Danish Secrety Melchoir, Fr. Con. Marquis & Marquise de Noblet d'Auglure，Romanian Minister & Mme. M. Victor Babes。

接敏芳表弟电，谓已接到余之美金三百元，但秀峰舅父于昨日去世，深为悲痛。渠系母亲之最后亲人，自小由余父帮助其成人，余对之有如自己骨肉。即电芳表致唁，并再汇五百元美金，大约前后八百元美金，亦足丧葬费用。余对母亲最后亦能获尽此些少之义务，私心稍慰。

十二月十五日（星期六）雪

下午二时半，赴军用机场接英外相 Bevin。

接刘锴覆电，谓馆员调整问题正在设法。

十二月十六日（星期日）雪

接王部长电，谓柏林会议规定，以义国投降条约签字国家为对义和约之起草国家，我国非签字国，故五国外长会议时，发生我国能否讨论义约起草之问题。惟当义大利投降时，义政府致书邀请我国参加签字，以时间匆促，不能迟延，我国覆电到达时，签字之时间已过，我遂未及参加。法国当时并未被邀参加签字，但柏林会议之规定，已视法国为对义投降签字国，我国至少似应照法国例办理，希向美、英驻苏大使一谈。彼等若猝然赞同表示，再向苏外部表示，庶几在三国外长会议中，对此事能作一决定云云。

十二月十七日（星期一）

上午十二时往访哈使，告以部电关于义和约事。彼谓斯太林对于此事，在柏林会议时曾坚决表示反对中国之参加，谓中国对于欧洲事无大关系，不宜过问，虽哈使曾极力主张，亦属无效。是以渠以为此次余向苏方提出，恐亦未必有任何之结果，但提出自亦无防【妨】。彼告余：（一）昨日三外长首次会议，约二小时，后复有一小时之茶点。该会只讨论程席【序】问题，先推莫外长为主席，议程则：（a）原子能问题，（b）恢复五外长会议，（c）管制日本。其余巴尔干、伊朗、土尔其等，亦将提出。（二）昨日会场空气尚佳。

（三）莫外长告 Byrnes，中国方面已向苏方提出请求红军再展期一个月，至二月初始完全撤退，苏方对此正在考虑，数日后便可答覆。又谓中苏间对于东三省事件并无不同之意见云云。彼询余实况，余告以苏联最初提议，系延期一月至两月，我政府初允一个月，但最近觉我军尚需相当时期到达，是以主张两月。（四）彼以为苏联在伊朗之举动过于高压 "too high-handed" 云云。彼即往请示贝外长，十分钟后返，偕余往谒贝尔斯外长。寒暄后，彼谓关于义和约事，渠以为苏方未必答应，但彼赞成余向苏联政府提出，盖可增加其对此事为中国说话之地位。彼询及我国请苏军延期至二月初撤退事，余将与哈使所言告之。彼又询及中共在东三省之情形，余告以中共在东三省无基础之原因。彼询余苏联在东三省接济中共军械情形，余告以苏方否认曾以日械予中共，谓此系中共在日人手中得来。贝外长笑谓，岂日人将器械放置路上，请中共来取乎。彼谓魏大使曾将经过详告之，彼觉现在形势似较两星期前为佳云云。余与贝外长见面时哈使亦在，彼向贝氏对余异常恭维，亦殊不易得也。

下午二时三刻，往访卡尔大使，示以部电。关于对义和约事，彼谓此事经过既属如此，则中国方面法理上甚有理由，并怪王外长在伦敦会议时何不将此经过提出，彼赞同余向苏外部提出。继彼询及苏军缓撤原因，及中共在东三省力量等等。余告之。彼请余将各情详告 Bevin 外长，并谓拟明早代余约晤。彼谓目前三外长商谈，系欲得一初步之结果，即重召开五外长会议，至详细问题恐谈不到。佩尔文斯外长此次本带同专家等四十余人来莫，后因天气关系，三飞机中有两飞机须折回伦敦，是以各项工作须由其馆员担任，异常之忙云云。

下午五时，偕秦秘书往苏外部晤洛次长。余将部电关于我国要求参加对义和约起草之内容，译成俄文交之。彼阅毕，谓此事系莫外长在伦敦会议时接头，彼当即向彼报告。余谓余奉政府命，向苏联政府提出此事，并请苏联政府作同情之考虑，及予以协助。彼谓当即报告彼政府，如有决定，即为通知云云。

英广播云，重庆官方发表对杜总统之对华政策表示赞同，谓彼之主张亦正系中国政府之志意。又云中共代表由周恩来带领，昨已抵渝云云。

近卫于昨日服毒自杀，于自杀前承认其应负发动对华侵略战争之责任。

十二月十八日（星期二）晴

上午，学俄文。

英广播云，吴国桢言，中国政府已准备组织联合政府，并设立联合指挥部，统辖国家军队。又云中共代表抵渝后，已与中央代表磋商，则中共问题或可有相当解决，如此诚国家之福也。

今日莫斯科广播，斯太林统帅已返莫，照常办公，则三外长会议前途似较有希望，亦可慰之事也。

十二月十九日（星期三）晴

上午，接王部长电，著向苏、美、英三外长贺其会议，并请彼等如有关于远东及中国之问题，须中国商讨及决定者，预早通知中国政府，予以充分考虑之期间。适上午十时半，英外长贝云斯约晤，因告以王电。彼著余谢其贺意，并谓自可照办。至目前关于远东事件讨论者，为管制日本机构问题，此事美、苏交涉经过，美方已随时通知中国政府，至此问题虽有讨论，但未获完全之结果。美方尚有未能答应苏方所要求者，惟似已稍较接近。余询其五外长会议事，彼云昨日已讨论三小时二十分，尚未完全解决，但彼觉十天来各方形势似稍有好转。彼不明白苏联既有如许大之土地、人口、资源，尚须向别人侵略。彼以为如英、美对巴尔干能完全让步，苏联态度或可好转。余谓苏方对于罗马尼亚及布加利亚等之要求，似亦有其理由。彼谓彼亦知巴尔干问题之复杂，彼向主张不容许彼等小国离间大国，以强硬之态度对之，使彼等自己合作改革，盖巴尔干各小国能作经济上之合作，则以其资源、人口及人民生产力量等等，均可使巴尔干成为一广大富庶之区域，不亚于北美。例如关税合作等，彼曾力劝捷克、波兰何必争 Teschen 区，彼等实在所争者，并非其土地或人口，而在其煤矿，则最好办法系将该区之煤矿，两政府合组公司开办，双方均属有利。又曾劝意大利及奥大利何必争□□□区，该区最重要者为水电力（水电厂系意大利所办），则何不合组公司办理。工党曾对此种问题深切研究，觉争执多属经济，是以极力欲由此解决。苏方对之，苟只视巴尔干为其防卫区，如美国之视南美，及英之视近东，则英国自无反对之理。但将门户紧闭，不许别人进内与之经商，彼自反对。实则罗马尼亚及布加利亚等问题，均系美国提出，英方殊不愿主动。彼询余东三省最近情况及苏联态度，余稍告之。彼问苏军是否将退出，及苏联有诚意履行退出及各种协定否。余答以似有诚意，最少此亦系余等之希望。彼询余苏联在东三省接济中共之情形，余答苏方谓并未以日械交予中共，中共所获者系得自日军手中，彼含笑似言明白，谓据彼所知，则最近之发展似较前稍佳。末询余在沪各地情况，余告以尚好，并告以数千万人民回家种种困难，彼亦表示同情。彼再询及上海我航船之困难，余答未知有甚何重大困难。余此次与之晤谈约四十分钟，觉其人甚诚实、坦直，与艾登不同。余辞出，至其办公处与其外次贾德干爵士稍谈，先叙旧，盖余等在宁曾属认识。彼询中国近况及东三省情形，余稍告之。彼闻余在此业将三年，未曾一日离苏，彼邀余游伦敦。余告以希望明年年初可往一行，彼表示欢迎。

下午四时，赴美使馆，将王部长电内容请哈使转贝国务卿，彼言当即照转。余并告以今早已转英外相，并将于今午五时半面交洛次长转莫外长。彼言关于管制日本事，今午彼等正自己商讨该件，与苏方磋商似有进展。彼等于五时再开三外长会议云云。

下午五时半，赴苏外部访洛次长，将王部长电内容抄面交，请其转达莫外长，彼谓当即转达。

返馆，即将办理该件情形电部报告，并将今早与贝文外相谈话摘要报告。

今早《真理报》索阔洛夫斯基论文《日本投降后之中国情况》，历言美军驻华之不当，及苏军一时驻留东北之需要。昨晚Perevertoulo演讲"战后中国"，亦有对我政府批评之语，殊不佳也。

周恩来及其他中共代表七人已开始与中央代表商谈，彼谓中共当极力制止内战。

中共又发表赞同杜总统之宣言，如此合作或较有希望。

英广播，苏军不久可将溥仪移交中国审判，甚佳。溥逆应自食其恶果。

上午，仍得偷闲学俄文一小时。

十二月二十日（星期四）晴

上午十时至十二时，学俄文。

下午六时至八时，莫洛托夫外长在外宾招待所请外交团，介绍贝尔斯及贝文两外长，所请人客不多。Carter Vincent 告余，今午对于五外长会议重开事，今日已有一结果，经径电重庆因由。美兵舰转电较送余转为速，但内容明日当可向余详告。彼又谓，此次在会议中，贝国务卿关于中国利益，无不尽力维护，请余放心云云。

八时，郭武官请晚饭，至十二时始返馆。

十二月二十一日（星期五）晴

上午十时至十一时，学俄文。

十一时半，往晤哈使。据告：（一）昨日下午三外长会议，已决定关于对义、罗、布、匈、芬和约之问题，大致系依照贝国务卿在伦敦与王部长所商谈共同主张者无异，即由五强召集其他对欧洲轴心国曾积极参加、并曾派遣军队作战之国，在伦敦举行会议，商讨以 reports of the Deputies with any modifications agreed upon in the Governments of the Deputies in question 为基础讨论后，和约之最后条款由对各该国停战协定之签字国草拟此项草约，由与各该国宣战之国家签字（即苟不欲签者亦听之，但不因其不签而影响他签字国对该约所发生之效力）。被邀请参加者，美、苏、英、中、法、澳洲、比、巴西、加拿大、捷克、伊帝奥皮亚①、希腊、印度、荷兰、纽锡

---

① Ethiopia，阿比西尼亚，即今埃塞俄比亚。

兰、挪威、波兰、南菲、南斯拉夫、白俄罗斯及乌黑兰。哈使将该
议决案副本交余，谓因欲迅速到达重庆起见，业经将原文密电驻渝
美大使馆，著其即面呈王部长，并请其即覆。因电报由华盛顿转，
即日可到，若因余转，则恐电报常有延误，此点请余原谅。余谓余
绝无反对之理，盖只须能早达，及彼事后详为告余便可。彼谓贝国
务卿对于中国利益异常出力维护。（二）关于管制日本问题，美政府
已答应全部改组，须得全体同意，但麦特阿瑟①有权为局部之改组，
及如未得全体同意时，有权指派临时政府，此点双方意见已甚接近。
概括规定，苏方似不十分坚持，是以今日讨论或可解决。关于此问
题，有：（a）英方因澳洲之要求，提出扩充为五国委员会（即加入
澳洲），但苏、美均反对，故未通过。（b）苏方欲将印度除出远东
委员会，不许其参加，但此事系英方要求美方答应，由印度代表业
经参加，将其逐出，何以为情。苏联对于此种事，绝不顾及别人之
难堪者，而美国则万万不能办到。是以业经拒绝苏方之要求。（c）
苏方要定该会名称为"日本管制委员会"，与德国之管制相同，但此
点麦特阿瑟坚决反对，以去就争，是以贝国务卿亦无权让步。盖目
前情况，麦氏在日本执行前天皇所有之大权，而日本人亦希望其如
此，使日本逐渐改革，不陷全国于混乱不可收拾之状态，以致影响
大局，是以将来名称亦将照定为 Allied Council。（三）关于高丽问
题，哈使曾与宋院长多次讨论。现在第一步系须美、苏驻军总司令
取得联络，互相合作，此层苏方表示甚佳，谓甚愿合作。其他关于
此问题之各点，亦曾数次交换意见。苏方所表示者尚称满意，将来
或可获得解决。彼询余朝鲜人是否能达到自治之程度，余谓朝鲜人
曾参加中国革命，但能否立即有如许人才，代替逐出之日人，如工
业上所需种种，则余不敢言。彼谓苏联所训练之朝鲜军，闻已在朝
鲜北部。（四）巴尔干问题尚未详谈。（五）伊朗问题亦未有详细讨
论，此次会议不愿讨论过多之问题，并希望于下星期初便可结束。
（六）彼与贝国务卿、贝文外相等，昨已晤斯太林，其精神较前为

---

① Douglas MacArthur.

佳。返馆即电报告。

下午三时，波兰大使 Raabe 偕同新派之波兰驻华代办 Sir. Michael Dereniez 夫妇，及其文化参事 Dr. Witold A. Jablonski 来访，彼三人均曾在华，其参事且能操华语，曾在清华、燕京充法文教授，人甚佳。

六时，美海军武官 Admiral Maples 请 Cocktail，为空军武官 Gen. Ritchie 饯行。余于七时半即返馆，以电话询哈使有无要事，盖彼等直接电渝，殊非余所愿也。王部长电已内定余为我国出席联合国大会代表，著准备于一月十日前到达伦敦云云。

英广播云，中共代表请求中央立刻无条件的停战，但请求维持现状，足见中共之力量，将来商谈，其条件或不致过苛，中央再示宽大，或可解决亦未可定。又云黄金安【案】只一人定八年徒刑，其余八人无罪，则郭锦坤亦已释放矣。渠人极诚实，如属犯罪，则真出人意表也。

十二月二十二日（星期六）晴

上午，学俄文。

接哈使函，谓昨日关于管制日本问题，经有决定，并经将决定全文电驻渝美使转送王部长，请其即覆。该答覆务于明日到达莫斯科，并抄送余决定全文一份。该文内容与哈使昨日面告完全相同，则苏方似已允让步，殊堪慰也。

下午四时，瑞典公使 Staffan Soderblöm 来访。

英广播，马歇尔大使已抵渝，部□□电谓，政治协商会议下周开始举行，中共代表为周恩来夫妇、叶剑英、吴玉章、卢定义（?）等①。如有所成就，亦国家之福也。

十二月二十三日（星期日）晴

晚上七时半，苏外交部请往大戏院观舞剧 "Золушка"（主角

---

① 中共代表为周恩来、董必武、王若飞、叶剑英、吴玉章、陆定一、邓颖超。

Lapashinskja），专招待英、美两外长。休息时，莫外长请至特室寒暄毕，美外长佩尔斯 Byrnes 告余，谓彼虽觉喉管有不舒适，但今日为中国事件连讲一句余钟，完全系替中国讲话。苏方曾批评美国留华，但日军仍留华，未能遣送返日者仍有数十万。苟美军离华，则以华军力量，绝不足以应付此种局势，则军事方面中国仍由日军一部分所控制，殊对不起中国。至于中国自己，佩外长表示希望能自己解决统一问题，日人之不能杀尽中国人以征服中国，亦犹中央政府之不能尽杀中国共产党以解决中国统一问题。是以最好系一妥协统一。余表示此亦系我中央政府之原意，但所谓妥协，必须双方让步，及具有诚意。彼深表同情，又询余最近谈判，余答尚未接有消息，但目前形势似较佳，盖中共在最近之过去，各方面军事行动均无良果，而中国人民反战之情绪日益表现，是以彼等或可觉悟，条件不致过苛。中央稍再示宽大，或可解决未定。彼云如此甚佳，中央宜尽力优容，表示宽大，力求妥协合作云云。

观剧时，前外长利瓦伊诺夫与余谈及国共谈判，余亦告以甚有希望，中国人民经八年余之战争痛苦，反战情绪较任何人民为烈，彼表示快慰。

休息时，与英外长贝文稍谈，彼表示连日磋商，结果较初料为佳。

剧散场后，赴法使馆预祝圣诞。晚会茶点、跳舞，并有 Gypsy dance 助兴。贾德干外次谈甚久，彼亦表示对此次三外长会议甚为满意。一时始返馆。

十二月二十四日（星期一）晴

上午十一时半至十二时半，学俄文。

十二时半，往访哈使，询其美、苏连日商谈关于中国事。彼谓佩外长曾将杜总统于十二月十五夜所发表之对华政策宣言全文，函送莫外长，莫之答覆及以后谈话语气有表示怀疑，美国与中国共同欲利用日本兵力以消灭中共力量，佩外长对此异常生气，觉美国对于苏联在东三省之行动种种，亦因苏方谓与华有谅解，及表示无他意，即示满意，绝无提出不相信之言词。而苏方对于美国所言，反表示无理由之疑虑，殊非推诚合作之道。后经多方谈论，佩外长极力替中国辩护，大约苏方所指，系在接受日本投降之初，中共军队向日军要求其交与之时，日军因蒋委员长之命令，不许交与，是以发生冲突，容或有之。中、美利用日军攻中共一层，绝无其事。昨晚复与斯太林统帅作长时间之讨论后，苏方对杜总统之政策已表示谅解，惟斯太林言，蒋主席苟利用外国军队以作内战，必无良好之结果。美方之意，亦系欲中国自己解决自己之问题，是以佩外长亦希望中央稍示宽大，俾此次在渝谈判得有成果。余询其谈论时，苏方对于中国政府及委员长有无不好之表示。彼谓尚未有，其态度与八月间相同。又谓，斯太林表示对于马歇尔将军绝对信任，谓其为良好之军人，而兼良好之政治家，是以深信彼此次使华，必能增进中国之合作统一云云。哈使又告余，两日来三外长商谈各事如下：（一）关于朝鲜问题，交换意见后，双方同意先由美、苏双方驻军总司令合组一联合委员会，于两星期内开始会商，解决经济及政治问题，并向美、苏、英、中四国建议组织一朝鲜临时政府，然后商讨由四国托管朝鲜办法。以上各种与中国所主张者无异，而时间复迫，是以恐不及征求中国同意，预备今午将文字修正后，不久便可发表，此层希望华方谅解。大约朝鲜人未获得完全独立，仍受托管，恐不满意，但为彼利益计，苟非如此，使四国共同负责，则朝鲜将陷于混乱状态，各派均欲藉一部分外力以固其地位，更不堪设想。（二）原子力管制问题亦商有结果，苏联大约可加联同英、美、加拿大三国，共同建议由国际安全机构组织一管制委员会。（三）巴尔干问题讨论亦可有结果，大约苏方稍为让步，使英、美可以承认罗、布政府。（四）伊朗问题系最困难，现尚未获得解决之方案。但苏方对此尚未有表示十分强硬之态度，反之表示愿稍让步，以求英、美承认既成之事实，以免将来在国际和平机构提出时难于应付。但英、美方面亦须办法稍为合理，始易迁就，否则本国舆论亦所不许。须知英、美过去对外之手段，虽亦不少帝国主义高压他人，例如巴拿马运河权利之取得等，惟此系十九世纪之外交手段，英、美现在绝不采取，而国民亦将不容许其政府在此二十世纪有此行为。而苏联政府现积极采用此种十九世纪之英、美行为，以为英、美自无话可说，殊为错误云云。（五）会议大约今日可告结束，佩外长拟于后日离莫。余返馆即摘要报告。

接顾大使电，欢迎余赴伦敦，即电覆之。

下午四时，新任伊勒驻苏公使密地 Abbass Mehdi 来访。彼曾充驻伊朗公使，是以与李练百亦有交情。

十二月二十五日（星期二）阴

上午，学俄文。

中央广播发表参加联合国会议代表四人，顾少川为首席，余第二。

十二月二十六日（星期四【三】）阴

中央广播国共谈判今日再开始。又云中央军在东北九省顺利进展，甚佳。

电部询蒋经国来莫确期。

十二月二十七日（星期五【四】）

三外长会议直至今晨五时始告完毕，美佩国务卿于晨七时接见记者，于八时半起飞离莫，余偕岱础及济邦往送，外交团只余一人，各方均甚注意。莫洛托夫外长亦亲到机场相送，佩表示对此次会议异常满〔意〕，告余结果出其意料之外。

下午三时，访哈使，彼将公告交余，并言关于中国部分，其发表之原因系：（1）美国人士最怕系美苏间因彼此对华政策不同，而引起冲突，是以美政府须明白宣示，两国对华政策完全相同。（2）美苏间彼此对于对方之对华政策均极怀疑，美方恐苏联借故在东三省不撤兵，及帮中共夺取东省及华北，而苏方则恐美国与中国共同利用日本以对敌苏联。是以双方经解释后，疑虑业已消除，但彼此间之政策应有明显之规定，此事讨论最久，亦为双方所最注意之点。彼询余之意见，余谓第一段苟为单方所宣布自己对华之政策及其希望，自无不可，但三国共同订立此书面文件，于中国面子上自然不好，且解释亦困难。尤以"Broad participation by democratic elements in all branches of the National Government"，所谓"Broad"及"all branches"均将发生问题，至末段文字亦可发生问题。彼言末段系指苏军于二月一日以前撤退，美军于完成任务后撤退，并不能解释至苏军亦完成任务后始退。哈使又谓，此事于中国面子上虽或不好，但实际上使苏方不能不于定期撤退，及重新明白声明其不干涉中国内政，于中国方面甚为有益。关于其他问题，彼言：（1）苏方曾提出对于英军在荷印用兵表示关怀，以为英政府应尽力促成荷印间双方之妥协，不应用武力干涉。贝文外相稍为解释，苏方亦未再提及。（2）伊朗问题讨论最久，而无结果。苏方一再重述其在报纸迭次所发表之立场，未有让步之表示，只希望英、美方面谅解其立场而赞同之。但此层并非英、美方面所能办到。（3）土尔其问题，英方曾提及，但美、苏鉴于伊朗问题无结果，是以对此亦不愿多所讨论。（4）其他小问题，如波罗的海国家人民及东普鲁士暨波区德人国籍问题，匈牙利、义大利经济问题，均有讨论。（5）三外长定于下次在华盛顿举行会议，五外长则拟在巴黎举行，此本系法方意思，但至今法方尚未有切实答覆。哈使对于此次法国态度异常不满，谓英、美两外长在伦敦五外长会议时，原全系因维护法国及中国利益而决裂，因此，英、美两外长忍辱来莫，以图补救。此次美国务卿之来莫，系极不愉快之事，法方应对美感激，乃法政府并不出此，事事不合作。关于重新召集五外长会议之提案，内容系与美国务卿在伦敦与法外长及王部长所商定提出，是以系法方所赞同，即戴高乐亦曾表示同意者，乃美国务卿将该案电巴黎请其同意时，两天后尚未有答覆。以电报之迟速论，则巴黎较重庆为近，而王外长之答覆已如期于两天内收到，法方竟迟不答覆。直至二十四日晚签字公布之时已届，法方答覆未来，于是美国务卿亲自以电话打往巴黎法国外交部，欲与Bidault直接谈话。法外部值日人言法外长往祝圣诞节，美国务卿言："余系美国务卿Byrnes，有要公须即与法外长Bidault谈话，请君即通知法外长打电话回莫斯科。"值日官言："无法找他。"竟将电话放下不谈，美国务卿及各人均异常愤怒。此间法国使馆又表示，对此次三外长会议异常不满，尤其对美使馆为甚。法国此种态度殊不可恕，盖美方极尽其能力，冀图重新扶植法国，俾成为一强大之国家，但其举动如此，真令人失望。至于中国政府方面，事事能识大体，以大局为重，尽力合作，殊令英、美、苏三方均极为钦佩，美国务卿欲余电王部长致谢。哈使又告余，Byrnes 与斯太林统帅讨论中国问题时，曾婉词请其劝毛泽东方面对中央亦多作让步，斯表示愿意合作。哈使末言，彼对于三强之接触讨论以为于各方均有所益云云。

下午六时，郭武官请 Cocktails，与 Gen. Ritchie 饯行。Admiral Maples 之汽车为一苏联卡车冲坏，因车夫酒醉之故。迩来此种事甚多，俄人酒醉诚可怕也。

十二月二十八日（星期五）

上午八时半，往机场送贝文外相，莫外长未有往送，对英、美似分彼此，外交团均甚注意。

十二月二十九日（星期六）

上午，学俄文。

晚上，朱庆永在馆宴同人。

十二月三十日（星期日）

下午一时，蒋代表经国飞抵莫斯科，与其同来者只胡世杰及张伯英。余赴机场迎接，苏政府亦派有远东司司长 Tonkins 等往接，即与之同返馆。彼告余东北情形及委座派其来此与斯太林统帅商讨各件。

晚上九时，随蒋代表经国赴克姆霖宫谒斯太林统帅，莫洛托夫外长亦在座。蒋与斯系用俄语直接谈，余因不欲对于其直接畅谈有所防【妨】碍，是以译员虽在，余亦不著其翻译。经国间有译与余听者，余亦请其不必，俟返馆后稍为告余便可。实则余之俄文程度虽不佳，但彼等讨论因余已知题目，是以亦可知晓六、七成。蒋寒暄数语，及将蒋主席函交斯后，即提出：（一）关于中共问题，先主中国须统一，但对于中共可准其保留现在之区域，中央不消灭之，并准其编成十六师，但必须受中央统一之指挥，最高国防委员会准其参加，但中共方面不得扩充其地盘，至国民大会然后完全解决。蒋主席保证中央不企图消灭中共，蒋主席询斯对此之意见，希望其作极坦白之答覆，并请其劝告中共方面。斯答对于蒋主席所拟对中共之政策异常赞同，苏联在延安本有代表三人，现均已撤退。彼对中共之行动亦不赞同，以为过火。苟第三国际存在，彼必不许其如此。中共对于苏联亦有所不满，尤以最近不许其到东三省为尤甚。毛泽东未往重庆时，曾由该三代表向其请示意见，彼劝其往，但斯时亦料谈判无结果，因双方均已准备用兵。彼对中国之须军事政治之统一极表同情。彼询经国，毛泽东在渝谈判决裂之原因，经国答称，因中共方面要求华北五省完全交与中共，平分南北两政权，如此使中国再行分裂，中央安能接受。斯氏亦言，此确难怪中央之拒绝，如此分裂，于中国前途确为不利。彼曾力劝中共让步，与中央合作，此时彼在延安已无代表，无法自动劝告，至根本系相信问题此为最难云云。但如中共询彼意见时，彼将直白告之。（二）关于中苏邦交应恢复民国十三年之合作精神，因两国地理、历史上种种关系，均属有此必要，而主义上国民党主义与共产党主义并无根本冲突之处，彼表示甚以为然。谈及以前之经过，谓斯时系共同对英帝国主义，现在无此，应共同对日，并谓与苏联合作于中国系最有利益。但关于如何恢复民十三年之合作精神，其具体办法请蒋主席提出。（三）关于目前应解决之事件：（a）在东三省日人所建设之工业共有单位六十四个，马元帅视为苏联之战利品，只允分半与华，提议组织一中苏大企业公司，各占半股。华方不欲作为战利品之解释，盖此足引起华人对苏军有不良之感想，且合组大企业公司统管六十四单位之企业，与日本办法相同，亦使华人觉苏军与日军无异。且马元帅欲先解决此问题，然后撤兵，亦属不妥。是以蒋主席提议此种工业视为华方应得之产业，华方因感谢苏方解放东三省起见，愿送一半与苏联，由六十四个工业单位分组合作公司，分别经营。

此种办法于苏军完全撤退后详商。斯氏以为此尚属可行，答应照办。（b）新疆问题，伊宁代表前提出要求十一项（历举），政府已完全答应，以为彼等便可满足。乃最近忽提出新要求一项，要中央军立即撤退出新疆，政府安能接受。是以请斯统帅通知伊方，取消此项要求。斯谓此种要求确属无理，彼将令其驻伊宁领事告之，并谓即将助华解决新省事件，经国表示谢意。（c）斯、莫均询承认外蒙问题，经国答以将于下月三、四号便可实行，彼等亦表示满意。（四）关于中美关系，蒋主席意中国将来建国，于军事、经济上虽借助于美国之处不少，但中国绝不放弃其独立自主外交之立场，彼可保证中国绝不作别人反苏之工具，苟不幸有何战争，中国必不对苏作战。斯谓所谓世界第三次大战，均系无稽之言，盖英、美亦自知无力量击败苏联，亦尤【犹】苏联之自知无击败英、美之可能，是以在十年内必无战争。经国谓，即十年后中国亦将不对苏作战。斯谓蒋主席此意彼甚为感谢，实则为中国利益起见，苟持反苏态度，于中国亦极不利。经国继言，美国所谓助华整军，多属宣传，实则前答应供给我数十师之军械对日作战，亦并未完全履行。我方所得者不过数师，此并非对美表示不满，不过欲斯知实在情形。斯谓彼并不反对美国助华整军，至我方所获军械之少，彼亦以为异。继言，美国人总是如此。至于美军在华之任务完毕后，必尽撤退美军，绝不进入东三省。斯言苏联绝不许美军进入东三省，是以反对美舰运输华军在大连登陆，且蒋主席苟利用外国军队在华担任工作，必无良好之结果，且于彼威信亦大有妨害。（五）蒋主席意，东三省门户开放，但中国方面亦承认苏联在此有特别关系，故经济合作亦应以苏联为要。斯表示愿对于经济之合作，但谓东三省系中国领土，何必采取门户开放。（六）蒋主席谓，国际事件中苏亦应尽力合作，莫外长即笑谓，在旧金山会议时，中国曾经反对他，即在伦敦五外长会议时，中国亦模棱两可。经国谓此系过去，以后应加紧合作。斯谓如此甚佳。（七）蒋主席欲知斯对于管制日本之意见。斯谓以日本之七千万人口及工业以前之发达，必将重新起来，盖目前同盟对日本之情形，与第一次大战后对德无异，最近三外长会议决定之对日管制办法，于中国亦属有利。至此已十时三刻，余等遂辞出，并约日间再会晤一次。斯氏精神甚佳，对谈论各问题时，态度神情均甚好。莫外长则面稍露倦容，身体似不甚舒适，想亦系两月来过劳之故。总之，今晚所谈结果尚称完满，彼之不能答应劝告中共，自系不能直接承认与中共有此密切之关系。但余与经国均相信其必劝告之。经国则表示十分满意，余亦抱乐观，盖彼此来正在美、苏获得谅解之后，空气较佳之时，返馆后即休息。

十二月三十一日（星期一）雪

上午与经国谈商，均以为不宜用电报报告委座。彼决定于六日离莫。彼告余苏方对熊天翼并不满意，认为政学系领袖之一，且熊带往东北者多系日本留学生，尤使苏方怀疑。对张公权尚好。彼又言，蒋主席极欲扩大用人，而政府内部反对者甚多，即新疆亦系因人事而发生种种问题。彼询余对于苏联之观察如何，余答以苏联在欧对巴尔干、在远东对东三省，绝不能放弃。是以吾人应认定此种不快之事实，万不可以为利用美国便可打破其在东三省之企图。我方苟愈欲利用美以制苏，则远水绝不能救近火，徒招其疑忌，对我更甚，我自己亦无力抵抗，所失更大。是以余以为最好系承认事实，在东三省及新疆之经济发展尽力与苏合作，以释其疑，同时自己努力将国力加强，经济、政治力图改进，则国家前途始有希望。蒋主席迭次所言建国在自力，诚金石之言。至苏方对我有无野心，完全在我自己，苟我自己有改进，则苏方对我可保其有十二分之诚意履行条约之义务。苟自己不长进，政治日趋腐败，国力日弱，则苏联纵使现在有诚意，将来亦必变更。总之，我方应以大方、诚恳、信人之态度，虽君子可欺以其方，结果亦必不失败，彼深以为然。

中午，宴波兰驻渝代办 Derenicz 及其参事 Jablinski 夫妇。

晚上十一时半，同蒋代表经国、胡世杰、济邦、承庸、Mrs. Afinogenova、Mrs. Tishi 同往京都大旅店饭厅迎春大会，每客二百五十卢布，菜甚佳，音乐则平常。人多，跳舞之场过小，是以不易跳。

至二时半，Tishi 太太之友艺术委员会副主席□□□邀请，同往艺人俱乐部，该处较为闹热。遇女高音名唱家 Mrs. Basova 亦在，老夫人年将六旬，兴致尚佳。余与跳舞，彼异常高兴。至四时，Tishi 太太等再邀往电影俱乐部，其管理人谓因有醉酒者，未便招待。余等恐有失礼，因返馆时已早上五时半。此系余九年来过新年最高兴者。

人名索引

图书在版编目（CIP）数据

傅秉常日记：1943－1945／傅锜华，张力校注．－－
北京：社会科学文献出版社，2017.6
（中国社会科学院近代史研究所·民国文献丛刊）
ISBN 978－7－5201－0171－4

Ⅰ.①傅…　Ⅱ.①傅…②张…　Ⅲ.①傅秉常（
1943－1945）－日记　Ⅳ.①K827＝6

中国版本图书馆 CIP 数据核字（2017）第 045611 号

中国社会科学院近代史研究所·民国文献丛刊

傅秉常日记（1943—1945）

校　　注／傅锜华　张　力

出 版 人／谢寿光
项目统筹／徐思彦
责任编辑／梁艳玲

出　　版／社会科学文献出版社·近代史编辑室（010）59367256
　　　　　地址：北京市北三环中路甲 29 号院华龙大厦　邮编：100029
　　　　　网址：www.ssap.com.cn
发　　行／市场营销中心（010）59367081　59367018
印　　装／三河市东方印刷有限公司

规　　格／开本：787mm×1092mm　1/16
　　　　　印张：40.25　插页：0.5　字数：569 千字
版　　次／2017 年 6 月第 1 版　2017 年 6 月第 1 次印刷
书　　号／ISBN 978－7－5201－0171－4
定　　价／228.00 元